蓮都年鑒

LIANDU YEARBOOK

2021

《莲都年鉴》编纂委员会 编

方志出版社
Publishing House of Local Records

图书在版编目(CIP)数据

莲都年鉴. 2021 /《莲都年鉴》编纂委员会编.—北京: 方志出版社，2021.12

ISBN 978-7-5144-5058-3

Ⅰ. ①莲… Ⅱ. ①莲… Ⅲ. ①区(城市)－丽水市－2021－年鉴 Ⅳ. ①Z525.53

中国版本图书馆CIP数据核字(2021)第275670号

责任编辑：刘方圆
责任校对：刘玉霞
责任印制：梅中英
出 版 者：方志出版社
地　　址：北京市朝阳区潘家园东里 9 号(国家方志馆4层)
邮　　编：100021
网　　址：http://www.zgfzcb.cn
发　　行：方志出版社图书营销中心(010-67110500)
印　　刷：丽水市新时代教育印刷有限公司
开　　本：889毫米×1194毫米 1/16
印　　张：25.5
字　　数：879千字
版　　次：2021年12月第1版
印　　次：2021年12月第1次印刷
定　　价：150.00元

《莲都年鉴》编纂委员会

《莲都年鉴》编辑部

编辑说明 <<<

EXPLAIN <<<

一、本年鉴以马克思列宁主义、毛泽东思想、邓小平理论、“三个代表”重要思想、科学发展观、习近平新时代中国特色社会主义思想为指导，坚持辩证唯物主义和历史唯物主义的立场、观点和方法，客观、真实、准确地记述丽水市莲都区经济、政治、文化、社会、生态文明建设的基本情况，充分发挥资政、咨询、教化、媒介、存史的作用。

二、本年鉴分类编辑，框架结构由卷首、百科、卷尾三个部分组成。除特载、文件选编综合性文献外，其他栏目均采用条目体。百科部分设类目、分目、条目三个层次。条目是记述信息的基本形式，标题反映条目的内容实质。

三、本年鉴设特载、大事记、莲都概览、中国共产党丽水市莲都区委员会、丽水市莲都区人民代表大会、丽水市莲都区人民政府、政协丽水市莲都区委员会、中共丽水市莲都区纪委•区监委、民主党派、人民团体、人力资源和社会保障、外事•侨务•台湾事务、法治、军事、农业•农村•水利、林业、工业•经济•商贸、交通、电子政务、城建•城管•征收•环保、经济管理、文化•旅游•体育、财政•税务•金融、教育、科学技术、卫生•红十字会、社会生活、乡镇•街道、文件选编。

四、本年鉴收入的区直部门和乡镇、街道机构及负责人名录均系担任实职的副科级以上领导干部。

五、本年鉴由承编任务单位提供初稿，经年鉴编辑部修改完稿，主编汇总审查后报区年鉴编纂委员会批准。主要数据以区统计局公布的数据为准。

2020年6月9日，丽水市委常委、莲都区委书记徐光文（前排右一）赴老竹镇调研产业发展

（区委办提供）

2020年6月8日，莲都区委副书记、区长陈豪（中）调研括苍古道修复项目

（区府办提供）

2020年6月24日，莲都区人大常委会主任陈元龙（前排左一）
在大港头调研北埠至堰后农村道路改造提升工程

（区人大办提供）

2020年6月15日，莲都区政协主席陈立新（中）调研厦河村文明城市创建工作

（区政协办提供）

目　录

特　载

大事记

莲都概览

中国共产党丽水市莲都区委员会

丽水市莲都区人民代表大会

丽水市莲都区人民政府

政协丽水市莲都区委员会

中共丽水市莲都区纪委·区监委

民主党派

人民团体

人力资源和社会保障

外事·侨务·台湾事务

法　治

军　事

农业·农村·水利

林　业

工业·经济·商贸

交　通

电子政务

城建·城管·征收·环保

经济管理

文化·旅游·体育

财政·税务·金融

教　育

科学技术

卫生·红十字会

社会生活

乡镇·街道

文件选编

特 载

坚定"发展莲都、服务市区"基本定位
奋力开启高水平全面建设社会主义现代化新征程

——区委十四届十次全体(扩大)会议上

徐光文

这次全会的主要任务是:高举习近平新时代中国特色社会主义思想伟大旗帜,认真学习贯彻党的十九届五中全会、省委十四届八次全会及市委四届九次全会精神,听取区委常委会工作报告,审议通过《中共丽水市莲都区委关于制定莲都区国民经济和社会发展第十四个五年规划和二〇三五年远景目标的建议》,动员全区上下围绕勇当丽水"发展头雁""创新标兵""实干先锋"的总要求,坚定"发展莲都、服务市区"基本定位,担当作为、务实苦干,奋力开启高水平全面建设社会主义现代化新征程。

下面,我代表区委常委会向全会作报告。

一、2020年主要工作

过去一年,莲都走过了一段极不平凡的发展历程。面对疫情防控和经济社会发展的双重压力,区委常委会认真贯彻落实中央、省委和市委的重大决策部署,以"加快发展年"为抓手,达成发展共识、浓厚发展氛围、凝聚发展合力,形成心齐、气顺、劲足、实干的良好局面,高水平全面建成小康社会取得决定性成绩。前三季度,地区生产总值同比增长1.9%,增速排全市第三,扭转了近18个季度以来GDP增速全市排名落后的局面。全年区属固定资产投资同比增长10.7%,增速排全市第一;区属一般公共预算收入同比增长4.3%,增速排全市第三。2020年主要抓了以下七方面工作:

(一)聚焦战"疫"大考,奋力夺取疫情防控和经济社会发展双胜利。区委常委会认为,"两手硬、两战赢"考验着党员干部的智慧担当,必须坚持人民至上、生命至上,下好先手棋、打好主动仗。

我们成立疫情防控领导小组,建立战时指挥体系,科学研判、周密部署、靠前指挥。坚持"一线管控、精密智控、群防群控",动员组织广大党员干部下沉一线,守牢城市"大门"、村社"小门"、群众"家门",抓牢入境人员"硬核隔离",筑牢进口冷链食品等重点环节"物防"防线,外防输入、内防反弹,倾力稳侨助侨暖侨,慎终如始抓好常态化疫情防控,有力守护了群众的生命健康安全。截至目前,全区共报告确诊病例1例并治愈出院,连续350多天无新增病例,夺取了

疫情防控的阶段性胜利。

我们及时成立“争先创优”行动作战指挥部，全面推动复工复产复商复市复学，全力稳企业稳经济稳发展。出台应对疫情支持企业健康发展十条意见等惠企政策，建立“一车一码一员”助企机制，深入开展“千人进万企”专项行动，扎实做好“六稳”工作，全面落实“六保”任务，组织实施“五减”“两直”专项行动，累计减轻企业负担13.22亿元。央视一套、央视新闻频道《朝闻天下》栏目同步播出我区为复工复产注入“金融活水”的做法。经济发展持续回暖，较好地实现了“全年胜”。

（二）聚焦生态经济，统筹推进三次产业协调发展。区委常委会认为，产业是发展的根基，必须厘清思路、明确目标、细化举措，加快构建现代化生态经济体系。

我们召开生态工业高质量发展推进会，全面启动平台“二次创业”，完善丽水工业园区体制机制，推进高溪工业小镇建设，打造具有区域竞争力的新增长极。持续深化“亩均论英雄”改革和“标准地”改革，推进制造业企业资源要素优化配置，整治“低散乱”企业26家，淘汰落后产能企业3家。深入实施企业上市“凤凰行动”计划，安派科、梦翔教育2家企业在美国纳斯达克上市。全年区属规上工业增加值13.71亿元，同比增长8.5%，增速排全市第三。

我们明确并实施“3+2+1”农业农村产业布局，建立全市首个超市产业农合联，出台茶产业、莲鸭共生产业、生猪产业、超市产业等4个扶持政策，确定“莲城雾峰”为茶叶区域公共品牌，在浙江农博会期间召开“莲鸭共生”推介会，生猪增产保供工作获副省长彭佳学批示肯定。完成茶叶扩面8200多亩，新建海拔600米以上绿色有机农林产品基地2.13万亩。我区创成省级“平安农机”示范区，通过省级渔业健康养殖示范区验收。全年农林牧渔业产值同比增长2.8%，增速并列全市第三。

我们积极发展生态服务业。召开旅游业发展大会，推动国家AAAAA级旅游景区、国家级旅游度假区、国家全域旅游示范区“三创”工作。古堰画乡景区入选全省首批未来景区创建试点、首批省级职工疗休养基地；东西岩景区完成丹霞地质全方位排查；九龙湿地萤火虫主题公园开工建设。增强金融服务实体经济能力，全年金融机构本外币存贷款余额2397.48亿元，同比增长28.1%，增速排全市第一。加快培育电商新业态，2个村被评为省电子商务示范村、2家企业被评为省新零售示范企业，全年实现网络零售额104.31亿元，同比增长26.2%，总额排全市第二。“绿色GDP之父”小约翰．柯布在《人民日报》刊文《中国是我们的希望》，盛赞莲都绿色发展实践。

（三）聚焦项目为王，带动形成大干项目的良好局面。区委常委会认为，抓项目就是抓发展，必须坚持项目为王，常规下破常规，常量下要增量，努力以大项目带动大发展。

我们紧紧把握政策工具密集释放的窗口期，千方百计抢抓机遇、更大力度“跑部进厅”。6个项目被列入省“六个千亿”投资计划。获新增地方政府债券资金10.1亿元、抗疫特别国债资金2.2亿元。成功发行全市2016年以来首只企业债——5亿元旅游产业专项债券。争取到省2020—2022年区域协调财政专项激励资金4.5亿元，较上一轮省“两山（二类）”建设财政专项激励资金每年多出5000万元。

我们大力发扬“硬着头皮、厚着脸皮、磨破嘴皮、饿着肚皮、踏破脚皮”的“五皮”精神，精准务实抓招商。莲都党政代表团赴上海、嘉兴、杭州等地开展考察活动，与普华永道、外高桥集团、蓝城集团等知名企业深入对接交流，寻找合作机会。设立丽水长三角招商中心莲都招商部并派驻上海，努力打开招商突破口。全年新引进项目38个，其中大项目14个，实际利用内资40.94亿元、目标完成率240.8%。

我们认真落实区领导联系重大项目机制，举办重大项目集中开工仪式，抓好“十四五”项目谋划工作。强化项目土地要素保障，消化批而未供土地166.24亩，盘活存量建设用地231亩，完成低效用地再开发56.91亩。碧湖全域土地综合整治与生态修复工程被列入自然资源部试点名单。全市首个专业装修垃圾处理项目——务岭根垃圾填埋场(三期)投入使用,全市最大的农业项目——华统畜禽产业链智能化项目的子项目里塘母猪场正式投产,总投资50亿元的杏福康旅小镇项目如期开工,总投资36亿元的郎奇白桥康养旅游项目进展顺利。

(四)聚焦发展动能,着力增强改革的牵引力、开放的支撑力、创新的驱动力。区委常委会认为,改革开放创新是推动高质量绿色发展的动力源泉,必须坚持到底、毫不动摇。

我们坚持"改革不停步,发展才能迈大步",把全面深化改革抓在手上,生态产品价值实现机制改革取得阶段性成效,首次完成全区GEP总量核算。推进政府数字化转型,在全市率先启用政务服务2.0综合受理新模式,"丽水山耕"数字化平台项目入选全省数字化转型最高荣誉"观星台"优秀应用。落实优化营商环境"10+N"便利化行动,一般企业投资项目审批"最多80天"实现率100%。建立"云办税·智慧大厅",在全省首次使用电子签章,实现涉税事项办理"不见面""零次跑"。

我们推进更高水平开放合作,出台《莲都区全方位深度接轨上海、高质量融入长三角区域一体化发展行动方案》,打造山海协作工程升级版,义乌飞楼-莲都大厦开工建设,山海协作消薄园首次分红300万元。认真做好莲都——剑阁东西部扶贫协作工作,助力剑阁县打赢精准脱贫攻坚战。

我们强化创新驱动,加大科技创新扶持力度,推进上海科创飞地建设,新增国家高新技术企业14家、省科技型中小企业24家、省级高新技术企业研究开发中心3家,均创历史新高;新认定省级企业研究院1家、市级产业创新服务综合体1家,均实现零的突破;新增省级"星创天地"1家。人才新政"莲九条"反响热烈,第二届"才聚莲都"高层次人才与科技项目对接交流会成功举办,17位院士入驻"画乡莲都.院士之家",国家水稻分子育种中心丽水示范基地落户碧湖,袁隆平院士为其特意题字。2019年研究与试验发展经费投入强度为1.72%,同比提高0.67个百分点,提升幅度位居全省第二。

(五)聚焦城乡协同,全力打造处处美、时时美的美丽莲都。区委常委会认为,生态美不等于城乡美,必须统筹美丽城市、美丽城镇、美丽乡村建设,绘好美丽莲都新画卷。

我们坚持高品质服务中心城市,在全国64个地级市中以第八名的优异成绩实现全国文明城市"两连冠",高分通过国家卫生城市复审省级技术评估。推进城市有机更新,完成市区重点项目政策处理57个、征收土地2286亩,城中村改造三年行动计划圆满收官。灵山未来社区成为全省首批未来社区试点中第一个整体落地的项目,灯塔社区、采桑社区入选省第二批未来社区试点创建项目建议名单。

我们召开美丽城镇建设现场会,认真抓好省"千村精品、万村景区"和"百镇样板、千镇美丽"工程落地。我区创成基本无违建区。碧湖镇入选第四批省级小城市培育试点。大港头镇获评新时代美丽城镇建设省级样板。老竹畲族镇入选全国农业产业强镇建设名单。"大港头—堰头—河边线"获评省美丽乡村夜经济精品线。扎实推进"四好农村路"、水利等基础设施建设,新建和改造提升农村公路86公里,获评全省"农村饮用水达标提标行动成绩突出县"。

我们认真抓好中央和省级环保督察整改工作,第一轮中央、省环保督察和第二轮中央环保督察交办的171件信访件全部按要求办结,共计关停企业40家,责令整改161家。全力打好污染防治攻坚战,涉林垦造耕地清查整改工作有序推进,垃圾、污水、厕所"三大革命"均获省级考核优秀,宣平溪、方溪入选省级"美丽河湖"。市区空气质量指数(AQI)优良率全省排名第一。建成全省首个"云森防"精密智控综合管理平台,松材线虫病防控形成闭环。强化野生动物保护,在全市率先妥善处置在养野生动物。我区被列入省大花园示范县创建单位名单。

（六）聚焦增进福祉，扎实办好群众关心的每一件事。区委常委会认为，群众利益无小事，必须坚持以人民为中心的发展思想，有效提高群众的获得感、幸福感、安全感。

我们坚决打好脱贫攻坚战，深化“一户一策一干部”结对帮扶机制，成功消除农村家庭年人均收入8000元以下现象。完成村集体经济消薄任务，全区208个村合计实现总收入1.17亿元、经营性收入0.46亿元，分别同比增长10.9%、29.5%，其中总收入20万元以上且经营性收入10万元以上的村126个，总收入100万元以上的村19个。出台异地搬迁新政，加快安置小区建设。修订《危险房屋治理改造实施办法》，农村困难家庭C级、D级危房共929户，全部完成对其治理改造。

我们以“区乡村三级联动办实事”制度为抓手，不遗余力保障和改善民生，省、市民生实事全部完成，区级民生实事完成26项，乡级实事完成131件，村级实事完成643件。强化稳就业举措，实施全民参保计划，做好“浙丽保”参保工作，完善农村留守儿童、妇女、老年人、残疾人关爱服务体系。扎实开展第七次人口普查。教育提质持续推进，义务教育首次实行“公民同招”，创建省教育基本现代化区。文化事业加快发展，举办第二届丽水巴比松国际研讨会暨2020古堰画乡小镇艺术节，莲都成为电视剧《春风又绿江南》的重要取景地之一，获评省级摄影创作基地。深化健康莲都建设，启动重点人群新冠肺炎疫苗接种工作，以全国第四名成绩创成全国健康促进区。此外，关心下一代、老龄、青年、慈善、史志、档案、移民、社科等工作进一步加强。

我们坚持“平安靠平时、化解在初时、解决要及时”理念，加快矛调中心规范化建设，严格落实领导干部公开接访、带头下访制度，全区四级走访总量较近三年平均值下降38%。打好扫黑除恶专项斗争收官战，成功劝投境外涉黑逃犯马某归案，获副省长、公安厅厅长王双全批示肯定。“村级事务阳光票决制”获《浙江日报》头版报道。白云派出所被评为“全国公安机关执法示范单位”。我区有望夺取一星级“平安金鼎”。

（七）聚焦管党治党，推动全面从严治党向纵深发展。区委常委会认为，打铁必须自身硬，必须坚持党要管党、从严治党，巩固山清水秀的政治生态。

我们突出抓好党的政治建设，出台《关于建立政治生态评价体系的实施意见》，完成两轮政治生态评价。召开“不忘初心、牢记使命”主题教育总结大会，建立健全长效机制。坚持以习近平新时代中国特色社会主义思想武装头脑，专题学习《习近平谈治国理政》第三卷和党的十九届五中全会、省委全会、市委全会等系列重大会议精神，引导全区党员干部切实增强“四个意识”、坚定“四个自信”、做到“两个维护”。

我们坚持和加强党的全面领导，区委常委会专题听取区人大常委会、区政府、区政协、区法院、区检察院党组工作汇报。召开区委人大工作会议，支持区人大及其常委会依法履职。召开区委政协工作会议，支持区政协发挥专门协商机构作用。召开区委统一战线工作领导小组会议，认真做好民族、宗教、工商联、侨务、台务等工作。全面完成事业单位改革。切实加强新时代党的群团工作，完成区工会、区妇联、区红十字会换届。区委党校圆满完成省办学质量创优评估。召开区委改革委、区委依法治区委、区委财经委、区委审计委、区委外事委、区委国安委等系列会议，把党的领导落实到各领域各方面。召开区委武装工作会议、区委议军会议，推动军民融合发展，助力丽水夺取全国双拥模范城“三连冠”。

我们把抓好省委巡视整改作为检验“四个意识”的试金石，坚持对标对表、逐条逐项、从严从实抓整改，并同步推进选人用人、意识形态、巡察工作3个专项检查的整改落实，切实做到整改任务清单化、整改责任细实化、整改时间节点化、整改成效最大化。区委常委会召开巡视整改专题民主生活会，班子成员深入检视剖析，明确责任举措，带头抓好整改。至目前，巡视反馈问题49个已完成整改34个，巡视组移交的387件信访件和74条问题线索已全部办结，挽回直接经济损失1510余万元。完善巡视、巡察上下联动格局，全年共开展3轮区委巡察，完成19家单位党组织和106个村（社）党组织巡察任务，村（社）巡察实现全覆盖。

我们坚持抓基层打基础，全面全程抓好村社组织换届，全区239个村（社）均高质量实现“一肩挑”，在全市村社组织换届工作高质量评估中排名第一。深化新一轮“整乡推进、整县提升”工作，23个后进村党组织如期完成整转。坚持正确选人用人导向，系统加强干部选拔任用工作，34名干部在一线火线提拔重用，激活了干事创业的“一池春水”。认真消化整改超配、高配人员。积极开展临时机构清理规范工作。加强对出国和失联党员的党籍处理。深化社区党建工作，出台“疫情防控担当作为十二条”“城市专职社工十条”等激励关爱举措，1名社区书记被提拔为乡镇副科，5名社区书记被纳入事业编。

我们严格落实意识形态工作主体责任，扎实推进网络生态“瞭望哨”工程建设，提高舆情应对水平，全面夯实网络安全基础。坚持党管舆论、党管媒体，推进媒体深度融合，做大做强“莲连看”App平台，组织开展疫情防控、脱贫攻坚等10余个重大主题宣传，举办“莲都论坛”5期，开展“我最喜爱的习总书记的一句话”主题宣讲100余场，举办“绿水青山就是金山银山”理念提出15周年暨撤市设区20周年系列宣传活动，唱响了主旋律，弘扬了正能量。

我们召开区纪委十四届六次全会，全面加强清廉莲都建设，始终保持正风肃纪反腐高压态势。严格落实中央八项规定精神，严肃纠治形式主义、官僚主义。严格把握“三个区分开来”，为3名受到不实信访举报的干部予以澄清正名。承办全市深化清廉村居建设现场会，推进乡镇（街道）纪检监察机构规范化建设，在所有村设立纪检监察工作联络站。审计工作考核位居全市第一。“阳光村务”监督平台被评为全国“新时代清廉乡村建设与乡村治理现代化”提名奖案例。

区委常委会自觉加强自身建设，坚持以上率下、以身作则，始终把学深悟透党的创新理论作为重要政治任务，带头贯彻落实中央、省委和市委重大决策部署，带头执行民主集中制，带头巩固主题教育成果，带头执行中央八项规定精神，带头弘扬践行浙西南革命精神，带头推进高质量绿色发展，示范带领全区党员干部群众共同奋斗。

全区各级党组织和广大党员干部担当作为、务实苦干，对区委常委会工作给予了大力支持，也有力推动了各项事业加快发展。在这里，我代表区委常委会，向同志们致以由衷敬意和诚挚感谢！也请同志们对区委常委会工作提出意见和批评。

二、关于区委规划建议稿的起草说明

“十四五”时期是莲都在高水平全面建成小康社会之后、乘势而上开启高水平全面建设社会主义现代化新征程的首个五年，也是在经过撤市设区20年奋斗求索基础上、勇当丽水“发展头雁”“创新标兵”“实干先锋”的关键时期。制定好“十四五”规划建议，事关莲都长远发展，具有重大意义。

下面，受区委常委会委托，我就建议稿起草的有关情况向全会作说明。

（一）起草过程

建议稿起草工作始终在区委常委会领导下进行，由我主持，文件起草组具体承担。在起草过程中，区委深入贯彻党中央、省委、市委建议稿精神，就制定规划建议深入开展研讨。

文件起草组结合莲都实际，认真开展建议稿起草工作。我主持召开座谈会，当面听取各民主党派、工商联、无党派人士和老同志代表意见建议，把社会期盼、群众智慧、专家意见、基层经验充分吸收进来。建议稿经反复研究、数易其稿，印发至区直单位和乡镇（街道）征求意见。区委常委会也对建议稿进行了讨论审议。在充分吸收各方面意见建议基础上，形成了提交全会审议的讨论稿。

从征求意见情况看，各级各部门对建议稿给予了充分肯定。大家一致认为，建议稿既上接天线，又下接地气，形势研判科学清醒，目标要求高远务实，工作方针旗帜鲜明，任务部署重点突出，思路举措富有创新，为编制"十四五"规划《纲要》提供了重要遵循。

（二）总体考虑

在建议稿的起草过程中，我们深入落实中央精神、省委部署和市委打造"高水平建设和高质量发展重要窗口"等系列要求。主要有以下考虑：

1.按照勇当丽水"发展头雁""创新标兵""实干先锋"的总要求，坚持"发展莲都、服务市区"基本定位不动摇。区委深刻认识到，没有自身实力，心里就缺少底气，说话就不够硬气，百姓就没有福气。为此，区委强调要坚持"发展莲都、服务市区"基本定位，下大力破解莲都发展缺总量、缺质量、缺速度问题。实践证明，这一基本定位符合莲都实际，也得到市委、市政府的肯定。建议稿把加快发展作为"十四五"时期的主旋律，把市委赋予莲都勇当丽水"发展头雁""创新标兵""实干先锋"的新期待作为总要求，以此来谋篇布局"十四五"经济社会发展。其目的，就是要动员全区上下牢固树立"没有实现加快发展也是一种风险，没有追求实现加快跨越式发展的意识、决心和胆魄更是极端危险"的理念，努力蹚出一条高质量绿色发展新路。

2.按照"在高质量发展前提下实现必要适度的高速度增长"的要求，坚持"自我加压、跳起来摘桃子"工作理念不动摇。区委深刻认识到，对莲都这样一个"加快发展地区"来说，没有必要适度的高速度增长，就谈不上高质量发展，至少不是真正意义上的高质量发展。而高速度增长不会从天降，必须"自我加压，跳起来摘桃子"。当下，莲都发展基础、区位条件、干部士气越来越高，为我区高速度增长提供了现实可能。为此，建议稿坚持守正创新、大步前进，对未来五年发展提出了总体较为积极的目标要求，力争"十四五"期间，发展速度能快则快，固定资产投资突破千亿元，各项经济指标增速超过全市平均水平，经济总量占全市份额稳中有升，努力以山区跨越式发展，为全省发展注入新的更大增量。

3.按照"系统构建现代化生态经济体系"的要求，坚持"产业为基、工业为先"发展路径不动摇。区委深刻认识到，系统构建现代化生态经济体系，是莲都这样一个生态资源富集地区跨越式发展的战略抉择，必须坚持"产业为基、工业为先"发展路径，推动生态工业高质高速发展。为此，建议稿提出要主动融入"一带三区""一脉三城"大建设大发展，突出生态工业为主攻方向，将"区本级规上工业增加值年均增长15%以上"列入未来五年发展目标，这是建议稿中为数不多的关于经济指标的定量要求，充分体现了区委对没有工业现代化就没有经济现代化这一客观规律的科学把握，充分体现了区委发展生态工业的信心、决心和恒心，充分体现了区委聚精会神谋发展的奋进姿态，必将有力推进莲都跨越式发展。

4.按照"全面厉行'丽水之干'"的要求，坚持"担当作为、务实苦干"工作主基调不动摇。区委深刻认识到，事业成败，关键在人，根本在干。不干，半点马克思主义也没有。莲都的发展需要"内外兼修"，既要对外部形势有清醒正确的分析判断，面临机遇有准确敏锐的把握捕捉，也离不开来自各方面的支持和帮助，但说到底，最重要的还是要自强不息、坚韧不拔、奋斗不止，这也是区委始终反复强调"担当作为、务实苦干"的根本原因。为此，建议稿把"实干先锋"当作莲都理所当然的本色所在，明确提出要充分发挥基层党员干部群众的主观能动性，尽非常之力、下非常之功、行非常之策，创造性地抓好各项工作落实，以实实在在的发展成效取信于民。

（三）需要说明的重点问题

建议稿对我区"十四五"发展作了全面部署，提出了一系列新目标、新任务和新举措。这里，我就其中几个重点问题作简要说明。

1.关于优化生产力布局。

这些年，虽然我区生态经济快速发展，交通条件不断改善，但生产力布局“散”的问题没有根本解决，现代产业集群的规模效应和区域竞争的整体优势尚未真正形成，产业“低小散弱”的状况尚未根本改变。为此，建议稿强调，到“十四五”末，要基本形成以碧湖新城为重点，以丽水古堰画乡国家级旅游度假区、国家农业高新技术产业示范区创建为抓手，以画乡小镇、古堰小镇、高溪工业小镇、郎奇科创小镇、石牛温泉小镇、杏福康旅小镇、九龙湿地萤火虫小镇、东西岩高铁小镇为平台的“1+2+8”生产力布局，推动生产力由散到聚、以聚促变，打造具有区域竞争力的新增长极，成为丽水经济建设的主战场。

2.关于在新发展格局中的角色定位和关键路径。构建新发展格局是全国“一盘棋”中的重大战略。对莲都而言，构建新发展格局不是谋划自身的小循环，而是要在双循环中找准角色定位和发挥比较优势，通过融入大循环、服务大循环、借力大循环，尽可能多地导入引进资源要素为我所用。因此，建议稿强调，要在打造开放型经济中当快马，积极畅通高端要素循环，融入长三角一体化发展，打造山海协作升级版，成为丽水对外开放的主力军。尤其要深化对“只有落后的企业，没有落后的产业”的认识，务实推进招商引资，以借力的机动赢得更多发展的主动。

3.关于创新在现代化建设全局中的核心地位。创新是引领发展的第一动力。中央、省委、市委建议稿均把创新摆在重要位置，释放了创新驱动发展的强烈信号。莲都要加快发展，亟须创新的“硬核支撑”，亟须强化市区合力、激发人才创新创业活力。因此，建议稿首次把“科技创新实现新突破”列为“十四五”经济社会发展目标之一，并拿出很大篇幅来部署创新驱动发展相关工作。全区上下要充分认识到创新的重大意义，积极融入浙江打造全球创新策源地布局、丽水构建浙西南区域创新体系，打造创新平台，培育创新主体，构建创新生态，助力浙西南科创中心建设，让创新成为高质量绿色发展的鲜明特征和强大引擎。

4.关于开辟生态文明建设新局面。进入新发展阶段，莲都生态文明建设理应有更高追求。建议稿强调，要“率先走出人与自然和谐共生的现代化之路”，“在推动城市能级提升中促进乡村全面振兴，成为丽水形象展示的主窗口”。不难看出，“丽水形象展示主窗口”是莲都开辟生态文明建设新局面的出发点和落脚点，要通过助推中心城市能级提升、推进新型城镇化和新时代美丽乡村建设、助力大花园最美核心区建设、提高基础设施建设水平等各项举措，全方位提升美丽生态、塑造美丽形态、培育美丽业态，努力让莲都颜值更高、气质更好、形象更佳，成为人人向往的“诗和远方”。

5.关于促进全体人民共同富裕。共同富裕是社会主义的本质要求，是人民群众的共同期盼。中央建议稿明确提出“全体人民共同富裕取得更为明显的实质性进展”“扎实推动共同富裕”。这样表述，在党的全会文件中还是第一次。省委、市委建议稿也提出相应要求和举措。为此，区委建议稿在二〇三五年远景目标中提出“共同富裕率先取得实质性重大进展”，在促进群众增收致富部分突出强调了“探索建立先富带动后富、推动共同富裕新机制”，在就业、教育、卫生、社会保障等方面强调了发展成果更多更公平惠及全体人民。促进全体人民共同富裕是一项长期任务，全区上下务必脚踏实地，久久为功，向着这个目标更加积极有为地进行努力。

6.关于统筹发展和安全。当前和今后一个时期，面对各种存量风险和增量风险，我们必须坚持统筹发展和安全，增强机遇意识和风险意识，树立底线思维，有效防范各类风险挑战，确保各项事业顺利推进。因此，建议稿聚焦长治久安，强调要坚决捍卫政治安全，全面加强经济安全，保障人民生命安全，维护社会稳定和安全，在“保稳定”中打造长安之区，实现发展和安全互为条件、彼此支撑。

7.关于坚持系统观念。谋

划“十四五”发展，必须加强前瞻性思考、全局性谋划、战略性布局、整体性推进，实现发展质量、结构、规模、速度、效益、安全相统一。为此，建议稿坚持系统观念，以勇当丽水“发展头雁”“创新标兵”“实干先锋”为主线，涵盖经济、政治、文化、社会、生态文明方方面面，条理清晰、逻辑严密、体系完整，必将成为莲都开启高水平全面建设社会主义现代化新征程的纲领性文件。

三、2021年工作思路

区委常委会认为，思想是行动的先导。区委提出的基本定位、工作理念、发展路径、工作主基调，经实践证明，是指导莲都加快发展的“四梁八柱”。

区委常委会强调，开局事关全局，起势关系后势。2021年是实施“十四五”规划的开局之年，是本届区委、区政府的收官之年，也是区、乡集中换届之年。越是关键时刻，越不能有等待、观望的情绪。

区委常委会决定，把2021年确定为“大抓落实年”。全区广大党员干部群众要切实增强“一分部署、九分落实”“抓铁有痕、踏石留印”的行动自觉，以“五大工作制度”为载体，对标一流抓落实、攻坚克难抓落实、心无旁骛抓落实，为“十四五”发展开好局、起好步。重点突出“九个抓”：

（一）抓产业提升。产业兴则经济兴。要举全区之力发展生态工业，研究确定契合莲都实际的工业主导产业，加快园区平台“二次创业”，深入推进传统制造业改造提升2.0版，加快高溪工业小镇建设，力争规上工业企业达到100家左右。要围绕“3+2+1”农业农村产业布局，抓紧出台相关配套政策，推进国家农业高新技术产业示范区创建，以工业化理念推动农业发展标准化、规模化、产业化。要以国家AAAAA级旅游景区、国家级旅游度假区、国家全域旅游示范区“三创”工作为龙头，加快瓯江山水诗路文化带建设，推进农文旅深度融合，推动旅游业加快发展。企业是市场经济的主体，是国民经济的基石。要强化“人人都是营商环境、事事关系营商环境”的意识，像爱护眼睛一样爱护企业、像善待亲人一样善待企业家，构建亲清新型政商关系，全面打造“三服务”2.0版，让莲都成为投资的宝地、创业的高地、生活的福地。

（二）抓项目推进。抓项目就是抓发展，谋项目就是谋未来。随着我区被列入省大花园示范县创建对象，并争取到区域协调财政专项激励资金，今年项目建设必将迎来重大利好。要围绕“1+2+8”生产力布局，实施新一轮扩大有效投资行动，更大力度“跑部进厅”，全力谋划百亿元以上项目，以大项目支撑大产业，以大产业带动大发展。要继续实施省市县长项目工程，深化领导联系重大项目、项目集中开工、项目会商等机制，强化项目攻坚态势，确保重大项目无障碍施工。尤其要突破土地要素瓶颈，积极向上争取用地指标，盘活存量，扩充增量，提高质量，形成大干项目、干大项目的火热场面。

（三）抓招商引资。招商引资是后发地区实现跨越式发展的有效途径。现在各地都非常重视招商引资，好的项目都在争、都在抢，竞争十分激烈，必须主动出击、精准招商、务求实效。要画好招商地图，既要接轨大上海、融入长三角，努力招引知名大企业、发展潜力强的中小企业和创新型企业，又要紧盯温州、宁波等产业转移重点地区，主攻工业项目、创新项目、税源项目。要用好招商平台，办好世界丽水人大会莲都分会，以商招商，促进莲商回归、华侨要素回流，努力把“莲都人经济”转化为“莲都经济”。要创新招商机制，构建区领导领衔招商、产业招商组专业招商、丽水长三角招商中心莲都招商部和相关单位灵动招商的全方位招商模式，内外联动招引项目。招得来更要“留得住”“养得大”，要为投资商提供“暖心”服务、个性化服务，力争早开工、早投产、早见效。

（四）抓动能培育。高质量绿色发展亟须改革、创新、开放协同发力，提供强有力的动能支撑。要以数字化改革撬动各领域各方面改革，深化“一件事”集成改革，推进公共场所服务大提升，深化机关内部“最多跑一次”

改革，实现政务服务一网通办、全域通办、就近可办，构建企业和个人全生命周期服务体系。特别要深化生态产品价值实现机制试点，形成更多可复制可推广的成果和经验。要围绕建设浙西南科创中心，大力发展数字经济，启动碧湖新城科创轴建设，推进上海自贸壹号“科创飞地”、中科莲都科创中心、省农科院丽水分院建设，实施新一轮科技企业“双倍增”行动计划，引育更多的创新型领军企业、高层次人才和高水平科研团队。要抓住长三角一体化国家战略、浙江“四大”建设等机遇，完善全方位高质量接轨上海工作机制，加快义乌飞楼、山海协作产业园建设，着力提高开放型经济水平。

（五）抓服务市区。服务市区是莲都工作永恒的主题。要持之以恒做好市区重点项目政策处理工作，推进阳光征收、和谐征收、依法征收，全力攻坚遗留项目，全面清零市区城中村改造任务。要持续巩固和提升城市创建成果，推进新时代文明实践中心建设，提升“小荷”志愿服务，擦亮处州小巷等一批创建特色品牌，狠抓薄弱环节，逐一查漏补缺，全面整改落实，确保通过省文明程度指数测评、国家卫生城市复评。要精明精细抓好城市建设管理，统筹推进市区雨污混排区块改造、未来社区建设、垃圾分类等各项工作，助力高品质建设新时代山水花园城市。

（六）抓乡村振兴。脱贫攻坚取得胜利后，全面推进乡村振兴是“三农”工作重心的历史性转移。要坚持农业农村优先发展，推进首批部省共建乡村振兴示范省先行创建区建设和全国金融科技赋能乡村振兴试点，争当乡村振兴排头兵。要坚决守住脱贫攻坚成果，并与乡村振兴有效衔接，推进“大搬快聚”和“两进两回”，持续深化农村各项改革试点，引导人才、科技、资金、项目向乡村有效集聚，打通农民下山进城、产业上山发展的双向通道，确保搬迁群众稳得住、有就业、逐步能致富。要聚焦大花园最美核心区建设，接续推进农村人居环境整治提升行动，加快建设新时代美丽乡村和大花园示范县。要提高基础设施建设水平，坚定实施交通先行战略，助力衢丽铁路项目建设，深化美丽经济交通走廊建设，统筹推进水利、能源、信息等基础设施建设，为农业农村现代化夯实硬件基础。

（七）抓民生实事。民心是最大的政治。经过一年的探索实践，“区乡村三级联动办实事”已经成为党委政府联系服务群众的“金名片”，要坚持深化，把好事办好、实事办实，让莲都发展更有温度。要以共同富裕为导向推动群众持续增收，稳住工资性收入增长势头，挖掘经营性收入增长潜力，拓展转移性收入增长空间，释放财产性收入增长红利，确保群众收入绝对值领跑全市，力争增速排在全市前列。要提高公共服务均等化水平，加快教育、卫生、文化领域项目建设，推进全国学前教育普及普惠区、全国义务教育优质均衡区、国家中医药基层先进区的创建，让发展成果惠及更多群众。特别是要把保护人民生命安全摆在突出位置，慎终如始做好疫情防控工作，压实属地、行业、单位、个人“四方责任”，确保冷链物防闭环管控，继续交出防疫高分报表。

（八）抓平安建设。发展是真本领，稳定是硬功夫。要坚持并深化“平安靠平时、化解在初时、解决要及时”理念，深化“最多跑一地”改革，推进区、乡、村三级矛调中心建设，持续推进信访积案化解，抓好安全生产、防汛防台、食药品安全、森林防火、地质灾害治理等工作，推动社会治理迈向现代化、平安建设迈上高水平。要全面加强和创新基层社会治理，完善村规民约，推进移风易俗，培育良好乡风，推动自治法治德治“三治融合”。

（九）抓党建引领。党的领导是推动各项事业不断前进的根本保证。要全面加强党的政治建设，完善“不忘初心、牢记使命”长效机制，推动全区上下团结一心、艰苦奋斗，形成加快发展的强大合力。要全面贯彻新时代党的组织路线，深入实施“组织力提升工程”和干部队伍现代化建设能力提升工程，稳妥有序推进区乡换届工作，推进

“两个担当”良性互动，推行“阳光村务”监督平台，规范村社组织运行，锻造过硬队伍，建强战斗堡垒。要锲而不舍地落实中央八项规定精神，深化清廉莲都建设，完善“四责协同”机制，营造风清气正、山清水秀的政治生态。

宏伟蓝图已经绘就，光荣使命催人奋进。让我们更加紧密地团结在以习近平同志为核心的党中央周围，大力弘扬践行浙西南革命精神，吹响加快发展集结号，奏出担当实干最强音，开创发展莲都新局面，为勇当丽水“发展头雁”“创新标兵”“实干先锋”而努力奋斗！

政府工作报告

——莲都区第十六届人民代表大会第五次会议上

王忠宝

一、2020年工作回顾和“十三五”发展成就

2020年是极为特殊、极不平凡的一年。面对突如其来的新冠肺炎疫情和国际国内形势深刻复杂的变化，在中央、省、市和区委的坚强领导下，全区上下按照“发展莲都、服务市区”的基本定位，以“加快发展年”为抓手，统筹推进疫情防控和经济社会发展，扎实做好“六稳”工作，全面落实“六保”任务，推动经济低开稳走向上向好。全区地区生产总值增长3.3%；区属固定资产投资增长10.7%；区属一般公共预算收入增长4.3%。省、市、区十方面民生实事圆满完成。

（一）坚持打好“两战”，发展保障得到新加强。毫不放松抓好疫情防控。坚决贯彻落实“外防输入、内防反弹”防控策略，坚持“一线管控、精密智控、群防群控”，抓牢入境人员“硬核隔离”、筑牢入境物品等重点环节“物防”防线、倾力稳侨助侨暖侨，慎终如始抓好常态化疫情防控，有力守护了群众的生命健康安全。全区共报告确诊病例1例并治愈出院，无境外输入性病例，无无症状感染者。有序推进复工复产复课。建立“一车四员四到位”机制，深化精准服务企业“千人进万企”专项行动，有效保障防疫物资，开辟绿色通道解决“复工难”，组织专车专列解决“返工难”，有力推动企业复工复产过程变为转型升级过程。制定“一校一策”复课措施，实行分批开学、错时报到、错时上学、弹性放学。全力稳企兴企。开展“争先创优”行动，出台应对疫情支持企业健康发展的十条意见等惠企政策，以“五减”共克时艰，全年为企业减负14.2亿元，精准高效落实“两直”任务。全年金融机构本外币存贷款余额总量和增速均为全市第一；制造业贷款余额同比增长26.0%。我区为复工复产注入“金融活水”的做法，被央视《朝闻天下》栏目报道。

（二）坚持项目为王，发展动能构筑新支撑。全力以赴扩投资。谋划省市县长工程4个、开工1个。全市首个专业装修垃圾处理项目——务岭根垃圾填埋场（三期）投入使用，全市最大的农业项目——华统畜禽产业链智能化项目里塘区块正式投产，总投资50亿元的杏福康旅小镇项目如期开工。消化批而未供土地192.3亩，盘活存量建设用地280亩，出让土地1134.2亩。精准务实抓招商。落实“区领导带头、全员招商”和“政府主导、政企联动”招商机制，设立丽水长三角招商中心莲都招商部，引进康纳自闭症干预等一批装备制造、文化创意和科技创新项目。全年新引进项目38个，其中大项目14个，实际利用内资40.9亿元。千方百计争政策。6个项目被列入省“六个千亿”投资计划。成功发行5亿元旅游产业专项债券，实现我区企业债券发行破零。争取到地方政府债券资金10.1亿元、“两直”资金3.7亿元、省2020—2022年区域协调财政专项激励资金4.5亿元等。碧湖全域土地综合整治和生态修复工程入选自然资源部试点名单。

（三）坚持产业提振，经济转型取得新进展。全面启动平台“二次创业”。完善丽水工业园区体制机制。高溪工业小镇完成投资14.7亿元，累计开工建设面积117万平方米、竣工面积超57万平方米、投产企业66家。“安派科生物科技”“梦翔教育”

先后在美国纳斯达克上市。新增规上工业企业15家、工业机器人35台，整治“低小散”企业26家。全年区属规上工业增加值13.7亿元，同比增长8.5%。扎实推进生态农业。完成茶叶扩面近8300亩，确定“莲城雾峰”为茶叶区域公共品牌。建立全市首个超市产业农合联。生猪增产保供获评省“争先创优”行动“最佳实践”。创成省级渔业健康养殖示范区和省级“平安农机”示范区，老竹镇入选2020年全国农业产业强镇建设名单。全年农林牧渔业增加值同比增长2.8%。积极发展生态服务业，启动丽水古堰画乡国家级旅游度假区创建，古堰画乡入选全省首批未来景区创建试点、首批省级职工疗休养基地、长三角最佳文旅融合旅游小镇。大力推进文旅促消费活动，入围省级文化和旅游消费试点城市，莲都森林康养乡村旅游线路被列为全国休闲农业和乡村旅游精品线路，“大港头—堰头—河边线”获评省美丽乡村夜经济精品线。加快培育商贸业新动能，白云街道入选省首批商贸特色镇，城西村、大港头村被评为2020年省电子商务示范村，瓯宝安防、绿盒电子商务被评为省新零售示范企业。全年服务业增加值266.45亿元，同比增长5.2%。

（四）坚持绿色发展，城乡建设展现新风貌。扎实推进美丽莲都建设。有序开展国土空间规划编制，积极做好生态环保督察整改和“回头看”，扎实推进涉林垦造耕地问题清查整改。国控“水十条”考核断面、交接断面、市控以上地表水断面和县级以上集中式饮用水水源地水质均100%达标。全国首个松材线虫病智控管理平台“云森防”投入使用。市区空气环境综合指数为2.75，在全国168个重点城市中排名第七；市区PM2.5平均浓度为21微克/立方米，排全省第二。成功列入省大花园示范县创建单位名单。有力推动城乡品质化提升。以全国第八名成绩实现全国文明城市“两连冠”，高分通过国家卫生城市复审省级技术评估。市区城中村改造（重点项目征收）拆除房屋11万平方米、征收土地4427亩。完成社区规模调整，新成立陈道门、东港、通济三个社区。碧湖镇入选省级小城市培育试点名单，大港头镇获评新时代美丽城镇省级样板，沙溪村获评全国文明村镇。建成省美丽宜居示范村2个，完成中国传统村落保护利用项目9个，入选国家森林乡村7个。创成省“基本无违建区”。不断完善基础设施建设。完成市区老旧小区改造10个，共计26.45万平方米。衢丽铁路开工建设，北埠至堰后农村道路改造提升工程、洪渡互通至黄村农村道路改造提升工程（仙渡至黄村段）等一大批项目加快推进。获省“农村饮用水达标提标行动成绩突出县”荣誉称号。主城区及重点乡镇、旅游景区实现5G信号全覆盖。

（五）坚持创新驱动，改革开放实现新突破。全面深化改革。以“最多跑一次”改革为抓手，有序推进政府数字化转型和群众企业“一件事”改革，在全市率先启用政务服务2.0综合受理新模式。持续优化营商环境，深化“证照分离”改革，一般企业投资项目竣工验收前审批实现“最多80天”。完成全区GEP总量核算。建立“云办税·智慧大厅”，在全省首次使用电子签章，实现涉税事项办理“不见面”“跑零次”。加快“问海借力”扩面升级。与黄浦区开展战略协作，持续深化与义乌市、宁波江北区山海协作，山海协作消薄园首次分红300万元，全省投资额和建筑面积最大的科创飞地——莲都大厦开工建设。加快科技创新，新增国家高新技术企业14家、省科技型中小企业24家、省级高新技术企业研发中心3家、“绿谷精英”项目11个，均创历史新高；新认定省级企业研究院1家、市级产业创新服务综合体1家，均实现零的突破；新增省级“星创天地”1家。上海自贸壹号人才科创飞地进入实质性招商阶段。与浙江清华长三院合作的“帮邦行”项目正式投产运营。出台“莲9条”人才新政，引进“画乡莲都·院士之家”签约入驻院士17人，“国家水稻分子育种中心丽水示范基地”项目落户碧湖，袁隆平院士为基地题名。

（六）坚持民生为本，全面小

康增添新福祉。不断完善社会保障。深化“区乡村三级联动办实事”机制，共办结民生实事824件。坚决打好精准脱贫攻坚战，全面消除农村家庭人均年收入8000元以下现象，低收入农户人均可支配收入12685元，增长14.5%。助力剑阁县实现脱贫“摘帽”。完成村集体经济消薄任务，总收入20万元以上且经营性收入10万元以上的村126个。最低生活保障标准提高到每人每月850元，人均低保补差提高87元。全民健康补充医疗保险“浙丽保”参保率超过85%。农村困难家庭C、D级危房共929户全部完成治理改造，实现动态清零。开工建设既有住宅加装电梯81台，为前五年总和的三倍多。城镇新增就业7692人，城镇登记失业率1.82%。全省首创为退役军人购买小额意外保险，创成全国双拥模范城、全国无障碍环境区。有效提升公共服务。稳妥有序推进教育招生新政，公办园覆盖率提升5.5%，一、二级园覆盖率提升11.6%，创成省示范学习型城市。启动第二批“流动医院”巡回诊疗工作，覆盖11个乡镇(街道)、144个偏远村，诊疗服务2.7万人次。以全国第四名成绩创成全国健康促进区。新建社区嵌入式小型护理机构3家、居家养老服务中心3个、儿童之家12家。成功举办“第二届丽水巴比松国际研讨会暨2020古堰画乡小镇艺术节”、2020全国乡村春晚集中展示活动启动仪式、“莲都100”越野赛，万象街道入选省文化强镇名单。持续深化平安建设。坚持和发展新时代“枫桥经验”，社会矛盾纠纷调处化解中心正式启用，国家、省、市、区四级走访总量较近三年平均值下降38%，化解各级信访积案94件。黄泥墩村“阳光票决制”获全省法治乡村实践优秀案例，系全市唯一。白云派出所被评为“全国公安机关执法示范单位”。全区群众安全感满意度综合排名跃居全省第三。

(七)坚持规范高效，履职能力得到新提升。推进法治政府建设。严格执行“三重一大”集体研究决策制度，落实重大行政决策事项合法性审查。新发行政诉讼案件同比下降23.59%，败诉率同比下降57.15%。全年共办理人大代表建议和政协提案303件，满意率99.7%。推动清廉莲都建设。认真落实中央八项规定及实施细则精神，强化对重点领域、重点单位、重点岗位的全程管控和审计监督。坚持政府带头过“紧日子”，全年压减非刚性、非急需项目支出2.46亿元。狠抓执行力建设。大力推进政府系统“两强三提高”建设，打造“整体智治、唯实惟先”的现代政府。全力做好省委巡视、区党政主要领导干部经责审计和自然资源资产(任中)审计反馈问题整改。持续深化“大督查”工作机制，清单化、闭环式落实147项重点事项，推动改革发展政策落地落实，获省政府办公厅督查激励表扬。

2020年是“十三五”收官之年。过去五年，是莲都在应对各种困难和挑战中奋勇前行的五年，更是积极探索“绿水青山就是金山银山”转化新路径、高质量绿色发展新道路的五年。五年来，我们深入学习贯彻习近平新时代中国特色社会主义思想，认真贯彻落实党中央、国务院、省、市和区委的各项决策部署，全面厉行“丽水之干”，基本完成“十三五”规划主要目标任务，高水平全面建成小康社会取得决定性成就。生产总值从2015年的282.75亿元增长到406.97亿元，年均增长5.5%，经济总量稳居丽水九县(市、区)第一；区属固定资产投资增速连续四年排名全市前二；一般公共预算收入从12.47亿元增长到17.96亿元，年均增长7.6%；城乡居民人均可支配收入分别从35038元、19327元增长到51669元、30365元，年均分别增长8.1%和9.5%，城乡居民收入比从1∶1.81缩小到1∶1.70。

五年来，我们坚定不移举生态旗、走生态路、吃生态饭，生态优势不断彰显。打赢全境剿灭劣V类水攻坚战，创成“清三河”达标县，获得省治水最高奖“大禹鼎”。“养猪上楼”入选农业农村部“五大治污”模式，并在全国推广。设立峰源省级自然保护区。市区环境空气质量稳居全国前十、生态环境状况指数连续17年在全省设区市中排名第一，生态环境质量公众满意度保持全省前列，入选“中国天然氧吧”。生态文明建设工作得到央视“大江奔流——来自长江经济带的报道”和“千万工程”建设典型经验采访团的深度报道。

五年来，我们坚定不移扩总量、促增量、提质量，生态经济蓬勃发展。创成全国休闲农业与乡村旅游示范县、省农业绿色发展先行县，新增海拔600米以上绿色有机农林产品基地14.1万亩、“丽水山耕”示范基地145个、“丽水山居”示范项目41个，实现农产品旅游地商品销售额38.7亿元。丽水万洋低碳智造小镇、郎奇—白桥康旅小镇等一批重大项目加快推进，欢庭·下南山、百兴菇业魔幻菇林、鱼跃文化产业园等一批精品“旅游+”项目建成运营。在纳斯达克上市企业3家，新增省股交中心挂牌企业30家。古堰画乡入选省级特色小镇。获评长三角最具魅力私家旅游目的地，创成省级全域旅游示范区。

五年来，我们坚定不移抓统筹、促协调、优环境，城乡面貌焕然一新。推进旧住宅区、老旧小区截污纳管改造区块79个，完成基础改造面积265万平方米，市区城中村改造（重点项目征收）拆除房屋286万平方米，腾出发展空间1.2万亩，中心城区建成区面积从34.9平方公里扩展到43.5平方公里，城市化率从72%提高到78%。采桑社区等3个项目被列入全省未来社区试点。创成省级小城镇环境综合整治样板乡镇3个、美丽乡村示范乡镇6个、美丽乡村特色精品村15个，创成省新时代美丽乡村示范县。垃圾分类工作连续三年获省级优秀。丽龙高速南山互通至丽新项目一期建成通车，“四好农村路”三年行动计划、建制村农村客运“村村通”工程全面完成，基本实现城乡同质饮水。

五年来，我们坚定不移促改革、强创新、扩开放，发展活力持续增强。积极承担农村集体产权制度改革、异地搬迁扶贫改革等一批国家级、省级重大改革试点，成为全国农村集体“三资”管理示范县、全省首批部省共建乡村振兴示范省先行创建区。完成党政机构、事业单位改革，推动市区财政体制调整、市区综合行政执法体制改革，组建区国资、区建投、区旅投三大国有公司。我区作为全省唯一的国家义务教育质量监测结果应用实验区，考核进入全国第一档。与浙江清华长三角研究院、省农业科学院等大院名校开展全面战略合作，新增国家高新技术企业25家、省科技型中小企业85家。搭建世界丽水人大会莲都分会、丽水“人才·科技”峰会莲都分会、丽水（上海）旅游推介周·莲都推介活动等一系列开放合作载体，推进融入长三角、接轨上海、山海协作、东西部扶贫等一系列开放合作行动。

五年来，我们坚定不移保基本、补短板、促和谐，民生福祉全面提升。民生领域公共财政支出180.8亿元，占一般公共预算支出的82.5%，年均增长14.6%。建成农民异地安置小区6个，完成农民异地搬迁4403户8886人。新（扩）建教育项目22个，新增学位初中2750个、小学5940个、幼儿园2940个，创成省教育基本现代化区。实现省级卫生乡镇全覆盖，市区“医联体”建设实现基层医疗机构全覆盖，人均预期寿命达到81.2岁。区图书馆投入使用，区文化馆通过全国首批数字文化馆试点项目验收。创成省食品安全区、省放心粮油示范区、全省首批全市唯一的禁毒示范区。

“十三五”的发展成就来之不易。这是上级党委、政府和区委正确领导、科学决策的结果，是区人大、区政协有效监督、鼎力支持的结果，是历届政府继往开来、接力奋斗的结果，是各民主党派、工商联、无党派人士、人民团体、海外华侨、社会各界人士和驻莲部队倾力支持的结果，也是全区广大干部群众奋力拼搏、攻坚克难的结果。在此，我谨代表区人民政府，向大家致以崇高的敬意和衷心的感谢！

同时，我们清醒地认识到，我区经济社会发展中仍面临不少困难和挑战，主要有：生态优势的充分发挥仍有一个较长过程，绿色生态发展潜力有待充分释放；产业低小散、创新动力不强、发展不平衡不充分等问题仍然突出，经济转型升级任重道远;城乡基础设施、基本公共服务等还存在不少短板,与人民群众的期待相比还有不小差距;土地、资金、人才等制约仍然突出,要素保障长期面临短缺局面;防范化解风险隐患任务依然繁重;政府自身建设仍需加强。对此,我们一定高度重视,采取更加有力措施认真加以解决。

二、“十四五”时期的奋斗目标和主要任务

根据区委《关于制定莲都区国民经济和社会发展第十四个五年规划和二〇三五年远景目标的建议》,区政府编制了《莲都区国民经济和社会发展第十四个五年规划和二〇三五年远景目标纲要(草案)》,提请大会审议。经本次大会批准后,区政府将认真组织实施。

“十四五”时期经济社会发展的指导思想是:高举习近平新时代中国特色社会主义思想伟大旗帜,深入贯彻党的十九大和十九届二中、三中、四中、五中全会精神,统筹推进“五位一体”总体布局,协调推进“四个全面”战略布局,科学把握新发展阶段,深入贯彻新发展理念,积极融入新发展格局,坚持党的全面领导,坚持以人民为中心,坚持深化改革开放,坚持系统观念,坚持稳中求进工作总基调,坚持“发展莲都、服务市区”基本定位,坚持“自我加压、跳起来摘桃子”工作理念,坚持“产业为基、工业为先”发展路径,坚持“担当作为、务实苦干”工作主基调,坚持以“五大工作制度”大抓落实,围绕勇当丽水“发展头雁”“创新标兵”“实干先锋”总要求,坚定不移走创新实践“绿水青山就是金山银山”理念发展道路,全面厉行“丽水之干”,大力弘扬践行浙西南革命精神,全力推进高质量绿色发展,加快山区跨越式发展,系统构建以“生态经济化、经济生态化”为显著特征的现代化生态经济体系,加快推进县域治理现代化,促进全区人民走向共同富裕,奋力开启高水平全面建设社会主义现代化新征程。

“十四五”时期经济社会发展的主要目标是:在高质量发展前提下实现必要适度的高速度增长,全区生产总值(GDP)和生态系统生产总值(GEP)实现“两个较快增长”,生态产品价值实现率达到50%。发展速度能快则快,主要经济指标增速超过全市平均水平,经济总量占全市的份额稳中有升,常住人口城镇化率持续提高,区本级规上工业增加值年均增长15%以上,全社会研发经费投入强度逐年提高,固定资产投资突破千亿元,居民收入增速保持全省前列,城乡居民收入比持续缩小。努力推动高质量绿色发展取得新成效、科技创新实现新突破、改革开放迈出新步伐、美丽城乡建设树立新标杆、社会文明程度获得新提高、县域治理得到新提升、人民生活品质达到新水平。

根据上述指导思想和工作目标,“十四五”时期,我们要重点完成五个方面的任务。

(一)强化创新引领发展,高标准建设浙西南科创高地。实施创新驱动发展战略,实现科创重要指标“五倍增五突破”,基本建成浙西南科创中心。加快建设高能级创新平台,推进丽水北城科创圈、碧湖新城科创轴建设,积极打造科创功能载体,加快推动高端创新要素集聚,增强对高新科技型企业的吸引力。强化“院地合作”,与长三角区域创新高地合作建设“科创飞地”,推进政策链、人才链、创新链、产业链、金融链融合,搭建科技成果转化应用和产业化的有效平台。加快培育高科技创新主体,健全科技企业梯次培育机制,大力培育高新技术企业和科技型中小企业,加快培育“专精特新”“隐形冠军”“单项冠军”企业,鼓励规模以上企业建立研发中心、企业技术中心、技术检测中心等研发机构,支持企业与企业成立技术联盟,与高校、科研院所、新型研发机构合作共建研发机构。实施重大人才培引工程,深入实施“绿谷精英·创新引领”“绿谷英才”行动计划,探索“人才飞地”引才、校地平台引才等模式,推进院士专家工作站、博士后工作站、校企合作研究所等合作项目,开展产学研用联合培养人才试点,不断壮大新时代工匠队伍。优化科技创新体制机制,落实科技新政、人才新政,推进打造全链条、专业化的科创公共服务平台,建立健全鼓励创新的科研计划管理体制和有利科技成果转化的激励机制，完善区域内投融资、孵化、人才培训、技术研发、法律财务等创新服务，打造最优质的创新生态。

（二）聚焦产业高质量发展，增强现代化建设支撑能力。以“生态经济化、经济生态化”为主线，加快新旧动能转换，推动两业融合、两化融合发展，构建以美丽经济为特色的现代化生态产业体系。坚定不移发展生态工业，实施生态工业高质量发展倍增行动、现代产业集群培育升级行动，深入推进传统制造业改造提升2.0版，加快培育具有莲都特色的战略性新兴产业、未来产业和龙头骨干企业，重点打造高端装备制造、现代时尚、生命健康等三大主导产业。推进产业平台的系统性重塑，超前谋划和拓展未来发展空间。力争新培育规上企业80家、亿元以上企业15家、上市企业3家。加快发展现代特色服务业，推进国家级旅游度假区、国家全域旅游示范区创建，打造全国康养旅居慢生活目的地，把生态旅游业打造成为国民经济的战略性支柱产业。深入推进瓯江山水诗路文化带建设，大力发展文化创意产业。强化商贸设施建设，完善商品及货物集散功能，打造国家骨干冷链物流基地。加快发展高铁经济，科学谋划和布局空港经济。精心培育生态精品农业，坚持以工业化理念推动农业标准化、规模化、产业化发展，加快形成“3+2+1”农业农村产业布局，推进农产品精深加工，延长产业链，发展壮大农村电商经济，推动休闲旅游与农业融合发展，创建国家农高区。深入实施数字经济五年倍增计划，启动“数字产业化”突破和“产业数字化”赋能工程，推进数字经济与实体经济深度融合，加快传统制造业数字化、智能化改造，加快数字社会建设，建设省级软件和信息服务产业特色基地。

（三）畅通经济循环发展，加快构建全面开放格局。深化供给侧结构性改革，积极参与国内国际“双循环”，构建“大开放、大合作、大发展”新格局。打造最优营商环境，以数字化改革撬动各领域各方面改革，推进政府数字化转型，深化“一件事”集成改革、国有企业市场化改革、“亩均论英雄”改革等，深化信用体系建设，深入推动综合行政执法体制改革，推进土地要素、资本要素市场化配置。以“双招双引”为突破口实施新一轮扩大有效投资行动，谋划推动一批高能级战略平台、战略性新兴产业、现代化产业链项目，推进新型基础设施、新型城镇化、交通水利等重大工程攻坚，发挥政府投资撬动作用，激发民间投资活力，拓展重大项目境内外融资渠道，形成市场主导的投资内生增长机制。推动消费扩容提质，加快推进消费型商业布局，打造一批商业综合体、高品质步行街、特色消费品市场。深入实施放心消费行动，发展夜间经济，提升社区商业消费，扩大乡村消费、数字新生活消费、文化消费、老龄人口消费等新增长点。发展高水平开放型经济，深度参与“一带一路”建设，加快跨境电商发展，打造古堰画乡国际化特色小镇，全面融入长三角一体化发展，完善全方位高质量接轨上海工作机制，深化“山海协作”合作机制，探索互建“飞地”，推动“一带三区”协同发展，努力打造长三角生态旅游目的地、生态安全农产品供应地。

（四）加快城乡统筹发展，用心绘好全域美丽画卷。以全域美丽为导向推动城镇、乡村特色化发展，全力打造新时代“富春山居图”，争当乡村振兴排头兵。优化城乡发展布局，推进城乡片区化、组团式发展。加快推动城市有机更新，全力助推中心城市能级提升，打造现代服务发展区；推动碧湖田园新城扩容提质，大力推进省级小城市培育试点，打造集田园风光、智能服务、时尚生活、古今融合、现代产业为特色的城郊经济发展区；大港头镇、峰源乡依托山水、生态、人文资源，打造文旅融合发展区；老竹镇、丽新乡等环东西岩片区依托东西岩景区和高铁小镇，打造畲乡民俗经济区；雅溪镇、太平乡、仙渡乡、黄村乡等北部片区依托红色旅游资源、特色水果和高山康养，打造“红+绿”融合发展区。加快大花园最美核心区建设，深入推进治水治气治土治废，融入丽水国家公园、美丽城市、美丽城镇、美丽乡村和美丽河湖、美丽林相、美丽田园等“1+3+N”建设工程，开展松材线虫病防治五年攻坚行动，实施百万亩国土绿化、“增花添彩”等工程，加强生态系统保护和修复，构筑“点、线、面”相结合的大花园景观系统。完善生态产品价值实现机制。高质量创成省大花园示范县。补齐基础设施短板，助力丽水机场、杭丽铁路等重大交通项目建设，深化美丽经济交通走廊和“四好农村路”建设，加快构建互联畅达、高效便捷的现代交通网和“快进慢游”旅游交通体系，实现“211交通圈”。加快绿色能源设施网和新一代信息基础设施网建设。加强小流域综合治理，打造通济堰干渠通航工程，全面提高农田水利基础设施建设水平。加快城乡供水一体化进程，进一步完善城乡污水处理网络。

（五）促进全民共同富裕，构建更高品质民生幸福之城。聚焦关键小事，着重解决发展不平衡、不充分问题，让群众共享发展成果、共创美好生活。千方百计促增收，落实落细稳就业各项政策举措，建立完善农民增收长效机制，稳步提高工资性收入，多渠道增加城乡居民财产性收入。加快教育水平现代化，高标准普及15年基础教育，建成覆盖城乡的学前教育公共服务体系，创成全国学前教育普及普惠区、全国义务教育优质均衡发展区。更高水平建设健康莲都，完善疾病预防控制体系和重大疫情防控体制机制，创建国家慢性病综合防控示范区，加快构建优质高效的整合型医疗卫生体系，全面提升人民健康水平。加大文化资源优质供给，高标准打造特色文化品牌活动，持续打响“莲都有艺思”旅游目的地品牌，推进农村文化礼堂、社区文化活动室等基层阵地建设，推动文化大发展大繁荣。健全社会保障体系，健全社会保险制度，加快实现法定人员社保全覆盖，适度提高城乡居民最低生活保障标准，完善社会保障救济制度，加快构建新型住房保障体系、多元化养老体系。强化社会现代化治理，防范化解各类重大风险隐患，在“保稳定”中打造长安之区。

三、全力以赴做好“十四五”开局工作

2021年是中国共产党建党100周年，是“十四五”规划的开局之年，必须迈好第一步，展现新气象。

做好今年工作，必须坚持以习近平新时代中国特色社会主义思想为指导，全面贯彻党的十九届五中全会、省委十四届八次全会、市委四届九次全会、区委十四届十次全会和中央、省委、市委经济工作会议精神，围绕勇当丽水“发展头雁”“创新标兵”“实干先锋”总要求，以浙西南革命精神为坚定厉行“丽水之干”注魂赋能立根，全面贯彻落实区委“大抓落实年”部署要求，以超常规力度在“双招双引”上走在前、干在先，巩固拓展疫情防控和经济社会发展成果，扎实做好“六稳”工作，全面落实“六保”任务，推动高质量绿色发展取得新突破、加快跨越式发展迈出新步伐，以优异成绩向建党100周年献礼。

综合考虑当前经济发展基础和“十四五”规划目标，建议2021年全区经济社会发展的主要预期目标为：地区生产总值增长8.5%以上；区属固定资产投资增长12%，研发经费支出（R&D）占GDP比重达到2.2%以上，区本级规上工业增加值增长15%以上，市区服务业增加值增长8%以上，市区社会消费品零售总额增长7.5%，区本级一般公共预算收入增长8.5%，区本级出口总额保持适度增长；城镇居民人均可支配收入增长8%以上，农村居民人均可支配收入增长10%以上，各项约束性指标达到上级要求。重点抓好以下几方面工作：

（一）慎终如始做好常态化疫情防控

按照“外防输入、内防反弹”防控要求，坚持依法防控、科学防控、精准防控，坚持人防、物防、技防并重，织密筑牢防护网，确保不发生院内感染，不发生社区传播，不发生公共场所聚集性疫情。完善入境物品疫情防控体系，做到食品溯源管控不放松、重点人员管控不放松、重点区域管控不放松、日常消杀不放松、健康监测不放松。完善“属地处置、区域协作、高效联动”应急处置机制，加强大规模核酸筛查实战演练，切实做好社区动员、现场组织、设备配置、信息化保障等应急准备。持续加强流调溯源能力建设，牢牢把握疫情防控主动权。深入开展爱国卫生运动，引导广大市民自觉养成戴口罩、勤洗手、常通风、一米线、公筷制等良好卫生习惯。

（二）坚定不移实施“双招双引”一号工程

开展招商引资大会战。紧盯战略性新兴产业、未来产业，深耕细分产业领域，瞄准央企、大型国企、500强企业和行业领军企业，全力争取在招引重大战略项目上率先突破。集成出台最优招商政策包，强化招商政策刚性兑现。充分发挥驻上海招商部等驻外招商机构作用，强化基金招商、总部招商、飞地招商等。加快建设招商智能化管理平台和招商推介信息平台，实现项目招商全生命周期管理。全面梳理高溪工业小镇产业链短板清单，加快补链强链型企业招引，实现准入企业突破230家、投产企业突破100家。充分用好世界丽水人大会莲都分会等平台，聚焦“莲商回归”“莲都超人”，把“莲都人经济”转化为“莲都经济”。以绿谷智慧小镇、丽水·莲都电子商务创业创新综合体为载体，加快引进5G应用、物联网、云计算等新基建项目。力争新引进大项目10个，完成实际利用内资20亿元。

打好招才引智主动战。实施新一轮科技企业“双倍增”行动计划，培育壮大创新主体，新增国家高新技术企业10家、省科技型中小企业15家，实现高新技术产业增加值增长12%以上。加快推进国家水稻分子育种中心丽水示范基地建设，打造浙西南现代育种基地，统筹推进中科莲都科创中心、浙江省农科院丽水分院、丽水学院莲都产业研究院、莲都区义乌科技创新研究院等科创功能载体建设。持续推进“画乡莲都·院士之家”创建工作，争取列入“浙江院士之家”建设试点名单。依托“丽水138人才工程”“绿谷精英”等行动计划，全力引进高层次、创新创业人才，新引进省级以上高层次人才平台2个、“绿谷精英”项目10个，新增院士工作站、博士后工作站各1家。谋划在北京建设离岸创新基地和各类科技孵化综合体，吸引高端人才来莲注册企业，推动研究成果转化。

（三）全力以赴扩大有效投资

狠抓项目建设。深入实施投资新政，进一步优化投资结构，力争区属民间投资、制造业投资均增长15%以上，交通投资、高新技术产业投资、生态环保、城市更新和水利设施投资均增长12%以上。精准把握上级政策、产业导向、自身优势，强势推进重点项目建设，实现省市县长工程开工2个以上，确保5个省重点、7个省“六个千亿”项目、5个省“4+1”重大项目完成年度投资目标。加快推进30个区重点项目，争取东西岩客运综合交通枢纽项目、莲都区青少年宫迁建等项目尽早开工。坚持挂帅领战、挂图作战、挂账销号，持续深化重大项目区领导联系、四级会商等机制，推进强基础、增功能、利长远的重大项目建设。

强化要素保障。积极向上争资金、跑项目、抢机遇，争取省财政新增地方政府债券5亿元以上。深入实施优化营商环境“10+N”行动，开通招商项目审批绿色通道，推进一般企业投资项目竣工验收前审批“最多80天”改革。深化投资项目在线审批监管平台应用，建立企业重大投资项目全流程代办平台，实现项目投资代办事项全覆盖。完成国土空间规划编制。有序推进土地征收和供应，力争收储土地900亩、出让土地1000亩以上。积极探索农村集体经营性建设用地入市。

（四）精准发力培育生态产业

做大做强生态工业。扎实推进平台“二次创业”，推进高溪工业小镇高效开发利用，完善项目基础配套设施建设，做好郎奇区块、南山区块、碧湖区块产业转型提升，加快谋划新工业发展空间。系统梳理重点培育亿元企业、规上企业名单，分层次、分类别、分梯队培育优质企业，全年新增亿元企业2家以上、新三板挂牌企业1家，力争规上工业企业达到100家以上。鼓励金融机构增加制造业中长期贷款、技改贷款和信用贷款，加大政府产业基金对制造业的支持力度。实施数字经济“一号工程”2.0版，推进产业数字化、数字产业化，推广工业互联网新应用以及数字化新产品新服务应用，开展规上企业智能化技术改造诊断，新增工业机器人25台。

加快形成“3+2+1”农业农村产业布局。全面推进茶叶全产业链建设，加快茶叶交易市场和年产8800吨茶叶精深加工产品项目建设。强化农产品品牌培育，提升“莲城雾峰”“处州白莲”“丽水枇杷”“莲都仙桃”等品牌效应。开展蔬菜产业数字化应用，建成省级现代化育苗中心1个、数字化蔬菜基地2个。实施“精品果业”工程，建成“精品果园”10个以上。推进畜牧业稳产、保供、提质，提升莲鸭共生系统示范基地。推动“莲都山超”品牌做实做强，发展加盟店200家以上，加快打造全国中小超市产业发展地标区。

持续推进“旅游+”全产业融合。全力推进丽水古堰画乡国家级旅游度假区创建，加快建设古堰画乡文化产业园、画乡大酒店、艺术中心等一批项目。实施大花园品质化微改造行动，争创古堰画乡景区“微改造”省级试点。深化农旅、工旅、文旅、康旅融合，加快杏福康旅小镇、郎奇—白桥康旅小镇等大花园旗帜性项目建设。大力发展文创产业，建设艺术品线上商业平台，培育文创社群，加强旅游商品开发与营销。持续办好“古堰画乡小镇艺术节”、丽水“巴比松”国际研讨会、“莲都100”越野赛、古堰画乡全国风景油画·双年展等大型活动，进一步提升“秀山丽水·画乡莲都”品牌影响力。

（五）高水平推进美丽城乡建设

加快新型城镇化建设。持续巩固和提升城市创建成果，确保通过省文明程度指数测评、国家卫生城市复评。全力助推灯塔未来社区和花园邻里中心建设，开工建设采桑未来社区。全面推进城镇老旧小区改造，推进“五线下地”试点，启动4个旧住宅区块改造，完成改造面积19万平方米，加快推进海潮河区块及刘祠堂背等历史街区改造工程。完成老旧社区雨污分流改造二期等改造工程。高起点谋划推进碧湖田园新城建设，推进碧湖镇创建省级“千年古城”复兴试点，加快形成以画乡小镇、古堰小镇、高溪工业小镇、郎奇科创小镇、石牛温泉小镇、九龙湿地萤火虫小镇等为平台的“产城共兴”发展格局。全面推进美丽城镇建设，完成老竹镇、丽新乡、太平乡、仙渡乡、峰源乡等5个乡镇的美丽城镇建设，力争老竹镇创成美丽城镇省级样板。

加快新时代美丽乡村建设。以深入实施乡村振兴战略为抓手，深化“千万工程”，加强历史文化（传统）村落保护利用，力争打造新时代美丽乡村精品村15个、达标村44个。稳步推动景区村创建，创建AAA级景区村1个、AA级景区村5个、A级景区村10个。围绕建设红绿融合、农旅融合、畲乡风情3条乡村振兴示范带，着力推进美丽乡村建设。深入开展农村人居环境综合整治行动，切实抓好“垃圾、污水、厕所”三大革命。大力实施金融科技赋能乡村振兴试点，推动丽水域外“两小”金融综合服务平台落实与推广。

加快基础设施建设。加快完善综合交通网络建设，推进衢丽铁路莲都段建设，实现北埠至堰后农村道路改造提升工程竣工通车，力争丽龙高速公路南山互通至丽新建设工程二期（郎奇至丽新段）、桃碧线（碧湖至下圳段）提升改造工程、双港口至双源农村道路提升工程开工建设，持续推进洪渡互通至黄村农村道路改造提升工程（仙渡至黄村段）、丽武公路至东西岩公路工程建设，加快峰源郑地至张庄公路等项目前期。持续推进“四好农村路”建设，完成农村公路提质升级。推进城镇管网建设、污水处理设施建设，完成雅溪自来水厂、老竹—丽新污水处理厂、碧湖第二污水厂、太平乡自来水管网改造等项目建设。扎实推进既有住宅加装电梯工作。推进5G等数字基础设施建设，加快实现5G信号乡镇以上全覆盖。

持续优化生态环境。不折不扣抓好第二轮中央环保督察反馈问题和涉林垦造耕地问题整改。坚决打好污染防治攻坚战，市区PM2.5平均浓度保持24微克/立方米，空气质量优良天数比率达97%以上，“水十条”国家考核断面、市控以上地表水监测断面、县级以上饮用水水源地水质和跨行政区域河流交接断面水质保持100%达标，土壤环境风险得到基本管控，受污染耕地和污染地块安全利用率达93%以上，危险废物无害处置率达100%，争创“无废城市”。大力推进砂石资源专项整治及规范经营管理。健全生态修复和保护机制，积极推进通济堰生态修复工程、全域土地综合整治与生态修复工程。全方位加强耕地保护，深入推进农村乱占耕地建房问题专项整治三年行动，坚决制止耕地“非农化”、防止“非粮化”。持续深化垃圾分类，城区生活垃圾分类覆盖率、资源化利用率均达95%以上，无害化处理率达100%。严格实行全域“禁燃”，禁止秸秆、垃圾露天焚烧，推进秸秆综合利用。迭代提升“云森防”平台，打好松林保卫战。力争创成省级生态文明建设示范区。

（六）千方百计释放发展活力

深入释放改革活力。加快推进数字化集成改革，全面对接落实全省数字化改革“1+5+2”工作体系。推动“掌上办”集成优化，推动群众和企业“一件事”迭代升级，实现更多“一件事”网上、掌上联办。加快政府数字化转型，做好政务服务2.0平台事项认领接入，深化“一窗受理、集成服务”，打造“一站式”服务大厅，实现现场管理达到省级标准。深化“一网通办”，力争机关内部非涉密事项线上办理率达到100%。全面拓展代办服务覆盖范围，做到村级全覆盖。推动丽水市公共数据平台建设，启动花园云莲都分平台建设，实现多部门业务协同、数据共享。协同推进省、市数字化治理重点应用，打造一批具有影响力的数字化业务应用“莲都样本”。深化信用体系建设，打造信用示范之城。

加速释放开放活力。充分利用长三角地区优质资源，开展重大基础设施和重点产业项目合作。深化本地生态、农业、休闲旅游资源与长三角中心城市的科创、资本等要素对接，新增人才、科创、绿色、产业等飞地1个以上。深化与上海黄浦区全方位结对合作，加快上海自贸壹号人才科创飞地建设，引进或孵化一批优质的科创、金融项目。深入推进义乌、江北等地山海协作工作，力争实现山海协作产业项目到位资金21亿元，加快义乌莲都大厦项目建设，完成丽新乡马村村、碧湖镇松坑口村、仙渡乡葛畈村3个山海协作乡村振兴示范点建设。

大力释放消费活力。推进省级文化和旅游消费试点城市建设，激发旅游消费活力。以创建省数字生活新服务样板县为契机，谋划实施一批商贸、文旅、健康等数字类项目，提高数字生活服务业集聚发展水平。支持工业、农业、零售企业开展电商运营，实现产供销一体化、线上线下全渠道发展。落实带薪休假制度，扩大节假日消费。

（七）全心全意保障和改善民生

抓好富民增收。全面巩固提升脱贫攻坚成果，坚持开发性与保障性措施并重，完善低收入群体的精准识别、动态管理和精准帮扶机制，确保“两不愁三保障”突出问题动态清零，确保群众收入绝对值领跑全市，力争增速排在全市前列。大力发展村集体经济，确保村集体年收入达到20万元以上且经营性收入达到10万元以上的村达152个以上。高质量推进“大搬快聚富民安居”工程，加快碧湖魏村地块、联城中学对面地块、凤鸣地块等安置小区建设，实现3200人搬迁目标，扎实做好异地搬迁“后半篇”文章。

抓好民生保障。积极落实就业创业帮扶政策，城镇登记失业率控制在3%以内。继续扩大社会保险覆盖面，努力使职工城乡居民基本养老保险参保率稳定在98.5%以上。大力推进全民医保，确保基本医疗保险户籍人员参保率达到99%以上，“浙丽保”参保率达到85%以上。完善城乡危房改造长效机制，切实保障群众住房安全。加快推进区级公益性生态公墓项目建设，谋划实施乡镇级节地生态殡葬设施，逐步升级改造乡镇级居家养老服务中心。保障妇女儿童权益，推动家庭纠纷就地化解，完成儿童福利院改造提升工程。

抓好公共服务。深入实施教育提质行动，建成天宁中学风雨操场、碧湖三小、长岗背小学、望城岭幼儿园、水东公寓幼儿园、青林公寓幼儿园、水南幼儿园，开工建设新青林小学、城西学校初中部新建工程、大洋路小学扩建工程、处州中学扩建工程，加快薄弱民办学校和农村小规模学校提升改造，新增小学学位1620个、幼儿园学位1260个。扎实推进健康莲都建设，启动新一轮国家卫生乡镇创建，加快推进区人民医院改扩建工程、应急医疗救治设施提升工程，开工建设区疾控中心和岩泉街道社区卫生服务中心扩建等项目。深化文化惠民，全年新建农村文化礼堂24个，文化下乡200场，送书下乡2万册。

抓好平安建设。统筹推进安全生产、防汛防台、森林防火等工作，严防各类事故发生。深入实施地质灾害"整体智治"三年行动，提升灾害防御能力。强化食品药品安全监管，完善基层食品安全综合协调体系。加强金融风险预警，严密防范企业"两链"、P2P后续处置以及类金融机构非法集资等风险，坚决守住不发生系统性、区域性金融风险的底线。提升"基层治理四平台"规范化建设，推进区、乡、村三级矛调中心建设，运用"村级事务阳光票决制"等基层社会治理成果，持续推进信访积案化解。完善扫黑除恶专项斗争长效机制，严厉打击"黄赌毒""盗抢骗"等违法犯罪活动。夺取"一星级平安金鼎"，推动"平安"向"长安"迈进。

（八）全面提高政府治理现代化水平

加强政治建设。学懂弄通做实习近平新时代中国特色社会主义思想，完善"不忘初心、牢记使命"长效机制，开展党史学习教育，增强"四个意识"、坚定"四个自信"、做到"两个维护"，不断提高政治判断力、政治领悟力、政治执行力，切实贯彻执行中央及省、市、区委各项决策部署，确保政令畅通、令行禁止。

推进法治建设。自觉运用法治思维和法治方式开展工作，依法接受人大监督，自觉接受政协民主监督，加强审计监督、统计监督、群众监督和舆论监督。严格规范重大行政决策制定和执行，深入推进乡镇（街道）合法性审查全覆盖。完善行政复议体制机制，努力降低行政诉讼发案量和败诉率，进一步提高依法行政水平和政府执行力、公信力。争创法治浙江（法治政府）建设示范区。

强化廉政建设。切实履行全面从严治党主体责任，高标准落实中央八项规定及实施细则精神，坚决惩治腐败行为，推动廉洁政府建设取得新成效。继续坚持政府过"紧日子"，进一步压缩一般性支出，非刚性、非重点项目支出压减不低于10%。强化资金绩效管理，严控"三公"经费。建立健全审计发现问题整改长效机制。

深化作风建设。贯彻落实区委"大抓落实年"要求，深入开展"三服务"，完善和落实为民办实事长效机制。大兴真抓实干之风，深入践行"五大工作制度"，强化表格化、清单化、项目化抓落实闭环管理，加大监督检查、跟踪问效力度，力戒形式主义、官僚主义，引导全区党员干部勇挑重担、克难攻坚。

各位代表！宏伟蓝图已经绘就、光荣使命催人奋进。让我们更加紧密地团结在以习近平同志为核心的党中央周围，在上级党委政府和区委的坚强领导下，紧紧依靠全区人民，坚定信心、鼓足干劲，适应新常态、抢抓新机遇、奋力新作为，勇当丽水"发展头雁""创新标兵""实干先锋"，为开启高水平全面建设社会主义现代化新征程而努力奋斗！

名词解释

1.“六稳”“六保”：“六稳”是指稳就业、稳金融、稳外贸、稳外资、稳投资、稳预期；“六保”是指保居民就业、保基本民生、保市场主体、保粮食能源安全、保产业链供应链稳定、保基层运转。

2.打好“两战”：一手抓疫情防控，一手抓经济社会发展，坚决打赢防控阻击战和发展总体战。

3.“一车四员四到位”机制：“一车”即战“疫”助企直通车；“四员”即政策宣讲员、驻企服务员、健康服务指导员、复产督导员；“四到位”即政策宣讲到位，驻企服务到位，防疫指导到位，督导落实到位。

4.“千人进万企”专项行动：为加快莲都区实体经济高质量发展，莲都秉持“像爱护眼睛一样爱护企业，像善待亲人一样善待企业家”的服务理念，着力浓厚发展氛围、优化营商环境、破解三次产业发展中存在的不平衡不充分问题，集中全区各级党员干部力量开展高密度企业调研走访活动，千方百计为企业排忧解难。

5.五减：减税、减费、减租、减息、减支。

6.两直：财政部下达2万亿元新增赤字和抗疫特别国债，通过建立特殊转移支付机制，直达市县基层、直接惠企利民。

7.“金融活水”做法：通过用好央行再贷款、落实减费让利政策、畅通疫情防控金融服务绿色通道等举措，最大程度鼓励金融机构强化对实体经济信贷支持。

8.省市县长工程：省政府为加强产业项目谋划盯引，要求省、市、县三级政府有关领导，每年分别牵头谋划推进若干总投资100亿元、50亿元、20亿元以上重大产业项目。

9.“六个千亿”投资计划：分别是千亿数字经济工程、千亿生命健康工程、千亿高端装备工程、千亿文化旅游工程、千亿能源环保投资工程、千亿技术改造工程。

10.最佳实践：位居全省全市前列、做法有创新、经验可复制的争先创优行动先进经验。

11.平台“二次创业”：平台在取得高速发展之后，为了谋求进一步的发展而进行的内部变革过程，其实质是平台发展到一定阶段所进行的战略转型。

12.国控“水十条”：《水污染防治行动计划》（国发〔2015〕17号）。“水十条”主要内容为“全面控制污染物排放、推动经济结构转型升级、加快淘汰落后产能、着力节约保护水资源、强化科技支撑、充分发挥市场机制作用、严格环境执法监管、切实加强水环境管理、全力保障水生态环境安全、保障饮用水水源安全、明确和落实各方责任、强化公众参与和社会监督”等方面措施。

13.云森防：以“无人机+人工智能”的形式深度介入疫情普查、山场清理、验收结算等松材线虫病防治的各个环节，建设具备松材线虫病防控精准普查、分析决策、任务分配、跟踪验收、全程监管、统计核算等全流程管理功能，具有精密智控特色的数字化防控指挥平台。

14.“一件事”改革：企业群众需办理的一个“事项”，既可以是单独的“一件事情”，也可以是需到多个部门办理或多件相关的“事”“一揽子事”，经过梳理整合、流程再造后，变成企业、群众眼中或窗口统一办理的“一件事”。

15.政务服务2.0：围绕“智能导服、收办分离、线上线下融合”建设目标，重点聚集行政许可、行政确认、行政裁决、行政奖励、行政给付、其他行政权力类依申请政务服务事项，全面推进政务服务建设，实现无差别受理、同标准办理、全过程监控、“好差评”闭环，引领政务服务从网上、掌上“可办”向“好办、易办”转变，打造“互联网+政务服务”新优势。

16.GEP：一定区域内的生态系统为人类福祉和经济社会可持续发展提供的各种最终产品与服务价值的经济价值总和。

17.“云办税•智慧大厅”：集

云端办税、智能导税、多元税宣三大功能于一体，以“线上虚拟平台为主，实体大厅为辅”的现代化智能办税场所。

18.问海借力：抓住“一带一路”建设、长江经济带发展特别是长三角区域一体化等带来的历史性机遇，发挥“海外华侨”“山海协作”优势，吸引集聚更多优质要素和高端资源，打造高等级借力合作平台，促进经济增长内生动力大幅提升，推进高质量绿色发展的一把“金钥匙”。

19.科创飞地：注册在莲都的企业，在上海、宁波、义乌等创新资源集聚地区，建立集中办公区域、创业园区等，搭建信息资源平台，打通人才、资金、项目流通共享渠道，实现项目孵化在异地、产业化在莲都的一种柔性发展方式。

20.绿谷精英：围绕丽水市经济社会发展需求，引进符合丽水市产业发展战略布局，主要为数字经济、装备制造、节能环保、生命健康、人工智能、半导体、5G、绿色能源、新能源、新材料等引领未来发展的新兴产业，以及重点发展的生态精品农业、健康、羽绒制品、日用化工、皮革等传统产业转型升级紧缺急需的高端人才。

21.星创天地：以农业科技园区、科技特派员创业基地、科技型农民专业合作社等为载体，面向农业科技特派员、返乡农民工、大学生、科研人员、家庭农场主及中小微农业企业、专业合作社等创新创业主体，提供成果转化、产业创意、产品创新、人才培训等综合服务，打造集科技示范、创业孵化、平台服务为一体的新型平台。

22.阳光票决制：黄泥墩村首创的农村基层组织议事制度，以党建引领、阳光自治为核心，明确村级重大事项均通过村民代表大会无记名投票表决，被写入省委《关于认真学习贯彻党的十九届四中全会精神高水平推进省域治理现代化的决定》。

23.“三重一大”集体研究决策制度：重大事项决策、重要干部任免、重大项目投资决策、大额资金的使用，必须经集体讨论作出决定的制度。

24.“两强三提高”建设：“两强”即强谋划、强执行；“三提高”即提高行政质量、提高行政效率、提高政府公信力。

25.“清三河”达标县：全面清理莲都区的垃圾河、黑河、臭河等水域污染问题，通过全省统一达标值标准验收后，获评省级达标县。

26.养猪上楼：“非接触式发酵床养猪”。将生猪传统“吃、住、排”一体的单层猪舍改为上层养殖下层畜禽粪污处理的双层猪舍。

27.“千万工程”建设：2003年，在时任浙江省委书记习近平同志的倡导和主持下，浙江省开启以改善农村生态环境、提高农民生活质量为核心的村庄整治建设大行动，目标是花5年时间，从全省4万个村庄中选择1万个左右的行政村进行全面整治，把其中1000个左右的中心村建成全面小康示范村，被称为“千村示范、万村整治”工程。2018年，浙江省提出在新起点上全力打造“千万工程”升级版，加快把全省建成大花园。

28.未来社区：围绕社区全生活链服务需求，以人本化、生态化、数字化为价值导向，以未来邻里、教育、健康、创业、建筑、交通、能源、物业和治理九大场景创新为引领，打造新型城市功能单元。

29.四好农村路：建好、管好、护好、运营好农村公路。

30.农村集体“三资”管理：分别是农村集体资金、农村集体资产和农村集体资源的管理工作。

31.市区“医联体”：市、区级医院与区22家基层医疗机构通过创新人才培养、建立双向转诊、落实专家下沉、推进优质资源下沉等举措，实现优质医疗资源的区域共享。

32.五大工作制度：分别是“三服务”制度、领导干部“一联十”制度、“区乡村三级联动办实事”制度、“一线巡查、现场办公”制度、“住村联心、组团下访”制度。

33.“五倍增五突破”：实现全社会研发投入、创新主体、技术交易总额、规上高新技术产业增加值、研发机构“五倍增”，在创新平台建设、创新生态环境、创新人才、“卡脖子”技术攻关、科技创新效益上实现“五突破”。

34. 丽水北城科创圈：坚持“市区一家，共建共享”，以“生态为底、产业为基、科技为魂、人才为源”为主线，打造“十院（校）”和“十三园”科创功能载体。“十院（校）”即中国（丽水）两山学院、丽水学院、丽水职业技术学院、丽水广播电视大学、丽水市农林科学研究院、中共丽水市委党校、丽水市中心医院、丽水市人民医院、丽水市中医院、丽水市第二人民医院，“十三园”即绿谷信息产业园、丽水智慧小镇科创园、大学生创业园、华东药用植物园（丽水植物园）、莲都电商产业园、莲都数字经济产业园、莲都新经济产业园、丽水大修厂文化创意产业园、丽水摄影文化产业园、天宁工业园、纳爱斯科创园、艾莱依科创园、中科莲都科创园。

35. 碧湖新城科创轴：围绕“碧湖新城”建设，聚焦创新驱动、产业转型升级、提升竞争力等重大领域，推进碧湖新城科创轴建设，重点聚焦“六小镇”“六园区”科创平台。“六小镇”即画乡小镇、古堰小镇、高溪工业小镇、石牛温泉小镇、郎奇科创小镇、九龙湿地萤火虫小镇，“六园区”即丽水工业园区、莲都—义乌山海协作产业园区、国家农业综合开发园区、省级农业科技园区、国家水稻分子育种中心丽水示范园区、“丽水山耕”数字化产业园区。

36. 专精特新：符合国家产业政策、成长性好且具有专业化、精细化、特色化、创新型等特征的企业。

37. 隐形冠军：在某个细分行业或市场占据领先地位、拥有核心竞争力和明确战略、产品、服务，难以被超越和模仿的中小型企业。

38. 单项冠军：长期专注于制造业某些特定细分产品市场，生产技术或工艺国际领先，单项产品市场占有率位居全球前列的企业。

39. 绿谷英才：2020年10月，市委人才办制定的《“绿谷英才”特殊支持计划实施办法》，力争通过五年时间，遴选支持超过1000名本土人才，使50名左右人才入选省部级领军及以上层次各类人才工程，为我市高质量绿色发展提供人才和智力保障。

40. 人才飞地：在上海、宁波、义乌等高端人才集聚地区搭建创新创业孵化平台，吸引高端项目来莲落地，打通人才流通共享渠道，与创新资源发达地区共同培育优质项目，实现双方资源共享、合作共赢。

41. 瓯江山水诗路文化带：瓯江山水诗路文化带是浙江省提出的以“诗”串文为主线，以“诗”为点睛之笔，打造的四条诗路文化带之一，是浙江省“大花园建设”的标志性工程，是文化浙江建设的重要内容。

42. 两业融合、两化融合：“两业融合”是指先进制造业和现代服务业融合，“两化融合”是指工业化与信息化融合。

43. “3+2+1”农业农村产业布局：以发展茶叶、蔬菜、水果三大主导产业，莲鸭共生、畜牧两大特色产业及“莲都山超”特色增收富民产业为抓手调整和优化产业结构布局。

44. 国家农高区：国家级农业高新技术产业示范区，其目的是大幅度提升我国农业的劳动生产率、土地产出率和绿色发展水平，提高农业产业的国内外竞争力。

45. 双循环：在国际环境发生剧变的条件下，构建国内大循环为主体，国内国际双循环相互促进的新发展格局，以更好地保障中国经济安全，拓展经济发展空间。

46. 双招双引：招商引资、招才引智。

47. 一带三区：全市“两山”发展大会提出的市域统筹战略布局，核心是组团打造莲青缙市域发展核心带和龙庆经典文创区、遂松乡村振兴区、云景特色风情区。

48. “增花添彩”工程：通过加大开花、彩叶植物在城乡绿化建设的应用量和引种力度，丰富城乡绿化层次和色彩，增加森林景观点和赏花点，推动城乡绿化向多彩化、艺术化、精细化发展。

49. 211交通圈：通达上海2小时、省域1小时、市域1小时交通圈。

50. 莲都超人：在外经营超

市的莲都籍创业人员群体。

51.科技型企业“双倍增”计划：浙江省实施的以提升企业研发能力为核心的行动计划，目标是到2020年，全省高新技术企业和科技型中小微企业数量分别达到1.5万家和5万家，均较2015年翻一番。

52.丽水138人才工程：2011年，中共丽水市委办公室发布的《丽水市138人才工程（2011—2020年）实施意见》，按照“重点资助、滚动培养、跟踪管理、鼓励竞争”的要求，加快培养造就一批德才兼备、引领作用突出、创新实力强劲的学术技术带头人，为我市经济社会跨越发展提供人才引领和支撑。

53.省“4+1”重大项目：“4+1”投资类别中项目规模一般在10亿元以上的项目。“4”即交通投资，生态环保、城市更新和水利设施投资，高新技术产业投资，民间项目投资四大类别；“1”即省市县长项目工程。

54.优化营商环境“10+N”行动：省发改委、省市场监管局等九部门于2020年推出的《浙江省实施优化营商环境“10+N”便利化行动方案（2.0版）》。“10+N”包括开办企业、办理建筑许可、获得电力、获得用水用气、不动产登记、获得信贷、跨境贸易、执行合同、纳税、办理破产、企业注销、知识产权保护、证照分离等涉企13项改革任务。

55.莲都山超：区政府申请的区域品牌商标，通过莲都籍人员在全国各地经营的商业超市，把莲都的农产品、旅游产品在全国范围内进行推送。

56.五线下地：为解决杆林线网占地、占林且影响景观的问题，将强电、弱电、供水、排水、燃气五线路管网统一埋入地下进行管理的工作。

57.丽水域外“两小”金融综合服务平台：运用区块链、大数据技术建设金融综合服务平台，为域外“小超市”“小宾馆”商户提供收单结算、线上贷款融资等金融服务，实现数据跨领域、跨地域共建共享。

58.无废城市：固废产生量最小、资源化利用充分、处置安全的城市发展模式。

59.省数字化改革“1+5+2”工作体系：“1”即一体化智能化公共数据平台；“5”即五个综合应用，分别是党政机关整体智治综合应用、数字政府综合应用、数字经济综合应用、数字社会综合应用和数字法治综合应用，包含“产业大脑+未来工厂”“城市大脑+未来社区”等核心业务场景；“2”即数字化改革的理论体系和制度规范体系。

60.“一站式”服务大厅：按照“两集中、两到位”“审批不出中心”要求，推动政务服务事项100%进驻行政服务中心，立足政务服务2.0平台，打造跨区域、跨部门政务服务供给无差异的集智能导服、统一收件、审批、统一出件于一体的新型综合“一站式”服务大厅，实现“只进一扇门、办成所有事”。

61.最多跑一地：按照“最多跑一次”理念，在县级社会矛盾纠纷调处化解中心（信访超市）设立无差别受理窗口，“一个窗口”受理群众提出的各类纠纷化解、信访诉求和投诉举报事项。

62.两链：企业资金链、担保链。

63.P2P：网络借贷平台。

莲都区人大常委会工作报告

——莲都区第十六届人民代表大会第五次会议上

陈元龙

一、过去一年主要工作

2020年，是全面建成小康社会和“十三五”规划的收官之年，也是新中国历史上极不平凡的一年。在中共丽水市莲都区委的坚强领导和省、市人大常委会的有力指导下，区人大常委会高举习近平新时代中国特色社会主义思想伟大旗帜，深入学习习近平法治思想和考察浙江重要讲话精神，坚持党的领导、人民当家作主、依法治国的有机统一，认真履行职责，务实担当有为，为统筹全区新冠肺炎疫情防控和经济社会发展，高水平全面建成小康社会作出了积极贡献。

一年来，共召开常委会会议7次、主任会议13次，听取和审议专项工作报告16项，作出决议决定9个，任免国家机关工作人员68人次，圆满完成了区十六届人大四次会议确定的目标任务。

（一）围绕中心，落实决策部署有担当

积极聚力疫情防控。按照中央、省委、市委、区委“两手硬、两战赢”的工作部署，统筹做好疫情防控和经济社会发展，与省市人大联动开展监督，常委会领导带队深入乡镇街道、村社小区、生产单位，一线巡查、现场办公，助推相关单位和人员落实好疫情防控、复工复产、复市复学等工作。常委会专题听取和审议全区新冠肺炎疫情防控和复工复产专项工作报告，助力疫情防控和经济社会秩序加快恢复。与市人大携手开展野生动物保护情况督查，以及《中华人民共和国动物防疫法》《浙江省动物防疫条例》贯彻落实情况的执法检查。

认真落实区委“五大制度”。常委会领导以落实“一联十”为抓手，带头深入基层深入一线，落实联系重点项目、化解信访积案、指导村社换届、疫情防控督查等工作，顺利完成年度目标。机关干部深入开展“三服务”，集中开展走访联系服务企业行动，6人担任助企服务员；结对帮扶低收入农户50户；10人被抽调到“大搬快聚富民安居”工程、招商引资和市区征迁等工作专班；经常性到社区开展志愿服务、参加卫生巡查、劝导不文明行为、宣讲我市文明促进条例，用行动支持全国文明城市复评和国家卫生城市复审工作。

圆满完成区委重要人事安排的选任工作。坚持党管干部和人大依法选举任免相统一，修订了《区人大常委会任免国家机关工作人员办法》，任前法律考试、任职表态发言、颁发任命书、政府部门主要负责人和“两院”副职书面述职述法、新提请任命的审判员检察员通过人大媒体向社会公示等制度规定得到较好落实。认真执行宪法宣誓制度，全区有440名国家工作人员进行了宪法宣誓。推动对政府部门和任命干部监督制度化、常态化，主任会议听取区科技局、环境卫生服务中心、退役军人事务管理局、发展和改革局、审计局等部门工作汇报，增强选举任命干部的宪法观念。

（二）服务发展，强化履职监督有作为

紧扣规划引领。常委会听取区政府关于“十三五”规划纲要实施和“十四五”规划纲要编制情况的报告，对“十四五”规划和二〇三五年远景目标纲要草案进行了审查。听取和审议了区本级土地储备专项工作报告，提出“破解土地供应与发展需求矛盾、完善土地储备工作机制”等意见，助力提升全区土地、资金等要素保障能力。在组织调研组深入瓯宝安防、乾麟缝制等企业,详细了解全区数字经济发展取得的成绩、面临瓶颈的基础上;常委会听取和审议全区数字经济发展情况专项工作报告,要求政府在“打造数字经济发展政策环境、强化数字经济招商力度、培育壮大农业农村数字经济、提升劳动者和消费者的数字素养”等方面持续发力,推动数字经济早日成为我区高质量绿色发展的新动能、新业态。

紧扣财经监督。围绕统筹做好“六稳”工作、全面落实“六保”任务,打好预算监督“组合拳”,强化人大预算审查力度和国有资产监管职能。常委会听取和审议了上半年国民经济和社会运行情况专项工作报告,依法审查上年度财政决算情况和本年度预算执行情况,分别作出批准上一年度财政决算和本年度预算调整的决议。听取了审计查出问题整改落实情况,开展了财政、教育、农业农村等部门预算工作推进情况调研,督促政府部门进一步提高财政资金使用绩效。继续开展对国有资产管理情况监督,审议了上年度国有资产管理综合报告和全区国有企业资产管理情况专项工作报告,要求政府深入贯彻中央深化国有企业改革的部署要求,尽快补齐“国有资产管理力量较弱、整体经营效益偏低、现代企业制度建设缓慢”等工作短板。

紧扣乡村振兴。一是视察全区农业支柱产业培育情况,大力推动“3+2”(茶叶、蔬菜、精品水果+莲鸭共生、畜牧业)农业特色产业发展;提出扶优做强农业大户、发展高标准生态农业等建议,推进全区国家农业综合开发现代农业园区建设工作;围绕集体经济薄弱村消除与巩固、低收入农户增收等方面,开展专题调研。二是视察“大搬快聚富民安居”工程工作进展,持续推动农民下山脱贫异地安置和地质灾害避让搬迁工作专题询问意见的落实见效,助推搬迁农户“搬得出、稳得住、富得起”。三是常委会听取区政府农村饮用水达标提标工作实施情况专项工作报告,专项督查《莲都区农村饮用水达标提标三年行动计划》实施情况,督查组深入太平、老竹、联城等乡镇街道,以实地察看、走访群众、座谈交流等方式开展督查,助推“自来水普及率100%、城乡居民同质饮水”等目标如期完成。

(三)厉行法治,保障人民权益有举措

强化监督刚性。常委会开展全区公墓建设和管理情况专题询问,推动政府加快补齐“公墓建设规划与社会需求不匹配、区级公墓项目建设滞后”等工作短板。询问后,区政府积极采取措施,出台了《关于推进全域综合整治深化殡葬改革的实施意见》,完善了全区殡葬设施建设布点,及时从市级安置公墓调剂墓穴1000座弥补了公墓需求缺口,重启了底金弄公益性生态公墓工程建设。

与市级人大联动开展了《中华人民共和国大气污染防治法》《浙江省大气污染防治条例》贯彻实施情况执法检查,《浙江省华侨权益保护条例》贯彻落实情况专题调研,并对全区《浙江省少数民族权益保障条例》落实情况进行专项检查,推动了有关法律法规的实施。

深化司法监督。一是主任会议听取区公安分局扫黑除恶专项斗争工作汇报,推动专项斗争常态化开展。二是开展员额检察官工作评议。评议组抽签确定4名评议对象,通过深入开展谈心谈话、查阅案卷、走访案件当事人等,全面了解评议对象履职情况;常委会专门听取评议对象履职情况汇报,并进行评议打分,形成评议报告,敦促检察干部进一步履行好法定职责。三是开展法院执行工作专项检查,针对“终本程序运用不规范、与执行申请人沟通不通畅、对拒不执行行为打击力度不够大”等提出整改建议,助力破解“执行难”。四是强化政府规范性文件备案审查,认真执行司法机关重要事项向人大报告制度。一年来共审查规范性文件19件,接受报备特定案件241件。

推进社会治理。一是大力支持村社换届,与有关部门密切配合,积极开展社情排摸、重点村联络、选情预判(预警)和督促指导。开展社区增设工作调研,就创新社会管理、优化公共服务方面提出意见，助力莲都区和丽水经济开发区完成新一轮社区调整工作。二是常委会听取全区“最多跑一地”改革专项工作报告，要求政府加快破解我区硬件建设滞后、信息共享不畅等问题，推进区乡村三级社会矛盾纠纷化解中心规范化建设。三是深化民生实事项目代表票决制度落实，各项目推进监督小组及时掌握项目推进情况。常委会半年听取项目落实进度、年末听取项目完成情况报告，并与区委专项督查相结合，实时跟进、分层指导，扎实推动省市区乡各级民生实事项目落地见效。四是围绕全区医疗保障、安全生产、养老保险、中小学生在校用餐等进行调研，听取区人民医院发展情况汇报，提出意见建议，推动有关问题的解决。

（四）完善机制，发挥代表作用有成效

强化代表建议督办。常委会坚持把加强建议办理作为提升代表履职成效的重要抓手，加强调查研究、加大督办力度。会前，各代表中心组组织代表深入田间地头、村社企业，听取群众声音，汇聚群众智慧。区十六届人大四次会议期间，收到代表建议155件（包含8件议案转为建议办理），确定其中14件为重点代表建议，交由政府办理。重点建议办理过程中，坚持常委会领导督办和区政府领导领办、工作委员会跟进督办、办理单位和代表开展面商等制度。会同政府将建议办理工作纳入全区“大督查”体系，定期通报建议办理进度，将督办工作贯穿到建议办理全过程。目前，全部代表建议均办理完毕。从办理效果来看，代表建议解决或基本解决率33.5%，正在解决或已列入计划解决率56.1%。代表对办理工作和办理结果的满意率分别为94.8%和96.2%，较之往年有所提高。

强化履职平台建设。持续推进规范化人大代表联络站建设三年行动计划，落实规范化联络站建设资金30万元。2020年新增万象、白云、丽新、峰源等4个规范化人大代表联络站，紫金、碧湖人大代表联络站为示范点。各乡镇街道人大代表联络站坚持“接地气、察民情、聚民智”和“人大代表人民选、当好代表为人民”的工作定位，定期开展活动、广泛听取群众意见，已成为闭会期间代表依法履职、发挥作用的重要平台。大港头人大代表联络站被确定为省人大常委会基层立法联系点；碧湖人大代表联络站以“代表码”形式公开代表信息和履职情况，让群众扫码监督；老竹人大代表联络站将接待选民的工作延伸到“村级、站外、线上”，让群众在家门口和代表说上心里话；岩泉人大代表联络站在片区设立联系点；南明山人大代表联络站社区会客厅接待群众“不打烊”等，这些颇具特色的做法和探索，丰富了联络站活动的内容，进一步密切了人大代表与群众的血肉联系。

强化代表履职保障。坚持把服务保障各级人大代表密切联系群众、积极主动履职作为常委会的重要职责。一是深入开展密切联系群众活动，葛慧君、李卫宁、史济锡等担任代表职务的省市区领导带头进联络站听取群众意见，促成了S328省道沙溪至均溪13公里安装太阳能路灯、机场项目周边受影响房屋征收等问题的解决。由在莲省人大代表领衔提出的《关于省财政对26个加快发展县（市、区）的生态公益林补偿实行同一标准的建议》被省政府采纳，我市莲都、青田、云和三区（县）297万亩省级以上生态公益林补偿标准得到了提高，林农每年直接增加补偿金近3000万元。为推动在莲市人大代表更加主动履职，首次开展了在莲市人大代表向常委会报告履职情况的活动。二是组织代表听取全区上半年经济社会运行情况，围绕村级组织换届、乡村振兴、城镇环境综合整治、农旅融合发展、衢丽铁路东西岩站建设等开展调研视察活动，以及参与法院公众开放日、旁听案件庭审等，进一步拓宽人大代表知情知政渠道。三是围绕学习贯彻各级“两会”精神、助力深化全国文明城市创建暨高水平迎接国家卫生城市复审、助推矛盾纠纷调处化解“最多跑一地”改革、民生实事项目听取群众意见建议活动月、深化“两山”

理念助推加快发展等主题全区联动开展代表活动，增强活动针对性，提高活动成效。

（五）固本强基，干部素质能力有提升

思想政治建设进一步加强。重视政治理论学习，把学习《习近平谈治国理政》和及时传达学习习近平总书记系列重要讲话精神，以及中央和省市区委会议精神列为党组会议、主任会议、人大常委会会议的重要议题，切实增强“四个意识”、坚定“四个自信”、做到“两个维护”。进一步落实好请示汇报制度，常委会及时向区委汇报上级人大重要会议精神，请示自身建设和重大监督议题、重大工作安排。围绕把方向、管大局、保落实职责，切实加强常委会党组和机关党组建设，认真履行好全面从严治党主体责任和意识形态工作责任，完善了人大常委会党组议事规则和决策程序，圆满完成机关党组织换届。

服务保障能力进一步提升。坚持党建引领，常态化开展主题党日、“三会一课”、“两学一做”、警示教育，深入学习贯彻习近平新时代中国特色社会主义思想，不断锤炼机关党员干部的党性。守牢意识形态工作主阵地，开展庆祝中国共产党成立99周年、抗日战争胜利75周年、撤地设市建区20周年等专题学习会，持续巩固“不忘初心、牢记使命”主题教育成果。扎实做好信访工作，共受理群众来信来访89件次。加强信息宣传，讲好人大故事，全年有130余篇信息通讯在省市媒体平台上发表。成功创建市健康单位。坚持节俭办会理念，完善机关内部管理制度，执行好“三重一大”集体决定等规定，带头过紧日子，提高机关服务能力。

基层人大合力进一步加大。认真贯彻省市区委人大工作会议和相关文件精神，坚持常委会领导、专（工）委指导联系乡镇人大，人大工作目标考核评价等制度，加强对乡镇人大的工作指导，推动乡镇人大更好地发挥作用；认真落实《浙江省街道人大工作条例》，街道民主议政会建设实现全覆盖，开展民主议政会成员全员培训，各街道民主议政会在票荐民生实事项目、听取环境目标完成情况、监督街道年度预算和国资管理等方面，发挥了较好的职能作用。

区人大常委会一年来所取得的成绩，是区委正确领导、常委会组成人员和全体代表共同努力的结果，是区人民政府及所属部门，区监察委员会、区人民法院、区人民检察院和各乡镇人大主席团（人大街道工委）积极支持配合的结果，是区政协、各民主党派、人民团体和社会各界热情帮助的结果。在此，我谨代表区人大常委会，表示衷心的感谢！

在看到成绩的同时，我们也要清醒地看到存在的问题和不足，主要是：对法律法规实施的监督有待进一步增强，对“一府一委两院”的监督工作机制需进一步完善；常委会审议意见落实和代表建议的跟踪督办力度还需进一步加强；代表参与常委会工作形式有待进一步丰富；人大常委会机关服务能力需进一步提高等。对于存在的问题，常委会将虚心听取各位代表和各方面的意见，认真加以改进。

二、2021年主要工作

2021年是中国共产党成立100周年，是实施“十四五”规划开局之年，也是莲都“大抓落实年”。今年区人大常委会工作的总体要求是：高举习近平新时代中国特色社会主义思想伟大旗帜，全面贯彻党的十九大和十九届二中、三中、四中、五中全会精神，深入学习贯彻习近平法治思想和习近平总书记关于坚持和完善人民代表大会制度的重要思想，坚持党的领导、人民当家作主、依法治国的有机统一，按照中央和省委、市委、区委的决策部署，围绕勇当丽水“发展头雁”“创新标兵”“实干先锋”总要求，坚定“发展莲都、服务市区”基本定位，聚焦中心工作、聚情民生关切、聚力依法履职、聚合代表力量，担当作为、务实苦干，努力交出人大履职高分报表，为打造“高水平建设和高质量发展重要窗口”提供法治保障。

根据上述总体要求，今年常委会工作的主要任务是：

（一）着力加强政治建设，提升队伍素质和活力

加强理论武装。把深入学

习习近平新时代中国特色社会主义思想，党的十九大和十九届二中、三中、四中、五中全会精神作为重要政治任务。坚持“第一议题”制度，党组会议、主任会议、常委会会议继续把深入学习《习近平谈治国理政》和及时传达学习习近平总书记系列重要讲话精神，以及中央和省市区委重要会议精神列为首要议程。加强常委会机关党的组织建设，加强党员干部的学习教育和监督管理，不断提高党员干部政治判断力、政治领悟力、政治执行力，增强“四个意识”、坚定“四个自信”、做到“两个维护”。

加强党组建设。常委会党组和人大常委会机关党组要按照新时代党的建设总要求，以党的政治建设为统领，严格执行向区委请示报告制度，全面履行从严治党主体责任，锲而不舍抓好党风廉政建设，牢牢掌握意识形态工作主动权；全面落实《中国共产党党组工作条例》等党内法规要求，更好地发挥党组作用，落实区委人事安排，推动讨论、决定重大事项决定权行使等工作，把党的领导落实到人大工作的各领域全过程各方面。

加强机关建设。按照加强政治机关、工作机关建设的要求，深化政治理论、宪法法律和业务知识的学习，提高人大干部队伍学习能力、调查研究能力、守正创新能力，做好人大宣传和理论研究，做好接待人民群众来信来访工作，推进人大数字化建设，进一步强化机关服务保障能力。继续依托主题党日、“三会一课”，组织全体党员开展党史、革命史、改革开放史专题教育，举办中国共产党建党100周年庆祝纪念活动，进一步弘扬伟大的抗疫精神和浙西南革命精神，永葆队伍忠诚干净担当的革命本色。推进清廉机关建设，支持派驻纪检监察组工作，持之以恒地落实中央八项规定及其实施细则精神，力戒形式主义和官僚主义。

（二）着力推动加快发展，建设“重要窗口”

全力落实区委部署。按照统筹推进疫情防控和经济社会发展的工作要求，充分发挥人大职能作用，积极服务全区“大花园”建设、城中村改造、重大项目推进、文明城市创建成果巩固、平安莲都、法治莲都建设等，扎实推进“大抓落实年”各项工作。常委会将听取和审议国土空间总体规划，美丽城镇建设专项工作报告，开展我区项目建设推进情况专题询问，全面落实区、乡两级人大听取和审议环境状况和环境保护目标完成情况报告的制度，进一步擦亮莲都生态底色。

强化预算审查监督。按照《预算法》要求，听取和审议2021年上半年国民经济和社会发展计划执行、预算执行情况专项工作报告；审查和批准2020年度区财政决算，批准2021年度预算调整方案，并作出决定。听取和审议2020年度预算执行和其他财政收支的审计工作报告，听取审计查出问题的整改落实情况汇报。开展全区项目库建设情况调研，推进《政府投资条例》落实。听取和审议全区自然资源国有资产管理情况专项工作报告，开展国有企业经营情况和专题询问整改落实情况调研，督促政府进一步加强国有资产管理。

（三）着力强化民主法治，推进社会治理现代化

助推司法体制改革。常委会听取区法院执行工作整改落实情况汇报；开展员额法官履职评议；听取和审议全区“七五”普法工作情况和“八五”普法规划的专项报告，并作出在全区公民中开展第八个五年法治宣传教育的有关决议；开展行政检察工作调研，组织代表旁听法院案件庭审，落实好公检法司重大事项向人大报告等制度。配合上级人大做好立法工作调研，指导大港头、紫金代表联络站发挥好省、市人大常委会基层立法联系点的作用，及时反映群众的呼声与基层的意见。

深化行政监督工作。主任会议将听取区公安分局、司法局、卫生健康局、医疗保障局、经济商务局、区政府国有资产监督管理办公室等部门工作汇报。开展《浙江省劳动保障监察条例》《丽水市物业管理条例》在我区贯彻实施情况的执法检查，推动政府及其部门进一步依法提升保障劳动者权益和社会基层

治理水平。坚持合法性和合理性审查相统一，推进政府规范性文件备案审查工作。

深入谋划换届选举。深入学习贯彻选举工作细则，协助区委落实上级人大关于区乡人大代表换届选举工作的部署要求，全面落实对区、乡人大代表换届选举工作的组织责任，加强对区、乡两级选举委员会的领导，切实保障人民民主权利。加强对代表政治素质和履职情况的了解，做好连任人大代表人选推荐工作。协助党委把好代表“入口关”。加强选举过程的监督和不稳定因素的预判，确保区、乡人大代表换届选举工作严格依法有序、风清气正。做好新当选区人大代表初任培训工作，提升人大代表政治素质和履职能力。

（四）着力持续改善民生，提升人民群众获得感

促进民生项目落地。落实“区乡村三级联动办实事”制度要求，实时跟进2021年度省市区乡四级民生实事项目实施情况，建立区级民生实事监督小组，落实监督责任；坚持听取区政府落实民生实事项目进度和完成情况汇报等做法，组织代表对民生实事完成情况进行满意度测评。

促进农业农民增收。围绕“产业兴旺”，开展全区农业特色产业发展情况、村集体经济发展壮大情况、全区竹产业发展情况、民族村经济社会文化发展情况等工作调研，推动农村加快产业发展；推进市委《关于全面实施“大搬快聚富民安居”工程的指导意见》深入实施，听取和审议全区“大搬快聚富民安居”工作实施情况，推动加快“大搬快聚”工作步伐，早日实现“富民安居”。

促进各项事业发展。紧扣保障民生、改善人民生活品质，将跟踪督查全区学前教育工作，调研全区旅游产业、最低生活保障，关注全区宗教事务管理工作，持续跟进区级公墓建设和管理情况专题询问发现问题的整改落实。

（五）着力密切联系群众，充分发挥代表主体作用

支持代表依法履职。组织代表开展视察调研、听取全区经济运行情况通报、参加街道民主议政会等活动，更加密切联系群众，更好服务和保障代表依法履职。持续深化常委会组成人员联系代表、代表联系人民群众制度的落实，完善代表向选民述职和代表履职登记等工作。加大代表建议办理工作的督办力度，继续实行常委会领导督办和政府领导领办重点建议等制度，进一步提升代表建议的落实解决率。

深化基层人大建设。全面贯彻落实《浙江省乡镇人民代表大会工作条例》《浙江省街道人大工作条例》，坚持常委会领导和专（工）委联系乡镇（街道）人大工作，乡镇（街道）人大负责人、专委会委员列席常委会，年度工作考核考评，优秀代表建议和承办工作先进单位评选表彰等制度，支持街道民主议政会更好发挥作用，提升乡镇（街道）人大工作水平。畅通群众表达意愿、提出建议的渠道，进一步发挥好人大代表联络站的平台作用，巩固规范化建设成果，提高联络站活动成效。

实干成就事业，奋斗收获梦想。站在两个一百年奋斗目标的历史交汇点上，让我们更加紧密地团结在以习近平同志为核心的党中央周围，在中共丽水市莲都区委的坚强领导下，勠力同心、奋发有为、锐意进取，勇当丽水“发展头雁”“创新标兵”“实干先锋”，为莲都打造“高水平建设和高质量发展重要窗口”贡献人大力量，以优异成绩庆祝中国共产党成立100周年！

中国人民政治协商会议第十五届丽水市莲都区委员会常务委员会工作报告

——政协第十五届丽水市莲都区委员会第五次会议上

陈立新

2020年工作回顾

2020年是极不平凡的一年。面对突如其来的新冠肺炎疫情，区委坚决贯彻习近平总书记重要讲话精神和上级决策部署，科学制定新冠肺炎疫情防控策略和应对举措，行动迅速、措施有力，在夺取疫情防控和实现经济社会发展目标双胜利的大考中交出了优异答卷。区政协常委会跟进区委各项部署，发挥自身优势，参与疫情防控阻击战、复工复产联动战、脱贫攻坚收官战、文明创建巩固战，展现了新时代人民政协的初心使命，凸显了以“政协担当”助力“莲都作为”的行动伟力！在这一年，省政协主席葛慧君两次莅临我区指导工作，市政协领导带队来莲督导市委政协工作会议精神落实情况，叶春晓、沈香女当、陈旭东三位委员入选市政协“最美政协人”。在这一年，中共莲都区委多次听取政协工作汇报，推进解决了政协协商服务保障中心建设和专委会工作力量配备等问题。在这一年，常委会落实重要会议活动51次，交办集体和个人提案148件，递交政协建议8件、协商纪要7件，较好地完成了十五届四次会议部署的各项任务，为高水平全面建成小康社会和“十三五”规划圆满收官作出了积极贡献。

一、以理论武装引领政协事业新发展，政治建设扎实有力

常委会以习近平新时代中国特色社会主义思想为引领，不断提高政治判断力、政治领悟力、政治执行力，持续巩固各参加单位和广大政协委员团结奋斗的共同思想政治基础。

党的领导全面加强。牢记人民政协成立时的初心和共识，通过政协党组向区委请示重要事项、报告重要工作、反映重要情况8次，及时落实年度协商计划安排和“协治会”试点等工作。第一时间传达区委决策部署，把对标“重要窗口”目标定位和“跨山统筹”工作要求形成的“加快发展”各项部署，转化为各参加单位和广大政协委员的自觉行动。制定《关于建设“书香政协、智慧政协、阳光政协”的意见》，强化党建引领，发挥政协党组在政协工作中的领导核心作用。

理论学习全面深入。通过党组集中学、常委会专题学、委员全员学等形式，组织学习活动50多场次，深入学习习近平新时代中国特色社会主义思想和党的十九届四中、五中全会精神。举办界别活动组召集人及专业组组长培训班，落实莲都、松阳、龙泉三地教学，进一步坚定了政协委员、政协干部以“莲都作为”落实“丽水之干”的责任担当。支持理论研讨和交流，《“延伸式”抑或“嵌入式”县级政协履职下沉的路径透视》《新时代人民政协推进基层协商民主的平台创新与实践探索—以莲都区“协治会”建设为例》《关于民主党派基层组织政党意识淡化的思考及对策研究》获省、市政协优秀论文一等奖、二等奖、三等奖，《加强党建引领促进政协工作提质增效》获全区党建文章一等奖。

实践指导全面推进。执行《区委区政府区政协2020年协商工作计划》，落实区"十四五"规划协商等履职安排，始终聚焦区委区政府中心任务履职尽责。配合市委政协工作会议精神落实情况专项督查，进一步落实创新平台建设、做好要素保障等8项24条督查意见。开展厚植社会主义协商文化专题调研，成立区政协理论宣讲团，聘请宣讲员15名，推动协商文化进党校、进各部门单位、进乡镇(街道)，增进全区人民的协商意识、民主意识、政协意识。

二、以一线担当展现建言资政新作为，服务发展行之有效

常委会坚持围绕党委政府工作部署，在常态化疫情防控和复工复产中融入大局、服务发展，充分发挥协商民主重要渠道和专门协商机构作用。

同省市联动，专项集体民主监督补短板。围绕"高水平全面建成小康社会补短板"开展三级政协联动监督，分6个组了解全区3个方面13个领域41项内容164项补短板举措的落实情况，在低收入农户脱贫等7个领域提出了意见建议。围绕"社会治理领域'最多跑一地'改革"开展三级政协联动监督，视察仙渡乡、大港头镇矛调中心，听取区人民法院、区委政法委、区信访局工作汇报，对矛调中心管理体制、运行机制等方面提出了意见。围绕"城乡生活垃圾分类处理"持续三级政协联动监督，分23个组视察5个街道28个社区，"建议加快垃圾分类中端末端建设"等意见，被区政府主要领导批示交办。

筑自身平台，"请你来协商"活动探良方。按照"问政助民、富有特色"的工作要求，组织协商活动17场4000多人次，收集意见建议308条，被区委主要领导充分肯定。一方面，建成政协应用型智库，聘请了37位市、区各领域的专家学者，加强了协商活动的智力支持。另一方面，推进内外结合、城乡结合、线下线上结合，丰富了协商场景和方式的选择。在丽新乡马村村竹林边樟树下，把脉"生态产品价值实现机制试点工作"，荣登人民政协网和人民政协报"政能量"榜，获评省政协"请你来协商"典型案例。在市区中山小学校园内，协商"国家义务教育优质均衡发展区创建工作"，打造乒乓球特色课程等建议被区教育局现场领办。此外，"发展农业特色产业""助力城中村改造""建设美好商铺""加强执行力度，提升法院公信力"等工作经协商沟通，在多个方面实现了聚智聚力。

向乡镇延伸，"协治会"试点聚合力。推动政协协商向基层延伸、同社会治理结合，建立政协专委会联系乡镇(街道)工作机制，组建5支政协委员专业服务队，指导雅溪、联城、老竹、仙渡、丽新等乡镇(街道)开展"协治会"试点工作，被省政协副主席吴晶批示肯定。一年来，"协治会"发展会员成员100多人，聚焦党政重点工作部署、群众反映民生问题和社会矛盾纠纷，开展协商活动600多人次，收集意见建议388条，化解矛盾纠纷100余起。其中，雅溪镇试点做法被《丽水改革先锋》专报市委、市政府主要领导，被浙江日报关注，浙江日报以《乡村大小事百姓一起议》为题专门刊发了评论文章。

三、以履职为民回应美好生活新期盼，助力民生主动有为

常委会坚持人民政协来自人民、植根于人民，顺应人民群众对美好生活的向往，谋民生之利、解民生之忧。

同心抗疫服务民生。与区委、区政府同部署同行动，动员政协委员立足岗位，深入群众，统筹参与疫情防控和经济社会发展工作，"建议出台企业复工复产专项保险"被市委市政府领导批示，区侨联被评为抗击新冠肺炎疫情工作先进集体，雷玉琴等10余人被评为抗击新冠肺炎疫情工作先进个人。执行"三服务""一联十"工作制度，落实主席会议成员、机关干部联系乡镇(街道)、重大项目、重点企业有效抗击疫情，出色完成重点项目"大督查"和城中村改造任务被区领导点赞，带队驻义乌机场口岸防疫工作得到国务院督查组肯定，为丽水市境外疫情防控专班获“省抗击新冠肺炎疫情先进集体”发挥积极作用。

提案工作突出民生。按照“数量适度、质量为要”的工作原则，不断提升提案为民的工作水平，保障民生提案的实施效能。确定十五届四次会议立案提案148件，其中民生类106件，约占72%；遴选重点提案16件，民生类占50%。党政主要领导带头领办重点提案，各部门承办提案已全部办结。组织政协委员对区农业农村局、区民政局、区文广旅体局提案办理工作开展民主评议，致力提升提案办理实效。“加强食品外卖安全”等一批事关民生的提案办理成效突出。

社情民意反映民生。重视“省政协直报点”建设，加大力度、创新举措，探索区域合作，引导政协委员、信息员在稿件质量和时效上下功夫，助力保障和改善民生。一年来，精准反映社情民意信息134期，被上级政协采用77篇。其中，“抓紧开展‘抗疫’系列文史资料征集活动”等8条信息被全国政协采用，“构建校园安保人员入职联审模式”等10条信息被省政协采用。连续21年获评“全市政协反映社情民意信息工作先进单位”，连续8年荣获全市政协系统反映社情民意信息工作第一名。

四、以团结民主厚植砥砺奋进新优势，凝聚共识广泛有序

常委会坚持团结和民主两大主题，认真分析和研究新时期人民政协主要工作任务，密切与社会各界的沟通联系，广泛凝聚正能量，画出最大同心圆。

加强合作共事。召开参加单位工作会议，完善各民主党派、工商联、有关人民团体在政协的履职安排，全年采用参加单位及其成员社情民意信息112篇、大会发言20篇、重点提案12件，分别占政协单项履职总数的80%、69%、75%。落实专门委员会联系界别工作机制，先后视察“超市经济”“水产健康养殖示范区”“农村饮用水提质增效”等工作，《032县道与黄碧线交叉路口交通安全视察协商纪要》等被区政府领导批示交办。实施2020年界别活动月暨委员联系帮扶农户行动，以界别活动组为单位组织政协委员深入山村，帮助发展项目5个，走访慰问群众235户，受益群众600多户2000多人。

加强团结联谊。开展“三个走进”主题活动，组织政协委员走进大林、沙溪等民族村寨，走访莲都外国语学校、华侨国际幼儿园等侨资企业，联系上海、义乌等异地商会，在听取意见和招商引资工作中增进共识。挂牌成立全国首个“摄影之乡”委员会客厅，举办“摄影与‘绿水青山就是金山银山’理念探索”论坛，以摄影为媒介，凝聚共识、发出号召，获省政协副主席张泽熙肯定。女委员联谊会开展“绿色厨艺，健康饮食”等主题活动，倡导绿色餐饮，加深彼此友谊；书画会、摄影之友社创作抗疫书画摄影作品，致敬各路抗疫英雄。

加强文史工作。探索创新方法路径，推进政协文史内容系列化、编撰精品化、成果品牌化。高质量完成省市政协文史协作任务，配合丽水市政协做好《丽水卫生印记》《庆祝人民政协成立70周年专题文集》等文史专辑征编工作。与区档案馆和党史研究中心联合开展老照片征集活动，全面收集整理自民国元年至2000年反映丽水城市变迁、历史事件、社会民生等众多内容的老照片500多张，顺利编辑出版《莲城旧影》文史专辑。深入调查采访，广阅族谱、精选照片、分工撰稿，按时编辑出版《走进太平》文史专辑。常态化开展文史资料征集工作，顺利复刊《莲都文史》杂志。

五、以“三个政协”铸造担当作为新样子，自身建设务实有方

常委会坚持固本强基，不断探寻政协自身建设的新途径新方法，为参加单位和政协委员以更高追求更强作风更好状态担负新时代新使命新任务提供坚强保证。

书香政协“浓”情怀。在区图书馆组织“书香政协”建设启动仪式暨集中读书活动，80多名政协委员组合朗诵、快闪诵读、读书推介，弘扬政协重视学习的优良传统。会同区融媒体中心打造“委员讲堂”，先后邀请全国政协委员雷后兴、市农科院农业智能化快繁中心主任徐伟忠、丽水职业技术学院党委书记梁忆南等来莲授课讲学，参加聆听的干部群众有2万多人次。建成政协机关“书香长廊”，分设阅览室、书画室和读书角等场所，营造了良好的工间阅读氛围。

智慧政协“亮”工作。创建“随手拍、快捷报”委员微工作室，联系23位党政部门负责人进驻，同130多名政协委员一起办公，通过网络快速收集文明创建、垃圾分类等问题信息123条，已采纳整改119条。完善政协网站、政协微信公众号等对外宣传平台，加强联络各级新闻媒体，发布参加单位和政协委员的履职动态信息650余篇次，其中在《联谊报》发布信息数位列丽水市各县(市、区)第一名。用好网上提案办理系统、社情民意信息系统和委员管理服务系统，远程沟通提案办理部门和省政协、市政协，进一步记录和评价政协委员履职工作。

阳光政协“强”队伍。推进履职公开，多次讨论年度主要履职安排，按月制定工作责任落实表，对标对表开展工作。推进全民健身，落实政协机关工间操制度，组织首次政协趣味运动会，组队参加全市政协系统乒乓球赛，勇夺男子乙组单打冠军和女子甲组单打亚军。推进人文关怀，走访政协委员70余人、委员企业30余家，探视、慰问伤患等特殊情况的政协委员20多人。推进廉政建设，及时审议年度专项经费预算、“莲都政协”公众号运营实施细则等事项，落实各项履职保障。

各位委员！回顾这一年，征途充满艰辛，奋斗成果显著。成绩的取得，离不开中共莲都区委的坚强领导，离不开省、市政协的有力指导，离不开区人大常委会、区政府和社会各界的大力支持，离不开老领导、老同志和老委员的热情关怀。也是政协各参加单位、广大政协委员和政协机关干部共同努力、团结协作的结果。在此，我代表区政协常委会表示衷心的感谢！

同时，我们也清醒看到与新时代人民政协工作的新要求相比，与政协委员和人民群众的愿景相比，我们的工作还存在差距和不足，主要是专门协商机构有关制度还需进一步完善，履职质量和成效有待进一步提升，政协协商向基层延伸的空间有待进一步拓展，政协委员、政协干部的履职能力有待进一步增强。这些都需要我们在今后工作中予以认真研究，切实改进。

2021年工作任务

2021年是实施“十四五”规划、开启全面建设社会主义现代化国家新征程的开局之年，也是中国共产党成立100周年。做好这一年工作，非比寻常，非常重要。区政协工作的总体要求是：坚持以习近平新时代中国特色社会主义思想为指导，全面贯彻党的十九大和十九届历次全会精神，紧扣区委十四届十次全会决策部署，坚持“发展莲都、服务市区”，坚持“自我加压、跳起来摘桃子”，坚持“担当作为、务实苦干”，聚焦聚力“大抓落实年”各项工作任务，积极履行政治协商、民主监督、参政议政职能，充分发挥专门协商机构的作用，助力我区开启高水平全面建设社会主义现代化新征程，以优异成绩庆祝中国共产党成立100周年。

一、注重思想引领，实现党的领导新加强

牢固树立“抓好政协各项工作必须首先抓好政协党建工作”的理念，持续加强政协党的建设工作。强化党建引领，把政治建设摆在首要位置，增强“四个意识”、坚定“四个自信”、做到“两个维护”，切实提高政治判断力、政治领悟力、政治执行力。强化理论武装，学习习近平总书记关于加强和改进人民政协工作的重要思想，创新理论研究方式方法，开展庆祝中国共产党成立100周年“同心向党·委员说”系列宣传活动，组织党史学习教育，在讴歌党的百年光辉历程、伟大成就和宝贵经验中进一步坚定理想信念。强化制度建设，抓住制度集成和制度执行环节，落实党组成员联系界别党员委员、党员委员联系党外委员等制

度，调整界别工作支部设置，推动党的组织和党的工作从“有形覆盖”向“有效覆盖”转变。

二、注重融入大局，展现助力发展新作为

贯彻落实区委十四届十次全会决策部署，制定年度协商工作计划，用好“请你来协商”平台，推进“协治会+民生议事堂”建设，慎终如始做好疫情防控和协商民主实践活动。围绕“十四五”规划，积极开展专项规划的对口协商，推动“十四五”战略目标落细落地落实。围绕“双招双引”战略举措，发挥政协联系广泛的优势，积极做好牵线搭桥工作。围绕生态产品价值实现机制，深入推进美丽大花园建设、努力打造美丽中国先行示范区，会同省、市政协开展三级政协联动专项集体民主监督。围绕高质量绿色发展，深入调研国有企业市场化改革、国有资本经营和整体营商环境等，广泛听取意见，并组织专题协商活动，用心用情用力解决痛点难点堵点问题。围绕数字化改革，调研“一件事”集成改革、深化信用体系建设、推动综合执法改革等内容，组织“数字化改革赋能政府服务”专题协商。围绕“莲都山超”品牌建设，发挥山海协作优势，会同义乌市组织“超市产业供应链赋能”专题协商。围绕义务教育优质均衡发展区创建，专题调研青少年心理健康状况，专题协商校园文化建设。围绕古堰画乡国家旅游度假区创建等工作，深入调研旅游微改造、研学产业化等内容。围绕乡村振兴战略，就“民宿经济”开展调查研究，就“农村公共文化服务体系”组织协商活动。落实领导干部“一联十”“三服务”等工作制度，及时完成区委各项交办任务。

三、注重民生福祉，落实以人为本新要求

坚持以人为本、履职为民，把维护人民的利益作为履行职能的出发点，继续用好提案、社情民意和“随手拍、快捷报”委员微工作室等平台，倾听群众呼声，反映群众诉求。关注基层公共卫生、小区物业管理、社区养生养老、华侨新生代培根工程等具体问题，摸实情、建真言、献良策。关注雾耕农业等现代农业模式的推广和应用，以及“康养600”小镇公路建设等，持续跟进视察监督。关注市区十大民生实事、文明城市创建等工作，助力完善长效机制。继续开展“六送下乡”活动，组织政协委员、政协干部加强联系群众，满怀真情为群众办好事、解难事。

四、注重团结民主，拓展凝心聚力新成效

人心是最大的政治，共识是奋进的动力。组织参加单位工作会议，加强履职经验的总结和提炼，持续优化我区各民主党派、工商联、有关人民团体在政协的履职安排，把更多有志之士、有识之士和新生力量团结凝聚起来。组织常态化走访联系工作，落实主席会议成员走访委员，加强与少数民族群众、宗教界人士、台胞侨胞、莲商的联系，与党外知识分子、企业家、新的社会阶层人士的联系，倾听意见和呼声，引导不同阶层人士求同存异、聚同化异，助力莲都改革发展。组织文史征编工作，开展庆祝中国共产党成立100周年文史资料征集活动，全力做好2021年文史选题和《莲都文史》第7期征编工作，更好发挥其存史资政团结育人功能。继续支持女委员联谊会、书画会、摄影之友社团结联谊，通过丽水“摄影之乡”委员会客厅，与联谊报等单位共同举办庆祝中国共产党成立100周年“政协委员看浙江”摄影·微视频大赛。

五、注重守正创新，树立履职尽责新形象

持续建设“书香政协、智慧政协、阳光政协”，力争形成一批具有政协特点、莲都特色的成果。创新读书学习的组织形式，参与省政协“市县政协委员读书群”建设，会同新华书店、鱼跃书院、区图书馆、区融媒体中心，打造“书香政协·委员讲堂”系列课程，服务政协委员、政协干部的学习需求。创新调研、视察、提案、反映社情民意信息的工作方法，依托“浙政钉”“浙里办”等平台，用好现代信息技术，推动政协履职数字化。创新理论宣讲团、应用型智库、专业服务队发挥作用的有效途径，厚植社会主义协商民主文化，为莲都改革发展提供强大智力支持。创新委员会客厅、委员工作室的活动机制，落实保障措施，确保长效运行。创新队伍建设的务实举措，抓住换届工作契机，落实“专委会主任一般安排为政协常委”“党派委员回归党派提名”等要求，推动政协委员均衡分布，开展新任政协委员培训，破解“两个薄弱”问题。

征途漫漫，惟有奋斗！在迎接建党百年的历史起点上，人民政协大有可为。让我们发扬为民服务孺子牛、创新发展拓荒牛、艰苦奋斗老黄牛的精神，高扬“丽水之干”奋斗旗帜，用浙西南革命精神铸魂赋能立根，坚定不移走创新实践“绿水青山就是金山银山”理念的发展道路，努力在高水平全面建设社会主义现代化新征程上奋勇争先、跨越前行！

大事记

1月

1月2日，省首批未来社区试点——丽水莲都灵山社区项目开工仪式举行，副区长卢进参加。

1月3日，全区领导干部会议召开。

1月5日，全市县（市、区）政府2020年工作思路务虚会召开，区长陈豪参加。

1月6日，“乡村振兴·丽水先行”2019年度工作总结会召开，副书记胡伟华，区委常委、统战部部长翁伟标参加。

1月7日，市委常委会会议召开，市委常委、区委书记徐光文参加。

1月7日，区委政协工作会议召开，市委常委、区委书记徐光文，区长陈豪，区委常委、纪委书记、监委主任宋珍花，区委常委、统战部部长翁伟标，区委常委、人武部政委任万户，区委常委、碧湖镇党委书记郭云强，区委常委、组织部部长陈永超参加。

1月8日，全国乡村春晚集中展示活动启动仪式举行，市委常委、区委书记徐光文，区长陈豪，区委常委、宣传部部长陶旭峰，副区长郭巧燕参加。

1月8日，中央“不忘初心、牢记使命”主题教育总结大会召开，区领导参加。

1月8日，区委常委会会议召开。

1月9日，省委“不忘初心、牢记使命”主题教育总结大会召开，区领导参加。

1月9日，市委“不忘初心、牢记使命”主题教育总结大会召开，区领导参加。

1月10日，全区“不忘初心、牢记使命”主题教育总结大会、全区领导干部大会召开，区领导参加。

1月10日，区政府2020年工作务虚会召开。

1月12日，莲都区总商会黑龙江分会成立，区委常委、统战部部长翁伟标参加。

1月13日，区四套班子走访慰问军分区、人武部、干休所、武警中队，市委常委、区委书记徐光文，区长陈豪，区委常委、宣传部部长陶旭峰参加。

1月13日，碧湖市场监管所揭牌仪式举行，区委常委、副区长斯基根参加。

1月14日，市委常委、区委书记徐光文，副书记胡伟华，区委常委、宣传部部长陶旭峰走访慰问贫困群众、困难职工、困难教师、老党员、高层次人才、身边好人。

1月14日，区长陈豪走访慰问离退休老干部。

1月15日，市委常委、区委书记徐光文，区委常委、宣传部部长陶旭峰走访慰问离退休老干部。

1月16日，全区老干部情况通报会召开，市委常委、区委书记徐光文，副书记胡伟华，区委常委、统战部部长翁伟标参加。

1月16日，区委全会报告意见征求会暨老干部新春座谈会召开，市委常委、区委书记徐光文，副书记胡伟华，区委常委、组织部部长陈永超，区委常委、宣传部部长陶旭峰参加。

1月16日，全区民主党派、工商联负责人和无党派代表人士情况通报会召开，副书记胡伟华，区委常委、统战部部长翁伟标，副区长郭巧燕参加。

1月16日，上海丽水绿色金融友好合作研讨启动仪式举行，副区长俞丽威参加。

1月17日，区委常委会会议召开。

1月17日，全市农村垃圾分类工作冬季行动启动仪式在大港头镇举行，副区长蔡毓良参加。

1月17日，区委武装工作、区国防动员委员会第十六次全体会议暨双拥模范城创建动员会会议召开，市委常委、区委书记徐光文，副书记胡伟华，区委常委、统战部部长翁伟标，区委常委、人武部政委任万户，区委常委、碧湖镇党委书记郭云强参加。

1月17日，全省宣传思想工作会议召开，区委常委、宣传部部长陶旭峰参加。

1月19日，省纪委十四届五次全会第一次大会召开，市委常委、区委书记徐光文，区长陈豪参加。

1月19日，全市领导干部会议召开，市委常委、区委书记徐光文，区长陈豪参加。

1月19日，全省安全生产暨消防工作电视电话会议召开，区长陈豪参加。

1月19日，全市教育招生有关政策专题会议召开，区长陈豪、副书记胡伟华参加。

1月20日，市委经济工作会议召开，市委常委、区委书记徐光文，区长陈豪参加。

1月20日，区委常委会会议召开。

1月20日，全区教育招生有关政策专题会议召开，区长陈豪、副书记胡伟华参加。

1月20日，全市新型冠状病毒感染的肺炎疫情防控工作部署会召开，区长陈豪、副区长郭巧燕参加。

1月21日，第40次区政府常务会议召开。

1月21日，全区新型冠状病毒感染的肺炎疫情防控工作部署会召开，区长陈豪、副区长郭巧燕参加。

1月21日，区委、区政府春节团拜会召开，区领导参加。

1月22日，市委、市政府春节团拜会召开，市委常委、区委书记徐光文参加。

1月28日，市委常委会会议召开，市委常委、区委书记徐光文参加。

1月28日，区委常委会扩大会议暨新型冠状病毒感染的肺炎疫情防控工作领导小组会议召开。

2月

2月3日，区统战系统助力"新冠肺炎"疫情防控第一批集中捐赠仪式举行，市委常委、区委书记徐光文，区委常委、统战部部长翁伟标，区委常委、宣传部部长陶旭峰，副区长郭巧燕参加。

2月10日，市委常委会视频会议召开，各领导参加。

2月11日，区委常委会(视频)扩大会议召开。

2月14日，全省新型冠状病毒肺炎疫情防控工作领导小组会议暨全省视频会议召开，各领导参加。

2月14日，区统战系统助力"新冠肺炎"疫情防控第二批集中捐赠仪式举行，区长陈豪，区委常委、统战部部长翁伟标，副区长郭巧燕参加。

2月17日，全省推进企业复工复产工作视频会议召开，副区长俞丽威参加。

2月18日，市委常委会(视频)扩大会议召开，各领导参加。

2月19日，召开区委常委会扩大会议、区委常委会会议。

2月20日，市委常委、区委书记徐光文，区委常委、宣传部部长陶旭峰陪同书记车俊考察疫情防控和重点企业复工复产工作。

2月21日，市委常委会(视频)扩大会议召开，各领导参加。

2月21日，市委常委、区委书记徐光文，区委常委、宣传部部长陶旭峰走访看望围棋世界冠军柯洁及其家人。

2月23日，中央统筹推进新冠肺炎疫情防控和经济社会发展工作部署会召开，各领导参加。

2月24日，全省统筹推进新冠肺炎疫情防控和经济社会发展工作部署会召开，各领导参加。

2月24日，全区森林消防工作视频会议召开，副书记胡伟华，区委常委、碧湖镇党委书记郭云强，副区长蔡毓良参加。

2月25日，区委常委会扩大会议、区委常委会会议召开。

2月25日，区委审计委员会第二次会议召开，市委常委、区委书记徐光文，区长陈豪，区委常委、组织部部长陈永超，区委常委、宣传部部长陶旭峰，区委常委、纪委书记、监委代主任蔡昱参加。

2月26日，市委常委会会议召开，市委常委、区委书记徐光文参加。

2月26日，义乌市企业向莲义山海协作产业园捐赠抗疫物资仪式举行，区委常委、副区长斯基根，副区长、丽水工业园区管委会主任管兴标参加。

2月28日，第41次区政府常务会议召开。

3月

3月1日，国（境）外到莲都人员疫情防控和健康码全面核验部署会召开，区长陈豪，区委常委、统战部部长翁伟标，区委常委、公安分局局长林峰，副区长郭巧燕参加。

3月3日，莲都区国企改革工作专题会召开，区长陈豪参加。

3月3日，市委常委、区委书记徐光文，副区长俞丽威陪同副省长陈奕君调研美丽城镇建设等工作。

3月3日，丽水市人民政府与中铁建华东区域总部合作框架协议签约仪式举行，区长陈豪参加。

3月6日，全市应急管理、安全生产、消防工作电视电话会议召开，区长陈豪参加。

3月6日，区委机构编制委员会第二次会议召开，市委常委、区委书记徐光文，区长陈豪，区委常委、组织部部长陈永超，区委常委、宣传部部长陶旭峰参加。

3月6日，莲都区纪念“三八”国际妇女节110周年活动举办，副书记胡伟华参加。

3月9日，省委农村工作会议召开，市委常委、区委书记徐光文，副书记胡伟华参加。

3月11日，赴莲都林场南山林区开展义务植树活动，区领导参加。

3月13日，全区应急管理、安全生产和消防工作会议召开，区长陈豪参加。

3月13日，区委常委会会议召开。

3月15日，2020年“3•15”国际消费者权益日纪念活动举办，区委常委、副区长斯基根参加。

3月16日，全省制造业高质量发展大会召开，市委常委、区委书记徐光文，区长陈豪，副区长俞丽威参加。

3月17日，市委常委会会议暨市委财经委员会第二次会议召开，市委常委、区委书记徐光文，区长陈豪参加。

3月20日，市委常委会会议召开，市委常委、区委书记徐光文参加。

3月20日，市纪委四届五次全体会议第一次会议召开，区领导参加。

3月23日，一季度全区经济运行分析会暨2019年26县考核指标分析会召开，区长陈豪，副区长俞丽威，副区长郭巧燕，副区长、丽水工业园区管委会主任管兴标参加。

3月24日，区委十四届八次全体（扩大）会议暨区政府全会召开，区领导参加。

3月25日，区纪委十四届六次全体（扩大）会议召开，区领导参加。

3月26日，全省深化“最多跑一次”改革推进政府数字化转型第十次专题会议召开，区长陈豪参加。

3月26日，全区平安政法信访工作会议召开，市委常委、区委书记徐光文，副书记胡伟华，区委常委、公安分局局长林峰，副区长俞丽威参加。

3月26日，百山祖国家公园创建攻坚大会战动员部署会召开，市委常委、区委书记徐光文参加。

3月26日，莲都区茶产业发展“请你来协商”活动举办，副区长蔡毓良，副区长张玉洁参加。

3月27日，第42次区政府常务会议召开。

3月30日，区委常委会会议召开。

4月

4月1日，省林业局局长胡侠到莲都开展“绿化造林月”服务指导活动，市委常委、区委书记徐光文陪同。

同日，市长吴晓东调研联城区块和碧湖新区建设，市委常委、区委书记徐光文，区长陈豪陪同。

4月2日，区长陈豪听取瓯碧园后续处置、松材线虫病防治、农村饮用水达标提标工作汇报，分别与李旭辉博士、中铁建公司洽谈，考察起步股份有限公司。

同日，市委常委、区委书记徐光文接见俞昌博士，听取安派科美国上市情况汇报。

4月3日，市委常委会扩大会议召开，市委常委、区委书记徐光文，区长陈豪，区委常委、纪委书记、监委代主任蔡昱参加。市委常委会会议召开，市委常委、区委书记徐光文参加。

同日，莲都区“基本无违建区”创建工作攻坚会召开，区长陈豪，副区长管兴标参加。

同日，市委常委、区委书记徐光文主持召开区委常委会扩大会议，学习贯彻习近平总书记在浙江考察重要讲话精神，省委常委会扩大会议精神、市委常委会扩大会议精神以及吴晓东市长在莲都调研的讲话精神。

4月7日，巡察、审计发现问题整改情况专题会议召开，区长陈豪参加。

同日，省“基本无违建区”考核验收组到莲都考核验收，区长陈豪，副区长管兴标参加汇报会。

4月8日，全区公安工作会议召开，市委常委、区委书记徐光文，区长陈豪，区委副书记胡伟华，区委常委、公安分局局长林峰，区委常委、碧湖镇党委书记郭云强参加。

同日，市委常委、区委书记徐光文，区委副书记胡伟华，区委常委、组织部部长陈永超，区委常委、纪委书记、监委代主任蔡昱赴杭州对接省委巡视工作。

同日，市政府第57次常务会议召开，区长陈豪参加。

4月9日，市委书记胡海峰调研堰头民宿，市委常委、区委书记徐光文陪同。市委常委、区委书记徐光文听取堰头轿马郑区块招商引资工作汇报。

同日，十四届区委第七轮巡察工作动员部署会召开，市委常委、区委书记徐光文，区委常委、组织部部长陈永超，区委常委、纪委书记、监委代主任蔡昱参加。

同日，区长陈豪调研新型材料产业园项目，听取大搬快聚有关工作汇报，参加碧湖采桑未来社区项目对接会。

4月10日，区委党建工作会议召开，市委常委、区委书记徐光文，区委副书记胡伟华，区委常委、统战部部长翁伟标，区委常委、碧湖镇党委书记郭云强，区委常委、组织部部长陈永超，区委常委、宣传部部长陶旭峰参加。

同日，全国安全生产电视电话会议召开，区长陈豪参加。

同日，丽水市创建示范型退役军人服务中心（站）现场推进会在莲都召开，区长陈豪参加。

4月11日，省文旅厅杨建武副厅长到莲都调研，区长陈豪陪同。

4月12日，莲都区援鄂医疗队员凯旋回莲，市委常委、区委书记徐光文，区长陈豪，区委常委、宣传部部长陶旭峰，副区长郭巧燕参加欢迎仪式。

4月13日，市委常委、区委书记徐光文主持召开区委常委会会议，听取莲都区“两会”筹备情况和2019年度乡镇（街道）、区直单位工作责任制考评情况等汇报，审议《关于莲都区2019年环境状况和环境保护目标完成情况报告》等议题。

同日，区长陈豪听取莲都区“助农旅，促消费”活动方案、九龙湿地度假酒店项目设计方案汇报。

4月14日，全省建设平安浙江工作会议召开，市委常委、区委书记徐光文，区长陈豪，区委副书记胡伟华参加。

同日，市委常委、区委书记徐光文会见重器资产、南湖金交所一行，听取招商工作汇报。

同日，2019年市区城中村改造总结表彰大会暨2020年工作部署会召开，区领导参加。

同日，区长陈豪赴省发改委汇报工作，与中铁建公司洽谈采桑未来社区设计方案。

4月15日，市委常委扩大(视频)会议召开，区领导参加。

同日，举行“哈喽 莲都”——2020莲都春季旅游推介会，发布《促进文旅产业消费八条措施》，签订高铁千人团、旅行社万人团、“山海情•义相莲”百团千车万人游莲都等合作协议，区长陈豪，区委常委、副区长斯基根，区委常委、宣传部部长陶旭峰，副区长郭巧燕参加。

同日，市委常委、区委书记徐光文会见杭州滨和环境建设集团一行，听取招商引资情况汇报，参加省委政法委调研组个别谈话等。

同日，国家统计局浙江调查总队到莲都调研，区长陈豪陪同。

4月16日，市委常委、区委书记徐光文听取“大搬快聚”政策汇报。

同日，全市“2+6”重大项目清单落实情况专题会议召开，区长陈豪参加。

同日，省委第四巡视组与莲都区党政主要负责人见面沟通会召开，市委常委、区委书记徐光文，区长陈豪参加；省委第四巡视组巡视丽水市莲都区工作动员会、莲都区委工作汇报会召开，区领导参加。

4月17日，全省高水平推进交通强省建设动员大会召开，市委常委、区委书记徐光文，区长陈豪参加。

同日，区长陈豪与中关村开放基金管理中心团队座谈。

同日，全市生态工业高质量绿色发展大会召开，市委常委、区委书记徐光文，区长陈豪，区委副书记胡伟华，区委常委、副区长斯基根，副区长俞丽威参加。

4月18日，区长陈豪参加碧湖采桑未来社区指标调整对接会。听取驻85艺术馆设计方案汇报。

4月20日，市委常委、区委书记徐光文主持召开区委常委会会议，传达学习省委第四巡视组与莲都区党政主要负责人见面沟通会和动员会会议精神，研究贯彻落实意见，听取2019年度工作责任制考评黄牌警告单位情况说明，听取莲都区2020年第一季度信访形势分析，听取区委常委一季度工作汇报等。

同日，莲都区对口工作领导小组会议召开，深入学习贯彻习近平总书记在决战决胜脱贫攻坚座谈会上的重要讲话精神和全省、全市对口工作领导小组会议精神，市委常委、区委书记徐光文出席会议并讲话，区长陈豪主持，副区长雷成参加会议。

4月20日，区长陈豪主持召开第43次区政府常务会议，听取研究疫情防控和复工复产复课工作汇报、关于2020年经常化创建文明城市工作经费安排情况汇报等。

4月21日至23日，市政协四届四次会议召开，市委常委、区委书记徐光文，区长陈豪参加。

4月22日至24日，市四届人大五次会议召开，市委常委、区委书记徐光文，区长陈豪参加。

4月21日，全区扶贫开发工作领导小组(扩大)会议召开，区长陈豪出席会议并讲话，区委副书记胡伟华，副区长蔡毓良等参加。区长陈豪还听取了郎奇地块、魏村地块有关情况汇报，听取堰头村违建处置工作汇报。

4月23日，市委常委、区委书记徐光文参加省委巡视组谈话。

同日，区长陈豪参加省委巡视组谈话。

4月24日，区长陈豪开展包乡走村活动、看望城中村改造干部。

4月26日，市委常委、区委书记徐光文主持召开区委常委会会议，传达学习市“两会”会议精神和市委书记胡海峰参加莲都团讨论时的讲话精神，研究贯彻落实意见。

4月26日至29日，中国人民政治协商会议第十五届丽水市莲都区委员会第四次会议召开。会议审议通过政协第十五届丽水市莲都区委员会常务委员会工作报告，审议通过关于十五届三次会议以来提案和协商工作情况的报告；选举陈立新为政协十五届丽水市莲都区委员会主席，蒋嫣为秘书长，叶泳梅等3人为常务委员。听取并讨论区长陈豪所作的政府工作报告，听取并讨论区人民法院工作报告、区人民检察院工作报告及其他报告，对上述报告表示赞同。

4月26日，县（市、区）委书记工作交流会召开，区领导参加。

4月27日，义务教育阶段学校招生工作专题会议召开，区长陈豪参加。

4月28日至30日，丽水市莲都区第十六届人民代表大会第四次会议召开。会议审议通过了政府、计划、预算、区人大、区法院和区检察院、综合环境等工作报告，并作出相关决议；选举蔡昱为区监察委员会主任，卢进为区十六届人大常委会副主任，王弘等4人为区十六届人大常委会委员；票决产生了农村饮用水达标提标三年行动计划等十方面区级民生实事项目。

4月29日，区长陈豪听取上海招商工作汇报，参加莲都区疫情防控分析会。

4月30日，市委常委会会议召开，市委常委、区委书记徐光文参加。

同日，区长陈豪调研万洋低碳智造小镇项目并参加指挥部第二十二次会议。

5月

5月6日，市政府第59次常务会议召开，区长陈豪参加。

同日，市委常委、区委书记徐光文主持召开区委常委会扩大会议，传达贯彻全省二季度工作动员部署会议精神、丽水市委常委会暨市委财经委员会第三次会议精神，全面分析一季度经济形势，研究部署下阶段工作。

5月7日，市委常委、区委书记徐光文，区长陈豪参加市委"一带三区"调研谈话、省委巡视意识形态谈话。

同日，区长陈豪与移动公司洽谈战略合作协议有关事宜，与市自然资源局座谈征收项目；调研消防工作和重大问题隐患整改。

5月8日，省委常委、纪委书记许罗德调研大港头，市委常委、区委书记徐光文，区委常委、纪委书记、监委主任蔡昱陪同；市委常委、区委书记徐光文会见伟光汇通文化旅游投资集团一行。市委常委、区委书记徐光文调研雅溪镇及防汛工作。

同日，区长陈豪与中铁建工集团华东公司座谈；参加市委退役军人事务工作领导小组第二次会议暨市双拥工作领导小组会议；晚上，与长三院一行洽谈。

5月9日，市委常委、区委书记徐光文赴庆元县参加市委军事日活动。

同日，省民政厅王剑侯厅长到莲都调研社会救助兜底保障、基层治理工作，区长陈豪陪同；区长陈豪主持召开莲都区"争先创优"作战指挥部专题会议。

5月10日至12日，区长陈豪赴上海考察招商引资项目。

5月11日，全区领导干部大会召开。

同日，市委常委、区委书记徐光文听取区老促会等工作汇报。

5月12日，市委常委、区委书记徐光文开展"5•12"国际护士节慰问。听取市委考核征求反馈意见汇报。

5月13日，全市领导干部会议召开，市委常委、区委书记徐光文，区长陈豪参加。

同日，区长陈豪与市农投公司董事长王井泉一行座谈；听取农口工作汇报，陪同树兰医疗集团考察并座谈。

5月14日，省委第四巡视组到莲都开展"三服务"工作，市委常委、区委书记徐光文陪同。市委常委、区委书记徐光文接受中新社专访《浙江战"疫"记——各县市区委书记深度谈》的录制。

同日，区长陈豪陪同市政协主席陈瑞商开展高水平全面建成小康社会补短板三级集体民主监督；参加全市常态化疫情防控工作视频会议，与中铁建公司座谈。

5月15日，市委常委会会议召开，市委常委、区委书记徐光文参加；会后，市委常委、区委书记徐光文主持召开区委书记专题会。主持召开区委退役军人事务工作领导小组第二次会议暨区双拥工作领导小组会议，区委副书记胡伟华，区委常委、人武部政委任万户，区委常委、公安分局局长林峰参加。

同日，区长陈豪调研新治河绿道提升改造工程；参加丽水市深化"最多跑一次"改革推进政府数字化转型专题会议。

5月18日，区长陈豪陪同浙

报集团调研；参加全省“争先创优”行动月度工作例会（视频会议）。

同日，市委常委、区委书记徐光文接见浙江一亿中流信息科技有限公司、驴妈妈等投资客商。浙报集团党委书记、社长唐中祥等调研古堰画乡，市委常委、区委书记徐光文，区委常委、宣传部部长陶旭峰陪同。

5月19日，区长陈豪参加丽水市、莲都区“争先创优”行动作战指挥部工作例会；听取古堰画乡小镇品质化提升工作汇报。

5月19日至20日，区长陈豪赴省发改委、省林业厅、省文物局汇报工作。

5月20日，市委常委、区委书记徐光文走访重点企业和项目（乾麟缝制、中立建筑、采桑社区、万控科技），副区长俞丽威陪同；调研生态工业平台建设，副区长俞丽威陪同。

5月21日，市委常委、区委书记徐光文调研检查经常化创建文明城市工作。

同日，省发改委调研未来社区项目，区长陈豪陪同；听取莲城宾馆改扩建项目设计方案汇报，参加市政府常务会议。

5月22日，市委常委、区委书记徐光文调研城中村改造工作，副区长管兴标陪同；开展干部谈心谈话。

同日，区长陈豪听取区人民医院有关工作、国家级旅游度假区创建前期工作汇报；参加生态产品价值实现机制国家试点建设推进会。

5月24日，区长陈豪听取古堰画乡艺术中心、儿童乐园项目汇报。

5月25日，市委常委、区委书记徐光文听取丽水工业园区体制改革工作汇报；调研莲都区全国“两会”期间信访维稳工作。

同日，市长吴晓东开展防汛检查，区长陈豪陪同；与北京中关村开放基金管理中心团队座谈，听取财政收入工作汇报，督查“基本无违建区”验收反馈问题点位整改工作，赴岩泉街道开展包乡走村工作。

5月26日，市委常委、区委书记徐光文赴碧湖镇周巷村开展包乡走村工作，对接市委巡察组提级巡察碧湖镇工作。市委常委、区委书记徐光文接见中车交通客商；与上上德盛集团股份有限公司对接座谈，区长陈豪，副区长俞丽威参加。

同日，区长陈豪陪同山西省临汾市党政代表团考察，与电信丽水公司、阿里巴巴公司座谈；召开创建瓯江风情国家旅游度假区指挥部第一次会议。

5月27日，市委常委、区委书记徐光文赴市政府对接工作；开展干部谈心谈话。

同日，区长陈豪陪同中铁建公司考察；主持召开区政府党组会议暨第44次区政府常务会议，听取关于莲都区生态保护红线评估调整“二上”修改完善方案的情况汇报，审议《莲都区高水平建设美丽城镇实施方案》《莲都区“大搬快聚富民安居”工程实施意见》等。

5月28日，莲都区既有住宅加装电梯工作部署会暨经常化创建文明城市工作和城中村改造（重点项目征收）工作推进会召开，区长陈豪、副区长管兴标参加。召开莲都区工业、消费工作专题会议，区长陈豪参加。

同日，市委常委、区委书记徐光文主持召开区委全面依法治区委员会第二次会议，区长陈豪，区委副书记胡伟华，区委常委、公安分局局长林峰，区委常委、组织部部长陈永超参加；主持召开区委全面深化改革委员会第二次会议，区长陈豪，区委副书记胡伟华，区委常委、统战部部长翁伟标，区委常委、组织部部长陈永超，区委常委、纪委书记、监委主任蔡昱参加。

5月29日，市委常委、区委书记徐光文主持召开区委常委会会议，审议并原则通过了《关于建立政治生态评价体系的实施意见（试行）》《莲都区2020年党风廉政建设和反腐败工作组织领导与责任分工》《关于推进新时代莲都公安工作高质量发展的实施意见》《关于完善丽水工业园区体制机制的实施意见》《关于补齐“三农”发展短板确保与全市同步高水平全面建成小康社会的二十条意见》《莲都区“大搬快聚富民安居”工程实施意见》等。

同日，全市领导干部大会召开，市委常委、区委书记徐光文，区长陈豪参加。

5月30日，区长陈豪陪同文筑国际控股有限公司(香港)等企业考察。

6月

6月1日，区委农村工作会议暨全区扶贫开发、大搬快聚工作会议召开，区长陈豪，区委副书记胡伟华，副区长蔡毓良参加。

同日，莲都区生态工业高质量发展推进会召开，市委常委、区委书记徐光文，区长陈豪，区委副书记胡伟华，副区长俞丽威参加。

6月2日，区长陈豪赴岩泉街道、仙渡乡、雅溪镇等地开展防汛检查。

同日，市委常委会会议召开，市委常委、区委书记徐光文参加；会后，市委常委、区委书记徐光文主持召开区委常委会会议，传达学习全市领导干部会议精神、全省新时代文明实践中心暨农村文化礼堂建设工作推进会议精神，研究莲都区贯彻落实意见。

同日，莲都区“争先创优”行动作战指挥部第三次工作例会召开，区长陈豪，副区长俞丽威，副区长管兴标参加。

6月3日，市委常委、区委书记徐光文陪同省咨询委一行考察古堰画乡及下南山村；陪同市委书记胡海峰赴老竹镇、丽新乡调研小流域山洪防治工作。

同日，区长陈豪调研万象街道市区城中村改造(重点项目征收)工作，副区长管兴标陪同；听取2020年财政收支工作和生态产品价值实现机制试点工作汇报。

6月4日，市委常委、区委书记徐光文开展新调整区管干部谈话；接见浙江荆山牧业有限公司一行。

同日，区长陈豪参加省委组织部考核挂职干部谈话，听取自然保护区整合优化调整方案汇报；同日至6月5日，赴北京与中国美协对接工作，考察招商引资项目。

6月5日，“莲都论坛”——意识形态工作专题辅导报告会举行，区领导参加。

6月7日，未来社区建设第二批试点申报项目联审会议在杭州召开，区长陈豪参加。

6月8日，区长陈豪听取企业债发行情况汇报；赴岩泉街道开展包乡走村活动，并上党课。

同日，国家发改委副秘书长苏伟一行调研通济堰修复工程，市委常委、区委书记徐光文陪同。

6月9日，市委常委、区委书记徐光文调研老竹镇产业发展。

同日，区长陈豪听取常态化疫情防控工作汇报；参加第22届浙洽会开幕式及丽水分会场活动。

同日，丽水市深化全国文明城市创建工作推进会暨高水平迎接国家卫生城市复审动员会召开，区领导参加。

6月10日，莲都区深化全国文明城市创建工作推进会暨高水平迎接国家卫生城市复审动员会召开，区领导参加。

同日，市长吴晓东赴联系社区左渠门调研经常化创建全国文明城市工作，区长陈豪陪同。区长陈豪赴丽水工业园区开展“三服务”工作。

同日，省人大常委会副主任史济锡一行调研古堰画乡，市委常委、区委书记徐光文陪同。

6月11日，全省生活垃圾治理攻坚大会召开，市委常委、区委书记徐光文，区长陈豪等区领导参加。

同日，市委书记胡海峰赴白云街道接官亭社区、白云花苑小区等地开展文明城市创建工作专项督查，市委常委、区委书记徐光文陪同。

6月12日，处州讲堂—推动经济高质量发展专题讲座举行，市委常委、区委书记徐光文参加；市委常委、区委书记徐光文赴老竹民族学校参加清华经管EMBA浙江校友会清E浙江•荷塘奖助学金捐赠活动。

同日，区长陈豪听取文旅重点项目汇报；陪同清华经管学院白重恩院长、陈煜波书记一行考察，陪同国家旅游度假区创建专家一行考察。

6月15日，市委常委、区委书记徐光文听取东西部扶贫工作汇报；调研灯塔社区、城北村经常化创建文明城市工作。

同日，莲都区“基本无违建

区”创建验收点位整改情况汇报会召开，区长陈豪、副区长管兴标参加；区长陈豪听取疫情防控工作汇报。

6月16日，莲都区2020年“争先创优”重大项目集中开工暨灵康杏福康旅小镇项目开工仪式举行，区领导参加。

同日，莲都区经常化创建文明城市工作重点难点问题协调会召开，区长陈豪，区委常委、宣传部部长陶旭峰，副区长管兴标参加；区长陈豪陪同市政协主席陈瑞商调研经常化创建全国文明城市工作。

6月17日至18日，省委十四届七次全体（扩大）会议召开，市委常委、区委书记徐光文，区长陈豪参加。

6月18日，区长陈豪考察网易（杭州）网络公司并听取项目设计方案汇报，副区长谢雅贞陪同。

6月19日，市委常委、区委书记徐光文赴缙云县对接省委巡视工作。

同日，全省“争先创优”行动月度工作例会召开，区领导参加。

同日，市委常委、区委书记徐光文主持召开区委常委会扩大会议。传达学习省委十四届七次全体（扩大）会议精神，部署相关重点工作；传达学习全国巡视工作会议暨十九届中央第五轮巡视动员部署会会议精神，研究我区贯彻落实意见；传达学习习近平总书记关于应急管理和安全生产的重要论述。

6月20日，义乌市市长一行考察莲都，市委常委、区委书记徐光文，区长陈豪，区委常委、副区长斯基根，副区长俞丽威陪同并参加义乌—莲都山海协作联席会议。

6月22日，市委全委（扩大）会议召开，市委常委、区委书记徐光文参加；市委常委、区委书记徐光文与区管干部开展谈心谈话。

同日，区长陈豪赴上海考察对接招商引资项目。

6月23日，市委常委、区委书记徐光文调研丽新乡及“五水共治”工作；赴仙渡乡开展扶贫工作专项督查。

同日，莲都区“争先创优”行动作战指挥部会议召开，区长陈豪，区委常委、副区长斯基根，副区长俞丽威，副区长蔡毓良参加；市政府党组会暨第62次常务会议召开，区长陈豪参加。

6月24日，区长陈豪开展精准扶贫督查调研，副区长蔡毓良陪同；听取“十四五”规划编制情况汇报。

同日，莲都区乡镇（街道）党（工）委书记座谈会召开，市委常委、区委书记徐光文，区委副书记胡伟华，区委常委、公安分局局长林峰，区委常委、碧湖镇党委书记郭云强，区委常委、组织部部长陈永超，区委常委、纪委书记、监委主任蔡昱参加。

6月28日，萤火虫主题公园方案汇报会召开，区长陈豪，副区长谢雅贞参加。区长陈豪督查经常化创建全国文明城市工作。

同日，市委常委、区委书记徐光文听取对口合作梅河口工作汇报。

6月29日，市委常委、区委书记徐光文主持召开莲都区委常委会会议。会议传达学习《中共中央、国务院关于加快推进社会治理现代化开创平安中国建设新局面的意见》，审议《中共丽水市莲都区委关于2020年上半年履行意识形态工作主体责任情况的报告》《中共丽水市莲都区委关于落实市委2019年度意识形态工作重点检查反馈意见的整改方案》《莲都区2020年度工作责任制考评实施意见》。

同日，区长陈豪听取衢丽铁路（莲都段）建设工程进展情况汇报；调研碧湖新区建设。

同日，省第六次民族团结进步表彰大会（视频会）召开，市委常委、区委书记徐光文参加。

6月30日，市委常委、区委书记徐光文赴堰头村走访困难群众并上党课。

同日，新时代山水城市——丽水山居图•城市设计国际竞赛线下启动会召开，区长陈豪参加。区长陈豪听取魏村地块安置小区土地公开出让特别规定汇报。

7月

7月1日，市委常委、区委书记徐光文，区长陈豪等区领导开展"七一"走访慰问活动。

同日，文旅促消费专题会议召开，区长陈豪，副区长俞丽威、谢雅贞参加。召开与中铁建公司项目合作对接座谈会，区长陈豪参加；区长陈豪听取莲城宾馆改扩建项目设计方案汇报。

7月2日，"最多跑一次"改革和数字政府建设专题会议召开，区长陈豪参加。

同日，区长陈豪陪同文筑国际创始人马卫东一行考察。

7月3日，市委常委会会议召开，市委常委、区委书记徐光文参加。

同日，区长陈豪主持召开区政府党组会议暨第45次区政府常务会议，会议听取关于义乌飞楼—莲都大厦项目推进情况的汇报，审议《丽水市莲都区金港公寓安置房选房办法》《莲都区人民政府与上海霄鉴生物科技有限公司共建人才科创"飞地"合作框架协议》等。

同日，市委常委、区委书记徐光文主持召开区委人才科技工作领导小组会议，审议《区委人才科技工作领导小组2020年工作要点》《关于加强人才队伍建设推动高质量绿色发展的若干意见》《"画乡莲都•院士之家"创建工作实施方案》等，区长陈豪，区委常委、组织部部长陈永超，副区长俞丽威参加。

同日，市委常委、区委书记徐光文会见正邦集团有限公司。

7月4日，区长陈豪调研旅游资源开发工作。

7月6日，市委常委、区委书记徐光文听取统计工作汇报。

同日，召开莲都区规划委员会2020年度第1次主任会议，区长陈豪，副区长俞丽威、谢雅贞、蔡毓良、管兴标参加。

同日，市委常委、区委书记徐光文会见天域生态环境股份有限公司一行并座谈，区长陈豪参加。

同日，区长陈豪听取区人民医院财政扶持政策、政保合作、工会消费券情况汇报。

7月7日，省政协主席葛慧君调研雅溪镇协商治理联合会，市委常委、区委书记徐光文陪同。市委常委、区委书记徐光文听取浙商证券、人保财险等单位的金融工作汇报。

同日，市长吴晓东听取场景化应用工作汇报，区长陈豪参加。区长陈豪陪同树兰医疗集团考察并参加座谈会。

7月8日，市委常委、区委书记徐光文主持召开莲都区经常化创建文明城市工作督办会；调研紫金街道、黄村乡产业发展。

同日，市长吴晓东听取市区重点招商项目推进情况汇报，区长陈豪参加；区长陈豪与祥生集团浙南区域副总裁林詹钦座谈，听取建筑业发展工作汇报。

7月9日，市委常委、区委书记徐光文，区长陈豪陪同黄浦区政府考察团考察并座谈。市委常委、区委书记徐光文陪同四川省巴中市南江县考察团考察。

7月10日，市委全面深化改革委员会第四次会议召开，市委常委、区委书记徐光文参加。召开莲都区"争先创优"行动专题汇报会，市委常委、区委书记徐光文参加。

同日，丽水市政府代表团在沪对接招商引资工作，与黄浦区开展协作交流座谈，区长陈豪参加。

7月11日，区长陈豪赴杭州对接招商引资工作。

7月13日，市委常委、区委书记徐光文听取部门工作汇报。

同日至17日，市委常委、区委书记徐光文带领代表团赴四川省剑阁县深化东西部扶贫协作工作，区委常委、统战部部长翁伟标，区委常委、组织部部长陈永超参加。

7月13日，莲都区2020年区重大项目(创新区、大花园)二季度点评会召开，区长陈豪，副区长俞丽威、谢雅贞、管兴标参加。

同日，区长陈豪听取文教口工作汇报。

7月14日，区长陈豪听取融入长三角、接轨大上海工作汇报，会见绿发集团执行总裁王晓春一行；听取部门工作汇报。

7月15日，区长陈豪调研黄村乡农业农村工作、河长制落实情况，副区长蔡毓良陪同。全市党管武装工作会议暨市国动委第二十二次全体会议召开，区长陈豪参加。

7月16日，市长吴晓东听取高铁新城规划工作汇报，区长陈豪参加。区长陈豪陪同杭州市人大代表团考察。召开与中铁建公司招商引资项目座谈会，区长陈豪参加；区长陈豪会见上海自贸壹号—世迈嘉（自闭症项目）刘洪海教授团队，副区长俞丽威陪同。

7月17日，区长陈豪赴峰源乡调研；与网易公司座谈，副区长谢雅贞参加。

7月18日，市委常委、区委书记徐光文陪同省政协秘书长陈荣高一行考察。

同日，基层财政资金和扶贫资金管理专项检查工作迎检、两直资金工作部署会召开，副区长蔡毓良参加。

7月20日，市委常委、区委书记徐光文与干部谈心谈话。

同日，市委常委、常务副市长杜兴林主持召开海潮河环保问题整改专题会议，区长陈豪参加。莲都区人民政府与中国移动丽水分公司新基建（5G）签约仪式举行，区长陈豪、副区长管兴标参加；区长陈豪调研九龙湿地水生态保护工作。

7月21日，市委常委、区委书记徐光文主持召开区委常委会会议，传达学习全省县级社会矛盾纠纷调处化解中心建设互学互比视频交流会精神、全市信访工作和矛调中心建设点评会精神，研究贯彻落实意见；听取《莲都区扶持建筑业发展十条意见（试行）》《莲都区关于推进新时代民政事业高质量发展的实施办法（审议稿）》等工作汇报。

同日，省政府第六次全体会议（争先创优工作部署会）视频会议召开，区长陈豪、副区长俞丽威、管兴标参加。

同日，市委常委、区委书记徐光文与干部谈心谈话。

7月22日，全市建设平安丽水工作会议暨市域社会治理现代化试点工作推进会召开，市委常委、区委书记徐光文，区长陈豪参加。

同日，莲都区小微企业和个体工商户纾困工作专班第二次例会召开，区长陈豪，区委常委、副区长斯基根，副区长俞丽威参加；召开国企市场化改革工作专题会议，区长陈豪参加。

7月23日，市委常委、区委书记徐光文调研生态工业发展；调研碧湖镇村级组织换届工作。

同日，区长陈豪会见浙江影视集团，调研九龙湿地水生态保护工作。

同日，国务院第三次廉政工作会议和省政府第三次廉政工作会议召开，区领导参加。

7月24日，市委常委、区委书记徐光文检查指导全区征兵体检工作.

同日，省生态环境厅副厅长单锦炎一行调研督查环保督察整改工作，区长陈豪陪同。

同日，省委第四巡视组巡视莲都区情况反馈会召开，区领导参加。

7月27日，全市半年经济运行情况分析会暨争先创优第六次工作例会召开，区领导参加。

同日，市委常委、区委书记徐光文主持召开区委常委会会议暨区委巡视整改工作领导小组会议，审议巡视整改工作组织架构，传达学习选人用人、巡察工作、意识形态工作责任制落实专项检查的反馈意见，研究部署巡视整改工作。

同日，区长陈豪听取古堰画乡小镇艺术节筹备情况汇报。

同日晚上，省直单位厅局长工作交流会召开，区领导参加。

7月28日，全省巡视巡察工作会议暨十四届省委第十轮巡视动员部署会召开，市委常委、区委书记徐光文参加。

同日，市长吴晓东听取九龙湿地萤火虫公园概念性规划汇报，区长陈豪、副区长谢雅贞参加。

同日，市委常委、区委书记徐光文参加高温“送清凉”慰问活动。

同日，撤村建（并）居工作专题会议召开，区长陈豪，副区长谢雅贞参加。区长陈豪陪同文筑国际马卫东一行考察。

同日，“深化爱国卫生运动常创全国文明城市”——丽水小园丁·莲都小荷志愿服务大行动启动仪式举行，市委常委、区委书记徐光文，区委副书记胡伟华，区委常委、宣传部部长陶旭峰参加。

7月29日，市委常委、区委书记徐光文，区长陈豪开展“八一”慰问活动。

同日，创建瓯江风情国家旅游度假区指挥部第二次会议召开，区长陈豪、副区长谢雅贞参加。

同日，市委常委、区委书记徐光文陪同宁波市江北区党政代表团考察；召开江北—莲都山海协作联席会议，区长陈豪、副区长俞丽威参加。

同日，区长陈豪听取城中村改造（重点项目征收）、美丽城镇建设工作汇报。

7月30日，市委书记胡海峰开展“八一”慰问，市委常委、区委书记徐光文陪同。仙渡乡举办甘薯种植及淀粉加工项目试生产仪式活动，市委常委、区委书记徐光文参加。

同日，浙江帮邦行项目启动仪式举行，区长陈豪参加。召开莲都区政府廉政工作会议，区长陈豪，区委常委、纪委书记、监委主任蔡昱，副区长蔡毓良，副区长管兴标参加。

同日，加快文化旅游产业高质量发展专题政党协商会召开，区长陈豪，区委常委、统战部部长翁伟标，副区长谢雅贞参加。

7月31日，市委常委会会议召开，市委常委、区委书记徐光文参加。

同日，全区半年度经济运行情况分析会暨争先创优第五次工作例会召开，区长陈豪，副区长俞丽威、谢雅贞、蔡毓良参加。

同日，全国安全生产电视电话视频会议召开，区长陈豪参加。

同日，市区城中村改造（重点项目征收）工作推进会召开，市委常委、区委书记徐光文，区长陈豪，副区长管兴标参加。

同日，区长陈豪开展高温送清凉慰问活动。

8月

8月3日，市委全委（扩大）会议召开，市委常委、区委书记徐光文，区长陈豪参加。

同日，区长陈豪主持召开区政府党组会暨第46次常务会议，审议《莲都区国有企业市场化改革的实施意见》，听取关于新冠肺炎疫情防控工作情况汇报，专题学习防范和惩治统计造假有关精神并听取关于莲都区统计工作自查情况汇报等。

8月4日，市委四届八次全体（扩大）会议召开，市委常委、区委书记徐光文，区长陈豪参加。

8月5日，市委常委、区委书记徐光文听取工业园区管委会工作汇报；接见灵康集团执行总裁茅建如，听取灵康杏福康旅小镇建设情况汇报。

同日，创建瓯江风情国家级旅游度假区指挥部内部动员会议召开，区长陈豪、副区长谢雅贞参加。

同日，区长陈豪调研“十四五”生态工业空间规划并召开万洋指挥部第二十三次会议，副区长俞丽威参加。

8月6日，市委常委、区委书记徐光文主持召开区委常委会会议，传达学习市委四届八次全体（扩大）会议精神，研究莲都贯彻落实意见，听取上半年经济运行分析情况和莲都区2020年经常化创建文明城市情况汇报。

同日，区长陈豪陪同虹溪若雅集团一行考察，副区长谢雅贞陪同。

8月7日，开展2020年度“军事日”活动，邀请陆军指挥学院薛志亮教授讲授中美战略博弈，区领导参加。

同日，全区实施三级联动办实事、村级事务阳光票决制暨建设社会矛盾纠纷调处化解中心工作推进会召开，市委常委、区委书记徐光文，区委常委、碧湖镇党委书记郭云强参加。

同日，区长陈豪听取部门工作汇报。

8月10日，区委机构编制委员会召开第三次会议，市委常委、区委书记徐光文，区长陈豪，区委常委、组织部部长陈永超参加。

同日，区长陈豪听取2020年扶贫专项资金使用、全年压减预算支出方案和单位经费追加等有关情况汇报；陪同省文旅厅杨建武副厅长一行考核省级旅游度假区。吴晓东市长听取丽水市国土空间总体规划方案汇报，区长陈豪参加。

同日，市委常委、区委书记徐光文与干部谈心谈话。

8月11日，市委常委、宣传部部长任淑女到莲都调研经常化创建文明城市工作并召开座谈会，市委常委、区委书记徐光文，区委副书记胡伟华，区委常委、宣传部部长陶旭峰，副区长管兴标参加。

同日，市委常委、区委书记徐光文接待杭州民企服务发展有限公司张月英一行。

同日，区长陈豪赴杭州考察湘湖旅游度假区、西溪湿地、东信和创园，副区长谢雅贞陪同。

8月12日，市委常委、区委书记徐光文审阅全会报告；召开区委书记专题会，听取碧湖镇巡视整改方案等。

同日，区长陈豪赴义乌对接莲都大厦项目有关事宜，区委常委、副区长斯基根陪同。区长陈豪赴市政府汇报工作；参加市长吴晓东召集的与中铁建公司座谈会。

8月13日，区委十四届九次全体（扩大）会议暨区政府全会召开，深入学习贯彻习近平总书记考察浙江重要讲话精神，认真学习贯彻省委十四届七次全体（扩大）会议、市委四届八次全体（扩大）会议精神，回顾总结莲都撤市设区20年成就，部署下一步工作，确保实现"全年胜"目标。

同日，区委落实省委巡视组反馈意见整改工作动员会召开，市委常委、区委书记徐光文，区长陈豪，区委副书记胡伟华参加。

同日，区长陈豪听取重大招商项目进展情况、碧湖全域土地综合整治和生态修复工程汇报。

8月14日，市委常委、区委书记徐光文主持召开信访积案督办协调会，督办刘兴荣信访积案（国家级积案）。

同日，区委区政府农业农村工作领导小组会议召开，市委常委、区委书记徐光文，区委副书记胡伟华，副区长谢雅贞，副区长蔡毓良参加。

同日，市长吴晓东听取城中村改造推进情况汇报，区长陈豪参加。区长陈豪听取千树谷旅游综合体项目规划设计方案汇报。

8月15日，全省深入践行"两山"理念高水平建设美丽浙江推进大会召开，区领导参加。

8月17日，莲都论坛——文化产业政策解读专题辅导报告会召开，区领导参加。

同日，全省法治政府建设暨综合行政执法改革推进会召开，会后召开莲都区法治政府建设暨综合行政执法改革推进会，区长陈豪，区委副书记胡伟华参加。

8月18日，区长陈豪调研芦埠村城中村改造工作，区委常委、公安分局局长林峰陪同。省委生态环境保护专项督察组到丽水开展专项督察，区长陈豪、副区长俞丽威陪同；区长陈豪督查经常化文明城市创建工作，区委常委、宣传部部长陶旭峰参加。

8月19日，省委生态环境保护专项督察工作汇报会召开，区长陈豪参加。区长陈豪听取全区国土空间规划汇报。晚上，举行莲都区庆祝撤市设区20周年、"两山"理念提出15周年暨"中国医师节"活动，区长陈豪参加。

8月20日，区长陈豪调研衢丽铁路莲都段迁建安置用地选址工作；省人防办主任调研扶贫工作并座谈，区长陈豪陪同。

同日，丽水市迎国测工作动员会暨经常化创建全国文明城市工作第三次点评会召开，区长陈豪参加。

8月21日，区政协召开十五届十六次常委会，区长陈豪参加。

同日，区长陈豪主持召开区政府党组会议暨第47次常务会议，传达学习全省高水平建设新时代美丽浙江推进大会精神和省委生态环境保护专项督察工作汇报会精神，听取环保督察整改情况汇报并部署第二轮中央环保督察迎检工作，听取关于莲都区2020年1—8月行政诉讼及败诉有关情况汇报和古堰画乡小镇艺术节筹备情况汇报等。

8月24日，《今日聚焦》曝光垃圾填埋场浓缩液外溢影响河道水质问题专题汇报会召开，市委常委、区委书记徐光文参加。

8月25日，市委常委、区委书记徐光文会见福寿园国际集团董事会主席白晓江一行；听取老竹镇工作汇报。

8月26日，市委常委、区委书记徐光文向市委主要领导汇报工作；听取民主生活会材料相关汇报。

同日，全市国土空间规划支撑"绿水青山就是金山银山"转化试点工作部署会暨国土空间规划编制培训会召开，市委常委、区委书记徐光文参加。

8月27日，市委常委、区委书记徐光文督查暗访文明城市创建工作。

8月28日，市委常委会会议召开，市委常委、区委书记徐光文参加。

同日，区长陈豪听取部门工作汇报。

同日，市委常委、区委书记徐光文主持召开区委常委会会议。

同日，市委常委、区委书记徐光文主持召开区委常委会巡视整改专题民主生活会。会上，徐光文代表区委常委会作班子对照检查，并带头开展自我剖析、查摆问题，接受大家批评意见。随后，区长陈豪、区委副书记胡伟华等区委常委会班子成员也逐一认领班子问题，进行个人对照检查发言，开展批评与自我批评。

同日晚上，第二届丽水“巴比松”国际研讨会暨2020古堰画乡小镇艺术节开幕式举行，区领导参加。

8月29日，第二届丽水“巴比松”国际研讨会——文化艺术与城乡发展的双向赋能召开，市委常委、区委书记徐光文，区长陈豪参加。

8月30日，国内知名建筑评论人、文筑国际创始人马卫东一行到莲都考察，市委常委、区委书记徐光文，区长陈豪陪同。

8月31日，市委常委、区委书记徐光文与新任干部谈话；调研农民增收及村集体经济发展工作。

同日，区长陈豪向区人大代表通报莲都区2020年上半年经济社会运行情况。

同日，区长陈豪听取岩泉街道天宁寺花场区块城中村改造工作汇报；听取2020年用地报批情况汇报。

9月

9月1日，市委常委、区委书记徐光文专题听取工业项目招商汇报。

同日，市政府党组会暨第66次常务会议召开，区长陈豪参加。

同日，十四届区委第八轮巡察工作动员部署会召开，区委常委、组织部部长陈永超，区委常委、纪委书记、监委主任蔡昱参加。

同日，中央第三生态环境保护督察组督察浙江省工作动员会（视频会议）召开，区领导参加。

同日，区长陈豪会见浙江始祖鸟环境工程公司、梦里水乡项目投资方中房公司负责人。

9月2日至4日，市委常委、区委书记徐光文赴宁波、嘉兴、湖州开展山海协作交流。

9月2日，区长陈豪听取衢丽铁路莲都段东西岩站站房及站前广场设计方案等相关事宜汇报。同日，区长陈豪与星野集团负责人进行视频会议；召开迎接第二轮中央生态环境保护督察进展情况汇报会，区长陈豪，副区长俞丽威参加。

9月3日，丽水市巩固国家卫生城市工作省级复查反馈会召开，区长陈豪参加。

同日，市长吴晓东调研市区城中村改造工作，区长陈豪陪同。

9月4日，全市法治政府建设推进会暨第十四次府院联席会议召开，区长陈豪参加。

同日，企业家座谈会暨亲清直通车•政企恳谈会召开，区长陈豪，副区长俞丽威参加。

9月6日，区长陈豪现场调研中央环保督察信访交办件办理工作，副区长蔡毓良陪同。

9月7日，市委常委、区委书记徐光文督导省委巡视交办件办理工作。

9月7日至9日，区长陈豪赴北京考察招商引资项目。

9月8日，市委常委、区委书记徐光文听取村级组织换届选举等组织工作；陪同百山祖国家公园创建工作验收组考察古堰画乡。

9月9日，市委常委、区委书记徐光文开展教师节慰问活动并召开座谈会；调研文化产业发展工作，探班《春风又绿江南》剧组。

9月10日，市委常委、区委书记徐光文赴堰头村开展包乡走村、帮扶低收入农户活动；听取灵康杏福小镇建设情况汇报。

同日，第36个教师节教育提

质座谈会召开，区长陈豪，区委常委、宣传部部长陶旭峰，副区长谢雅贞参加。

同日，区长陈豪听取部门工作汇报。

9月11日，市委常委、区委书记徐光文听取深改工作和党校创优评估工作汇报。

同日，全国深化“放管服”改革优化营商环境电视电话会议召开，区领导参加。

同日，市委常委、区委书记徐光文主持召开区委常委会会议暨区委理论学习中心组专题学习会，传达学习《习近平谈治国理政》第三卷、省委政法委有关文件精神，听取莲都区第二轮中央生态环境保护督察有关工作情况汇报。

同日，市长吴晓东暗访督查经常化创建全国文明城市工作，区长陈豪陪同。

9月13日，莲都区经常化创建文明城市暗访发现问题交办会召开，区长陈豪，区委常委、宣传部部长陶旭峰，副区长管兴标参加。区长陈豪调研中央环保督察信访交办件办理工作。

9月14日，市委常委会会议召开，市委常委、区委书记徐光文参加。

同日，区长陈豪听取堰头村竹林区块信访件办理情况汇报；调研碧湖镇对门圩旅游资源情况。

同日，莲都区“十四五”规划编制情况汇报会召开，市委常委、区委书记徐光文，区长陈豪，区委副书记胡伟华参加。

9月15日，市委常委、区委书记徐光文陪同浙江省政协副主席吴晶开展监督工作，区委副书记胡伟华参加；开展信访值守接访工作，副区长俞丽威参加。

同日，丽水市创建瓯江风情国家级旅游度假区指挥部指挥长会议召开，区长陈豪、副区长谢雅贞参加；召开水上项目考察对接座谈会，区长陈豪，区委常委、宣传部部长陶旭峰，副区长谢雅贞参加。区长陈豪听取部门工作汇报。

9月16日，市委常委、区委书记徐光文督办第二轮中央生态环境保护督察交办件办理工作，副区长俞丽威参加。

同日，区长陈豪为区委党校科级班、中青班授课。“丽水摄影之乡”政协委员会客厅揭牌仪式暨首场活动在丽水摄影博物馆举行，区长陈豪，区委常委、宣传部部长陶旭峰参加；区长陈豪调研岩泉街道村（社区）换届工作。

9月17日，市委常委、区委书记徐光文为市、区中青班学员授课。

同日，区长陈豪听取高溪低丘缓坡区块（万洋小镇）总部经济招商政策汇报；调研中央环保督察信访交办件（市物资再生利用公司危废堆放）办理工作。召开全区老干部情况通报会，区长陈豪，区委常委、组织部部长陈永超参加；区长陈豪调研岩泉街道贺家坑河道治理情况。

9月18日，市委常委、区委书记徐光文赴省发改委、省财政厅对接工作。

同日，机关内部“最多跑一次”改革暨市域社会治理丽水实践研讨会召开，区长陈豪，区委副书记胡伟华参加。区长陈豪陪同奥特莱斯集团考察。

9月19日，莲都大厦B座项目正式签约，区委常委、副区长斯基根参加签约仪式。

9月21日，市委常委、区委书记徐光文听取村级组织换届选举等组织工作汇报，听取莲都—义乌双子楼方案汇报。

同日，莲都区村（社区）组织换届工作领导小组第三次会议召开，市委常委、区委书记徐光文，区委副书记胡伟华，区委常委、碧湖镇党委书记郭云强，区委常委、组织部部长陈永超，区委常委、纪委书记、监委主任蔡昱，副区长谢雅贞、管兴标参加。

同日，区长陈豪督查经常化创建全国文明城市工作，区委常委、宣传部部长陶旭峰，副区长管兴标陪同；走访企业，开展“三服务”活动，副区长俞丽威陪同。

9月22日，“2020年丽水·莲都‘中国农民丰收节’开幕式”在丽新畲族乡举行，市委常委、区委书记徐光文，区长陈豪，区委副书记胡伟华，区委常委、副区长斯基根，副区长蔡毓良等参加。

同日，市委常委、区委书记徐光文督查暗访经常化创建文明城市工作，副区长管兴标陪同。召开区委党校（行政学校）

办学质量创优评估工作汇报会，市委常委、区委书记徐光文参加。

同日，区长陈豪陪同丽水新华书店苏健总经理一行考察；听取重大项目招商进展情况汇报。

9月23日，市委常委、区委书记徐光文调研市级联系重点项目江滨商务中心项目；参加市委组织部谈话。

同日，区长陈豪听取九龙湿地门户区项目设计方案汇报；听取区人民医院有关工作汇报。

9月24日，全市旅游业发展大会暨缙云仙都成功创建国家AAAAA景区总结大会召开，市委常委、区委书记徐光文，区长陈豪参加。

同日，市政协四届四次会议第37号重点提案座谈会召开，市委常委、区委书记徐光文参加。市委常委、区委书记徐光文看望全国文明城市中央检查组。

同日，全省未来社区建设工作推进电视电话会议召开，区长陈豪参加。

9月25日，市委常委、区委书记徐光文陪同安徽省黄山市党政代表团考察古堰画乡特色小镇建设。

同日，全省质量大会(视频会议)召开，区长陈豪，区委常委、副区长斯基根参加。全省安全生产工作电视电话会议召开，区长陈豪参加。

9月26日，市委常委、区委书记徐光文陪同中央第三生态环境保护督察组组长耿惠昌调研古堰画乡产业转型升级、生物多样性保护工作，副区长俞丽威参加。

同日，全市第二轮中央生态环境保护督察涉林耕地垦造问题整改落实会召开，区长陈豪参加。

9月27日，市委常委、区委书记徐光文与干部谈心谈话；赴浙江交投丽新矿业有限公司、浙南蓄电池隔板有限公司、丽水百货大楼等企业开展节前安全生产检查活动，副区长俞丽威陪同。

同日，区长陈豪主持召开区政府党组会暨第48次常务会议，传达学习省委袁家军书记在省委党校2020年秋季学期开学典礼上的讲话精神，听取中央环保督察问题整改情况汇报，听取全区食品安全工作专题汇报并审议《莲都区区本级党政领导干部食品安全工作责任清单》，传达全省安全生产电视电话会议精神并部署全区安全生产工作等。

同日，区长陈豪调研大港头茶叶市场选址，副区长蔡毓良陪同。召开衢丽铁路东西岩站站房设计方案讨论会，区长陈豪，副区长管兴标参加。

9月28日，围绕将万洋低碳智造小镇打造为莲都生态工业高质量发展主平台，市委常委、区委书记徐光文主持召开政党协商会，向各民主党派、工商联和无党派代表人士通报万洋低碳智造小镇建设情况并听取意见建议，区委常委、统战部部长翁伟标，区委常委、碧湖镇党委书记郭云强，副区长俞丽威参加。

同日，区委全委会议召开，区领导参加。

同日，在仙渡乡举行北乡革命纪念馆开馆仪式，市委常委、区委书记徐光文，区委副书记胡伟华参加。

同日，区长陈豪开展国庆中秋两节前安全生产大检查；陪同中化资本考察。

9月29日，市委常委、区委书记徐光文主持召开区委常委会会议暨区委国家安全委员会全体会议，传达学习省委书记袁家军在省委党校2020年秋季学期开学典礼上的重要讲话精神，听取区委关于落实省委巡视组反馈意见的整改情况汇报等。

同日，全省村级组织换届工作会议召开，市委常委、区委书记徐光文，区委副书记胡伟华，区委常委、组织部部长陈永超，区委常委、纪委书记、监委主任蔡昱参加。

同日，区长陈豪调研垦造耕地项目并召开涉林垦造耕地项目整改专题会议。

9月30日，丽水市区2020年烈士纪念日向革命烈士敬献花篮仪式举行，市委常委、区委书记徐光文，区委副书记胡伟华，区委常委、统战部部长翁伟标，区委常委、纪委书记、监委主任蔡昱参加。市委常委、区委书记徐光文参加拍摄“共表爱才心，书记齐引才”视频。

同日，区长陈豪陪同奥特莱斯集团考察。

10月

10月9日，市委常委、区委书记徐光文接见浙江新湖集团股份有限公司一行。

同日，莲都区秋冬季疫情防控工作部署会召开，区长陈豪、副区长谢雅贞参加。

同日，区长陈豪听取省大花园示范县创建工作汇报。

同日，市长吴晓东调研未来社区建设推进情况并听取工作汇报，区长陈豪参加。

10月10日，市委常委、区委书记徐光文接见浙江绿郡恒业实业有限公司董事长孙彩霞一行，研究底金弄公墓建设事宜。金华市委组织部对挂职干部——区委常委、副区长斯基根进行考核谈话，市委常委、区委书记徐光文，区委副书记胡伟华参加；市委常委、区委书记徐光文听取区科技局《浙西南科创中心•莲都篇》编制的汇报。

同日，莲都区召开第六次府院联席会议暨区委依法治区委员会执法协调小组第一次会议，区长陈豪，区委副书记胡伟华，区委常委、公安分局局长林峰参加。

同日，市长吴晓东听取市本级重大项目问题剖析，区长陈豪，副区长管兴标参加。衢州督查组秋冬季新冠肺炎疫情防控督查座谈会召开，区长陈豪，副区长谢雅贞参加；区长陈豪听取起步集团精灵乐园旅游综合体项目设计方案汇报。

10月11日，中央第四巡视组巡视浙江省工作动员会召开，市委常委、区委书记徐光文参加。

10月12日，区长碰头会召开，并专题研究仙渡乡交通事故有关情况。

同日，市委常委、区委书记徐光文主持召开区委常委会会议，传达学习十九届中央第六轮巡视工作动员部署会主要精神，研究贯彻落实意见；审议《莲都区关于高质量做好村（社区）组织换届选举工作的实施意见》。

10月13日，全市村（社区）组织换届工作会议召开，市委常委、区委书记徐光文，区委副书记胡伟华，区委常委、组织部部长陈永超，区委常委、纪委书记、监委主任蔡昱参加。市委常委、区委书记徐光文与新任免干部谈话。晚上，巡视指导督查专题培训会议召开，市委常委、区委书记徐光文，区委常委、组织部部长陈永超参加。

同日，区长陈豪陪同全国政协少数民族、宗教界委员视察团考察；会见省政府外事办副主任陈江风一行，会见市区城中村改造指挥部林开武一行。

10月14日，区委党校迁建工程开工仪式举行，市委常委、区委书记徐光文，区委副书记胡伟华，区委常委、碧湖镇党委书记郭云强，区委常委、组织部部长、党校校长陈永超参加。

同日，市、区重点项目政策处理、农村困难家庭危房改造工作集体约谈会召开，区长陈豪，副区长管兴标参加。

同日，丽水市第四次民族团结进步大会召开，市委常委、区委书记徐光文，区长陈豪，区委副书记胡伟华参加。

10月15日，莲都区第十二次妇女代表大会召开，市委常委、区委书记徐光文，区长陈豪，区委副书记胡伟华，区委常委、统战部部长翁伟标，区委常委、组织部部长陈永超，区委常委、纪委书记、监委主任蔡昱，区委常委、宣传部部长陶旭峰参加。

同日，全区村（社区）组织换届工作部署会召开，市委常委、区委书记徐光文，区委常委、公安分局局长林峰，区委常委、碧湖镇党委书记郭云强，区委常委、组织部部长陈永超，区委常委、纪委书记、监委主任蔡昱，副区长谢雅贞参加。

10月16日，莲都区委外事工作委员会第二次会议召开，市委常委、区委书记徐光文，区长陈豪参加。

同日，2020年区委统一战线工作领导小组会议召开，市委常委、区委书记徐光文，区委常委、统战部部长翁伟标参加。

同日，区长陈豪听取碧湖全域综合整治实施方案汇报。第二轮中央生态环境保护督察问题整改汇报会暨全市生态环境整治工作推进会召开，区长陈豪参加。

同日，市委常委、区委书记徐光文听取三季度工作汇报。

10月18日，区长陈豪听取九龙国家湿地萤火虫主题公园方案汇报；听取莲城宾馆改扩建项目设计方案汇报。

10月19日，莲都区工程富余砂石资源管理经营相关事宜专题会召开，区长陈豪，副区长蔡毓良参加。

同日，处州讲堂——意识形态安全和网络安全专题讲座举行，市委常委、区委书记徐光文，区长陈豪等参加。

10月20日，市委常委、区委书记徐光文审议巡视整改报告；听取全域旅游、国家级瓯江风情度假区和古堰画乡AAAAA景区创建汇报。

同日，区长陈豪调研风化储粮基地项目，参加莲都区美丽城镇建设现场会。区长陈豪陪同伟业控股冷链产业集团投资发展中心总经理徐源一行考察，副区长俞丽威参加。

10月21日，市委常委、区委书记徐光文参加“敬老月”走访慰问百岁老人活动；带头参加人口普查现场登记。市委常委、区委书记徐光文赴义乌对接莲都大厦建设有关事宜。

同日，全市农村乱占耕地建房问题专项整治行动及松材线虫病防治工作电视电话会议召开，区长陈豪、副区长蔡毓良参加。大花园示范县评审会在杭州召开，区长陈豪参加。

10月21日至22日，市委常委、区委书记徐光文率莲都区党政代表团赴义乌开展山海协作交流工作，区委常委、副区长斯基根，副区长蔡毓良参加。

10月22日，区长陈豪赴上海考察招商引资项目。

同日，新时代推进山区26个县高质量发展座谈会召开，市委常委、区委书记徐光文参加。

10月23日，全省扩大有效投资重大项目集中开工活动举行，市委常委、区委书记徐光文参加。

同日，市委常委、区委书记徐光文主持召开区委常委会会议，传达学习袁家军在全省村（社区）组织换届工作会议上的讲话及相关文件精神，研究贯彻落实意见；审议《中共丽水市莲都区委关于省委巡视组反馈意见整改落实情况的报告》《关于落实省委巡视组意识形态专项检查反馈意见的整改情况报告》《中共丽水市莲都区委关于落实省委巡视组巡察专项检查反馈意见整改落实情况的报告》《关于落实省委组织部选人用人专项检查反馈意见整改情况的报告》。

同日，区委全面深化改革委员会第三次会议召开，市委常委、区委书记徐光文，区委副书记胡伟华，区委常委、统战部部长翁伟标，区委常委、纪委书记、监委主任蔡昱，副区长俞丽威，副区长管兴标，副区长陈勇参加。

同日，县（市、区）委书记工作交流会召开，市委常委、区委书记徐光文，区长陈豪，区委副书记胡伟华，区委常委、统战部部长翁伟标，区委常委、纪委书记、监委主任蔡昱，副区长俞丽威，副区长陈勇参加。

10月24日，第九届“智汇丽水”人才科技峰会开幕式举行，区长陈豪，区委常委、组织部部长陈永超参加。

10月25日，第二届“才聚莲都”高层次人才与科技项目对接交流会暨“画乡莲都•院士之家”落成仪式举行，市委常委、区委书记徐光文，区长陈豪，区委常委、组织部部长陈永超参加。

10月26日，市委常委、区委书记徐光文主持召开莲都区村（社区）组织换届工作专题会，区委常委、碧湖镇党委书记郭云强，区委常委、组织部部长陈永超参加。

同日，区长陈豪主持召开区政府党组会暨第49次常务会议，审议《关于加快促进莲都超市产业发展十一条意见》《关于确定2021年度城乡居民基本医疗保险筹资标准的通知》，听取关于推进“国家水稻分子育种中心丽水示范基地”建设情况和民生实事专项督查情况汇报等。

同日，市委常委会会议召开，市委常委、区委书记徐光文参加。

同日，长岗背小学项目专题会议召开，区长陈豪、副区长谢雅贞参加；区长陈豪听取财政有关工作汇报。

10月27日，市委常委、区委书记徐光文主持召开区委常委会扩大会议，传达学习省委书记袁家军在丽水调研讲话和新时代推进山区26个县高质量发展座谈会精神，总结分析前三季度全区经济社会发展情况，安排部署第四季度工作任务。

同日，市委常委、区委书记徐光文调研人口普查工作。

同日，区长陈豪调研雅溪镇农业农村工作及灵康杏福小镇项目。

10月28日，莲都区工会第十七次代表大会召开，市委常委、区委书记徐光文，区长陈豪，区委副书记胡伟华，区委常委、统战部部长翁伟标，区委常委、组织部部长陈永超，区委常委、纪委书记、监委主任蔡昱等参加。

同日，市委常委、区委书记徐光文听取年度考评工作汇报。

同日，区长陈豪会见杭萧钢构公司负责人，并陪同奥特莱斯集团考察。

10月29日，举行莲都论坛——旅游发展趋势专题培训报告会，市委常委、区委书记徐光文，区长陈豪，区委副书记胡伟华，区委常委、统战部部长翁伟标参加。

同日，创建全国健康促进区技术评估反馈会召开，区长陈豪，区委常委、宣传部部长陶旭峰参加。

同日，奥特莱斯创新产业园项目签约仪式举行，市委常委、区委书记徐光文参加。

同日，丽水市政府与上海市浙江商会座谈会暨战略合作框架协议签约仪式举行，区长陈豪参加。

10月30日，莲都区“十四五”规划思路专题协商会召开，市委常委、区委书记徐光文，区委常委、统战部部长翁伟标参加。

同日，上海市浙江商会到丽水考察，区长陈豪陪同。区长陈豪调研工业企业和重点项目建设。

11月

11月2日，全市领导干部会议召开，市委常委、区委书记徐光文，区长陈豪参加。

同日，市委常委、区委书记徐光文为中国人民志愿军老战士颁授“中国人民志愿军抗美援朝出国作战70周年”纪念章，区委副书记、政法书记胡伟华参加仪式；市委常委、区委书记徐光文走访区检察院，并参加市委组织部关于陈岳波调任的考察谈话。

同日，全省四季度工作（争先创优行动）部署（视频）会议召开，区长陈豪参加。

11月3日，丽水山居图城市设计国际竞赛颁奖典礼暨“山水城市”论坛活动举行，区长陈豪参加。

同日，全区领导干部会议召开，传达学习中共十九届五中全会精神。

同日，莲都区旅游业发展大会暨国家AAAAA级旅游景区、国家级旅游度假区和国家全域旅游示范区创建会议召开，市委常委、区委书记徐光文，区长陈豪，区人大常委会主任陈元龙，区政协党组书记陈立新，副区长谢雅贞参加。

11月4日，市委常委、区委书记徐光文赴峰源乡督导村级组织换届工作及山区乡镇产业发展。

同日，区长陈豪赴杭州参加AAAAA级旅游景区景观质量评价省级初评。

11月5日，市委常委、区委书记徐光文赴碧湖镇督导村级组织换届及阳光评廉现场会筹备工作；听取丽水市衢丽铁路指挥部莲都段工作汇报。

同日，区长陈豪调研桃碧线、九龙大桥连接线、石郎线改扩建项目，副区长蔡毓良参加；听取旅游产业专项债发行工作汇报。

11月6日，市委常委、区委书记徐光文参加市委常委会会议；赴丽水军分区参加军史陈列室揭牌仪式并出席市委议军会；听取区疾控中心工作汇报；晚上，会见蓝城集团董事长宋卫平。

同日，区长陈豪听取莲都大厦项目设计方案汇报，区委常委、副区长斯基根参加；参加全国无障碍环境区创建验收汇报座谈会，副区长陈勇参加。

11月7日，区长陈豪、副区长谢雅贞陪同绿城集团创始人、蓝城集团董事长宋卫平考察。

11月9日，中共十九届五中全会精神中央宣讲团报告会(视频会议)召开，区委理论学习中心组全体成员参加；市委常委、区委书记徐光文组织干部谈话。

同日，区长陈豪听取全区殡葬改革和审计发现问题整改工作，区人大常委会副主任张继芳、副区长谢雅贞参加。

11月10日，市委常委、区委书记徐光文赴大港头镇利山村调研民族乡村发展；召开书记专题会(丽水工业园区提级巡察反馈会等)；听取区发改局省市县长项目和2021年项目谋划工作汇报。

同日，区长陈豪听取瓯江风情国家级旅游度假区创建及莲都“100”越野赛筹备情况汇报，副区长谢雅贞参加。

11月11日，市委常委、区委书记徐光文督导联城街道、丽新乡“五水共治”工作；听取村级组织换届情况汇报。

同日，区长陈豪参加吴晓东市长召集的2021年重大项目谋划汇报专题会；听取部门工作汇报。

11月12日，市委常委、区委书记徐光文陪同宁波市代表团考察；参加丽水市深化“清廉村居”建设现场会，区委常委、纪委书记、监委主任蔡昱参加。

同日，区长陈豪调研市区城中村改造工作；陪同绿城服务集团董事会主席李海荣一行考察，副区长谢雅贞参加。

11月13日，区村(社区)组织换届工作领导小组第四次会议暨工作推进会召开，市委常委、区委书记徐光文，区委常委、组织部部长陈永超参加。

同日，全省抗击新冠肺炎疫情总结表彰大会(视频)召开，区领导参加。

同日，区长陈豪听取秋冬季疫情防控等有关重点工作汇报，区委常委、区公安分局局长林峰参加。

11月14日，莲都“100”越野赛开幕式举行，市委常委、区委书记徐光文，区长陈豪，区委常委、宣传部部长陶旭峰，副区长谢雅贞参加。

11月15日，2021“古堰画乡杯”瓯江行丽水摄影大展启动仪式暨莲都区省级摄影创作基地授牌仪式举行，市委常委、区委书记徐光文，区人大常委会主任陈元龙，区委常委、宣传部部长陶旭峰，副区长谢雅贞参加。

同日，区长陈豪参加衢丽铁路莲都段政策处理工作动员会，副区长管兴标、区政协副主席任文红、高铁办主任陈岳波参加。

11月16日，市委常委、区委书记徐光文听取组织部工作汇报；与义乌市山海协作挂职干部座谈，区委常委、组织部部长陈永超参加。

同日，区长陈豪陪同国家自然资源督察上海局考察；召开衢丽铁路指挥部会商会，副区长管兴标、高铁办主任陈岳波参加。

11月17日，市委常委、区委书记徐光文陪同省长郑栅洁调研考察古堰画乡；赴杭州参加省委十四届八次全会。

同日，全区冲刺四季度经济运行分析会暨争先创优行动工作例会召开，区政府领导参加；同日，区长陈豪赴杭州。

11月18日至19日，省委十四届八次全体(扩大)会议召开，市委常委、区委书记徐光文，区长陈豪参加。

11月19日，市委常委、区委书记徐光文陪同副省长高兴夫调研考察安派科、百兴菇业等企业。

同日，区长陈豪考察蓝城集团。

11月19日，全区机构改革情况通报座谈会召开，区委常委、组织部部长陈永超参加。

11月20日，市委常委、区委书记徐光文参加全市领导干部会议、市委常委会会议；召开全区领导干部会议[传达学习省委十四届八次全体(扩大)会议精神]，区长陈豪参加。

同日，2020年用地报批和债券项目推进及资金使用专题会召开，区长陈豪参加。

11月23日，市委常委、区委书记徐光文听取部门工作汇报；召开区委常委会、书记专题会；晚上，举行“与莲都同行•青年说”第三季总决赛，市委常委、区委书记徐光文，区委副书记、政法委书记胡伟华，区委常委、组织部部长陈永超，区委常委、纪委书记、监委主任蔡昱参加。

同日，市政府党组（扩大）会议召开，区长陈豪参加；市长吴晓东听取海潮河老旧小区改造暨历史街区改造项目谋划情况、灯塔未来社区设计方案汇报专题会召开，区长陈豪参加。

11月24日，2020年全区扫黑除恶专项斗争领导小组第四次全体（扩大）会议召开，市委常委、区委书记徐光文，区委副书记、政法委书记胡伟华参加；听取对口帮扶四川剑阁工作情况汇报，松材线虫病防治工作汇报。

同日，区长陈豪参加全省深化“千万工程”建设新时代美丽乡村现场会。

11月25日至11月26日，市委“学习贯彻党的十九届五中全会、省委十四届八次全会精神”专题学习会召开，市委常委、区委书记徐光文参加。

11月25日，区长陈豪主持召开区政府党组会暨第50次常务会议；听取招商引资工作汇报。

11月26日，区长陈豪参加江北—莲都山海协作莲都专场推介会。

11月26日至27日，区长陈豪赴安吉、苏州考察招商引资项目。

11月27日，省委党的群团（视频）工作会议召开，市委常委、区委书记徐光文参加。

11月30日，市委常委、区委书记徐光文听取组织工作汇报。

11月30日，区长陈豪陪同伟业控股冷链产业集团考察、座谈；听取市长吴晓东市本级重点招商项目推进情况汇报。

12月

12月1日，市委常委、区委书记徐光文主持召开书记专题会。同日，召开区委常委会会议，传达学习全省深化“千万工程”建设新时代美丽乡村现场会精神，研究贯彻落实意见；审议《中共丽水市莲都区委关于贯彻落实〈中国共产党宣传工作条例〉及省委、市委实施办法的通知》等，区领导参加；市委常委、区委书记徐光文与干部谈心谈话。

同日，区长陈豪听取衢丽铁路征收包干协议汇报，副区长管兴标参加；召开国家级旅游度假区创建指挥部会议，区长陈豪、副区长谢雅贞参加。

12月2日，市委常委、区委书记徐光文走访莲都驻上海招商部和莲都区总商会上海分会；与上海市黄浦区开展合作交流。

同日，区长陈豪听取2021年基本建设项目投资计划安排，副区长龚淑娟参加；听取部门工作汇报。

12月3日，市委常委、区委书记徐光文考察上海市外高桥集团、自贸壹号等地；考察嘉兴市蓝城集团风荷九里项目。

同日，区长陈豪调研老竹镇工作；调研市区既有住宅加装电梯工作。

12月4日，市委常委、区委书记徐光文考察杭州市蓝城集团陶然里、桃李春风项目。

同日，区长陈豪召开涉林垦造耕地整改工作推进会，副区长蔡毓良参加。

12月7日，区长陈豪主持召开区政府党组会暨区长办公会议，区政府领导参加。

12月8日，市委常委、区委书记徐光文，区长陈豪参加省管主要领导干部学习贯彻中共十九届五中全会精神集中轮训。

12月9日，市委常委、区委书记徐光文，区长陈豪参加省管主要领导干部学习贯彻中共十九届五中全会精神集中轮训；同日，市委常委、区委书记徐光文参加全省规范企业职工养老保险省级统筹专题部署会。

12月10日，市科协第七次代表大会、市委常委会会议召开，市委常委、区委书记徐光文参加。

同日，召开莲都区村社组织换届选情研判视频会，市委常委、区委书记徐光文，区委常委、组织部部长陈永超参加。

同日，区长陈豪陪同中化资本考察并召开座谈会。

12月11日，区长陈豪听取部门工作汇报；听取九龙湿地门户区块项目设计方案汇报，副区长谢雅贞参加。同日，市政府常务会议召开，区长陈豪参加。

12月14日，区委“学习贯彻党的十九届五中全会、省委十四届八次全会精神”专题学习会召开，区领导参加；丽水市被征地农民参加基本养老保险有关工作专题培训会召开，市委常委、区委书记徐光文，区长陈豪，区委副书记、政法委书记胡伟华，区委常委、宣传部部长陶旭峰，副区长俞丽威参加；晚上，召开区委常委会会议暨做好被征地农民参加基本养老保险工作领导小组第一次会议，区领导参加。

12月15日，市委常委、区委书记徐光文参加信访接访活动。

同日，区长陈豪参加2021年省林业重点工作任务评审会；赴省文旅厅汇报国家级旅游度假区红线划定与微改造等事宜。

12月16日，区长陈豪主持召开衢丽铁路松阳至莲都段开工仪式筹备会议，副区长管兴标参加。

同日，市委常委、区委书记徐光文陪同省军区政委修长智调研区人武部。

同日，区长陈豪听取债券资金使用、预决算工作情况汇报。

12月17日，市委常委、区委书记徐光文督导仙渡乡、雅溪镇、太平乡村级组织换届工作，区委常委、组织部部长陈永超参加。市委全委（扩大）会议召开，市委常委、区委书记徐光文，区长陈豪参加。

同日，区长陈豪听取关于区人民医院与市中心医院合作事宜的汇报，副区长谢雅贞参加；同日，区长陈豪参加全市被征地农民参加基本养老保险工作专班第二次会议（视频会）。

同日，区长陈豪听取农业农村重点工作汇报，副区长蔡毓良参加。

12月18日，市委常委、区委书记徐光文走访联系宗教界代表人士、新的社会阶层代表人士。

同日，区长陈豪调研瓯江风情度假区红线划定和微改造事宜，副区长谢雅贞陪同；同日，区长陈豪陪同市长吴晓东、中央党校原副校长李君如调研古堰画乡。

同日，区长陈豪召开瓯江风情度假区红线划定和微改造工作汇报会，副区长谢雅贞参加。

12月21日，莲都区第七次归侨侨眷代表大会召开，市委常委、区委书记徐光文，区长陈豪等领导参加；全市领导干部会议召开，市委常委、区委书记徐光文，区长陈豪参加。

同日，区长陈豪听取区委副书记、政法委书记胡伟华汇报青少年宫项目建设有关情况。

12月22日，市委常委、区委书记徐光文听取莲都区“十四五”规划编制情况汇报。

同日，区长陈豪督查涉林垦造耕地整改工作；听取2021年基本建设项目投资计划谋划工作专题会。同日，区长陈豪听取隐贤公司关于九龙湿地门户区块改造方案的汇报，副区长谢雅贞参加。

12月23日，区长陈豪主持召开区政府党组会暨第51次常务会议，区政府领导参加。

同日，市委常委、区委书记徐光文带队赴岩泉街道、太平乡等地督导被征地农民参加基本养老保险工作，并参加新生代企业家联合会第三次会员大会。

同日，区长陈豪会见中科华信控股（上海）有限公司副总裁，副区长谢雅贞参加。

12月24日，市委四届九次全体（扩大）会议召开，市委常委、区委书记徐光文，区长陈豪，区委常委、纪委书记、监委主任蔡昱参加。

12月25日，省委经济工作会议召开，市委常委、区委书记徐光文，区长陈豪参加。

12月28日，市委常委、区委书记徐光文，区长陈豪，区委副书记、政法委书记胡伟华，副区长管兴标出席衢丽铁路（松阳至丽水段）项目开工仪式。同日，召开全区领导干部会议，区领导出席。同日，召开莲都区红十字会第三次代表大会，市委常委、区委书记徐光文，区委常委、宣传部部长陶旭峰，副区长谢雅贞出席。

12月29日，市委常委、区委书记徐光文主持召开书记专题会。同日，召开区委常委会会议，听取区人大、区政府、区政协、区法院、区检察院党组履行全面从严治党主体责任和意识形态工作情况汇报，听取《关于制定莲都区国民经济和社会发展第十四个五年规划和二〇三五年远景目标的建议》的汇报，审议《莲都区县域社会治理现代化工作实施方案》等，区领导参加。

同日，区长陈豪出席浙江省未来社区试点——莲都灵山社区工作委员会挂牌仪式，副区长管兴标参加；市政府党组会暨第72次常务会议召开。

12月30日，市委常委、区委书记徐光文主持召开座谈会，向各民主党派征求“十四五”规划意见建议，区委常委、统战部部长翁伟标参加；召开座谈会，向老干部代表征求“十四五”规划意见建议，区委常委、组织部部长陈永超参加；参加丽水工业园区企业协会三周年庆典暨一届四次会员代表大会。

同日，区长陈豪听取莲都区金山陵园（底金弄公墓）项目规划情况汇报，副区长谢雅贞参加；走访检查疫情防控点位并召开座谈会，副区长谢雅贞、龚淑娟参加。

12月31日，市委常委、区委书记徐光文走访慰问财政金融系统（区财政局、建行莲城支行、农行莲都支行、太平洋保险公司、宁波银行丽水分行），副区长俞丽威陪同；市委常委、区委书记徐光文，区长陈豪，区委常委、宣传部部长陶旭峰，副区长谢雅贞参加市对区意识形态工作考核谈话。

同日，区长陈豪，区委常委、人武部政委任万户参加国防动员演练。同日，区长陈豪参加全省中医药大会；与市邮政局对接相关工作，并走访慰问金融机构，副区长俞丽威参加。

莲都概览

自然环境

【地理位置】 莲都区位于浙江省西南部，瓯江中游，区境介于北纬28°06′～28°44′和东经119°32′～120°08′。东与青田县毗邻，南与云和县、景宁畲族自治县接壤，西与松阳县相连，西北与武义县交界，东北与缙云县连接。为市人民政府驻地。

【地形地貌】 莲都区境处在括苍山脉、洞宫山脉、仙霞山脉3条山脉之间。地形属浙南中山区，以丘陵山地为主，间有小块河谷平原。地势具有盆地格局，四周高山环抱，峰峦连绵高峻，海拔1000米以上山峰有30余座。境内最高处为南部八面湖山峰，海拔1389米，最低处是下风化村河漫滩，海拔40米。地形大势自西南向东北倾斜。

境内地形可分为河谷平原、丘陵、山地3种。其中，河谷平原海拔在100米以下，面积192.2平方千米，占总面积的12.8%，主要有碧湖平原和城郊平原。碧湖平原面积80.3平方千米，地势平坦，海拔60～70米，相对高差小于20米。城郊平原面积44.8平方千米，海拔50～80米，相对高差小于30米。丘陵可分为低丘和高丘，低丘海拔100～250米，面积364平方千米，25度以上陡坡面积占78.3%。高丘海拔250～500米，面积493.1平方千米，相对高差100～200米，25度以上陡坡面积占89.16%。低丘和高丘合计面积857.1平方千米，占全区总面积的57%。山地可分为低山、中山。低山海拔500～800米，面积319.3平方千米，相对高差200～300米，25度以上陡坡面积占67.9%。低山、中山合计面积452.8平方千米，占全区总面积的30.2%。

境内山脉位于大溪以南的属洞宫山脉北支，位于大溪以北的属仙霞支脉，位于好溪以东的属括苍山脉西端。洞宫山脉北支主脉，自龙泉市黄茅尖(1929米)向东北延伸，经云和县的鸡头尖(1127.9米)，至莲都云和界上有水苋湾(1069米)、李山坟(1062米)、朝头湾(814米)，入境经新砀山(1062米)、坳帅(1135米)至莲都、青田界上大路后(1071米)分为两支：一支续向东北，经石步尖、双尖炎、大山尖、大梁山至境内大溪边下端尖；一支向东南，经莲都、青田界上有葑垟湖(1059米)，延伸境内水牛相筑(1325米)，折往东北莲都、青田界上有草坳(1276米)、八面湖(1389米)。仙霞山脉呈西南—东北走向，西南接武义山脉，东北接大盘山脉、天台山脉。境内仙霞支脉有4支，千米以上山峰有千岗顶(1071米)、竹翠横栏尖(1082米)等。境内括苍山脉主要有2支，名山有天堂山(1010米)、连尖山(994米)等。

【水系径流】 莲都境内河流皆属瓯江水系。瓯江发源于庆元、龙泉两县市交界的锅帽尖北麓，上游段称龙泉溪，流经云和县进入莲都区大港头镇，与松阴溪会合后称大溪，再经碧湖、水阁、联城、富岭、万象、紫金等乡镇(街道)后入青田县境，与小溪会合后称瓯江，大溪干流在莲都境内长46千米，河道落差43米，流域面积1373.65平方千米。境内主要支流有好溪、小安溪、宣平溪、松阴溪4条。南部峰源一带溪流(流域面积128.45平方千米)汇入瓯江支流——小溪。

江溪多年平均年径流深850毫米，最大年径流深1585.5毫米，最小年径流深411.5毫米。多年平均年径流量12.76亿立方米，其中从大溪出境水量11.30亿立方米，从峰源乡汇入瓯江支流——小溪的水量1.46亿立方米。外县（市）流入莲都境多年平均年径流量69.37亿立方米，其中龙泉溪入境水量34.5亿立方米，松阴溪入境水量18.41亿立方米。全区年均出境总水量82.13亿立方米。径流在年内分配不均，5—9月汛期径流量约占全年2/3。大溪河底坡度较小。4条主要支流河床切割深度较大，均属山区性河流，源短流急，水位暴涨暴落，汛期保持一段时间中高水位，每年10月至次年2月，长期保持在低水位状态。

【自然资源】 莲都区自然资源较丰富，生态环境保持较好，为国家级生态示范区。

土地资源 全区土地面积1502.10平方千米。其中，山区占28.52%，丘陵占45.18%，平原占26.3%。人均土地面积0.40公顷，全区耕地11150.8公顷，人均耕地面积0.03公顷（0.45亩）。垦造耕地100.73公顷。

森林资源 1976年，全区林木总蓄积量135.01万立方米，1989年201.42万立方米。2002年开始，实施生态公益林、绿色长廊、退耕还林建设。2005年，全区林业用地面积12.034万公顷，林木总蓄积量227.79万立方米。森林覆盖率79%，森林资源特点以马尾松、杉木等针叶树最多。樟树、枫香、柏树、苦槠等散生各处，无成片林。1990年前油茶林分布较广，莲都区为全省3个油茶重点基地县（区）之一。1994年消灭宜林荒山，1999年实现绿化达标。

矿产资源 20世纪90年代前，境内发现矿产20多种，分布在170个点，其中金属矿有钛磁铁矿、铅锌矿、银矿等，非金属矿有萤石、花岗岩、泥煤、高岭土等。

水力资源 全区水力资源比较丰富，理论储藏量为28.5万千瓦，可开发26.5万千瓦（其中瓯江干流为19.5万千瓦，属市管辖），莲都区实际可开发量为7.4万千瓦。

生物资源 境内动植物资源较为丰富。木本植物有93科、278属、655种，主要分布在山间、山脚坡地、溪坎路旁。国家重点保护植物有11科、12种，属二级重点保护植物有伯乐树（钟萼木）、香果树、银杏、鹅掌楸、华东黄杉、长叶榧6种，属三级重点保护植物有银钟树、凹叶厚朴、黄山木兰、短萼黄连、短穗竹、中华水韭6种。境内自然散生的古、珍、稀树种有南方红豆杉、樟、枫、槠、漆、榕、罗汉松、槐等56个树种。动物种类较多，其中脊椎动物有5纲、37目、76科、400多种。哺乳纲有8目、19科、36属、44种，主要有山兔、松鼠、黄鼬、蝙蝠等。属国家一级保护的有黑麂；属国家二级保护的有大灵猫、水獭、猕猴、野山羊等。爬行纲有3目、9科、25属、40种，属国家一级保护的有鼋。两栖纲有2目、7科、13属、35种，属国家二级保护动物有大鲵。鸟纲有14目、22科、68属、200种，属国家二级保护的鸟类有鸳鸯、勺鸡、白鹇。鱼纲有10目、19科、61属、66种。节肢动物有多足、甲壳、蛛形、昆虫4纲，昆虫纲中天敌昆虫36种。

旅游资源 以“生态•休闲•养生”为主题，以瓯江流域和自然山水为主线，着力打造“绿色莲都”旅游品牌。国家AAAA级风景名胜区东西岩距市区28千米，景区属典型的丹霞地貌，东、西两岩对峙，险峰绝壁、穹隆崛起，宏奇壮观，并以民族风情为特色。省级风景名胜区南明山多象形怪石、石梁、飞瀑，寺阁古迹掩映于远眺如螃蟹形的山崖之中，景区有摩崖石刻58处，自然、人文景观独特。古堰画乡包括碧湖镇和大港头镇，核心区块包括大港头镇区、坪地、堰头、保定，有建于南朝梁天监年间的国家级文物保护单位通济堰、保定青瓷古窑址；有省内外著名的摄影、巴比松画派和专业美术写生创作基地，历史文化底蕴深厚，发展生态休闲度假中心具有独特优势。全区有省级森林公园白云山森林公园、大山峰森林公园2个；省级文物保护单位有

南明山摩崖石刻、灵鹫寺石塔、谭宅古民居、沈家邸、花门楼、河桥、西溪村乡土建筑7处；国家级湿地公园有丽水九龙湿地公园1个；省级农家乐特色村有碧湖镇堰头村、老竹镇沙溪村2个。生态自然景观保持完好，正在组织开发或列入开发计划的旅游区有峰源猕猴峡、葑垟湖、西溪古民居、雅一电站库区、天堂山、石牛城市温泉度假中心、瓯江风情旅游度假中心等。全区有重要革命遗址、纪念地40多处，红色旅游点主要有中共浙江省委机关旧址、巨溪三岩寺红军洞、峰源小岭根村红军挺进师驻地、仙渡乡葛畈村北乡革命历史纪念馆、雅溪镇岱后村中共丽水县委旧址等。

（章梦雨）

气　象

【概　况】 2020年平均气温19.9℃，极端最高气温39.6℃，极端最低气温-4.0℃；年高温日数60天，低温日数2天；年日照1413.0小时；年降水量1428.2毫米，雨日154天，暴雨日4天。

2020年气温异常偏高，为建站以来历年最高，高温日数明显偏多，低温日数明显偏少，为历年最少，降水接近常年略偏少、暴雨日数略偏多，日照显著偏少。在气候变暖的大背景下，天气气候仍较异常，气象要素变幅大，多个时段的多个气象要素接近或突破历史极值。年内极端天气气候事件有：强潮低温严寒、超长梅汛期降水集中期、台风“黑格比”外围影响、春季暴雨、春夏季短时强天气、秋季大范围暴雨、秋季长时间的气象干旱，及冬季平均气温为历年最高、6月平均气温为历年同期最高、11月平均气温与历年最高持平等。

【气　温】 年平均气温19.9℃，偏高1.5℃（要素偏高或偏低均为相对常年平均，即1981—2010年均值而言，下同）。各季平均气温均偏高，以冬季为最：冬季11.1℃，偏高3.0℃；春季19.0℃，偏高1.2℃；夏季29.4℃，偏高1.4℃；秋季20.5℃，偏高0.7℃。极端最高气温39.6℃（8月25日）；极端最低气温-4.0℃（12月31日）。

日平均滑动恒定气温≥10℃（入春）初日2月20日，终日（入冬）12月14日；恒定气温≥22℃初日（入夏）4月29日，终日（入秋）9月18日。气候学意义各季节的长度：春季69天，夏季142天，秋季88天，冬季129天（跨2019—2020年度）。

日最高气温≥35℃的高温日数60天，偏多13.2天；日最低气温≤0℃的低温日数2天，偏少14.5天。

【降　水】 年降水量1428.2毫米，偏多1.6%；年雨日154天，偏少3.8天。春季降水略偏少，冬、夏、秋均偏多，其中冬季偏多显著：冬季雨量223.6毫米，偏多23.7%，雨日29天，偏少4.6天；春季雨量445.8毫米，偏少3.0%，雨日45天，偏少4.6天；夏季雨量559.9毫米，偏多4.8%，雨日47天，偏多2.4天；秋季雨量234.5毫米，偏少2.8%，雨日29天，偏少0.7天。

年暴雨日数4天。最大日雨量为9月18日23时至19日22时上午137.7毫米。年最长连续无降水为10月27日至11月20日，持续25天；年最长连续降水为3月26日至4月4日，持续10天，累计雨量101.6毫米。

【日　照】 年累计日照时数1413.0小时，较常年偏少211.5小时。四季日照较常年同期冬春偏多，夏秋偏少：冬季314.5小时，偏多18.7小时；春季374.3小时，偏多15.2小时；夏季469.5小时，偏少94.0小时；秋季339.9小时，偏少65.9小时。

【初、终霜】 根据气温和天气现象监测，春季终霜2月19日；冬季初霜12月5日；无霜期291天。

【雷　暴】 年地闪（及地雷电）12806次，地闪次数≥5次的雷暴日83天，初雷1月24日，终雷9月17日；年地闪频次较高的有：7月16日2659次、7月26日1751次、8月10日1047次、7月20日839次、5月10日636次、7月24日609次。

【重大天气气候事件】

（1）年平均气温为历年最高，冬季平均气温为历年最高。

（2）两次寒潮：2月14日至

17日、12月29日至31日。

（3）梅汛期早入迟出，持续时间长：5月29日入梅，7月18日出梅。

（4）梅中有伏，6月平均气温26.9℃，为历年最高。

（5）受台风"黑格比"外围影响，东部乡镇有暴雨。

（6）9月19日至20日秋季暴雨，出现秋汛，区域平均雨量127.3毫米。

（7）10月至12月降水持续偏少，为历年第三少，出现大范围持续干旱，部分高山村饮水困难。

2020年逐月气象要素分布情况表

表1

要素 月份	平均气压（百帕）	平均气温（℃）	最高气温（℃）	最低气温（℃）	月雨量（毫米）	月雨日（天）	月蒸发（毫米）	日照时数（小时）
1	1016.3	10.5	27.8	0.3	81.3	11	50.8	76.8
2	1017.5	12.2	28.5	-0.3	82	9	48.1	98.2
3	1011.1	14.8	30.1	6	165.5	19	57	69.8
4	1011.6	17.3	34.6	7.6	49	11	86.5	171.3
5	1002.1	25	37.8	17.5	224.3	15	95.5	133.2
6	998.8	28.1	38.8	20.8	243.3	17	89.9	96.4
7	999	29.7	38.7	22.6	113.7	18	112	156.5
8	999.9	30.3	39.6	23.8	202.9	12	145.1	216.6
9	1005	24.1	37.5	17.6	213.9	18	85.1	91.2
10	1012.4	20.2	33.3	9.6	11.5	7	79.8	123.4
11	1016.5	17.3	32.2	8.4	8.8	4	68.7	125.3
12	1019.7	9.4	21.3	-4.0	24.7	13	49.0	53.7

（邓霞君）

历史沿革

【概　况】 置县（市、区）1400余年，莲都区名的由来是因丽水城依山傍溪，在环山之中，形如莲瓣，宋代以后别名莲城，丽水又特产"处州白莲"，定"莲都"为市辖区区名，意欲将美丽的莲都建成繁华的都市。此一区名系从全丽水地区2000多名参与区名征集者中精选所得。

隋开皇九年（589），分松阳东乡置括苍县，置处州，治设括苍。开皇十二年（592），改处州为括州。大业三年（607），括州改称永嘉郡（隋代括苍县境包括今莲都区、云和县、景宁县、青田县大部，文成县、缙云县及武义县南部）。

唐武德四年（621），复为括州，括苍、丽水二县属括州。武德八年（625）省丽水入括苍。武周万岁登封元年（696）分括苍、永康两县地置缙云县。景云二年（711），析括苍置青田县。天宝元年（742），改括州为缙云郡。乾元元年（758）复改郡为州，括苍属括州。大历十四年（779），避德宗讳，改括州为处州，改括苍县为丽水县。

《元和郡县志》:“丽水本名恶溪,以其湍流阻险,九十里间五十六濑,名为大恶,隋开皇中,改为丽水,故皇朝因之,以为县名。”《名胜志》:“以县北七里有丽阳山,故以丽水为名。”《括苍汇纪》:“县北七里有丽阳山,下环清溪,县名丽水以此。”

五代十国,丽水县为吴越国地,属处州。北宋太平兴国三年(978),吴越归宋,州县沿前代。

元至元十三年(1276),改州为路,丽水县属处州路。

明代改路为府,丽水县属处州府。景泰三年(1452),分丽水浮云乡、元和乡之半置云和县;析宣慈乡、应和乡及懿德乡之半置宣平县。

清代丽水县属处州府,直至宣统三年(1911)七月,除丽水县,划归府兼理。自隋建州设县以来,丽水县历为州、郡、路、府治所。

清宣统三年(1911)11月25日,浙江革命军攻克丽水,立处州军政分府,兼理丽水县政事,上隶浙江军政府。

民国3年(1914)行省、道、县三级制,丽水县属瓯海道。民国16年废道,行省、县二级制,丽水县直属省。民国19年省分设县政督察区,属第十一区 ,后改第二特区。民国24年,改设行政督察区,丽水县属第九行政督察区。民国37年4月,改第六区,7月改第七区。丽水县均为督察专员公署驻地。

1949年5月10日,丽水解放,属浙江省第七专区。

1949年10月1日,中华人民共和国成立,丽水县属丽水专区。1950年4月,县府迁驻碧湖镇。1952年1月,撤丽水专区,丽水县属温州专区。5月13日,县府迁返城关镇。1958年7月、1960年2月,云和、景宁两县先后并入。1961年6月1日,县府迁驻云和镇。1962年4月分县(国务院6月1日发文),县府迁返城关镇。1963年5月,复设丽水专区,丽水县属丽水专区,仍为专署驻地。1968年11月专区改称地区,丽水县属丽水地区。1986年3月1日,国务院批准撤丽水县置丽水市,仍属丽水地区。2000年5月,撤丽水地区设地级丽水市,撤县级丽水市设市辖莲都区,7月18日,莲都挂牌授印。

(章梦雨)

行政区划

【概　况】 2000年6月6日,省政府下发《关于撤销丽水地区设立地级丽水市的通知》,决定丽水撤市(县级)设区,莲都区的区划范围与县级丽水市相同。根据《浙江省人民政府关于丽水市莲都区部分乡镇行政区划调整的批复》(浙政函〔2006〕90号)和《丽水市人民政府关于莲都区部分行政区划调整的复函》(丽政函〔2006〕62号)精神,莲都区对部分行政区划作出调整:撤销郑地乡建制,与峰源乡合并;撤销严鸟乡建制,与黄村乡合并;撤销巨溪乡建制,与太平乡合并;撤销西溪乡、泄川乡、双溪镇建制,合并设立雅溪镇;撤销富岭乡建制,设立富岭街道办事处。2011年12月22日撤销联城镇建制,改设联城街道。

2012年12月11日,根据《浙江省人民政府关于丽水市莲都区部分行政区划调整的批复》(浙政函〔2012〕209号)和《丽水市人民政府关于莲都区部分行政区划调整的批复》(丽政函〔2012〕101号)精神,撤销高溪乡建制,其行政区域并入碧湖镇。撤销双黄乡建制,其行政区域改由莲都区政府直辖,并入岩泉街道。

2014年6月20日,根据《丽水市人民政府关于莲都区部分行政区划调整的批复》(丽政函〔2014〕53号)精神,撤销水阁街道、富岭街道,合并设立南明山街道。

2019年,莲都区辖峰源、太平、仙渡、丽新、黄村5个乡;碧湖、大港头、雅溪、老竹4个镇及岩泉、紫金、白云、万象、联城、南明山6个街道(其中南明山街道委托市经济开发区管委会管理)。是年,莲都区共有208个行政村(包括南明山街道),共有31个社区。

2020年莲都区行政区划一览表

表2 单位：个

乡（镇、街道）名称	行政村	社区（居民区）	行政村、社区（居民区）名称
峰源乡	8	—	赛源、庞山、夏庄、库坑垟、郑地、新砀、正岙门、毛山
太平乡	19	—	横岗、戴彰、玉田、下土夭、富源、吾古、太平、留龙、小安、富山头、大河、巨溪、大畈、城头、吴弄、长濑、竹舟、朱弄、长乐
仙渡乡	11	—	根竹园、梅田、董弄、仙里、何金富、葛畈、张山后、皂树、南源、滴水岩、芦村
丽新乡	9	—	畎岸、吾赤口、黄弄、上塘畈、山村、咸宜、马村、白岸口、黄岭上
黄村乡	11	—	黄村、郑村、严鸟、汇村、皂坑、黄泥墩、戈剳、和垟、天堂、池岭、金鸟
碧湖镇	43	1	镇区：一、二、三居委及河口、上街、古井、行口、下街、碧一、上赵、河东、沙岸、通济社区；新合办事处：魏村、概头、保定、岩头、三峰、周巷、堰头；平原办事处：大陈、红圩、里河、上阁、九龙、章塘、下叶、同心；石牛办事处：郎奇、蒲塘、白桥、下赵、泉庄、石牛、白口；联合办事处：联济、中岙、南山、中溪、松坑口；高溪办事处：高溪、竹溪、南坑、龙岩、大吴山、缸窑、红南
大港头镇	10	1	一居委、大港头、河边、利山、西坑口、小山、均溪、北埠、石侯、西黄、小井
雅溪镇	19	—	双溪、莲房、洪渡、雅义、西溪、里东、库川、上金竹、上黄村、季岭根、周村、雅里、潘百、岩蒙、上陈、金竹、泄下、双源、岱后
老竹镇	12	—	曳岭脚、榴溪、新陶、沙溪、后坑、周坦、郑丰、徐庄、丁公、赤坑、老竹、梁村
岩泉街道	18	7	社区：朝阳、天宁、丽阳、正阳、北苑路、佳和、东港；村委：里佳源、雨伞岗、余岭、枫树湾、下后弄、后甫、天宁寺、九里、凉塘、长岗背、岩泉、青林、社后、关下、冷水、秋塘、黄畈、瑄头
紫金街道	19	8	社区：永晖、金苑、东银苑、西银苑、万丰、大洋河、东升、新湖；村委：大众、海潮、新建、厦河、城东、古城、水东、芦埠、塔下、黄坭井、河村、祝庄、杨坑、开潭、瀑泉、风化、湾岙、金东、水岭根
白云街道	4	7	社区：北郭桥、白云、后庆、灯塔、三岩寺、接官亭、陈道门；村委：城北、灯塔、城西、丽光
万象街道	4	7	社区：丽阳门、厦河门、左渠门、大水门、府前、梅山、凤凰；村委：丽南、城南、水南、丽华
联城街道	21	1	社区：娄丰堰；村委：张村街、下林、坛峡、莲景、苏港、竹道、青岗、花街、金周、路湾、敏河、武村、白前、常宅、林宅口、凤鸣、官桥、坑口、苏埠、港口、瑶畈
南明山街道	27	—	水阁、张村、叶岙、吴垵、垟店、旭光、桐岭、余庄前、七百秧、白岩、龙石、丽沙、大源、山根、陈店、里坑、章巷、小木溪、中堂、叶村、大坑口、富岭、张垵、下仓、陶庄、前垟、下张

（范伊卉）

人口与民族

【人　口】 2020年，莲都区年终户籍人口198997户，421031人，分别比2019年增加1408户和3807人，人口增长率为9.04‰，全区总人口中，男性210275人，女性为210756人。2020年城镇人口196498人，比2019年城镇人口增加3229人。全区出生人数4238人，出生率为平均人口数的10.11‰，出生性别比100（女性为100），死亡2340人，死亡率为年平均人口数的5.59‰。全区迁入4020人，迁出2107人。全年累计受办理身份证32550张，异地身份证9854张，临时身份证6612张，港澳台居住证13张。

（杨蕴）

【民　族】 丽水市莲都区是浙江省民族工作重点县(市、区)之一,有汉族、畲族、蒙古族、回族、藏族、维吾尔族、苗族、彝族、壮族、布依族、朝鲜族、满族、侗族、瑶族、白族、土家族、哈尼族、哈萨克族、傣族、黎族、傈僳族、佤族、高山族、拉祜族、水族、东乡族、纳西族、景颇族、土族、达斡尔族、仫佬族、羌族、布朗族、毛南族、仡佬族、普米族、塔吉克族、俄罗斯族、京族共39个民族。2020年年底,全区少数民族人口28148人。其中,畲族列全市第一位,有26110人。辖区内有老竹、丽新两个畲族乡镇,少数民族人口在1000人以上的乡镇(街道)10个,分别是岩泉街道、紫金街道、白云街道、万象街道、联城街道、碧湖镇、大港头镇、老竹畲族镇、丽新畲族乡、南明山街道(水阁街道和富岭街道合并,由丽水市经济开发区管辖)。

(吴媚)

组织机构及主要负责人

【中国共产党丽水市莲都区委员会】

书　记:徐光文
副书记:陈　豪
　　　　胡伟华
常　委:叶祖平(—2020.11)
　　　　翁伟标
　　　　斯基根(挂职,—2020.11)
　　　　仜万户
　　　　林　峰
　　　　郭云强
　　　　陈永超
　　　　宋珍花(女,—2020.1)
　　　　蔡　昱(女,2020.1—)
　　　　陶旭峰

【丽水市莲都区人民代表大会常务委员会】

主　任:陈元龙
副主任:张继芳
　　　　雷勇军
　　　　江爱军(—2020.8)
　　　　卢　进(2020.4—)
　　　　陈鲁军
　　　　周贤华
党组书记:陈元龙
党组副书记:张继芳
　　　　　　雷勇军
办公室
主　任:胡　军
副主任:吴丽友(—2020.12)
　　　　王瑶鸿(—2020.10)
　　　　蓝晓芬(女)
　　　　吴理信
　　　　朱泽霞(女,2020.12—)
　　　　蓝炜琮(2020.12—)
机关党组书记:胡　军
法工委
主　任:尚小林(—2020.10)
　　　　王品伟(2020.10—)
农业农村工委
主　任:叶志军
代表工委
主　任:徐柳玉(女,—2020.10)
　　　　王瑶鸿(2020.10—)
民侨工委
主　任:汤永华(—2020.1)
　　　　王　弘(2020.1—)
教科文卫工委
主任:傅瑗君(女)
财经工委
主任:赖志平
城乡建设与环境资源工委
主　任:陈晓宁
社会建设工委
主　任:汤永华(2020.1—)
法制(内务司法)委员会
副主任委员:尚小林
　　　　　　夏宁炎
　　　　　　徐　明
法制(监察和司法)委员会
主任委员:江爱军(—2020.8)
副主任委员:尚小林
　　　　　　夏宁炎
　　　　　　胡菊萍(女)
财政经济委员会
主任委员:周贤华
副主任委员:赖志平
　　　　　　麻益民
　　　　　　沈小聪
　　　　　　王伟荣
　　　　　　蓝旭君(女)
　　　　　　蓝林余(2020.12—)
社会建设委员会
主任委员:张继芳
副主任委员:汤永华
　　　　　　徐　明
　　　　　　徐柳玉(女)
　　　　　　(2020.10—)
　　　　　　蓝旭君(女)

【丽水市莲都区人民政府】

区　长:陈　豪
副区长:斯基根(挂职,—2020.12)
　　　　俞丽威
　　　　郭巧燕(女,—2020.6)
　　　　谢雅贞(2020.6—)
　　　　卢　进(—2020.1)
　　　　雷　成

蔡毓良
管兴标（2020.1—）
张玉洁（女，挂职，—2020.8）
敖正东（—2020.6）
陈　勇（挂职，2020.10—）
龚淑娟（女，挂职，2020.12—）

【中国人民政治协商会议丽水市莲都区委员会】

主　席：谷江南（—2020.2）
陈立新（2020.4—）
副主席：虞为粮（女，—2020.10）
叶晓东
任文红（女）
沈建祖
虞海雄
党组书记：谷江南（—2020.1）
陈立新（2020.1—）
党组副书记：虞为粮（女，—2020.9）
翁伟标
秘书长：王金友
副秘书长：华俊林（—2020.1）
王智勇
谢晓鹏
李顺富
蓝云仙（女）
梅焕根
翁阁谓（女）
潘春霞（女，2020.1—）
叶泳梅（女，2020.1—）
办公室
主　任：王金友（—2020.1）
蒋　嫣（2020.1—）
副主任：赵军浩
机关党组
书　记：蒋　嫣（女）
提案委
主　任：叶春晓（女，—2020.1）
副主任：周献贤（—2020.1）
翁阁谓（女）
提案和协商工委
主　任：叶春晓（女，2020.1—）
副主任：周献贤（2020.1—）
钟金亮（2020.10—）
委员工委
主　任：谢晓鹏
副主任：林　军
王伟平
桑小明
赵　涌（2020.10—）
经济委
主　任：吴雯华
副主任：叶卫东
李顺富（—2020.10）
叶　旺
潘金发
王君伟（—2020.10）
农业和农村委
主　任：叶利钦（2020.1—）
副主任：陈森云（2020.4—）
周文林（2020.8—）
程碧霞（女，2020.8—）
孔伟仙（女，2020.8—）
人资环委
主　任：吴为晨（2020.1—）
副主任：赵礼成（2020.1—）
李冠武（2020.10—）
教科文卫体委
主　任：李美华（女，2020.1—2020.10）
副主任：吴慧彬（2020.4—）
李美华（女，2020.10—）
徐丽静（女，2020.8—）
叶雪军（2020.8—）
社会法制委
主　任：梁智伟
副主任：朱祖胜
吴蔚国
王　青（女）
叶伟春
田志萍（女，2020.10—）
王伟平（2020.8—）
林国友（2020.8—）
港澳台侨民宗委
主　任：周奇星
副主任：朱瑞亮
傅　华
张　艳（女）
李顺富（2020.10—）
周林茂（2020.8—）
文化文史和学习委
主　任：黄建兵（2020.1—）
副主任：王金友（2020.1—）
郑永忠（2020.8—）

【中国共产党丽水市莲都区纪律检查委员会、丽水市莲都区监察委员会】

区纪律检查委员会
书　记：宋珍花（女，—2020.1）
蔡　昱（女，2020.1—）
副书记：陈江涛（—2020.5）
施海勇
钟勇军（2020.5—）
常　委：田志萍（女，—2020.10）
周陈亮（—2020.8）
陈鲍军
郑超敏（2020.3—）
奚海峰（2020.12—）
区纪委正科级纪检员：
田志萍（女，—2020.10）
区监察委员会
主　任：宋珍花（女，—2020.1）
代主任：蔡　昱（2020.1—2020.4）
副主任：蔡　昱（2020.1—2020.4）
陈江涛（—2020.6）

施海勇
钟勇军(2020.6—)
委　员:田志萍(女,—2020.10)
周陈亮(—2020.10)
汤杨伟
何瑞芬(女,2020.12—)
王金炜(2020.12—)
区纪律检查委员会、区监察委员会
办公室主任:郑超敏(—2020.3)
吴　晨(2020.3—)
干部室主任:魏国华(女)
宣传教育室主任:叶小丽(女)
党风政风监督室(区政府纠正行业不正之风办公室)
主　任:李育虹(女)
信访室主任:张旭标(—2020.3)
案件监督管理室
主　任:付国栋
第一纪检监察室
主　任:曾立波(2020.3—)
第二纪检监察室
主　任:吴　晨(—2020.3)
周育飞(2020.12—)
第三纪检监察室
主　任:徐　伟
第四纪检监察室
主　任:王金炜
案件审理室
主　任:何瑞芬(女)
派驻纪检监察组
派驻第一纪检监察组
组　长:郭跃伟(—2020.10)
蓝伟军(2020.10—)
副组长:李　涛
叶　盈(女)
派驻第二纪检监察组
组　长:诸葛彬
副组长:何雪琴(女)
许晓燕(女)
派驻第三纪检监察组
组　长:赵　颖(女)
副组长:王华平
派驻第四纪检监察组
组　长:陈金多
副组长:张　霓(—2020.3)
何惠丽(女,2020.3—)
派驻第五纪检监察组
组　长:蒋华靖
副组长:林　蓓(女)
周建荣
派驻第六纪检监察组
组　长:陈君佐
派驻第七纪检监察组
组　长:张　杰
派驻区法院纪检监察组
组　长:宋建中(—2020.8)
派驻区检察院纪检监察组
组　长:吴喆文(—2020.8)
周陈亮(2020.8—)
派驻区委组织部纪检组(区委直属机关纪检监察工委)
组　长:奚海峰(—2020.8)
吴喆文(2020.8—)
副组长:杨雪琼(女)

【丽水市莲都区人民法院】

副院长:熊　剑
黄祖培(—2020.12)
卢建华(2020.12—)
王庆文(女)
陈　波
审判委员会
专职委员:阎丽群(—2020.12)
张叶伟
王燕芬(女)
执行局局长:厉子勇
碧湖法庭庭长:朱益钦
南城法庭庭长:吴威丽(女)
党组副书记:熊　剑
政治处主任:林杨勇
审管办主任:周山丹(女,—2020.9)

【丽水市莲都区人民检察院】

检察长:蔡建彧(2019.3—)
副检察长:施建伟
卢建华(—2020.12)
黄祖培(2020.12—)
王韵俊(女)
检察委员会专职委员:林宏伟
朱　乐(女)
傅金霞(女)(—2020.4)
党组书记:蔡建彧
党组副书记:赵金明(—2020.4)
施建伟
政治处主任:赵金明(—2020.4)
傅金霞(2020.4—)
碧湖检察室主任:汤　湧

【区委工作部门】

区委办公室(区委政策研究室)
主　任:陶旭峰(—2020.3)
王东华(2020.3—)
副主任:赵建勇
吴蔚国(—2020.6)
江慧霞(女)
洪盛林(2020.3—)
汤　鑫(—2020.12)
区委政策研究室
副主任:吴蔚国(—2020.6)
江慧霞(女)
区委全面深化改革委员会办公室
专职副主任:洪盛林(—2020.6)
区全面深化改革服务中心
主　任:吴祥宇
副主任:刘佩娟(2020.8—)

章　皓(2020.3—)
区委、区政府信访局
局　长:吴蔚国(—2020.6)
刘益民(2020.6—)
副局长:陈靖晶(女)
毛晓飞
李　威
信访督查专员:林伟俊(2020.8—)
党组书记:吴蔚国(—2020.6)
刘益民(2020.6—)
区委区政府督查室
主　任:田伟明(—2020.3)
区委台湾工作办公室,区政府台湾事务办公室
主　任:陶旭峰(—2020.3)
王东华(2020.3—)
副主任:龚丽丽(女,2020.3—)
区委外事工作委员会办公室
副主任:龚丽丽(女,—2020.3)
区委巡察工作领导小组办公室
主　任:周陈亮(—2020.8)
奚海峰(2020.8—)
副主任:邹青芬(女)
区委第一巡察组
组　长:叶　波
副组长:何伯成
副科级巡察专员:杨　蒙(2020.12—)
区委第二巡察组
组　长:朱珈仪(女)
副组长:吴志明
副科级巡察专员:陈　敏(女)(2020.12—)
区委第三巡察组
组　长:梁满云
副组长:徐雪峰
副科级巡察专员:练开友(2020.3—)
区委第四巡察组
组　长:陈红敏
副组长:姚顺苗
副科级巡察专员:黄磊磊(2020.3—)
区委组织部
部　长:陈永超
常务副部长:王东华(2020.3—)
陈江涛(2020.3—)
副部长:梁永光
王伟平
戴旭伟
魏　俊
李桂元
梁　敏(女,挂职)(2020.8—)
区委直属机关工作委员会
书　记:陈永超
副书记:应　俊(2020.3—)
纪检监察工委书记:奚海峰(—2020.8)
吴喆文(2020.8—)
纪检监察工委副书记:杨雪琼(女)
新经济与新社会组织工作委员会
书　记:魏　俊(2020.6—)
副书记:罗文双
人才办
主　任:柳晓云(女,—2020.3)
区委老干部局
局　长:李桂元
副局长:蓝池星
樊秀娟(女)
区委党校:
校　长:陈永超
常务副校长:陆朝霞(女)
副校长:黄　庆
叶青春(—2020.12)
区委宣传部
部　长:陶旭峰
常务副部长:陈海波
副部长:陈雯雯(女,—2020.3)
陈一娟(女)
侯学峰(2020.12—)
徐婧(女,挂职)(—2020.9)
区精神文明建设委员会办公室
主　任:张　凌(—2020.4)
区精神文明建设指导中心
主　任:张　凌(2020.4—)
区社会科学界联合会
主　席:陈海波(—2020.2)
陈一娟(2020.2—)
副主席:任迎春(女,—2020.12)
汤伟红(女,2020.12—)
区融媒体中心
主　任:陈真伟(2020.10—)
副主任:雷　蕾(女)
樊　颖(女,2020.3—)
暴妮妮(女,挂职)(2020.7—)
区委统一战线工作部
部　长:翁伟标
常务副部长:林　军
副部长:李顺富(—2020.10)
周林茂(2020.3—)
傅　华(—2020.3)
梁玮珺(女)
区委政法委员会
书　记:胡伟华
副书记(分管日常工作):徐伟乐
副书记:毛利军
林国友(—2020.10)
郑丽珍(女,2020.12—)
徐　敏(女,挂职)(—2020.9)

政治处主任:郑丽珍(女,—2020.12)
王文俊(2020.12—)
社会治理综合服务中心
主　任:郑鹤翔(2020.3—)
区委机构编制委员会办公室
主　任:戴旭伟
副主任:江建东
俞　洁(女)
区档案局
局　长:李桂元(—2020.1)
副局长:夏伟文(—2020.4)
黄　芳(女,—2020.4)
区档案馆和党史研究中心
主　任:李桂元(2020.4—)
副主任:夏伟文(2020.4—)
黄　芳(女,2020.4—)
党组书记:吴日清(2020.3—)
区老龄工作委员会
主　任:郭巧燕(女,—2020.11)
谢雅贞(女,2020.11—)
副主任:蓝军伟
王东华(—2020.11)
陈江涛(2020.11—)
留红伟(—2020.11)
陈海波(2020.11—)
梁永光
赵礼成(—2020.11)
李桂元(2020.11—)
廖翊慧
吴丽云(女)
委　员:王　荷(女,2020.11—)
王刘毅(2020.11—)
楼董杰(2020.11—)
林　慧(女,2020.11—)
林　伟(2020.11—)
赵灵敏(女,2020.11—)
李海燕(女,2020.11—)
刘宏华(2020.11—)
虞海勇(2020.11—)
叶思敏(女,2020.11—)
郑雪君(女,2020.11—)
王　琳(女,2020.11—)
胡　琳(女,2020.11—)
王　青(女,2020.11—)
季伟华(2020.11—)
办公室主任:虞海勇(—2020.11)
吴丽云(女,—2021.11)
办公室副主任:卢春花(女)
(—2020.11)
虞海勇
(2020.11—)
区关心下一代工作委员会
名誉主任:陈永超
卢　进(—2020.4)
蔡毓良(2020.4—)
主　　任:王国荣
副 主 任:刘宗林
赵礼成(—2020.1)
李桂元(2020.1—)
张丽青(女)
毛志富
金献章
叶庆武(—2020.3)
徐根发(2020.3—)
洪盛林
吴耿王(—2020.10)
田伟明(2020.10—)
王东华(—2020.3)
陈江涛(2020.3—)
蒋　嫣(女,—2020.1)
陈海波(2020.1—)
李小富
徐伟乐
廖翊慧
专职副主任:尚小军(2019.12—)

【区政府工作部门】

区政府办公室
主　任:郭晓波
副主任:蓝军伟
刘丽伟(2020.1—)
徐建波(—2020.4)
叶冠俊(2020.1—)
杨娇云(女)
胡志成(—2020.1)
田伟明(2020.4—)
刘建斌(2020.4—)
吴耿王(—2020.10)
叶刘军(—2020.4)
黄民杰(2020.12—)
周慧霞(女,—2020.12)
党组书记:郭晓波
区大数据发展中心
主　任:曾群英(女,2020.1—)
副主任:詹周毅(2020.4—)
吴宏迅(2020.12—)
总工程师:刘旭龙(2020.4—)
区机关事务管理局(区接待办)
局　长(主 任):周慧霞(女)
(—2020.4)
副局长(副主任):陈永春
(—2020.4)
徐叶艳(女,
—2020.4)
党组书记:周慧霞(女,—2020.3)
区机关事务保障中心
主　任:周慧霞(女,2020.4—)
副主任:陈永春(2020.4—2020.12)
徐叶艳(女,2020.4—)
周永海(2020.12—)
党组书记:周慧霞(女,2020.3—)
区政府金融办公室
主　任:刘建斌(—2020.4)

区政府金融发展中心
主　任：陈雅云（女，2020.4—）
区政府行政审批中心
主　任：曾　锋（—2020.4）
副主任：朱丛伟（—2020.4）
　　　　朱小勇（—2020.4）
区行政服务中心
主　任：曾　锋（2020.4—）
副主任：朱小勇（2020.4—）
　　　　陈霞云（女，2020.4—）
区发展和改革局
局　长：章金宝
副局长：吴为晨（—2020.1）
　　　　洪　飞
　　　　蓝丽芬（女，—2020.12）
　　　　蓝炜琮（—2020.12）
　　　　吴　俊（2020.12—）
　　　　朱振新（2020.12—）
　　　　林珂杰（挂职）
　　　　方秀英（女，挂职，2020.12—）
党组书记：章金宝
重点前期办主任：潘春霞（女，—2020.1）
数字经济发展中心
主　任：王　荷（2020.1—）
副主任：王　迅（2020.12—）
　　　　冯巧伟（2020.4—）
区经济商务局
局　长：陈华君
副局长：周林茂（—2020.4）
　　　　刘鹤林（—2020.10）
　　　　杨忠根
　　　　吕少丽（女，挂职，—2020.10）
　　　　许　浩（挂职）
　　　　李春霞（女，挂职，2020.8—）
总经济师：叶卫东
党组书记：陈华君
区经济合作办公室
主　任：张　濂（—2020.4）
副主任：李军舫（女，—2020.4）
　　　　杨作盈（—2020.4）
　　　　叶　明（挂职，—2020.6）
党组书记：张　濂（—2020.3）
区经济合作交流中心
主　任：张　濂（2019.2—）
副主任：李军舫（女，2020.4—）
　　　　杨作盈（2020.4—）
　　　　叶晓薇（女，2020.12—）
叶　明（挂职，2020.6—）
盛华兵（挂职，2020.12—）
党组书记：张　濂（2020.3—）
区教育局
局　长：李小富
副局长：吕春耀
　　　　王刘毅
　　　　陈真伟（—2020.10）
　　　　邵　皓
　　　　鄢　锋（挂职，—2020.11）
党组书记：李小富
党组副书记：吕春耀（2020.12—）
区科学技术局
局　长：吴慧彬（—2020.4）
　　　　叶庆武（2020.4—）
副局长：雷光伟
　　　　吕旭勇（—2020.1）
　　　　纪正鸿（女，2020.1—）
　　　　李斌洪（挂职，—2020.10）
　　　　李季衡（挂职）
党组书记：吴慧彬（—2020.3）
　　　　　叶庆武（2020.3—）
区民政局
局　长：廖翊慧
副局长：蓝旭华
　　　　叶冠俊（—2020.1）
　　　　何祥权
　　　　孔伟仙（2020.9—）
党组书记：廖翊慧
区司法局
局　长：徐伟群
副局长：林　慧（女）
　　　　纪跃华
政治处主任：吴丽友（2020.12—）
党组书记：徐伟群
区财政局
局　长：徐屈霞（女）
副局长：黄于林（—2020.4）
　　　　林　伟
　　　　李张芬（女，2020.4—）
党组书记：徐屈霞（女，2019.1—）
总会计师：吕焕祺
财政监督局局长：唐林军（—2020.8）
预算执行局
局　长：李张芬（女，—2020.4）
预算编制局
局　长：史伟军（—2020.8）
区人力资源和社会保障局
局　长：梁永光
副局长：蓝丽琴（女）
　　　　侯学峰（—2020.12）
　　　　吴松妹（女）
党组书记：梁永光
区城乡居民社会保险事业服务中心
主　任：秦艺峰（2020.4—）
区交通运输局
局　长：章旭宇
副局长：周志方
　　　　李海燕（女）
总工程师：吴　俊（—2020.12）
区交通运输综合行政执法队
队　长：刘　俊（2020.6—）
党组书记：章旭宇
区公路管理局
局　长：刘　俊（—2020.8）

区农业农村局
局　长:叶庆武(—2020.4)
　　　徐根发(2020.4—)
副局长:陈雪清(—2020.4)
　　　陈军(—2020.10)
　　　钟爱平
　　　李益平
　　　孔伟仙(女,—2020.9)
总农艺师:程碧霞(女)
区农业综合行政执法队
队　长:吴小梅(女,2020.4—)
党组书记:叶庆武(—2020.3)
　　　徐根发(2020.3—)
党组副书记:李益平(2020.12—)
区畜牧兽医局
局　长:舒跃军(—2020.4)
区畜牧兽医发展中心
主　任:舒跃军(2020.4—2020.12)
区农业特色产业办公室
主　任:章军伟
区农村土地承包经营权流转服务中心
主　任:吴小梅(女,—2020.6)
区现代农业园区管理委员会
副主任:王路永(—2020.1)
生态林业发展中心
主　任:华官丽(2020.1—)
副主任:王路永(2020.1—)
　　　胡　伟(2020.4—)
党组书记:华官丽(2020.3—)
区水利局
局　长:蓝小华
副局长:陈礼聪(女)
　　　程晓东
总工程师:谢　琴(女,2020.12—)
党组书记:蓝小华
区文化和广电旅游体育局
局　长:蒋　嫱(女,—2020.1)
　　　留红伟(2020.1—)
副局长:刘宏华
　　　郑永忠
　　　周永海(—2020.12)
　　　徐建梅(女)
　　　喻友贞(女,挂职)
党组书记:留红伟
区卫生健康局
局　长:吴丽云(女)
副局长:刘益民(—2020.6)
　　　徐丽静(女)
　　　虞海勇
　　　孙　钧(2020.6—)
党组书记:吴丽云(女)
党组副书记:徐丽静(女)
　　　(2020.12—)
爱国卫生运动委员会办公室
主　任:孙　钧(—2020.6)
区退役军人事务局
局　长:李冠武(—2020.10)
　　　陈　军(2020.10—)
副局长:潘秀华
　　　范红胜(—2020.12)
　　　王碧军(2020.12—)
　　　朱建勇
党组书记:李冠武(—2020.10)
　　　陈　军(2020.10—)
区审计局
局　长:叶玲娣(女)
副局长:李益彬
　　　刘朝晖
总审计师:虞君芳(女)
党组书记:叶玲娣(女)
区国有资产监督管理办公室
主　任:钟勇军(—2020.6)
　　　吴蔚国(2020.6—)
副主任:王静(女)
　　　熊鑫俊
党组书记:钟勇军(—2020.6)
　　　吴蔚国(2020.6—)
区红十字会
会　长:郭巧燕(女,—2020.12)
　　　谢雅贞(女,2020.12—)
常务副会长:王品伟(—2020.12)
　　　张美英(女,2020.12—)
区统计局
局　长:吴日清(—2020.4)
　　　徐建波(2020.4—)
副局长:谢发贤(—2020.4)
　　　吴武贵
　　　季寒梅(女,2020.4—)
总统计师:上官潮涌
党组书记:吴日清(—2020.3)
　　　徐建波(2020.3—)
区医疗保障局
局　长:管青林
副局长:郑雪君(女)
　　　雷永兵
党组书记:管青林
区应急管理局
局　长:钟海峰
副局长:孙海波(—2020.12)
　　　范红胜(2020.12—)
　　　叶君龙
　　　姚顺苗(—2020.1)
　　　胡仙红(女)
总工程师:程　涛(女)
党组书记:钟海峰(—2020.3)
党组副书记:孙海波(—2020.3)
党委书记:钟海峰(2020.3—)
党委副书记:孙海波
　　　(2020.3—2020.12)
　　　范红胜(2020.12—)
区市场监督管理局
局　长:钟金亮(—2020.10)
　　　林伟群(2020.10—)
副局长:王　弘(—2020.2)

张小平
朱泽霞（女，—2020.12）
施慧锋
叶思敏（女）
区市场监管综合行政执法队
队　长：张骊（女，2020.3—）
稽查大队
大队长：陈霞云（女，—2020.4）
岩泉所所长：陈　勖（—2020.10）
白云所所长：饶亚丽（女）
万象所所长：张　骊（女，—2020.6）
联城所所长：王碧军（—2020.12）
碧湖所所长：施慧锋（—2020.6）
党组书记：钟金亮（—2020.10）
林伟群（2020.10—）
区住房和城乡建设局
局　长：赵秀峰（—2020.4）
叶　东（2020.4—2020.6）
蓝海霞（女，2020.10—）
副局长：毛南维（—2020.12）
赵灵敏（女）
陈鹤驰（2020.12—）
魏　锋（挂职，2020.10—）
总工程师：周连军（—2020.12）
党组书记：赵秀峰（—2020.3）
叶　东（2020.3—2020.6）
蓝海霞（女，2020.10—）
区环境卫生管理局
局　长：蓝海霞（女，—2020.4）
副局长：吴海平（—2020.4）
董永悦（—2020.4）
章锦欧（—2020.4）
党组书记：蓝海霞（女，—2020.3）
区环境卫生服务中心
局　长：蓝海霞（女，2020.4—2020.10）
瞿宗囡（女，2020.10—）
副局长：吴海平（2020.4—）
董永悦（2020.4—）
章锦欧（2020.4—）
党组书记：蓝海霞（女，2020.3—2020.10）
吴耿王（2020.10—）
区土地和房屋征收工作办公室
主　任：叶　东（—2020.4）
副主任：高和平（—2020.4）
王　一（—2020.4）
苑桢子（女，—2020.4）
党组书记：叶　东（—2020.3）
区土地和房屋征收工作指导中心
主　任：叶刘军（2020.4—）
副主任：高和平（2020.4—2020.12）
王　一（2020.4—）
苑桢子（女，2020.4—）
杨孙彬（2020.12—）
党组书记：叶刘军（2020.3—）
浙江丽水瓯江风情旅游度假区管委会
主　任：金伟君（—2020.4）
副主任：尤恒芳（女，—2020.4）
雷建华（—2020.4）
党组书记：金伟君（—2020.3）
浙江丽水瓯江风情旅游度假区管理中心
主　任：杨　杰（2020.4—）
副主任：雷建华（2020.4—）
李莉莎（女，2020.12—）
党组书记：杨　杰（2020.3—）
东西岩风景区旅游开发建设管理委员会
主　任：蔡毓良（—2020.4）
副主任：刘佩娟（女，—2020.4）
党组书记：蔡毓良（—2020.3）
东西岩风景区旅游开发建设管理中心
主　任：冯　远（2020.4—）
副主任：刘佩娟（女）（2020.4—2020.9）
张　丽（女，2020.9—）
梅焕根（2020.12—）
党组书记：冯　远（2020.3—）
丽水生态产业集聚区莲都分区管委会（浙江丽水工业园区管委会）
主　任：管兴标（—2020.4）
金伟君（2020.4—）
副主任：李丽革（—2020.4）
陈雅云（女，—2020.4）
麻丽云（女）
汤伟波（2020.4—）
朱伟军（2020.12—）
李建峰（挂职）
总工程师：陈鹤驰（—2020.12）
张一鸣（2020.12—）
党组书记：管兴标（—2020.3）
党工委书记：金伟君（2020.3—）
丽水市综合行政执法局莲都分局
局长：陈金奎
副局长：王占祥（—2020.4）
陈伟贤（2020.4—）
张伟杰
党组书记：陈金奎
区移民工作办公室
主　任：余良富（—2020.4）
党组书记：余良富（—2020.3）
区移民工作中心
主　任：余良富（2020.4—2020.12）
孙海波（2020.12—）
党组书记：余良富（2020.3—2020.12）
孙海波（2020.12—）

【区级民主党派】

中国国民党革命委员会莲都区委员会
主　委：虞海雄
副主委：潘春霞（女，驻会，2020.1—）
朱泽霞（女，2020.12—）

中国民主同盟莲都区委员会
主　委:周贤华
副主委:叶泳梅(女,驻会,2020.1—)
　　雷建华(2020.12—)
中国民主建国会莲都区委员会
主　委:任文红(女)
副主委:翁阁谞(女,驻会)
　　程晓东
中国民主促进会莲都区委员会
主　委:李美华(女)
副主委:梅焕根(驻会)
　　张小平
中国农工民主党莲都区委员会
主　委:郭巧燕(女)
副主委:王智勇(驻会)
　　周文飞
九三学社莲都区委员会
主　委:瞿宗囡(女)
副主委:蓝云仙(女,驻会)
　　季伟华

【部分群众团体】

区总工会
主　席:陈森云(—2020.4)
　　赵秀峰(2020.4—)
副主席:王　琳(女)
　　洪万升(—2020.4)
　　吴广英(女,挂职,—2020.10)
　　朱千国(挂职,2020.10—)
党组书记:陈森云(—2020.3)
　　赵秀峰(2020.3—)
经费审查委员会
主　任:洪万升(—2020.10)
　　李丽革(2020.10—)
团区委书记:张莲芬(女)
副书记:王　震
　　毛建鹏(2020.7—)
　　刘伟青(挂职,—2020.7)
　　秦艺峰(女,挂职,—2020.7)
　　修哲一(挂职,2020.7—)
　　胡　琳(女,挂职,2020.7—)
区妇女联合会
主　席:傅佩珍(女)
副主席:王　青(女)
　　张　霓(女,2020.4—)
　　李秀红(女,—2020.1)
　　蓝炜虹(女,挂职)
党组书记:傅佩珍(女)
区科学技术协会
主　席:瞿宗囡(女,—2020.12)
　　吴　铭(2020.12—)
副主席:叶立钦(—2020.12)
　　叶雪军
　　舒跃军(2020.12—)
　　吴　丽(女,挂职,—2020.12)
　　张　静(女,挂职,2020.12—)
党组书记:吴　铭
区工商业联合会(总商会)
区归国华侨联合会
主　席:陈海华
副主席:叶　红(女,—2020.12)
　　甘德福(2020.12—)
　　李和根(—2020.12)
　　朱贤师
　　刘　杰(2020.12—)
　　刘新水(—2020.12)
　　陈小荣(—2020.12)
　　余建栋
　　范春伟(—2020.12)
　　周忠岳(—2020.12)
　　郑叶勤(—2020.12)
　　章声浩(—2020.12)
　　黄锋勇(—2020.12)
　　孙育来(—2020.12)
　　吴永建
　　邱敏婕(女,2020.12—)
　　周军伟(2020.12—)
　　徐剑毅
　　徐丽美(女,2020.12—)
　　邹晓园(女,—2020.12)
　　郑征波(女)
　　高益春(2020.12—)
　　章　华(2020.12—)
　　张　艳(专职)
　　张俊杰(挂职,2020.12—)
秘书长:张　艳
副秘书长:陈　靖(—2020.12)
　　郑　悦(2020.12—)
　　韩桂花(2020.12—)
　　蒋伟灵(2020.12—)
主　席:周国强
副主席:李顺富
　　李　飞(2020.4—)
　　章　龙
　　王华文
　　王爱凤(女)
　　陈旭东
　　陈晓建
　　周仕真
　　梁　永
　　吕尚军
　　刘少宏
　　刘俊毅
　　江世平
　　李祖军
　　吴　伟
　　徐建华
　　谢亮亮
　　刘新水
党组书记:李顺富(—2020.10)
　　郭跃伟(2020.10—)
区文学艺术界联合会
主　席:陆湘阳
副主席:林　琳(女)

区残疾人联合会
理事长：赵　涌（—2020.10）
林国友（2020.10—）
副理事长：阙伟华（女）
季伟华
任　斌（挂职）（—2020.10）
孙　佳（女，挂职）（—2020.10）
练晶晶（女，挂职）（2020.12—）
党组书记：赵　涌（—2020.10）
林国友（2020.10—）
区计划生育协会
常务副会长：吴丽云（女）
副会长：虞海勇

【垂直管理部门】

丽水市自然资源和规划局莲都分局
局　长：程　炜
副局长：江南平
谭　伟
王肖健
党组书记：程　炜
土地储备中心主任：季晓华
不动产登记中心主任：王　亮
市生态环境局莲都分局
局　长：高稔荣
副局长：张雪峰
莫冠华（挂职）
总工程师：季立寿
生态环境保护综合行政执法队
专职副队长：刘春龙（2020.8—）
党组书记：高稔荣（2020.7—）
莲都供电公司
执行董事、党委书记：林巧红（女，—2020.9）
总经理、党委副书记：林巧红（女，2020.9—）
总经理、党委副书记：杨育算（—2020.9）
党委书记、副总经理：杨育算（2020.9—）
党委委员、副总经理：唐永庆
翁知颖（—2020.11）
徐　璟（女，2020.6—）
王荣根（—2020.6）
龚华勇（2020.11—）
纪委书记、监事：朱会军（—2020.9）
纪委书记：朱会军（2020.9—）
莲都农村商业银行
董事长：宋武龙
监事长：叶世瑞
行　长：林小勇（2020.11—）
副行长：林小勇（—2020.11）
林剑英（女）
党委书记：宋武龙
纪委书记：叶世瑞
区公安分局
局　长：林　峰
政　委：尤晓剑（—2020.8）
叶伟春（2020.8—）
副局长：周德平
马建伟
施国平
王时豪
党委书记：林　峰
党委副书记：叶伟春
纪委书记：舒旭勇
政治处主任：王芳芳（女，—2020.8）
楼董杰（2020.8—）
指挥中心主任：邱丽平（—2020.2）
刑侦大队大队长：杨震宇（—2020.12）
余　军（2020.12—）
教导员：林跃儿（—2020.12）
项巧军（2020.12—）
网络警察大队大队长：潘洁冰
治安大队大队长：章良旺（—2020.12）
吴永标（2020.12—）
教导员：谢永多
经侦大队大队长：吴永标（—2020.12）
杨震宇（2020.12—）
禁毒大队大队长：应典霖（—2020.4）
国保大队大队长：卢匀科
天宁派出所所长：傅作勤（—2020.1）
朱启东（2020.1—）
教导员：任旭东
流动人口服务管理局
局　长：项巧军（—2020.12）
警务保障室主任：余　军（—2020.12）
林跃儿（2020.12—）

【部分事业企业单位】

丽水高铁站综合管理办公室
主　任：陈岳波（—2020.11）
副主任：曾群英（女，—2020.1）
吴　铭（—2020.1）
综合科科长：纪伟锋（—2020.4）
执法监督科科长：王苍松（—2020.4）

丽水高铁站综合管理中心
副主任:周建伟(2020.1—)
尤恒芳(女,2020.4—)
综合科科长:纪伟锋(2020.4—)
执法监督科科长:王苍松
(2020.4—)
协调管理科科长:柳晓云(女,2020.4—)
党组书记:陈岳波(—2020.11)
区供销合作社联合社
理事会主任:王君伟(—2020.10)
刘鹤林(2020.10—)
理事会副主任:周　亮
华俊林
监事会主任:李朝铨
党组书记:王君伟(—2020.10)
刘鹤林(2020.10—)
区城乡建设投资有限公司
董事长:叶向荣
总经理:卢　剑
副总经理:叶达兵
刘　良
胡颖丽(女,2020.4—)
邓　骅(2020.12—)
党委书记:叶向荣
党委副书记:卢　剑
纪委书记:李亮德(2020.8—)
区旅游投资发展有限公司
董事长:杨　杰(—2020.4)
陈雯雯(女,2020.4—)
总经理:冯　远(—2020.4)
副总经理:瞿　磊(2020.4—)
王　迅(—2020.12)
周玮哲(2020.4—)
党委书记:杨　杰(—2020.3)
陈雯雯(女,2020.3—)
党委副书记:冯　远(—2020.3)
纪委书记:周黎燕(女,2020.12—)
区国有资产投资经营公司
董事长:王　荷(女,—2020.1)
吴玉贞(女,2020.4—)
总经理:陈　杰
副总经理:朱文卿(女)
叶永杰(2020.4—)
党委书记:吴玉贞(女,2020.3—)
党委副书记:陈　杰
纪委书记:陈美琪(女,2020.12—)
莲城宾馆有限公司
董事长、总经理:毛仁保
(2020.12—)
丽水工业园区建设发展有限公司
董事长、总经理:(2020.12—)

【岩泉街道】

中国共产党岩泉街道工作委员会
书　记:周亚军
副书记:徐旭芬(女)
金益林
刘晓海(挂职,—2020.9)
纪工委书记:陈黎霞(—2020.12)
李南龙(2020.12—)
委　员:陈黎霞(—2020.12)
李南龙(2020.12—)
叶超荣
兰立新(—2020.3)
袁丽娟(女)
尚佐方
傅志伟
褚俊俊(2020.3—)
徐　峻(2020.10—)
沈柳飞(—2020.12)
李春阳(2020.12—)
吕家珍(挂职)
正科级组织员:蓝林春
周元进
副科级组织员:肖丽君(女)
区人大岩泉街道工作委员会
主　任:吴海霞(女,—2020.1)
唐　键(女,2020.1—)
副主任:金慧虹(女,2020.1—)
岩泉街道办事处
主　任:徐旭芬(女)
副主任:尚佐方(2020.1—)
周苍秀
蓝友春(2020.10—)
尤会贤
吴建荣(—2020.10)
陆云亮(挂职)

【紫金街道】

中国共产党紫金街道工作委员会
书　记:林伟群(—2020.10)
李勇军(2020.10—)
副书记:李伟军
杨海霞(女)
纪工委书记:朱贤俊(2020.3—)
委　员:朱贤俊(2020.3—)
吕君勇
夏根平
张田信
夏海伟(—2020.12)
陈黎霞(2020.10—)
郑永波(—2020.3)
林伟伦(2020.3—)
刘伟华(—2020.12)
叶伟勇(2020.12—)
洪心漪(女)
副科级组织员:吴友平
区人大紫金街道工作委员会
主　任:麻伟明
副主任:余子来(2020.1—)
紫金街道办事处
主 任:李伟军
副主任:夏海伟(—2020.12)

陈黎霞（2020.12—）
蓝友春（—2020.10）
吴　胤
蓝龙军
吴广英（2020.10—）

【白云街道】
中国共产党白云街道工作委员会
书　记：舒丽红（女）
副书记：孙聪龙（—2020.3）
陶　琤（女，—2020.10）
齐国伟（2020.10—）
夏海伟（2020.12—）
纪工委书记：蔡建辉（女）
委　员：蔡建辉（女）
叶文波（—2020.3）
兰立新（2020.3—）
沙　狄
张　武
李高平（2020.3—）
麻和凤（女）
叶勇伟（—2020.12）
李　豪（2020.12—）
陈卓文
正科级组织员：叶根平
区人大白云街道工作委员会
主　任：蓝春香（女，—2020.10）
叶仙美（女，2020.10—）
副主任：朱小波（2020.1—）
白云街道办事处
主　任：孙聪龙（—2020.4）
齐国伟（2020.10—）
副主任：沙　狄
刘金平
刘文波
张旭标（2020.4—）

【万象街道】
中国共产党万象街道工作委员会
书　记：广富
副书记：吴玉贞（女，—2020.3）
傅　华（—2020.3）
王永健
纪工委书记：黄晓波
委　员：黄晓波
陈伟贤（—2020.3）
陈岳平
张　骊（女，—2020.3）
章官蔚（2020.10—）
雷秀云（女）
郑永波（2020.3—）
林伟俊（—2020.8）
何卫芳（女）
周希仁
李春阳（—2020.12）
周旺平（2020.12—）
正科级组织员：朱明海
副科级组织员：陈林伟
区人大万象街道工作委员会
主　任：蓝林余（—2020.12）
汤　鑫（2020.12—）
副主任：蓝津燕（女，2020.1—）
万象街道办事处
主　任：吴玉贞（女，—2020.4）
傅　华（2020.4—）
副主任：陈岳平
郭玉伟（2020.1—）
郑旭军
任文伟

【联城街道】
中国共产党联城街道工作委员会
书　记：刘海勇
副书记：王育波（2019.12—）
纪工委书记：朱伟林（—2020.10）
叶伟俊（2020.10—）
委　员：朱伟林（—2020.10）
叶伟俊（2020.10—）
王良平
陆庶宽（—2020.3）
吴朝勇
章官蔚（—2020.10）
金凌海（2020.10—）
陶晓华（2020.10—）
叶薛超（女，—2020.10）
刘伟青（2020.10—）
江　凯（2020.10—）
李　豪（—2020.12）
正科级组织员：金昌伟
区人大联城街道工作委员会
主　任：齐国伟（—2020.10）
赵　基（2020.10—）
副主任：诸葛俊芳（女）
（2020.1—）
联城街道办事处
主　任：陈金多（—2020.1）
王育波（2020.1—）
副主任：吴朝勇（2020.10—）
石伟明
黄礼义
陈林伟（2020.1—）

【碧湖镇】
中国共产党碧湖镇委员会
书　记：郭云强
副书记：吴海霞（女）
熊余伟（—2020.10）
张美英（女，—2020.10）
傅永福（2020.10—）
刘　渊（2020.10—）
麻建清（挂职）
纪委书记：梁媛媛（女，—2020.3）
陈昊明（2020.3—）
委　员：梁媛媛（女，—2020.3）
陈昊明（2020.3—）
王贤戴（—2020.6）
刘　渊（—2020.10）
金凌海（—2020.10）

周旺平(—2020.12)
纪学敏(女)
潘　波(2020.10—)
夏华飞(2020.12—)
陈　�(2020.10—)
吴　昊(2020.3—)
徐海东(2020.10—)
陶晓华(—2020.3)
碧湖镇人大主席团
主　席:叶予序(—2020.11)
熊余伟(2020.11—)
副主席:李海慧
吴　昊(—2020.4)
蓝　霞(女,2020.11—)
碧湖镇人民政府
镇　长:华官丽(—2020.4)
吴海霞(女,2020.4—)
副镇长:王贤戴(—2020.6)
潘　波
徐煜军(—2020.11)
戴黎明
潘丽兵(2020.11—)

【大港头镇】

中国共产党大港头镇委员会
书　记:金伟君(—2020.3)
杨　杰(2020.3—)
副书记:熊夏敏(—2020.10)
张晓波(2020.10—)
纪委书记:李亮德(—2020.8)
陈静磊(2020.8—)
委　员:李亮德(—2020.8)
陈静磊(2020.8—)
陈　靖(女)
许力鹏
夏黎平(2020.10—)
许广胜
祝　魏(2020.3—)
周眉初(女,挂职)
大港头镇人大主席团
主　席:刘丽伟(—2020.4)
胡志成(2020.4—)
副主席:吕李媛(女)
李　丽(女)
大港头镇人民政府
镇　长:杨建贞(—2020.4)
叶予序(2020.11—)
副镇长:郭玉伟(—2020.4)
叶伟娟(女)
夏黎平
雷发元

【峰源乡】

中国共产党峰源乡委员会
书　记:杨建贞
副书记:陈菁和
张晓波(—2020.10)
张　权(挂职)
纪委书记:陈静磊(—2020.8)
桑超迅(2020.10—)
委　员:陈静磊(—2020.8)
桑超迅(2020.10—)
郭起平(—2020.12)
刘军武(—2020.6)
雷国亮(—2020.8)
刘彤彤(女)
赵永昌(2020.10—)
祁鹏飞(2020.12—)
峰源乡人大主席团
主　席:张　挺
副主席:饶钦茂
峰源乡人民政府
乡　长:陈菁和
副乡长:刘彤彤(女)
翁小雯(女)
赵永昌(—2020.11)
桑超迅(—2020.11)
郑昆捷(2020.11—)

【太平乡】

中国共产党太平乡委员会
书　记:叶祥根(—2020.7)
蓝　青(2020.10—)
副书记:邱丽平
张　城(—2020.10)
于伟宏(2020.10—)
王宏武(挂职)
纪委书记:李栽慧
委　员:李栽慧
黄琮竣(女,—2020.3)
陈肖兰(女)
钟文焕(2020.10—)
于伟宏(—2020.10)
叶海波
徐　锐(2020.3—)
太平乡人大主席团
主　席:唐　键(女,—2020.4)
李秀红(女,2020.4—)
副主席:徐雄伟
余子来(—2020.4)
潘国龙(2020.11—)
太平乡人民政府
乡　长:王育波(—2020.4)
邱丽平(2020.4—)
副乡长:于伟宏(—2020.11)
钟文焕(2020.11—)
张春华
叶泳梅(女,—2020.4)
汤伟波(—2020.4)
刘　浩(2020.11—)

【雅溪镇】

中国共产党雅溪镇委员会
书　记:周文林(—2020.7)
李爱勇(2020.7—)
副书记:蓝煜斌
蒋　超
周勇锋(挂职)

纪委书记:叶伟俊(—2020.10)
施　彦(女,2020.10—)
委　员:叶伟俊(—2020.10)
施　彦(女,2020.10—)
郭伟平
黄剑波(2020.8—)
雷国亮(2020.8—)
朱泽斌(2020.3—)
黄　杰
雅溪镇人大主席团
主　席:杨耀武
副主席:金正武(—2020.11)
朱泽斌(—2020.4)
蓝　艺(女,2020.11—)
雅溪镇人民政府
镇　长:蓝煜斌(2020.4—)
副镇长:黄剑波(2020.11—)
潘国龙(—2020.11)
黄莉蓉(女,2020.11—)
潘林强
褚俊俊(—2020.4)

【仙渡乡】

中国共产党仙渡乡委员会
书　记:李勇军(—2020.10)
王　皓(2020.10—)
副书记:胡春杰
梁媛媛(女,2020.3—)
叶志文(—2020.3)
林　彬(挂职)
纪委书记:黄剑波(—2020.8)
徐煜军(2020.10—)
委　员:黄剑波(—2020.8)
徐煜军(2020.10—)
周炳翔(2020.10—)
潘根明
陈婷莉(女)
张科科
仙渡乡人大主席团
主　席:刘黎明
副主席:叶超红(女,—2020.11)
吴杨琳(女,2020.11—)
仙渡乡人民政府
乡　长:胡春杰(2020.4—)
副乡长:周炳翔
丁晓丽(女)
方　媛(女)

【老竹畲族镇】

中国共产党老竹畲族镇委员会
书　记:徐　清
副书记:蓝伟军(—2020.11)
蓝丽芬(女,2020.10—)
徐　科
纪委书记:张　丽(女,—2020.8)
王　盛(2020.8—)
委　员:张　丽(女,—2020.8)
王　盛
林伟伦(—2020.3)
翁靖靖(女)
叶伟权(2020.10—)
金正武(2020.8—)
杨裕斐(2020.12—)
夏华飞(—2020.12)
陈俊俊
陈　捷(2020.12—)
副科级组织员:莫永勤
老竹畲族镇人大主席团
主　席:叶仙美(女,—2020.11)
应永生(2020.11—)
副主席:雷金荣
章华祥
老竹畲族镇人民政府
镇　长:蓝伟军(—2020.11)
蓝丽芬(2020.11—)
副镇长:叶伟权
钟文焕(—2020.11)
蓝津燕(女,—2020.4)
何翠球(女,2020.11—)

【丽新畲族乡】

中国共产党丽新畲族乡委员会
书　记:徐根发(—2020.3)
孙聪龙(2020.3—)
副书记:蓝　青(—2020.10)
傅永福(—2020.10)
叶薛超(女,2020.10—)
王　忠(挂职)
金　立(挂职)
纪委书记:刘军武(2020.6—)
委　员:刘军武(2020.6—)
王晓飞
梁俊武
林　彬
刘丽娥(女)
副科级组织员:邹永红(—2020.8)
丽新畲族乡人大主席团
主　席:应永生(—2020.11)
张　城(2020.11—)
副主席:张俊峰
丽新畲族乡人民政府
乡　长:蓝　青(—2020.11)
副乡长:梁俊武
黄莉蓉(女,—2020.11)
赵　健
叶　辉(—2020.4)
陈　俊(2020.11—)

【黄村乡】

中国共产党黄村乡委员会
书　记:刘　华(女)
副书记:王　皓(—2020.10)
熊夏敏(2020.10—)
张　政
蔡尚宝(挂职)

纪委书记:陈　超(女)
委　员:陈　超(女)
　　　李高平
　　　张力鹏
　　　项庭武(2020.10—)
　　　叶超红(女,2020.10—)
　　　施　彦(女,—2020.10)
　　　华　楠

黄村乡人大主席团
主　席:赵　基(—2020.11)
　　　陶　琤(女,2020.11—)
副主席:吴龙兴

黄村乡人民政府
乡　长:王　皓(—2020.11)
　　　熊夏敏(2020.11—)
副乡长:李高平(—2020.4)
　　　项庭武
　　　杨裕斐
　　　叶旭瑶(女)
　　　姜建水(2020.11—)

(李必成)

中国共产党丽水市莲都区委员会

综　述

2020年，莲都区实现地区生产总值406.97亿元，增长3.3%；区属固定资产投资增长10.7%；区属一般公共预算收入增长4.3%；城乡居民人均可支配收入分别增长3.9%和7.6%。战“疫”大考取得胜利，坚持“一线管控、精密智控、群防群控”，抓好常态化疫情防控；推进“争先创优”，出台应对疫情支持企业健康发展十条意见等惠企政策，减轻企业负担13.22亿元，经济发展持续回暖。三次产业协调发展，平台“二次创业”启动，安派科生物医学科技（丽水）有限公司、梦翔教育2家企业在纳斯达克上市，区属规上工业增加值增长8.5%；“3+2+1”农业农村产业布局稳步构建，“莲城雾峰”成为茶叶区域公共品牌，生猪增产保供获评省“争先创优”最佳实践，创成省级“平安农机”示范区、渔业健康养殖示范区；古堰画乡入选全省首批未来景区创建试点、首批省级职工疗休养基地，金融机构本外币存贷款余额2397.48亿元，增长28.1%。项目建设势头强劲，6个项目被列入省“六个千亿”投资计划，争取到省2020—2022年区域协调财政专项激励资金4.5亿元，新引进项目38个，实际利用内资40.94亿元，碧湖全域土地综合整治与生态修复工程被列入自然资源部试点名单。发展动能持续壮大，完成GEP总量核算，在全市率先启用政务服务2.0综合受理新模式，“丽水山耕”数字化平台项目入选全省数字化转型最高荣誉“观星台”优秀应用，山海协作科创金融飞地（莲都大厦）在义乌开工建设，袁隆平为国家水稻分子育种中心示范基地亲笔题字，17位院士入驻“院士之家”。民生福祉有效提升，完成区乡村三级实事824件，实现全国文明城市“两连冠”，建成全省首个“云森防”精密智控综合管理平台，实现“两不愁三保障”突出问题、年总收入10万元且经营性收入5万元以下集体经济薄弱村、年人均收入8000元以下家庭、低收入农户零就业家庭“四个清零”，创成全国健康促进区和全省农村饮用水达标提标行动成绩突出县、教育基本现代化区、法治浙江建设示范区、基本无违建区，夺得“一星平安金鼎”。

重要会议

【区委常委会会议、区委常委会扩大会议】 1月8日，区委常委会会议召开，听取2020年主要经济指标预安排及重点项目谋划情况汇报；审议《丽水市莲都区“不忘初心、牢记使命”主题教育总结》；听取区十六届人大四次会议有关事项的汇报；审议区人大常委会委员、人大代表和区政协常委、委员调整（增补）建议名单；传达学习全省深入落实中央八项规定精神，持续发力纠治“四风”工作视频会议精神。

1月17日，区委常委会会议召开，研究干部人事工作；传达全国市域社会治理现代化工作会议、全省扫黑除恶专项斗争视频会暨省扫黑除恶专项斗争领导小组第八次会议精神，研究贯彻落实意见；听取区委十四届八次全体（扩大）会议暨区政府全会有关情况汇报；通报区政府领导工作分工情况；听取区委常委四季度工作情况汇报；听取莲都区2019年度安全稳定形势分析情况汇报；听取莲都区守法普法工作情况汇报。

1月20日，区委常委会会议召开，传达学习十九届中纪委四次全会和省纪委十四届五次全会精神，研究贯彻落实意见；传达学习全国宣传部长会议和全省宣传思想工作会议精神，研究贯彻落实意见；传达市委经济工作会议精神。

1月28日，区委常委会扩大会议暨新型冠状病毒感染的肺炎疫情防控工作领导小组会议召开，传达学习中央政治局常委会会议、中央应对新型冠状病毒感染肺炎疫情工作领导小组会议、省委和市委常委会会议精神；听取莲都区新型冠状病毒感染的肺炎疫情防控工作汇报，研究部署下步工作。

2月11日，区委常委会会议召开，传达学习省委、市委常委会会议精神；听取莲都区当前疫情防控工作情况汇报；听取莲都区企业复工复产工作情况汇报。

2月19日，区委常委会扩大会议召开，听取莲都区企业和项目复工复产工作情况汇报；听取莲都区疫情防控工作情况汇报；传达学习省委常委会会议和市委常委会扩大会议精神，部署莲都区企业复工复产工作。

2月19日，区委常委会会议召开，听取莲都区政协十五届四次会议有关事项汇报。

2月25日，区委常委会扩大会议召开，传达学习中央、省统筹推进新冠肺炎疫情防控和经济社会发展工作部署会议以及省委书记车俊在丽水督查疫情防控和复工复产工作时的讲话精神，研究部署贯彻落实意见。

2月25日，区委常委会会议召开，传达学习习近平总书记对党的机要密码工作创建90周年作出的重要批示精神；审议《十四届区委第七轮巡察工作方案》《2020年莲都区委村（居）巡察工作方案》；听取关于推迟召开区十六届人大四次会议、区政协十五届四次会议的建议；传达学习中央全面依法治国委员会第三次会议精神，研究部署贯彻落实意见。

3月13日，区委常委会会议召开，听取区人大、政府、政协、法院、检察院党组工作情况汇报；听取省委巡视工作准备情况汇报；听取市对区2019年度基层党建工作述职评议情况反馈；听取市对区2019年度全面从严治党主体责任落实情况反馈；审议区纪委十四届六次全会方案和工作报告；审议《莲都区关于进一步激励关爱城市专职社区工作者的十条举措》；听取关于设立教育总督学和副总督学情况汇报；研究干部人事工作；传达学习省委政法工作会议精神，研究贯彻落实意见；传达学习省委农村工作会议精神，研究贯彻落实意见；传达学习全省统战部长会议、全省民族宗教工作会议精神，研究贯彻落实意见；传达学习全省“扫黄打非”工作电视电话会议精神，研究贯彻落实意见。

3月30日，区委常委会会议暨区委财经委员会第二次会议召开，审议《莲都区2019年国民经济和社会发展计划执行情况与2020年国民经济和社会发展计划草案的报告》；审议《莲都区2020年基本建设项目投资计划》；审议《莲都区2019年预算执行情况和2020年预算草案的报告》；审议人大、政府、政协、法院、检察院工作报告；听取莲都区2019年十方面民生实事完成情况和2020年十方面民生实事初选工作情况汇报；听取莲都区2019年度创新项目评估情况汇报；审议中共丽水市莲都区委常委会2020年工作要点；听取上一年度领导班子履行主体责任和领导班子成员履行“一岗双责”情况汇报；审议《关于改进区管干部任前公示的意见》；研究干部人事工作；传达学习全国春季农业生产工作电视电话会议精神，研究贯彻落实意见；传达学习全国公安厅局长会议、全省公安局长会议、全市公安工作会议精神，研究贯彻落实意见；传达学习全国信访局长电视电话会议、全省信访工作会议精神，研究贯彻落实意见；传达学习全国、全省、全市组织部长会议精神，研究贯彻落实意见；传达学习全省党校（行政学院）校（院）长会议精神，研究贯彻落实意见；传达学习全省政法系统当前疫情防控、维护国家政治安全和社会稳定工作视频会议精神，研究贯彻落实意见；传达学习全市宣传思想工作会议精神，研究贯彻落实意见。

4月3日，区委常委会扩大会议召开，传达学习市委常委会扩大会议精神以及市长吴晓东在莲都调研时的讲话精神，研究贯彻落实意见。

4月13日，区委常委会会议召开，听取省委巡视有关工作情况汇报；听取区“两会”筹备情况汇报；听取2019年度乡镇（街道）、区直单位工作责任制考评情况汇报；审议《关于莲都区2019年环境状况和环境保护目标完成情况报告》；审议《莲都区2019年度年终奖金发放方案》《莲都区事业单位工作人员月考核奖调整方案》；听取纪委案件有关情况汇报；听取区政协委员调整有关情况汇报；听取莲都区2020年度第一季度社会稳定形势分析报告。

4月20日，区委常委会会议召开，传达学习省委第四巡视组与莲都区党政主要负责人见面沟通会和动员会会议精神，研究贯彻落实意见；传达学习市委常委会扩大会议精神，研究贯彻落实意见；听取上轮巡视以来莲都区意识形态工作情况汇报；听取2019年度工作责任制考评黄牌警告单位情况说明；听取2020年度区级党员领导班子成员包乡走村领办基层党建重点任务清单有关情况汇报；传达学习全省建设平安浙江工作会议精神，研究贯彻落实意见；传达学习全面推进高水平交通强省建设动员大会精神，研究贯彻落实意见；传达学习全省组织系统学习习近平总书记考察浙江时重要讲话精神视频部署会和全市机关党建工作会议精神，研究贯彻落实意见；传达学习市委农村工作会议精神，研究贯彻落实意见；传达学习丽水市生态工业高质量绿色发展大会会议精神，研究贯彻落实意见；听取莲都区2020年第一季度信访形势分析；听取莲都区东西部扶贫协作工作2019年度工作总结和2020年工作思路汇报；听取区委常委一季度工作汇报。

4月26日，区委常委会会议召开，传达学习全市“两会”会议精神，研究贯彻落实意见。

5月6日，区委常委会扩大会议召开，区统计局围绕一季度经济指标完成情况作专业性分析；区发改局分析一季度经济运行情况，并提出经济指标争先创优举措；区经济商务局分析一季度工业经济运行情况，并提出工业经济指标争先创优举措；区农业农村局分析一季度农业指标运行情况，并提出农业经济指标争先创优举措；区委副书记、区长陈豪传达全省二季度工作动员部署会议精神，并对下步工作进行部署。

5月29日，区委常委会会议召开，审议《关于建立政治生态评价体系的实施意见（试行）》《莲都区2020年党风廉政建设和反腐败工作组织领导与责任分工》；听取区十六届人大常委会班子分工情况汇报；审议《莲都区2020年“大督查”工作方案》；审议《莲都区竞争性选拔团区委副书记、乡镇（街道）团（工）委书记工作实施方案》；传达学习全省县级社会矛盾纠纷调处化解中心工作会议精神，研究贯彻落实意见；审议《关于推进新时代莲都公安工作高质量发展的实施意见》；审议《“减存控增优秩序”五大专项行动实施方案》；审议《关于完善丽水工业园区体制机制的实施意见》；审议《丽水工业园区建设发展有限公司组建方案》和《丽水市莲城宾馆有限责任公司组建方案》；审议《关于补齐“三农”发展短板确保与全市同步高水平全面建成小康社会的二十条意见》；审议《莲都区“大搬快聚富民安居”工程实施意见》；听取2019年度乡村振兴工作和平安综治工作（包括信访工作）表彰情况汇报；听取莲都区工会第十七次代表大会有关情况汇报，审议《关于推进新时代莲都产业工人队伍建设改革实施方案》；听取丽水市瓯江风情国家级旅游度假区（九龙湿地生态旅游文化产业园）创建前期筹备情况和丽甬公司相关事宜汇报；学习《中共浙江省委贯彻〈中国共产党宣传工作条例〉实施办法》；学习《浙江省县级领导干部公开接待群众来访工作办法》；传达学习全市扶贫开发领导小组会议精神，研究贯彻落实意见。

6月2日，区委常委会会议召开，传达学习全市领导干部会议精神，研究贯彻落实意见；传达学习全省新时代文明实践中心暨农村文化礼堂建设工作推进会议精神，研究贯彻落实意见；研究干部人事工作。

6月19日，区委常委会扩大会议召开，传达学习省委十四届七次全体(扩大)会议精神，并作重点工作部署；传达学习全国巡视工作会议暨十九届中央第五轮巡视动员部署会会议精神，研究贯彻落实意见；传达学习习近平总书记关于应急管理和安全生产的重要论述。

6月29日，区委常委会会议召开，传达学习《中共中央国务院关于加快推进社会治理现代化开创平安中国建设新局面的意见》；审议《中共丽水市莲都区委关于2020年上半年履行意识形态工作主体责任情况的报告》《中共丽水市莲都区委关于落实市委2019年度意识形态工作重点检查反馈意见的整改方案》；审议《莲都区2020年度工作责任制考评实施意见》；听取关于预发2020年度目标(绩效)考核奖有关事项的汇报；听取纪委案件有关情况汇报。

7月21日，区委常委会会议召开，传达学习全省县级社会矛盾纠纷调处化解中心建设互学互比视频交流会精神、全市信访工作和矛调中心建设点评会精神，研究贯彻落实意见；传达学习省委组织部《关于5个县(市、区)党委及其组织部门履行选人用人主体责任不力问题的通报》文件精神；审议《莲都区2020年度党委(党组)落实党风廉政建设主体责任考核办法》《莲都区2020年度纪检监察扣分细则》；听取《莲都区扶持建筑业发展十条意见(试行)》情况汇报；听取关于《莲都区人民政府与上海霄鉴生物科技有限公司共建人才科创“飞地”合作框架协议(审议稿)》有关情况汇报；听取关于义乌飞楼—莲都大厦(双子楼)项目进展情况汇报；听取莲都区小微企业和个体工商户“两直”补助工作情况汇报；听取《莲都区关于推进新时代民政事业高质量发展的实施办法(审议稿)》情况汇报；听取2019年度部分集体和个人的行政奖励情况汇报；审议2019年度区管领导干部考核等次；研究干部人事工作；传达学习全省村(社区)组织换届试点工作动员部署会会议精神，研究贯彻落实意见；听取莲都区2020年上半年社会稳定形势分析；听取莲都区2020年第二季度信访形势分析；听取区委常委二季度工作汇报。

7月27日，区委常委会会议暨区委巡视整改工作领导小组会议召开，审议通过巡视整改工作组织架构组成人员名单；传达学习选人用人、巡察工作、意识形态工作责任制落实专项检查的反馈意见。

8月6日，区委常委会会议召开，传达学习市委四届八次全体(扩大)会议精神，研究贯彻落实意见；传达学习全省巡视巡察工作会议暨十四届省委第十轮巡视动员部署会主要精神，研究贯彻落实意见；审议《中共丽水市莲都区委关于落实省委巡视组反馈意见的整改方案》；审议《中共丽水市莲都区委落实省委巡视组巡察专项检查反馈意见的整改方案》；审议《中共丽水市莲都区委落实省委巡视选人用人专项检查反馈意见的整改方案》；审议《中共丽水市莲都区委落实省委巡视意识形态工作责任制专项检查反馈意见的整改方案》；听取区委十四届九次全体(扩大)会议暨区政府全会有关情况汇报；听取上半年经济运行分析情况汇报；听取经常化创建文明城市工作情况汇报；听取《关于学前教育改革发展的实施办法》有关情况汇报；听取《莲都区国有企业退休人员社会化管理实施方案》有关情况汇报；听取《“画乡莲都·院士之家”创建工作实施方案》有关情况汇报；审议《关于加强人才队伍建设推动高质量绿色发展的九条意见》；审议《莲都区规范提升村级事务阳光票决制十四条意见》；传达学习全市建设平安丽水工作会议暨市域社会治理现代化试点工作推进会精神，研究贯彻落实意见；审议《莲都区关于推进区乡村三级社会矛盾纠纷调处化解中心规范化建设指引》；审议《区直单位党委(党组)副书记设置建议》《党的工作机关领导机构设置建议方案》；听取纪委案件有关情况汇报；研究干部人事工作。

8月28日，区委常委会会议召开，听取关于增加区信访局、区计生协会领导职数有关情况汇报；研究干部人事工作。

8月28日，区委常委会巡视整改专题民主生活会召开，书记徐光文代表区委常委会作班子对照检查；区委班子成员逐一认领班子问题，进行个人对照检查发言，作批评和自我批评；书记徐光文总结会议情况，提出巡视整改工作要求。

9月11日，区委常委会会议暨区委理论学习中心组专题学习会召开，学习《习近平谈治国理政》第三卷；传达学习省委政法委有关文件精神；传达学习全省各级人大常委会主任学习会精神，研究贯彻落实意见；传达学习全省政协主席暑期读书会暨市、县（市、区）政协工作经验交流会精神，研究贯彻落实意见；传达学习省委组织部选人用人工作相关文件精神，听取莲都区年轻干部配备和机构改革超配情况及贯彻落实意见汇报；审议《关于进一步规范莲都区机关事业单位人员交流调配工作的意见》；审议《莲都区2020年意识形态工作组织领导与责任分工》《中共丽水市莲都区委关于市委2019年度意识形态工作重点检查反馈意见整改落实情况的报告（审议稿）》；听取莲都区第二轮中央生态环境保护督察有关工作情况汇报；传达学习全省新乡贤工作推进会精神，研究贯彻落实意见；听取莲都区文明单位评选和复评工作情况汇报；传达学习市委对台工作领导小组会议和全市对台工作会议精神,研究部署莲都区对台工作；传达学习习近平总书记在全国抗击新冠肺炎疫情表彰大会上的重要讲话精神；传达学习习近平总书记在企业家座谈会上的重要讲话精神；传达学习扎实推进长三角一体化发展座谈会精神；传达学习习近平总书记对制止餐饮浪费行为作出的重要指示精神；传达学习习近平总书记关于精神文明建设系列重要讲话精神；传达学习习近平总书记在纪念中国人民抗日战争暨世界反法西斯战争胜利75周年座谈会上的重要讲话精神；传达学习习近平总书记在经济社会领域专家座谈会上的重要讲话精神；传达学习《2019—2023年全国党政领导班子建设规划纲要》；传达学习全省、全市新时代青年理论宣讲工作现场会精神，研究贯彻落实意见。

9月29日，区委常委会会议暨区委国家安全委员会全体会议召开，传达学习省委书记袁家军在省委党校2020年秋季学期开学典礼上的重要讲话精神；传达学习习近平总书记对做好新时代民营经济统战工作作出的重要指示精神和全国民营经济统战工作会议、全省民族乡村振兴示范建设推进现场会会议、市委统一战线工作领导小组会议暨全市统一战线暑期读书会精神，研究莲都区贯彻落实意见；听取区委关于落实省委巡视组反馈意见的整改情况汇报；审议《莲都区党政领导干部食品安全工作责任清单》；听取纪委案件有关情况汇报；传达学习全市旅游业发展大会暨缙云仙都成功创建国家AAAAA级景区总结表彰大会精神，研究贯彻落实意见；观看国家安全专题教育片；审议《2020年莲都区国家安全工作要点（审议稿）》《莲都区重点领域国家安全工作协调机制实施方案（审议稿）》；传达学习全省政法机关维护国家政治安全工作视频会议精神，研究莲都区贯彻落实意见。

10月12日，区委常委会会议召开，传达学习十九届中央第六轮巡视工作动员部署会主要精神，研究贯彻落实意见；审议《关于高质量做好村（社区）组织换届选举工作的实施意见》；听取纪委案件有关情况汇报；研究干部人事工作；传达学习全省县级社会矛盾纠纷调处化解中心建设互学互比第二次交流会议和全省扫黑除恶专项斗争视频推进会会议精神，研究贯彻落实意见。

10月23日，区委常委会会议召开，传达学习袁家军在全省村（社区）组织换届工作会议上的讲话及相关文件精神，研究贯彻落实意见；审议《中共丽水市莲都区委关于省委巡视组反馈意见整改落实情况的报告》；审议《关于落实省委巡视组意识形态专项检查反馈意见的整改情况报告》；审议《中共丽水市莲都区委关于落实省委巡视组巡察专项检查反馈意见整改落实情况的报告》；审议《关于落实省委组织部选人用人专项检查反馈意见整改情况的报告》；审议《第二届“才聚莲都”高层次人才与科技项目对接交流会暨“画乡莲都·院士之家”落成仪式方案》；听取区委常委三季度工作情况汇报。

10月27日，区委常委会扩大会议召开，传达学习省委书记袁家军在丽水调研讲话和新时代推进山区26个县高质量发展座谈会精神，研究贯彻落实意见；区发改局汇报前三季度经济运行总体情况、存在问题以及下步工作举措；区统计局汇报前三季度GDP等核心指标情况分析、存在问题以及下步工作举措；区委副书记、政法委书记胡伟华部署平安信访维稳工作；区委副书记、区长陈豪部署决战四季度工作。

11月23日，区委常委会会议召开，传达学习习近平总书记在全面推动长江经济带发展座谈会上的重要讲话精神，研究贯彻落实意见；传达学习省委副书记、省长郑栅洁到丽水调研讲话精神，研究贯彻落实意见；听取莲都区2020年第三季度社会稳定形势和信访形势分析汇报；审议《中共丽水市莲都区委全面深化党务公开工作实施方案》；审议《莲都区关于加快促进莲都超市产业发展十一条意见》；听取莲都区红十字会第三次会员代表大会有关情况汇报；听取关于莲都区第七次归侨侨眷代表大会有关情况汇报；传达学习全省“建设清廉机关、创建模范机关”工作推进会暨第九次县市区机关党建工作交流会精神，研究贯彻落实意见；传达学习全省山海协作工程推进会精神，研究贯彻落实意见。

12月1日，区委常委会会议召开，传达学习全省深化“千万工程”建设新时代美丽乡村现场会精神，研究贯彻落实意见；审议《中共丽水市莲都区委关于贯彻落实〈中国共产党宣传工作条例〉及省委、市委实施办法的通知》；审议《2020年度市直单位支持莲都区工作加扣分考核细则》；审议《丽水市莲都区恒汇建材设备有限公司组建方案（审议稿）》；听取莲都区行政奖励、表彰奖励申报有关情况汇报；听取民革丽水市莲都区第六届、民盟丽水市莲都区第八届委员会主委、副主委、委员人选建议名单的汇报；研究干部人事工作；听取党校工作情况汇报；听取党史方志工作情况汇报。

12月14日，区委常委会会议暨做好被征地农民参加基本养老保险工作领导小组第一次会议召开，解读被征地农民参加基本养老保险工作政策；审议《做好被征地农民参加基本养老保险工作实施方案》；区长陈豪作工作部署。

12月29日，区委常委会会议召开，听取区人大、区政府、区政协、区法院、区检察院党组履行全面从严治党主体责任和意识形态工作情况汇报；听取《关于制定莲都区国民经济和社会发展第十四个五年规划和二〇三五年远景目标的建议》的汇报；听取区政府领导工作分工情况汇报；审议《中共丽水市莲都区委关于新时代加快推进哲学社会科学发展的实施意见》；听取《中共丽水市莲都区委关于2020年落实意识形态工作责任制情况的报告》、《当前莲都区意识形态领域情况的通报》、2020年网络意识形态工作情况汇报；听取关于推荐丽水市抗击新冠肺炎疫情表彰对象的情况汇报及2020年全区党支部建设工作情况汇报；审议《莲都区县域社会治理现代化工作实施方案》，并学习《中华人民共和国国旗法》《中华人民共和国国徽法》和中央全面依法治国工作会议精神；听取关于莲都区2019年高质量绿色发展工作行政奖励评选的情况汇报；听取关于健康莲都建设情况的汇报；听取区总工会、团区委、区妇联、区科协工作情况汇报；听取2020年莲都区应急管理工作和岁末年初安全生产大检查方案汇报；听取纪委案件有关情况汇报；研究2020年下半年公务员职级晋升方案、区第十六届人民代表大会代表调整（增补）人选建议名单、区“丽水之干”模范集体和先锋人物推荐对象名单。

【“不忘初心、牢记使命”主题教育总结大会】 1月10日，莲都区“不忘初心、牢记使命”主题教育总结大会召开。市委常委、区委书记徐光文出席会议并讲话。会议强调，要以不负新时代的清醒，深刻把握主题教育的经验启示，做政治坚定的“明白人”；做对党忠诚的“老实人”；做担当作为的“带头人”；做群众满意的“贴心人”；做全面从严治党的“打铁人”。要以整装再出发的执着，持续巩固和提升主题教育成果。

【老干部情况通报会】 1月16日，莲都区召开老干部情况通报会，市委常委、区委书记徐光文代表区委向与会老干部通报了2019年工作情况以及2020年工作思路，并指出，老干部们在不同时期为国家做出了重大贡献，区委区政府任何时候都会把老干部工作作为一项重要政治任务抓实抓好。区委副书记、政法委书记胡伟华主持会议。

【区委武装工作、区国防动员委员会第十六次全体会议暨双拥模范城创建动员会会议】 1月17日，莲都区委武装工作、区国防动员委员会第十六次全体会议暨双拥模范城创建动员会会议召开。市委常委、区委书记、区国动委第一主任、区人武部党委第一书记徐光文出席会议并讲话，要求全区上下要认识到位、措施到位、保障到位，凝心聚力、担当作为、重抓落实，确保人民武装、国防动员各项工作圆满完成，全力以赴助推丽水市以优异成绩争创全国双拥模范城“三连冠”。

【2020年新春团拜会】 1月21日，莲都区举行2020年新春团拜会。市委常委、区委书记徐光文致新春贺词，区委副书记、区长陈豪主持。会议提出，在新的一年，要坚持“发展莲都、服务市区”的工作定位，坚持“自我加压、跳起来摘桃子”的工作理念，坚持“担当作为、务实苦干”的工作主基调，坚持“服务群众、增进福祉”的工作落脚点，坚持“走在前列、以结果论英雄”的工作要求，扎实做好“加快发展年”各项工作，让高水平全面建成小康社会，得到人民认可、不负时代期望、经得起历史检验。

（王秋蕊　孙斌）

【区委十四届九次全体（扩大）会议暨区政府全会】 8月13日，莲都区委十四届九次全体（扩大）会议暨区政府全会召开。会议学习习近平总书记考察浙江重要讲话精神，学习省委十四届七次全体（扩大）会议、市委四届八次全体（扩大）会议精神。市委常委、区委书记徐光文代表区委常委会作工作报告，回顾了撤市设区20年，莲都经济社会发展取得历史性成就，强调要紧扣“加快发展年”务实苦干，确保实现“全年胜”目标。贯彻落实区委的部署，重点做好常态化疫情防控、实施争先创优机制、扩大有效投资、深化服务企业、促进社会消费、推进改革创新和区域合作、抓好财政收支、全域推进环境整治、补齐民生领域短板九方面工作。

【平安政法信访工作会议】 3月26日，莲都区召开全区平安政法信访工作会议，总结2019年度全区平安政法信访工作，研究部署2020年相关工作任务。市委常委、区委书记徐光文出席会议并讲话。他强调，平安政法信访工作要围绕全区发展大局，要维护最广大人民群众的合理合法利益，要把矛盾风险解决在基层、化解在萌芽状态。区领导领办了信访积案。

【十四届区委第七轮巡察工作动员部署会】 4月9日，十四届莲都区委第七轮巡察工作动员部署会召开，会议贯彻落实中央、省委和市委关于巡视巡察工作的新部署新要求，对区委第七轮巡察工作进行动员部署，市委常委、区委书记徐光文出席会议并讲话，强调要突出政治抓巡察，要盯住重点抓巡察，要创新方法抓巡察，要效果导向抓巡察，要强化保障抓巡察。

（孙斌　廖王晶　沈珊珊）

【生态工业高质量发展推进会】 6月1日，莲都区召开生态工业高质量发展推进会。贯彻落实全市生态工业发展大会精神，推进工业平台“二次创业”，实现生态工业高质量发展高速度增长，市委常委、区委书记徐光文出席会议并讲话。他强调，要精心谋划，要精准实施，要精明招商，要精心建设，要精细服务，推进莲都生态工业平台“二次创业”。会议表彰了10家2019年度莲都区十强工业企业，8家2019年度优秀外贸企业，2家省级认定的小微企业园。

【深化全国文明城市创建工作推进会暨高水平迎接国家卫生城市复审动员会】 6月10日，莲都区召开深化全国文明城市创建工作推进会暨高水平迎接国家卫生城市复审动员会，贯彻落实全市深化全国文明城市创建工作推进会暨高水平迎接国家卫生城市复审动员会精神。市委常委、区委书记徐光文出席会议并讲话。他指出，要强化目标导向，坚定“两城创建”的必胜信心。要强化问题导向，把准“两城创建”的大考形势；要强化实干导向，抓好“两城创建”的落实举措；要强化结果导向，形成“两城创建”的强大合力。

【村（社区）组织换届工作部署会】 10月15日，莲都区召开村（社区）组织换届工作部署会，市委常委、区委书记、村（社区）组织换届工作领导小组组长徐光文出席会议并讲话。他强调，要保持战略定力，切实增强做好村社组织换届的使命感；要提高战术准度，牢牢掌握换届工作主导权；要汇聚战斗合力，坚决打赢村社组织换届攻坚仗。研究部署村（社区）组织换届工作。

【全区领导干部会议】 11月3日，莲都区召开全区领导干部会议，传达学习中共十九届五中全会精神。会议强调，要坚持深学深悟，切实把思想和行动统一到全会精神上来；要坚持对标对表，谋划好编制好莲都区“十四五”规划；要坚持善作善成，全力以赴抓好当前各项工作。市委常委、区委书记徐光文出席会议并讲话。

【扫黑除恶专项斗争领导小组2020年第四次全体（扩大）会议】 11月24日，莲都区召开全区扫黑除恶专项斗争领导小组2020年第四次全体（扩大）会议。听取扫黑除恶专项行动工作情况汇报和“黑财清底”“逃犯清零”“乡村治理专项整治”工作情况汇报。市委常委、区委书记徐光文出席会议并讲话。他指出，要保持定力，充分肯定扫黑除恶专项斗争取得的成效；要精准发力，坚决打赢扫黑除恶专项斗争收官战；要增强耐力，全面推动扫黑除恶长效常治。

（王秋蕊　孙斌）

区委办工作

【文字工作】 做好调查研究、信息服务、新闻报道等文字工作，为区委正确决策及决策执行提供服务。开展战略性、对策性、政策性和经验性调研，确定区级领导调研课题16个，谋划并制定莲都区“十四五”规划建议，调研文章——《关于“两山”理念的莲都式解读》获全市“高质量绿色发展”论坛理论征文一等奖。完成汇报材料、讲话材料、报刊约稿等文字材料180多篇。强化领导关注信息的采编力度，编发《专报信息》35期、《莲都信息》92期，其中获区委主要领导批示18件。加大信息采编上报力度，共计向省、市上报信息2117条，其中被录用727条。做好宣传报道工作，2020年在人民网、新华网、中新网等国家级网站发表稿件共40余篇，在《浙江日报》上刊发新闻稿件19篇（条）（头版2篇），在新媒体浙江新闻客户端上刊发稿件100余篇（条），在《丽水日报》上发表稿件180余篇（头版头条14个）。

【督查考评】 抓实“大督查”147项、区乡村民生实事847项等督查任务，协同区直相关部门开展机关内部“最多跑一次”、扶贫和消薄工作、“村级事务阳光票决制”落实情况等专项督查，组织机构牌子与上墙制度整治情况“回头看”。聚焦疫情防控，面对面开展督查189批次，督促防控点位1500个。全年下发督查通知7期，编发督查专报4期、督查反馈12期，办理市区两级建议169件、提案152件，办结“三服务”问题427个，上级交办事项按时办结率100%。其中，“大督查”、民生实事督查工作获区委主要领导批示肯定。制定《2020年度市直单位支持莲都区加扣分考核细则》，引导部门积极向上争取支持。完善考评体系，在推动争先创优、加快发展上，突出“十项主要经济指标”考核；在落实为基层减负要求上，大幅精简考核指标内容，11个附件缩减为5个附件。

【综合协调】 发挥桥梁纽带作用，做到“办文办出高质量，办会办出高水准，办事办出高境界”。加强与市委办公室、基层各部门及区四套班子之间的联系，形成上情下达、下情上传、配合紧密、整体联动的态势。围绕省委巡视莲都工作，履行好综合协调、材料提供、驻点联络等职责，建立每日例会制度，做好服务保障，大力协调、督促、推动问题整改落实，巡视反馈问题49个已完成整改34个，巡视组移交的387件信访件和74条问题线索已全部办结，挽回直接经济损失1510万元。文秘服务优质高效，全区重点精简的三类文件发文288件，同比减少6%；以区委区政府名义召开的全区性会议35次，同比减少26%。机要保密安全畅通。严格执行密码安全保密各项规定，规范办报流程，优化会议服务水平，全年共保障86场次涉密高清视频会议，传输办理密传电报1303份，传输办理明码传真870份，未发生“错办、误办、漏办”等质量事故，完成紧急重要电报办理、涉密会议保障、安全保密等工作任务。改革工作扎实推进。成立区深改服务中心，建立改革工作季报、晾晒台、联席会议等机制，组织全区改革业务骨干到杭州学习取经，推进机关内部“最多跑一次”改革、群众和企业“一件事”落实、公共服务场所大提升等工作，2篇基层治理改革经验获省委改革办“竞跑者”录用刊发，古堰画乡小镇建设机制获评丽水高质量绿色发展二十大创新样本。对台工作有序推进。持续深耕对台交流、友城联谊等工作，全年帮助20名台胞、台属顺利返回莲都。举办丽台邻里联欢活动，增进两岸在丽台胞深厚情谊。搭建云上外事平台，持续推动全区对外交流与合作，新增培育“外事窗口企业”2家，分别为浙江阀毕威阀门有限公司、农米科技有限公司。法治建设深入推进，开展档案执法监督检查，完成电子归档、档案基础业务等工作。扎实推进党务公开，在5家单位进行试点。做好党内规范性文件制定和备案审查工作，出台《关于推进乡镇（街道）合法性审查全覆盖工作的实施意见》，开展规范性文件检查，共计检查858件；以区委、区委办名义发布党的规范性文件共19件，均及时向市委备案，无迟报、漏报现象。

【队伍建设】 抓好理论学习研讨。巩固“不忘初心、牢记使命”主题教育成果，通过全体干部会议、主题党日活动、理论学习中心组学习会等载体，学习《习近平谈治国理政》第三卷和中共十九届五中全会、省委全会、市委全会等系列重大会议精神，开展集体学习研讨4次。抓好意识形态工作。落实意识形态工作责任制，定期分析研判意识形态工作，组织干部参加“与莲都同行”青年说比赛、“奋斗新时代 圆梦小康”理论微宣讲大赛等，旗帜鲜明反对和抵制各种错误观点。抓好决策部署执行。抗击新冠肺炎疫情，抓好办公室内部常态化疫情防控，近20人被抽调到疫情防控第一线，居家隔离干部通过“劝返热线”发挥作用。扎实开展低收入农户帮扶工作，每月对47户结对户进行走访联系，帮助解决实际困难，消除家庭年人均收入8000元以下现象。打好污染防治攻坚战，推进办公室垃圾分类工作，每月2次到结对村开展“五水共治”活动，争做生态文明建设的践行者。抓好干部队伍建设。坚持严管和厚爱相结合，树立正确的选人用人导向，加强领导班子和干部队伍建设，全年共提任正科1名、副科2名、正股5名、副股9名，交流5名。选调年轻公务员3人，选聘事业干部1人。大花园建设等重点工作中获区级行政嘉奖5人次。抓好党风廉政建设。开展清廉机关建设，落实廉政谈话制度，每月学习党章党规党纪，纠正“四风”，做好公职人员涉改房屋和土地产权情况、工作人员社会关系排查、干部因私出国（境）管理和领导干部兼职情况“回头看”等检查以及材料报备，组织干部观看廉政警示教育片，举办“清廉讲堂”，全面涵养风清气正的政治生态。

（毛俪莫）

组织工作

【紧贴中心服务“两手硬、两战赢”】 1月26日、27日(大年初二、初三)先后发出通知,发动区直机关党组织及2293名在职党员干部下沉社区,就地就近投入疫情防控工作,得到了人民网的点赞;转入复工复产后,要求有关区直部门做好驻企服务员、党建指导员的选派工作。在“两城”创建中提前对接保障。把助力“两城”创建作为全区机关党组织主题党日活动主题,发动党员干部争当党员志愿服务者,开展了形式多样的服务活动。发挥组织部门职能优势,深入开展“三敢三比”大比拼活动,明确了比重要指标完成、比“三服务”开展、比党建制度落实“三个比”重点内容。《莲都“一线工作法”促基层治理“百花齐放”》在6月18日《丽水日报》头版头条“三敢三比”丽水之干大比拼专栏刊登。

【区领导班子成员包乡走村、区直单位党委(党组)书记包村帮村活动】 完善全覆盖包联名单,建立区领导“5+X”重点任务清单和区直单位党委(党组)书记“七个包”“六个一”任务清单。通过实地走访了解群众对现任村两委班子的评价,向党员群众征求对村(社)组织换届工作的意见建议,指导开展“一肩挑”宣传和换届相关工作。2020年,区领导和区直部门负责人赴联系乡镇(街道)、村调研指导200多次,区直部门党组织到村开展联合主题党日活动80多次。

(杨勇)

【基础阵地建设】 推进村级组织活动场所(党群服务中心)建设提升行动,安排村级组织活动场所建设提升项目32个,所有项目均已开工建设。

【党员干部现代远程教育】 做好莲都区党建工作新闻片、专题片的拍摄制作和报道工作,做到重要会议、重点工作、重大活动的全程记录。拍摄制作《入党》等7部远教课件,其中《入党》获得“2020年全省党员教育电视片观摩交流活动”三等奖。采取“购买第三方服务”“绩效奖励”等形式与公司团队合作,打造自己的“党建新闻”专业团队,2020年,省级党建电视媒体录用莲都区党建电视新闻稿近30条,其中在浙江卫视《时代先锋》栏目播出专题新闻5条。抓实站点“监管学用”,对全区43个远教站点开展更新升级,更新升级设备61套,做好电教与居家养老、文化礼堂等的结合。

【农村第一书记】 根据《关于调整公布2020年莲都区农村工作第一书记(指导员)名单的通知》(莲农〔2020〕23号)文件,加大对莲都区选情复杂后进村的整转帮扶力度,严格落实“七个一”帮扶举措,根据工作实际,对部分2019年选派的第一书记(指导员)或派驻地点进行了调整,调整后确定农村工作组33组,其中每组含村第一书记(农村工作指导员)1人。

(舒怡然)

【党内先进评比】 2021年1月,莲都区委开展莲都区先进基层党组织和优秀共产党员评比活动,表彰抗击新冠肺炎疫情工作中的先进基层党组织20个、优秀共产党员30名。

先进基层党组织20个:莲都区纪委监委机关党委、莲都区卫生健康局党委、莲都区人民检察院机关党委、莲都区财政局机关党总支、莲都区发展和改革局机关第一党支部、莲都区经济商务局第一党支部、莲都区农业农村局机关党委、丽水市公安局莲都区分局紫金派出所党支部、莲都区紫金街道党工委、莲都区白云街道党工委、莲都区万象街道党工委、莲都区联城街道党工委、莲都区碧湖镇党委、莲都区卫生健康服务中心党支部、莲都区卫生监督所党支部、莲都区岩泉街道社区卫生服务中心党支部、莲都区万象街道社区卫生服务中心党支部、莲都区曳岭中心卫生院党支部、丽水市百货大楼有限公司党支部、丽水中航混凝土有限公司党支部。

优秀共产党员30名:麻莹莹(莲都区信访局)、吴丽云(莲都区卫生健康局)、蓝根英(莲都区卫生健康局)、吴丽(莲都区卫生健康局)、陈仁武(莲都区卫生健康服务中心)、万千(莲都区疾病预防控制中心)、郑丽珍(莲都区委政法委)、何长泉(莲都区人民法院）、李建（莲都区发展和改革局）、程誉宇（莲都区市场监督管理局）、吴思诗（莲都区移民工作中心）、王夏昀（莲都区岩泉街道）、李超（莲都区紫金街道社区卫生服务中心）、吴建伟（莲都区紫金街道水东村）、朱小波（莲都区白云街道）、蓝儿（莲都区万象街道府前社区）、诸葛俊芳（莲都区联城街道）、刘渊（莲都区碧湖镇）、叶伟忠（莲都区碧湖镇堰头村卫生室）、夏黎平（莲都区大港头镇）、吕志伟（莲都区大港头菜市场）、陈菁和（莲都区峰源乡）、陈肖兰（莲都区太平乡）、朱泽斌（莲都区雅溪镇）、王君美（莲都区仙渡乡）、王盛（莲都区老竹畲族镇）、梁俊武（莲都区丽新畲族乡）、刘华（莲都区黄村乡）、郑建锋（浙江瑞新药业股份有限公司）、董隆海（瓯宝安防科技股份有限公司）。

【党代表联络】 莲都区有省党代表3人、市党代表32人、区党代表277人、乡镇党代表566人。使用“履职平台再延伸、工作机制再融合、工作形式再创新”的方法，建立多个特色党代表工作室。全区各级党代表通过“党代表接待日”“周末有约”“代表巡河”等载体，在基层一线倾听群众意见、了解困难、解决问题。2020年，共组织236名市、区、乡镇三级党代表开展集中调研视察25次，内容涉及“城中村改造”“五水共治”“大搬快治”“民宿建设”“主题村落建设”“小城镇综合治理”等群众关心的热点难点问题，向党委政府提交意见建议60余条；开展党内民主恳谈会18次，参与党员群众212人次；接待党员群众726名，听取意见建议263条，交办159件；走访群众182人次，听取意见建议144条，交办144件；开展组团惠民60余次，为党员群众解决实际困难133件。

（包慧）

【发展党员和党员管理】 2020年，莲都区共发展党员245名，其中女性党员127名，占发展党员总数的51.84%；少数民族党员17名。25岁及以下29名，占11.84%；26岁至30岁71名，占28.98%；31岁至35岁66名，占26.94%；36岁至40岁34名，占13.88%；41岁至45岁24名，占9.8%；46岁至60岁21名，占8.6%。大专及以上的党员176名，占71.84%；中专、高中、中技的党员14名，占5.7%；初中及以下的党员3名。在岗职工发展党员数为139名，比重为56.73%，其中公有制单位职工96名，非公企业43名。农牧渔民99名，比重40.41%。其他（包括个体劳动者、自由职业人员等）7名。先锋指数考评实现农村基层、机关、企事业单位、社区、两新组织等领域全覆盖，每半年评定一次，年末开展总体评价。2020年，全区21060名党员参与先锋指数考评，评出年度先锋党员1847名、警示党员56名。

【基层服务型党组织星级管理评定】 在莲都区基层党组织中开展2020年度基层服务型党组织星级评定工作，全区574个党组织参与评级，有227个党组织被评为五星，181个党组织被评为四星，156个党组织被评为三星，8个党组织被评为二星，2个党组织被评为一星及以下。按照中组部制定的整顿后进村党组织标准，确定13个村党组织和1个社区党组织为后进基层党组织，采取“一村（社区）一策”的办法，研究制定整顿方案，提出整改措施，明确目标、时限和责任人，落实区四套班子主要领导及区委常委班子成员挂点联系，按时完成整顿工作。

【党内统计】 2020年，莲都区共有基层党组织1060个，其中党委67个、总支部112个、支部881个。行政村党委6个、总支部96个、支部340个；城镇社区党委30个、支部113个；机关党委16个、总支部8个、支部182个；事业单位党委3个、总支部6个、支部117个；国有企业党委3个、支部11个；两新组织支部100个；其他党组织29个。党员21718人，其中预备党员315名，少数民族党员1173名，妇女党员6697名，农村党员11943名。

（叶毅）

【村干部队伍】 村党组织委员872人，其中女性156人，占17.89%；35周岁及以下182人，占20.87%；大专及以上学历323名，占37.04%；有创办企业经历的96人，占11.01%；有外出务工经商经历的299人，占34.29%；农业大户、专业户、专业合作社骨干119人，占13.65%。村党组织书记208人，60岁及以上3人，占1.44%；35岁及以下26人，占12.5%；大专及以上学历122人，占58.65%；初中及以下学历38人，占18.27%；女性19人，占9.13%。

村委会成员797人，其中女性265人，占33.25%；35周岁及以下169人，占21.20%；大专及以上学历273人，占34.25%。村委会主任208人，党员207人，占99.52%；61岁及以上1人，占0.48%；35岁及以下25人，占12.02%；大专及以上学历121人，占58.17%；初中及以下学历39人，占18.75%；女性18人，占8.65%。

【村两委干部基本报酬发放情况】 村两委主职干部基本报酬以上年度莲都区农民年度人均可支配收入的2倍确定，再根据村户籍人口600人以下、600~1500人、1500人以上三个档次，分别乘以1、1.1、1.2三个档次系数确定最终报酬，2020年度发放标准为56440元、62084元、67728元。非主职的村两委干部，发放标准为2000元/年·人。2020年，区财政支出预拨经费2584万元。

【离任村干部补助发放情况】 2020年补助标准分别为2119元、2514元、2910元、3316元和3711元，2020年享受补助的离任村主要干部有743人，财政支出经费177万元。

【村集体经济】 截至2020年年底，全区208个村村均集体经济总收入56.35万元、村均经营性收入22.25万元；208个行政村村集体经济总收入均达10万元且经营性收入5万元以上；年总收入超100万元的村有19个；年经营性收入超50万元的村有14个。

（季扬杰）

【大学生村干部】 2007年开始累计招聘大学生村干部364人（其中7人为选调生村干部），2020年仍在岗2人（均为选调生村干部）。

（王宁）

【"两新"组织党建】 2020年，莲都区委两新工委开展"红色引领"先锋行动、银企"红色互动"活动等专项行动，服务企业复工复产。开展"百日攻坚行动"，推进"三整一全"活动，新建中共莲都区物业服务行业协会委员会、中共丽水市莲都区互联网行业委员会等10余个两新党组织，打造10个两新党建示范点。组织开展"两新党建好故事"活动，宣传展示"两新好故事"10个，弘扬红色正能量。截至2020年年底，全区共有两新党组织101个，其中，企业党组织87个，党员总数551名，含流动党员数161名；社会组织党组织数14个，党员188名，含流动党员数82名；建立工作支部数67个。

（林雄辉）

【在职党员到社区报到】 依托"党建智治"平台，通过"线上报到线上开单、线下集结线下服务"的"云端"模式，开展微活动、微心愿、微协商。6月初平台正式上线运行以来，已有3000余名机关在职党员干部通过平台向居住地社区或派驻企业报到，开展"两城"创建帮扶、加装电梯调解等活动近300场次，认领微心愿近2000个。

【区直机关基层党组织换届选举】 2019年下半年启动的区直单位基层党组织换届选举，受疫情防控和事业单位改革等原因影响，有27家单位党组织换届工作延期到2020年完成，其中机关党委建制的15家，党（总）支部建制的12家。

【机关基层党组织设置】 2020年，对机关党的基层组织设置进行调整，撤销区委宣传部机关党总支，区融媒体中心党支部直接隶属于区直机关工委，撤销区易地离休干部党支部。区卫健局对全区卫生健康系统党组织优化设置。明确乡镇卫生院（社区中心服务中心）党支部隶属关系由乡镇（街道）党（工）委调整为区卫健局，联城街道社区卫生服务中心党支部、丽云中心卫生院党支部、曳岭中心卫生院党支部、丽新畲族乡卫生院党支部、太平乡卫生院联合党支部、碧湖镇卫生院联合党支部等6个党支部整建制转隶到区卫健局机关党委归口管理。

【机关党建研究】 围绕如何适应国家治理体系和治理能力现代化进程，如何深化清廉机关建设、模范机关创建，如何加强对党忠诚教育，研究机关党建工作如何高质量服务保障中心大局工作，如何提升机关"含氧量"等"五大十小"课题，组织50余家单位，完成研究课题文章近80篇。评出10篇优秀调研文章，上报市直机关工委参评。《论新时代提升检察机关思想政治工作实效性》《乡村振兴视域下基层党组织政治功能发挥的路径和对策研究》《机关党建责任制考核评价体系的法治化路径探究》3篇调研文章获得市级三等奖。

（杨勇）

【领导班子和干部队伍建设】 学习贯彻中共十九届五中全会精神，贯彻落实《党政领导干部选拔任用工作条例》和省委"五个办法"等干部工作政策法规，围绕"组织工作高质量发展"和"省委巡视"两大重点，严把政治首关、鲜明用人导向、规范选任程序、严格日常监督，推进干部工作"五个体系"建设，建立健全"干部为事业担当、组织为干部担当"的互动机制，打造适应"重要窗口"建设的高素质专业化干部队伍。2020年，区委常委会共讨论研究干部任免8批291人次，提拔任用和进一步使用111人次（正科15人，副科67人，进一步使用29人次，其中优秀年轻干部36人次），轮岗交流123人次，免职32人次，其他25人次。把好政治首关，建立561名区管领导干部政治素质档案，实行新提任和进一步使用干部任前政治素质考试，2020年新提任和进一步使用108名干部均通过考试。落实一线走访、部机关全员联系等制度，制定实施《在新冠肺炎疫情防控一线考察识别干部实施方案》，考准考实领导班子和干部在关键时刻的表现情况。2020年，共提任或进一步使用34名在区委中心工作中表现优秀的干部，其中"两战"表现出色的干部17名。2020年，因身体健康、家庭、违纪等原因，共有26名不适宜担任现职领导干部被调整岗位。实施《大力发现培养选拔优秀年轻干部的实施意见》，建立优秀年轻干部数据库，办好中青年干部培训班、年轻干部培训班，83人次参与脱产培训，全年共抽调60多名年轻干部到疫情防控、复工复产、城中村改造、信访维稳等区委区政府中心工作压苗锻炼，优化年轻干部成长。6月初，推出"1+9"岗位面向"90后"年轻干部进行竞争性选拔团区委副书记、乡镇（街道）团（工）委书记，通过组织推荐、书面鉴定、统一笔试面试、组织考察等程序，最终选出10名优秀年轻干部，通过提任、挂职等方式予以重点培养，打破莲都区没有"90后"科级领导干部的局面。35岁左右及以下年轻干部比例由2019年年底12.59%提升到13.90%，14个乡镇街道均配备"85后"年轻干部，其中2个乡镇配备"90后"年轻干部，35岁左右及以下乡镇党政正职占18.52%，其中党（工）委书记占50%。常态化开展综合管理类公务员职务与职级并行制度，加大一线单位和干部的职级晋升、考核奖励倾斜力度。2020年共有67名区管领导干部（含退出领导干部）职级晋升和9名干部晋升四级调研员及以上职级。关注社区党委书记在"疫情防控"和"两城创建"等重点工作中的表现，推出"1+5"个岗位面向社区党委书记开展考核比选乡镇副科级领导、纳入专项事业编制工作。确定1名社区党委书记为乡镇副科级领导干部人选、5名社区党委书记纳入区社区工作指导中心专项事业编制。落实省委巡视及反馈问题整改工作。根据省委巡视选人用人专项检查要求，梳理巡视材料，配合巡视做好服务工作。对标省委巡视选人用人专项检查反馈的5个方面10个问题，研究提出52条整改措施。针对省委组织部反馈的立项督办问题，联合区纪委区监委组成专项核查组，赴深圳、重庆、云和等地进行核查，根据核查情况对立项督办事项进行整改落实。制定出台《莲都区进一步规范临时性机构设置及人员抽调意见》等制度规定，完善工作机制，确保整改落实实现治根本、管长远的目标要求。

（卓柳军）

【干部教育】 制定《2020年度干部教育培训主体班次办班计划》

和《2020年度区直单位举办干部专业化素质提升培训班计划》，确定主体班次和部门班次共96个，其中主体班次30个，培训规模达6800余人次，涵盖科级领导干部、中青年干部、基层党组织书记等对象，涉及乡村振兴、招商引资、生态工业和全域旅游产业发展等专题研讨班。在科级领导干部进修班和中青年干部培训班的课程安排上，党的理论教育和党性教育占总课时的71.5%，党性教育课占总课时的30.5%；在形式上增加党性分析、课前“微党课”分享、分时段调研、论文“无领导小组讨论”、辩论赛等教学形式，提升教学质量。组织开展年轻干部培训班，通过1个月理论学习+5个月实践锻炼模式，提升年轻干部综合素质和处理复杂问题的能力。举办23期周末讲堂，参学达2300人次，组织开展经济金融等方面的专项培训，提升区管领导干部和中青年干部服务中心工作的能力和水平。通过现场实地评估及查阅相关申报材料等方式，对古堰画乡、南乡革命纪念馆、百年鱼跃等16个莲都区现场教学基地开展评比工作，结合评比结果，下拨专项经费，把现场教学基地建设好、管理好、使用好。落实区管领导干部在线学习要求，采取“月提醒”“季通报”等办法，做好区管领导干部网上学习督学促学和管理服务工作，全体学员按时完成学习中共十九届四中全会精神线上培训班。

（叶晓青）

【公务员管理】 2020年莲都区共考录公务员24名。面向社会公开考录16名，其中区直部门13名、乡镇机关2名、专职人民武装干部1名；面向全国“双一流”和省内12所重点建设本科院校择优选调应届毕业生8名。开展公务员选调1次，共设置岗位35个，其中三分之二的岗位面向区内公务员选调，并专门设置4个岗位面向在防疫一线表现突出的公务员，最终选调22人。完成2019年度录用试用期满的34名公务员考核和任职定级工作。完成公务员登记46人。完成2019年度非领导职务公务员年度考核1024人。2020年，开展非领导职务公务员职级晋升2次，晋升80人次，其中在防疫和复工复产中表现突出优先晋升33人次。公务员受到党纪、政纪处分8人。完成2020年新录用公务员培训16人，完成公务员培训1515人次。做好公务员日常调动调配工作，全年调配非领导公务员8批次46人。完成市场监管、文化市场、农业等综合行政执法改革转隶手续办理18人。办理公务员退休52人，完成公务员提前退休审批3人。

（汤燕）

【干部人事档案】 做好干部人事档案专项审核“回头看”和全覆盖工作，完成公务员档案专项审核“回头看”1500卷，事业、国企人员档案专项审核3900卷，核定和重新核定档案信息240人，共督促补充档案缺失材料3000份，完成事业、国企中层干部档案专项审核集中验收工作。集中对事业身份新提任副科领导干部档案进行整理和专项审核。推进干部人事档案数字化工作，完成公务员、综合类事业人员档案数字化1500卷。履行干部人事档案管理的各项职责，重视干部人事档案工作的日常管理，做好材料分类、整理、目录打印、装订、查（借）阅工作，严格执行查(借) 阅、收集、转递、保管保密、查阅档案审批等制度，整理归档年度考核、工资、学历、奖惩、挂职等材料9000份，完成70卷档案目录的打印装订工作。审核整理调入和新录用公务员档案50卷，转出干部人事档案30卷，整理退休、死亡干部档案70卷。做好干部档案查借阅工作，全年共接待日常查档和干部任前查档等580人次，960卷次。加强保密安全建设，对各档案保管单位的在编人员档案逐一摸底，联合区建设局、区保密局等单位集中开展档案安全保密检查，重点对档案保管单位的用房安全、管理安全、保密安全等进行检查，增强各管档单位的档案安全意识。

（王抒）

【干部监督管理】 严格执行干部选拔任用工作四项监督制度，对76个乡镇（街道）、区直部门和2个重点工作指挥部开展“一报告两评议”工作，对离任的4个乡镇党委书记和18个区直部门党组书记开展干部选拔任用工作离任检查，对46名离任的单位主要领导干部开展离任经济事项交接。落实中央、省、市关于严肃干部人事纪律确保机构改革顺利进行的相关要求，实行股级干部预审机制，严把股级干部选拔任用审核关口，切实维护干部人事纪律严肃性，全年审核备案股级干部任免共836人次。加强区直单位组织人事科室主要负责人队伍建设，拓宽选人用人工作视野，对15个区直单位新任组织人事科室主要负责人进行考察审核，1名不适宜担任单位组织人事科室主要负责人的意向人选被组织建议调整任职岗位。依托全区领导干部信息系统，对全区股级干部信息数据进行梳理汇总，建立全区股级干部数据库。落实“凡提四必”，实行领导干部报告个人有关事项制度，运用干部大监督工作机制，加强干部监督信息收集整合、分析研判、成果运用、平台建设，提升监督效能。运用提醒函询诫勉手段，管控领导干部“小微问题”，全年共提醒107人次，函询17人次，诫勉2人次。贯彻区委关于激励干部担当作为、容错纠错等举措，建立不实信访举报澄清保护机制，会同纪检监察机关对6名受到不实信访举报的干部进行澄清正名，推动形成“组织为干部担当，干部为事业担当”良好氛围。完成省委巡视选人用人专项检查相关工作并对反馈问题落实整改，对干部违规兼职进行全面核查，清理干部违规兼职29人次；部署开展全区机关企事业单位工作人员社会关系排查专项行动，建立了全区干部社会关系数据库；对干部因私出国（境）专项整治工作开展“回头看”，共查核整改违规因私出国（境）问题23条，并对发现的问题进行书面通报。结合市委提级巡察、区委巡察，对18个单位开展基层选人用人和干部因私出国（境）管理专项检查。

（蔡君妙）

【人才工作】 引进国家级重点项目入选人才1名，唐艳军博士等11人领衔的项目入选2020年度市“绿谷精英”人才项目。新增正高级职称人才7名、市级首席技师2名、市技术能手2名、绿谷工匠5名、“四个一批”人才4名。先后组团赴武汉、西安和兰州等地开展人才招聘活动，新引进大学生2337人，其中硕士研究生29人。推荐田宝明等4位博士到企业挂职，破解企业人才瓶颈，解决企业技术难题。举办了第二届“才聚莲都”高层次人才与科技项目对接交流会暨“画乡莲都·院士之家”落成仪式，40多位高层次人才及专家参加活动，其中包括4位两院院士、1位国家级重点项目入选人才，有5个项目现场签约。开展“画乡莲都·院士之家”创建工作，已签约进家院士14位。全年在中央媒体发布纸媒2篇，网媒3篇，省级媒体发布纸媒6篇，网媒1篇。成功申报省级高新技术企业研发中心3家、新建省级企业研究院1家、新建市级技能大师工作室1家、新建市级名师工作室6个、成功申报市级产业创新服务综合体1个。在上海、义乌、江北等地创建人才科创飞地3个。指导企业参与修订国家标准3项、省地方标准2项、浙江制造标准1项、市地方标准1项，主导制定浙江制造标准3项、市地方标准4项。

（孙春燕）

宣传工作

【概　况】 2020年，莲都区宣传思想文化战线学习贯彻习近平新时代中国特色社会主义思想和中共十九大精神，按照各级宣传思想工作部署，围绕区委区政府工作中心、服务大局，增强“四个意识”、坚定“四个自信”、做到“两个维护”，自觉承担起举旗帜、聚民心、育新人、兴文化、展形象的使命任务，守正创新、立破并举、担当作为，理论教育持续深入，舆论宣传强势有力，文化事业有声有色，文明建设扎实推进，队伍建设稳步提升，牢牢把握意识形态领导权，推动新时代莲都区宣传思想文化工作谋好新篇，为莲都高质量绿色发展提供强大的思想力量、精神支撑、文化引领。

【理论武装】 抓好区委理论学习中心组学习，组织集中学习24

次,合计学习时间14天。举办“莲都论坛”9场,参与党员干部达4000余人次。成立莲都区“学习强国”学习平台工作领导小组,建立工作落实情况通报制度。开展“七进”宣讲活动,组织区领导带头宣讲,求是、青春、苍松等11支基层宣讲团开展集中宣讲、各乡镇(街道)进村(社区)入户宣讲,实现理论宣讲全覆盖,共开展主题宣讲500余场,受众3万余人次。成立丽水市首个“社科之家”,开设“莲城讲堂·莲都社科讲座”5场,命名岩泉街道丽阳社区文化家园等3个单位为莲都区第四批社会科学普及基地。组织开展“弘扬浙西南革命精神·谱写丽水新时代篇章”乡愁故事征集大赛活动。开展“弘扬浙西南革命精神·谱写莲都新时代篇章”网络微信知识竞赛活动,参与人数达2万多人。开展“不忘初心、牢记使命”主题教育,组织开展2场“不忘初心、牢记使命”浙江省微型党课巡讲活动(莲都站)。开展集中学习、调查研究,完成调研报告,与群众谈心谈话征求意见、梳理两张问题清单、“8+1”专项整治等合计检视问题33个,广泛征求意见建议20余条。在莲都发布微信公众号、电视专栏《莲都新闻》、浙江新闻客户端、中国蓝新闻客户端等平台推出莲都区“不忘初心、牢记使命”主题教育系列访谈——“我的初心我的党”12期。

【红色引领】 开展浙西南革命精神弘扬践行活动,在全区开展学习教育、宣传弘扬、史料丰富、党建提升、“红+绿”融合发展等五大行动,并融入文明城市创建和新时代文明实践中心建设。开展浙西南革命精神大学习大讨论活动,在“莲都宣传”微信公众号开展弘扬践行“浙西南革命精神”主题宣传活动,引导大家读原文、谈感受、悟内涵,推出“大家读”“听书”“浙西南革命故事”等专栏百余期;开展红色资源普查,编撰《莲都革命简史》《红色岱后》《热土新陶》等文献。开展中小学生浙西南革命精神主题教育、中青年干部重温革命斗争年代的艰辛历程、“与莲都同行”青年演说比赛、“光荣啊,中国共青团”青春快闪、红色经典万人诵读等活动;配合开展百将新时代新长征——支持丽水革命老区红色之旅公益行活动,举行百将“星火计划”教育和百将“薪火计划”医疗等公益项目签约仪式,并授予刘英小学红色教育基地称号,推动丽水革命老区经济、教育、卫生等事业发展。

【宣传引导】 在莲都新闻、莲都新闻网、莲都发布等平台开设“‘不忘初心、牢记使命’主题教育”“弘扬践行浙西南革命精神”“我和我的祖国”“扫黑除恶莲都亮剑”“走亲联心三服务”等重大主题宣传专栏16个。创新宣传方式,全媒推出《扫黑除恶小短剧》《垃圾分类小视频》等短视频及首档汉英双语Vlog专栏《小康和外国友人打卡最火网红点》,首档自制谈话类直播节目《艳艳的圆桌派》收获粉丝7.7万人,庆祝新中国成立70周年《莲都快闪:我和我的祖国》点击率破100万人次。通过邀请中央、省级主流媒体来莲取景拍摄“清明·乡愁”主题公益广告、纪录片《长江之恋》、电视剧《麦香》,提升画乡莲都品牌知名度和美誉度,其中,《中国推介》节目《画乡莲都——喧嚣世界里的泊心天堂》,以多语种短视频形式在海内外100多家媒体播出,传播总量达到15亿人次,点赞超过3亿人次。借上海推介周莲都旅游品牌发布暨全域旅游产品推介会推出《Q萌“莲仔”在沪上发出邀请:世界很大先来丽水莲都看看》《莲都区长真够拼,上海推介会化身旅游推介师,还自带神秘推介道具!》等系列报道。策划丽水“巴比松”国际研讨会暨2020古堰画乡小镇艺术节活动宣传,在《人民日报》、光明网、新华网等重点媒体陆续推出《丽水“巴比松”油画“添笔”古堰画乡小镇》《丽水“巴比松”名不虚传 古堰画乡声名远扬》等报道。策划“外媒看莲都 美丽乡村行”采风活动,围绕莲都美丽乡村建设主题,在国家级、省级重点媒体上刊发《“浙”里的美丽乡村有了“莲都样板”》《浙江莲都古村复活破茧成蝶 村民乐享幸福生活》等报道30余篇。组织开展“2020年‘莲都100’越野赛新闻发布会”等4次大型新闻发布会。组织莲都区第六期新闻发言人培训班,提高新闻发言人队伍素质。建成“中央厨房”,上线融媒体平台，坚持“移动优先”，打造以“两微一端一抖”为重点的全媒体宣传平台和新媒体产品，组建了以莲连看App、微莲都抖音号、微莲都官方微博、今日头条、莲都发布等为主体的“7+N”传播模式，用户总量突破25万户，推出全市首个AI主播。2020年融媒改革以来，共打造了24个阅读量破10万＋人次的爆款作品，184个阅读量破万人次的作品，抖音短视频最高阅读量破3100万人次，视频直播最高观看量破42.8万人次。推进网络综合治理，落实网站内容主体责任，通过净网专项行动发现处置各类违法有害信息1021条，累计检查网站102家次。截至2020年，莲都问政直通车平台共收到问政帖文607条，平台点击量达878.4万人次，回复率达100%，有效提升网络问政处置能力。

【文化事业】 新建46个农村文化礼堂，把握文化礼堂建设标准，注重挖掘地方特色，培育村落文化。优化“菜单式”服务内容，常态化开展文化礼堂“星期日活动”2300余场，其中部门送服务500余场，参与人次逾万。开展以“文明”为主题的敬老礼仪系列活动，举办“我最喜爱的习总书记的一句话”微宣讲、故事会、村歌教唱“最美媳妇”“最美婆婆”等各种“孝德达人”评选表彰等活动。做好参评四星级以上文化礼堂的提升指导和申报工作，新增市级评定四星级文化礼堂7个、省级评定五星级文化礼堂2个。新建佳和社区、大洋河社区2个社区文化家园和鱼跃酿造、瓯宝安防2个企业文化俱乐部。通过《浙江省公共文化服务标准（2015—2020年）》第二批全省认定及“十百千”工程验收。推进乡镇文化站建设项目，新建丽新乡、太平乡文化站和丽新畲族乡综合文化站。推进文化惠民工程，开展乡村春晚、元宵活动、“天天乐”等各级文化活动1170场，组织送文化下乡，开展送戏下乡、送书下乡、公益展览、民俗活动、戏曲专场演、大型春节文艺等活动。承办丽水市第十二届乡村艺术节开幕式暨“我要上村晚”启动仪式，举办2020年古堰画乡小镇艺术节、“欢乐莲城”第八届社区文化艺术节等大型文艺活动。出台《莲都区文化产业专项资金管理办法》，围绕文化产业发展重点，推进“文化+”各项工作稳步开展。古堰画乡文化特色小镇“一带一路”交流之旅——走进法国活动入选第十五届中国(深圳)国际文化产业博览交易会浙江馆；组织在水一方、鱼跃酿造等企业代表参展2020年四省边际城市群文化产业博览会;综合文创领域产品参展2020年长三角文博会；组织参加文博会、文交会、创意经济峰会。扶持和培育文化产业项目、文化产业与相关产业融合项目。通过对规上文化企业、浙江省成长型文化企业、丽水市重点文化企业走访，帮助解决文化企业发展问题。建设“莲都文艺家之家”。深化新闻出版（电影）领域“最多跑一次”改革，推动监管工作标准化、规范化、精准化，受理办结各类审批服务事项24件。加强“扫黄打非”工作，统筹网上清理与网下打击、专项行动与日常监管，大力推进五大专项行动和“剑网”行动，办结“扫黄打非”案件15起。推进“扫黄打非”联络站标准化、规范化建设。做好农村电影公益放映工作，做好农家书屋免费开放工作，提供出版物补充更新及宽带服务，提升农家书屋服务效能。

【精神文明建设】 打造老竹镇南乡革命纪念馆、鱼跃1919文化产业园和碧湖镇利山红色教育体验基地等莲都区新一批爱国主义教育基地。开展莲都区第六届道德模范评选推荐工作和市级道德模范推荐工作，常态开展“莲都身边好人”选树、宣传工作。组织开展2020年文明单位创评和复评工作。结合“我们的节日”主题活动、志愿服务活动、文明城市创建活动，举办社区(村)邻居节活动200余场。全面开展区级实践中心建设，打造新时代文明实践站98家，实践点10家。打造“社区家长学校”“青少年帮扶”“少年警校”等未成年人工作品牌。组织全区27个社区开展以“核心价值观践行、浙西南革命精神弘扬、传统文化教育”等为主题的暑期未成年人进社区活动，未成年人参与5000余人次。举办莲都区第八届未成年人道德文化节和首届未成年人思想道德建设项目大赛。文明校园创建成效突出，区级文明校园创评率达到100%。常态化推进经常化创建文明城市工作，顺利通过浙江省城市文明程度指数测评。部署“美丽小区、美丽楼道、美丽庭院、美丽市场”等重点示范点位创建，点面结合，推进文明城市创建成果巩固提升。发挥莲都“小荷”志愿服务品牌的社会影响力，133支分队21279名小荷志愿服务队伍坚持每月逢九开展“文明劝导”“文明排队”“文明交通”“文明巡查”“我们的节日”“逢九志愿”“周末志愿”“碎片志愿”等志愿服务活动280余场，参与志愿者13万余人次。持续开展“洁在莲都 美在丽水”“洁净家园共行动 文明形象再提升”“七十年初心不忘 新时代使命传承”等系列万人志愿服务活动，全面推进环境秩序整治。

（王燕）

统战工作

【概　况】 全区共有畲族、回族等38个少数民族，人口2.81万人（含南明山街道，其中畲族2.61万人），2020年度少数民族农民可支配收入28743元，同比增长7.64%。2020年，争取安排落实民族发展资金共495万元。区内有佛教、道教、伊斯兰教、天主教、基督教五大宗教，教职人员30人，信教群众约1.5万人，宗教场所55处，民间信仰场所58处。现有民革、民盟、民建、民进、农工党、九三学社6个民主党派区委会，下属23个支部（支社），成员444人。华侨华人5.9万余人，归侨侨眷3万余人，外出创业人员 7.5万人，区工商联（总商会）基层商会8个，异地分会16个，异地商会2个。有港澳同胞200余人。2020年，在市对区考核中，区委统战部获全市第一名，并获全省统战工作先进集体称号。

【凝聚思想共识】 举办2020“万洋之夜”莲都区统战系统学习宣传贯彻中共十九届四中全会精神暨新春文艺晚会和第四届统战系统运动会。组织开展“侨缘侨心—侨爱送清凉”“侨缘侨心—军侨心连心”及“冬日暖阳—情暖夕阳”寒冬送温暖等10多场大型活动，累计参与群众2000余名。会同莲都区农商银行建成实体化运作的“莲都统战之家”，位于解放街526号，建筑面积约460平方米，是一个集展览展示、信息互通、联谊桥梁、商务洽谈、金融服务于一体的统战工作创新载体。2020年，组织开展党外代表人士培训班、民营经济人士培训班、全区宗教界代表人士培训班以及3期同心大讲堂等各类培训活动；连续第五年开展统战团体人士到党政机关挂职锻炼工作，2020年选派了13名统战团体代表。

【服务中心大局】 依托各异地商会换届时机，牵头举办了多场莲都招商引资项目专场推介会，2020年，由统战系统牵线搭桥的招商引资项目14个，总投资约15.86亿元。完成剑阁东西部扶贫社会捐助工作，2020年组织社会各界捐款215.06万元，三年共组织捐款624.19万元。出台莲都区统一战线“同心抗疫情、全力助发展”十条举措，组建4支防疫志愿者队伍，建立起22个国家地区华侨微信抗疫互助群。疫情防控期间，全区统战系统捐款捐物321万元，捐赠口罩62.2万个、防护服1200套；向18个国家寄送6000多份中药颗粒和6万只口罩。2020年，民建区委会获“民建全省抗击新冠肺炎疫情先进集体”称号。区委统战部、区侨联、区新联会获“莲都区抗击新冠肺炎疫情先进集体”称号。10余名统战成员获市、区抗击新冠肺炎疫情先进个人称号。

【巩固和完善新型政党制度】 指导民革区委会、民盟区委会完成换届工作。协助区委召开各民主党派、工商联负责人和无党派代表人士情况通报会、政党协商会议。牵头组织各民主党派开展“以制度建设现代化推进区域治理现代化”等专项民主监督工作。在2020年区“两会”上，统战系统代表委员提交人大议案、建议和政协提案100多件次。2020年，民革区委会获“民革全省祖统工作先进集体”和“民革省委会‘五有民革党员之家’”称号。

【民族团结进步事业】 会同区农业农村局等单位制定出台《莲

都区民族乡村振兴工作协调机制》《莲都区丽新老竹乡村振兴示范带创建方案》《莲都区民族乡村振兴实施方案》，加快丽新—老竹民族区域的产业布局提升。2020年，中央、省、市、区累计投入少数民族扶持资金695万元，助推民族事业发展。安排“浙丽保”特殊群体政府资助资金109万元，惠及少数民族群众2.1万人。将大港头镇河边村石玄头嘴自然村纳入特色畲寨和美丽乡村建设，推动农文旅融合发展。推进丽新乡、大港头镇国家生态价值产品实现机制丽水试点乡镇创建工作，丽新乡人民政府与中国（丽水）两山学院达成战略协议，组建两山转化智库，大港头镇和丽新乡已完成所有村级“GEP”核算。2020年，在浙江省第六次民族团结进步表彰大会上，莲都区丽新畲族乡人民政府获模范集体称号；在丽水市第四次民族团结进步大会上，区委统战部（民宗局）、碧湖镇人民政府、老竹畲族镇人民政府获模范集体称号，5人获模范个人称号。

【宗教领域工作】 落实宗教活动场所疫情防控“两暂停”措施，对全区54处宗教活动场所和民间信仰活动场所进行疫情防控部署。成立宗教活动场所疫情防控专班，制定印发《莲都区宗教活动场所有序恢复开放疫情防控工作指南》，开展开放前的指导、检查、审核工作，莲都区宗教活动总体有序平稳。开展宗教工作法治化建设，发挥宗教工作三级网络和两级责任制作用，落实宗教工作五大专项行动。

【非公领域统战】 发挥统战优势，助力企业复工复产，深化“三服务”活动，开展“一对多”服务，选派干部担任驻企服务员，宣传解读形势政策、监督落实防疫责任。建立民营企业复工复产诉求“直通车”，协助区政府成功举办2次“亲清直通车 政企恳谈会”，面对面做好政策解读，推进问题解决。推进新型政商关系构建，新成立区总商会黑龙江分会，出台莲都区总商会《财务管理制度》和《深化改革实施方案》，规范商会申报、组建、管理、党建、评估等各项工作。指导区新生代企业家联合会完成换届，指导北京、广东、义乌等异地分会完成换届工作。

【海外联络联谊工作】 完成区侨联、区留联会和区侨界名媛会的换届工作，在全市率先成立楼宇侨联，在莲都农商银行成立全区首个企业侨联，在碧湖镇郎奇村成立全区首个村级侨联，在万象街道和紫金街道分别成立大水门社区侨联和星湖社区侨联，侨联组织网络得到不断扩大。莲都区侨联“侨胞之家”被评为2018—2020年度全国侨联系统优秀“侨胞之家”。在莲都外国语学校建成全市首个华侨子女“儿童之家”。针对部分华侨因疫情而出行受限的现实情况，采用延长涉侨服务事项办理期限、实行容缺办理等方式开展远程视频服务，确保侨胞在疫情防控期间能正常享受相关政策，累计容缺办理大使馆公证业务91件，完成华侨身份认定事项216件，“三侨生”认定257件。

【新时代乡贤】 在全市率先完成208个村村级乡贤联会全覆盖，实现区、乡、村三级乡贤组织覆盖率皆达100%。引导乡贤组织发挥作用，2020年开展乡贤公益活动176场，捐赠资金约680万元。与莲都农商银行重新签订战略合作协议，将针对非公经济代表人士等统战成员的融资授信额度提升至50亿元，现已累计向各类统战成员发放贷款29.8亿元。

（钟佳承）

机构编制工作

【概　况】 中共莲都区委机构编制委员会办公室（以下简称区委编办）是区委机构编制委员会的办事机构，为区委工作机关，归口组织部管理。2020年以来，区委编办在区委的正确领导下，全面贯彻中共十九大及十九届历次全会精神，坚持以政治建设为统领，推进深化改革、促进提质增效、创新思维抓实规范管理、凝心聚力做好优化服务，为推进莲都区高质量绿色发展提供体制机制保障。

【机构改革“后半篇”文章】 加强党的领导体制机制建设，坚持党管机构编制原则，加强党政机构职能统筹，发挥区委议事协调机构的作用。优化完善机构职能体系，明晰、协调公共机构节能监管等职责交叉事项，推进依法高效履职。推进群团机关改革，完成工商联、残联、红十字会、计生协会等8家群团机关“准三定”制定。完善权责清单制度建设，做好部门权力清单、责任清单动态调整。完善更新乡镇(街道)权责清单，编制统一的办事指南及流程图，并公布实施，进一步规范行政权力运行。梳理乡镇(街道)“属地管理”事项，建立“属地管理”事项责任清单。推进“最多跑一次”改革。完成莲都区政务服务2.0第一批事项未认领审核工作。

【体制机制改革】 完成森林公安机关管理体制调整工作；推进自然资源行政执法体制改革，结合事业单位改革完成林业领域行政执法体制改革；研究碧湖新区管理体制机制改革；推进社会矛盾纠纷调处化解中心建设，完成机构更名；开展丽水工业园区体制机制调整工作，配合出台《关于完善丽水工业园区体制机制的实施意见》。

【事业单位改革】 完成22家区属局级事业单位“三定”规定、142家股级事业单位机构编制规定印发。实现事业单位整合21家、撤销13家、更名63家、新设8家；办理人员转隶、划转203名。改革后，区属事业单位共164家，在2018年年底190家的基数上精减14%。

【事业单位法人登记管理】 全年受理机关、群团统一社会信用代码证书信息变更22家，临时机关赋码1家；审核事业单位法人年度报告 232 家，核准变更登记 200 家，设立登记 25 家，注销登记19 家，证书补换领 67 家，年报公示率100%。

【机构编制管理】 遵守“财政供养人员只减不增”工作要求，坚守行政编制和事业编制“两个总量”不突破，保障重点、民生领域机构编制需求。落实空编使用核准制度，根据单位的编制数、实有人数、领导职数设置等情况，2020年度全年共审核审批编制使用计划206批次，进编登记729人次，出编登记677人次，股级干部职数审核审批 841 人次。

【机构编制监督检查】 组织开展违规问题整改和实名制管理专项督查，完善机构编制政策执行与区内巡查、选人用人检查、审计工作的结合，形成机构编制监督合力。召开全区机构编制实名制管理工作业务培训会，对机构编制实名制系统操作规范进行了系统的培训和讲解。同时，实名制管理建立“月查”和“专项维护”工作机制，提升实名制系统数据质量，提升全区实名制系统数据信息的全面性、规范性、准确性和时效性，运用好区委巡察、选人用人检查，经济责任审计三大平台。

（叶春丽）

信访工作

【概　况】 2020年，莲都区四级走访总量837人次，较近三年平均值下降38%。全区共受理信访件(含信、访、网)4987件(人)次(其中，来访689人次、来信581件次、网上投诉3717件次)，网上信访在信、访、网中占比为74.5%。接到市12345平台转交办来电事项17629件，同比上升70.99%(因疫情期间来电咨询较多)，群众满意率99.47%，平均办理时长2.45天。

【疫情防控】 疫情防控期间，发挥来电、网络等信访渠道的作用，第一时间受理、转督办群众信访事项，加大对信访大数据分析研判力度，及时分析研判涉疫来电件、“两直”补助问题等疫情防控中群众关注的难点、重点问题和意见建议，发挥好政府与百姓之间的沟通“纽带”作用。共办理涉疫情事项4216件，及时回应了群众“口罩难买、物资抢购、出行不便、健康码管理”等问题。

【市区征迁领域突出信访问题专项治理行动】 发挥市区联动机制作用，在全市首次开展征迁领域突出信访问题专项治理行动。莲都区按照无一遗留、一清二楚的标准，全面梳理排查五个城区街道范围内的征迁类信访事项70件，成立由市区相关单位人员组成的化解专班，要求各化解责任单位抓好责任落实，尽快化解城区范围内征迁领域突出信访问题。通过全面调查核实、出具法律意见、落实领导包案等举措，一案一策攻坚市区范围内征迁类信访积案。

【集中治理重复信访事项】 2020年，莲都区共收到各级交办的重复信访件220件，其中国家级交办的重复信访件143件、省级交办的重复信访件37件、市级交办的重复信访件28件，此外，梳理交办区级重复信访事项12件。区信访局对信访件进行梳理，明确事权单位，分批交办。对国家级交办的143件重复信访事项，及时明确30名副处级以上领导包案和责任人，要求各责任单位明确责任人和化解时限，务必按时保质完成化解目标。同时，组织召开专题会议研究部署，建立规范化档案，实行一案一档，结案销号，完成农村建房重复信访事项100%化解。

【信访事项依法终结工作】 首次开展莲都区信访事项依法终结工作，对符合条件的7件信访事项启动依法终结程序，加大了信访法治化建设力度。2020年8月25日，莲都区建立了由人大代表、政协委员、专家学者、律师、仲裁员、人民调解员、企业代表及群众代表等一批81人的第三方专家库，同时下发了《莲都区第三方参与化解信访案件工作机制(试行)》。

【社会矛盾纠纷调解】 打造“8+1”中心服务体系，“8”是指区综治中心、人民来访接待中心、诉讼服务中心、公共法律服务中心、社会治理综合指挥中心、“12309”检察服务中心、行政争议调解中心、“12345”统一政务咨询投诉举报平台等八大子中心成建制入驻，“1”即莲都区创新增设“村级事务阳光票决制”管理中心。建立运行即接即办、教育疏导、会商研判、协调办事等机制，强化日报告周研判制度、重要事项交办督办制度等，共发布矛调中心周报21期，及时研判分析涉稳动态60余条并提出了风险防范建议。建立了市区定期协调、联合接访调处化解、每月通报、同责考核机制，明确各市直部门均为随驻单位，对事权在市直部门、稳控责任在莲都的信访事项，实行同台接访、同步处置化解，提升了涉市、区两级信访问题和矛盾纠纷调处化解的成效。

（麻莹莹）

党校工作

【概　况】 2020年，中共丽水市莲都区委党校内设4个科室，核定编制数19名，现有教职工16人，其中副高职称2人，研究生学历6人。

【教学培训】 2020年共举办主体班16班次19期，培训1300人次，占当年组织调训总人次的82.8%；承接社会培训班次合计17班次21期，培训1119人次；区委常委到党校授课11人次，实现全覆盖。开发创新实践“绿水青山就是金山银山”理念、弘扬践行“浙西南革命精神”“廉成腐败话律约”等莲都特色课程，完善以理论教育和党性教育为主业主课、区情研究与能力提升为特色的课程体系。在2020年的教学安排中，理论教育和党性教育课程占主体班次总课时的75%，党性教育课占总课时的35.9%。重视课程更新，2020年主体班次新增教学专题56个，课程更新率达65.9%，做到紧随时政热点、要点，及时调整课程内容。重视教材与课程的匹配度、培训需求调研和课程满意度的测评。丰富教学方式，研讨式、访谈式、“I—课堂”等新型教学方式课时占总课时的比例达37.2%，创新推出探究式教学。拓展开放办学，与义乌市委党校、宁波大学联合办班4班次，组织3位教师赴四川剑阁送教。做优现场教学，建立党校教学人员与基地人员指导帮助、教学培训、应急顶岗等“三对接”制度，开展基地管理员和讲解员培训班，制订绩效考核办法。

【科研资政】 完善科研组织保障、经费保障、考核评价等运行机制。常务副校长带头去调研、写文章、做课题，撰写的理论文章《努力开创新时代基层党校工作新局面》被中央党校出版社《强化理论武装 坚定信仰信念》收录、《加强时政教育 落实立德树人任务》被中共中央宣传部网站刊发、《文化铸魂 民主铸基

——关于丽水市城市社区协商民主的调研报告》获市政协主席陈瑞商批示。党校教职工2020年共完成省级课题8个，新获批省级课题3个、市区各类课题16个；9篇理论文章在省、市各类理论研讨会、社科成果评比和征文中获奖，其中市理论研讨会全市县级党校共获一等奖3篇，莲都区委党校占了2篇；调研报告获厅级领导批示4人次，处级领导批示11人次，其中正处级领导批示6人次。推进主体班次教师和学员双向联动课题研究，通过开班前征选课题、分时段调研、论文“无领导小组答辩”等方式，推动学员调研报告、毕业论文向决策咨询转化，2020年共刊发校刊《知与行》13期，获区副处以上领导批示6篇。

【创优评估】 2020年，区委党校成立办学质量创优工作迎评工作专班，制定工作总方案和任务清单，详细列明各项指标的责任人和完成时限，形成人人有责、分工协作、全力冲刺的工作局面。每半个月一汇报抓推进，每阶段一汇总抓督查，确保各项任务按时保质落到实处。常务副校长多次向省、市委党校和区委领导汇报工作进展情况，并带队赴长兴、临安、安吉及本市已参评的松阳、缙云党校学习先进经验。建立台账协办机制，通过本校自查、上级党校和兄弟党校模拟检查等方式，查漏补缺、精益求精，确保台账资料完备无误、举证翔实。同时，认真撰写汇报稿、精心制作宣传片和评估手册，工作成果获评估组及区委领导的一致好评。

【校园迁建】 党校迁建项目被列入区“争先创优”重点项目，同时也是地方政府专项债券资金支持项目，该项目于9月30日取得开工许可证。常务副校长亲自挂帅，与分管副校长一起，从选址开始，到土地政策处理、工程设计、预算概算、设备采购等过程靠前指挥、全程跟踪、相互监督，打造“阳光工程、清廉工程”。受疫情的影响，项目进度一度滞后，为了确保在规定的时间节点开工建设，区委党校争取区领导和部门的支持，区委书记徐光文前后3次听取汇报，区领导召开部门协调会、推进会等会议10多次，推动项目建设。配合区发改局，成功争取到7000万元的地方政府专项债券资金用于党校迁建项目。

（徐誉榕）

老干部工作

【概　况】 2020年，莲都区归口区委老干部局服务和管理的离休干部共68人，其中，行政机关39人，事业单位16人，企业13人；80岁至90岁15人，90岁以上53人。抗日战争后期参加革命的2人，解放战争时期参加革命66人；享受副地（厅、司、局）级待遇1人，享受副县（处）级待遇29人，享受正、副乡（科）级待遇38人，其中生活不能自理的10人，本年度去世5人。此外，易地安置在莲都的离休干部共9人。

【思想政治建设】 2020年，共召开局务会议13次，其中涉及“三重一大”事项9次。开展多种形式的学习。制订机关党员干部理论学习计划。组织党员干部学习村社换届十严禁、十不准等要求，要求全体党员回到户籍所在地参与村社换届选举。抽调2名党员到高铁站、高速路口等一线卡点参与疫情防控值岗。落实好“三会一课”和“主题党日”教育活动。开展主题党日活动12期，召开党员大会2次，党课教育8次，组织生活会1次，学习交流会1次。组织全体党员到缙云县雪峰村、松阳县安岱后村等红色革命教育基地开展活动。班子成员到结对帮扶村——老竹镇徐庄村上党课，得到徐庄村党员的认可。转发《关于推进离退休干部党支部规范化建设的指导意见的通知》（浙老干〔2020〕14号）。要求全区各单位党委（党组）要对标要求，灵活设置离退休干部党组织。开展离退休干部党支部规范化建设示范评比活动。共评选出标准化离退休干部党支部5个，其中区政协机关离退休党支部被评为典型离退休干部党支部。组织开展离退休干部党支部书记培训会。对2020年以来离任的离退休党支部书记颁发离任荣誉证书。

【服务老干部】 做好疫情期间

离退休干部的思想引导和服务保障工作。通过电话慰问各位老干部，提醒减少外出，做好自身防护。为全区离休干部、副处以上退休领导干部送防疫用品。开展重要节日的慰问活动。区委老干部局改变慰问形式，将每年固定的集中祝寿会调整为上门慰问的形式。2020年，为每位老干部发放价值3255元的慰问品和1100元慰问金。落实老干部生活待遇。通过调查、排摸，对34位离退休干部及遗属进行了困难补助，全年共发放困难补金70500元。为每位老干部充值了800元的“96345”电子服务券。组织走、看、促活动。在疫情形势缓和后，在考虑安全的前提下，组织离休干部、副处以上退休干部到云和、景宁、龙泉开展为期五天的“走看促”活动。做好老干部善后事宜。2020年，先后有5名离退休干部因病逝世，区委老干部局在进行慰问的同时，与逝世老干部原单位联系，讲解老干部政策，协助处理善后事宜，化解家属的疑虑与纠纷。2020年，办理了徐光文书记对离休干部王毅来信的批示，王毅对办理结果表示满意。

【文化生活阵地】 开展庆祝撤市设区20周年暨“两山”理念15周年活动等工作。在莲都区政府会议大厅组织开展老干部书画展，并到老竹、雅溪、碧湖等乡镇巡回展出。发挥老干部优势，助力疫情防控工作。引导老干部在考虑自身安全、自愿、量力而行的情况下，发挥好政治优势、经验优势、威望优势，组织捐款捐物、作诗作画、发动乡贤等活动，涌现出多个典型事迹。组织“两个阵地”骨干学习教育活动。改造提升了“两个阵地”的部分硬件设施，更新了32张老旧椅子、4张麻将桌、2张乒乓球桌，添置了1个书柜。结合老干部实际需求，增设了供销社家门口老年大学教学点。成立了莲都区老干部艺术表演协会。老干部志愿者协会承办垃圾分类专场文艺会演，获得了区垃圾分类办的高度肯定。2020年，老干部局下属协会中共有1个团队，10位志愿者被省委老干部局评为银耀“助力之星”。

【基层关工委建设】 根据《中共中央关于加强和改进党的群团工作的意见》和省、市关工委改革实施方案，制定《莲都区关工委改革实施方案》。拟订《莲都区关工委机关机构编制方案》，区关工委机关调整为与区委老干部局合署办公，明确了职责和任务。开展“五好”基层关工委建设。组织各乡镇街道开展基层关工委的“五好”创建和提升活动，组织关工委领导到联系乡镇街道进行检查指导。发挥“五老”作用开展特色帮扶。开展集中培训。组织召开了“五老”志愿者学习会，分别就家风建设和养生保健知识等进行了学习。推进“双百活动”。围绕乡村振兴战略，区关工委发动科技组“五老”人员对碧湖蒲塘千亩休闲农业观光园无花果基地、仙渡太山村猕猴桃基地、岱后村高山西红柿基地、莲丰享农庄等联系点进行技术指导。开展法治帮扶。以“法润少年”工作品牌为载体，发动关工委法制组“五老”志愿者，参与未成年人涉嫌刑事犯罪讯问提审85人次，帮扶慰问服刑人员困难子女10人，发放慰问金1万元。开展关心关爱青少年工作。规范助学工作机制。2020年，共资助贫困大学新生114名，发放助学金52.9万元。资助贫困中小学生26名，发放助学金5.2万元。联合政法各部门，将法治进校园工作由线下转移到线上。全年累计开展预防犯罪、禁毒宣传、女童保护等各类讲座48场次，受教育学生达8万余人次。以万象国学书院为阵地，开展公民道德教育。通过招收未成年人国学班、家长班和成人国学班，进行公益教学。全年累计组织微信课23次，举办传统文化、家庭教育、健康教育等公益讲堂12场，受教育达1.1万人次。

（叶建伟）

史志工作

【《中国共产党浙江省丽水市莲都区历史》第二卷（1949—1978）编写】 2020年莲都区档案馆和党史研究中心组建后，积极争取区委领导的支持和市委党史研究室的指导，结合莲都实际选用原从事党史、地方志等工作的老同志重组编写组，重新启动莲都党史二卷的编写工作。按照《党史二卷编写规范》《党史审读制度》要求，对党史二卷进行意见征求和修改完善，组建党史二卷初审稿审读组，邀请党史专家对审读组成员进行专题培训。10月27日，党史二卷送审稿通过初审。初审会后经过整理研究吸纳，修改完善，形成复审稿。

【《莲都年鉴(2020)》编纂出版】《莲都年鉴》是由莲都区委区政府主办，汇集区情地情资料的地方综合年鉴，每年参与《莲都年鉴》编纂的单位有90多个，撰稿人110多人。2020年机构改革后，莲都区档案馆和党史研究中心对年鉴编纂方案进行有针对性的、幅度较大的调整，收录脱贫攻坚等资料，12月《莲都年鉴(2020)》完成出版印刷，全书89万字。

【《括苍史志》出刊】 结合“两山”理念提出15周年暨莲都区撤市设区20周年系列活动，精心策划，组织稿源，突出本土人文特色，完成一期《括苍史志》刊印。《括苍史志》已成为史志研究方面具有一定影响力的文史刊物。

【资政育人】 秉承“党有所需、史有所为、志有所用”的原则，立足“红+绿”融合发展的客观需要，运用史志资源开展资政育人工作。提供史志基础服务，为各乡镇(街道)、部门等单位审阅、把关文字和图片资料，配合区委宣传部、新媒体中心通过莲都宣传、莲都发布等平台审核发送党史相关主题宣传文章。为有关单位提供史料查询服务工作，配合区民政局为“三老”人员的身份认定提供资料佐证，协助莲都区仙渡乡政府完成北乡革命纪念馆布展工作，为展览主题和执行出谋划策，提供红色资料。组织参加第四批“浙江省党史教育基地”评选工作，推荐上报参评省级党史教育基地2处。协助浙江丽阳律师事务所完成25处莲都区革命遗址现状调研，推进《丽水市革命遗址保护条例(草案)》立法的基础性工作。

(周晶琳)

档案工作

【概　况】 2020年，共接待档案查阅利用6944人次，查阅档案10926卷(件)，复印档案资料8752页。为经济活动、城市建设，办理房产权，山林权属界定，编史修志，落实政策以及干部调配、调资，职称评聘，职工退休，解决婚姻家庭纠纷，开展诉讼、公证等活动提供了大量可靠的依据。

【“撤市设区20周年”主题口述档案建档】 围绕“撤市设区20周年”主题开展口述历史档案采集建档工作。完成莲都区撤市设区20周年来各行业代表人物34人的口述档案，内容包括录音、录像、回忆材料、采访记录等。口述档案编研成果《芳华莲都》提交出版社。完成口述档案编研成果《括苍烽火——莲都区“五老人员”口述档案选编》出版发行，该书作为莲都区“两会”资料发给参会代表和委员。

【疫情档案接收指导】 根据《关于转发〈国家档案局关于做好新冠肺炎疫情防控档案工作的意见〉的通知》(中办厅字〔2020〕2号)等文件精神，开展疫情档案接收指导工作，与区档案局(区委办档案执法监督科)对接，明确分工，建立专题数据库，对重要的疫情防控档案实行异质备份管理，做好疫情防控档案接收进馆和指导服务，留存抗疫历史。

【档案资源建设】 2020年，组织专业力量对莲都境内较为珍贵的碑刻石刻，如记事碑、名人墓碑等进行保护性采集工作。完成《浩气长存》抗战将士纪念碑、《薛希琏奉天诰命篆额残碑》等25幅拓片的采集整理工作。截至2020年，馆内现存摩崖石刻、碑刻拓本共260幅。征集到袁隆平院士亲笔题字“水稻分子育种中心·丽水示范基地”等珍贵档案，丰富了莲都区档案馆的馆藏资源。

【档案数字化建设】 2020年，推进“最多跑一次”事项电子化归档，根据机构改革情况，对新成立的机构建立“最多跑一次”电子化归档平台，实现在线归档。对机构调整、名称变更的单位进行重新配置，规范系统归档方案。与区档案局(区委办档案执法监督科)联合开展档案业务知识和“最多跑一次”电子化归档平台应用培训，提高档案业务人员的综合业务素质。加强“最多跑一次”电子档案进馆前指导，提高档案归档质量，为满足长期利用的价值提供保障。

【档案馆改造提升】 推进档案馆提质升级，优化档案工作环境。完成库房机房消防系统、空调系统升级改造工程，改善馆藏档案的保管条件。组织人员力量对馆藏33万卷(件)档案进行打包、移出。库房改造工程完成后，将搬出档案进行整理、上架，确保所有档案搬回库房，纸质档案调阅工作正常进行。

【档案宣传工作】 开展集中宣传活动，走出档案馆，举办“6·9”国际档案日纪念宣传活动和莲都红色故事、红色遗址、红色问答等红色经典图文展，发放红色档案征集倡议书，发放宣传资料、档案文化宣传品和档案图册750余份。结合“三服务”工作，参与莲都区农民丰收节，组织“兰台志愿者”深入农村基层和档案中介企业提供各类档案咨询服务，普及档案知识和档案法律法规。

（周晶琳）

丽水市莲都区人民代表大会

综　述

【概　况】 2020年,区人大常委会在中共丽水市莲都区委的坚强领导和省、市人大常委会的有力指导下,高举习近平新时代中国特色社会主义思想伟大旗帜,深入学习习近平法治思想和习近平总书记考察浙江重要讲话精神,坚持党的领导、人民当家作主、依法治国的有机统一,认真履行职责,务实担当有为,为统筹全区新冠肺炎疫情防控和经济社会发展,高水平全面建成小康社会作出了积极贡献。

【区人大代表选举】 区十六届人大四次会议以来,有7名区人大代表因工作岗位变动或个人原因辞去代表职务,3名代表调离本行政区域其代表资格自行终止。区人大常委会按照《中华人民共和国全国人民代表大会和地方各级人民代表大会选举法》《浙江省县、乡两级人民代表大会代表选举实施细则》的有关规定,制定选举(补选)工作方案,安排相应选区进行选举,共选举产生区十六届人民代表大会代表9名。

【疫情防控】 按照中央、省委、市委、区委“两手硬、两战赢”工作部署,统筹做好疫情防控和经济社会发展,与省市人大联动开展监督,区人大常委会领导带队深入乡镇街道、村社小区、生产单位,一线巡查、现场办公,助推相关单位和人员落实好疫情防控、复工复产、复市复学等工作。区人大常委会专题听取和审议全区新冠肺炎疫情防控和复工复产专项工作报告。与市人大携手开展野生动物保护情况督查以及《中华人民共和国动物防疫法》《浙江省动物防疫条例》贯彻落实情况执法检查。

【基层人大指导】 贯彻省市区委人大工作会议和相关文件精神,坚持区人大常委会领导、专(工)委指导联系乡镇人大,人大工作目标考核评价等制度,加强对乡镇人大的工作指导,推动乡镇人大更好地发挥作用。

【街道民主议政会建设】 落实《浙江省街道人大工作条例》,街道民主议政会建设实现全覆盖,开展民主议政会成员全员培训,各街道民主议政会在票荐民生实事项目、听取环境目标完成情况、监督街道年度预算和国资管

6月18日,莲都区第十六届人大常委会第二十九次会议召开(方豫 提供)

理等方面，发挥了职能作用。

重要会议

【莲都区第十六届人民代表大会第四次会议】 4月27日至30日，莲都区第十六届人民代表大会第四次会议在丽水大剧院举行。出席会议的代表194名，列席人员50名。会议听取和审议了区人民政府区长陈豪所作的《政府工作报告》、区人大常委会主任陈元龙所作的《区人大常委会工作报告》、区人民检察院检察长蔡建彧所作的《区人民检察院工作报告》。会议决定批准以上报告，并作出相应决议。会议听取和审议了《莲都区2019年国民经济和社会发展计划执行情况与2020年国民经济和社会发展计划草案的报告》《莲都区2019年财政预算执行情况及2020年财政预算草案的报告》《关于莲都区2019年环境状况和环境保护目标完成情况报告》。会议批准区国民经济和社会发展计划、财政预算，并通过相应决议。会议依法选举了蔡昱为丽水市莲都区监察委员会主任，卢进为丽水市莲都区第十六届人民代表大会常务委员会副主任，王弘、张莲芬、陈江涛、骆美祥为委员。会议采用无记名投票方式产生了10件民生实事项目交由区政府办理。会议共收到代表10人以上联名提出的议案8件，涉及交通设施、旅游开发、城乡建设、失地保险等领域。根据《中华人民共和国地方各级人民代表大会和地方各级人民政府组织法》《中华人民共和国全国人民代表大会和地方各级人民代表大会代表法》和《莲都区人民代表大会议事规则》的有关规定，经议案审查委员会审议讨论，将这些议案转为代表建议，与大会同时收到的131件建议、批评和意见一并交由有关机关、组织研究办理，并负责答复代表。

【区十六届人大常委会会议】 2020年，区十六届人大常委会共举行7次会议，作出决议决定12个。

1月20日召开区十六届人大常委会第二十六次会议。会议传达学习了十九届中央纪委四次全会主要精神和省十三届人大三次会议精神；审议通过了《莲都区人大常委会关于召开区第十六届人民代表大会第四次会议的决定》《莲都区人大常委会关于设立社会建设工作委员会的决定》；听取了区政府《关于2019年度民生实事项目落实情况的汇报》；书面审查了区政府组成部门局长（主任），法院副院长、检察院副检察长年度述职述法报告；审议通过了主任会议、区政府、区监委提请的相关人事任免议案和个别区人大代表提请辞职事项。会议同意接受宋珍花辞去区监察委员会主任职务的请求，任命蔡昱为区监察委员会副主任、代理主任。

3月31日召开区十六届人大常委会第二十七次会议。会议学习了习近平总书记在决战决胜脱贫攻坚座谈会上的讲话、区委十四届八次全体（扩大）会议精神；补选楼志坚、叶青、蔡培新、郑武积为市四届人民代表大会代表；通过了个别区人大代表辞职事项；决定了莲都区2019年度区人大代表优秀建议、代表建议承办工作先进单位；通报了区十六届人大代表补选工作情况；听取和审议了区人大常委会各街道工作委员会工作报告、区政府《关于莲都区新冠肺炎疫情防控和复工复产专项工作报告》。

4月20日召开区十六届人大常委会第二十八次会议。会议审议通过了《关于重新确定丽水市莲都区第十六届人民代表大会第四次会议召开时间和建议议程的决定》；听取和审议了《区人大常委会代表资格审查委员会关于莲都区十六届人大四次会议代表资格的审查报告》、区人大常委会以及三个专门委员会工作报告稿、区政府《关于2020年全区十方面民生实事候选项目情况的报告》《关于2019年莲都区环境状况和环境保护目标完成情况的报告》《关于莲都区2019年国民经济和社会发展计划完成情况及2020年国民经济和社会发展计划草案的报告》《关于莲都区2020年基本建设项目投资计划草案的报告》《关于2019年预算执行情况和2020年预算草案编制情况》；审议通过了区十六届人大四次会议有关事项，听取了会议筹备情况的汇报；听取了区教育局、区农业农村局2020年度部门预算；审议通过了区政府提请的相关人事任免事项。决定免去郭巧燕、敖正东的区人民政府副区长职务，决定任命谢雅贞为区人民政府副区长。

6月18日召开区十六届人大常委会第二十九次会议。会议学习了全国“两会”精神、习近平总书记在中央政治局第二十次集体学习时的讲话——《充分认识颁布实施民法典重大意义　依法更好保障人民合法权益》；听取和审议了区政府《关于全区数字经济发展情况的专项工作报告》《关于区本级土地储备工作的专项工作报告》；通过了《区人大常委会任免国家机关工作人员办法》；书面通报区人大常委会2020年主要工作安排；审议通过了区政府、区监委提请的相关人事任免议案。决定免去张玉洁的区人民政府副区长职务。

8月27—28日召开区十六届人大常委会第三十次会议。会议传达学习了全省各级人大常委会主任学习会精神；听取和审议了区政府《全区农村饮用水达标提标专项工作报告》《关于推进2020年民生实事项目情况汇报》《关于2020年上半年莲都区国民经济和社会发展计划执行情况的报告》《2019年区财政决算草案及2020年上半年预算执行情况的报告》《2019年度区财政预算执行和其他财政收支的审计工作报告》；批准了莲都区2019年度财政决算；开展了区检察院部分员额检察官履职情况评议；审议通过了提请的区政府、区法院相关人事任免案和个别区人大代表辞职事项。同意接受江爱军辞去区第十六届人大常委会副主任职务的请求，决定任命陈勇为区人民政府副区长。

10月28日召开区十六届人大常委会第三十一次会议。会议传达学习了习近平总书记在深圳特区建立40周年庆祝大会上的重要讲话精神；审查通过了区政府《关于2020年预算调整的议案》；审议通过了主任会议、区政府、区监委、区法院、区检察院提请的相关人事任免案和个别区人大代表辞职事项；听取和审议了区政府《关于矛盾纠纷调处“最多跑一地”工作开展情况的汇报》《莲都区公墓和乡村墓地建设管理情况汇报》情况，并开展全区公墓建设和管理情况专题询问。

12月18日召开区十六届人大常委会第三十二次会议。会议传达学习了习近平总书记在中央全面依法治国工作会议上的重要讲话精神；听取和审议了区政府《关于莲都区“十三五”规划纲要执行情况和“十四五”规划纲要编制情况的报告》《关于全区企业国有资产管理情况的专项工作报告》《关于2019年度预算执行和其他财政收支的审计查出问题的整改落实情况报告》《关于区十六届人大四次会议代表建议办理情况的专项工作报告》；书面审议了区政府《关于上一年度国有资产管理综合报告》；听取了部分市人大代表履职情况报告。审议通过了主任会议、区政府、区监委、区法院、区检察院提请的相关人事任免议案和个别区人大代表辞职事项。决定免去斯基根的区人民政府副区长职务，决定任命龚淑娟为区人民政府副区长。

法律监督

【市、区联动执法检查】 与市级人大联动开展《中华人民共和国大气污染防治法》《浙江省大气污染防治条例》贯彻实施情况执法检查，《浙江省华侨权益保护条例》贯彻落实情况专题调研，并对全区《浙江省少数民族权益保障条例》落实情况进行专项检查，推动有关法律法规的实施。

【员额检察官工作评议】 区人大常委会组建区检察官履职评议工作组，抽签确定4名评议对象，通过征求意见、走访了解、个别谈话、查阅案卷、民主测评等方式，了解评议对象履职情况。8月，区人大常委会专门听取评议对象履职情况汇报，并进行评议打分，形成评议报告，敦促检察干部进一步履行好法定职责。

【备案审查规范性文件】 2020年，审查规范性文件19件，接受报备特定案件241件。

工作监督

【听取和审议数字经济发展情况】 6月，区人大常委会组织调研组深入瓯宝安防、乾麟缝制等企业，了解全区数字经济发展取得的成绩、面临瓶颈，听取和审议全区数字经济发展情况专项工作报告，要求政府在“打造数字经济发展政策环境、强化数字经济招商力度、培育壮大农业农村数字经济、提升劳动者和消费者的数字素养”等方面持续发力，推动数字经济早日成为莲都区高质量绿色发展的新动能、新业态。

【听取和审议区本级土地储备情况】 6月，区人大常委会听取和审议区本级土地储备专项工作报告，提出“破解土地供应与发展需求矛盾、完善土地储备工作机制”等意见，助力提升全区土地、资金等要素保障能力。

【听取农村饮用水达标提标工作实施情况】 8月，区人大常委会听取区政府农村饮用水达标提标工作实施情况专项工作报告，专项督查《莲都区农村饮用水达标提标三年行动计划》实施情况，深入太平、老竹、联城等乡镇街道，以实地察看、走访群众、座谈交流等方式开展督查，助推“自来水普及率100%、城乡居民同质饮水”等目标如期完成。

【推进“最多跑一地”改革】 10月，区人大常委会听取全区“最多跑一地”改革专项工作报告，要求政府加快破解莲都区硬件建设滞后、信息共享不畅等问题，推进区乡村三级社会矛盾纠纷化解中心规范化建设。

【开展“公墓建设和管理”专题询问】 10月，区人大常委会开展全区公墓建设和管理情况专题询问，听取区政府《关于贯彻落实〈区人大常委会关于全区公墓及乡村公益性墓地建设管理情况专项工作报告审议意见情况〉汇报》，播放调研组综合视察调研情况后制作的问题视频短片，采用“一问一答”方式专题询问区政府及相关部门、乡镇街道负责人，开展满意度测评并当场通报，推动政府加快补齐“公墓建设规划与社会需求不匹配、区级公墓项目建设滞后”等工作短板。询问后，出台了《关于推进全域综合整治深化殡葬改革的实施意见》，完善了全区殡葬设施建设布点，及时从市级安置公墓调剂墓穴1000座，弥补了公墓需求缺口，重启了底金弄公益性生态公墓工程建设。

【开展国有资产管理情况监督】 8月听取和审议上半年国民经济和社会运行情况专项工作报告、12月听取审计查出问题整改落实情况，开展区财政局、区教育局、区农业农村局等部门预算工作推进情况调研，督促政府部门提高财政资金使用绩效。开展国有资产管理情况监督，12月，区人大常委会审议上年度国有资产管理综合报告和全区企业国有资产管理情况专项工作报告，要求政府深入贯彻中央深化国有企业改革的部署要求，尽快补齐“国有资产管理力量较弱、整体经营效益偏低、现代企业制度建设缓慢”等工作短板。

【听取“十四五”规划纲要编制情况】 12月，区人大常委会听取区政府关于“十三五”规划纲要实施和“十四五”规划纲要编制情况的报告，对“十四五”规划和二〇三五年远景目标纲要草案进行了审查，做好“十四五”规划草案的修订完善；制定“十四五”规划指标；做好规划项目对接。

决定重大事项

【年度预算调整】 8月，区人大常委会听取和审查区政府关于2019年区财政决算草案及2020年上半年预算执行情况的报告，审查批准《区人民政府关于2020年预算调整的议案》，并作出决定。要求区政府对标经济发展目标，精准施策抓好落实；对标财政提质增效，开拓创新抓好落实；对标谋划“十四五”，科学决策抓好落实。

【区、乡两级民生实事项目代表票决工作】 深化民生实事项目代表票决制度，各项目分别监督小组及时掌握项目推进情况。

区人大常委会半年听取项目落实进度、年末听取项目完成情况报告，与区委专项督查相结合，实时跟进、分层指导，推动省市区乡各级民生实事项目落地见效。各乡镇街道通过组织辖区人大代表以调研视察、会商座谈、监督跟进等方式落实项目监督责任，保障乡（镇、街道）级民生实事项目的完成。

人事任免和对任命干部的监督

【人事任免】 坚持党管干部和人大依法选举任免相统一，修订《区人大常委会任免国家机关工作人员办法》，任前法律考试、任职表态发言、颁发任命书、新提请任命的审判员检察员通过人大媒体向社会公示等制度规定得到较好落实。全年共任免国家机关干部34人。

【对任命干部的监督】 把“宪法学习贯彻情况”“贯彻执行区人大常委会决议、决定”“办理区人大代表建议意见”列为述职述法主要内容，书面审查政府组成部门局长（主任）、法院副院长、检察院副检察长年度履职情况，提升了任命干部的宪法法律意识和自觉接受人大监督的意识。执行宪法宣誓制度，全区共有440名国家工作人员进行宪法宣誓。推动对政府部门和任命干部监督制度化、常态化，主任会议听取区科技局、区环境卫生服务中心、区退役军人事务管理局、区发展和改革局、区审计局等部门工作汇报，增强选举任命干部的宪法观念和人大意识。

联系人大代表和人民群众

【代表建议、批评和意见督办工作】 区十六届人大四次会议共收到代表议案建议155件（包含8件议案转为建议办理），其中14件列为重点建议件。执行区人大常委会领导督办和区政府领导领办、工作委员会跟进督办、办理单位和代表开展面商等制度，会同政府将建议办理工作纳入全区“大督查”体系，定期通报建议办理进度，将督办工作贯穿到建议办理全过程。许多代表和群众关心的问题得到解决，全部代表建议均办理完毕。建议所提问题得到解决或基本解决52件，正在解决或已列入计划解决87件，留作参考16件。代表对办理工作满意的147件，基本满意的8件；对办理结果满意的149件，基本满意的5件，不满意的1件。

【人民来信来访工作】 做好信访工作，执行接访、转办和督办等制度，全年受理群众来信来访89件次，其中来信29件，来访55次，省市人大交办5件。区人大常委会领导牵头成功化解信访积案7件。

（纪旭泽）

丽水市莲都区人民政府

综　述

【概　况】2020年，莲都区按照“发展莲都、服务市区”的基本定位，以“加快发展年”为抓手，统筹推进疫情防控和经济社会发展，扎实做好“六稳”工作，全面落实“六保”任务，推动经济低开稳走向上向好。全区地区生产总值增长3.3%；区属固定资产投资增长10.7%；区属一般公共预算收入增长4.3%；城乡居民人均可支配收入分别增长3.9%和7.6%。省、市、区十方面民生实事圆满完成。

【疫情防控】 贯彻落实“外防输入、内防反弹”防控策略，坚持“一线管控、精密智控、群防群控”，抓牢重点地区人员和入境人员“硬核隔离”，筑牢入境物品等重点环节“物防”防线，倾力稳侨助侨暖侨，抓好常态化疫情防控，守护群众的生命健康安全。全区共报告确诊病例1例并治愈出院，无境外输入性病例，无无症状感染者。推进复工复产复课，建立“一车四员四到位”机制，开展精准服务企业“千人进万企”专项行动，保障防疫物资，开辟绿色通道解决“复工难”，组织专车专列解决“返工难”，推动企业复工复产过程变为转型升级过程。制定“一校一策”复课措施，实行分批开学、错时报到、错时上学、弹性放学。全力稳企兴企，开展“争先创优”行动，出台应对疫情支持企业健康发展的十条意见等惠企政策，以“五减”共克时艰，全年为企业减负14.2亿元，精准高效落实“两直”任务。

【农业经济】 推进生态农业，完成茶叶扩面近8300亩，确定“莲城雾峰”为茶叶区域公共品牌。建立全市首个超市产业农合联。生猪增产保供获评省“争先创优”行动“最佳实践”。创成省级渔业健康养殖示范区和省级“平安农机”示范区，老竹镇入选2020年全国农业产业强镇建设名单。全年农林牧渔业增加值同比增长2.8%。

【工业商贸】 启动平台“二次创业”，完善丽水工业园区体制机制。高溪工业小镇完成投资14.7亿元，累计开工建设面积117万平方米、竣工面积超57万平方米、投产企业66家。“安派科生物科技”“梦翔教育”先后在美国纳斯达克上市。新增规上工业企业15家、工业机器人35台，整治“低小散”企业26家。全年区属规上工业增加值13.7亿元，同比增长8.5%。

【旅游经济】 发展生态服务业，启动丽水古堰画乡国家级旅游度假区创建，古堰画乡入选全省首批未来景区创建试点、首批省级职工疗休养基地、长三角最佳文旅融合旅游小镇。推进文旅促消费活动，入围省级文化和旅游消费试点城市，莲都森林康养乡村旅游线路被列为全国休闲农业和乡村旅游精品线路，“大港头—堰头—河边线”获评省美丽乡村夜经济精品线。加快培育商贸业新动能，白云街道入选省首批商贸特色镇，城西村、大港头村被评为2020年省电子商务示范村，瓯宝安防、绿盒电子商务被评为省新零售示范企业。全年服务业增加值266.45亿元，同比增长5.2%。

【项目建设】 谋划省市县长工程4个、开工1个。全市首个专业装修垃圾处理项目——务岭根垃圾填埋场(三期)投入使用,全市最大的农业项目——华统畜禽产业链智能化项目里塘区块正式投产,总投资50亿元的杏福康旅小镇项目如期开工。6个项目被列入省"六个千亿"投资计划。

【招商引资】 落实"区领导带头、全员招商"和"政府主导、政企联动"招商机制,设立丽水长三角招商中心莲都招商部,引进康纳自闭症干预等一批装备制造、文化创意和科技创新项目。全年新引进项目38个,其中大项目14个,实际利用内资40.9亿元。

【要素保障】 全年金融机构本外币存贷款余额总量和增速均为全市第一;制造业贷款余额同比增长26.0%。莲都区为复工复产注入"金融活水"的做法,被央视《朝闻天下》栏目报道。成功发行5亿元旅游产业专项债券,实现莲都区企业债券发行破零。争取到地方政府债券资金10.1亿元、"两直"资金3.7亿元、省2020—2022年区域协调财政专项激励资金4.5亿元等。消化批而未供土地192.3亩,盘活存量建设用地280亩,出让土地1134.2亩。碧湖全域土地综合整治和生态修复工程入选自然资源部试点名单。

【生态环境】 推进美丽莲都建设,开展国土空间规划编制,做好生态环保督察整改和"回头看",推进涉林垦造耕地问题清查整改。国控"水十条"考核断面、交接断面、市控以上地表水断面和县级以上集中式饮用水水源地水质均100%达标。全国首个松材线虫病智控管理平台"云森防"投入使用。市区空气环境综合指数为2.75,在全国168个重点城市中排名第七;市区PM2.5平均浓度为21微克/立方米,排名全省第二。成功入选省大花园示范县创建单位名单。

【城乡建设】 以全国第八名的成绩实现全国文明城市"两连冠",高分通过国家卫生城市复审省级技术评估。市区城中村改造(重点项目征收)拆除房屋11万平方米、征收土地295.13公顷。完成社区规模调整,新成立陈道门、东港、通济3个社区。碧湖镇入选省级小城市培育试点名单,大港头镇获评新时代美丽城镇省级样板,沙溪村获评全国文明村镇。建成省美丽宜居示范村2个,完成中国传统村落保护利用项目9个,入选国家森林乡村7个。创成省"基本无违建区"。

【基础设施】 完成市区老旧小区改造10个、26.45万平方米。衢丽铁路开工建设,北埠至堰后农村道路改造提升工程、洪渡互通至黄村农村道路改造提升工程(仙渡至黄村段)等项目加快推进。获省"农村饮用水达标提标行动成绩突出县"荣誉称号。主城区及重点乡镇、旅游景区实现5G信号全覆盖。

【深化改革】 以"最多跑一次"改革为抓手,推进政府数字化转型和群众企业"一件事"改革,在全市率先启用政务服务2.0综合受理新模式。优化营商环境,深化"证照分离"改革,一般企业投资项目竣工验收前审批实现"最多80天"。完成全区GEP总量核算。建立"云办税·智慧大厅",在全省首次使用电子签章,实现涉税事项办理"不见面""跑零次"。

【科技创新】 新增国家高新技术企业14家、省科技型中小企业24家、省级高新技术企业研发中心3家、"绿谷精英"项目11个,创历史新高;新认定省级企业研究院1家、市级产业创新服务综合体1家,均实现零的突破;新增省级"星创天地"1家。上海自贸壹号人才科创飞地进入实质性招商阶段。与浙江清华长三院合作的"帮邦行"项目正式投产运营。出台"莲9条"人才新政,"画乡莲都·院士之家"签约入驻院士17人,"国家水稻分子育种中心丽水示范基地"项目落户碧湖,袁隆平院士为基地题名。

【区域协作】 与黄浦区开展战略协作,深化与义乌市、宁波江北区山海协作,山海协作消薄园首次分红300万元,全省投资额和建筑面积最大的科创飞地——莲都大厦开工建设。

【农民增收】 打好精准脱贫攻坚战，消除农村家庭人均年收入8000元以下现象，低收入农户人均可支配收入12685元，增长14.5%。助力剑阁县实现脱贫“摘帽”。完成村集体经济消薄任务，总收入20万元以上且经营性收入10万元以上的村126个。

【社会保障】 深化“区乡村三级联动办实事”机制，办结民生实事824件。最低生活保障标准提高到每人每月850元，人均低保补差提高87元。全民健康补充医疗保险“浙丽保”参保率超过85%。农村困难家庭C、D级危房共929户全部完成治理改造，实现动态清零。开工建设既有住宅加装电梯81台，为前五年总和的3倍多。城镇新增就业7692人，城镇登记失业率1.82%。全省首创为退役军人购买小额意外保险，创成全国双拥模范城、全国无障碍环境区。

【公共事业】 推进教育招生新政，公办园覆盖率提升5.5%，一、二级园覆盖率提升11.6%，创成省示范学习型城市。启动第二批“流动医院”巡回诊疗工作，覆盖11个乡镇（街道）、144个偏远村，诊疗服务2.7万人次。以全国第四名成绩创成全国健康促进区。新建社区嵌入式小型护理机构3家、居家养老服务中心3个、儿童之家12家。成功举办“第二届丽水‘巴比松’国际研讨会暨2020古堰画乡小镇艺术节”、2020全国乡村春晚集中展示活动启动仪式、“莲都100”越野赛，万象街道入选省文化强镇名单。

【平安建设】 坚持和发展新时代“枫桥经验”，社会矛盾纠纷调处化解中心正式启用，国家、省、市、区四级走访总量较近三年平均值下降38%，化解各级信访积案94件。黄泥墩村“阳光票决制”获评全省法治乡村实践优秀案例，系全市唯一。白云派出所被评为“全国公安机关执法示范单位”。群众安全感满意度综合排名跃居全省第三。

【自身建设】 推进法治政府建设，执行“三重一大”集体研究决策制度，落实重大行政决策事项合法性审查。新发行政诉讼案件同比下降23.59%，败诉率同比下降57.15%。全年共办理人大建议和政协提案303件，满意率99.7%。推动清廉莲都建设，落实中央八项规定及实施细则精神，强化对重点领域、重点单位、重点岗位的全程管控和审计监督。坚持政府带头过“紧日子”，全年压减非刚性、非急需项目支出2.46亿元。狠抓执行力建设，推进政府系统“两强三提高”建设，打造“整体智治、唯实惟先”的现代政府。做好省委巡视、区党政主要领导干部经责审计和自然资源资产（任中）审计反馈问题整改。深化“大督查”工作机制，清单化、闭环式落实147项重点事项，推动改革发展政策落地落实，获省政府办公厅督查激励表扬。

区政府常务会议

【概　况】 2020年召开政府常务会议12次。

【第十六届政府常务会议】 1月21日召开第40次区政府常务会议。会议听取关于碧湖平原全域土地综合整治项目谋划情况汇报；传达学习十九届中纪委四次全会、省纪委十四届五次全会精神及中央、省、市厉行节约有关精神汇报并审议《莲都区关于厉行节约过紧日子的十条规定》；听取关于岁末年初市场保供给情况、安全生产大检查情况汇报并研究整改工作；春节应急值守情况汇报及新型冠状病毒感染肺炎疫情并研究防控工作；学习省十三届人大三次会议、省政协十二届三次会议、市委经济工作会议精神及《党政主要领导干部和国有企事业单位主要领导人员经济责任审计规定》。

2月28日召开第41次区政府常务会议。会议听取关于《政府工作报告（审议稿）》起草情况、2019年莲都区十方面民生实事落实情况、2020年莲都区十方面民生实事候选项目方案的情况及《关于莲都区2019年预算执行情况和2020年预算草案》编制情况的汇报；审议《丽水市莲都区2020年基本建设项目投资计划》《莲都区2019年国民经济和社会发展计划执行情况与2020年国民经济和社会发展计划报告(草案)》《莲都区关于实施浙江省电子商务创新发展试点项目相关管理办法》;听取关于丽水工业园区管委会体制机制调整方案的情况、2019年度消防安全形势分析研判的情况汇报;审议《丽水市莲都区畜禽养殖禁养区划分方案》《莲都区2019年环境状况和环境保护目标完成情况报告》;学习《中华人民共和国传染病防治法》。

3月27日召开第42次区政府常务会议。会议审议《莲都区推进儿童之家建设实施方案》;听取关于莲都区中心粮库项目概算调整情况、对农村小额保险财政补助保费的情况、对安派科公司企业上市奖励资金的情况、莲都区2020年度土地收储和国有建设用地供应计划方案有关情况、丽水工业园区南山园A7地块解除成交确认书的情况、丽水山耕梦工厂二期项目土地回收的建议方案的情况、新冠肺炎疫情防控和复产复工复市情况汇报;学习《浙江省民营企业发展促进条例》。

4月20日召开第43次区政府常务会议。会议听取研究疫情防控和复产复工复课工作情况、莲都区(含市本级)自然保护地调整方案情况、区广电网络传输中心所持浙江华数广电网络股份有限公司股份参与华数传媒重大资产重组情况、2020年经常化创建文明城市工作经费安排计划的情况、2019年金融机构考核结果的情况、莲都区创建全省首批禁毒示范城市的情况汇报;学习《中华人民共和国土地管理法》。

5月27日召开第44次区政府常务会议。会议听取了关于建议废止《丽水市莲都区人口与计划生育优先优惠奖励办法的通知》情况、莲都区生态保护红线评估调整"二上"修改完善方案情况、碧湖魏村地块(一期)安置小区方案情况、2020年莲都区社区成立情况、2019年平安综治工作(包括信访工作)成绩突出贡献集体和个人评选的情况汇报;审议了《莲都区高水平建设美丽城镇实施方案》《莲都区"大搬快聚富民安居"工程实施意见》《关于加快茶产业发展实施方案》《关于加快莲鸭共生农业特色产业发展实施方案》《关于补齐"三农"发展短板确保与全市同步高水平全面建成小康社会的二十条意见》《丽水市莲城宾馆有限责任公司组建方案》《丽水工业园区建设发展有限公司组建方案》《丽水长三角招商中心莲都招商部实施方案》《莲都区2019年十强工业企业和优秀外贸企业评选奖励方案》《2019年度莲都区乡村振兴成绩突出集体和个人建议名单》《莲都区2020年度"大督查"工作方案》《2020年市政府工作报告涉莲工作、区政府工作报告重点工作及区十方面民生实事责任分解》;传达学习全市扶贫开发领导小组会议精神。

7月3日召开第45次区政府常务会议。听取关于义乌飞楼——莲都大厦项目推进情况、灯塔一村等五个城中村改造项目作出房屋征收决定的情况汇报;审议《莲都区委区政府关于推进新时代民政事业高质量发展的实施办法》《丽水莲都区碧湖魏村地块安置小区土地公开出让特别规定》《丽水市莲都区金港小区安置房选房办法》《丽水市区既有住宅加装电梯财政奖补资金发放暂行办法》《丽水市莲都区新建标杆性现代化猪场项目扶持办法》《重庆微恩科技有限公司建设丽水市莲都区数字经济产业基地合作协议》;听取关于区直原参加事业单位养老保险统筹期间个人账户余额处理情况、2019年莲都区行政嘉奖评选情况、原东西岩管委会经常性经费长期挂账情况、浙江不知慢运动服饰有限公司闲置厂房处置有关情况、评选"最美退役军人""最美军属"和"拥军模范"候选人情况、莲都区文明单位评选和复评工作情况、出资参与拍摄电视连续剧《春风又绿江南》的情况汇报;审议《关于加快批零住餐企业发展的若干意见》《关于进一步促进开放经济稳定增长的补充意见》《莲都区人民政府与中国移动通信集团浙江有限公司丽水分公司新基建(5G)战略合作协议》《莲都区人民政府与上海霄鉴生物科技有限公司共建人才科创“飞地”合作框架协议》《2020年莲都区法治政府建设工作要点》《莲都区创建全国法治政府建设示范区实施方案》；学习传达第十三届全国人民代表大会第三次会议、中国人民政治协商会议第十三届全国委员会第三次会议和省委十四届七次全体（扩大）会议精神及《中华人民共和国公职人员政务处分法》。

8月3日召开第46次区政府常务会议。审议《关于学前教育改革发展的实施办法》《关于加强人才队伍建设推动高质量绿色发展的九条意见》《丽水银监分局 丽水市莲都区人民政府战略合作框架协议》《“画乡莲都·院士之家”创建工作实施方案》《莲都区国有企业市场化改革的实施意见》《莲都区国有企业退休人员社会化管理实施方案》；听取关于古堰画乡大花蕙兰基地项目签订补充协议情况、注销东西岩风景区游客中心地块土地证的情况、丽水万洋低碳智造小镇项目补充协议（二）及高溪低丘缓坡区块5号商住地块出让方案有关情况、新冠肺炎疫情防控工作的情况、省委巡视整改方案的情况及2020年上半年莲都区法治政府建设（依法行政）工作情况汇报；专题学习防范和惩治统计造假有关精神并听取关于我区统计工作自查情况的汇报；审议《2020年莲都区政府重大行政决策事项目录》《莲都区行政裁决事项清单》《莲都区行政裁决程序规定》；学习《中华人民共和国社区矫正法》。

8月21日召开第47次区政府常务会议。传达学习全省高水平建设新时代美丽浙江推进大会精神、省委生态环境保护专项督察工作汇报会精神；听取关于区国资公司拟投资入股丽水市莲都民间融资服务中心股份有限公司的有关情况、环保督察整改情况汇报并部署第二轮中央环保督察迎检工作；听取关于莲都区2020年1—8月行政诉讼及败诉有关情况、古堰画乡小镇艺术节筹备情况汇报；审议《莲都区生态产品政府采购试点暂行办法》《莲都区生态产品政府采购资金管理办法》《古堰画乡全国风景油画双年展战略合作意向书》；学习《全国人口普查条例》《浙江省地方金融条例》。

9月27日召开第48次区政府常务会议。听取关于兑付安派科生物医学科技（丽水）有限公司企业上市奖励资金的情况、南明山街道新社区建设情况、中央环保督察问题整改工作情况、莲都区2019年度工业企业亩均效益综合评价结果的情况汇报；审议《丽水市莲都区人民政府 丽水广播电视大学共建“丽水广播电视大学莲都学院”框架协议》《丽水市莲都区2020—2021年度松材线虫病防治方案》《莲都区在养野生动物处置工作方案》《丽水市莲都区文一楼安置房选房办法》《莲都区危险房屋治理改造实施办法（2020年修订）》；听取关于全区食品安全工作专题汇报并审议《莲都区区本级党政领导干部食品安全工作责任清单》；传达全省安全生产电视电话会议精神并部署全区安全生产工作；学习《丽水市文明行为促进条例》。

10月26日召开第49次区政府常务会议。审议《关于加快促进莲都超市产业发展十一条意见》《丽水市莲都区人民政府 人行丽水市中心支行合作协议》以及上海自贸壹号生命科技产业园《房屋租赁合同》《补充协议》；听取关于推进“国家水稻分子育种中心丽水示范基地”建设的情况、丽水工业园区南山园A7地块产业变更的情况、灵康杏福小镇项目有关情况汇报；审议《关于确定2021年度城乡居民基本医疗保险筹资标准的通知》《古堰画乡业态扶持政策》；听取关于创建瓯江风情国家级旅游度假区（九龙湿地生态旅游文化产业园）指挥部干部待遇享受事宜的情况、废止《丽水市莲都区人民政府办公室关于印发莲都区关于促进古堰画乡特色小镇经济发展的实施意见的通知》的情况汇报、民生实事专项督查情况汇报；学习习近平总书记在纪念中国人民志愿军抗美援朝出国作战70周年大会上的重要讲话精神、省委袁家军书记在县（市、区）委书记工作交流会上的讲话精神及《中华人民共和国未成年人保护法》《丽水市城市养犬管理规定》。

11月25日召开第50次区政府常务会议。传达学习重要会议、重要讲话精神；审议《莲都区人民医院2020—2022年财政补助办法》《莲都区乡镇（街道）财政管理办法》《2020年度莲都区金融机构支持地方经济发展考核评价办法》《丽水市莲都区恒汇建材设备有限公司组建方案》；听取关于历史遗留无法收回长期股权投资、其他应收款处置方案的汇报；审议《碧湖镇小城市培育试点三年行动计划方案》《莲都区农村饮用水单村供水工程执行水价》《莲都区砂石资源综合整治工作方案》《莲都区农村集体资金资产资源管理办法》《莲都区农药废弃包装物集中回收处置实施意见》《莲都区公益林（天然林）管护组织建设方案》；听取关于提请给予2019年度莲都区经常化创建文明城市工作、大花园建设工作集体和个人行政奖励的情况、提请给予陈海港、章友标个人三等功的情况、2020年1—10月莲都区法治政府建设（依法行政）工作情况、2020年1—10月“五水共治”工作的情况汇报；学习《浙江省委（党组）意识形态工作责任制问责实施办法（试行）》《中华人民共和国退役军人保障法》。

12月23日召开第51次区政府常务会议。会议听取关于做好被征地农民参加基本养老保险工作的情况汇报、关于2020年莲都区应急管理工作和安全生产大检查方案的情况汇报；审议《2020年莲都区城乡居民养老保险基础养老金调整方案》，研究莲都区2019年高质量绿色发展工作行政奖励评选工作；审议《莲都区机关事业单位编外用工2021年薪酬待遇调整方案》，研究追加莲都区紫金街道水岭根村梅溪岭新村滑坡应急抢险治理工程治理经费有关工作；审议了《莲都区“两山银行”试点实施方案》《莲都区县域社会治理现代化工作实施方案》《莲都区关于推进3岁以下婴幼儿照护服务发展的实施意见》《莲都区旅游团队招徕奖励办法》；听取关于“浙丽保”工作推进情况汇报并审议“浙丽保”资助参保标准等相关事项，研究2019年建筑业专项奖励资金兑现工作；审议《丽水市莲都区花都风情苑及坑口、瓯碧园、文一楼现有房源安置房申购和管理办法》《古堰画乡大花蕙兰基地项目补充协议》；学习《中华人民共和国国旗法》《中华人民共和国国徽法》。

区政府工作会议

【新型冠状病毒肺炎疫情联防联控会商研判会】 1月26日，在省、市新型冠状病毒肺炎疫情联防联控视频连线会议结束之后，莲都区立即召开疫情联防联控会商研判会，组织学习习近平总书记在中央政治局常务委员会会议上重要讲话精神，并对下阶段疫情联防联控工作进行再部署。区委副书记、区长陈豪出席会议并讲话，区领导翁伟标、林峰、郭云强、郭巧燕等参加会议。

【疫情联防联控指挥部会商会】 1月29日，莲都区召开新型冠状病毒感染的肺炎疫情联防联控指挥部会商会，学习贯彻落实市委、区委常委会会议精神，听取莲都区疫情防控工作汇报，研究部署下步工作。区委副书记、区长陈豪主持会议并讲话，区领导林峰、陶旭峰、蔡昱、俞丽威、郭巧燕、蔡毓良、管兴标等参加会议。

【企业（项目）开复工工作专题会】 2月8日，莲都区召开企业（项目）开复工工作专题会，传达学习市委书记胡海峰调研检查防疫责任落实、复工复产准备情况指示精神，听取部门关于复工复产有关情况汇报，研究全区企业（项目）复工复产工作。区委副书记、区长陈豪出席会议并讲话，区领导林峰、俞丽威、郭巧燕、蔡毓良、管兴标等参加会议。

【重点项目开复工专题会】 2月20日，莲都区召开重点项目开复工专题会，专题研究重大项目开工复工事宜。区委副书记、区长陈豪出席会议并讲话，强调要围绕“月底全面复工，三月追赶产能，一季度考核领先”和“续建全面复工，新建狠抓开工”的目标要求，进一步统一思想，狠抓工作落实，做到疫情防控和恢复生产“两手抓、两手都要硬、两战都要赢”。

【开复工企业(项目)、银企对接、驻企服务员座谈会】 2月27日，莲都区召开开复工企业(项目)、银企对接、驻企服务员座谈会，区委副书记、区长陈豪出席会议并讲话，区领导俞丽威等参加会议。会议指出，新冠肺炎疫情的发生，对消费、投资、进出口、企业自身发展和物价指数等方面都带来不同程度的影响，但同时也要看到，经济长期向好的基本面没有改变，数字化、智能化产业发展的新契机不断显现。全区上下要科学把握“经济社会发展不能长时间停摆”这一科学论断，不断强化认识，全力以赴完成全年经济社会发展目标。

【海外侨胞疫情防控会商会议】 2月28日，莲都区召开海外侨胞疫情防控会商会议，区委副书记、区长陈豪出席会议并讲话，区领导胡伟华、翁伟标、林峰、郭巧燕等参加会议。会议指出，当前全国疫情防控形势呈持续稳定并不断向好态势，作为当前疫情防控严防输入的核心工作，全力做好海外华侨返乡和国(境)外人员到莲都疫情防控工作十分紧迫。各级各部门要切实履行职责，把各项防控措施抓实抓细抓落地，筑牢疫情输入“防火墙”。

【国(境)外到莲都人员疫情防控和健康码全面核验部署会】 3月1日，莲都区召开国(境)外到莲都人员疫情防控和健康码全面核验部署会，全面分析研判现阶段疫情防控形势，督查总结防控工作落实情况，并对下一步疫情防控工作进行再部署。区委副书记、区长陈豪出席会议并讲话，区领导翁伟标、林峰、郭巧燕等参加会议。会议指出，各级各部门要切实认清复杂形势，一鼓作气、善始善终，重新绷紧思想的弦，坚决打赢“疫情防控”和“复工复产”两场战役。

【市区城中村改造(重点项目征收)工作专题会议】 3月6日，莲都区召开市区城中村(重点项目征收)工作专题会议，区委副书记、区长陈豪出席会议并讲话。区领导管兴标、虞海雄、陈岳波等参加会议。会议指出，各级各部门要在全面做好疫情防控工作的前提下，提早谋划2020年市区城中村改造(重点项目征收)工作，夯实前期工作基础。

【全区应急管理、安全生产和消防工作会议】 3月13日，莲都区召开全区应急管理、安全生产和消防工作会议，总结2019年全区应急管理、安全生产和消防工作，部署2020年重点任务。区委副书记、区长陈豪在会上强调，要深入学习贯彻习近平总书记对安全生产工作的重要指示精神，按照省、市、区部署要求，时刻以敬畏之心守住安全生产和消防工作底线、红线，努力创造良好稳定的安全生产环境，为推动全区高质量绿色发展保驾护航。

【召开经常化创建全国文明城市和双拥模范城创建工作专题会议】 3月18日，莲都区召开经常化创建全国文明城市和双拥模范城创建工作专题会议，会议总结前一阶段工作，并对下一步经常化创建全国文明城市和双拥模范城创建工作进行部署。区委副书记、区长陈豪出席会议并讲话，区领导陶旭峰、管兴标等参加会议。

【2020年一季度全区经济运行分析会暨2019年26个县考核指标分析会】 3月23日，莲都区召开2020年一季度全区经济运行分析会暨2019年26个县考核指标分析会，会议全面分析我区2019年26个县考核指标完成情况，分析研判2020年一季度经济运行情况，并对下一阶段经济工作进行部署。区委副书记、区长陈豪出席会议并讲话，区领导俞丽威、郭巧燕、管兴标等参加会议。

【莲都区委十四届八次全体(扩大)会议暨区政府全会】 3月24日，莲都区委十四届八次全体(扩大)会议暨区政府全会召开，会议以习近平新时代中国特色社会主义思想为指导，学习贯彻中共十九届四中全会、中央经济工作会议、省委十四届六次全会、省委经济工作会议、市委四届七次全会、市委经济工作会议精神。市委常委、区委书记徐光文代表区委常委会作工作报告，并作总结讲话。区领导陈豪、陈元龙、陈立新、胡伟华等出席会议。

【巡察、审计发现问题整改情况专题会议】 4月7日，莲都区召开巡察、审计发现问题整改情况汇报专题会议，区委副书记、区长陈豪出席会议并讲话。会议强调，要高度重视问题整改，紧盯重点领域，狠抓整改落实，确保问题全面彻底整改到位。

【全区扶贫开发工作领导小组（扩大）会议】 4月21日，莲都区召开全区扶贫开发工作领导小组（扩大）会议，区委副书记、区长陈豪出席会议并讲话。会议强调，2020年是脱贫攻坚的决战决胜之年，全区上下务必在思想上"绷紧弦"、行动上"拉满弓"、责任上"落到点"，以更大决心、更大力度推进脱贫攻坚。区委副书记、政法委书记胡伟华主持会议，区领导蔡毓良等参加会议。

【莲都区疫情防控分析点评会】 4月29日，莲都区召开疫情防控分析点评会。区委副书记、区长陈豪出席会议并讲话，对疫情防控精密智控工作进行部署。区领导郭巧燕参加会议。

【全区消防工作和重大问题隐患整改工作会议】 5月7日，莲都区召开消防工作和重大问题隐患整改工作会议。区委副书记、区长陈豪出席会议并讲话，强调要切实提高政治站位，牢固树立以人民为中心的发展思想，严格落实责任，深入排查安全隐患，切实保障人民群众生命财产安全。

【2019年区重点项目政策处理工作专题会议】 7月2日，莲都区召开2019年区重点项目政策处理工作专题会议，区委副书记、区长陈豪出席会议并讲话，他强调，要认清形势，进一步增强责任感和紧迫感，乘势而上，按照既定目标任务，切实加快重点项目政策处理工作。副区长蔡毓良参加会议。

【"争先创优"行动作战指挥部专题会议】 5月9日，莲都区召开"争先创优"行动作战指挥部专题会议。区委副书记、区长陈豪出席会议并讲话，强调要充分认识"争先创优"的重要性和严峻性，全力以赴冲刺二季度，奋力夺取经济高分报表。区领导俞丽威、管兴标参加会议。

【既有住宅加装电梯工作部署会暨经常化创建文明城市工作和城中村改造（重点项目征收）工作推进会】 5月28日，莲都区召开既有住宅加装电梯工作部署会暨经常化创建文明城市工作和城中村改造（重点项目征收）工作推进会。区委副书记、区长陈豪出席会议并讲话。区领导管兴标参加会议。会议指出，既有住宅加装电梯是党中央、国务院的决策部署，是一项重大民生工程，也是人民群众改善居住条件的迫切愿望，各级各部门要提高政治站位，明确目标任务，认清现实差距，全力完成既有住宅电梯加装目标任务。

【区委农村工作会议暨全区扶贫开发、大搬快聚工作会议】 6月1日，莲都区召开区委农村工作会议暨全区扶贫开发、大搬快聚工作会议。区委副书记、区长陈豪出席会议并讲话，强调要坚持"发展莲都、服务市区"的工作定位、"自我加压、跳起来摘桃子"的工作理念和"担当作为、务实苦干"的工作主基调，坚定信心、迎难而上，化危为机、实干担当，努力开创莲都区"三农"工作新局面。区人大常委会主任陈元龙，区委副书记、政法委书记胡伟华及区领导蔡毓良、虞为粮等参加会议。

【2020年生态产品价值实现机制试点工作专题会议】 6月3日，莲都区召开2020年生态产品价值实现机制试点工作专题会议，区委副书记、区长陈豪出席会议并讲话，强调要提高政治站位，大胆探索创新，以实际成效践行莲都作为。会议强调，要提高政治站位，大力推进生态产品价值实现机制国家试点。试点工作是基于习近平总书记"绿水青山就是金山银山"的发展理念、基于"丽水之赞"、在省市大力支持争取下的重大国家级试点。莲都区作为丽水首善之区，要在试点工作上主动担当、主动

作为，争当试点工作的领头雁。

【经常化创建文明城市工作重点难点问题督办会】 6月16日，莲都区召开经常化创建文明城市工作重点难点问题督办会，对前一阶段督查发现的重点难点问题以及巩固提升工作进行督办，并对下步工作进行部署。区委副书记、区长陈豪出席会议并讲话，区委常委、宣传部部长陶旭峰参加会议。

【深化“最多跑一次”改革和数字政府建设工作专题会议】 7月2日，莲都区召开最多跑一次改革、数字政府建设工作专题会议，区委副书记、区长陈豪出席会议并讲话，强调要大力推进重点目标和重点工作，不断强化工作推进机制，持续深化“最多跑一次”改革和数字政府建设。会议指出，要进一步提高站位，深化认识，坚决贯彻省、市深化“最多跑一次”改革推进政府数字化转型工作决策部署，把“最多跑一次”改革和数字政府建设作为一项头等大事去落实，推动“最多跑一次”改革成为新时代引领改革风气之先的最鲜明特质，确保莲都各项改革走在全市前列。

【融入长三角、接轨大上海工作专题会议】 7月14日，莲都区召开融入长三角、接轨大上海工作专题会议，区委副书记、区长陈豪出席会议并讲话。强调要进一步深化产业、项目、智力、机制等多领域全方位合作，用好“问海借力”金钥匙，助推莲都高质量绿色发展。区领导俞丽威参加会议。会议强调，莲都要抢抓机遇，以与黄浦区结对合作为契机，加快接轨大上海、融入长三角一体化发展，坚决摒弃妄自菲薄与夜郎自大、仅局限于与黄浦区合作、仅局限于招商引资等三大认识误区，进一步深化产业、项目、智力、机制等多领域全方位合作，用好“问海借力”金钥匙，助推莲都高质量绿色发展。

【加快文化旅游产业高质量发展专题政党协商会】 7月30日，莲都区召开加快文化旅游产业高质量发展专题政党协商会，向各民主党派、工商联和无党派人士通报莲都区文化旅游产业发展情况，并听取意见建议。区委副书记、区长陈豪主持会议并讲话。区领导翁伟标、谢雅贞参加会议。会上，各民主党派、工商联、无党派人士代表根据前期调研情况，围绕文旅项目建设、业态招引、产业培育等方面提出许多建设性意见。陈豪对各民主党派、工商联和无党派人士代表的发言进行逐一点评，给予充分肯定，并对各位代表支持区政府工作表示感谢。

【廉政工作会议】 7月30日，莲都区政府召开廉政工作会议，贯彻落实国务院和省、市政府廉政工作会议精神，督查全区政府系统在廉政建设方面存在的问题和不足，部署下步具体工作。区委副书记、区长陈豪出席会议并讲话，区领导蔡昱、蔡毓良、管兴标参加会议。会议指出，政府系统党风廉政建设和反腐败斗争任重道远，必须采取有力措施，持之以恒、常抓不懈。

【莲都区委十四届九次全体（扩大）会议暨区政府全会】 8月13日，莲都区委十四届九次全体（扩大）会议暨区政府全会召开，学习贯彻习近平总书记考察浙江重要讲话精神，学习贯彻省委十四届七次全体（扩大）会议、市委四届八次全体（扩大）会议精神，回顾总结莲都撤市设区20年成就，部署下一步工作，确保实现“全年胜”目标。市委常委、区委书记徐光文代表区委常委会作工作报告，并作总结讲话。区领导陈豪、陈立新、胡伟华等出席会议。

【法治政府建设暨综合行政执法改革推进会】 8月17日，全省法治政府建设暨综合行政执法改革推进会召开，区委副书记、区长陈豪，区委副书记胡伟华在莲都区分会场收听收看会议实况。会议结束后，莲都区立即召开全区法治政府建设暨综合行政执法改革推进会，研究部署贯彻落实工作。会议要求，各单位要坚持“时不我待，只争朝夕”的精神，全面形成党政齐抓、部门主体、乡镇（街道）联动的创建工作格局，努力打造法治政府建设的“莲都实践”“莲都样板”。要坚持问题导向，尽快补齐工作短板，确保考核迎评、示范创建不丢分、少丢分、夺高分。要强化督查考核，确保创建工作落地见效。

【迎接第二轮中央生态环境保护督察进展情况汇报会】 9月2日，莲都区召开迎接第二轮中央生态环境保护督察进展情况汇报会，区委副书记、区长陈豪出席会议并讲话，强调要以最高站位、最大力度、最优服务、最实举措、最严要求做好第二轮中央生态环境保护督察迎检工作。区领导俞丽威主持会议。会议强调，中央生态环境保护督察，既是“工作体检”，更是“政治体检”。特别是丽水作为“绿水青山就是金山银山”理念的重要萌发地和先行实践地以及全国首个生态产品价值实现机制试点市，做好生态环境保护工作具有特殊意义。各级各部门要坚决贯彻落实习近平生态文明思想和党中央、国务院决策部署，切实统一思想，以最高站位做好督察配合工作。

【民营企业家座谈会暨亲清直通车·政企恳谈会】 9月4日，莲都区召开民营企业家座谈会暨亲清直通车·政企恳谈会。区委副书记、区长陈豪出席会议并讲话，强调要深入学习贯彻习近平总书记在企业家座谈会上的重要讲话精神，坚定不移支持民营企业发展，努力在落实“六稳”“六保”任务中实现新作为。会议传达学习了习近平总书记在企业家座谈会上的重要讲话精神。19位来自工业、建筑业、农业和服务业的民营企业家和金融机构代表，就当前经济形势、企业发展情况、环保方面存在的难题、需要政府协调解决的实际困难以及加强企业帮扶等方面提出意见和建议。发言过程中，与会领导和相关部门不时与企业家们交流，并就企业家们提出的问题进行现场答疑和交办。

【第三十六个教师节教育提质座谈会】 9月10日，莲都区召开第三十六个教师节教育提质座谈会，区委副书记、区长陈豪出席会议并讲话，强调要深入贯彻落实全市教育提质行动有关会议精神，全方位、高质量落实教育提质行动，推动教育事业再上新台阶。区政协主席陈立新，区领导陶旭峰、雷勇军、谢雅贞等参加会议。

【经常化创建文明城市暗访发现问题交办会】 9月13日，莲都区召开经常化创建文明城市暗访发现问题交办会，通报经常化创建文明城市工作中存在的问题，并对下步工作进行部署。区委副书记、区长陈豪出席会议并讲话，强调要迅速激发创建的紧迫感和责任感，迅速彻底全面开展整治，不断巩固和提升经常化创建文明城市成效。区领导陶旭峰、管兴标参加会议。

【丽水市创建瓯江风情国家级旅游度假区指挥部指挥长会议】 9月15日，丽水市创建瓯江风情国家级旅游度假区指挥部指挥长会议召开，总结分析前一阶段创建工作，部署下一阶段工作安排。区委副书记、区长陈豪出席会议并讲话，强调要抓紧规划修编，加快项目建设进度，高质量、高效能推动度假区创建。区领导谢雅贞参加会议。

【常态化疫情防控暨秋冬季疫情防控工作部署会】 10月9日，莲都区召开常态化疫情防控暨秋冬季疫情防控工作部署会，学习贯彻习近平总书记在全国抗击新冠肺炎疫情表彰大会上的重要讲话精神，按照国务院联防联控机制关于做好秋冬季疫情防控工作部署要求以及省、市防控工作要求，部署莲都区秋冬季疫情防控工作。区委副书记、区长陈豪出席会议并讲话。区领导谢雅贞参加会议。

【第六次府院联席会议暨区委依法治区委员会执法协调小组第一次会议】 10月10日，莲都区召开第六次府院联席会议暨区委依法治区委员会执法协调小组第一次会议，贯彻落实市委书记胡海峰对丽水市一审行政诉讼败诉问题的重要批示精神，传达学习全市法治政府推进会暨第十四次府院联席会议精神，研究部署法治政府建设补短争先重点任务。区委副书记、区长陈豪出席会议并讲话，区委副书记、政法委书记胡伟华主持会议。区领导林峰参加会议。

【市区重点项目政策处理和农村困难家庭危房改造工作集体约谈会】 10月14日，莲都区召开市、区重点项目政策处理和农村困难家庭危房改造工作集体约谈会，传达市本级重大项目问题剖析会精神，通报两项重点工作推进情况，部署下步工作。区委副书记、区长陈豪出席会议并讲话，强调要充分认清形势，切实摆正思想，进一步增强工作的责任感和紧迫感，全力以赴打好攻坚战。区领导管兴标参加会议。会议指出，市、区重点项目政策处理、农村困难家庭危房改造是区委区政府部署的重点工作，但目前还存在部分领导干部重视不够、责任心不强、攻坚能力不足、依法行政意识不强等问题。各级各部门要充分认清形势，摆正思想，切实增强工作的责任感和紧迫感，做到组织到位、责任到位、措施到位、保障到位，全力以赴打好攻坚战。

【砂石资源经营管理专题会议】 10月19日，莲都区召开砂石资源经营管理专题会议，贯彻市第二轮中央生态环境保护督察问题整改汇报会暨全市生态环境整治工作推进会精神，区委副书记、区长陈豪出席会议并讲话，强调要认识再提高、执法再加力、责任再明晰，确保砂石资源经营管理工作高效有序推进。区领导蔡毓良参加会议。会议指出，采砂制砂问题归根结底是生态环保问题，是加快绿色发展和落实中央环保督察整改的重大举措，各级各部门要思想认识再提高、执法再加力、责任再明晰，确保砂石资源经营管理工作高效有序推进。

【美丽城镇建设现场会】 10月20日，莲都区召开美丽城镇建设现场会，总结回顾前阶段美丽城镇建设工作，分析研判当前面临的问题，研究部署下阶段工作重点。区委副书记、区长陈豪出席会议并讲话，强调要提高站位、突出重点、压实责任，全力攻坚美丽城镇建设各项任务。市建设局副局长季高峰参加会议并点评，副区长管兴标主持会议。

【衢丽铁路莲都段政策处理工作动员】 11月15日，衢丽铁路莲都段政策处理工作动员在莲都区丽新畲族乡召开，对相关工作进行全面动员、具体部署。区委副书记、区长陈豪出席会议并讲话，市铁委办主任罗孝林、浙江衢丽铁路有限公司总经理姜保权等相关负责人及区领导管兴标、陈岳波等参加会议。会议指出，衢丽铁路建设是功在当代、利在千秋的德政工程、民心工程，是加快浙江大通道建设的重大战略部署，是加快全市高质量绿色发展的重要举措，更是带动区域经济腾飞的点睛之笔。各级各部门要坚持目标导向，齐心协力、真抓实干，以最大决心推进衢丽铁路建设工作，以“主人翁”精神，坚决完成莲都段政策处理任务，为工程如期开工、顺利建设打下坚实的基础，为莲都区高质量绿色发展作出新的贡献。

【冲刺四季度经济运行分析会暨争先创优行动工作例会】 11月17日，莲都区召开冲刺四季度经济运行分析会暨争先创优行动工作例会，分析当前经济运行情况，部署冲刺四季度工作。区委副书记、区长陈豪出席会议并讲话，区领导俞丽威、管兴标等参加会议。会议强调，各级各部门要咬定目标，奋力冲刺全年红，以更大的力度、更实的举措，坚决打好“十三五”收官之战，确保圆满完成全年各项目标任务。

【江北—莲都山海协作莲都专场推介会】 11月26日，“画乡莲都、品质江北”山海协作莲都专场推介会在宁波市江北区召开。宁波市江北区委副书记、区长傅贵荣，宁波市对口支援和区域合作局副局长叶文涛，江北区副区长潘卫锋，丽水市莲都区委副书记、区长陈豪，莲都区副区长俞丽威等参加活动。

【区政府党组会暨区长办公会】 12月7日，莲都区政府召开党组会暨区长办公会，传达学习全省深化“千万工程”建设新时代美丽乡村现场会精神，听取涉林耕地垦造整改推进情况汇报，传达全市疫情防控工作及2020年四季度经济指标分析会议精神。区委副书记、区长陈豪主持会议。会议指出，各级各部门要深刻领悟现场会精神，进一步撸起袖子加油干，把新时代美丽乡村建设这件关系到人民群众生产、生活各个方面的民生大事办好、办实。会议强调，要进一步加强创建合力，对标考核细则，做好任务分解和问题自查自纠，全力做好迎检准备。

重大活动

【“深化‘三服务’、助推开门红”活动】 1月6日，区委副书记、区长陈豪深入岩泉街道专题开展“深化‘三服务’、助推开门红”活动。强调要做深、做细、做实“三服务”工作，深入一线察实情，集中精力办实事，直面矛盾解难题，确保新的一年工作开好局、起好步。

【全区安全生产检查工作】 1月14日，区委副书记、区长陈豪带队走访多个点位，对全区安全生产工作进行督导检查。强调要时刻绷紧安全生产的弦，坚决消除一切安全隐患，严防各类事故发生。

【走访慰问2020年春节慰问值班人员】 1月22日，区委副书记、区长陈豪及区领导代表区委、区政府，走访看望慰问春节值班人员，为他们送去节日问候和新春祝福。

【疫情防控工作专题督查】 2月10日上午，区委副书记、区长陈豪带队到大港头镇指导督查疫情防控工作，及时协调解决困难和问题。在大港头镇镇区入口检查点，督查组详细了解检查点的力量安排、人员流动、防控措施等情况。指出要持续做好排查稳控工作，合理调配工作力量，坚决避免出现人员集聚现象，确保不出任何纰漏，同时也要进一步强化宣传，积极普及防疫知识，引导群众外出戴口罩，切实提高自我防护意识。

【统战系统助力“新冠肺炎”疫情防控第二批集中捐赠仪式】 2月14日，莲都区举行统战系统助力“新冠肺炎”疫情防控第二批集中捐赠仪式，区委副书记、区长陈豪出席仪式并讲话，区领导翁伟标参加仪式。仪式上，陈豪代表区委、区政府向全区统战成员的善行义举表示衷心的感谢。

【全区重点项目建设调研】 3月18日，区委副书记、区长陈豪实地走访莲都区多个重点项目建设现场，听汇报、看进度，与企业负责人深入交流，详细了解项目建设情况。在联城街道华统股份畜禽产业链一体化建设项目现场，陈豪认真听取企业负责人对项目建设情况汇报，充分肯定当前项目施工进度，并指出要在全面做好疫情防控的前提下，抢抓“后疫情”机遇，抢时间、补进度，全力以赴推动项目早竣工、早投产、早达效。同时，要严守安全生产底线，落实各项施工安全措施，确保工程安全有序推进。

【招商引资项目考察】 5月11日至12日，莲都区委副书记、区长陈豪率团赴上海开展招商引资活动，考察企业，宣传推介莲都，洽谈项目合作，谋求共赢发展，达成一批项目合作共识。副区长俞丽威一同参加考察。在外高桥保税区的普洛斯上海自贸壹号生命科技产业园，考察团一行详细了解自贸壹号产业园概况，听取自贸壹号系列运营项目介绍，参观园区展示中心、共享实验室、厂房及相关入驻企业。

【签订新基建(5G)战略合作协议】 7月20日，莲都区人民政府与中国移动丽水分公司签订新基建(5G)战略合作协议。区委副书记、区长陈豪出席签约仪式并致辞，区领导管兴标参加仪式。中国移动丽水分公司党委书记、总经理郑武积等出席仪式。

【“帮邦行”项目启动仪式】 7月30日，浙江“帮邦行”项目启动仪式在市区纳爱斯广场举行，区委副书记、区长陈豪出席仪式并致辞。浙江清华长三角研究院杨向东副院长、浙江帮邦行CEO傅顺开等参加仪式。陈豪在致辞中指出，该项目基于“互联网+智慧出行”，将为老百姓提供“城际出行、跨城闪送、门对门接送服务、小件快递”等多样化的用车服务，对进一步完善莲都区运输服务网络、丰富老百姓出行方式，具有十分重要的意义。

【“丽水摄影之乡”委员会客厅揭牌仪式暨首场活动】 9月16日，“丽水摄影之乡”委员会客厅揭牌仪式暨首场活动在莲都区丽水摄影博物馆举行。省政协副主席张泽熙，市政协副主席韦铁民，区委副书记、区长陈豪出席活动，区政协主席陈立新主持，区领导陶旭峰、虞为粮等参加活动。

【江北—莲都山海协作莲都专场推介会】 11月26日，“画乡莲都、品质江北”山海协作莲都专场推介会在宁波市江北区召开。宁波市江北区委副书记、区长傅贵荣、宁波市对口支援和区域合作局副局长叶文涛、江北区副区长潘卫锋以及丽水市莲都区委副书记、区长陈豪、莲都区副区长俞丽威等参加活动。此次推介会是两地进一步发挥各自优势，加强合作交流的有力举措，通过工业、农业、旅游业等多方面参与对接、深入合作，为共享青山绿水、共赢合作发展打下坚实基础。

【伟业控股冷链产业集团到莲都考察】 11月30日，伟业控股冷链产业集团总裁杨宜兵一行到莲都，就丽水智慧冷链全球采购中心项目合作事宜进行考察洽谈。区委副书记、区长陈豪陪同考察并出席座谈会，区领导俞丽威参加。

区府办工作

【统筹协调】 发挥区政府办公室联系领导、服务基层、协调部门的桥梁枢纽作用，抓好各项工作落实，围绕高质量绿色发展，参与区委区政府中心工作，提高行政质量、效率和政府公信力。落实政府系统“两强三提高”建设要求，围绕生态文明建设、“最多跑一次”改革、重大项目建设、乡村振兴、古堰画乡品质化提升、民生实事推进等重点工作开展统筹协调，为领导决策提供第一手资料和一系列对策建议，推动区委区政府目标任务的有效落实。

【办文办会】 加强对办文办会办事全流程管理，提高办文办会办事的效率和质量。2020年，共印发区政府（办公室）文件569件，处理各级来文10200多件。执行会议审批制度，做好区政府常务会议、全区性大会、各类专题会议等会务工作，全年办会210次。完善数字档案室功能建设，加强电子文件归档和电子文件管理，确保档案数据和信息系统安全。区府办档案室被列入2020年度“浙江省数字档案室”名单。

【督查督办】 围绕区委常委会、区政府常务会作出的重要决策部署，坚持抓速度、抓质量、抓效率，对已经落实的查效果、对正在落实的查进度、对没有落实的查原因，确保区委区政府的决策部署高质高效完成。加大省市区民生实事、建议提案办理及领导交办事项的督查力度，2020年办理人大建议169件，政协委员提案152件，省市区民生实事50项，办结率100%。深化“大督查”工作机制，对列入“大督查”的147项工作进行实时监控，月度进度滞后的，及时予以预警。开展省市区政府工作报告重点任务、区政府全会责任分解、农村困难家庭危旧房改造、既有住宅加装电梯、政府债券资金使用等专项督查。全年共下发《督查通报》14期，交办《重要事项交办单》46件，编发《督查专报》4期，督查会风会纪2次。

【政务信息】 2020年共编发《专报信息》《莲都信息》等区本级信息刊物150期，未发生重大紧急信息瞒报、漏报、迟报、错报的事故。加强与上级政府信息部门的联系和沟通，2020年度共上报各类信息839条，获得市级以上录用414条，在全市政务信息考核评比中排名前列。报送的《莲都区以“问题导向”推动生猪产业发展实现增产保供》一文，被《浙江政务信息（专报）》录用，获得彭佳学副省长批示肯定。紧急信息的快速处置能力进一步增强，共编发《莲都区新冠病毒肺炎防控工作日报》72期，向市级上报防控工作信息134条，被市级疫情防控刊物录用信息32条。

【电子政务】 推进依申请政务

服务事项接入政务服务2.0平台工作，实现无差别受理、同标准办理、全过程监控、“好差评”闭环，推动政务服务由网上、掌上可办向好办、易办转变。2020年，政务服务网2.0上线事项612项，办事指南基本信息准确率100%、事项材料准确率达100%，网办率90.41%。组织各区直单位研究部署和推进“互联网+监管”年度工作任务，实施定期工作晾晒，强化协同交流，推动监管事项覆盖率、监管行为及时率、双随机覆盖率、信用双随机覆盖率等重点指标得到有效提升。截至11月，全区掌上执法开通率100%，掌上执法激活率100%，双随机事项覆盖率100%，双随机抽查任务按时完成率100%，掌上执法率99.93%。

【政务公开】 对照省市县乡四级政府信息主动公开基本目录，完成26个试点领域基层政务公开标准目录编制并向社会公开。完善重大建设项目批准和实施领域信息公开操作流程，累计公开区级项目20个。推进政府规范性文件数据库建设，做好行政规范性文件集中统一发布工作，发挥政府权威、规范发布政策信息作用。全年无因政府信息公开引起的行政败诉案件，政府信息依申请公开件及时办理率达100%。遵循省、市规定的法定主动公开目录建设精神，按照法定时限及时发布并实时更新法定主动公开内容。全年区政府门户网站主动公开信息1.5万余条，其中信息公开平台7900余条。

【金融工作】 启动“金融顾问”出征仪式，多次组织“金融顾问”开展金融服务。服务“六稳”“六保”大局成效明显，落实央行再贷款、减息减费，“三减”联动、“双保”等政策，辖内企业获中央专项再贷款7.5亿元。全区金融机构累计减息3.26亿元，完成进度271.5%，减息额度全市第一。区政策性融资担保公司疫情期间减半收取担保费，为企业减免担保费用360.42万元。出台金融支持地方经济发展考核奖励办法，引导金融机构支持地方经济发展。防范化解金融风险，信贷结构不断优化，各银行金融机构“无还本续贷”业务实现全覆盖。2020年，制造业贷款余额92.88亿元，同比增长21.02%，相比年初增加15.17亿元。

【法治保障】 落实重大行政决策程序。2020年召开第六次府院联席会议、法治政府建设第四次点评会等重要会议，部署落实依法行政工作。邀请区人大、区政协领导参加区政府常务会议制度，全年所有区政府常务会议审议议题法制机构负责人、政府法律顾问全程列席，区政府所有重大决策事项在决策前均经过合法性审查。2020年，出具区政府规范性文件合法性审查意见18份，提出意见建议52条，确保规范性文件合法性审查100%覆盖。依法有效化解社会矛盾纠纷，高度重视行政应诉工作，提高行政负责人出庭应诉率，妥善处理行政争议。

【数字城管】 指导各有关单位开展部门间办事事项梳理和流程优化，协同区跑改办开展专项督查，推动实现机关内部“一件事”网上、掌上联办，加快改革进度。截至11月，全区梳理出部门间办事事项总数184项，上线机关内部协同办事平台188项，上线率82%，共受理4400件，办结4093件。组织开展“云签章”申领工作，实现行政机关和乡镇(街道)申领率100%。

【思想政治建设】 组织干部职工学习十九届五中全会、省委十四届八次全会、省纪委十四届五次全会、市纪委四届五次全会等会议精神。执行民主集中制和重大事项请示报告制度，确保政府系统党组织全面从严治党主体责任落实落细落到位。支持配合省委巡视组开展工作，及时回应巡视组、省纪委提出的整改工作要求，专题部署巡察发现问题整改工作。巡视反馈的49个问题中，区府办牵头负责区政府整改的33个问题，已完成整改22个，正在整改11个，及时清退款项1282.93万元，挽回直接经济损失1510万元。办理区政府主要领导关于舆情的批示12件，群众来信批示60件，及时交办相关部门并要求反馈进展情况。

【党风廉政建设】 把党风廉政

建设纳入年度目标任务,制定《中共丽水市莲都区人民政府办公室党组2020年党风廉政建设工作计划》和《2020年党风廉政建设责任分工》,按照“谁主管、谁负责”的原则,实行领导干部“一岗双责”。以正面先进为榜样、以反面典型为警醒,组织学习《莲都区公职人员违纪违法案例警示教育读本》,以科室为单位组织收看遂昌县副县长包炜涉嫌受贿案庭审直播,促使其自觉遵守各项纪律规定,引导干部筑牢拒腐防变的思想防线。

【意识形态工作】 定期研究意识形态工作,全年召开专题研究意识形态分析会议4次,学习习近平总书记关于意识形态工作的重要论述。2020年4月,配合省委巡视意识形态工作责任制专项检查组对区政府办公室意识形态工作责任制落实情况进行巡察,针对检查情况召开党组会议专题研究整改措施,推进整改。制定《丽水市莲都区人民政府办公室2020年度绩效考核实施细则》,把意识形态工作纳入年度重点工作和年度干部综合考核体系。推广用好“学习强国”、干部网络学院等网络学习平台,以党的创新理论武装头脑、指导实践。

【干部队伍建设】 坚持每月2次常态化开展办公室夜学,提升干部理论素养和政策水平。组织党员干部参加党内法规知识网络竞赛活动,区府办机关党支部48人全员参与,参与率100%。举办“思维导图”擂台赛,为各科室深化工作思考、促进工作交流搭建良好的互动平台。全年参加各类经常化创建文明城市活动、社区帮扶、巩固国卫、爱国卫生活动共计350余人次。召开全体党员大会换届选举,将中共丽水市莲都区人民政府办公室机关支部委员会升格为中共丽水市莲都区人民政府办公室机关委员会,机关一支部、机关二支部、机关三支部也在区府办机关党委的指导下完成选举工作。

（任显舟）

机关后勤服务

【概　况】 2020年,接待宾客550批次共计9591人次,其中团体185批;承办各类大小会议1152场次,参加达47728人次。2020年共计出车1.04万余次,行驶里程约91.23万公里。疫情期间,承担区疫情防控指挥部、一线防疫人员及留观点的用餐供应任务。1月25日至4月3日,累计送餐5.6万余份。下属公车服务中心承担中高风险地区和境外入(返)丽人员闭环运至综合服务点的运输任务。2月24日至6月6日累计出车1193余车次。全年共报废处置物资180多件,处置已达年限公车6辆。于4月完成机构改革,正式更名为“莲都区机关事务保障中心”。全年完成小额项目年度招标代理、施工、监理招标、区机关第三食堂项目设计招标、参建单位招标工作,完成区矛调中心、紫金街道卫生间改造、区政府小广场等项目施工;全年完成投资100万元。组织两批次近百人次参与“交通路口文明劝导”志愿服务工作,积极开展“公筷、公勺”宣传活动,发放宣传资料300余份,安排80余人次到梅山社区参与社区文明城市创建复评迎检工作。开展“错时开放停车泊位”督促全区10家单位的155个共享车位于6月30日向全社会开放,被莲都区政府评为“2020年度机关内部‘最多跑一次’改革成绩突出集体”。12月,成功创成无烟党政机关单位。

【完成机构改革各项任务】 2020年4月,莲都区机关事务管理局完成机构改革任务,正式更名为“莲都区机关事务保障中心”。机构改革后,保留了区直属公益一类事业单位的性质,机关规格为正科级,下设6个内设机构,分别为办公室、接待科、基建房产科、综合服务科、安全保卫科、车辆管理科,于12月新设立了机关党委科室。根据2020年4月27日下发的莲编办〔2020〕18号文件,批准下属2家事业单位,分别为莲城事务发展中心、莲都区机关后勤服务中心(挂莲都区机关公务用车服务中心的牌子)。

【疫情期间后勤保障任务】 根据疫情指挥部的要求,组织人员对全城的宾馆、酒店进行排摸、走访，共确定了2000多张床位，20余家酒店作为疫情留观点。承担了区政府大院、区办事中心大院、紫金办事处大院疫情期间的安全保卫、疫情消杀、卫生保洁等后勤保障各项工作。

【后勤服务】 借助“智慧系统”满足多样化的需求。基建维修开放“线上报修”缩短了报修响应时间，提升了维修效率；公车服务中心启用钉钉考勤、驾驶员App等软件应用，借助“浙江公务用车”App开通线上预定公车服务，简化了工作流程；区办事中心大院“智慧食堂”2.0上线，支付方式升级为手机刷脸支付，实现线上订餐、账单查询、自助充值等“掌上”一站式服务。2020年7月完成办公用房智能管理系统升级采购。利用“云计算”实时掌握办公用房使用情况，实现区本级直属机构办公用房联网管理和基本信息维护。

【公务接待】 落实中央八项规定和“六项禁令”，在公务接待中实行菜品“N—2”，确保餐餐光盘。打造优质特色服务，突出地方风貌和区域特点，加强与牵头部门、来宾单位、接待酒店、宾馆的沟通对接。完成中国丰收节、乡村春晚活动、古堰画乡小镇艺术节、“莲都100”越野赛等大型活动的后勤保障工作，完成中国经济体制改革委员会、省环保督察信访组、第三生态环境保护督察组、四川剑阁考察团等大型团组的接待任务。

（吴书娴）

行政审批

【概　况】 2020年，区行政服务中心继续开展“最多跑一次”改革，推进行政审批服务和公共资源交易等重点工作，参与起草了省级团体标准《政务服务礼仪规范》，该规范为全省首个政务服务领域和公共服务领域的礼仪标准服务规范，助力政务服务转型升级；制定发布丽水市地方标准《村（社区）便民服务代办点服务规范》，是浙江省首个村级代办点服务规范，为全省村（社区）代办点标准化建设提供了莲都经验和样板；召开莲都区首次代理机构进场交易工作会议，与23家代理公司签订了莲都区公共资源交易平台使用合同，从内提升企业竞争力，规范交易市场；行政服务大厅共办理各类办件571.81万件，公共资源交易完成交易项目377个，交易总额149075.22万元。

【深化“最多跑一次”改革】 依托政务服务2.0平台，开通政务服务2.0无差别受理窗口端，实现“一窗通办”；新设智能导服、自助办理、统一出件专区，通过线上线下充分融合、办事流程大幅缩减、材料提交共享调用，实现统一、高效、跨部门、跨区域的政务服务办事体验，2020年全区总办件571.81万件，政务服务2.0平台收件比99.46%、网上受理率90.57%、承诺期限压缩比98.95%、即办率94.84%、跑零次率100%，服务效能显著提升；乡镇（街道）便民服务中心同步推进政务服务2.0建设，依托政务2.0平台实现事项跨区域、跨层级的“全域办”；开创“政务+金融”模式，与莲都农村商业银行签订“政银合作”协议，将自助服务终端设备布设至全区14个乡镇（街道），以及东港菜场等人员密集场所，实现就近办，便利办；深化“最多跑一次”改革，推进“放管服”工作，深化“减证便民、优化服务”，推进“无证明城市”创建工作；为助力企业复工复产，全面降低企业开办成本，实施向莲都区新开办企业赠送印章和税控设备（含首年服务费）新政，将企业设立登记、公章刻制、发票申领等环节进行合并优化，推进企业开办全流程“一次填报、一窗受理、一窗出件”，实现企业开办减环节、减时间、零成本，2020年共赠送印章2285套、税控设备627个，为企业节约资金553614元。

【公共资源交易】 使用“丽水市公共资源电子交易系统”和“政采云交易系统”，莲都区所有政府采购项目全流程应用政采云系统，从项目招标公告发布、招标文件获取、投标文件编制到投标、开标、评标、定标、评标报告及监督过程均通过政采云系统完成，全过程无纸化操作，电子留痕、可溯可查，全年应用全流程政采云政府采购项目192个，成交金额33862万元；莲都区

400万元以上且采用公开招标的房建市政类建设工程项目全面应用远程不见面开标系统，项目全过程投标人均可在自己公司完成，节约了企业的投标成本，降低了串标、围标风险，全年远程不见面开标项目35个，成交金额57158万元。

【企业服务】 2020年，莲都区行政服务中心发动全体干部走访服务企业90余家，开展“企业码”和“浙里办”宣传，为企业在证照办理、政策解读实施等方面提供帮助；为莲都区重点投资项目审批提供批前指导、审批代办、联合竣工验收等服务。2020年6月30日后政府投资招标的项目全面推行工程保函缴纳保证金、履约保证金和工程质量保证金，并鼓励其他投资项目大力提高工程保函覆盖率；配合发改委对相关进驻部门开展一般企业投资项目审批“最多80天”改革工作不定时督查，实现投资项目从赋码备案到竣工验收100%在80天内完成审批。。

【公共资源交易监管】 根据《招投标法》开展日常公共资源交易行为监督管理，为采桑未来社区、九龙湿地、太平乡自来水管网改造等项目提供专业意见和建议；配合做好涉及公平竞争审查内容排查；修改完善《国有投资限额以下工程建设项目发包管理办法》，规范项目招标管理；落实规范性文件清理排查修改和合同先审查后签订的程序，清理废止《莲都区1000万元以下施工招标项目纳税加分暂行办法》等2个规范性文件；制定《丽水市莲都区代理机构进场交易行为管理办法（试行）》，建立加减分制度，明确代理机构进场交易的行为规范，对整个进场交易过程实行量化考核；通过设立举报电话、电子邮箱等渠道征集招投标违法违规线索，围绕串标、围标等违法违规行为进行重点排查，抓好扫黑除恶相关工作；完善政务信息公开，对在浙江政务服务网上本部门的办事指南、信息发布进行更新维护，自觉接受群众监督。

（高竞婷）

政协丽水市莲都区委员会

综 述

2020年，区政协召开全体会议1次、常委会会议5次、主席会议13次，其他会议活动35次。举办线上线下“委员讲堂”5次，组织新任政协委员培训和界别召集人培训各1次。发出抗击疫情“心连心、同行动”倡议和“七要七不要”行动指南，动员政协委员、政协干部积极参与防疫斗争，多人获评抗击新冠肺炎疫情工作先进个人。组织“请你来协商”活动17次，推进“协治会”试点工作，形成政协建议8件、协商纪要7件。开展三级政协联动专项集体民主监督3次，其他视察活动5次交办提案148件，确定重点提案16件，民主评议区农业农村局、区文广旅体局、区民政局提案办理工作。反映社情民意信息134期，被上级政协采用77期，获全市政协系统反映社情民意信息工作第一名。组建应用型专家智库和政协理论宣讲团，成立全国首个“摄影之乡”委员会客厅，开创“随手拍、快捷报”委员微工作室。

（赵军浩）

重要会议

【政协丽水市莲都区委员会全体会议】 中国人民政治协商会议第十五届丽水市莲都区委员会第四次全体会议，于2020年4月26日至4月29日在莲都举行。应参加会议政协委员205人，实到197人。区政协党组副书记、副主席虞为粮作工作报告。会议审议通过政协第十五届丽水市莲都区委员会常务委员会工作报告和政协第十五届丽水市莲都区委员会常务委员会关于十五届三次会议以来提案工作情况的报告，补选产生政协第十五届丽水市莲都区委员会主席、秘书长和3名常务委员。委员们还列席区十六届人大四次会议，听取区人民政府工作报告、区人民法院工作报告、区人民检察院工作报告及其他报告。

大会有6位委员代表所在界别上台发言，10篇材料作书面发言，13位委员作即席发言。会议期间，共收到各参加单位、界别组和广大政协委员以提案形式提出的意见建议255件，经审查立案174件，其中集体提案60件，委员个人和联名提案114件，并案67件，不予立案建议14件（含涉市提案9件）。涉及经济建设方面提案20件，占11.49%；政治建设方面提案20件，占11.49%；文化建设方面提案44件，占25.29%；社会建设方面提案41件，占23.56%；生态文明建设方面提案49件，占28.16%。立案提案分别送交57个部门办理，已全部办复。所提意见、建议得到采纳并当年解决的92件，占总数的52.8%；需列入计划解决和跨年度办理的73件，占41.95%；解释说明的9件，占5.1%。委员对提案办理工作的满意率达99.4%、对建议办理结果的满意率为97.7%。《关于推进古堰画乡文创旅游融合发展的建议》等9件提案被评为优秀提案。

【政协丽水市莲都区委员会常务委员会会议】 2020年，召开区政协常委会会议5次。

1月19日，区政协十五届十三次常委会会议召开。会议讨论“一府两院”工作报告（草案）；民主评议区教育局、区农业农村局和区住建局2019年提案办理工作；审议通过区政协关于部分专委会拆分和更名的决定及有关人事事项，学习传达省政协十二届三次会议精神和市委政协工作会议精神；听取了区政协主席会议2019年度工作。

2月21日，区政协十五届十四次常委会会议召开。会议审议通过区政协常委会工作报告（审议稿）、提案和协商工作情况的报告（审议稿）及报告人名单；审议通过关于召开区政协十五届四次会议的决定，以及会议议程（草案）和日程；审议通过授权主席会议审议区政协常委会关于召开十五届四次会议未尽事宜的决定；通过有关人事事项，同意秘书长和部分常委、委员的请辞，增补新政协委员18名，同意谷江南辞去政协主席职务。

4月26日上午，区政协十五届十五次常委会会议暨十五届四次会议第一次常委会（扩大）会议召开。会议审议通过相关人事事项，听取区政协十五届四次会议筹备情况和活动安排，介绍区“两会”疫情防控和医疗保障工作要求，会议还成立了临时党组织。

8月21日，区政协十五届十六次常委会会议召开。会议传达学习市委全会精神和区委全会精神，听取区政府2020年上半年工作情况和下半年工作思路以及区纪委（监委）工作情况，围绕“高水平全面建成小康社会补短板”主题开展了“请你来协商”活动。会议审议通过《区政协关于建设“书香政协、智慧政协、阳光政协”的意见》和有关人事事项；通报区政协应用型智库专家和委员专业服务队人员名单并颁发了聘书。

10月30日，区政协十五届十七次常委会会议召开。会议传达学习中国共产党第十九届中央委员会第五次全体会议精神，审议通过人事事项，围绕“区‘十四五’规划”开展“请你来协商”活动。

（庄静）

重要建议和调研活动

【出台农业特色产业扶持政策和茶叶产业发展实施方案】 2020年3月中下旬，区政协围绕拟出台的农业特色产业扶持政策和茶叶产业发展实施方案，组织专题调研并形成调研报告。

对于完善《区农业特色产业发展实施意见（征求意见稿）》，建议应宏观定位莲都区农业特色产业发展思路和目标，谋划一条主线或总抓手，当前莲都区兴起的皇菊产业、苔藓产业、雾耕农业等小众化产业特色明显，发展势头强劲，应灵活架构发展目标，如“3+X”农业特色产业架构。在政策设计上，适当增加产业人才队伍建设、节庆活动、产业文化等方面的支持，使“硬、软”件支持齐头并进。

对于完善《区茶叶产业发展实施方案（征求意见稿）》，建议应根据莲都区茶产业发展现状、独特优势和所处发展阶段等，从品牌定位、产区定位、产能定位等方面，更为精准地定位茶产业发展。增加品种、品类、品质、品牌等“四品”提升指标，以及产值指标。与中国六大茶类多茶区等国家字号机构合作共建，在丰富品种、提升品质、做深文化、做大宣传等方面加强政策设计。在补助茶叶面积的基础上，重点补助鼓励培育茶叶新品种。通过扶持育苗、补助枝条、订单定苗，加快农民增收和产业发展。按品种出台差异化补助政策，科学鼓励发展新茶园，避免广种薄收。支持老茶园应顺应市场发展，适当补助即可，建议减半或不超过1000元/亩。对老茶园的改造技术要求修改为“品种为鸠坑群体种的老茶园改种为省推广的无性系新品种，改造后园相整齐规范”。对仅“台刈”的，不予补贴。在“新建普通茶叶加工厂房”中增加卫生条件设置要求。增加多种茶类生产线、茶产品深加工生产线等补助政策，丰富茶产品种类，激发市场潜能。对“标准化厂房”增设取得SC认证；设置参观通道；配备连续化加工机械设备等条件。增加设施用地方面相关政策。实施机器换人工程。实施市场建设工程。建设莲都自己的茶叶交易市场，谋划莲都茶叶市场节庆活动。实施主体培育工程。增设茶产业经纪人素质提升专项政策。实施市场拓展工程。实施科技创新工程。增加茶产业链开发、茶文化研究等方面内容。

【新冠疫情后扶持化解普惠性民办幼儿园实际困境】 2020年春季开学，新冠疫情给学前教育造成了很大影响。特别是普惠性民办幼儿园可能出现的亏损、破产、停办，将给社会带来极大不稳定因素。民建区委会开展调研发现存在疫情导致保教费不能正常收取，办园将入不敷出；普惠性民办幼儿园倒闭，可能导致幼儿失学等问题。

为此建议：政策扶持，给予民办幼儿园房租补贴；非营利性幼儿园（民办非企业）阶段性免征社保费用；提前足额发放普惠园生均补助；给予疫情期间民办园人员工资补贴。资金扶持，针对普惠性民办幼儿园面临的暂时性资金困难，鼓励金融机构按照政府贴息、低息方式提供小额贷款，或以幼儿园资产质押等形式发放贷款。统筹防疫物资，重视普惠性民办幼儿园防疫物资采购困难问题，把普惠性民办幼儿园防疫物资采购纳入整体工作中统筹考虑、统一安排，享受公办学校同等待遇。

【城乡生活垃圾分类处理专项集体民主监督】 区政协到5个街道28个社区开展“城乡生活垃圾分类处理”民主监督活动。发现存在部分居民有抵触情绪、完整市场体系有待形成、专项执法行为尚未开展等问题。

为此建议：改进宣传内容与方式，提升居民参与积极性。每月一日开展“宣传日”活动，推动垃圾分类宣传工作固化、常态化。组织部分居民到垃圾堆积场感受“垃圾围城”带来的环境压力，增强忧患意识和责任感、紧迫感。及时发布垃圾分类信息动态，展示工作进展和成效。在日常督查和项目竞赛中树立正面典型，引导全民参与。优化垃圾分类前端设备，完善监督与激励机制。实施“大分流和小分类相结合”的分类方法，设立“绿色账户”和“积分兑换”的激励机制，明确“不分类、不收运”和“不分类、不处置”的双向监督机制，逐步推行“楼宇撤桶、道路撤箱、小区定时定点”的管理方式，建立“市区有绩效榜、街道有排名榜、社区有红黑榜、楼道有荣誉榜”的公示制度，实行“有设施设备、有宣传告知、有物流去向、有长效管理、有分类实效”的测评标准。发挥物业公司作用，统筹兼顾不同小区物业费差异，制定合适的奖补政策。加快垃圾分类中端末端建设，实现产业化进程。以政府购买服务的方式，引进有分类清运资质的服务商参与，落实市区垃圾分类清运。推进市区厨余垃圾处理中心、分拣中心、建筑垃圾处置等末端设施建设，提高分类收集、运输、处置能力。推进工业固体废物处理场建设，将生活垃圾中有毒有害垃圾纳入处理范围。完善再生资源回收行业发展政策，加大扶持力度，培育引进一批再生资源回收企业，鼓励社会资本参与到生活垃圾分类处理全过程。增补垃圾分类回收设施，鼓励回收企业无门槛进社区，建成垃圾兑换超市。适时开展综合行政执法，落实强制力约束。将生活垃圾投放、收集、运输、处置等环节纳入执法检查范围。推进市、区行政执法局联合执法，对企事业单位、超市、宾馆、学校、沿街店铺、居住小区等场所开展全覆盖执法检查。把“回头看”作为生活垃圾分类处置执法检查的重要闭环，对已整改和已处罚的单位，进行不定期突击检查，着重监督问题整改落实情况。坚持“劝导为先、处罚托底”的执法原则，对拒不履行分类义务的个人和单位，依法依规严格执法。

【莲都区峰源乡郑地至云和张庄公路规划建设】 区政协对峰源乡至云和石塘镇连接道路的建设情况进行调研，发现峰源乡郑地至云和张庄存在公路建设的现实需求，有助于一小时交通圈建设、山区急救救援、峰源乡项目建设、提升国防战备运输能力。为此建议，将峰源乡郑地至云和张庄公路列入全区“十四五”规划当中。先行启动峰源乡郑地村至张庄农村公路建设，打通莲都与云和连接线，完善大山峰区块交通路网体系。

【莲都区法院执行工作情况调研】 区政协社法委围绕“加强执行工作，提升法院公信力”，听取区法院执行工作汇报，走访部分执行申请人，召开执行联动部门座谈会议,发现存在“执行难”现象依然存在、队伍建设有待加强、市区联动执行机制有待完善、执行措施尚未穷尽等问题。

为此建议:优化市、区两级法院的执行一体化模式。强化全区联动执行格局。将协助解决执行难纳入全区绩效考核和综治平安考核,每年至少一次的联合执行行动由区委领导担任总指挥。每年定期召开由区委副书记主持的联席会议,出台限制失信被执行人子女就读高消费民办学校等纪要,深化失信联合惩戒。健全区、乡镇(街道)、村(社区)三级协作执行工作网络。发挥村、居干部和网格员作用,将协助法院执行工作纳入网格员职责范围,负责对辖区范围内的被执行人财产状况、现住地址等信息的调查核实,并给予经费保障。强化执行接访。构建以法院领导、执行局中层、办案人员为主体,特邀调解员为补充的“3+1”执行接访团队,确定每周一日的“院领导执行接待日”,确定一名执行局中层每日专职接访、窗口工作接电接访首问责任、特邀调解员辅助听证等制度,规范导诉、登记、接待、办理、反馈等流程。规范执行工作细则,执行干警在执行工作中注重程序合法意识,建立留痕机制。规范各阶段阳光执行的“规定动作”,执行过程主动公开财产查控情况,执行节点及执行成效情况,专项活动主动邀请申请执行人、政协委员等参加见证执行工作。对群众反映的执行问题,研究制定信访案件处置“十项职责”,确保群众信访情况一案一档、一案一查、一案一回复。对涉嫌拒执犯罪的被执行人,要加强证据的调查和收集,移交后要跟踪侦查情况,对公安机关没有立案的要及时告知申请人并告知自诉等维权手段。对拒不申报财产或逃避“不见面”的被执行人要加大寻找和布控力度,要依法严格拘留等措施,对没有意愿履行裁决文书义务的被执行人限消上黑名单的,要加大宣传广度和深度,提高震慑威力。壮大“宣传声势”。充分运用现代传媒技术服务于法院执行工作,如将执行专项行动拍成纪录片,在法院大门外、大型商场等人群密集处的电子屏投放滚动播出。创新“宣传举措”。适应新时代新技术发展,运用微信、抖音等普及度较高的新媒介,如,通过微信朋友圈等渠道推送失信被执行人曝光广告。优化“宣传内容”。建议选择有代表性的有效执结案例扩大宣传,营造依法执行的舆论氛围,对被执行人起到警示效应。同时,要加强对申请人的举证责任和执行风险意识的宣传,通过释法明理宣传“执行不能”的客观风险,争取当事人理解。在管理上,合理调整团队搭配,打造办案执行、终本管理、接待服务、指挥调度四大作战模块,按照“一案包干到底、结案责任阻断、灵活统筹协调”的原则分工,形成前台事务集约集成、办案团队高效高产、终本案件专司专职、指挥调度可控可视的闭环管理模式。组织常态化学习交流,提升业务能力。强抓服务态度、考勤着装等纪律作风建设。细化出台破解执行难任务清单,层层签订责任状。明确诉讼保全、执行接待、专项救助、执破衔接等方面工作的职责要求和时间节点。建立“有效答复”的考核机制,充分发挥接待中心作用,解决执行局“门难进”“脸难看”的问题。

【莲都区创建国家义务教育优质均衡发展区工作情况调研】 为助推“国家义务教育优质均衡发展区”建设,区政协多次联系教育部门,深入中小学校调研,发现存在资源配置“历史欠账”不少;教育优先“保障力度”不够;城乡整体“教育质量”不均等问题。

为此建议:增强教育优先理念,适当予以政策倾斜。加大财政保障力度。加快校舍场馆建设,重点解决好超规模、超班额办学和校舍场馆面积不足问题。加强教师队伍保障,加强骨干教师团队培育,建好高学历教师、青年教师、名优教师和后备干部四支队伍,制定出台相关的管理办法,特别是在乡村教师的培育上,应予以适当政策照顾,同时加以服务年限规定。探索试点“学区化”办学。有序撤并“袖珍学校”,从提供寄宿等的角度制定相关兜底保障政策,来满足偏远学生求学之需。优化统筹市域教师编制。深化学校办学模式改革。深化学校评价机制改革。推进“互联网+义务教育”。

【峰源“康养600”小镇建设专题调研】 2020年丽水市发改委发布《丽水市“康养600”小镇发展规划》,莲都区峰源乡“康养600”小镇成为首批规划建设的小镇。区政协课题组深入实地调研,发现存在交通不便、目标定位不够清晰、现有整合相关资源能力有限、农业产业特色不明显等问题:

为此建议:加快推进顶层设计与“十四五”规划的融合。将峰源乡“康养600”小镇定位为生态旅游养生型康养小镇,突出亮点产业,协调功能布局,统筹安排项目建设。加快推进交通网络的建设,谋划郑地到张村的公路建设以及大山峰—古堰画乡架空索道项目,提高通达性和康养旅途体验。加快推进大搬快聚,整村搬迁应提前做好部门对接,对于可开发利用的予以保留,尽快完成项目的编制规划。同时,尽快梳理现有的可利用空间,包括农户闲置住宅、闲置林场用房、闲置的学校用地等进行子项目包装,对外开始招商。启动“峰源招商季”计划,针对康养龙头企业、社会运营资本、国内大型国企等进行精准招商。打造“中药材生态康养之乡”,在高品质中药材的基础上,以《丽水市“康养600”小镇发展规划》为指导,融合“康养600”小镇项目建设,围绕“气食药水体文”六养,发展康养药膳食品、康养避暑旅游、康养农副产品、康养文化体育(“莲都100”越野赛)等丰富业态,打造峰源亲子游、体验游、休闲游等固定旅游类产品,成为莲都区养生体验及户外游学胜地。

【夯实攻坚基础 补齐低收入农户精准脱贫工作短板】 根据《区政协协同省、市政协围绕高水平全面建成小康社会补短板开展三级政协联动专项集体民主监督实施方案》要求,区政协就莲都区“低收入农户脱贫工作”开展民主监督。发现存在脱贫基础不够牢固、产业扶贫难以见效、脱贫机制亟待完善、孝善养老仍为短板等问题。

为此建议:精心组织落实回头看,及时查找发现政策落实缺位问题,确保所有低收入农户全部实现“两不愁三保障”、各项脱贫政策措施精准到村到户到人。强化扶贫预警监测和动态帮扶,对贫困户和低边户做到分类监测,发现返贫现象的,及时研究并实施帮扶措施,防止返贫。针对有可能出现的因病返贫现象,建议出台低收入农户健康扶贫医疗救助的有关规定,探索建立因病致贫追溯救助机制。激发脱贫动力,从思想上激发低收入农户主动脱贫增收的意识,制定奖惩机制,鼓励村级建立奖励基金,允许通过扶贫项目增加村集体经济收入的村,拿出部分资金纳入奖励基金库,对主动脱贫并退出低保的农户给予奖励,并优先安排村级公益岗位。区级、乡镇(街道)可配套给予资金奖励。加快推进危旧房改造,用好“一户一策一干部”帮扶机制,对所有建档立卡贫困户“住房安全有保障”情况进行再确认再核验,及时查缺补漏,对修缮及腾空过程中遇到的困难问题尽其所能给予帮助,同时做好危旧房改造新政的宣传解答。探索新模式,对无资金或无劳动能力进行危旧房改造的低收入农户,可探索利用农村闲置房屋,采取政府主导式的租赁方式解决低收入农户住房安全问题。产业扶贫要因地制宜,科学规划。搭建产业发展平台。产业向园区集中,积极推进“农科结合、农工结合、农旅结合、农网结合”。加强利益联结,深入研究各类帮扶模式特点,构建紧密利益联结机制,打造扶贫对象和帮扶主体产业共同体、利益共同体。完善“识别、认定、确定”三个程序,完善“帮扶、进退、奖罚”三项制度,完善“数据、补贴、联系”三张清单,完善监督“网络、职责、方式”三个内容。大力弘扬孝文化,开展各类孝善良评比创建活动,探索建立“孝善基金”,对全区70周岁及以上低收入农户建档立卡,通过“子女自愿交纳赡养费+财政补贴+帮扶单位资助+爱心企业和爱心人士捐助”的模式,在农村开展孝善养老工作,引导子女主动承担赡养老人义务。建立调解机制。以法督孝。对赡养不到位甚至遗弃老人的行为要进行司法介入,以法督孝。

【“请你来协商”活动】 2020年2月27日，区政协以网络协商形式开展凝心聚力助力疫情防控和复工复产“请你来协商”活动。会议认为，在区委、区政府的领导下，新冠肺炎疫情防控工作取得积极成效。应继续毫不放松抓紧抓实抓细各项防控工作，统筹兼顾恢复经济社会发展秩序。

继续推广“丽水健康码”的申领和使用。提升重点部位防控水平。加强宾馆旅店、出租房屋管理。加强联系企业，加快落实浙江省支持小微企业17条政策和丽水市支持企业健康发展18条意见。加强生产要素保障，及时帮助企业解决复工复产中用工、资金、供应链、原材料等问题。关注重点项目复工时间、用工需求、员工培训等问题，有序组织农民工返岗就业，规避途中疫情传播风险。如包车接送的方式。

2020年6月18日，区政协在丽新乡马村村召开“请你来协商——把脉‘生态产品价值实现机制’”会议。会议建议要制定科学合理的分配方案和调控规则，用好生态产品价值实现机制试点的有利条件，处理好人文、自然、生态的关系，统一规划山水林田湖草；要重视协调区域发展和城乡关系，通过生态、经济、法律等多方面的保障机制，让公共自然资源生态产品转化成有收益的产品；要盘活乡村闲置资源；要把生态产品罗列出来，核算出来，让“小农经济”变成“生态经济”。要以保护和提升生态产品价值为目的，以保障农民权益为底线，推进试点工作。做好金融支撑，发展“两山”公司、“两山”基金、“两山”银行；善于运用科技手段，改善土壤环境，改善大气环境等。优化路网格局，完善基础设施；发展非资源消耗型农业，实现生态产品价值的实现。要加大政府购买力度，让老百姓获得实实在在的收益。要建立完善生态产品产权制度，构建市场化配置机制，健全生态产品政府购买和市场交易的信息公开制度；推进供给侧结构性改革，制定市场交易规则，调动群众、企业和工商资本的积极性；用好乡贤资源，完善招商引资引智机制；建立奖罚分明的生态治理机制，创新发展生态产品；利用电商资源打开乡村农产品销售局限，在更广阔的市场中兑换出更高的市场价值，提升生态价值空间。

2020年7月22日，区政协在雅溪镇举办“协治会——基层协商民主治理模式的探索”“请你来协商”活动。会议认为，协商治理联合会（简称“协治会”）由党委领导、政府支持、政协指导、乡镇主体、各方参与，有效推动政协协商同基层协商相衔接、同社会治理相结合，以“协治”助推“德治、自治、法治”，形成“四治”融合社会治理体系，是莲都区基层治理现代化的“盆景”之一，应继续推进莲都区“协治会”建设工作。“协治会”建设要抓规范、讲实效、稳推进，努力发挥政协专门协商机构作用，形成以“协治会”建设为突破的基层协商民主新格局。

2020年9月1日，区政协在碧湖镇缸窑村召开“032县道与黄碧线交叉路口”交通安全专题协商会议。形成协商意见要尽快召开区政府专题协商会议，明确路口红绿灯建设事项；在路口红绿灯建成之前，于路口四个方向设置交通事故警示牌和减速装置；及时清理阻碍交通视线的行道树，并整改032县道部分中间隔离护栏，保障路口行车安全视线；增设路灯；在路口周边章塘、道士、下概头等村庄，开展入户警示教育，提高村民交通安全意识。

2020年10月30日，区政协常委会会议组织开展“请你来协商”活动。活动围绕莲都区“十四五”规划，在碧湖新城、康养小镇、社会治理、农业科技、文旅融合、卫生健康、城市交通、人才支撑等方面展开协商。协商意见认为，当前规划编制思路贴合莲都实际、体现人民期盼，具有针对性、前瞻性、指导性和引领性。同时希望下步规划编制工作，进一步贯彻落实习近平总书记关于“十四五”规划编制工作的重要指示精神、十九届五中全会精神，深刻把握新时代新形势新任务和“十四五”规划重大问题，做到承上启下、承前启后、多规合一，形成目标一致、举措一致的规划体系。

（周斌剑）

提案和协商工作委员会

【提案工作】 通过“撤”“并”“改”，立案数从2019年174件下降到2020年的148件。编发区政协十四届四次会议提案选题参考目录，帮助委员开阔视野，拓展思路。通过召开党派团体提案征集工作座谈会、专题讨论等形式，引导党派团体开展专题调查研究，提出高质量的提案。强化调查研究作为提出提案的必经环节，提倡没调研不提案；探索提案文本规范，提倡简明扼要提案；制定提案不予立案负面清单，对非一事一案、意见建议空泛、超越职权范围等不予立案。不予立案提案从2019年的14件增加到30件。坚持领导领办、督办重点提案制度。筛选16件提案列为重点提案，由区委、区政府、区政协领导领办督办。2020年，围绕重点提案办理召开调研座谈会、“三见面”协商会30多次。通过预交办、集中会议交办、网上交办，提高提案办理的效率和透明度。加强提案的档案管理，做到一案一档。探索网上公开办理提案机制，推进市区联动公开办理提案1件，协同区委督查室开展提案办理专题督查，组织委员民主评议区农业农村局、区民政局、区文广旅体局提案办理工作。

【“请你来协商”平台建设】 2020年，组织协商活动17场次4000多人次，提出意见建议308条，已落实采纳意见建议211条；区委书记、区长带头参加，在全区党政领导干部中发挥示范引领作用。邀请政协委员、领导干部、专家学者、市民群众参加学习、听取通报、了解政策、协商议事、凝聚共识。发挥好13个参加单位的作用，以单位名义提出团体提案参与到协商实践中。组建专家智库和委员专业服务队，丰富协商实践。加强市区联动开展协商活动，“厚植社会主义协商民主文化”的“请你来协商”活动市区联动取得了很好的效果。推动政协协商向基层延伸、同社会治理融合，探索在乡镇（街道）试点建设协商治理联合会（简称“协治会”）。在雅溪镇试点，组织“两代表一委员”、乡贤会会员代表、老人协会会员代表和其他有威望、有能力的人士，开展协商议事、协商监督、协商调解，以“协治”助推“德治、自治、法治”，举办“政协协商同基层协商有效链接”“协治会—基层协商民主治理模式探索”“请你来协商”活动。将“协治会”建设与乡镇（街道）矛调中心建设和村级事务阳光票决制推广有机结合起来，实现资源共享、优势互补，已在5个乡镇（街道）推广试点。“协治会”2020年共组织参与协商活动600多人次，收集意见建议388条，化解各类矛盾纠纷100余起，有效提升区域治理体系和治理能力现代化水平。

【女委员联谊会】 联谊会关注茶农的需求，于3月25日开展采茶助农活动；12月18日以“绿色厨艺 健康饮食”为主题举办了健康饮食知识讲座、厨艺大比拼活动。两次联谊活动取得了很好的社会效应。

（叶春晓）

委员工作委员会

【委员管理】 2020年，继续执行《政协丽水市莲都区委员会关于进一步加强政协委员队伍建设的实施办法》《丽水市莲都区政协委员履职情况评价办法》等一系列委员管理制度，创建各种履职载体，有效促进委员积极履职。连续七年开展走访约谈委员工作，2020年制定了政协主席会议成员走访约谈委员工作方案，梳理了2020年新加入委员队伍人员名单和2019年履职得分后50名人员名单，利用7—8月的1个月时间，结合新时代政协委员新样子活动要求，由政协主席会议成员带队分别走访约谈委员，共走访了73名委员。

【委员学习培训】 11月9日至12日和区委党校联合举办了政协界别召集人专业组组长培训班，42人参加培训。3月11日邀请市区政协老委员来给新委员授课，提升新委员政协理论知识和反映社情民意信息写作技巧；4月27日下午邀请市政协原秘书长虞大才作政协理论的专题讲座。结合课题调研分别到上海松江、云南省大理学习调研超市经济发展经验。10月27日至28日到黄岩参加全省反映社情民意信息直报点工作交流会。

【委员履职活动】 启动“莲都区超市经济发展现状”视察课题调研，从2020年3月开始，通过实地走访、召开座谈会、邀请协商、走访有关专家、外出考察学习等形式，深入调查研究，认真梳理问题，形成“莲都区‘超市经济’发展现状课题”的调研报告。围绕区委区政府中心工作派出委员1000多人次参加文明城市建设、“五水共治”、乡村振兴、垃圾分类、城中村改造等专项民主监督活动；应党政部门邀请派出委员200多人次参加其他各项民主监督活动。完成委员视点宣传任务一期。按照省市政协要求，在原已建的民革、民盟、民建、民进、农工党等党派和科技科协以及工业经济界别委员工作室和社会保障界别委员工作室等8个委员工作室基础上，又建设了摄影之乡委员会客厅，并开展了首场活动。和天台、嘉兴、衢州等多地进行信息交流合作，对所反映的问题进行跨区域调研，合作的30余篇信息中，被全国政协和省政协分别采用2篇，2020年共编报信息118篇，其中市政协采用66篇，省政协采用12篇，全国政协采用8篇。

【优化委员履职环境】 做好十五届四次全会的筹备组织工作。做好政协参加单位工作交流大会的组织工作。继续开展界别月活动。制订区政协系统开展界别活动月暨委员联系帮扶“低收入农户”行动具体方案，通过界别月活动，向低收入农户送温暖235户，受益337人；物资折合人民币约11.99万元。

（谢晓鹏）

经济委员会

【专题活动】 组织凝心聚力助力疫情防控和复工复产工作“请你来协商”专题活动。针对工业企业和服务业复工复产、重大项目复工、农产品销售过程中碰到的困难、社区防疫工作存在的薄弱环节，提出建议和意见。10月底，开展“十四五”规划“请你来协商”常委协商活动，经济委牵头落实有关协商内容，针对农业科技、碧湖新城、卫生健康、文旅融合、“康养600”小镇、撤村建居等向区委区政府提出了意见和建议，受到了区委书记的点赞。

【调研活动】 7月，经济委组成课题组开展“发展壮大工业主导产业，让工业经济成为莲都‘十四五’新的增长极”专题调研活动。课题组成员先后走访了区经商局、工业园区管委会、经济合作交流中心等有关部门，考察万洋低碳小镇，深入工业企业了解生产经营情况。10月，赴温州、乐清等地参观学习；召开有关部门领导和专家座谈会，对存在的问题把脉问诊，深入交流，提出建议。11月，完成了调研课题，取得了良好的效果。

【大会发言、社情民意和提案撰写】 2020年，经济委牵头落实政协大会台上和书面发言工作，通过广泛动员征集和反复修改完善，大会发言取得良好效果，较好地完成工作任务。两篇发言获大会发言优胜奖。各界别召集人重视提案和社情民意工作，委员参政议政热情高，参与撰写的委员人数较往年明显增加，撰写的提案和社情民意质量明显提高，三个提案被列入重点提案，社情民意得分居前列。

【考察学习活动】 2020年开展了四次考察活动。界别委员视察万洋低碳小镇，走访看望民营企业，了解疫情期间企业遇到的困难，商讨中小企业发展之策。工商经济界别委员走访异地商会看望莲商企业，召开座谈会商讨如何加快超市经济提升换挡。联系的两个界别均开展了联系帮扶低收入农户为主题的界别月活动。

【其他工作】 落实经济委牵头的单位工作责任制考核各项任务，配合做好分管领导领办的重点工作。参加结对社区、结对村、交通指挥岗亭志愿活动。助推重点项目建设，协调落实领导重点领办项目。配合做好“河道长”治水等各项工作。认真做好党风廉政、投资促进、工业商贸等考核项目工作。落实低收入农户帮扶各项工作。

（吴雯华）

农业和农村委员会

【课题调研】 3月26日举办“请你来协商”——“莲都区茶产业发展”专题协商会议，通过民主协商，形成专题报告，向区政府提出了关于扶持莲都茶产业发展的建议20多条，该报告得到区委主要领导的批示，大部分已落实到区政府出台的产业发展意见中。6月开始，由农业和农村委牵头，开展了莲都区高水平全面建成小康社会补短板省市区三级政协联动专项集体民主监督工作，区政协各主席分别带队，对莲都区高水平建成小康社会补短板工作中的六个领域开展了民主监督，于8月21日召开高水平全面建成小康社会补短板专项集体民主监督工作专题协商会，通过民主协商，向区委区政府提出了专题报告。其中，由农业和农村委具体负责完成的《“夯实攻坚基础　补齐精准脱贫短板”——关于“低收入农户脱贫工作”专项民主监督报告》以专报形式上报区委区政府，得到了主要领导的肯定和批示，所提的意见和建议得到落实。

【界别委员活动】　5月21日组织农业组委员考察叶平头黄菊基地建设、6月组织界别委员开展随手拍监督活动，9月组织委员开展读书会暨委员履职培训活动，12月组织开展莲都民宿建设视察活动。

【大会发言和提案撰写】　2020年政协全会期间，农业界别委员共向大会提交提案21件，其中，“让基层治理的‘盆景’变成共建共享的‘风景’”被列入大会发言，“关于推进雾耕技术在地产业化的建议”被列入重点提案，提案中的意见和建议得到了区政府及相关部门的重视并得以落实。

【其他工作】　落实农业和农村委牵头的单位工作责任制考核各项任务，配合做好分管领导领办的重点工作。关心关注委员，年度内基本走访了界别的所有委员，了解委员工作生活情况，为委员的产业发展提供建议，为委员的困难协助解决。参加结对社区、结对村、结对贫困户、交通指挥岗亭志愿活动。助推重点项目建设，协调落实领导重点领办项目。做好意识形态、乡村振兴、“五水共治”等考核项目工作。

（叶立钦）

人口和资源环境委员会

【理论学习】　组织委员参加“书香政协”读书会，参加委员趣味运动会，展示委员风采。组织委员参与“十四五”规划专题讲座培训、界别召集人培训，提升委员素养。

【调研活动】　成立调研课题小组，开展峰源“康养600”小镇建设课题调研。到衢州市、金华市考察学习森林小镇，药养小镇等工作经验。召开课题组会议对莲都区峰源乡“康养600”小镇建设的现状、工作进展、存在的问题及对策进行研讨梳理，形成调研报告，报送区委区政府，供决策参考。在丽新乡举办把脉“生态产品价值实现机制”“请你来协商”活动，在盘活乡村闲置资源、苔藓产业的发展、高山农业产品、“康养600”小镇规划、宣平溪的保护等5个方面进行剖析把脉，提出了协商意见。根据区政协2020年工作安排，成立调研组，了解峰源乡交通现状、设施建设、现实需求等情况。针对云和石塘镇双港村至张庄公路规划建设的现状形成协商纪要，报送相关部门，从完善项目投资测算、加强公路设施建设、突破建设融资瓶颈等方面建言献策，推动峰源乡郑地至云和张庄公路规划建设工作。

【民主监督】　开展“随手拍、快捷报”民主监督活动，设立委员微工作室，23位部门负责人参加，实现在线回应。2020年委员微工作室共收到各界别委员反映问题信息104条，得到采纳整改100条。对委员反映的50省道周村、缸窑村路口交通安全隐患问题组织了专题视察活动，得到了区长批示，区政府专门召开专题会议纪要，落实该项整改工作。开展“高水平全面建成小康社会补短板”三级联动专项集体民主监督活动。针对存在的问题提出29条相关意见建议并形成调研报告，助力莲都区与全省同步高水平全面建成小康社会。围绕城乡生活垃圾分类处理，与市政协联动开展专项集体民主监督。召开垃圾分类专项民主监督培训会。全体委员以界别为单位分别到28个社区、9个乡镇街道开展民主监督。收集到垃圾分类相关问题100多个，问题经过专委会成立的委员工作室微信群进行了交办。引导委员投身疫情防控工作，参加社区、单位值班，高速公路路口设置卡点监测等志愿工作。

【日常工作】 制订专委会工作计划并组织实施；加强与委员的沟通联系，通过走访部分委员企业，及时反映委员的意见和建议；组织委员参与全区性的委员监督活动；根据区政协安排，做好兄弟市政协到莲都考察的接待服务工作；完成好区政协领导交办的其他工作任务。

（吴为晨）

科教文卫体委员会

【疫情防控】 2020年，根据莲都区疫情防控工作的统一部署，号召委员配合所在党委政府、社区（村庄）开展防控工作，不聚会、不聚餐、不串门，听从防疫工作人员的指令，做到不给政府添乱；参与党委政府及所在单位组织的防控工作，以自身专业专长参加抗疫工作，多位委员因防控疫情工作突出，被各层级单位肯定，其中卜君媛委员获第一批抗疫先进、省民革抗疫个人先进奖。通过社情民意信息为抗疫工作建言献策，信息《当前民众闭门防疫学校推迟开学应当及时编排全民共学的“居家健身操”》以专报形式呈送区委区政府领导决策参考。

【参政议政】 利用会议、学习活动等时机，动员委员做好政协提案、反映社情民意信息、撰写政协理论文章等工作。做好区政协十五届四次会议的秘书联络工作。组织委员深入基层调研，围绕群众关注的热点、难点问题，撰写社情民意。定期开展议政沙龙活动，不断提升社情民意信息、政协理论文章质量，推动政协工作向基层延伸，推动一批民生热点难点问题得到解决。专委委员撰写的4件提案被列为重点提案；反映社情民意信息区级录用15篇，被市级以上录用多篇。

【建言献策】 开展莲都区义务教育优质均衡发展区创建课题专题调研。通过实地走访、座谈交流、查阅资料等形式开展调研，参阅莲都教育工作近年来的相关资料，赴宁波市江北区、嘉兴市海盐县等地考察学习，形成《关于莲都区创建国家义务教育优质均衡发展区的调研报告》，为莲都区教育事业发展建言献策。11月30日，在中山小学综合楼召开“请你来协商——国家义务教育优质均衡发展区”专题协商会议暨重点提案办理协商会议。会议建议发挥社会资源优势，加强莲都区乒乓球特色教育。建议被教育部门采纳，莲都区大洋路小学教育集团拟将乒乓球项目引入城西校区，以体育特色项目培育建设。完成《借市级之人才 快莲都之发展——关于利用市级人才资源加快莲都发展的调研报告》。

【其他活动】 市、区两级政协联动开展“义务教育标准化创建”工作民主监督活动。5月19日，市、区政协领导以及部分政协委员对“义务教育标准化创建工作”情况开展专项民主监督活动，为高水平全面建成小康社会补齐教育短板提出意见建议。6月22日，组织区政协摄影之友社赴云和梯田等地开展采风活动。鼓励摄影之友社成员参加市政协摄影作品比赛，林玉美等多位成员获得奖项。8月27日，组织委员开展灵康杏福康旅小镇建设项目视察活动，召开座谈会为项目建设建言献策。10月20日至22日，丽水市政协系统第七届乒乓球联谊赛在丽水市体育中心莲花馆副馆举行。区政协代表队获男子乙组单打冠军和女子甲组单打亚军。12月11日，在丽水职业高级中学体育馆举办2020年趣味运动会。全体政协委员及政协干部共10支队伍200余人参加了比赛。

【自身建设】 组织委员学习中共十九届五中全会精神，研讨“习近平关于人民政协工作的重要论述”“浙西南革命精神”“八八战略”等，将精神落实到提升委员履职能力上，落实到建设“美丽浙江”大花园的最美核心，落实到专委会的各项工作。根据区政协委员履职考核的要求，注重委员履职情况的督促提醒。根据区政协办公室工作分工，做好重点提案办理、年度考核对接工作；协助开展主席会议成员走访委员活动；协助做好兄弟政协到莲都区进行调研视察的联系和陪同工作，做好相关接待方案；协助分管副主席提前完成领办项目的年度目标。

（叶青春）

社会法制委员会

【参政议政】 负责全会宣传报道工作，落实人员、场务，在门户网站、网络媒体、报刊等宣传全会。组织联系界别参与大会发言，就撤村建居、婴幼儿托育、乡村振兴、基层治理等方面进行发言，提出建议意见；组织委员讨论审议政协常委会工作报告、“一府两院”工作报告，就2020年的政协工作以及新冠肺炎疫情下政府工作，特别是保民生抓发展工作提出建议意见。开展社情民意反映和提案撰写工作。十五届四次全会期间，联系界别委员共提交提案36件，反映社情民意信息17件，其中4件被市政协采用，1件得到领导批示。就“城中村改造工作的依法阳光征迁”开展“请你来协商”活动，针对工作中出现的“建筑垃圾处理”“拆迁案多败诉多”“对第三方如何监管”“如何调处纠纷”等问题进行协商。参与“协治会”建设的“请你来协商”就基层治理创新提出协商意见。

【民主监督】 借助“随手拍、快捷报”开展对“文明卫生城市建设”“五水共治”等市区重点中心工作的民主监督。武汉新冠疫情后联系界别委员呈报问题信息16条，14条问题得到采纳整改。开展“高水平全面建成小康社会补短板”专项集体民主监督活动。就“社会服务”的养老产业发展、社会治理、“最多跑一次”改革等方面组织监督，提出建议意见。开展“社会治理领域，最多跑一地”改革专项民主监督。就功能管理、运行、建设等方面组织监督，提出建议意见。

【调研视察】 组织开展“加强执行力度，提升法院公信力”的课题调研，听取区法院工作报告，到温州、台州等地调研，走访座谈了解情况，听取意见，形成政协建议。与区人大联合开展对莲都区法院执行工作进行检查、视察，由区人大向法院发出检查报告，针对存在的问题提出整改意见。协助遂昌，安徽六安、池州等地政协，到莲都调研“加装电梯”“社区建设”“基层治理”等课题。

【服务中心工作】 负责信访工作，协助主席化解信访包案。成功化解5件信访积案。为政府的“大搬快聚”“碧湖全城土地综合整治”工作制定相关政策，并为政策实施提供解释，解决疑难问题，推进重点中心工作。

港澳台侨民族宗教委员会

【理论学习】 学习中共十九大精神及十九届四中、五中全会精神，学习领会习近平新时代中国特色社会主义思想，学习习近平总书记系列重要讲话精神，贯彻执行党风廉政建设要求，执行党的条例和准则，加强专委会全体成员思想作风教育，把学习理论和本专委会工作实际及全面履行政协职能相结合。组织委员学习对台政策业务，侨联章程、涉侨法律法规、上级指示精神和党的民族宗教政策，有关法律法规、市场经济知识和政协业务知识，提高理论修养和业务能力。

【专题调研视察】 2020年组织委员开展“省级水产健康养殖示范区建设”的视察活动，通过实地走访、查看资料等方式对莲都区省级水产健康养殖示范区建设工作进行视察，并向实施单位反馈了存在的问题及建议意见。组织开展“走近特色民族村（寨）”活动，深入堰头的大林村、老竹镇的沙溪民族村开展走访活动，到景宁县的深垟村、东弄田园综合体考察，为莲都民族村的发展献言；台联会界别开展“农民饮用水提质增效”课题调研活动，到碧湖镇堰头和南山水厂、联城街道下林、张村街和苏埠等地走访，到湖州市的安吉县、杭州市的淳安县和衢州市的龙游县考察，形成《农民饮用水提质增效》的调研报告；侨联界别的委员走访莲都外国语学校、华侨国际幼儿园等侨资企业，与青田县、鹿城区的侨联进行交流，凝聚共识。

【民主监督活动】 2020年组织开展“随手拍、快捷报”民主监督活动,深入各乡镇(街道)对“垃圾分类、文明城市创建”等工作进行民主监督;台联界别联合区市场监管局开展“舌尖上的安全”餐饮监督活动,组织委员深入大拇指食品公司等企业开展检查,为食品安全保驾护航。全会期间,递交多篇提案,其中区台联会的《关于完善农民备用水源管理,有效延长农民饮用水“生命线”的建议》和区侨联的《探索建立“互联网+海外”治理模式的建议》提案被列为重点提案,由区委领导领办。闭会期间,本委委员结合工作实际,围绕党委政府中心工作,积极参政议政、建言献策,抓好社情民意工作,上报了多篇社情民意信息。

【其他工作】 动员和鼓励本委委员参加抗疫活动,深入社区、医院一线做好抗疫工作:区侨联联系海外侨团和侨领,发动海内外“朋友圈”全球购口罩、防护服、额温枪等物资,侨界捐赠和牵线购买口罩47.7万个,耳温枪500个,捐款捐物合计62.8万元。侨联界别到边远小学,开展“侨缘侨心 侨暖童心”关爱行动,完成区侨联换届工作。积极参加文明城市创建、垃圾分类等活动。

（周奇星）

文化文史和学习委员会

【完成《莲城旧影》文史专辑征编出版】 2020年,莲都区政协文史资料第30辑《莲城旧影》由中国文史出版社正式出版发行。全书分市井街巷、名胜古迹、历史回眸、红色记忆、交通水运、工商贸易、文教卫体、农耕岁月、人物春秋、社会百态10个单元,收录自民国初期至2000年的老照片500多张,其中许多照片还是首次公开。内容涉及城市变迁、历史事件、社会发生、革命斗争等。

【复刊《莲都文史》杂志】 区政协文史委曾于2008年创办《莲都文史》刊物,共出版5期,刊出80余万字的各类文史稿件。由于各种原因,《莲都文史》刊物一度停办。2018年以来,区政协文化文史和学习委员会先后开展了庆祝改革开放40年、庆祝中华人民共和国成立暨人民政协成立70年等专题文史资料征集活动,征集到一批有较高价值的文史稿件。委员会决定复刊《莲都文史》刊物,让许多反映中华人民共和国成立和改革开放以来的“三亲”史料能与读者见面。通过继续征稿和对往年稿件进行筛选、编辑,《莲都文史》第6期正式出版,共刊出“乡村振兴”“工业记忆”“文化印记”等9个栏目29篇文章。

【完成上级政协文史协作任务】 开展浙江传统经典美食文化故事、“全面小康路上的政协人”口述史料、“同心‘战’疫”口述史料等文史资料征集工作,向省政协报送文史稿件8篇。配合丽水市政协做好《丽水卫生印记》文史专辑征编工作。配合丽水市政协赴莲都区开展宋代古墓群考察调研、文物保护专题调研和烈士纪念设施建设情况专题调研。

【协商议政活动】 成立调研组,赴松阳明清老街、桐乡乌镇、嘉善西塘等地考察学习,3次赴古堰画乡景区调研,掌握第一手材料。于9月11日在大港头村文化礼堂举行了“古堰画乡美好店铺建设”请你来协商活动,取得了良好效果。落实区政协十五届四次会议大会发言工作,筹备五次会议大会发言工作。参与省、市政协围绕高水平全面建成小康社会补短板三级政协联动专项集体民主监督活动。赴区司法局、区民政局、区委改革办、区行政审批服务中心等单位走访调研,围绕社会服务领域存在差距进行监督检查,召开民主监督座谈会,形成民主监督分报告。参与“十四五”规划协商活动。在区政协常委会“十四五”规划“请你来协商”会上作关于加强文旅融合的专题发言。落实第17号《如何破解老小区加装电梯难问题》和第46号《均衡协调同发展,填谷造峰亮品牌——关于推进我区教育集团化的一些建议》两个重点提案督办工作。开展碧湖文旅新城建设专题视察。

【其他工作】 按要求每月开展“主题党日”活动,落实“三会一课”、党员先锋指数测评、党员志愿服务等经常性工作，一支部上交的党建理论文章被区委直属机关工委评为一等奖。组织书画会和摄影之友社成员赴云和县开展书画交流和采风活动；发动书画会成员创作8幅作品，参加在缙云县举行的全市政协系统第十四次书画联展；开展春节下乡送春联活动。配合和参与书香政协、智慧政协、阳光政协“三个政协”建设活动。配合办公室举行“书香政协”启动仪式，拟订“书香政协”活动计划，督促做好计划的实施。协调联系界别开展各类活动，组织专委会成员和联系界别委员开展反映社情民意信息、撰写提案等履职活动。推进人文关怀，配合政协领导开展走访委员等活动。

（黄建兵）

中共丽水市莲都区纪委·区监委

【概　况】 2020年，全区各级纪检监察组织认真履行党章和宪法赋予的职责，协助区委坚决扛起管党治党政治责任，推进清廉莲都建设，全面从严治党不断向纵深发展、向基层延伸；推进一体化、规范化、专业化建设，莲都区纪检监察工作稳步推进。

【区纪委十四届七次全会】 3月23日，中国共产党丽水市莲都区第十四届纪律检查委员会第七次全体会议在莲都举行。出席会议的区纪委委员17人，列席71人。市委常委、区委书记徐光文出席全会并作重要讲话。

会议审议通过了区纪委常委会工作报告。传达学习了十九届中央纪委五次全会、省纪委十四届六次全会和市纪委四届六次全会精神，学习了习近平总书记重要讲话精神，结合实际，提出当前和今后一个时期工作的总体要求和主要任务。

全会强调，要坚持政治监督不动摇，保障“大抓落实年”各项目标任务落地落实。要坚持清廉建设不断档，突出各清廉单元的标杆引领作用。要坚持正风肃纪不止步，推动作风建设化风成俗、形成习惯。要坚持审查调查不松劲，一体推进“三不”机制建设。要坚持群众利益不受损，积极保障民生维护公平正义。要坚持政治巡察不偏移，确保一届任期内巡察全覆盖圆满收官。要坚持体制改革不停步，有序构建大融合、大监督格局。要坚持自我约束不护短，切实打造匹配“重要窗口”、善于大抓落实的铁军队伍。

【政治监督】 加强对习近平总书记重要指示批示精神贯彻落实情况的监督检查，巩固拓展“不忘初心、牢记使命”主题教育成果。牵头成立疫情防控督查和监督组、高铁站疫情防控专班，建立“1+3+X”闭环监督模式，开展“零点”督查、企业复工复产督查等专项行动，发现并督促整改问题1807个，查处问题线索26条，处理24人。围绕三大攻坚战、“六稳”“六保”、争先创优行动、减税降费、村社换届等中心工作进行全程、精准监督，开展中央生态环保督察、扶贫开发和扶贫协作领域、统计领域数字造假问题、基本农田非农化现象等专项监督12次，推动解决问题115个。严格执行《全市纪检监察机关服务保障民营经济发展十项措施》，建立区纪委区监委领导联系服务民营企业制度。

【政治生态建设】 制定《莲都区2020年党风廉政建设和反腐败工作组织领导与职责分工》，出台《莲都区2020年度党委（党组）落实党风廉政建设主体责任考核办法》，把从严治党的工作任务分解到位、细化到岗、责任到人。健全完善“四责协同”机制，促进乡镇（部门）党委（党组）主体责任和纪委监委监督责任互相配合、形成合力。抓好政治建设，成立以区委书记为组长的政治生态评价工作领导小组，制定实施《关于建立政治生态评价体系的实施意见（试行）》，碧湖镇、雅溪镇入围2020年度丽水市乡镇（街道）政治生态排行榜20强。贯彻省委、市委关于建设清廉浙江、清廉丽水的部署要求，承办丽水市深化“清廉村居”建设现场会、创成市级“清廉学校示范校”8所、清廉医院“阳光采购”全年节约采购资金1000余万元。

全区政治生态持续向上向好。

【正风肃纪】 推进市区正风肃纪一体化，依托“一月一主题、一月一亮剑”行动，2020年开展会所歪风治理、“烟票”专项整治、反对餐饮浪费等监督检查12轮，共查处违反中央八项规定精神问题11起，处理53人，党纪政务处分11人。整治贯彻上级决策部署只表态不落实、维护群众利益不担当不作为和敷衍塞责等问题，全年查处形式主义、官僚主义问题4个，处理5人。落实省委为基层“持续减负40条”，督促各单位精简文件、压缩会议、规范考核。开展涉黑涉恶腐败和“保护伞”问题专项整治，对13名党员干部进行立案审查，查处“保护伞”4人。

【“三不”机制建设】 发挥反腐败协调小组职能作用，2020年处置问题线索314条，立案141件，党纪政务处分123人，留置9人，移送司法机关6人。综合运用党性教育、政策感召、纪法威慑，运用“四种形态”处理250人，其中，第一种形态136人，占比54.4%，3人向纪检监察机关主动投案。推进不能腐的制度建设，发出监察建议书11份，督促相关职能部门建章立制、堵塞漏洞、防范风险。提升不想腐的自觉，坚持以案说德、以案说纪、以案说法，制作《感动60秒》《警钟60秒》短视频，组建“清风宣讲团”，组织云庭审旁听、廉政测试、参观市法纪基地等活动150余场次，15000余人接受了廉政教育。开展疫情防控容错免责认定，对3家单位3个事项予以容错免责，2家单位3个事项予以部分容错免责。做好被问责和受处分干部回访教育，为8名受到不实信访举报的干部澄清正名。致力提升信访工作质效，2020年受理信访举报230件次，信访总量连续三年降幅均超过25%，群众对工作程序与态度满意率为90.63%，对调查结果满意率为80.95%，两项满意率均位居全市前列。

【纪检监察改革】 深化派驻机构改革，实现派驻机构与委机关在干部选调录用、选拔任用、轮岗交流等方面“六个一体化”。积极探索派驻监督“项目化”管理，2020年开展专项监督检查108次，发放整改交办单30份，纠正违规资金和挽回直接经济损失130余万元。推行“委班子+纪检监察室+派驻机构+乡镇纪检监察机构”四位一体的片区协作模式，片区内统一人员调配、协同监督、联合办案，全年共协作办信办件155件。执行监督执纪工作规则和监督执法工作规定，贯彻公职人员政务处分法等法律法规。探索审查调查一体化机制，规范问题线索处置、派驻机构监督检查和审查调查工作，规范留置执行和“走读式”谈话工作，守住安全底线。

【区委巡察工作】 配合保障省委巡视，协助区委抓实问题整改，巡视组移交的387件信访件（含74条问题线索）全部按时办结，处理109人。协助区委运用常规巡察和巡察“回头看”，完成十四届区委第七、第八轮巡察工作，共发现问题1626个，移交问题线索24条，挽回直接经济损失1326万元。推进村社延伸巡察，完成全区所有村社党组织的巡察全覆盖。放大“大联动”巡察品牌效应，制定实施《莲都区委巡察整改量化评估暂行办法》，发现未整改或整改不到位问题14个，督促持续整改。

【基层监督】 在碧湖镇试点村级事务监督制约机制，打造“阳光村务”监督平台，实现村级事务线上线下同公开、村里村外共监督。该模式被评为全国“新时代清廉乡村建设与乡村治理现代化”研讨会提名奖案例，获2020年度全市纪检监察系统十佳工作品牌和区创新项目二等奖。在全市率先探索简易程序审查调查审理机制，分三大类合并优化普通程序17项，编印《办理简易程序案件模拟卷》，为基层松绑减负，试点以来共适用简易程序审查调查审理案件22件，平均案件办理周期缩短50%，案件审理实现“零申诉”。在全区239个村（社区）建立监察工作联络站，结合村社换届加强对村监会主任人选的全过程把关，修订完善“工分制”考核办法，推动实现村监会、村级监察联络站制度更加健全、运行更加有序、监督更加有力。

【干部队伍建设】 制定实施《2020年"清莲学院"人才培养计划》，组织全员培训、师徒结对、全员接访、以案代训、带件顶岗等活动，提升干部履职本领。2020年共抽调参与区委巡察、村社换届、征地拆迁等重点工作370余人次。贯彻落实《浙江省纪检监察干部12个严禁》纪律要求，开展警示教育"十个一"活动。2020年，区纪委区监委获丽水市纪检监察机关审查调查工作、莲都区抗击新冠肺炎疫情工作集体嘉奖，有8名干部获得市级以上荣誉，7名干部获得区级各类荣誉。

（叶晓娟）

民主党派

综　述

【概　况】　2020年，莲都区有民革、民盟、民建、民进、农工党、九三学社6个民主党派区委会，下属23个支部（支社），成员444人。

（钟佳承）

民革莲都区委会

【概　况】　2020年，民革区委会以建设学习型参政党地方组织为目标，多形式开展党员思想政治建设和主题教育，全区民革党员坚定“四个自信”，自觉维护党中央权威和集中统一领导，深化对统一战线和多党合作理论的思想认识，增强了中国特色社会主义政治发展道路的信心。

【参政履职】　莲都区“两会”期间向大会提交团体提案4件，其中优秀提案、重点提案各1件，民革党员在区政协会议上共提交个人提案16件，其中重点提案1件。在政协大会发言中，获优秀大会发言1篇，得到区委、区政府主要领导批示。通过业务培训、学习交流、不定期沙龙等形式，拓展知情渠道、进行一对一指导，培养、提升党员撰写社情民意信息的能力和水平。2020年，区民革向各部门报送信息近30条，获区政协参加单位反映社情民意信息工作先进集体二等奖。3位党员被市政协聘为特邀信息员；1名党员被聘为莲都区政协智库专家；6名党员获区政协社情民意信息工作二、三等奖。利用市区政协委员工作室，二支部党员多次参加食品安全民主监督。开展“城乡生活垃圾分类管理”民主监督。就监督过程发现的问题，提出具体意见建议。开展“以制度建设现代化推进区域治理现代化”专项民主监督，形成民主监督报告，通过区委统战部上报市委统战部。

【社会服务】　全体莲都民革党员立足自身工作岗位积极投身疫情防控工作，据统计，全区民革党员参与捐款捐物、志愿服务共计60多人次，捐款捐物累计总额近9万元。疫情稳定后，党员助力复工复产，响应民革中央发出的《助力湖北解决特色农产品滞销问题的倡议书》，31名党员购买湖北特色商品70余件。发挥民革党员的艺术特色，2020年5月29日在古堰画乡核心景区举办助力复工复产专场公益音乐会。莲都民革有14名党员获省民革防控抗疫先进个人称号。2020年，民革区委会多次赴结对峰源乡和丽水市海卓科技有限公司等企业开展“三服务”活动。二支部以雅溪镇岱后村作为帮扶对象，帮助落实饮水、广播、电视、通村公路扩建等问题，帮助岱后村申报“爱国主义教育基地”和“文保单位”。

【祖统联谊建设】　民革莲都区委会被评为民革全省祖国统一工作先进集体；1名党员获民革全省祖国统一联谊工作先进个人称号。

【组织队伍建设】　完善“党员之家”建议，获民革省委会“五有党员之爱”称号。加强民主集中制，召开第六次党员大会，选举产生民革六届区委会班子。完善工作机制，加强对支部工作的指导，鼓励支部创新组织生活。成立参政议政专委会出台《参政议政专家会工作制度办法》，指导3个支部完善支部管理制度，涵盖支部财务、议事等方面。

（潘春霞）

民盟莲都区委会

【概　况】 2020年民盟莲都区委会下辖4个支部，共有盟员72人。民盟区委会持续开展“不忘合作初心、继续携手前进”主题教育，投身抗击新冠肺炎疫情的战役，获市级先进组织称号，2名盟员被民盟省委会评为抗疫先进个人。4名盟员被民盟市委会评为2020年度优秀盟员。6名盟员被民盟市委会评为抗疫先进个人。

【思想政治建设】 开展“两会”精神专题学习会，传达学习习近平总书记在浙江考察时的重要讲话精神以及省委书记车俊在丽水考察时的讲话精神、省长郑栅洁到丽水调研时的讲话精神和胡海峰书记在生态工业大会上的讲话精神，围绕“重要窗口”建设深入开展“我能干什么”讨论，1月17日邀请市政协原秘书长虞大才进行中共十九届四中全会专题讲座，提升了盟员的理论和实践水平。开展重走红军路、参观浙西南革命纪念馆等红色教育活动，开展“3·19”建盟日、“五一口号”等纪念日活动。

【组织队伍建设】 2020年，民盟区委会发展了4名新盟员，市直支部转入1人，其中教育系统3人、文化系统1人、金融系统1人，平均年龄约35岁。重视横向联系，促进盟员交流，接待来自广东中山市委会的考察团，招待来自杭州江北区一支部、二支部的盟员，介绍了民盟社区同心服务站的设置、活动等情况。

【参政履职】 2020年，民盟区委会共提交大会发言1篇、即席发言1次，集体提案6件和个人建议、提案20件。为做好传帮带工作，提高区委会盟员参政议政水平，确定5名指导师，联系4名新盟员。5月30日开展文化旅游高质量发展调研，8月、9月多次走访万洋低碳智造小镇开展生态工作专题调研，完成文化旅游高质量发展和生态工业高水平发展两个政党协商课题。与民盟市委会联合开展了垃圾分类专项民主监督，与市直经济支部联合开展对消除农村集体经济消薄工作的专项监督，履行了参政党建言资政的责任。利用民盟界别委员工作室的优势，组织盟员、委员、代表等开展来信、来访、调研、座谈工作，在丽阳社区开展民盟界别的市区两级政协委员垃圾分类专项民主监督活动，发现问题20余个，提出意见建议13条，形成监督报告上报市区政协。论文《关于民主党派基层组织政党意识淡化的思考及对策研究》获民盟省委会、丽水市政协理论文章三等奖。

【自身建设】 关心关爱盟员日常生活。为困难盟员向省市盟组织争取到3000元慰问金，在春节、重阳等节日走访慰问80岁以上老盟员，为困难盟员置办年货、解决家庭矛盾。组织盟员参加省市区各级党委政府组织的各类活动和培训，推选优秀盟员参加“见证•初心”演讲比赛，选派6名盟员参加民盟省委会组织的宣传骨干、社情民意、中青年干部等各类培训，5名年轻盟员参加了区委统战部组织的党外干部培训班。组织13名盟员参加区委统战部组织的趣味运动会。

【社会服务】 民盟区委会以“盟员之家”和“同心服务站”为平台，做好社会服务工作。1月19日上午，在民盟•莲都同心服务站开展了“春节•墨香迎新春送福送春联”活动，组织7位书法家为东苑社区的居民送出300多副春联。开展消防安全隐患专题调研，组织建设、消防、应急、街道等多个部门协调开展社会服务，为社区解忧。开展文明入户宣传、捡拾垃圾等社会服务活动。开设网络讲座，邀请市区医院名医向社区居民开展妇科、老年常见病等知识讲座以及疫情期间如何做好个人防护等知识宣传。

（叶泳梅）

民建莲都区委会

【概　况】 2020年，民建莲都区委会围绕中国特色社会主义参政党建设目标，加强自身建设，提升履职能力，坚持建言资政和凝聚共识双向发力，围绕中心、服务大局，积极探索、勇于创新，各项工作取得新成效新业绩。

2020年民建莲都区委会获“民建全省抗击新冠肺炎疫情先进集体”“2019年度市委会参政议政先进集体”“民建丽水市信息工作先进集体”称号，获“区政协反映社情民意信息工作”三等奖。三支部获“浙江省先进基层组织”称号。

【疫情防控】 民建莲都区委会向全体会员发出募捐倡议，募集物资。据统计，会员和会员企业浙江鑫汇物业、丽水队长食品、浙江深海文旅、浙江正达环保、浙江鱼跃酿造公司等向莲都防疫一线捐款捐物20余万元。会员到乡镇、社区参加疫情防控志愿服务；多名会员针对疫情防控建言献策，报送防疫社情民意信息12篇，其中，1篇获副省长成岳冲的批示，2篇被省委统战部录用，多篇被省委会、市政协录用转送相关部门。

【理论学习】 组织开展“坚持进步性、实践进步性”系列活动，通过集中学、专题学、全员学等形式，组织学习活动，学习贯彻习近平新时代中国特色社会主义思想、习近平总书记重要讲话重要指示精神、《习近平谈治国理政》第三卷等。结合开展庆祝中国民主建国会成立75周年和浙江民建成立65周年活动，疫情期间线上学习“民建会史微课堂”60课，会员撰写“学思践悟”体会，其中有9名会员的学习体会在丽水民建微信公众号上刊载。推荐2支代表队参加市委会会章会史知识竞赛暨经典故事讲述活动。围绕新型政党制度和自身建设经验规律等开展理论研究，通过理论研究探索自身建设、参政议政、社会服务工作的新路子、新方法。

【组织建设】 建成位于鑫汇物业公司内规模最大和活动区块最多的第三个民建之家。任文红主委参加全省“民建之家”建设交流会，作典型经验交流发言。各支部和专委会开展了形式多样的活动，增强了组织的活力与凝聚力。10月24日，民建莲都区委会代表队参加“莲都区统战系统第四届运动会”荣获团体二等奖。7月5日，莲都民建妇委会举办莲都“撤市设区”20周年纪念活动。发挥基层组织在凝聚会员、扩大影响、履行职能等方面的基础性作用。建立领导班子成员同优秀人才“传帮带”机制，了解年轻会员思想动态、学习情况和工作业绩。不定期推荐会员参加培训，帮助会员成长。2020年发展新会员6人，全部大专以上学历，其中企业界人士3人。民建丽水市莲都区四支部与民建绍兴上虞区支部结成友好支部。完成四川巴中、杭州、台州等地民建会员到莲都研讨交流活动。2020年，1人被授予民建“浙江省优秀会员”称号;1人获民建“浙江省信息工作积极分子”和丽水市信息工作先进个人称号；1人被省委、省政府评为消除集体经济薄弱村工作成绩突出个人。1人被评为民建“丽水市信息工作先进个人”，撰写的信息得到副省长成岳冲批示；1人被评为民建“丽水市社会服务先进个人”“莲都区抗击新冠肺炎疫情先进个人”“莲都区最美退役军人”，被丽水经济技术开发区评为物业服务先进个人；1人获“莲都区优秀教师”称号；1人获“莲都区坚守抗疫一线优秀医务工作者”称号；1人获莲都区“三八红旗手”称号，获丽水市巾帼云创客大赛新生代工旅(成长)先锋、创业创新十大巾帼人物、浙江省妇女创业创新大赛三等奖、丽水市首届女性创业创新大赛二等奖等荣誉，参加市妇联举办的直播比赛，获第一名；1人被评为丽水市教学能手。会员企业健康发展，丽水市鱼跃酿造食品有限公司被评为浙江省“高新技术企业”、浙江省金牌老字号等。

【参政议政】 2020年完成课题调研6篇，其中2篇转换成政党协商建议，1篇报区政协，2篇报区委统战部，提出可操性建议38条。课题《新冠疫情后扶持普惠性民办幼儿园实际困境的建议》转换成区政协课题上报区政府，课题《关于我区巧做“水文章”，高质量打造全域旅游新业态的调研报告》转换为政党协商议题，课题《加快产业集群发展，促进万洋生态工业质效提升》转化成政党协商建议上报。大会发言《加快食品安全追溯体系建设 实现食品全链条快速管控》被丽水市政协第四届第四次会议评为优秀大会发言，获得市委书记胡海峰、市长吴晓东、常务副市长杜兴林等4位领导批示。区政协十五届四次会议大会发言《以“新零售”助力美丽资源华丽变身美丽经济》获区长陈豪的批示，被评为优秀大会发言。即席发言《美丽城镇建设中不恰当地使用木头后患无穷》获得主要领导的批示。提交的集体提案7件，全部立案，其中《法制化营商环境存在的主要问题及对策建议》被列为重点提案，集体提案《新冠疫情后扶持莲都区民办幼儿园解决实际困难的建议》被评为优秀提案。成立社情民意沙龙“萤火虫”小分队，2020年，向各级部门报送社情民意信息35篇，被全国政协、民建中央、省政协录用1篇，省委统战部录用2篇，民建省委会录用11篇，市政协录用7篇，区政协录用17篇。其中《亟须关注民办双语（外国语或国际）学校少先队和团组织建设不规范问题》被全国政协、省政协、省委会、市政协采用；《我省三、四线城市普惠性民办幼儿园的困境及建议》被省委统战部、省委会、市政协采用，并获得成岳冲副省长的批示；《亟须制定精密智控机制，杜绝健康码互认制度成为中国疫情二次暴发的扩大器》被省委统战部、省委会采用。2020年，组织落实4个政党协商议题，相关人员通过实地调研、查询资料、借鉴经验、座谈研讨，提出可操作性建议28条。在参加“将万洋低碳智造小镇锻造成莲都生态工业高质量发展平台”的政党协商中，区委会所提建议得到市委常委、区委书记徐光文肯定。完成“生态文旅”政党协商议题；界别委员多次参加政协的“请你来协商”系列议题活动。组织会员参加区委和区政府召开的各种座谈会、协商会、通报会。通过调研考察发现问题，围绕莲都区经济社会发展重大议题，建言献策，履行了民主监督职能。民建界别市、区两级政协委员到天宁社区开展生活垃圾分类处理专项民主监督，与社区干部座谈，就前期暗访中发现的问题进行反馈并提出意见建议。参加莲都区统一战线“以制度建设现代化推进区域治理现代化”专项民主监督工作，完成调研报告。

【社会服务】 打造莲都民建志愿者服务队、民族村精准帮扶等社会服务品牌。2020年，区委会副主委翁阁谞受区委组织部选派赴四川省剑阁县参与东西部扶贫协作工作；妇委会、二支部、三支部、四支部、企业委等开展暑期社区青少年教育活动、雅溪镇岩石蒙村关爱老年朋友送幸福活动、“企”心协力助推复工复学基层行活动、“卿卿反哺意,浓浓敬老情”慰问活动等社会服务活动。区委会和企业委领导通过走访、电话、钉钉、微信等方式，与会员企业保持联系，指导防疫，了解情况，反映诉求，及时汇总、梳理收集到的困难问题，形成清单，组织讨论，分析对策，向省委会、市政协、市委统战部等部门反映困难问题。组织帮助会内困难企业和困难会员。2020年春节前赴会员企业，开展留莲省外务工人员新春慰问活动。

（翁阁谞）

民进莲都区委会

【概　况】 2020年，民进莲都区委会坚定不移走中国特色社会主义政治发展道路，弘扬民进优良传统，履行参政党职能，在思想建设、组织建设、参政议政、社会服务各项工作中取得了新进展。

【思想建设】 组织20多名民进会员参加了民进全省骨干会员培训班、党外代表人士培训班、参政议政能力提升培训班、丽水市民主党派骨干培训班，区委统战部党外代表人士培训班，提高广大会员的参政议政能力。组织开展“三八”节交流活动、教师节座谈交流会等。开展“争做悦读会员，打造书香民进”活动。购买《习近平谈治国理政》第一卷至第三卷及《中共中央关于制定国民经济和社会发展第十四个五年规划和二〇三五年远景目标的建议》等书籍，发给每位民进会员，营造全员学习、终身学习的氛围。组织会员认真学习区委会推介的书目，撰写学习体会，交流读书学习感悟，强化读书活动效果。按照读书活动安排要求，根据本单位工作实际，调动会员的读书热情，注重运用网络、手机开展读书活动，形成全民读书的良好氛围。

【参政议政】 组织骨干会员深入古堰画乡、东西岩等地调研，撰写《夜空下的繁华：发展莲都夜经济的几点建议》得到区长的肯定。组织骨干会员赴缙云，调研缙云县行政服务中心、经商局在进企帮扶、精准服务企业等方面的工作成效和经验；走访浙江君鸿机械有限公司等企业，了解企业对政府服务方面的需求，撰写《转变理念，精准服务，助力万洋跑出绿色发展"加速度"》的调研文章，得到区委书记点赞。撰写《民族地区乡村振兴背景下打造畲族之窗的思考》等政党协商的调研文章。莲都区政协十五届四次会议大会发言《赋予碧湖新城新功能，展示特色城镇新面貌》被评为优秀大会发言，得到领导批示。大会发言《关于将峰源"康养 600"小镇打造成古堰画乡后花园的建议》获区委副书记批示。2020年共交了5件集体提案，10件个人提案，内容涉及丽水工业园区主导产业培育、民办中小学集团化发展、农业产业发展等。其中，《突出重点全力推进碧湖新城建设的几点建议》《精准发力，助推莲都区农业产业发展的建议》《关于将峰源"康养600"小镇打造成古堰画乡后花园的建议》被列为重点提案。《提升农村污水处理设施作用的建议》《关于加快莲都红色旅游发展的建议》被评为2020年政协优秀提案。6月11日，莲都区民进界别政协委员到正阳社区开展生活垃圾分类民主监督。围绕2020年垃圾治理五个方面的重点，实地走访了正阳社区辖区封闭小区和开放式小区，重点督查各居民小区的垃圾分类宣传引导、分类垃圾桶设置、居民垃圾分类现状等情况。

【组织建设】 2020年民进区委会研究审核通过考察合格的2名新会员。组织支部主委和部分会员走访看望高龄会员。囿山小学支部、综合支部、天宁中学支部根据《中共中央、国务院关于全面加强新时代大中小学劳动教育的意见》，组织会员赴缙云黄龙农庄等地开展"学生学农基础劳动教育"实践调研活动。11月14日，文教支部、综合支部、梅山中学支部赴碧湖镇开展"我向民进送祝福"主题活动。

【社会服务】 组织有书法特长的会员到莲都区万人下山脱贫安置小区——瓯碧园，开展庚子"春联万家"送春联活动，送出150多副春联和"福"字作品。助力疫情防控，针对假冒口罩、消毒用品、哄抬物价等现象，共处理21件消费投诉，19件举报事项，接受群众咨询28件。

（梅焕根）

农工党莲都区委会

【参政议政与民主监督】 2020年，莲都区政协十五届四次会议期间，共提交提案14件，党员在会上作《加强松材线虫病防治守护绿水青山》《打造音乐IP 让莲都成为年轻人心驰神往的文旅圣地》《解决三岁学龄前儿童托育问题》的即席发言。

【撰写社情民意】 组织高质量绿色发展、乡村振兴等社情民意沙龙10多次，将沙龙搬上微信，结合社情民意线索发布机制，共开展微信社情民意沙龙13次。2020年上报的社情民意被全国政协录用8篇，被农工中央录用7篇，其中有7篇转报全国政协，被浙江省政协录用9篇。

【自身建设】 开展"学精神、学党章、学党史"主题活动，开展党章知识竞赛、"中国梦•农工情"征文与演讲比赛、党史报告会、"走进基层 贴近党员 培育和践行社会主义核心价值观"主题宣讲等系列活动。贯彻落实《中共中央关于加强中国特色社会主义参政党建设的意见》，将"浙西南革命精神"作为学习重点，引导各基层组织列入支部活动议程，进行主题学习。开展专题培训，3位党员参加市委会联合各党派在浙江大学举办骨干培训班。办好区委会机关刊物《莲都农工》。建立信息与调研工作考核制度，调动各支部党员参与社会调研和信息写作积极性。出台《农工党丽水市莲都区基层组织考核制度》《农工党区委会各专门工作委员会工作制度》《农工党区委会基层组织工作考核评分标准》《参政议政工作制度》《参政议政沙龙制度》。2020年发展新党员4名，均大专以上文化程度。

【社会服务】 1月，农工党浙江省委会副主委蔡宛如、徐志康一行带领专家医疗队到太平乡对接帮扶工作，在富山头村进行座谈并走访慰问低收入户，开展义诊活动。10月，省委会专职副主委田野率农业技术专家、党员企业家一行9人赴莲都区太平乡富山头村开展油茶树种植基地建设调研并确定具体帮扶方向和工作举措。5月，在第26个国际家庭日，以“健康家庭、幸福家庭”为主题促进健康知识普及，区医卫支部、区人民医院支部联合开展送健康活动。两次组织部分学科带头人在城中中学为该校送上了两节主题为“精准课堂施教，提高课堂教育教学质量”的课程，并送上助学金。

（王智勇）

九三学社莲都区委会

【概　况】 2020年，九三学社区委会下设农业、文教卫、综合3个支社。

【参政议政】 2020年在莲都区政协十五届四次全会上，共提交大会发言2件、集体提案5件、委员个人提案15件。其中，集体提案《做好“精”字文章 把万洋小镇打造成为全国产业集聚平台的标杆》《聚焦重点 精准发力 推进“浙西南科创中心”建设》被评为2020年度重点提案。2020年，上报并被采用的信息30多篇，其中，《民族乡村规划要走差异化路径、建标志性建筑》被《团结报》采用。组织社员以“疾控机构体制机制建设”为主题，开展民主监督活动，到区卫健局、医院等进行实地走访监督调研，梳理分析相关问题，形成调研报告《完善疾控机构体制机制建设 提升重大疫情应急处置能力》；组织社内政协委员就“全面建成小康社会补短板”“城乡垃圾分类”等工作，到太平、雅溪、联城等乡镇街道及区环卫服务中心等单位开展专项民主监督活动。围绕“将万洋小镇锻造为莲都生态工业高质量发展主平台”“加快莲都区文化旅游产业高质量发展”等协商主题开展调研，通过实地考察、召开座谈会、个别走访等形式收集资料，掌握实际情况，形成《做好“精”字文章 把万洋小镇打造成为全国产业集聚平台的标杆》《建议把体育旅游打造成为莲都最亮眼的标签》2篇调研报告。

【社会服务】 到莲都蔬菜主产区碧湖镇指导业主在特殊时期克服困难做好保障百姓“菜篮子”供应的同时，尽力降低自身的经济损失，为村民科学指导生产畅通“绿色通道”作出积极的努力；到百兴菇业有限公司指导企业复工复产工作。在莲都区大港头学校开展图书捐赠活动。捐赠图书372册，价值近万元。

【思想建设】 开展“不忘合作初心·继续携手前进”主题教育。通过支社结对共建座谈会，组织社员参加统战同心大讲堂、统一战线读书会，党外代表人士培训班、骨干成员履职能力提升培训班以及微信群、公众号等各种途径开展主题学习教育，引导社员围绕党委政府的中心工作，聚焦社会治理，疫情防控，经济发展、民生建设的热点、难点、焦点，开展考察调研。课题成果《中小学拓展课程开发的选题策略研究》被丽水市教育科学规划领导小组评为一等奖；《让农民合作社成为特色生态农业的“引路人”》《实施历史文化村落保护利用促进农业发展的路径——以丽水市莲都区为例》《农村人居环境“大蜕变”促进农村经济快增长探索与实践》等多篇论文在《新农民》等刊物上发表；相声作品《分享生命》，获丽水市第五届“两新好故事讲演比赛”最佳表演风尚奖。2020年，共有18人次获得各级组织的表彰。

【组织建设】 贯彻《九三学社章程》和《九三学社中央关于加强组织建设的若干规定》的精神，明确领导班子成员的分工和职责。召开“不忘合作初心·继续携手前进”主题教育活动专题民主生活会。2020年，3人次参加省级不同干部主体班次培训学习，4人次参加市级不同干部主体班次培训学习，6人次参加莲都区不同主体干部培训班学习。2020年发展1名新社员。

人民团体

莲都区总工会

【概　况】 2020年,莲都区总工会有职工业余学校、工人文化宫2个下属事业单位,有教育工会、财贸工会2个产业工会,系统工委7家,乡镇(街道)工会15家,其中总工会6家,乡镇(街道)工委9家。莲都区共有基层工会387个,工会会员20357人。区总工会在市总工会对各县(市、区)工会的考核中连续第九年获得优秀等次。

【疫情防控与复工复产】 制定出台《莲都区总工会关于助力打赢防控阻击战和发展总体战的通知》,指导企业平稳有序复工。实地走访企业,了解企业的复工复产情况,为企业送上防疫物资。筹集专项慰问资金30.55万元,慰问疫情防控一线医务人员和疫情防控区域、重点行业(单位)参与疫情防控和监测的一线工作人员2600多人。制作原创歌曲《你的模样》《向阳而行》,多家媒体予以报道和关注,网络点击量50余万人次。

【莲都区工会第十七次代表大会】 10月28日,莲都区工会第十七次代表大会在莲都会议中心召开,全区各行各业的146名工会代表出席会议。市委常委、区委书记徐光文出席会议并讲话,提出要突出党的领导"主心骨",牢牢把握正确政治方向;立足推动发展"主战场",充分发挥工人阶级作用;贯穿服务职工"主轴线",着力建设职工温馨之家;建强工会组织"主阵地",保持工运事业蓬勃活力四方面要求。会议听取并审议莲都区总工会第十六届委员会工作报告、经审、财务报告,选举产生了莲都区总工会新一届班子。

【工会组建与覆盖】 开展非公企业工会组建工作,2020年全区新建工会18家,工会组织换届64家,撤销3家,全区25人以上企业已建会198家,建会率95.65%,百人以上企业建会率100%。开展工会组建"双覆盖"百日攻坚行动。全区建立区域联合工会20家,涵盖772家企业,行业联合工会2家,涵盖84家企业。成立美容美发行业联合工会,共有会员单位54家,涉及职工500多人。

【职工慰问帮扶】 对2019年困难帮扶职工进行回访,走访困难职工63户。开展疫情期间困难职工家庭专项生活补贴发放,帮扶困难职工24户,发放补贴4万元;开展2020年第七期医疗互助参保工作,有285家单位10850名职工参保,目前共报销3848人次,合计报销金额92.52万元;开展"送清凉"活动,向环卫、电力、企业车间等一线职工所在的35家单位2000名职工送去夏日清凉用品,投入"送清凉"经费8.6万元;推进农民工"求学圆梦行动",组织报名并审核,13名职工成功申报,每人发放500元的补助资金。

【技能提升】 举办"名师工匠团队"成立暨"名师带徒"签约仪式,2020年结对师徒60对,发挥劳模、工匠和各类高技能人才的示范带动作用。9月,举办莲都区制冷与空调特种作业人员培训班,共计61人参加培训,投入经费2.43万元。10月,与莲都区人力资源和社会保障局联合主办民宿新媒体运营技巧和推广培训，莲都区农家乐（民宿）职工疗休养承办单位共51人参加培训，内容包括网络营销，创业经验分享，照片处理、短视频制作，以及抖音直播带货等课程。

【疗休养】 将丽水城区9家星级酒店纳入疗休养承办单位，鼓励外来团队到莲都开展疗休养活动，对莲都区以外前100个20人以上团队凭当地县（市、区）总工会职工疗休养接待函，给予每人每晚50元补助。7月，发布《关于2020年度职工疗休养的补充通知》，在原每人2000元基础上增加人均疗休养消费券1000元，人均疗休养经费达3000元。全区共有6308名职工参与疗休养消费券消费，涉及金额891.2万元。组织52名抗疫一线职工，分两批开展市内疗休养活动，疗休养地点包含大港头、云和、龙泉等地。11月26日至11月27日，根据丽水市总工会第二届疗休养区域协作大会系列活动安排，莲都区总工会组织四川广元市、巴中市，江西上饶市、抚州市、鹰潭市，浙江杭州市、宁波市、温州市及山海协作地区总工会领导约50位嘉宾到莲都区开展职工疗休养踩线考察。

【劳模工匠服务管理】 召开2020年度莲都区劳模座谈会，听取劳模建议。成立莲都劳模志愿者服务队和宣讲团，常态化开展劳模志愿服务和劳模宣讲。慰问受疫情、洪涝灾害影响农民工劳模3人，慰问去世劳模家属2人。推荐市级劳模创新工作室1家。浙江丽水瓯江风情旅游度假区管理委员会获浙江省五一劳动奖状；丽水市莲都区旅游投资发展有限公司工程建设部被评为浙江省工人先锋号。配合省总工会《劳模故事里的浙江精神》课题研究，对其中12名劳模进行采访。组织104位劳模体检，组织10位劳模观看芭蕾舞剧《红色娘子军》。

【宣传教育】 2020年，完成撰写上报工作信息124篇，其中被区政府门户网站录用文字信息34篇、图片信息5篇。多篇工作信息分别被《处州晚报》、浙江新闻客户端、《浙江工人日报》等媒体转载。微信公众号累计关注人数4928人，每日人均点击2.15次。在区总工会微信公众号“劳动最光荣”专题专栏集中宣传20名富有代表性的劳模工匠和先进职工典型，突出宣传在抗击疫情、复工复产一线先进典型。2020年，累计发布原创微文315篇。

【活动开展】 开展“当一周工人”活动，工会全体干部职工在5—6月陆续到25家可操作、可体验的各领域基层企业“挂牌上阵”。举办“致敬新时代·莲都好声音”全区首届职工十佳歌手大赛，来自全区各基层工会的18名职工参加决赛。组织多期“莲·工益”大课堂公益培训，开设太极拳、民族舞、花艺、油画等课程，通过公众号抢课吸引250名职工参与培训学习。职工公益书法协会于春节期间开展书法公益活动，到丽水工业园区、工会大楼、池岭村等地，为职工群众书写对联。职工公益合唱团每周四晚固定上课，提升职工综合素质和艺术修养。围棋协会举办2020年“中国围棋之乡”联赛丽水分赛。

【劳动法律监督】 在2020年春节期间开展“尊法守法 携手筑梦”服务农民工公益法律服务行动，共开展志愿服务宣传6次，累计解答法律法规咨询300余次，发放宣传资料3300多份。11月26日举办莲都区“民法典与劳动用工”专题培训，莲都区各企业工会主席、行政部负责人及企业主要管理人70余人参加培训。

（姚哲伦）

共青团莲都区委员会

【概　况】 2020年，莲都团区委组织“与莲都同行”青年说第三季，培养高素质的宣讲队伍。开展“绽放战疫青春 坚定制度自信”等主题大讨论和宣讲活动，举办莲都区纪念“五四”运动101周年暨青春战“疫”故事分享会，开展“真善美”大学习、大寻访、大实践、大传播活动。推进红领巾学院在全区50所中小学全覆盖。在疫情防控中，先后成立6支青年突击队，组织返乡大学生及青年共计100余人，在城乡社区(村)防控、助领“健康码”等方面提供志愿服务。结合端午、“八一”等时间节点，为外卖小哥、退役军人等群体送温暖。招募200余名志愿者为古堰画乡艺术节、莲都越野100等大型赛会做保障。推送的关爱白血病患者项目荣获第五届中国青年志愿服务项目大赛金奖，沈香获评2019年浙江省志愿服务工作先进个人。每月组织乡镇(街道)梳理并走访重点青少年，帮扶重点青少年1103人次。联合“莲都区侠姐调解工作室”开展“陪伴者计划”，为11名山区心理困境少年提供陪伴服务。开展“粽”情于你·志愿同行等青年交友活动4次，在交友活动中融入公益服务、传统文化等元素。持续推进共青团改革，推行“青年点单—团团领办—青年评议”工作模式，制定“进位提升”2020年任务清单，开展基层团建“进位提升”行动定级暨互观互学活动和第四批“双百双提升”行动，深化基层团组织规范化建设。扩大团的基层组织覆盖面，建设非公企业领域团组织50家、社会组织领域团组织10家。创新基层团干部选用机制开展竞争性选拔，突破原有要求，全区“90后”公务员、事业单位工作人员均可纳入比选范围。最终选出团干部13名。2020年，莲都团区委共有3篇文章刊登于《中国共青团》，基层团组织共2篇文章被《浙江团情》深度报道。

【区青少年宫迁建项目】 莲都区青少年宫迁建项目，总投资1.52亿元。项目总用地面积14045平方米，总建筑面积22185平方米。实地走访富阳、海宁、嘉兴等外地青少年宫及余杭人工智能教育基地、机器人小镇等基地30余个。深入排摸，针对碧湖、大港头、城区家长开展线上问卷调查2次，走访中小学、研学基地、培训机构等教育单位。完成可研报告、概念性方案、设计方案等的编制，完成2020年项目工作目标，获区分管领导书面批示肯定。

【“与莲都同行”青年说第三季】 2020年10月，组织“与莲都同行”青年说第三季活动，设置战队选拔、待定评选、逆袭复活、导师辅导、户外集训、主题演说、即兴演说等经典环节，引入赛马擂台，全程现场直播，以真人真事和真情实感，讲好传承红色基因、扎根基层、履职敬业的莲都故事。代言最青春的家乡故事，组织青年演说家到万洋低碳制造小镇、古堰画乡等地，为工旅融合、生态工业、古村落保护、精品农业等领域代言，宣传莲都践行“绿水青山就是金山银山”理念，被学习强国平台以专题方式连续报道10次。获莲都区创新项目(“五大工作制度”优秀案例等)一等奖。

【莲都区青年工作联席会议】 2020年9月23日上午，莲都区青年工作联席会议第一次全体会议在莲都会议中心碧湖厅召开。区委副书记、政法委书记、区青年工作联席会议召集人胡伟华主持会议并讲话。会议学习了《浙江省中长期青年发展规划(2017—2025年)》和丽水市青年工作联席会议第一次会议精神，审议通过了《莲都区青年工作联席会议工作规则》《莲都区青年工作联席会议成员单位职责分工》《莲都区青年工作联席会议2020年重点工作项目计划》等文件。

【电商直播】 2020年9月4日，组织开展“青春网红 公益助农”活动，为观众普及农产品知识，介绍莲都、剑阁特色优质农产品，助力乡村振兴和东西部协作。通过借力“网红流量”宣传莲都的绿水青山、风土人情、农特产品，变“网红流量”为“流量经济”。

(林莎莎)

莲都区妇女联合会

【概　况】 2020年，莲都区有14个乡镇街道妇联，区直机关妇委会50家。

【思想引领】 开展“巾帼心向党 建功新时代”“致敬巾帼先锋”等系列主题教育，区、乡、村三级妇联上下联动，围绕民法典、垃圾分类、未成年人保护等开展“莲花大宣讲”活动30余场次，参与妇女群众1万多人次。举办“三八”国际妇女节暨巾帼风采线上直播活动，举办“致敬战疫中的巾帼英雄”特殊党课及“讲巾帼英模故事”等活动。

【妇联改革】 完成区妇联换届工作，选举产生新一届妇联班子。开展村社妇联组织换届工作。创建2家示范型“两新”妇女组织，培树1个带动型“两新”妇女组织。

【来料加工】 开设来料加工大篷车现场培训和创富能手平车技能免费培训班30场次，2000人次参加。前往开发区及武义、温州等地，帮助寻找来料加工货源。举办来料加工产品现场集中对接活动，开展沙龙分享活动、直播活动、建立莲姐云商城等平台、打造“莲姐”系列产品品牌，举办3场“巧手夜市”售卖活动、1场精品展示售卖活动，帮助打开来料加工产品线下销售渠道。

【助推经济工作】 举办农旅融合产品培训班，开展“妈妈的味道”进民宿美食品鉴研讨活动，将妈妈的味道民间美食、妈妈的手工制作、巾帼民宿等巾帼元素整合融入莲都区美丽乡村家庭旅游DIY路线。举办莲都家庭旅游路线发布会并赴上海黄浦区家庭推荐莲都亲子旅游路线。举办巾帼乡村直播能手培训班，帮助创业妇女掌握直播带货技巧，拓宽农产品销售渠道和扩大销售范围，助力乡村经济发展。举办巧手夜市活动四场，部分生态农产品、农旅手工制作产品、来料加工产品、妈妈味道美食等走进地摊夜市。举办咖啡经济沙龙活动，让更多咖啡创业者了解丽水市助力咖啡经济的政策，促进咖啡消费及产业发展。将莲都区巾帼创客共享妇联的文创产品与咖啡经济进行有机结合，增加咖啡产业经济的丰富性及衍生价值。

【妇女儿童关爱】 2020年，莲都区妇联为贫困妇女儿童送物资送资金送心理帮扶，宣传疫情防控知识，疏导焦虑情绪，当好温暖娘家人。为大港头双胞胎姐妹（因养父患重病住院陷入困境的情况）发起倡议宣传，帮助双胞胎姐妹重回校园、顺利中考、走出困境。开展“守护童年 牵手共成长”暑期儿童关爱服务活动。邀请蓝丝带志愿团队，在村社儿童之家以亲子游戏、童谣教学等方式，开展防溺水知识、垃圾分类、毒品防范、未成年人性侵防范等系列活动，共开展33场次，受益家长儿童1230人次，走访帮扶留守和困境儿童30人。推进建设“儿童之家” 22家，其中全国快乐儿童家园1家，省级规范化儿童之家3家。落实女性健康关爱行动计划，推进“三留守”人员关爱工作，给予低保女性集中村工作经费补助，用于低保女性健康险及“三留守”人员志愿服务关爱活动，完成城乡低保女性健康保险覆盖率10%的考核要求。

【妇女维权服务】 疫情期间，开展线上免费咨询和心理疏导服务，邀请5位持证心理咨询专家志愿者24小时心理疏导线上服务，心理咨询辅导共700多人次。线下常态化开展维权调解服务，帮助解决疫情期间婚姻家庭矛盾、邻里纠纷。强化婚姻矛盾纠纷化解和未成年人防性侵工作，在创新“丽人幸福驿站”“来料加工+调解”模式基础上，以点带面，在较大来料加工点、就业培训机构等妇女比较集中的点位建个人和社会团体调解工作室，融入基层“一中心四平台一网络”，打造“莲花调解”工作品牌。9月底，正式启用莲都区联城街道娄丰堰来料加工+调解服务中心。

【家庭文明创建】 开展垃圾分类“百场十进”志愿宣传活动，村社妇联长效开展“垃圾分类”巾帼行动，通过各种平台、多种形式广泛开展垃圾分类宣传，提高家庭垃圾分类意识和投放准确率。提供“非常假期”家庭教育指导服务，推出线上“莲花家教”微课专栏，引导广大家庭线上学习；以晒家风家训、写家风家训、讲家风家训形式开展大型广场宣传活动，传承好家风家训。开展最美家庭选树活动，在国际家庭日期间进行线上线下展示，共50多万人次参与浏览学习；举办“快乐一个家 文明一座城”“清风常伴 廉洁齐家”及“芳华绽放·挚爱如歌2020莲都区金婚大典”（线上直播近16万次人观看）等活动，引领示范带动更多家庭崇德向善，传播家庭文明正能量。开展“人人成园丁、处处成花园”行动，认定区级绿色家庭50户；开展花园庭院建设，打造1个花园庭院样板村，10个花园庭院样板户，共建“美丽乡村”。

【巾帼文明岗创建】 激励各行各业女性以岗位成才、岗位创新为目标，把巾帼文明岗创建活动由机关事业单位向“四新”领域拓展延伸。2020年，创建巾帼文明岗市级6家、区级6家。

（桑玮唯）

莲都区工商业联合会（总商会）

【概　况】 2020年，莲都区工商联组织民营经济人士党员开展“迎七一”主题党日活动。12月1日至4日，举办以“强化学习、增强信心，促进民营经济高质量发展”为主题的民营经济人士培训班。引导民营经济人士“听党话、跟党走”，增进民营经济人士在党的领导下走中国特色社会主义道路的政治共识。坚持党建引领，选派“两新”党建指导员指导区新生代企业家联合会党建工作。7月25日，组织区新生代企业家联合会会员集中学习传达习近平在企业家座谈会上的重要讲话精神。10月15日，组织区新生代企业家集体赴重庆开展学习传承“红色精神”活动，坚定跟党走的理想信念。选派3名新生代企业家到区直党政机关挂职锻炼。

【疫情防控】 疫情期间，区工商联向全体会员及全区广大民营企业家发出倡议书，通过“工商联会员群”“莲都企业群”等传达区委防疫措施、抗疫动态。据统计，区工商联会员企业及各异地（基层）商会以各种形式捐款155.1万元，捐赠口罩4.77万个，捐赠消毒水35吨和“84”消毒液29桶。

【民营经济发展】 开展“助企抗疫情、联企复生产”专项行动。走访联系23家工商联执委企业，了解企业需求。5月26日联合区发改局等8个部门召开了以“强信心、保增长”为主题的首场“亲清直通车·政企恳谈会”。7月6日，开展新经济新业态民营经济人士“双走访”活动。走访浙江多乐缝纫机有限公司、丽水万控科技有限公司、丽水市宏远塑胶有限公司、丽水山耕梦工厂农业科技有限公司等4家企业，了解新经济新业态民营经济代表人士的思想政治素质、经营能力和发展潜力，培养壮大一批坚定不移跟党走、一心一意谋发展的民营经济人士队伍。9月4日，联合市生态环境局莲都分局等20个部门召开了以“践行‘两山’理念 助力绿色发展”为主题的第二场“亲清直通车·政企恳谈会”，与企业家面对面恳谈交流。10月30日，组织民营企业家参加“服务‘六稳’‘六保’护航民企发展”检察开放日活动。

【建议献策】 组织工商联界别政协委员开展调研，提交大会发言1篇，集体提案3件。其中，集体提案《关于助推疫情影响下民营企业健康发展的建议》被确定为重点提案进行办理。6月，组织工商联界别政协委员就莲都区如何加快文化旅游产业高质量发展进行调研，撰写调研文章1篇。8月，组织工商联界别政协委员就莲都区如何将万洋小镇锻造为莲都生态工业高质量发展主平台进行调研，撰写调研文章1篇。

【提升服务能力】 推进工商联改革工作。印发《莲都区工商业联合会（总商会）深化改革实施方案》，优化工商联工作体制机制，推动工商联改革、创新、发展，促进民营经济健康发展、民营经济人士健康成长。指导商会有序开展活动。1月12日召开莲都区总商会黑龙江分会成立大会，完成莲都区总商会广东分会、北京分会、义乌分会、新生代企业家联合会及各工作支部换届工作。

（叶啸笑）

人力资源和社会保障

人力资源

【概　况】 2020年，莲都区人力社保局在政治建设、党建引领、清正廉洁、业务工作等方面持续提质增效。获2020年度莲都区“争先创优”（复工复产）工作集体嘉奖；莲都区劳动人事争议仲裁院连续22年获省级先进表彰。

【事业单位工作人员队伍建设】 2020年组织教师和卫生专业技术人员专场招聘，招聘23名教师、选聘4名，招聘卫生专业技术人员12名、选聘2名。9月，组织全区事业单位集中选聘，共完成12名事业人员公开选聘。2020年，根据莲都区机关事业单位人员调配若干规定，对部分人员岗位作了调整，有10人调往市直及其他地方工作，区外调入事业专业技术人员11人，人才引进入职18人，区内事业交流218人，其中民办事业教师返回公办学校14人。另外，有13人通过考核进入事业编，办理1名随军家属安置和5名退役士兵安置。

【机关事业单位编外人员队伍建设】 2020年年初，面向社会公开发布招聘社工公告，招聘社工39名。加上1名村干部转任社工，一季度共有40名新招聘的社工入职。5月，组织开展劳动保障协理员转任社工，有29名考生参加了面谈，全部合格转为社工，其中人力资源服务中心话务员4名。根据2020年工作需要，招聘35名辅警，其中纪委留置陪护辅警13名。5月，发布招聘警务辅助人员公告，有32位辅警进入岗前培训。完成机关后勤服务中心等3家单位编外驾驶员岗位招聘4人。根据区内机关事业单位编外用工实际，向社会发布集中招聘公告，经各用人单位组织报名和比选共有172名考生入围面试，75名考生进入体检和政审环节。对部分单位按岗位匹配性给予推荐就业10多人。11月，再次组织全区机关事业单位编外用工集中招聘，经各用人单位比选，共有162名考生入围67个岗位面试，年底67人及时到岗。

【人事管理体系】 2020年，完成226家事业单位岗位重新设置，以及部分单位的岗位变动审核。根据区委区政府重点工作完成情况，集中对11个部门12项工作完成突出的，进行行政奖励，到年底，对11个事项进行审核并提交区政府审议通过。12月，对2名见义勇为人员进行了三等功奖励。

【人事档案管理】 接收大专毕业生档案1435份、中专毕业生档案43份、企事业人员档案146份，转出大专毕业生档案332份、中专毕业生档案13份、村干部档案3份、企事业人员档案34份，截至2020年12月30日，档案在册10558份（其中高校毕业生档案8007份，企事业单位人员档案1837份），集体户在册182人。

【人才工作】 2020年，组织开展各类技能人才专场鉴定35场，1570人通过考核，工种涉及育婴员、茶艺师、美容师、电工、中式烹调师、西式面点师等，新增高技能人才218人。通过技能竞赛、荣誉评选等培养推荐，2020年新建市级技能大师工作室1家，新增丽水市首席技师1人、丽水市技术能手2人、丽水市“绿谷工匠”5人、丽水市138人才1人；结合莲都区专业人才培养需求，组织推荐申报省级专业技术人员高级研修班2个、省级现代服务业高级研修班2个。举办莲都区第三届“乡村能人”系列技能技艺竞赛，竞技工种包含茶艺师、花艺师、厨师、食品雕刻、民宿管家和山超店长等。编制发布《2020年度莲都区紧缺人才开发导向目录》，为莲都区人才引进、培养、评价和制定各项人才服务政策措施提供依据。落实高层次人才各类优惠政策莲都区新申报人才卡证5人、申报人才公寓10人并获得批准，有60家单位746人申报丽水市高层次人才体检，落实好市区高层次人才各类优惠政策，发放各项人才资金467.54万元；开展高层次困难人员慰问1次。组织莲都区企业参加市本级人才交流会2次，组团外出参加异地人才招聘会13次，全年莲都区共引进各类人才2337人，其中硕士研究生25人。根据组织部门统一部署指挥，举办2020丽水“人才科技”峰会莲都分会场1次，对接兰州理工大学温州泵阀研究院、国家阀门质量监督检验中心，与青田县共建阀门产业工程师协同创新中心。

【职称评聘】 2020年度，围绕“云上职评”业务核心开展专业技术人员职称申报和评审工作。全年共审核（推荐）通过专技申报人员939人，其中，初定238人（初级225人，中级13人），评审（推荐）701人（正高级7人，高级139人，中级398人，初级157人），通过丽水人力社保公共服务平台“云上职评”系统发放电子证书146本（初级54本，中级92本）。做好各系列新取得职称人员的发文公布工作，收发专业技术相关文件64份。开展事业单位专业技术人员岗位聘用、岗位等级变动工作，办理专业技术人员岗位变动937人次，其中高级154人次，中级644人次，初级139人次。落实中小学校教师职称改革工作，拓宽新型农业生产经营主体人员的评审渠道，全年共推荐农业生产经营主体参评高级职称1人，评审通过高级职称1人。

【工资、福利和退管】 2020年，办理机关事业单位工作人员工资调动转移手续646余人次。审核审批机关事业单位人员工资正常晋升、职务和岗位变动、职级晋升等8300余人次。审核发文机关事业单位工作人员工龄认定177人，符合《关于进一步解决部分精减退职人员生活困难补助问题的通知》（浙人社发〔2011〕223号）文件办理部分精简人员待遇审批1人。办理退休审批141人，一次性抚恤费审批80人，遗属生活困难补助费审批8人，调整高龄补贴审批30余人。制订出台2020年年终考核奖分配方案，与区委组织部、区考核办、区编办联合审批完毕，审核审批年终考核奖发放数额8153.7万元。审核审批机关单位年终一次性奖金1600余人次，事业单位人员考核奖4300余人，审核审批机关及事业工作人员应休未休年休假报酬5900余人。

社会保障

【促进就业创业】 2020年开展创业培训607人，完成率110.4%，拨付补贴资金86.16万元；企业岗位技能培训1539人，拨付74.37万元。市区城镇新增就业7692人，完成率124.1%；发放创业担保贷款2035万元，完成率112.4%；开展创业活动场次11场，完成率110%；累计开发公益性岗位150个，完成率120%；累计公益性岗位在岗数104人，完成率116%；创建高质量就业社区（村）25个，完成率100%；落实失业人员再就业7692人，其中，莲都区困难人员再就业835人；城镇登记失业率 1.82%；累计发放就业困难人员社保补贴1253人次，共计672.72万元；保障失业人员基本生活，发放失业金1839人次，共计244.22万元；启动居民物价补贴机制，为失业金领取人员发放物价补贴17.14万元，惠及1909人次；开展东西部扶贫协作，22省到莲都就业4367人，完成率2950%；四省到莲都就业1898人，完成率6544%；及时掌握企业就业失业动态监测情况，保持城镇“零就业家庭”基数归零、动态归零。

【就业服务】 2020年，认定83家见习基地，累计推荐309人参加见习，在岗见习生117人；鼓励高校毕业生到企业就业，发放高校毕业生就业补贴110人，30.9万元；引导企业吸纳高校毕业生就业，发放中小微企业招用高校毕业生社保补贴100家，共125.77万元；累计开发公益性岗位150个，公益性岗位在岗104人，发放岗位补贴和商业保险补贴87.78万元；28个村被认定为区级高质量就业社区（村），共拨付创建补贴资金28万元；出台《莲都区加强复工企业用工保障的若干政策举措实施细则》，为莲都区企业复工复产提供用工保障，为12家企业54名企业员工提供食宿保障补贴3640元；接送企业员工复工交通费9630元；新吸纳29名剑阁籍建档立卡人员到莲都区企业稳定就业，发放交通和生活补助14.5万元；开设返岗专车专列，保障企业复工复产，为莲都区万邦、依莱特等公司订制员工返岗专车12辆，前往江西、河南等地接回员工180余人，通过四川、贵州等地四列专列接回80家区属企业271名员工，其中，山海协作首趟专列为莲都8家企业接回员工37人；累计为市区6152家符合条件的企业发放稳岗社保费返还补贴1.03亿元；发放企业一次性稳就业补贴，助力企业渡过难关，累计发放莲都区企业688家，发放金额642.4万元，惠及参保劳动者6424人；发放以工代训补贴共计2003.43万元，惠及2958家企业、21042人次；23家企业已开展35期企业岗位技能培训班，共计1539名企业职工参训，并发放企业岗位技能培训补贴74.37万元；开展网红孵化、直播带货、民宿创业经营等16期创业培训班，拨付创业培训补贴607人，共计86.16万元。2020年新增创业担保贷款50人，贷款金额2035万元；发放创业担保贷款贴息34人，贴息金额74.88万元；发放一次性创业补贴23人，补贴金额11.5万；发放场地租金补贴9人，补贴金额1.8万元；帮助对口剑阁县贫困劳动力到莲都就业74人，疫情期间，开设丽水—成都复工复产专列、莲都—剑阁东西部扶贫劳务协作“复工直通车”，54位剑阁务工人员到莲都就业，参与莲都复工复产，其中建档立卡贫困人员43人。帮助贫困人口（中西部22个省份）到莲都区稳定就业数4879人，帮助对口帮扶四省（四川、湖北、贵州、吉林）到莲都区稳定就业数2291人；建立“扶贫车间”5个，共计100余人参与来料加工；开展技能扶贫专班13期，培训建档立卡人员634人。

【机关事业单位养老保险】 2020年，全区共有机关事业单位养老保险参保职工6585人，机关事业退休人员共计3777人。实收机关事业基本养老保险基金38015万元，基金支出43174万元，基金滚存结余3458万元。

【城乡居民社会养老保险】 2020年，全区共有在职参保缴费46268人，享受城乡养老待遇36816人。2020年实收城乡居民养老基金15242万元，支出10702万元，养老基金滚存结余14354万元。

【被征地农民基本生活保障】 2020年新增参保人数851人，全年被征地农民基本生活保障资金收入4475万元，支出12073万元。全区参加被征地农民基本生活保障的在职人数1177人，其中享受基本生活保障金334人，资金累计结余74万元。

【企业退休人员社会化管理】 实行企业退休人员社区化管理，强化退休人员档案管理，实施企业退休人员网上生存认证。2020年，市区有59436名企业退休人员进入了社区管理，新增档案管理515份。

【劳动监察】 2020年，莲都区劳动监察大队开展根治欠薪“夏季”“冬季”专项行动、清理整顿人力资源市场秩序、用人单位遵守劳动用工和社会保险法律法规等专项执法检查活动；宣传劳动保障法律法规，宣传《保障农民工工资支付条例》；推广“工资支付监管平台”，通过“平台”数据分析，加强劳动保障日常巡查、服务用人单位；探索化解劳资纠纷新举措，发挥了“劳动纠纷治理一体化经办平台”的作用。2020年，接待来访、来电群众2000余人次；主动巡查用人单位330余家次，涉及劳动者1.63

万余人；办理行政处罚案件10起，行政罚款4万元；受理劳动纠纷425起，通过基层调解401起，基层调解率94.35%。

【劳动争议调处】 2020年，莲都区仲裁院在做好疫情防控工作的同时，做好劳动纠纷化解工作，保障劳动者合法权益，维护和谐的劳动关系。全年共受理案件250件，涉案金额465万元，审结案件281件，仲裁结案率97.6%，其中调解结案215件，其他方式结案31件，仲裁调解率87.5%，其中一裁终局21件，一裁终局率60.0%，网络办案率40.8%。坚持"预防为主、优先调解、平等自愿、合理合法"的原则，畅通多渠道的维权途径，推行"互联网＋调解仲裁"模式，网上立案、线上开庭、远程调解，为当事人提供方便快捷的调解仲裁服务。通过省人社厅"建标准院、开标准庭、办标准案"试点工作要求，成为第一批验收合格单位；莲都区劳动人事争议仲裁院被评为全省先进集体。

（柯欢素）

外事·侨务·台湾事务

外事工作

【概　况】 2020年，莲都区外事办围绕服务国家外交大局，服务长三角一体化发展，服务新冠肺炎疫情防控，服务莲都区经济社会发展，立足莲都区工作实际，发挥外事工作的优势，开展各项外事工作。

【队伍建设】 贯彻上级关于外事工作的部署要求，结合机构调整组建新的区委外事工作委员会，研究部署有关重点工作，确保全区外事工作始终沿着正确方向前进，推进全区对外交流与合作。机构改革后，莲都区人民政府成立外事科，指定一名副主任负责外事工作，区台办副主任协助做好外事工作，配备专职工作人员，主动做好综合协调工作，不断提高工作人员的业务素质，加强了外事工作队伍建设。2020年，召开区委外事工作领导小组会议。

【组织交流活动】 2020年8月，省外办第四党支部赴莲都进行实地考察交流；9月，斯里兰卡驻上海总领事马丽卡瑞奇等人对莲都复工复产，发展经贸旅游的工作进行考察；11月，省外办第六党支部到莲都进行实地考察交流；12月，西班牙驻沪领事卡门·冯特丝等人赴莲都古堰画乡考察旅游开发工作。2020年，莲都区有意大利萨尔扎纳、法国巴比松两座友好城市，已与意大利奥拉市签署了友好合作协议，拟开展友城合作。

【对外宣传】 2020年8月，上海复旦大学宗教学系教授魏明德(Benoit Vermander)、华东师范大学中文系副教授卢逸凡(Ivan Ruviditch)应邀在2020年第二届丽水巴比松国际研讨会上做现场主旨演讲，来自意大利、法国、马来西亚等多个国家的政要、艺术家和友人也纷纷通过录像等方式对研讨会表示祝贺。通过简化审批手续，为民营企业提供报批服务和其他涉外服务，促进企业开展海外业务，满足其在国际市场上的需要。2020年，浙江阀毕威阀门有限公司、农米科技两家企业被评为丽水市“外事窗口企业”。加强与上级机关、机关群团组织、企业和海外商会的沟通联系，统筹各方资源，共同推进对外交流与合作。

【疫情防控】 疫情防控期间，区外事办通过后台申报数据监控计划返莲都和已经到莲都集中隔离的外籍人员的情况，上报区指挥部和丽水市外事办，确保每日数据增量纳入管控，抽调外事侨台干部直接在市委党校综合服务点防疫一线开展工作。通过实地走访与电话调查，对本地涉外企业(包括邀请外籍人员和有外籍人员就业的企业和经营户)进行调查，了解外籍员工的来华情况，做到疫情防控期间无未经许可的外籍雇员入境。协调解决涉外管理方面的矛盾，对多起涉外事件妥善处理。与意大利奥拉市和萨尔扎纳市政府有关工作人员联系，了解当地抗疫工作情况，克服各种困难，紧急筹得医用口罩2万只，送到意大利抗疫前线，巩固了中意两国、莲都和友好城市的深厚友谊。

（章程）

华侨事务

【概　况】 2020年，莲都区侨务

部门贯彻落实区委区政府各项工作部署，在围绕服务大局、强化组织建设、维护合法侨益、服务关爱侨界群众等方面取得了好成绩。区侨联获“莲都区抗击新冠肺炎疫情先进集体”称号。区侨联“侨胞之家”获2018—2020年度全国侨联系统优秀“侨胞之家”称号。

【疫情防控】 引导海内外华侨、侨社团、侨联组织捐款捐物，侨界捐赠和牵线购买口罩56.3万个、额温枪500个、防护服1200套，捐款捐物72.8万元。及时向海外华侨发送《致海外莲都侨胞的一封信》。协助区境外人员服务组做好在线心理咨询、药品口罩援侨等工作。开展“助企抗疫情、联企复生产”专项行动。与区委统战部、工商联制订《开展“助企抗疫情、联企复生产”专项行动工作方案》，深化涉侨“三服务”活动，宣传解读形势政策、监督落实防疫责任、服务企业复工复产，为侨资企业送上口罩、额温枪等防疫物资，及时协调对接相关职能部门，帮助侨资企业解决实际问题11个。

【服务中心工作】 引导和支持侨胞回乡投资创业，落实《助力城中村改造莲都侨界在行动实施方案（2018—2020年）》文件要求，开展“侨缘侨心 侨爱送清凉”活动，走进莲都交警大队和万象街道征收组，为一线工作人员送上矿泉水、干粮、口罩等物资。引导侨界群众积极配合辖区党委政府，参与村社组织换届选举工作，支持有能力的侨界代表人士揭榜挂帅“一肩挑”，不少侨界人士成为村“两委”班子成员。

【组织建设】 区侨联落实侨联领导班子专挂兼相结合制度，争取到挂职副主席名额1名。2020年12月21日，召开莲都区第七次归侨侨眷代表大会，选举产生侨联领导班子15名，其中主席1名，副主席14名（驻会副主席1名，挂职副主席1名，兼职副主席12名），秘书长1名（兼），委员75名，常委33名。聘请名誉主席和海外顾问。同日，区留联会和区侨界名媛会完成换届工作。调整充实基层侨联组织，新成立3个乡镇侨联、2个社区侨联、2个楼宇侨联。6月1日，在碧湖镇郎奇村成立全区首个村级侨联组织。9月24日，在莲都农商行成立全区首个企业侨联。12月30日，成立星湖社区和大水门社区侨联，率先在全市成立绿城和新湖两个楼宇侨联。加强基层侨联组织规范化建设，加快基层组织从“五有”向“五好”转变，推动基层侨联组织从“组织起来 活跃起来”向“完善起来 提升起来”转变。

【职能服务】 11月，在莲都外国语学校成立全市首个华侨子女“侨缘侨心·儿童之家”，推进华侨子女关爱工程。做好“三侨生”升学政策加分资格审查、华侨回国定居证办理和归侨证办理等日常性工作，华侨子女考生认定中考150件，高考107件，华侨身份认定219件，归侨证20件。加强侨法宣传力度，妥善处理侨界信访来访件。

（张 艳）

台湾事务

【概 况】 2020年，莲都区台办贯彻“和平统一、一国两制”方针，把党中央对台工作决策部署落到实处，围绕区委、区政府中心工作和全市对台工作的主要任务，在新形势下做好对台工作。

【对台工作】 区委对台工作领

2020年11月6日，莲都区举行“侨缘侨心·侨爱童心”行动暨莲外儿童之家启动仪式

（郑丽 提供）

导小组组织、指导、管理、协调全区各相关部门合作，为对台工作提供充分的资源和有力的支持。通过领导小组成员单位会议，传达学习全省、全市对台工作会议精神，帮助涉台工作领导干部增强政治敏锐性和坚定性，指导对台工作。区台办在对台交往和其他各项对台工作中，贯彻执行各级对台方针政策以及对台工作规章制度，遵守各项纪律规矩，严守国家秘密，确保对台工作制度化、规范化、程序化。同时要求台办干部提升斗争本领和斗争意识，在工作中充分展示“反台独，护统一”的工作形象，维护国家整体利益和尊严。

【抗击疫情】 帮助有需求的在莲都台胞顺利返回莲都，区台办根据莲都区疫情防控指挥部相关要求，进行了意向返莲都台胞的摸底调查，为台胞返莲都联系有关单位、部门，共接到来自希尔斯置业、怡福家园等多家涉台企业，多名台胞台属的求助信息，共帮助20名台胞、台属顺利返回莲都，并依照要求落实防疫管理措施。对接有工作需求的台胞，帮助其落实往返大陆与台湾的相关手续，解决困难，有多名台胞多次往返两岸。2020年，区台办关注新冠肺炎疫情发展，通过微信等方式发出并收到了来自同乡会、仁爱乡青年等多个群体的关心和问候。

【本地台胞工作】 帮助多名台胞解决社保、子女入学等问题。2020年9月，莲都区台办与丽水市台办配合，在艾莱依35艺舍酒店举办了以“两岸一家亲，中秋合家欢”为主题的丽台邻里联欢活动。活动邀请了来自全市多地的数十名台胞与本地的和谐家庭代表，通过网络视频现场连线旅台乡亲，双方互赠了剪纸和书法作品。主动对接两岸合作项目，陪同丽水山耕创意总监颜峻瑜走访仙渡等乡镇，考察当地项目环境，促进项目合作和落地。

（章程）

法 治

政法委

【概　况】 2020年，莲都区委政法委贯彻落实中央和省、市平安综治相关工作会议精神，围绕护航“两手抓两战赢”、创建省级平安区“十五连冠”目标任务，推进社会治理创新，防范各类社会风险，全区社会大局总体稳定可控，社会治理成效显著。2020年，莲都区群众安全感满意率98.77%，综合排名全省第三；平安建设实现“十五连冠”，成功捧得省级平安区“一星平安金鼎”；成功创建全省首批、全市唯一的浙江省禁毒示范区；获全省首批法治浙江（法治政府）建设示范区称号。

【维稳及防疫】 贯彻落实《中国共产党政法工作条例》，发挥统筹协调作用，把政法各单位和平安责任单位团结在一起，为“保一方平安、促一方发展”凝聚合力。坚持依法防控和深入服务两手抓。依法做好疫情防控社会面稳控，牵头出台《关于依法严厉打击疫情防控期间违法犯罪行为的通告》《关于进一步加强依法打击破坏野生动物资源违法犯罪的通告》等，强化对涉疫违法犯罪行为打击；针对疫情防控产生的新问题，开展处置工作，约谈相关组织人员，引导其合理合法表达诉求。全体政法委机关领导干部主动担当重任，投身防控一线，到社区、高速路口、疫情防控指挥部等参与志愿服务。

【平安建设】 将2020年度平安建设工作任务分解为46个重特大事项否决点和376个普通条款扣分点，逐项明确牵头协调单位、责任单位；召开平安建设工作分析会暨会商交办会，督促平安建设工作责任落实到位；针对省第一和第二次暗访组、第11督导组和市级相关部门督查中发现的问题以及全市平安信访法治会商交办会交办的任务，开展重点整改。推行平安建设月报月评、明察暗访隐患问题周报、“一票否决”重大事项即报等制度。开展“平安夺星级金鼎”百日大会战，组织推进社会治安重点区域整治、农村道路交通违法行为专项治理、平安专项工作“争先进位”、平安创建基础情况大排查、“平安三率”提升大宣传等系列行动。开展“查隐患、补短板、保平安” 大督查，检查全区企业（场所）800个，完成隐患点整改 729个。在疫情防控、中秋国庆、中共十九届五中全会召开等重点时段，组建维稳工作专班牵头落实会商研判、信息报告和“六长”通报制度。运用市区协同机制，处置中梁“翡翠雅园”业主、“3·20”火灾商铺房产业主等群体维稳事项；排查化解重大风险隐患，共排查梳理重大风险隐患70件，已化解58件；报备重大事项社会风险评估项目82件；开展网络安全治理，确认并处置负面信息180条。

【基层治理】 在全市“陈尸清零”工作中，认领全市消除“陈尸”任务19具，通过与市里、兄弟县市对接联系，争取政策、技术支持，落实“一尸一案一策”工作制度，发挥“两办一中心”平台作用，化解了“钉子案”“骨头案”。推进“一中心四平台一网格”体系建设，牵头出台《关于推进区乡村三级社会矛盾纠纷调处化解中心规范化建设指引（试行）》，为矛盾纠纷调处化解三级体系建设提供了基本依据；推动区级矛调中心“两办一中心”实体化运作，事项诉求实现了“一站式接收、一揽子调处、全链条解决”；2020年，区矛调中心共接待来访群众9983人次，办理群众事项7494件；区领导累计召开协调会120次，化解疑难案件65件。应用“基层治理四平台”信息系统，实现基层治理四平台、“互联网+监管”平台、社会矛盾纠纷调处化解平台闭环处置；深化网格化管理工作，完成网格地图绘制；在全市率先开展标准地址库采集，共采集标准地址库42万个，推进地址库和人、房、企、事件等社会治理要素关联和落图工作。贯彻落实中央全面依法治国工作会议精神，加强“法治莲都”建设。推进扫黑除恶专项斗争，围绕“六清”任务，牵头分析研判案件(线索)16次，开展“百日大会战”、重点行业领域专项整治、农村“黄赌毒”和涉黑涉恶违法犯罪问题专项整治等行动，查办各类案件59件，立案 19起，成功劝投境外涉黑逃犯马某；出台《关于严厉打击干扰破坏村社换届选举行为的通告》，依法维护了村社换届选举工作秩序。针对涉未成年人违法犯罪问题，出台《莲都区整治未成年人进入酒吧、KTV等歌舞娱乐场所专项工作机制》，对全区重点场所开展联合检查；牵头政法各单位及社会各界法律人士成立了法治公益讲师团，启动公益讲师培育计划，开展“莲心护蕊”未成年人保护项目，推进“法治莲都”建设，区法学会获2019—2020年度全省法学会系统成绩突出集体称号。开展浙江省禁毒示范县（市、区）创建工作，完善“5+1”禁毒工作模式，强化与丽水学院“青莲青”禁毒公益组织、小荷志愿者等合作，强化禁毒工作基础，推进省级示范学校创建，举办“直播带货”“摆地摊”等宣传活动，抓好人员管理服务等重点工作，全区管理在册吸毒人员1718人，异地管理吸毒人员444人。社区戒毒45人，社区康复108人。2020年6月，成功创建全省首批禁毒示范县(市区)，为丽水市唯一，莲都区曙光服务管理救助中心荣获浙江省禁毒工作先进集体称号。

【干部队伍能力提升】 组织开展政治理论学习，依托三会一课、主题党日等，抓好习近平新时代中国特色社会主义思想、“两书一章”、十九大及系列会议精神的学习教育，强化干部队伍意识形态工作；组织全体党员干部到杭州参加集中政治轮训，增强了干部队伍在新时代的斗争本领；开展“三敢三比”活动，形成层层参与、人人比拼的氛围；严格选人用人，落实凡进必考、公开选拔、竞争上岗、民主推荐等制度，选拔任用股级干部4人。坚持把开展执法司法规范化水平提升年活动作为政法队伍能力提升的一个重要抓手，抽调政法各单位精干力量成立活动专班，组织政法机关围绕5个方面重点开展了2轮问题排查，累计排查整改各类问题2051个；在全区政法系统开展案件评查工作，在235件案件中评查出瑕疵案件45件；开展涉法涉诉信访专项治理，将省委巡视组交办的75件信访案件按类别分解给政法各单位进行核查，同时，政法各单位自主排查案件109件，均登记造册，实行台账式管理。挂牌督办一批重点问题或重点案件，多次牵头开展督查、召开协调会、推进会，提升政法机关核心战斗力和执法司法公信力。履行党风廉政建设“两个责任”，学习贯彻中央八项规定精神和省委、市委关于作风建设有关规定，加强纪律教育，抓好正风肃纪工作。确定领导班子履行党风廉政建设主体责任，坚持实行集体领导和个人分工负责相结合，责任到人，谁主管谁负责。主持工作副书记带头履行“第一责任人”职责，落实领导班子“一岗双责”任务要求，做到管人与管事相结合、抓业务与抓党风廉政建设相结合。党风廉政建设工作实行层级管理，做到一级抓一级，层层抓落实；做好编外用工人员管理工作，做到“看好自己的门，管好自己的人”，形成全机关上下共同参与党风廉政建设工作的格局。组织党员干部到丽水市廉政教育基地开展警示教育，抓好正风肃纪工作，提升干部队伍作风。落实《政法委重大决策程序内部决策规则》，健全办公会议决策制度，坚持“三重一大事项”通过办公会议讨论通过，接受派驻纪检组监督，强化对权力运行的制约和监督，从源头上防治腐败和“四风”问题、规避违反中央八项规定及实施细则的风险。

（余应涛）

公 安

【概 况】 2020年，丽水市公安局莲都分局（以下简称分局）内设机构37个，其中23个部门、14个派出所（含水上所、车站所、天宁所3个专业派出所，黄村所、太平所2个合署派出所）。2020年，根据浙江省森林公安机关管理体制调整工作要求，原莲都区森林公安机关的8位民警划转至分局，设立内设机构食品药品环境知识产权犯罪侦查大队。2020年，分局共有民警、职工433人，其中民警420人、公务员身份1人、行政职工3人、事业编职工9人；辅助警务人员637人。2020年，分局有1个集体荣立二等功，6个集体荣立三等功；5位民警荣立个人二等功，23位民警荣立个人三等功，47位民警因工作成绩突出获个人嘉奖。2020年，分局获全省平安护航新中国成立70周年工作成绩突出集体、全省扫黑除恶专项斗争成绩突出集体以及丽水市疫情防控事迹突出的党组织称号，白云派出所获“全国公安机关执法示范单位”称号和“省级青年文明号”，大港头派出所获全省首批枫桥式公安派出所和全省“最美浙警 最美警队”等称号。2020年，共立刑事案件2217起，同比上升4.97%，侦破刑事案件518起，破案率23.36%，其中侵财类案件1935起，同比上升5.22%，盗窃案件破案率25.37%，命案、五类案件破案率均为100%；受理治安案件4774起，查处4767起。

【维护稳定】 2020年，完成警卫任务7批次，完成莲都100越野赛、小镇音乐节等3项重大体育赛事和文艺演出安保任务，市区党代会、市区两会等36项重大活动安保任务，审批大型车展等5场大型群众性活动，安排人员对活动现场安全工作落实情况进行监管。以“莲都五问”为载体，深化“千警进万家”活动。基础大队根据分局部署，制定《丽水市公安局莲都区分局关于推进“莲都公安‘五问’”工作的实施方案》，以“莲都公安五问”活动提升“千警进万家”活动质效，当好新时代“枫桥经验”答卷人。2020年，分局入户走访群众32930户，收集群众反映意见、建议及线索问题11208余件次，调解纠纷1000余起，接受咨询服务4200余次，群众回访满意率97.3%。

【惩治犯罪】 2020年，强奸案受案33起，不予立案16起，立强奸案17起，对涉嫌强奸罪的21人采取强制措施。破故意伤害致死案件1起。抓获历年逃犯7人。快速破获“丽水市莲都区李某放火案”“‘5·20’黄村水库水源地水域吴处村毒鱼案”“周某故意伤害致死案”。2020年度开展命案积案专项行动，对历史命案积案进行一案一档梳理，进行再核查再攻坚。全年共破获3起历史命案积案，即“1998年李某被杀案”“1996年李某被杀案”“2012年叶某被杀案”。2020年，共受理各类经济犯罪案件57起，同比下降64%；立案49起，同比下降66%；破案31起，同比下降42%；涉案价值23458万元，同比下降62%；抓获犯罪嫌疑人113名，同比上升13%；移送起诉31件88人，同比上升24%。开展“信息化建设、数据化实战”的新型经侦队伍建设，组织开展“云端2020”、“猎狐2020”境外追逃、打击涉众型经济犯罪、打击涉税案件“百城会战”等专项工作。做大做强“反诈（侦查）中心”，电诈案件线索初侦初查率100%，其中破案数、移送起诉数分别同比增长355.1%、116.9%。2020年，共破电信诈骗案件503起，移送起诉电信诈骗嫌疑人170人，涉案价值2500余万元，挽回损失800余万元。莲都区联席办研究制定《莲都区打击防范电信网络诈骗犯罪“十五条”刚性措施》，调整联席会议成员单位至44家，制定责任清单，明确职责分工。根据区联席办下发的《集中开展防范电信网络新型违法犯罪主题宣传活动》《全区开展电信网络新型违法犯罪宣传防范工作》

等系列宣传活动方案，各成员单位开展内部单位人员电信网络诈骗宣传防范教育活动，签订“反诈承诺书”。各部门根据自身职责，针对重点场所、重点人群开展精准宣传。发挥警种合力，组建刑侦、网安、技侦共同参与的反制工作专班，落实刑侦部门牵头，多警协同作战的模式，对案件进行攻坚，实行专业打击，重拳打击电信网络诈骗。推行“每案必侦”工作机制，规范电信网络诈骗案件受理、初侦初查的流程。深入推进扫黑除恶专项斗争，坚持“打伞破网”“打财断血”，共立“九类”案件195起，移送起诉428人，抓获逃犯143人，打掉涉黑涉恶组织团伙9个，查封、扣押、冻结各类涉案财物价值2.6亿元（占全市近2/3），专项斗争考核连续2年名列全市第一。坚持“有逃必追、一追到底”，共抓获在逃人员160人，同比上升46.8%。其中，成功追逃远在意大利涉黑逃犯马某，获得了省厅、市局主要领导批示肯定。开展“净边2020”“云战4号”等系列专项行动，严打毒品犯罪，破获了一批大案。其中，创新运用“全域摸排、亲情劝投、法制教育”跨境追逃工作机制，成功劝投1名潜逃于柬埔寨的涉毒逃犯孙某，获公安部党委委员、反恐专员刘跃进批示肯定。通过所队结合、深度研判，成功抓获以杜某为首的河南籍贩毒团伙，成功破获2020年“7·8”贩卖毒品案。抓获犯罪嫌疑人6人，其中采取刑事强制措施3人，行政拘留3人，社区戒毒1人。2020年，完成打击起诉涉毒人员19人，查处吸毒人员27人，强戒3人。抓获“黄赌”违法犯罪嫌疑人529人，采取强制措施219人，行政拘留310人。推进“122”机制工作，侦办跨境赌博案件52起（列全市第一），累计查扣冻结资金2.35亿元。移送起诉涉“食药环”犯罪嫌疑人45人。在打击食品犯罪方面查处了在米豆腐、油条等食品中滥用食品添加剂和在黄粿中非法添加有毒、有害物质硼砂等行业潜规则案件；在打击药品犯罪方面，侦办了“丽水市莲都区‘5·27’销售假药案”，此案件是在《中华人民共和国药品管理法》修改后全市办理的首起假药案件，为受害人挽回直接经济损失33万元。

【基础管控】 开展“缉枪治爆”专项行动。共收缴炮弹1发，土铳5把，气枪5把，仿真枪3把，自制枪1把，各类子弹281发，管制刀具37把，其他物品90余件，销毁雷管2000余发，安全处置盲炮事件2起（现场销毁炸药3千克，雷管2发）。2020年，全区正常营业的旅馆业525家（其中旅馆有315家，民宿210家）。对没有发送数据的民宿进行了清理，从原来的379家到现在正常发送的210家，全年对旅馆（民宿）检查10300余次，处罚宾馆、民宿279起，罚款89950元，停业整顿9家，取缔2家。开展重点片区治安排查整治。2020年10月，成立专案组，抓获卖淫嫖娼违法犯罪嫌疑人63人。2020年，按照省厅《全省公安机关护航复工复产安全生产攻坚行动实施方案》和《丽水市莲都区安全生产委员会关于开展护航复工复产安全生产攻坚行动的通知》，做好辖区企业复工复产安全生产工作。全年共出动检查人数2381人次，对1863家单位进行消防检查，发现火灾隐患862处，督促整改火灾隐患862次。下发责令整改通知书192份。2020年，分局出入境管理大队每日向市出入境管理局、区海外疫情防控组报送涉外人员各类数据共600余份。参与海外入或预入境人员的信息排查工作，核查身份、户籍、电话等信息1257人次。做好涉赌涉诈的报备工作，全年向派出所推送核查重点人员116人，均已核查并制作一人一档。报备涉赌人员62人、涉诈60人，内控19人。报备法定不准出境人员5357人，撤控法定不准出境人员466人，作废出入境证件479本；国家工作人员登记备案（新增、撤销、变更）574人。协助30余家单位、部门核查4014人持证情况及出入境信息。到莲都住宿登记2480人，其中宾馆住宿1642人。开展涉外新娘排查走访，辖区有外籍新娘142人，截至2020年12月，在境外未入境的有17人。开展常住外国人签证回访工作，回访80人次。打造三大示范点（厦河涉外警务室挂牌、就业外国人上墙公示及留学生管理),12月22日全市出入境现场会在丽水学院召开,推广莲都"183"外管工作机制。

【基础工作】 2020年,通过组织"亮晒会""亮赛会"活动,挖掘亮点、特色,精心打造莲都"红绿融合"的绿色生态治安品牌。以"四进警务"为抓手,创新联勤警务新模式,推进全区的城乡社区警务工作。将警务工作延伸至村(社区)文化礼堂、便民服务中心、乡镇集市及综合警务室,助推县域社会治理现代化。创新成立"综合警务室",社区民警、调解员、网格员等人员常态入驻,市场监管、司法行政、应急管理等部门按需入驻,部门联勤、组团服务,"一站式"解决群众的操心事、烦心事、揪心事,确保群众办事"最多跑一地"。实现基层治理由"联动"向"联体"转变,打造"老百姓家门口的派出所",当好"重要窗口"忠诚守护者和奋力建设者,在3个小区试点建设的基础上,通过多方努力,于8月争取到财政资金200万元,采用竞争性磋商方式采购租赁服务模式实施。完成31个小区的硬件安装和数据的接入,按期完成建设任务。

【流动人口服务管理】 与莲都区疫情防控指挥部配合,开展返丽水人员登记分流工作,推送登记流动人口信息。与莲都区人口普查办公室对接,将第七次全国人口普查入户调查排摸上来的人口数据核对录入人口管理系统。营造主动申报流动人口基础信息的社会氛围。发挥党建引领作用,全区警务室辅警,在自己的责任区建立房东、房屋中介、用工单位微信服务管理群,将微信管理群打造成集法制宣传、政策服务、信息传递于一体的平台,利用微信管理群报送承租人、从业人员信息。实行用工单位流动人口信息传递制度,将排查到的未登记的用工单位流动人口信息传递给居住地辅警进行登记落实,2020年共转递用工单位流动人口信息两万余条。查处违反《浙江省流动人口居住登记条例》《浙江省居住房屋出租登记管理办法》的行为,2020年,查处单位和个人不申报居住登记的案件801起,罚款 11万余元,其中处罚未按时告知流动人口相关信息的房屋出租人(房东)278个,处罚未按时报送流动人口相关信息的单位(企业)500家,流动人口23余人。通过打击宣传,提高群众的法治意识和流动人口居住信息自主申报意识。2020年,莲都登记在册流动人口18.28万人,出租房屋32435户,户籍人口信息329462条(包括户在人不在),用工单位22890家,从业人员211606人。

【网络管理】 2020年,开展网上"枫桥经验"创建、VPN(虚拟专用网络)违法打击整治、个人信息安全专项整治等工作,监督相关网络运营主体落实网络安全责任。2020年4月至7月,应用"人像+"技术开展命案积案攻坚行动,参加省厅组织的人像比对工作,完成1208名全国命案逃犯的人像比对任务,其中初步比中命案逃犯96名,经省厅认定52名,经公安部确认的比中命案逃犯研判报告13份。

【勘查数据】 2020年,分局刑侦大队共勘验案事件现场2126起,其中刑事科学技术室勘验案事件现场共1923起。十五类案件现场指纹、足迹、DNA的提取率分别是46.1%、43.1%、52.8%;2020年,全区人员信息采集中进办案区人员指纹采集率100%,DNA采集率100%。2020年,现场提取指纹比中案件118起,DNA比中案件81起,足迹比对案件13起,出具鉴定书79份,串并案件60起。2020年度刑侦技术室与网警合建电子数据取证实验室,实验室归刑侦大队管理,人员配置为刑侦技术室3人、网警1人。2020年,共受理案件152起,受理检材561件,勘验检查率100%。

【改革创新】 推进"最多跑一次"改革,梳理"最多跑一次"改革事项清单127项,实现群众"零跑"106项。对于不能来窗口办事的群众,提供微信审核服务,应用政务2.0、"浙里办"等平台,推行"网上办、掌上办"。开展出生登记、死亡注销、婚姻状况变更、机关事业单位工作调动迁户口,退伍军人落户等"一件事"网上联办工作，实现了“数据上高速，部门帮你跑”。丽水县市内的户籍业务实现“全城通办”，浙江、上海长三角区域范围内实现“户口网上迁移”，线上办理新模式实现跨省市户口迁移“一站式”办理，实现异地办理全国身份证。配置了身份证自助办理机等设备，用“机器换人”24小时全天候服务。推进户籍管理改革，取消户口性质区分，实行“城乡一体化”的户籍管理制度，户口统一登记为“居民”，不再标注户口性质，取消了农业、非农业户口以及由此而衍生的自理口粮户口、蓝印户口等各种户口性质划分。提升人口管理水平，印发《莲都区户口迁移规定》。2020年莲都区农业转移人口落户城镇1578人，区外户口迁入9041人，城镇人口196498人，城镇化率46.67%。贯彻落实关于规范警务辅助人员管理工作的系列文件精神，从党建引领、实战实训、保障优待、机制建设4个方面入手，深化辅警管理改革，增强了队伍凝聚力、战斗力。对接区委区政府、区编办、区人力社保局，争取增加辅警员额编制数。提高辅警工资福利保障，按上一年度社会平均工资的120%发放辅警工资。注重辅警队伍的人才发现和培养，从优秀辅警中挖掘、培塑了一批切实有效、利于推广的工作法，使辅警队员“学有榜样、赶有目标、干有希望”，以点带面激发队伍“精气神”。

【执法工作】 2020年，分局打造精细化执法监督管理新模式，被市局法制支队作为样板在全市做经验介绍，连续三年作为丽水市法治工作样板接待各县局跟班学习。推进执法规范化水平提升年活动，查找各类执法问题，共检查各类案件2408起，自查发现各类执法问题1670个。在整改提高阶段，做到边查边改、立行立改，整改一个销号一个，确保每个问题都整改到位。活动期间整改销号1642个问题，整改销号率为98%。根据前期排查的各类问题，有针对性地开展了伤害类案件专项清理、执法档案专项清理、外单位移交案件专项清理、采取过侦查措施又未能办结案件清理、涉案财物专项清理5项专项治理工作，涉及案件1454件及民警115名。开展教育整顿、政治轮训、比武竞赛、教育培训、典型案例学习、挂牌督办、旁听庭审等形式多样的警示教育活动共10次。建章立制6项，为执法行为提供指引。除了被上级挂牌督办1起案件外，对所队的案件进行梳理，内部监督12起外单位移交案件进行侦办，提高案件办理的速度与质量。2020年8月，分局法制大队研究拟定了《伤害类案件办理工作指引》，明确伤害类案件的核查范围（包括殴打他人、故意伤害、聚众斗殴、寻衅滋事四类），限定取证的时间要求，明晰调解的范围边界，框定办案的不同时限，创新推出中层领衔主办制。通过上述制度的推行，配合“伤害类案件警情”每月专项通报考核的推进，全年共受理的500起伤害类案件办结426起，伤害类案件办结率从2019年的不足55%提高到2020年的85%以上，信访投诉同比下降了87.5%。以“四色”管理模式消除重点案件执法隐患。分局法制大队确定了四类容易出现“不作为”问题的重点案件类别，针对这四类案件，推出“四色案件管理模式”，以每月的“重点案件办理情况”通报为抓手，强化日常的源头监管，形成两级监督闭环，确定每月20日为疑难案件会商日，及时给出侦办结论，防止久侦不结。2020年共督促办理重点案件467起，已办结408起。其中督促办理了一批类似的高潜在执法风险案件，起诉20余人，预防了被检察监督和追责问责。快速处置“10·9”老竹镇一醉汉殴打演员事件；处置非正常死亡事件80起，推进陈尸（冰尸）积案攻坚行动，成功化解历时十年的“赖某惠、梁某仙信访积案”，已签约火化尸体12具（100%）。

【落实层级管理】 2020年，制定出台《2020年全区公安机关党风廉政建设和反腐败工作意见》《2020年分局落实全面从严管党治警责任制考核》《分局层级管理问责条例》等文件，根据层级管理办法，坚持“六层五级”层级管理责任框架运作。落实党委主体责任，履行党风廉政建设第一责任人职责，实行党委书记负总责，政委牵头抓，纪委书记具体抓，其他党委委员分片抓的工作运行机制和各所队长为党支部第一书记，重大事项报由支部委员会决议的工作运行机制。落实各党支部和部门领导“一岗双职”，传导压力，从党委书记到党委成员、到部门领导、到民警职工层层签订《党风廉政建设责任书》。修改完善《全面从严治党主体责任履责记录本》，制定各层级党风廉政建设主体责任职责任务，完善廉政档案、责任清单、排查廉政风险点、常态廉政督察等手段或平台，推进层级管理工作的落实。根据工作实际情况，出台“信访投诉周通报、警情日评估、黄赌毒案件‘一案三查摆’”等“三项管控制度”和“绝对不允许未经批准查询他人信息及他人办理案件信息、绝对不允许泄露案件信息或通风报信、绝对不允许未经报备与他人发生1万元以上的借贷担保行为、绝对不允许与‘三类重点人群’有异常交往、绝对不允许单人押解或单人看守违法犯罪嫌疑人”等“五个绝对不允许”防控配套制度。在全区公安机关开展“排真情、说真话、交真底”三真活动、档案警械装备涉案与非涉案财物“三清理”专项工作和廉政风险排查整改活动，全面排查梳理不放心人员并专门落实谈心谈话，加强全区公安机关队伍纪律作风和执法规范转变，从源头上预防和减少违纪违法问题发生，推进清廉莲都公安建设。2020年，执行现场督察任务114次，督察警力276人次，检查基层所队314个次，检查警用车辆252台次，检查民警协辅警4600人次，抽查台账或案卷654本，检查重点社会单位、场所438处，检查重点管控人员391人次，发现并查纠各类问题216个，提出督察建议84条。记分违规民警50人次，连带责任领导15人次，辅警10人次，连带责任民警8人次，谈话教育民警8人，印发督察通报5期。

【通信保障】 2020年，研发了金点子信箱、新版通讯录等实用工具，研发“人口数据治理平台”，帮助解决基层警务室人口管理工作中的难题。全年完成莲都区公共安全视频监控建设联网应用项目（天网二期新建、天网二期改建）验收、移交工作，进入日常运维。在丽水市公安局组织开展的全市科信队伍应急通信保障实地集结拉练活动中，获无线通信、视频传输、声像资料制作全部单项第一名，总成绩第一名。配置移动警务终端635套，论文《移动警务终端在社会治安防控体系建设中的应用和实践》获公安部科信局征文一等奖。

【基础设施建设】 2020年12月19日，完成万象派出所新所的建设及搬迁工作；水上派出所、碧湖派出所等新建项目有序推进；完成武警中队营房修缮项目的设计和编标及财审工作；完成分局三楼的备勤用房改造项目、老竹派出所卫生间改造项目、联城派出所调解室改造项目。2020年，投入修缮资金100余万元，完成全局多处维修工作。

【财务管理】 2020年，分局民警人均公用经费达到人均近8万元水平，保证了全局民警办案经费及日常公用经费。统筹经费使用，落实防疫经费100多万元，保障分局防疫工作的开展。合理安排经费的投量和投向，“三公经费”下降。以“三清理”工作为契机，对基层所队发现的问题进行分析研判，查找现有财务管理制度中存在的漏洞，处理历史遗留涉案财物600多万元。

【物品管理】 2020年，利用省补经费及财政经费等共投入700多万元用于加强科技含量高，实战效能好的重点装备项目建设。将全年1/3的装备经费重点加强了刑侦大队、网警技术建设。投入资金445余万元采购电脑、空调及各类办公用品，处置更新了手铐、防刺服、防弹头盔等涉警装备2224件，销毁、处置各类涉案物品万余件。做好防疫保障工作，争取防疫经费，全年共投入防疫经费100万余元，配发医用口罩11.8万个，护目镜2180副，医用手套8000副以及耳温枪、消毒液、消毒湿纸巾等防控用品和防护器材，做好内部消杀防控工作。为各卡点提供安装帐篷、抢修水电、制作指示牌等服务，保障抗疫工作顺利开展。

【人口变迁】 2020年，莲都区年终户籍人口198997户、421031人，累计办理居民身份证32550张，异地身份证9854张，临时身份证6993张，港澳台居住证13张。迁入8799人，迁出6906人，出生人数4238人，死亡2340人。2020年，莲都区行政区域面积1498平方公里，下辖4个镇、5个乡、5个街道，常住人口48.34万人，流动人口18.28万人。

【队伍建设】 2020年，莲都公安推进红色“六知”党建和基层党支部“四化”建设，坚定“红色警心”，提升全区公安机关党建工作的科学化水平，白云派出所的“白莲心、云服务”和大港头派出所的“画乡枫警、服务先锋”获评全市公安机关十大党建品牌。在疫情防控阻击战中，启动战时思想政治工作机制，成立高速丽水北出口等7个防控卡点临时党支部，启动“火线入党”工作，3名民警、1名辅警被确定为入党积极分子；强化战时表彰奖励，对防疫工作成绩突出的17个集体、158名民（辅）警进行通报表扬，发挥了各级党组织的战斗堡垒作用和广大党员民警辅警的先锋模范作用。坚持党管干部、党管人才，坚持用制度选人、凭实绩说话，抵制用人上的不正之风，注重干部的基本素质和德才表现，打破用人上的论资排辈，拓宽选人用人视野。严格选任程序，完善民主测评、择优上岗等选人用人制度，规范公安机关干部选用的程序和方法，形成科学规范、有效管用、简便易行的选人用人机制。2020年，提拔副科级领导2人，中层正职7人，中层副职15人。健全轮岗交流制度，扩大轮岗交流范围，2020年，共交流中层干部29人，达到了整合警力资源、优化人员结构、激发队伍活力的目的。实施“8+4”重点人才计划，打造全能型公安队伍，制定《关于全面加强全区公安人才队伍建设的实施意见》《进一步加强党委联系服务人才工作实施办法》等文件，开展业务专家、行家的培育工作。组建由96名民警组成、涉及12个业务领域的骨干（后备）库，证据外调队、审讯攻坚队等专业性队伍9支，成立民警工作室6个，培育和打造业务领军人物，加强实战培训和技能传承。成立首期审讯专家、人才库，17位民警入选分局审讯专家库，15位民警入选分局审讯人才库。强化教官队伍的培育，分局共有38名兼职教官，其中2人入选省级教官名单，5人入选市级教官名单；5名民警入选市级公安人才名单，其中2名民警被聘为市级公安专家，3名被聘为市级公安行家。制定出台《丽水市公安局莲都区分局2020年全警实战大练兵活动方案》，组织开展最小作战单元比武、急救知识培训、抛绳救生训练，提高全警实战技能。开展全警基本技能测试，全局民警、辅警参加测试。以经常化练兵为主旨，以主题月比武为延伸，提升全警实战大练兵经常化、实战化、精准化水平。在“砺警2020”全市公安机关全警实战大练兵比武中获集体第二名，有5人获个人单项第一名，1个团体第一名、1个团体第二名、2个团体第三名。根据《莲都区慈善总会公安慈善分会救助金管理办法》，解决部门民警、职工、辅警、离退休人员因公伤亡、重病、突发事故等造成的困难，2020年救助84人，救助金额共计22.9万元。根据分局看望慰问制度，看望慰问执法执勤受伤、生病住院民（辅）警75人次，金额共计5.4万余元。开展“金秋助学”活动，帮助解决民警子女入学入园难题。推进“警医协作”，建立医务室并每周固定2天由市人民医院派驻专家坐诊。引进大润发超市，开办“警营超市”，以最优惠的价格提供最优质的商品，为民警生活带来便利。结合莲都公安实际，研究制定了《全区公安机关“坚持政治建警全面从严治警”教育整顿工作实施方案》和《分局“坚持政治建警全面从严治警”教育整顿工作任务清单》，细化8个大项28个小项具体工作措施并建立任务清单，做到任务到岗、责任到人、清单推进。结合分局《丽水市公安局莲都区分局警示教育年活动实施方案》，每月下发警示教育年活动指引，确保月月有主题、周周有活动。开展“一户一策一干部”结对帮扶工作，通过开展“保障”帮扶、“救助”帮扶、“督孝”帮扶、“增收”帮扶，帮助帮扶农户人均可支配收入增速保持在10%以上。分局403名民警共结对帮扶低收入农户412人。贯彻落实关于规范警务辅助人员管理工作的系列文件精神,从党建引领、实战实训、保障优待、机制建设等4个方面深化辅警管理改革,增强了队伍凝聚力、战斗力。对接区委区政府、区编办、区人力社保局,积极争取增加辅警员额编制数。

【公安宣传】 2020年,在各级新闻媒体上发稿712篇,编发原创微信296篇。塑造出"最疼民警"、"北卡警花"、钢铁警察、被强制休息民警等人物,涌现出许多先进典型。其中,"最疼民警"黄俊抖音短视频获得了5000多万人次的点击量,点赞200多万人次;"外卖小哥"的报道微博阅读量超过1亿人次,在浙江之声官方抖音阅读量近5000万人次。

【工作亮点】 推出防疫平台,研判时效由原来的5~8分钟/人提升至0.05秒/人;开通"劝返热线",劝返计划到丽水人员3141人,劝返率高达79%。牵头负责9个入莲检测卡点,累计出动警力12万余人次,排查车辆10万余辆次、人员15万余人次;做好5个留观点、1个集中医治点驻守工作,每日投入警力200余人次。创新推出"菜警官""民宿空中课堂""驻群警官+安防CEO"等警务助推复工复产,保障辖区群众生产生活。打击扰乱救治秩序的违法犯罪行为,受理涉疫案件38起,其中采取强制措施6人、行政处罚80人。累计巡查本地互联网涉疫情舆情5.4万余条,发现、删除、封堵有害信息32条、教育训诫9人。在全区9个检测卡点、5个留观点组建临时党支部,局党委班子成员分别担任各临时支部书记,增强队伍感召力。2020年,分局经侦大队打击涉众型经济犯罪。全年共立案侦查17起涉众型经济犯罪案件,顺利侦查终结12起案件,移送起诉23人;对涉及全国的3000多个受害群众,赴天津、上海、广东、杭州等地开展调查取证,行程近万公里,做好追赃挽损工作并做好涉案投资人维稳工作。猎狐2020境外追逃成绩显著,共抓获境外逃犯3人,逃犯缉捕率、在册缉捕率均达到75%(目标55%),猎狐追赃挽损金额73万元,成绩名列全市第一。开展新型经济犯罪案件的侦破工作。2020年6月5日,在丽水市公安局统一指挥下,抽调100余名精干警力,赴上海、广东深圳、福建南平、温州平阳等地,对部督"4•22"非法经营案开展集中收网行动,将22名目标嫌疑人全部抓获归案,查扣涉案资产价值3000余万元。本案是全国首例全链条打击"刷单炒信"案件,获得市长吴晓东批示肯定。

(杨蕴)

检 察

【概 况】 2020年,区检察院坚持疫情防控和检察工作两手抓、两不误,突出"优化法律监督、提升办案质效、维护和谐稳定"的工作主线,围绕"强化自身建设、提升工作质效"的工作目标,立足职能、提升质效、强化监督、促进社会稳定和谐。各项检察工作稳步推进,被上级检察院评为"反洗钱工作特色院",向法院和行政机关发送的多件检察建议均获采纳,1名干警入选全省刑事检察机关二级侦查人才库,14件案事例被上级评为典型、精品和优秀案事例,28个集体和个人得到区级以上表彰。

【生态检察】 优化生态环境保护检察举措,批捕、起诉相关破坏生态环境犯罪13人,办理生态环境和资源保护领域公益诉讼案件29件。牵头有关部门在峰源省级自然保护区建立野生动物保护源头治理司法与行政保护基地,出台机制文件,相关做法得到了上级检察院的肯定和推广。发挥公益诉讼职能作用,着力保护生态环境资源,针对突出生态环境问题,发出检察建议,督促加强行政区域生态环境管理工作。通过诉讼手段保护生态环境和自然资源,针对各类破坏生态环境资源的行为,对违法行为人依法提起民事公益诉讼或进行诉前赔偿,督促行为人对造成的生态环境损失进行赔礼道歉、民事赔偿、生态修复等,加强环境资源保护,推进公益诉讼检察工作,保障国家利益和社会公共利益。

【未成年人权益保护】 全年受理未成年人审查起诉案件40件59人，审结42件67人，审结案件中批准逮捕和决定逮捕12件14人、不批准逮捕8件9人，撤案监督6件6人，公安机关全部予以撤案或终止侦查。在案件办理过程中，为有效堵塞漏洞，从源头杜绝同类案件发生，区检察院开展专项调研，召开座谈会讨论，提出多项检察建议督促相关职能部门依法履职，保障未成年人权益。注重推动建章立制，推动建立健全信息情报机制、会商处置机制、集中整治机制和宣传教育机制，增强监管合力，建立预防、管理、宣传和教育为一体的综合治理体系，为未成年人健康成长保驾护航。

【优化营商环境】 2020年，区检察院树立“法治是最好的营商环境”理念，找准检察工作保障地方经济社会发展的结合点和发力点，将营商环境改善落实在检察工作的每个环节，将改善营商环境融入案件办理当中。依法办理多起涉企案件，为企业复工复产肃清障碍，批捕多起非法经营、合同诈骗、侵犯知识产权等涉企案件。维护本地金融秩序，多维度打击“套路贷”犯罪，与多部门联合召开了莲都区“套路贷”案件综合治理会议，对于莲都区“套路贷”类案件的刑事认定标准、法律依据等进行了会商，出台了案件办理会议纪要，明确各部门治理职责，推动建立综合治理体系。上门走访企业，助推企业解决营商环境中出现的突出法律问题。抓好“依法保护”和“依法打击”工作，提高监管职能，坚持依法依规的原则，推动法治环境改善，凝聚起推动法治社会高质量发展的强大合力。

【扫黑除恶工作】 2020年，区检察院立足检察机关法律监督职能，明确各机关在涉黑涉恶案件办理中的协调会商机制。加强涉黑案件中的引导侦查和提前介入工作，明确公安机关取证方向，提升发现线索的移送和反馈的实效，向侦查机关提出查扣、查封、冻结嫌疑人资产，严格按照涉恶案件“打财断血”工作办理流程，开展涉案财产追缴工作。与多部门联合召开相关案件综合治理会议，对同类案件的刑事认定标准、法律依据等进行会商，为涉黑涉恶案件综合治理打下基础，发挥检察职能优势，助力金融秩序和谐稳定，服务“六稳”“六保”工作。

【民生检察工作】 2020年，区检察院根据上级院部署要求开展市区窨井盖破损脱管问题专项监督。发挥“四大检察”职能优势，抽调业务骨干成立工作专班，形成检察内部合力。强化外部衔接，就窨井盖专项治理工作形成专人对接、信息互通、联合处置等协作机制。坚持目标导向，找准窨井盖问题综合治理靶点，就窨井盖权属、维护、巡查等问题进行深入了解，对部分存在安全隐患的窨井盖进行实地探访，提出检察建议，助推窨井安全监管系统建设，保障人民群众生命财产安全。

【批捕起诉】 2020年，区检察院共受理各类提请批捕案件347件495人，依法批准逮捕或决定逮捕301件417人；受理移送审查起诉案件780件1129人；提起公诉635件1021人。创新“捕诉一体”化下检察主导体系，制定“三规三提升”工作方案，明确证据标准和认罪认罚程序，提升办案的精确性。发挥检调对接工作室、调解员、法援律师的作用，化解相关案件中的矛盾纠纷。

【刑事立案和侦查监督】 2020年，区检察院监督纠正有案不立、有罪不究、违法取证等群众反映突出问题，提高监督实效，确保“无罪的人不受刑事追究、有罪的人受到公正惩罚”。全年共监督立案2件3人，监督撤案7件7人，纠正侦查违法活动12次。监督和建议行政执法机关移送犯罪案件线索，督促公安机关立案侦查。在公安机关设立检察官办公室，对重大疑难案件提前介入引导侦查。

【审判监督】 2020年，区检察院将生效裁判监督作为加大民事检察工作力度的重要着力点，办理生效裁判监督案件20件，发出再审检察建议13件，法院改判1件，裁定启动再审5件。实行“一案三查”工作方法，从裁判结果监督向诉讼程序监督延伸，从实体违法监督向程序违法监督拓展，对40件存在程序违法行为的案件发出检察建议。推进民事执行监督工作，针对民事执行程序违法发出检察建议31件，均被法院回复并采纳，办理的虚假商事仲裁监督案件被省检察院评为十大精品案例。

【刑事执行监督】 2020年，区检察院在收监执行和财产刑执行监督工作上持续发力，监督区司法局对三名社区矫正罪犯予以收监，监督区法院执行财产刑案件5件5人。开展暂予监外执行专项检察工作，向法院发出纠正违法通知书，取得积极效果。开展剥夺政治权利刑罚执行专项检察工作，对检察监督中发现的应剥夺而未剥夺政治权利的情况向公安机关发出纠正违法通知书，全年提出书面纠正违法12件，均得到有关部门的响应与回复，助推村(社)组织换届顺利进行。

【公益诉讼工作】 2020年，区检察院聚焦生态资源和环境保护、国有土地使用权出让、国有资产保护以及食品药品安全等领域，探索领域外公益诉讼监督工作，共立案办理公益诉讼案件64件，向行政机关发出诉前检察建议57件，行政机关全部采纳建议。开展“守古树，护名木”、野生动物保护等公益诉讼专项监督活动，扛起司法保护生态环境资源的责任。开展“保护千家万户舌尖上的安全”专项行动，保障食品药品安全，防范新冠肺炎疫情期间来自屠宰源头的食品安全隐患。发挥检察机关对国有财产保护、国有土地使用权出让领域的监督职能作用，守护国家利益。

【矛盾争议防范化解】 2020年，区检察院把化解矛盾贯穿司法办案的始终，深化“枫桥经验”，打造“一次申诉，多次救济，枫桥检察，行检为民”的浙检品牌，对情节轻微、社会危险性较小等犯罪案件不批捕79人，不起诉173人，加入区法院、区司法局建立的行政争议调解中心，联合多单位出台《共同推进行政争议实质性化解的实施意见》，抓住行政复议阶段、行政诉讼阶段、行政执行阶段三个阶段，参与行政争议案件的化解。参与矛调中心信访案件化解3件，其中有关违法占地行政非诉执行案件，促成了被执行人与行政机关达成分期履行执行和解协议，促进案结事了。

【检察服务保障】 2020年，区检察院参与疫情防控，全体检察人员前往一线值班值守。依法从快从严惩处妨害疫情防控犯罪，保障防疫秩序，办理制售假冒伪劣防疫物资设备、其他妨害疫情防控等犯罪案件11起。落实区委应对疫情惠企政策，审慎办理疫情期间涉企案件，对涉嫌犯罪的企业负责人、科研骨干和关键岗位人员依法不起诉4人。开展“服务‘六稳’‘六保’，护航民企发展”检察开放日活动，深入企业提供法治服务，助推企业复工复产。借助智慧检察科技平台，提供远程接待律师，远程提审、开庭，在线阅卷，电子卷宗在线传递等“云服务”，保障抗疫和办案两不误。

【法治社会建设】 2020年，区检察院开展法治宣传教育10场，受众52000余人(含疫期网课视频宣讲)。其中，在抗击疫情的特殊时期，开展制作微课堂视频、“法治进校园”巡回宣讲活动和检察开放日等活动，推动法治进校园活动的开展，帮助未成年人了解疫情防控时期相关法律知识，营造“学法、懂法、守法”的良好氛围。对公共安全隐患发出诉前检察建议，督促各机关落实监管职能，强化外部衔接，内外联动凝聚专项治理工作合力，助推社会安全监管系统建设，守护民生安全。抓住当前党委政府的工作重心，监督和推动行政机关“依法执政”。撰写典型案例，运用听证和观摩庭形式，提升公益诉讼知晓度和支持度，提升社会治理的制度化和法治化水平。

【检察队伍建设】 2020年，区检察院围绕莲都“勇当发展头雁、创新标兵、实干先锋”目标定位，紧扣打造“重要窗口”主题主线，讲政治、顾大局、谋发展、重自强，对标“四化”要求，强化思想政治引领，实化作风能力提升，深化司法规范监督，真抓实干锻造过硬的检察队伍。全年共有

28个集体和个人获得区级以上荣誉，获评省、市级精品、典型案事例或微课14个，年度综合考评及刑事检察、民事检察等主要业务以及扫黑除恶、生态检察、服务非公企业等多项重点工作成绩均名列全市前茅。区检察院有政法专项编制62名，在编干警58人，编外用工26人，其中院党组成员6人，检委会专职委员2人，碧湖检察室主任（高配副科）1人，员额检察官24人，在编干警本科以上学历占比91.38%，其中硕士研究生9人（含在读1人）。

（李霏霭）

法 院

【概 况】 2020年莲都区法院把握司法为民、公正司法工作主线，以司法规范化水平提升年活动暨执行不力问题专项治理和“三个建设年”活动为载体，履行宪法法律赋予的职责，争当建设“法院之窗”领跑者，推进现代化法院建设，完成了各项工作任务。全年新收各类案件13621件，审结14425件（含旧存，下同），同比分别下降18.73%和17.43%，同期结案率105.9%，收、结案数均居全市法院首位，一线法官人均结案276.08件，比全市均值多55.54件。

【疫情防控】 新冠肺炎疫情发生以来，莲都区法院坚持疫情防控和执法办案并抓。抽调53名干警到防疫一线参与防控工作，5名干警获评省级、区级抗击新冠肺炎疫情先进个人。发布《疫情期间诉讼指南》《疫情防控期间执行工作相关事项的通告》，引导当事人通过移动微法院等平台线上“不接触”化解矛盾纠纷。坚持以法治维护公共卫生安全，联合政法委、检察、公安印发《关于依法严厉打击疫情防控期间违法犯罪行为的通告》，依法从严从快惩处诈骗等各类妨害疫情防控犯罪行为，审结涉疫情刑事案件9件。开辟疫情期间涉企案件“绿色通道”，发布《防疫复工期间常见涉企法律问题指引》，审结涉湖北和开发区企业复工复产案件，依法精准助力企业复工复产。

【服务保障中心工作】 坚持新发展理念，围绕区委决策部署和中心工作，发挥司法职能作用，保障市区“城中村改造”“生态文明建设”“优化营商环境”等重点工作依法推进。落实《关于为依法推进城中村改造工作提供司法保障的若干意见》，处理涉城中村改造案件，促进城市功能区块转型升级发展。服务保障打造一流法治化营商环境，落实《关于为进一步优化营商环境提供司法保障的若干意见》，开展“精准服务企业”活动，走访企业445家，收集企业意见、建议116条，帮助企业解决实际困难。服务保障美丽莲都建设，打击环境资源犯罪，依法审结涉环境资源案件26件。坚持生态修复性司法理念，探索补植复绿、增殖放流机制，责令被告人缴纳补植复绿修复费123.17万元，放养鱼苗1万余尾，依靠九龙国家湿地公园增殖放流基地和大港头、老竹等7个生态修复司法教育实践基地促进生态修复。依托旅游巡回审判法庭，预防和依法化解旅游服务纠纷，保障古堰画乡、东西岩等景区发展升级，助推莲都区全域旅游发展。

【社会治理】 坚持改革创新，能动参与社会治理，深度运用司法大数据，服务党委政府科学决策和社会治理，保障高水平推进区域治理。延伸司法职能，就民间借贷纠纷、公司解散纠纷疑难问题等展开调研，形成调研成果18项，促进公共决策和社会治理优化。强化社会风险预警，针对审判实践中发现的社会治理隐患，向有关单位发送司法建议8份。参与社区服刑人员、刑满释放人员的帮教，预防和减少重新犯罪。畅通申诉信访渠道，健全院领导接访制度，有效化解信访案件。增强“全媒体”法治宣传教育和舆论引导能力，发挥规范社会行为、引领主流价值观念的积极作用。《你好，我是人民法院司法警察》《加油，法考》两篇原创微视频被最高人民法院、浙江天平等官方新媒体平台推送，阅读量均突破10万人次。制作《开学法治第一课》普法云课堂短片，在高校、中小学网课群推送，观看量达5万余人次。组织新闻发布会、公众开放日、法律四进等活动38次，邀请200名社会各界人士"零距离"接触法院,推动全社会树立法治意识。

【刑事犯罪惩治】 全年共新收刑事案件660件,审结670件,同比分别下降9.21%和8.09%,判处罪犯1035人,同比上升0.78%,其中判处五年以上有期徒刑99人。决战决胜扫黑除恶专项斗争,精准打击黑恶势力犯罪,审结被告人李某平、耿某涛等涉黑恶案件7件42人,完成"案件清结"任务。依法严惩危害人民群众生命和财产安全的犯罪,审结故意伤害、强奸、抢劫等暴力犯罪案件60件77人,审结盗窃、抢夺、诈骗等多发性侵财型犯罪案件199件248人。打击"套路贷"等违法犯罪,审结非法吸收公众存款、集资诈骗等涉众型经济犯罪案件15件48人。保持惩治腐败犯罪高压态势,审结贪污、贿赂、渎职等职务犯罪案件5件5人。落实宽严相济刑事政策,对277名初犯、偶犯、从犯、未成年犯依法适用非监禁刑。全面准确适用认罪认罚从宽制度,刑事案件认罪认罚适用率81.57%。注重保障被告人辩护权利,可能被判处三年以上刑罚辩护率达100%。联合青田、缙云法院出台《关于推进"一带"法院刑事裁判标准统一的实施意见》,推进刑事裁判标准统一。

【民生权益保障】 全年共新受理民商事案件7521件,审结7840件,同比分别下降13.7%和上升0.19%,结案标的22.37亿元。坚持协调化解矛盾纠纷,共调解撤诉案件3889件,诉前化解和民事可调撤率80.52%。高度重视涉案民生保障,审结涉及教育、就业、医疗等民生领域案件521件。深化家事审判方式改革,审结婚姻、继承、抚养等家事纠纷案件586件。强化人身安全保护令运用,筑起反家暴坚实盾牌。回应涉农领域群众诉求,审结农村土地承包、宅基地使用权纠纷等案件10件。保护市场交易秩序,审结买卖、承揽、租赁合同纠纷等案件655件。规范民间借贷行为,审结民间借贷纠纷案件1353件。保障房地产市场健康发展,审结涉房屋买卖、租赁、建设工程纠纷等案件612件。平等保护中外当事人合法权益,审结涉外、涉港澳台商事案件29件。

【依法行政监督】 全年共新受理行政诉讼案件113件,审结149件,同比上升46.07%,其中判决行政机关败诉8件,败诉率为5.36%,同比下降10.32%。新受理行政非诉案件30件,办结30件,同比下降41.18%,其中裁定准予执行22件,裁定驳回申请1件,撤回申请6件,裁定不准予执行1件。推进行政争议调解中心实体化运作,促进行政争议实质性化解,协调促成原告自愿撤诉56件。推动行政机关负责人出庭应诉,出庭应诉率100%。将支持寓于司法监督之中,综合运用为行政机关工作人员培训授课、邀请行政执法人员旁听庭审、确认违法判决等方式监督支持行政机关依法行政。发挥府院联席会议平台作用,推动莲都、青田、缙云"一带"三地政府、法院召开全省首例跨区域府院联席会议,签订《"一带"三地府院行政争议化解协同机制框架协议》,推进依法行政和法治政府建设。

【司法为民】 深化司法领域"最多跑一次"改革,实现诉讼服务中心整体入驻区社会矛盾纠纷调处化解中心。推动构建党委领导、多部门协同的矛盾纠纷"一站式接收、一揽子调处、全链条解决"的分层多元解纷机制,全年共通过矛盾纠纷调处化解中心分流纠纷3990件,调解成功2505件。完善线上解纷平台建设,通过"移动微法院"平台线上化解交通事故、婚姻家庭等类型化案件,实现群众纠纷化解"一次也不跑",全年在线调解纠纷4141件,调解成功1913件。利用设置在全区14个司法所的诉讼服务网点,为群众就近提供调解、立案等诉讼服务,拓展服务群众宽度。创新建立劳动人事争议等特色巡回审判法庭,为群众在"家门口"化解纠纷。设立知识产权巡回审判点,满足群众知识产权保护司法需求。加大司法救助力度,为146位困难群众缓、减、免交诉讼费用267566元,让困难群众打得起官司,感受到司法温度。

【诉源治理】 坚持非诉讼纠纷解决机制,发展新时代"枫桥经验”，源头治理矛盾纠纷成效显著，全年新收案件减少3139件，同比下降18.73%。整合人民调解、行业协会等资源，建立物业纠纷调解委员会、金融纠纷调解委员会等专业调解组织，推动全省首家银行保险业人民调解委员会入驻区法院，全年共通过诉前引导委托调解3725件，司法确认调解协议980件。从严防控虚假诉讼失信人和职业放贷人诉讼活动，发布虚假诉讼失信人名单1批次4人、职业放贷人名录2批次62人，裁定虚假诉讼案件驳回起诉、移送公安机关侦查10件，全年民间借贷收案1271件，同比下降33.28%。建立诉讼中当事人主动履行引导机制、判后自动履行和拒不执行生效裁判风险及责任告知制度，从源头上减少执行案件数量。

【执行难题攻坚】 巩固深化“基本解决执行难”成果，健全完善解决执行难长效机制。全年新收执行案件5087件，办结5514件，同比分别下降24.22%和25.68%，共执行到位金额10.27亿元。纳入失信名单4441人、限制出入境4310人、罚款636人，向公安机关移送拒执犯罪23人，判决14人，案件违法制裁率11.76%，同比上升4.79%。全面依法治区委员会发布《关于加强综合治理从源头切实解决执行难问题的实施意见》，推动形成从源头综合治理“执行难”工作格局。深化“市区执行一体化”2.0模式，优化执行衔接流转程序，提升执行效率，相关工作被《丽水改革先锋》刊发推广。加强立审执破兼顾，发挥破产审判职能作用，全年执行移送破产案件18件，化解执行案件448件。联合公安、劳动保障等部门开展“六稳”“六保”专项行动，涉黑恶案件执行到位率95.83%，为务工人员执行到位1016.43万元。加强内部监督管理，出台《执行案件回访管理制度》《回告申请执行人》《超标的查封财产责任追究》等制度，促进阳光执行和公正执行。

【思想政治建设】 贯彻落实中共十九大和十九届五中全会精神，学习贯彻习近平法治思想和习近平总书记考察浙江重要讲话精神。坚持以习近平新时代中国特色社会主义思想武装头脑、指导实践、推动工作，牢固树立“四个意识”、坚定“四个自信”、做到“两个维护”。提高政治站位，旗帜鲜明地做好意识形态工作，坚持党对法院工作的绝对领导。加强党建工作，坚持“一切工作到支部”导向，结合支部书记述职、创建模范支部以及班子成员下沉督导等方式，推动支部党建与业务工作融合，以党建带队建促审判。

【司法能力建设】 开展司法规范化水平提升年暨执行不力问题专项治理活动，整改到位问题189个，提升司法规范化水平。抓好政治巡察整改工作，落实整改措施120条，以整改成效促进各项工作健康发展。完善教育培训体系，联合宁波大学等高等院校开展政治轮训。开展“晒业绩、比质效”活动，设立员额法官业绩“实战榜”，晒出包括院领导在内的47名员额法官审判质效重点指标，营造比学赶超氛围。创新推行“全科法官”轮案制度，加快复合型人才培养，39名员额法官、法官助理共轮案办理审判执行案件194件。注重学术调研，参与最高院、省高院重点调研课题4个，承担市级调研课题7个，11篇次调研文章获国家级、省级荣誉。深化“六专四室”建设，推动警队文化和警务安全建设工作双提升，获评全省法院“六专四室”规范化建设优秀单位。

【纪律作风建设】 贯彻从严治院方针，深化“清廉法院”建设，自觉接受派驻纪检监察组监督，落实全面从严治党主体责任。结合“作风建设年”活动，开展作风问题大排查、大整改、大提高活动，解决司法作风不正等影响司法公信和法院形象的问题。提前谋划政法队伍教育整顿工作，先行开展教育引导和问题排摸，筑牢正风肃纪攻坚战的思想基础。加大审务督查和院风院纪巡察力度，对发现的问题及时通报批评，杜绝懒散作风。强化廉政风险预警，定期开展廉洁司法集中教育，积极开展“家庭助廉”活动，构筑全方位廉政“监控网”。

【接受各界监督】 将法院工作

置于人大、政协的监督之下，及时汇报、通报法院重要工作和重大案件审执情况。落实区人大及其常委会的各项决议，重视建议提案办理工作，加强跟踪督办，注重办理实效，及时办结区“两会”建议提案5件。邀请代表委员参加重要会议、视察法院、旁听庭审、见证执行等70余人次，丰富监督形式、拓宽监督范围。加强与人大代表、政协委员联系，听取代表、委员意见建议，改进自身工作。支持配合检察机关法律监督工作，认真办理检察建议，严格依照法律程序公正审理各类抗诉案件，正确把握依法纠正错误与维护生效裁判既判力的关系，努力维护司法公正。主动拓展和延伸检察机关法律监督权，邀请检察长列席审判委员会会议，增强审判委员会工作透明度，共同促进司法公正。坚持以公开促公正、立公信，完善开放透明便民的阳光司法机制，上网裁判文书11394份，直播庭审2585场。加强人民陪审员队伍建设，注重陪审员司法能力提升，陪审员全年共参审案件1636件，陪审率达100%。开展法官与律师互评工作，健全完善律师调查令制度，落实律师投诉快速办理和及时反馈机制，合力推进法律职业共同体建设。建立司法与媒体的良性互动，通过电视、报纸、官方微信等平台主动向社会通报法院工作情况，广泛接受社会各界监督。

（叶文兴）

司法行政

【概 述】 2020年，莲都区司法局以“执法司法规范化建设提升年”、“三敢三比”争当“莲都作为”模范集体和先锋人物大比拼活动为抓手，为坚决打赢疫情防控阻击战助力企业复工复产、决胜全面建成小康社会提供法治保障和法律服务。2020年，莲都区获法治丽水（法治政府）考核评价第一名，获法治丽水建设优秀区和2020年度法治浙江（法治政府）建设先进单位称号。区司法局获评全市司法行政系统年度工作考核优胜单位，获全省公共法律服务体系建设成绩突出集体、全省“枫桥式”司法所建设成绩突出集体称号。

【依法治区】 2020年，印发《依法防控新冠肺炎疫情，切实保障人民群众生命健康安全和经济社会稳定发展重点工作任务清单》，该经验做法在法治浙江简报第4期刊发推广；指导全区开展法治化营商环境优化年活动，发挥各职能单位作用，营造良好的法治化营商环境，取得积极成效。区委全面依法治区委员会第二次会议审议通过《2020年法治莲都建设工作要点》《区委依法治区办督察工作实施办法》《党政主要负责人履行推进法治建设第一责任人职责述法试点工作实施方案》等。开展领导干部述法试点工作，推进将党政主要负责人履行推进法治建设第一责任人职责情况列入政绩考核指标体系。做好莲都区首届法治监督员选聘工作，聘任52名首届法治监督员，发挥法治监督员依法监督作用，为莲都区法治建设建言献策。

【法治建设示范创建】 2020年，召开第六次府院联席会议暨区委依法治区委员会执法协调小组第一次会议、平安信访法治工作会商交办会、法治莲都（法治政府）建设四次点评会、法治建设考评迎检部署会等重要会议，部署落实法治莲都（法治政府）建设重点工作。建立健全通报、晾晒、点评、交办等机制，根据各乡镇（街道）、区直部门存在的法治建设问题短板，重点制发考核指标交办单、全国法治政府建设示范创建指标交办单、在审行政诉讼案件实质性化解交办单等共计134份，压实工作责任，补短板强弱项。打好行政诉讼案发量和败诉率“双下降”百日攻坚战，健全行政诉讼案件败诉预警、分析研判、报告和协调化解机制，落实诉前化解、诉中交办制度，引导当事人通过行政复议等非诉讼方式化解行政争议，着力破解“双下降”难题。

【法治督察巡察联动】 2020年，选派骨干力量实地进驻区财政局、区法院、区审批中心等14个单位开展了两轮法治巡察工作，会商研判法治重点问题5次，下发巡察整改意见书14份。下发《关于开展法治建设工作专项督察的通知》，根据被督察单位工作实际，定制督察要点清单，对全区9个执法单位、14个乡镇街道开展法治建设专项督察，采用实地走访、查阅台账、网络检索、听取汇报等形式逐条逐项检查法治建设与责任落实情况。根据督察结果，梳理整改意见60条，下发督察反馈意见书18份。通过督察传导压力、压实责任，对法治政府建设过程中存在的问题及时预警、及时纠正，以督察促落实，推动法治莲都决策部署落地见效。

【规范性文件管理与合法性审查】 审核出具区政府(办公室)规范性文件合法性审查意见18份，协助相关部门审查部门规范性文件17件，提出建议意见52条，收到部门报备规范性文件10件，确保规范性文件合法性审核100%覆盖。推进乡镇(街道)合法性审查全覆盖工作。以打造乡镇(街道)合法性审查工作"莲都样板"、展示法治建设领域"重要窗口"形象为目标，承担全市试点并推进乡镇(街道)合法性审查"六有"规范化、标准化建设。在全市率先出台实施意见，制定乡镇街道合法性审查"两清单一流程图"。14个乡镇(街道)均成立合法性审查工作领导小组，制定出台《合法性审查办法》，并细化审查范围清单、审查内容清单、送审材料清单和审查流程等内容，落实相应责任并实体运作，确保审查质量，提升基层依法治理水平。在11月召开的全省司法行政交流会上以"莲都区探索实践乡镇街道合法性审查'山区模式'"为题作典型发言，获得省司法厅领导充分肯定。

【行政复议体制改革】 加强行政复议规范化建设，健全行政复议申请受理前调解、受理接待、听证、案件集体讨论责任追究、档案管理、答复通报、复议前调解和行政复议与信访、监察等工作衔接等制度；按省复议规范化要求落实行政复议办案用房；推行行政复议"五个零"工作制度，除听证、询问等依法需要当事人到场外，行政复议受理、审理、送达等各环节实现"最多跑一次"；强化监督指导，建立行政复议责任追究制度、监督反馈机制，针对案件审理中发现的问题，向有关行政机关发出行政复议意见书、建议书。全年承办行政复议案件94件(上期结转6件，本期新发88件)，比上年同期增长248%；全区被提起行政诉讼案件共70件(上期结转12件，本期新发 58件)，比上年同期减少23.59%，败诉6件。行政机关负责人出庭应诉率达100%。

【重大行政决策和行政执法规范化建设】 制定莲都区政府2020年度重大行政决策事项清单，指导督促全区各部门和乡镇街道印发本单位的重大行政决策事项目录，实现目录化管理全覆盖。区政府、14个乡镇(街道)、24个区直部门实现重大行政决策目录化管理100%有效覆盖。莲都区作为全省行政执法监督规范化实践试点单位之一，编写的《莲都区"四重奏"探索行政执法监督公开化精准提升行政执法监督实效性》信息受到省市司法行政系统领导的认可和点赞。组织全区20家行政执法单位开展案卷评查，召开案卷点评会，对上交的 110 个行政处罚案卷、156个行政许可案卷、1个行政强制案卷进行评查，查出问题 330 个，制发执法监督通知书21份，全部整改到位。

【涉企法律服务专班建设】 抽调骨干力量，入驻区疫情联防联控指挥部，联合政府法律顾问组成法制审核服务组，形成专班，负责指挥部涉法事务处理，实现即交即办、即送即审，确保法制审核服务24小时不间断全天候；梳理疫情防控法律依据，列出乡镇(街道)、政府相关职能部门、村(居)和医疗机构法定职责清单，为区指挥部及相关职能部门和各单位依法科学有序防控提供参考依据，为企业依法依规复工复产提供法律指引；出台便民惠企法律服务10条举措，细化39条具体工作措施，为企业复工复产提供法治保障。开展"民营经济31条"惠企政策清理工作，健全完善"执转破"衔接化解机制，实现僵尸企业市场出清，依照上位法，审查不正当竞争、地区保护等影响企业发展的内容，2020年，莲都区各部门共清理文件209件，其中继续保留151件，拟修订2件，因其他原因失效 52件，因其他原因需修订4件。

【组团法律服务帮扶】 统筹律师、人民调解员、法律服务工作者等30余名组建涉企法律服务团，协助企业依法走好复工流程，“点对点”提供法律服务；开通涉企服务“绿色通道”。开通疫情期间复工复产企业法律服务绿色通道，实现7×24小时不间断“全时空全业务”法律服务；开展涉企风险“分析评估”。发布企业疫情防控和复工复产用工法律风险防范提示，为受困企业进行“法治体检”，对企业运行法律问题迅速回应、及时介入，开展疫情防控期间法律风险评估。2020年，通过线上或线下方式为245家企业提供法治体检，出具体检报告和法律意见书95份，解决涉企矛盾纠纷105件，组织开展《浙江省民营企业发展促进条例》《保障农民工工资支付条例》宣讲637场次。

【“最多跑一次改革”】 2020年疫情期间，通过“最多跑一次”工作协助浙江恒诺阀门制造有限公司制作不可抗力证明书挽回企业经济损失40.78万美元。推进企业“一件事”改革。建立部门联席制度、牵头责任制、任务销号制等工作机制，实现了企业开办1个工作日办结。“一件事”改革推行以来共梳理出企业全生命周期“一件事”19件，梳理上报省级防疫重点企业12家，获中央专项再贷款4.69亿元，优惠贷款加权平均利率3.04%，并获中央财政贴息。区政策性融资担保有限公司担保费用下降50%，区属7家银行金融机构减少企业融资成本2199万元。优化投资项目审批代办服务，万洋低碳智造小镇10号（B地块）项目从立项到通过施工许可仅用时25天，刷新了莲都速度。

【基层矛盾纠纷排查化解】 通过实地走访、座谈交流、问卷调查等形式走访了解企业情况，开展矛盾纠纷排查化解。以社会矛盾纠纷调处化解中心、公共法律服务站（点）为载体，建立全面覆盖民事、商事、家事、行政等四大领域的社会矛盾纠纷调处化解平台，“一站式”过滤解决80%以上矛盾纠纷。2020年，全区共受理矛盾纠纷2161件，成功调解2146件，调解成功率达99.3%，涉及金额4616.58万元。其中化解重大疑难案件73件，涉及金额2926.51万元，涉企纠纷31件，涉及金额573.098万元，非正常死亡案件24件，涉及金额906.98万元。

【法律援助】 结合防疫实际，依法服务外来务工人员返岗，侧重为欠薪讨薪、申请支付劳动报酬和工伤赔偿等劳资纠纷开辟“绿色通道”，做到“能援则援”，为企业创新发展提供专业法律服务。2020年，共受理法律援助案件446件，办理认罪认罚法律帮助案件839件，接受各类法律咨询974人次；法律顾问进村居，服务零距离。组织村（社区）法律顾问开展集中全面走访，为基层组织和村（居）民提供法律咨询，调处矛盾纠纷，打通服务群众“最后一公里”，共走访200余个村（社区），发现法律问题112个，提出法律意见89条。

【普法宣传】 做好“七五”普法迎验工作，依托已有的村文化礼堂，开展民主法治村（社区）创建，增设法治宣传图牌、标语等设施，打造碧湖镇宪法主题公园、黄村乡岩头村法治广场等法治阵地，通过举办线上法治讲座、送法进企和微普法等多种形式提高企业职工法律素质。开展《中华人民共和国民法典》系列宣传活动，邀请法律顾问分赴14个乡镇街道开展“法治带头人”“法律明白人”业务培训会，开展法治讲座25场，线上宣传覆盖企业262家，涉及职工3605人，发放普法资料32000余份，解答法律咨询230余人次；扩大“律师会客厅”影响力。举办“乘春风，送法雨，助力民营企业高质量发展”直播活动，以直播形式对企业进行专业法律指导；录制“复工复产”、条例解读等内容的法治宣传视频，为企业提供“零距离、面对面”法律服务。共推送惠企法律服务“线上直播”一期、“律师会客厅”栏目7期，同时在线观看人数高达4000人，阅读量达1.1万余人次。

【社区矫正对象监管教育】 全区新接收社区矫正对象236名，解除社区矫正223名，在册社区矫正对象429名，训诫10人次，警告30人次，治安管理处罚4人次，收监执行8人次。结合防疫实际，使用微信、浙里矫App、之矫汇 App、浙江省社区矫正综合管理平台，利用信息化手段加强社区矫正对象监管。强化线上教育，利用“易帮矫”平台开展线上学习，推进“阳光矫正”教育平台应用，2020年累计在线学习43675人次，解决了因疫情不能组织集中学习的问题。

【社区矫正法学习宣传】 联合丽水市司法局举行社区矫正法宣传月系列活动启动仪式，开展“司法所长读法讲坛”活动，对社区矫正法各章节进行讲解并进行深入讨论。要求全体社区矫正对象加强学习，在月度思想汇报中，重点谈对法律的认识和理解，引导其增强守法意识。通过“莲都司法”微信公众号发布相关案例和有奖问答活动，推出由局干部自编自导自演，记录社区矫正对象在社区矫正期间的活动为主要内容的《王开心社矫日记》系列短片，其中第一、二集在“莲都司法”“莲连看”“今日头条”等媒体发布，点击观看超过1万人次。利用户外LED显示屏、小区道闸等推送宣传标语，加大宣传力度，提高社区矫正的社会知晓率。宣传月期间，累计开展各层次各类学习研讨会12次，举办各类宣传活动25次，累计发放宣传资料16000余份。

【执法司法规范化水平提升年活动】 3月27日印发《丽水市莲都区司法局开展执法司法规范化水平提升年活动的实施方案》，3月30日，召开执法司法规范化水平提升年活动动员部署会，要求全局干部职工以提升年活动为契机，全面开展问题排查整治，规范工作流程，提升规范化水平。4月1日，制定《丽水市莲都区司法局执法司法规范化水平提升年活动工作专班及任务清单》，明确局党组具体抓，局主要领导负总责，分管领导联线包片、各负其责。

【提升社区矫正执法质量】 对照排查内容，结合日常履职情况，组织开展个人自查和科室所排查，对照五大领域14个问题49个小项进行归纳分类，逐项提出整改具体举措。社区矫正执法大队、公管科和行政复议科结合本科室业务，开展案件评查工作，参与市局和省厅的评查。立足个性问题，结合自身工作实际，以点带面抓好问题整改。

【队伍能力提升】 组织选派党员干部参与城中村改造矛盾纠纷化解、扫黑除恶专项斗争、农村工作第一书记（指导员）等工作，提高干部应对突发情况、驾驭复杂局面的能力。加强业务素质提升，组织全体干部到宁波大学开展为期5天的业务培训。加强廉政警示教育，组织全体干部到市廉政教育基地接受警示教育，提升预防腐败能力。把“四种形态”贯穿工作全过程，坚持严管就是厚爱，立足于早、着眼于小，发现苗头及时提醒，触犯纪律立即处理。加强自查自纠力度，2020年不定期开展正风肃纪检查19次，通过发送廉政短信、实地检查、个人谈话等形式，营造务实求真、廉洁高效的工作氛围。加强业务培训，提升干部依法办事能力。通过请法律专家授课，局干部结合工作体会轮流上讲坛等形式，把加强学习与提高能力结合起来，把学习的成果转化为谋划工作的思路、促进工作的措施、做好工作的本领，更好地为经济社会发展服务。

（徐霞）

军　事

人民武装

【概　况】 2020年，莲都区人武部按照军分区党委和区委的决策部署，强化政治引领固根本，聚焦应对强敌抓备战，深化动员改革促转型，围绕抓经常打基础强基层，持续正纲肃纪严法治，统筹抓好疫情防控和年度重点工作，单位全面建设水平稳步提升，被市国防动员委员会表彰为国防动员工作先进单位。

【理论学习】 2020年，莲都区人武部(以下简称区人武部)把学习贯彻习近平中国特色社会主义思想和习近平强军思想作为首要政治任务，学习中共十九届五中全会、全军军事训练、全军思想政治工作会议精神，跟进学习新思想、新理论、新论断，增强"四个意识"、坚定"四个自信"、做到"两个维护"。以党委中心组理论学习为平台，开展"每周一学、每月一讲、每年一题"活动，采取专人领读、个人自学、集中研学方式，学原著、学原文、学指示，促进理论学习入心入脑。班子成员人人制订个人自学计划，完成4篇调研报告。

【管党治党】 2020年，区人武部党委坚持用从严管党治党、从严自我要求为部属和基层树好形象，规范落实民主集中制，发挥党委核心领导作用，凝聚和带领全体干部、文职、职工团结奋斗、奋发有为。注重发扬民主，问计于群众，在涉及大项经费开支、人事调整使用等重点事项上，均事前搞好调查、事中加强研究、事后不忘督查，群众满意度很高。严格党内组织生活，坚持每周五下午开展组织生活，制度化、常态化开展党日、主题教育等活动；坚持主官上党课和我党我军优良传统课，把党员干部置身于组织的教育、管理和监督之下。严守政治纪律政治规矩，坚决纠"四风"、防微腐，严格按照上级部署要求，抓好基层风气监察联系点建设；纯洁党内生态、纯洁党内作风、纯洁党内关系，党委班子凝聚力战斗力进一步提升。书记、副书记亲自讲授专题纪律党课，组织参观丽水市法纪教育基地，把政治纪律、政治规矩这根红线牢牢树立起来。通过党委中心组理论学习、首长机关训练、每周一学等，提升干部、文职、职工党员意识、履职尽责意识。坚持讲评制度，定期讲评专武干部履职尽责，开展集中业务培训活动，提升专武干部队伍政治境界。

(王宪)

【政治教育】 2020年，区人武部开展"传承红色基因、担当强军重任"主题教育，常态化开展"不忘初心、牢记使命"学习，弘扬践行"浙西南革命精神"，开展主题党日活动，引导大家学传统、守初心、明差距、担使命。坚持把"四反"教育纳入理想信念、法规纪律、思想道德、形势战备等教育中，学习上级案件通报，观看警示教育片，认清中国安全和发展面临的复杂形势、严峻挑战，筑牢思想防线。打好意识形态斗争主动仗，严肃政治纪律和政治规矩，健全军地网络信息安全防范协作机制，教育引导大家始终听党话、跟党走。针对莲都特点，紧盯军分区首长对人武部树立"窗口、名片、喇叭、标杆"形象嘱托，把“弘扬艰苦奋斗精神、安心山区干武装”教育作为必修课，采取典型激励、环境育人等方法，引导大家把坚定理想信念与立足山区建功创业结合起来，克服人少事多矛盾，以守土有责、守土负责、守土尽责的实干精神，干出事业发展的新业绩、新局面、新天地。

【军事训练】 2020年，区人武部贯彻落实习近平主席训令，坚持战斗力标准，聚焦练兵备战主责主业，坚持每月党委议战议训制度，及时发现和纠正偏差。强化人武部战备设施建设，补充战备物资器材。加强民兵信息网建设，制定奖惩举措，每季度组织讲评培训，有效信息的数、质量均列全市第一。按照战备建设规范化要求，结合民兵组织整顿、基层武装部“评星挂牌”等工作，高标准建成“两室一库”，配足配齐各类战备物资器材。以备战浙江省第三届岗位练兵比武暨应战能力检验评估为抓手，狠抓军事训练和岗位练兵，在参加丽水分赛场比武中，区人武部部长骆美祥、专武干部朱振超分别获现役文职组和专武干部组个人综合成绩第三名，5人在单项中取得前三名的成绩。6月，派出南明山街道应急排参加地方防汛和应急可视化指挥系统综合演练，提升了与地方联合防汛抢险应急处置的能力水平。

【国防动员】 2020年，区人武部着眼新时代国防动员和后备力量转型发展新要求，强化军地协作，创新推动高质高效落实。落实党管武装述职、武装工作例会、议军会、“军事日”等各项制度。提高立功受奖人员慰问标准，规范走访慰问流程，提升现役军人、军属的获得感、荣誉感，促进了全区后备力量建设。在军分区组织的年度民兵调整改革综合考评中，莲都区质效位列全市第二名。9月30日，完成新兵征集任务。

【参建共建】 2020年，区人武部常态化组织民兵参加文明城市创建和美丽乡村建设等项工作，参加执勤维稳、防汛抗洪、山林灭火等行动。在疫情防控专项行动中，部党委高度重视，成立疫情防控领导小组，派驻民兵参与隔离点安保警戒。据统计，全区出动民兵参与疫情防控工作，入户排查17722户，发放宣传资料31560余份，开展跑腿代购等群众性服务9000余人次，协助卡口检测8万余人、车辆4万余辆，巡查商户500余次，协助群众安装健康码300余人，疏散聚集群众3000余人次。

武警

【概　况】 2020年，武警莲都中队（以下简称中队）稳步推进开展各项工作。完成春节、重点时期和重大节日期间城市武装巡逻任务和武警部队政治委员安兆庆视察部队接待工作。被武警浙江省总队表彰为“基层建设‘四铁’先进中队”，被支队表彰为“先进党支部”。政治指导员林大超在年度工作中表现突出，荣立三等功一次。中队长杨继端被武警浙江省总队表彰为“十大忠诚卫士”，荣立三等功一次。

【思想政治建设】 2020年，中队贯彻落实习近平强军思想，开展“传承红色基因，担当强军重任”主题教育和“不忘初心、牢记使命”主题教育，制订教育实施计划方案，召开教育动员会，继承一不怕苦，二不怕死的战斗精神，营造练兵备战的浓厚氛围。做好老兵复退，新兵入伍人员的思想工作，帮助其顺利渡过思想波动期。

【军事训练】 2020年，根据支队年度训练计划，科学组训，合理施训，注重培养官兵一不怕苦，二不怕死的战斗作风，年度军事训练质量稳步提升。在丽水支队年度比武竞赛中取得总排名第一名。

【双拥工作】 2020年，中队制定双拥工作实施方案。作为支队唯一的军营开放中队，以军营开放日为契机，推动驻地国防教育深入开展。通过官兵与市民面对面的交流宣传，使国防意识、爱国情怀深入市民内心。接待玫瑰家园机关幼儿园、莲都区外国语学校、丽水市实验学校、团市委等到队参观学习共计2800人次。

【后勤保障】 2020年，中队加强对司务长、军械员、卫生员、给养员、驾驶员、炊事员的专业技能教育培训。在征求官兵对伙食改善的意见建议后，制定多样化食谱表，严格落实"6211""1126"伙食结构，既满足了广大官兵的口味需求，又满足了高强度训练下的合理营养需要。注重做好经费管理工作，落实记账挂账、物资交接和检查评比等制度。

（林大超）

农业·农村·水利

综　述

【概　况】 2020年，莲都区实现农林牧渔业现价总产值31.81亿元，同比增长3.7%。其中，种植业产值20.65亿元，林业产值2.77亿元，牧业产值7.05亿元，渔业产值0.86亿元，农林牧渔服务业产值 0.48亿元。2020年，实现可比价增加值3.68亿元，按可比价格计算下降0.2%。莲都区创成省级渔业健康养殖示范区、省级“平安农机”示范区；莲都区“丽水山耕”数字化平台建设项目入选省乡村振兴产业发展示范县项目，莲都区“丽水山耕”数字化平台入选省级“观星台”优秀案例；莲都森林康养乡村旅游线路被列为全国休闲农业和乡村旅游精品线路；“大港头—堰头—河边线”获评省美丽乡村夜经济精品线。国家水稻分子育种中心丽水示范基地落户莲都；老竹畲族镇入选全国农业产业强镇建设名单。

【农民创业增收】 围绕富民产业，培育农村新产业新业态，推进“红绿”融合、农旅融合、城乡融合，挖掘促农增收“金钥匙”。大港头镇河边村、碧湖镇成功创建省级休闲乡村；岩泉街道枫树湾村成功创建省级农家乐集聚村。推进农旅融合发展，探索生态产品价值实现机制。以美丽乡村示范区创建为抓手，发展集“吃、住、行、游、购、娱、育、养、孕”于一体的乡村旅游，带动一、二、三产融合发展。举办2020全国乡村春晚集中展示活动、2020古堰画乡小镇艺术节、“莲都100”越野赛等文体活动。古堰画乡美丽乡村夜经济带入选全省美丽乡村夜经济带。打造区域农产品品牌。念好“山字经”，发展山居、山耕、山货、山景，做强做优农旅融合支柱产业，催生新业态、激发新活力，促进业新民富。创建“丽水枇杷”“莲城雾峰”“莲都仙桃”“处州莲鸭”“处州莲蛋”等区域公共品牌，实现农业品牌化发展。2020年，实现农产品旅游地商品销售额9.8亿元、“丽水山耕”农产品销售额13.6亿元。2020年度，全区有省级农家乐特色村（点）10个，市级农家乐特色村（点）28个，共评定“丽水山居”农家乐综合体示范项目13家，“丽水山居”精品民宿示范项目29家。2020年，全区共培育农家乐民宿经营户（点）479家，餐位31626个，床位6357个，农家乐民宿游客数283.6万人次，同比增加0.14%；农家乐民宿营业总收入24650.6万元，同比增加4.86%。电商方面，完善农村电子商务基础设施建设和支撑服务体系，搭建电商平台对接农产品供求市场，开拓高效廉价的营销入口。2020年，实现网上农产品交易额10.8亿元。以“巾帼英雄”创建为载体，推进来料加工扩面提质工作。在联城清水湾、楼丰堰社区等异地搬迁安置小区设立来料加工点促进搬迁农户就近就业，深受群众好评。培训农村“两创”实用人才，加大对民宿农家乐业主、生态精品农业业主、超市经营人才、农村电商、农村文艺人才、职业农民的培训。2020年，共完成9302人次的培训，完成率112.8%。其中农村实用人才730人，高素质农民96人，农村普及性培训8476人。推进大搬快聚富民安居工程，通过搬迁推动挖穷根、促集聚、保生态。2020年度，共实施搬迁1942户3811人，其中整村搬迁47个村1871户3678人。安置小区建设完成投资56656万元，续建安置项目4个（花街区块、文一楼、魏村安置小区、水岭根安置点）。多元运作，助力“消薄”攻坚战。2020年，新增“消薄”项目33个，其中，区级统筹项目2个，总投资3540万元；乡镇联建项目6个；村级自建项目25个，为村级集体经济的发展注入了新动能。2020年，全区208个村年总收入达到1.17亿元，年经营性收入达到4630万元。其中年总收入达到100万元以上的村19个；年经营性收入超50万元的村有14个，年总收入达到20万元以上且经营性收入达到10万元以上的村126个。通过打好“产业富农、金融支农、改革强农、政策惠农、帮扶助农”等富民增收组合拳，实现农村常住居民人均可支配收入30365元，同比增长7.6%。

【农村人居环境】 开展标准化运维、农村生活污水专项规划、设施“回头看”整改提升等工作，30吨以上农村生活污水治理设施69个，完成标准化运维处理设施69个。实施农村生活垃圾分类村189个，覆盖率90%，连续4年获得省级农村生活垃圾分类处理工作通报表扬。改造农村公厕484座。建立农村公厕管理所长制，建立保洁淘汰制度，确保公厕长效保洁落到实处。开展“百日”村庄清洁行动，加大村庄乱堆放、乱张贴清理力度，全年累计交办六边快曝点位2810个。推进农业水环境治理、农药化肥减量行动、农业废弃物资源化利用和无害化处理等工作。2020年，全区推广配方肥0.65万吨，推广商品有机肥1.3万吨，推广绿肥种植1333.33公顷，化肥减量1680吨。2020年，实施绿色防控技术应用5866.67公顷、化学农药使用量减少20吨，农药废弃包装物回收37.3吨、回收率达114.06%，无害化处置37.3吨，处置率达100%。改善养殖场周边环境，推进养殖治污新技术、新工艺，降低养殖对生态环境的污染，完成浙江绿园禽业有限公司兽用抗菌药减量和环保型饲料推广示范场建设，新建2家美丽生态牧场，推进生态、绿色、美丽畜牧业发展。

【农村体制机制创新】 2020年，莲都区农经中心落实集体所有权，稳定农户承包权，放活土地经营权，发挥“三权”的各自功能和整体效用，引导土地经营权向新型农业经营主体集中有序流转，促进了农业适度规模经营。全年共发放土地流转权证37本，完成产权交易61宗。清点2014年以来的土地确权工作成果，主要包括土地确权数据库资料和纸质档案资料，完成与莲都区自然资源和规划局相关职能、人员、编制和成果的交接。2020年全区208个村，村级集体经济年总收入突破1亿元大关；村均年总收入和年经营性收入分别为56.35万元和22.25万元。其中，年总收入超100万元的村有19个；年经营性收入超50万元以上的村有14个，完成集体经济薄弱村“清零”。投资义乌莲都山海协作“消薄”产业园项目和购买古堰画乡商住用房项目等两个“飞地”项目，通过区级“强村公司”有效整合各类财政资金3540万元，年收益达360万元。

全面小康

【美丽乡村建设】 2020年创成省级美丽乡村示范乡镇7个、省级特色精品村18个；省级新时代美丽乡村98个、精品村27个；创建花园乡村23个。实施省级历史文化保护利用重点村5个、一般村25个。形成莲都古村落保护性开发的“下南山模式”，下南山被评为省级历史文化村落保护利用示范村。实施美丽乡村重点村13个。

【农民异地转移工程】 2020年莲都加快推进“大搬快聚富民安居”工程，清余留、出新政、下计划、谋项目、搬迁与安置同步推进。正式出台“大搬快聚”工程实施意见，下达搬迁计划共涉及12个乡镇街道4254人，完成大港头金港小区、碧湖文一楼、瓯碧园剩余房源3批次212户的安置工作，建设安置项目3个（丽水花街片区莲都安置小区项目、莲都区碧湖镇文一路和人民街交叉口地块项目、莲都区碧湖镇魏村区块项目），建设完成年度投资5.6亿元。通过与市里对接，确定莲都区大搬快聚下一步安置房源：常宅安置小区（联城中学对面地块77.4亩）、联城街道凤鸣小区（241亩）、岩泉街道秋塘安置小区（69.5亩）、魏村区块（167亩，包含一期、二期）、金周公寓可调剂的5万立方米安置房源，预计可以安置6575户、15922人。

【扶贫开发工程】 围绕决战决胜脱贫攻坚年任务目标，落实中央、省、市有关脱贫攻坚工作部署，推进“四个清零”工作，印发《莲都区精准扶贫政策问与答》《低收入农户医疗补充政策性保险》等宣传资料，落实“一户一策一干部”结对帮扶制度，制定《“一户一策一干部”结对帮扶工作手册》，组织制作《莲都扶贫印记》画册和“莲都扶贫印记”主题宣传视频。开展国家扶贫日活动，营造“脱贫攻坚、人人参与”的良好氛围。通过实施扶贫产业增收项目建设、低收入农户“菜单式”产业扶贫、雨露计划、扶贫小额信贷、省级综合扶贫项目试点等多项举措推进低收入农户增收，增强低收入农户自身造血功能。开展低收入农户“菜单式”产业扶贫，全年3804户低收入农户申报产业扶持资金563.12万元；开展教育扶贫，落实雨露计划188名学生，涉及补助资金56.4万元；落实低收入农户医疗补充政策性保险补助资金224.28万元，将全区所有低收入农户纳入保险；安排综合扶贫试点项目资金1000万元、扶贫异地搬迁资金3598.9万元；开展小额扶贫贴息贷款，为低收入农户在种养殖业、农家乐民宿等可行性项目上提供扶贫小额贷款32人，贴息2.83万元；推进扶贫政策落地，全年共安排扶贫项目46个，补助资金2500余万元；开展结对帮扶，全区88个扶贫重点帮扶村实现结对帮扶全覆盖，其中，以省人防办为组长单位的11家省级单位，与全区10个扶贫重点帮扶村建立结对关系；市、区37位领导与全区37个扶贫重点帮扶村建立结对关系；以市自然资源和规划局为组长单位的18家市级单位，与全区18个扶贫重点帮扶村建立结对关系；67家区级单位结对帮扶余下的扶贫重点帮扶村。莲都区低收入农户人均可支配收入12685元，同比增长14.5%。

【千万农民素质提升工程】 整合各部门培训资源，强化各项政策措施，按照“整合资源、成果共享、勤俭办班、按需培训、注重实效”原则，梳理2020年度农民培训。农民培训分农村实用人才培训、知识普及性培训等两大类培训项目，计划培训8672人次，有9个部门开展涉农培训工作，共计举办33个农民培训项目，141期培训班，合计培训资金211.25万元。举办2020年第一期“莲都掌柜”超市经营从业人员精品研修班、莲都区“丽水山味”研修班、莲都区“乡村能人”提升班等特色主题培训班以及莲都区新农人电商技能提升培训班、莲都区网红主播培训班、莲都区短视频营销技能提升培训班、莲都区农村实用人才社交新零售精英提升培训班和莲都区高素质农民新创客培训班，共培训447人次，初步建成覆盖城乡的农村电子商务服务体系，涌现出一批农村网红主播和直播带货的电子商务人才。发挥“莲都春晚”文化特色，举办“乡村春晚”精英培训班、农村文化礼堂管理员培训班共培训87人次，巩固农村文艺人才培训成果，提高乡村能人的表演水平，受到农民群众的热烈欢迎。巩固提升莲都区“乡村能人”及子品牌“莲都管家”，促进农民可持续增收。

【农家乐民宿乡村旅游产业发展】 2020年，发挥莲都的生态优势和乡土文化优势，坚持“市场化、规范化、集聚化、精品化、品牌化”发展思路，引导农家乐民宿产业向古堰画乡、风情东西、避暑峰源、港口花海等片区集聚发展。结合疫情防控，督促莲都区农家乐民宿完成签订健康码扫码核验承诺书，激活钉钉开通扫码核验功能。联合市农业农村局、区文广旅体局、区总工会等单位，指导开展复工复产、宣传营销等工作。联合区卫生健康局、区公安分局、区市场监督管理局定期对农家乐民宿进行复工复产、防疫、消防设施等安全检查，并督促各乡镇街道和业主开展排查和自查，提高安全生产意识。全年共开展4次农家乐民宿安全基础知识、应急救护等安全培训，培训人次达400余人，完成8台AED（自动体外除颤器）安装，提升了从业人员应急救护技能，助力莲都区“五分钟社会应急救护圈”服务体系建立。完成全区在库农家乐民宿的保险工作，每季度更新农家乐民宿信息，对莲都区农家乐民宿开展保险相关培训工作。联合莲都区民宿（农家乐）协会发布倡议书，倡议业主注重食品安全、拒绝野味，采用公筷公勺分餐制。在2020年度“丽水味道”比赛中，莲都区农业农村局获评最佳组织奖；皇菊绣球、养胃五珍汤被评为十大养生汤；碧湖豆腐包、王德昌肉饼被评为十大传统小吃；莲都蜜橘、枇杷酥被评为十大创意小吃；清明粿获得十大人气小吃称号；鱼米之香、清明粿获得丽水市妇联颁发的“妈妈的味道”民宿美食、巧女美食称号；三位大厨获得“丽水市技术能手”称号。

农业经济

【农业龙头企业】 坚持“扶强、扶大、扶优”的原则，培育现代农业生产经营主体，提高农业产业化水平。2020年，全区有农业龙头企业43家，其中省级7家，市级24家，区级12家。推荐农业龙头企业申报丽水市小微田园综合体，2020年，全区新增丽水市百兴蘑幻菇林和丽水市轩德皇菊养生园两家丽水市小微田园综合体，莲都区已有4家丽水市小微田园综合体。

【农民合作经济】 2020年，莲都区发展农民专业合作社529家，其中国家级示范性农民专业合作社8家，省级示范性农民专业合作社18家，市级示范性农民专业合作社17家，区级规范化农民专业合作社54家。2020年，新培育区级示范性合作社6家、省级家庭农场2家、市级新型示范性家庭农场15家、区级示范性家庭农场16家、农创客27家，创建农业绿色发展先行主体示范性合作社8家、家庭农场32家，培育提升各类专业化社会化服务组织40家、新培育规模家庭农场（种养大户）189家。2018年9月莲都区被列为全国农民专业合作社质量提升整县推进试点县，试点期为2018年9月至2020年12月，试点以来共清理注销空壳合作社116家，培训农民专业合作社等经营主体500多人次。张玉洁区长代表莲都区参加全国农民专业合作社质量提升整县推进试点交流座谈会，在会上作典型发言。

【农旅融合】 依托参加2020浙江省农业博览会等农展会，举办2020莲都·宁波（江北）山海协作专场推介会、莲都100越野赛、2020“丽水·莲都”中国农民丰收节、2020古堰画乡小镇艺术节新闻发布会（上海站）、2020莲都生态精品农产品黄浦区政府展销专场、2020丽水山耕精品集市（上海南京路站）活动，展示莲都绿色高质量发展成果，提升莲都生态精品农业知名度、美誉度。全区提升“丽水山耕”背书产品44个，提升“丽水山耕”合作主体16家，新建海拔600米以上绿色

9月22日，2020年丽水·莲都“中国农民丰收节”在莲都区丽新乡咸宜村举行（周俊杰 提供）

有机农林产品基地1633.33公顷，新培育“丽水山耕”品牌认证产品20个，实现“丽水山耕”农产品销售额13.6亿元。全区新培育农产品旅游地商品生产经营主体33个，提升农产品旅游地商品40个，新建“丽水山耕”营销网点5个，实现农产品旅游地商品销售额9.8亿元。举办“丽水山耕”农产品推介会2期，农产品旅游地商品包装设计大赛1次，农产品品牌建设和农产品营销培训班1期。“丽水枇杷”“处州白莲”“莲都仙桃”获得全国名特优新农产品认定，梅峰绿茶获得国家森林生态标志产品认定，“丽水覆盆子”获得国家地理标志证明商标，丽水市莲都区凤鸣水果专业合作社选送的“巨峰”葡萄获“浙江省十佳葡萄”荣誉称号，系全市唯一。丽水市仙渡乡农华蓝莓专业合作社选送的“夏之梦”桃获得2020年浙江省农业之最综合品质三等奖及可溶性固形物三等奖。“轩德”皇菊、“珍爱多”果蔬脆宝获评浙江省农业博览会百个名优畅销农产品。“桃花微醉”水果酒包装获2020年“丽水山耕”农产品旅游地商品包装设计大赛金奖。

现代农业园区

【概　况】 莲都区省级现代农业园区于2018年获得省农业厅批复实施，实施周期为2017—2020年；莲都区省级农业科技园区实施期为2018年1月至2022年12月。

【项目建设】 莲都区省级现代农业园区项目总投资2234万元，其中中央补助资金1200万元，企业自筹1034万元，涉及补助项目共5个，分别是鱼跃1919文化产业园农旅融合项目、百亩精品设施花卉水果基地扩建项目、浙江丽水绿谷生态食品有限公司生产基地农业物联网建设、九龙湿地公园热带水果采摘基地项目、莲丰享农旅融合庄园建设项目。莲都区省级农业科技园区计划总投资550万元，其中省财政补助200万元，涉及补助类项目5个，分别为香菇工厂化生产园区建设项目、蛋酥自动油炸搅拌机研制项目、生态农业技术服务和科技研发项目、二代家用碾米机项目、热带水果新品种引进及实验示范项目。

种植业

【概　况】 以“高效、生态、精品、特色”为中心，立足区域生态资源优势，通过产业布局优化、精品基地建设、品种优化提升、农业绿色生产技术应用推广以及品牌建设等措施，构建现代农业产业体系。形成了以“3+2”产业为主导，丽水枇杷以及具有休闲功能的小水果、花卉、中药材等特色产业齐头并进的发展格局。2020年，新认证无公害产品2个，面积7.48公顷。绿色食品新认证5个产品，新增面积157.6公顷。粮食播种面积8431.33公顷。推进“机器换人”步伐，2020年引进单轨运输机16台，水稻插秧机3台，农田拖拉机2台，粮食烘干机2台，联合收割机1台，农用无人机1台，提高了粮食生产机械化水平。全年蔬菜播种面积9800公顷，产量31.75万吨，产值8.7亿元。加强“三低”果园改造，以高接换种、优新品种引进推动区域大宗品种得到适当压缩，优质特色品种得到快速发展，全年水果生产面积12406.67公顷，产量16.17万吨，产值4.77万元。

【粮　油】 2020年，全区粮食产量3.59万吨，比前三年平均数增加3%。据统计，水稻播种面积2136.4公顷，比上年增加209.4公顷，蚕（豌）豆播种面积1151公顷，比上年增加367公顷，甜玉米种植面积1472.1公顷，比上年减少98公顷，大豆种植面积为2694.54公顷，比上年减少169.93公顷，薯类种植面积900.8公顷，比去年减少37.8公顷。水稻播种面积增加，规模种粮发展较快；鲜食旱粮发展势头良好。油料生产效益低下，播种面积下滑较多。

【蔬　菜】 莲都区是全国蔬菜产业重点县和省特色蔬菜重点产区，是长三角地区重要的“放心菜园”。2020年，莲都区蔬菜播种面积已趋稳定，蔬菜种植业成为莲都区最大的农业支柱产业，播种面积9800公顷，产量31.75万吨，产值 8.7亿元。蔬菜生产品种结构调整步伐加快，效益较好的瓜菜类、茄果类蔬菜面积扩大明显，传统蔬菜长豇豆面积减少。经过近三十年的发展，莲都区已形成规模化、集约化、特色化的蔬菜重点产区，种植蔬菜已成为全区从事种植业农民的最大收入来源。

【水　果】 2020年，莲都水果依据“3+2”产业政策，立足区域优势，加快“精品果业”发展，推进产业转型提升。重点开展精品果园建设、老果园改造、配套设施提升、栽培技术更新、果品加工业发展、地方资源保护等工作，全年水果总产量16.2万吨，总产值4.7亿元，同比增长3.92%。建成“丽水枇杷”地方种质资源圃一个，全区各类水果品质显著提高，在国家、省、市各类评比中获得诸多荣誉：毛花猕猴桃，以维生素890毫克/100克的成绩获浙江省农业之最维生素C含量最高的猕猴桃荣誉；巨峰葡萄获“浙江省十佳葡萄”称号；“夏之梦”桃获“2020浙江农业之最擂台赛”综合品质三等奖和可溶性固形物三等奖。

【茶　叶】 2020年全区茶叶种植面积3800公顷。茶叶总产量2379吨，总产值25299万元，同比分别增长1.8%～2.0%，受疫情影响名优茶产量下降，影响产值。其中春茶产量1545吨，产值1.96亿元；夏秋茶产量834吨，产值5725万元。2020年，莲都区出台了茶产业政策，从茶叶提质扩面、产业集聚、加工提升、市场建设、品牌培育、主体培育、机器换人、科技创新等八个方面支持茶产业发展；确立了“莲城雾峰”为莲都区茶叶区域公共品牌，开展“莲城雾峰”包装设计大赛，设计出“莲城雾峰”茶区级统一包装，联合区文联创作“莲城雾峰”品牌故事，制作“莲城雾峰”品牌宣传片；推进茶叶机器换人，2020年新引进茶叶机械、推广茶叶机械2100台，配套区级补助资金125万元，提高了茶叶生产、加工效率，提升莲都区茶产业发展水平。

【食用菌】 2020年，香菇、杏鲍菇、平菇等菇类生产规模扩大，香菇工厂化栽培基地技术提升明显，部分香菇老种植区种植积极性提高，生产量有较大增加，价格较去年提高,食用菌产业实现产值 2.1亿元。香菇生产主要集中在峰源、老竹、雅溪等乡镇，建成香菇工厂化生产基地1个、食用菌生产和加工企业4家、食用菌专业合作社5家，其中百兴菇业打造的“魔幻菇林”是一个集种植、采摘、旅游观光及亲子活动等农旅结合的菌菇文化体验景区。

【特色产业】 2020年全区种植草本中药材共1152.26公顷，较2019年增加80.33公顷，实现总产量约1478.8吨，总产值约11317.3万元。其中，处州白莲342.33公顷，覆盆子304.13公顷，皇菊25.67公顷，铁皮石斛22.13公顷，三叶青80公顷，益母草34.67公顷，黄芩36.67公顷，金银花25.33公顷，前胡13.33公顷，浙贝母、元胡等其他草本中药材268公顷。

畜牧业

【概　况】 2020年，莲都区畜牧生产保持稳中略升。生猪存栏数9.82万头，生猪年饲养量达18.9万头，家禽年饲养量527.69万羽。

【生态畜牧业】 紧扣“扩”“增”“稳”三字诀，通过政策扶持助力、项目服务用力、技术支撑给力，超额完成生猪存栏年度目标，实现生猪增产保供逆势而上。新建万头以上规模猪场7个，总投资超10亿元，其中华统项目里塘母猪场、梅岙农业万头猪场于2020年年底建成投产。在省委农村工作会议上以《着力构建三大体系 实现生猪增产保供》为题作典型发言，在《浙江日报》刊登《莲都生猪养殖场 看看“云”养猪有啥不一样》先进典型经验。副省长彭佳学在《浙江政务信息》第945期《莲都区以“问题导向”推动生猪产业发展实现增产保供》上作出批示，肯定莲都区生猪保供工作。该项工作被评为全省第四季度争先创优最佳实践，是四季度全市唯一、全市全年农业领域唯一入选案例。获省政府财政奖励资金900万元、土地指标6公顷、能耗指标4.5万吨。建成省级美丽牧场2个。

【动物疫病防控】 落实四季重大动物疫病强制集中免疫，实现“应免尽免、不留空当”，筑牢重大动物疫病防御屏障，严防重大动物疫情发生；全年免疫规模场

113个，散养户8897户，累计免疫家畜31.89万头次，家禽776.77万羽次，规模养殖场免疫率达100%，散养畜禽总体免疫率达99%以上。全区病死动物实行统一收集、集中处理、死猪冷链暂存、生猪保险联动制度，确保病死动物无害化处理及时到位；全年共收集并无害化处理病死猪2.35万头、其他死亡动物147吨。开展非洲猪瘟防控工作，坚持疫情隐患排查、落实主体责任、监管责任、消毒杀菌灭源等各项防控措施，打好非洲猪瘟防控战。莲都区获2020年丽水市动物防检疫职业技能竞赛团体第一名；全市最早开展牛结节性皮肤病紧急免疫，取得很好的成效；完成备案生猪规模养殖场养殖管理码全覆盖；完成5000头以上猪场兽医检测室建设并常态化开展非洲猪瘟自检。

【畜禽屠宰管理】 贯彻落实《中华人民共和国动物防疫法》《动物检疫管理办法》《生猪屠宰管理条例》等相关法律法规，明确监管责任，依法实施对屠宰场的监督管理工作。对屠宰场派驻技术过硬、责任心强的检验监管人员，实行24小时轮班制度。督促屠宰企业健全质量安全控制体系，落实屠宰环节非洲猪瘟检测工作，做到“头头采、批批检、全覆盖”，检测结果如实记录。落实屠宰企业官方兽医派驻制度，根据工作需要派驻丽水三农食品有限公司8名官方兽医和10名检疫协检员实行24小时值班开展检疫监管工作。2020年，累计屠宰检疫生猪3.49万头、牛羊0.25万头、家禽95.64万羽。加大畜产品监测力度。推进质量检测，实现制度化管理。屠宰环节监督抽检猪尿样1858个批次，养殖环节共抽检720个批次，配合上级部门抽检畜产品样品142份，区级畜产品监督抽检样品共80份，畜产品检测结果全部合格。

渔　业

【概　况】 莲都区渔业工作在区委、区政府的正确领导和上级业务主管部门的指导下，围绕2020年全市渔业会议工作精神，渔业生产稳步发展。

【专项活动】 2020年，全区养鱼面积达到723.33公顷，总产量达4725吨，渔业总产值达10512万元。其中生产“唇鱼骨”苗种2000万尾，瓯江彩鲤及其他苗种500万尾，繁育马口鱼苗种550万尾，棘胸蛙60多万只，光唇鱼苗种20多万尾。开展初级水产品质量安全专项行动，组织抽检了52个批次的初级水产品，合格率达100%。开展健康养殖示范场创建，创成省级渔业健康养殖示范场4家，全区共创成省部级示范场8家，莲都区创成省级渔业健康养殖示范县。全区发展稻田养鱼680公顷，增殖放流530万尾。发展河道景观渔业，委托村庄管理河道82个村，产值达1500多万元。

【溪鱼产业】 在溪流投放瓯江彩鲤、马口鱼等丽水特色的鱼类，形成高低错落、层层有鱼的河道景观。推广生态、节能的大鲵养殖新技术，降低养殖成本。溪鱼发展以莲都区金满水产苗种场、丽泉家庭渔场养殖、“晓锋金鱼”三家为龙头，带动全区“观赏鱼”及溪鱼发展。在玉溪水库、高溪水库、黄村水库、港口水库、开潭水库等13座水库发展水库“洁水渔业”，有效控制水库水质。

【休闲渔业】 小龙虾产业发展较快，全区小龙虾养殖户11家，面积达50公顷。发展休闲渔业，发展大港头镇为香鱼小镇，港口村为渔业“香鱼一条街”，取得较好效益。

农业机械

【概　况】 2020年，通过实施农机购置补贴政策，强化农机农艺（畜艺）融合，提高农机装备水平、作业水平、科技水平、服务水平和安全水平，调整优化农机装备、促进农业农村经济发展。抓好农机安全生产，创成省级“平安农机”示范区，立足于治大隐患、防大事故，强化农机安全宣教工作。全区农业机械总动力达10.175万千瓦。主要农业机械包括大中型拖拉机13台、农用小型拖拉机453台、配套农具505台、微耕机3316台、运输型拖拉机115台、联合收割机39台、水稻插秧机44台、谷物烘干机17台、茶叶机械4337台、食用菌机械2089台，设施农业设备温室181.52万平方米。组织实施农机购置补贴政策，2020年莲都区出台《关于应对疫情支持企业健康发展的十条意见》和《莲都区加快茶产业发展的实施方案》，对新购置的茶叶机械按照上级购置补贴资金进行1∶1等额累加补助，最高补助不超过60%，提高了农民购买机具的积极性。2020年，共购置补贴农机具2989台（套），享受财政补贴资金368.722万元，其中中央补贴资金353.172万元，省级资金12.955万元，区配套补贴资金2.595万元。突出农机化主推技术，推广温室大棚、植保无人机、山地轨道运输设备、冷藏保鲜、茶叶机械、食用菌机械、畜禽机械、喷滴灌等设施农业装备与技术。2020年，新引进山地轨道运输设备16条，解决莲都区丘陵山区地区运输农产品和化肥困难的问题。

【农机服务体系】 2020年，全区有农村维修网点13个，农机专业合作社7个，农机专业户674户，农机户6951户，乡村农机从业人员4710人。农机专业合作社开展了机耕、机插、机收和统防统治等“五统一”的农机社会化服务，共实施水稻机插4585亩。全区农机经营总收入0.71亿元。强化农民信箱农机综合信息服务平台建设工作，推进了农机信息化建设。

【农机安全监理】 市、区、乡三级农机安全生产责任制签订率达100%。新建“平安农机”示范乡镇1个。组织开展农机领域安全生产隐患排查整治攻坚行动、“农机安全生产月”活动，开展变型拖拉机治理专项行动等工作。以各乡镇(街道)警农联络室为依托，建立农机安全长效管理机制，加大农机安全生产大检查力度，重点开展了“春运”“五一”等节假日和春耕等农忙季节的农机安全检查，排查农机安全隐患；开展上道路拖拉机路面执法行动12次，排查变型拖拉机16辆，外省籍拖拉机6辆。举办农业机械安全操作培训班，培训农机操作人员500人次。结合平安农机示范乡镇创建和五联五送服务月活动，在各乡镇(街道)开展农机“安全生产月”活动，加大农机安全生产警示教育，共发放宣传资料800余份。开展拖拉机报废补偿工作，共报废补偿拖拉机25台，补偿总金额8.55万元。按规定要求办理新购置的纯农田作业拖拉机、联合收割机的注册登记、核发牌证工作，注册登记拖拉机2台，联合收割机1台。推进插秧机等农业机械实地安全检验试点工作，结合农时季节组织做好插秧机、联合收割机、粮食烘干机的实地安全检验，检验率达到100%。加强和完善办证大厅的规范化、标准化建设，全年共受理承办农机监理行政许可65件，其中拖拉机和联合收割机牌证业务11件、驾驶证业务54件。

农业执法

【概　况】 2020年查办农业行政处罚案件34起，罚没款总额11.91万元。其中莲动检罚〔2018〕9号案被农业农村部办公厅评为2019年全国农业行政处罚优秀案卷和优秀文书，莲农(农药)罚〔2018〕第13号案被浙江省农业农村厅评为2019年全省农业行政执法优秀案卷，莲农(种子)罚〔2019〕第8号案和莲农(兽药)罚〔2019〕第9号案被浙江省农业农村厅评为2020年全省农业行政执法优秀案卷，莲农(肥料)罚〔2019〕第10号案被丽水市司法局评为2020年县(市、区)行政执法优秀案卷，莲农(肥料)罚〔2019〕第10号案被莲都区司法局评为莲都区2020年度优秀行政执法案卷；承办全省农业行政执法案卷集中评查暨专项业务培训班；在全市“肥药两制”改革示范农资店创建暨农资经营监管信息化工作会议上，作莲都农资经营“两化”建设典型发言；成功创建省级“肥药两制”改革示范农资店10家；入选市级农业综合行政执法专家库成员5人；农资信息化建设成效显著，平台综合评分位居全省前列。

【专项执法行动】 通过春、夏、秋三季“绿剑”集中执法行动的开展，对全区农资经营单位进行全覆盖巡查检查，完善农资购销台账登记制度，规范农资经营行为，打击销售假劣农资、无证经营等违法行为。重点针对种子、农药、肥料、饲料、兽药等农业投入品市场进行检查整顿，打击毒鱼电鱼等违法行为，加强动物检疫、私屠滥宰等案件的查办，累计出动执法人员1147人次，检查农资经营店、农民专业合作社、生产基地、畜禽养殖场等经营单位524家次，查获假劣农资14225.公斤，货值金额29.26万元，印发宣传资料2800余份。全年共抽检农业投入品71批次，其中农药21批次、种子15批次、肥料5批次、兽药15批次、饲料15批次，抽检结果合格率95.77%。全年共办结农业行政处罚案件34起，其中农药6起、肥料4起、饲料1起、农产品2起、动检15起、渔业6起，罚没款总额达11.91万元。

【农产品质量安全监管】 贯彻落实习近平总书记关于食品安全的“四个最严”指示要求，围绕农业高质量绿色发展需求，加强农产品质量安全监管，压实责任，守好底线，促进农产品稳产保供，推动农产品质量安全工作，提升农产品质量安全水平，保障人民群众“舌尖上的安全”。重点抽检区级以上规模主体、“丽水山耕”主体产品，提高监测的时效性、准确性、真实性和覆盖面。开展定量检测322批次、定性检测5696批次；围绕产业实际，根据检测结果，开展重点品种风险隐患分析，掌握风险关键控制点，及时提出预警。约谈了3家桑葚种植户，要求强化质量安全意识，保障生产的农产品安全放心；组织召开莲都区农产品质量安全风险隐患分析会商会2次，分析桑葚、长豇豆等高风险隐患点，降低风险隐患发生率。推广食用农产品合格证制度。各乡镇农技站主动为辖区的生产主体提供免费打印并送证上门做好服务工作，鼓励有条件的主体自行打印并使用粘贴在上市农产品上。主体自行开具和委托开具合格证共29784张，附证上市产品31.85 吨。开展“三品一标”认证。通过现场检查的新申报绿色食品10个，续展绿色食品2个，复查换证无公害农产品21个；开展莲都枇杷标准化生产示范区建设；莲都枇杷、莲都仙桃、处州白莲3个产品成功申报全国名特优新农产品；开展全国农产品全程质量控制技术体系建设工作，完成上报试点生产经营主体8家，良好农业规范（GAP）认证生产经营主体建设2家。加强质量安全培训、宣传。组织各乡镇农产品质量安全监管员和检测员开展线上培训5期；结合“三联三送三服务”活动，宣传普及农产品质量安全政策和生产消费知识，提升生产经营者质量安全意识，共开展农产品质量安全现场培训3次，宣传10余次，发放宣传资料500余份。

农田水利建设

【概　况】 2020年高标准农田建设项目总投资2066.5万元，建设面积873.33公顷，分4个乡镇4个项目实施，其中碧湖镇建设高标田166.67公顷，高效节水灌溉面积33.33公顷；雅溪镇建设高标田213.33公顷；大港头镇建设高标田240公顷，高效节水20公顷；峰源乡建设高标田246.67公顷，高效节水13.33公顷。

【农田修复项目】 农田灾毁修复项目计划总投资300万元，经过前期摸排和乡镇申请，项目区已经落实在老竹镇，主要建设内容为机耕路修复4公里，水渠修复22公里，拦水坝修复6座。

【农田建设项目】 两山一类资金农田建设项目总投资2830万元，其中一期（2020—2021年）计划投资1530万元，规划农田建设总面积603.33公顷，分别由碧湖镇、老竹镇、仙渡乡、太平乡4个乡镇实施，新建修复机耕路35公里，新建修复水渠38公里。

水　利

【水　利】 2020年，莲都区水利系统组织中心组学习13次、干部夜学8次，传达学习了中共十九届五中全会精神、省委十四届七次全会精神、全市党建统领基层治理交流大会精神及各级领导重要讲话精神等内容。组织干部观看林康严重违纪违法案等受贿案件庭审直播，组织党员干部到青田县刘基廉政文化教育基地接受廉政警示教育，发动全局干部家属签订了“家庭助廉承诺书”。配合新冠疫情防控、十九届五中全会精神、文明城市建设成果巩固、脱贫攻坚、市区重点项目政策处理、平安莲都建设、健康莲都建设等重点工作的宣传及落实，50余人参与疫情防控、城中村改造等工作；严肃机关内部疫情防控管理，全年未发生因疫情防控不力造成的舆情事件；加强正面典型宣传，全年共上报宣传稿件188篇，其中省级录用19篇，市级录入89篇。2020年，共受理网上信访平台信访件63件、问政直通车咨询1条，均及时给予答复办理。办理人大建议主办件3件、会办件1件，政协提案主办件3件(其中重点提案1件)、会办件2件，满意率均为100%。全年未发生信访群体性事件和越级非访事件。莲都区农村饮用水工作获省水利厅颁发“农村饮用水达标提标行动成绩突出县”荣誉称号。

【水　政】 2020年完成535处取水口的核查登记工作；征收水资源费789万元；完成7个县级节水型小区的创建任务，创成7家省级节约用水标杆小区；全年共组织各类执法巡查108余次、联合执法检查1次，出动人员240余人次。发出责令停止违法行为通知书8份，责令改正通知书15份，受案登记和及时制止处理22起涉河非法行为，行政处罚案件3件，罚没金额7560元。完成行政许可承诺件11件，即办件10件，全年未发生因行政审批而引起的复议和投诉。

【水　电】 2020年，莲都区有并网运行电站101座，总装机容量6.87万千瓦，累计发电量1.59亿千瓦时，电费收入7569万元，分别比上年减少32.3%和30.4%。严溪、瑶溪、蒲岸、平沙好溪等四座水电站通过安全生产标准化复评。完成严溪、蒲岸、赤圩、大重坑、官岭、梨园、西斜、下郑、双溪、双桥、八石坑、秋塘、三合溪、黄畈、上圩、枫树湾等16座水电站竣工验收备案。雅溪二级、严溪水电站通过了省水利厅组织的专家评审及水利部的核准，获水利部颁发的绿色小水电示范电站称号。5座水电站办理抵押登记，评估资产3000万元，贷款金额1500万元。2020年7月底，全区103座水电站完成清理整改销号验收，其中退出2座，保留8座，整改93座。2020年共设置生态流量视频监控32座，其余采用静态图像监测。103座水电站建立了“一站一档”，将每座电站的基本信息表、合法合规性文件、最小生态流量核定文件、“一站一策”表清理整改销号表、泄放设施图片、监控设施图片、销号公示等编号列表，上传小水电清理管理工作平台。

【防　汛】 2020年，莲都区面雨量1238.7毫米，乡镇面雨量前3名分别为黄村乡1278.5毫米、白云街道1224.3毫米、雅溪镇1195.5毫米，单站雨量最大为太平乡普爱1564.0毫米。全年开展4次水利工程防台度汛集中大检查。完成2020年度山洪灾害防治(群测群防)项目全部建设内容及水文防汛“5+1”工程建设年度目标，新建通信双保障3处；流量自动监测站1处、水位站11处，超标准洪水重要监测站12处、机构1处。完成9145名小流域山洪灾害需转移人员系统录入工作。2020年，莲都区共遭遇5月25日、5月29日、6月2日三次短时强降雨及第4号台风“黑格比”，全年未发生因防汛措施不到位导致的人员伤亡事故。

【水利工程】 2020年，完成农村饮用水达标提标行动、美丽河湖建设两大民生工程。农村饮用水达标提标三年行动收官。2018—2020年，全区共完成140个行政村的饮用水达标提标工程，惠及13万人，建成美丽水厂143座，完成总投资3.58亿元。全年共计完成水利固定资产投资1.64亿元。投资1.01亿元，完成2020年农村饮用水达标工程，惠及人口7万人；建成小安溪流域综合治理工程(岩蒙至洪渡段)、小安溪流域综合治理工程(凤鸣段)、文华湾防洪堤建设项目、碧湖中型灌区节水配套改造工程，完成投资3933万元；完成莲都区富银电站增效扩容改造工程，投资521万元；完成2020年度山洪灾害防治项目，投资350万元；新建莲都区2020年面上小流域治理工程(泄川港、老竹溪、中溪)，完成年度投资750万元；新开展水文防汛“5+1”工程，完成年度投资672万元；新开展金银洞水库、保定山塘水库等2座水库除险加固工程，完成年度投资50万元。2020年完成中小河流治理8.42公里；创建美丽河湖2条，分别为莲都区宣平溪(章湾电站—大溪)35.8千米，莲都区方溪(小处村—下陆村)12.3公里；创成大港头镇等“乐水小镇”3个，大港头村、利山村等“水美乡村”16个。

(陈晓虹)

林　业

综　述

2020年，莲都区林地面积116620.93公顷，占土地面积的78.1%；森林覆盖率76.89%，全区活立木总蓄积5531082立方米，比上一年增加296289立方米。森林资源以针叶树居多，阔叶林及针阔混交林占森林面积比重为28.66%。2020年莲都区林业总产值60.01亿元，比2019年增长0.08%。其中，第一产业13.2亿元，比2019年下降0.3%，包括林木种苗、木材采伐、经济林产品的种植与采集等；第二产业1.5亿元，比2019年下降42.3%，包括木材加工和竹木制品制造及木、竹、藤家具制造等产业；第三产业为45.31亿元，比2019年增长2.72%，主要为森林旅游与休闲服务、林产品批发零售业。2020年一、二、三产业产值比重为22∶2.5∶75.5，一产略有上升，二产大幅下降，三产比重持续增加。莲都区生态林业发展中心被省政府评为“浙江省生猪增产保供成绩突出集体”，获2020年度森林浙江建设目标责任制考核优秀单位称号。峰源林业工作中心站被省委、省政府评为“森林浙江”建设成绩突出集体。

森林生态体系建设

【公益林建设管理】 全区公益林69525.06公顷，其中国家级7736.53公顷，省级61788.53公顷。建立了莲都区天然商品林小班矢量和属性数据库及天然林小班矢量数据库，设计并制作了全区及各乡镇天然林分布图。拨付2018年度、2019年度天然商品林停伐管护集体和个人补助资金234.06万元。拨付2020年度天然商品林停伐管护集体和个人补助资金120.81万元。拨付2020年度中央财政“国有天然林停伐补助资金”“国有天然商品林停伐管护补助资金”192.64万元；拨付2020年度公益林损失性补偿资金3620.63万元，惠及2个国有林场、14个乡镇（街道）的188个村级集体36064户农户。投保公益林火灾保险，覆盖面100%。

【重建护林员队伍】 根据公益林管理相关规定，结合莲都区实际，于2020年启动《莲都区公益林（天然林）管护组织建设方案》编制工作。通过起草、征求意见、修改、法务审查、公示等规范程序，经区政府第50次常务会议审议通过，《莲都区公益林（天然林）管护组织建设方案》（莲政办发〔2020〕50号）于2020年12月23日印发。按照“公开、公正、公平、择优”的原则，经本人申请、村民委员会推荐、当地林业工作中心站审核、乡镇人民政府（街道办事处）公示批准、最后报区林业主管部门备案，共优选全区公益林（天然林）护林员270人。制定并印发《莲都区公益林（天然林）护林员管理细则》，规范护林员管理。

【林业行政审批】 按照《征占用林地审核审批管理办法》《中华人民共和国森林法》《中华人民共和国森林法实施条例》等相关法律法规，依法履行使用林地审核职责，规范征占用林地审核审批，全年林地征占用审批71起，面积98.08公顷，征收森林植被恢复费2037.99万元。发放木材运输许可证7份；森林植物检疫证118份；发放林木采伐许可证

704份，共计51763.75立方米。坚持限额采伐制度，完成《莲都区"十四五"期间年森林采伐限额编制成果报告》，并通过专家评审。

【自然保护地】 开展自然保护地的整合优化工作，共调出城镇建成区、基本永久农田、商品林、纠纷山、村庄、设施建筑等面积1882.94公顷，调入890.98公顷，整合优化后，全区共有1处自然保护区和6处自然公园，各类自然保护地总面积为11804.62公顷，占全区总面积的7.94%。整合优化预案已由省林业局上报至国家林草局。发放2019年度、2020年度莲都峰源省级自然保护区第一批集体林租赁资金375.64万元，涉及农户267户；发放2020年度赛源行政村第一批集体林租赁资金1878206.24元，涉及面积2898.47公顷。调整天然林7.33公顷，为2个10万头生猪保供项目落实提供林地保障。完成葑垟湖特别功能区野生蛙类保护方案及监测调查，发现葑垟湖特别功能区共有维管束植物1475种，植被分属7个植被型组，14个植被型，42个群系（组）；记录到野生脊椎动物207种，其中两栖类2目8科26种，记录野生蛙类6科13属17种，占全省蛙类总数（41种）的41.5%，占莲都峰源省级自然保护区野生蛙类（25种）的68%。调查与监测成果证实了葑垟湖特别功能区是浙江省内野生蛙类多样性高、集中分布的保护地之一。建设老竹镇沙溪村为莲都区自然保护地融合发展示范村，沙溪村位于南明山—东西岩省级风景名胜区内，是国家AAAA级景区东西岩的景区村。现有5个自然村，6个村民小组，人口302户685人，畲族人口约占70%，为畲族风情旅游胜地。全村有民宿20家，床位26张，餐位1500个。

【绿化造林】 完成莲都区国土绿化5年建设规划方案编制。2020年省林业局下达莲都区新增百万亩国土绿化行动任务400公顷，实际完成473.4公顷，完成率118.35%。完成森林抚育727.8公顷，完成率101.08%；完成彩色健康林707.13公顷。完成木材战略储备林109.87公顷，完成率104.31%。建设一村万树示范村3个，分别为碧湖镇南山村、大港头镇利山村、老竹镇沙溪村；建设推进村33个。完成1个省级森林城镇创建方案并通过专家评审。完成9.55万株省级赠苗分配，新育乡土树种253.3万株。组织开展义务植树活动3次，近200人参加，种植异木棉、楠木、南方红豆杉、赤皮青冈、木荷等珍贵乔木树种800余株，其中异木棉20株，为莲都区首次引进的新品种。

林业产业体系建设

【林业产业发展】 通过项目+基地的模式发展林业产业，实施日本甜柿示范推广项目10公顷，验收油茶新造林项目12公顷，开展林下套种黄精13.33公顷。新建培育"一亩山万元钱"示范基地138.67公顷，辐射推广391.13公顷，巩固深化700.33公顷，总产值13465.5万元。开展绿色有机产品基地建设，完成笋竹基地建设416.07公顷，木本油料基地建设473.07公顷。完成木本油料抚育1003.8公顷。累计完成林权抵押贷款余额96402万元，新发放数102882万元。完成林地经营权流转17宗688公顷，其中办理林地流转经营权证211.33公顷。培育农产品旅游地商品生产经营主体5家、林业经营主体12家。申报森林氧吧2个，分别为"东西岩森林氧吧"和"库坑垟森林氧吧"，申报丽水市森林康养特色村2个。计划抽检食用林产品100批次，全年完成林产品质量检测102个批次，其中春笋25个批次、板栗22个批次、油茶籽21个批次、冬笋22个批次、鞭笋5个批次、多花黄精4个批次、化肥3个批次，检测结果全部合格。

【栝苍古道二期修复项目】 栝苍古道（二期）却金馆观景平台至界碑段古道修复项目，为2020年发改立项政府投资性建设项目，计划总投资650万元，修复栝苍古道全长8050米，其中古道路面修复3370米，占全长的41.86%。修复内容为古道路面修复、村庄道路改造、机耕路改造、塌方点治理、沿线休息平台建设、露营基地建设、公厕修建、村庄节点整治，绿化补植改造，人文景观、指示牌、垃圾桶等。该项目于2020年11月完成施工招投标，根据建设合同规定建设工期180天（日历天）。

林业安全管理

【野生动物保护】 新冠肺炎疫情期间，组织人员对辖区内野生动物经营场所实行每日巡查，严禁野生动物销售。累计派出371个检查组4506人次，检查各类场所1454个，收缴各类狩猎物品91个，处置野生动物违法行政案件3起，关停野生动物经营活动场所14家、人工繁育养殖基地22家。累计发放宣传资料11930份，宣传教育9220人。全年救助野生动物64只。制定《丽水市莲都区全面禁止非法交易和滥食野生动物妥善处置在养野生动物工作方案》，10月9日，完成在养野生动物处置工作，为丽水市首个全面完成处置的县(区)。共处置野生动物养殖企业23家，其中移交的17家，关停的4家，处置并转产的2家。移交黑斑蛙21500公斤，棘胸蛙18000只，龟类40只，梅花鹿635只，雉鸡1001只，鹧鸪400只，羊驼2只。无害化处置野生动物8066只5.57吨，保障公共卫生安全。

【投保野生动物肇事公众责任险】 2020年10月22日，莲都区投保野生动物肇事公众责任保险，保费19.5万元，为全市首个投保的县（区）。保险期内，莲都居民或流动人口在承保区域内，遭受到野生动物伤害导致人身伤亡或财产损失的，一次性单笔最高赔付300万元。保险理赔对象主要是农林作物和人，年度累计赔偿限额3000万元，每人伤亡责任限额30万元，每户财产损失责任限额10万元。蛇类咬伤事件按定额1000元/人赔偿，其他类型事件（如野猪伤人、动物咬抓伤）在分项责任限额内依据医疗发票等予以赔偿。农作物约定保险赔偿分为粮食经济作物7种，分别为油菜、单季稻、土豆、大豆、番薯、板栗和玉米；中药材、名贵树6种，分别为铁皮石斛、皇菊、黄芩、香榧、三叶青和红豆杉；蔬菜瓜果10种，基本涵盖了莲都的特色农产品、珍贵树种和中药材。未明确的农作物受损情况通过第三方评估方式进行赔付。

【森林防火】 落实森林防火行政首长负责制，在春节、清明、“五一”、国庆、中秋等重大节假日和重点时段，专题部署森林防火工作。检修保养森林防火远程监测预警系统，确保性能完好。组织人员对141只森林防火水桶等基础设施进行定期巡护。张贴禁火令2000份、发送手机短信100万条、制作粘贴30辆网约车车贴广告、印发森林防火宣传品2万份，在通往大港头镇、东西岩景区等地203、313、301、501等线路共 50 辆城乡公交电视及市区人员密集区的2块LED大型电子屏上滚动播放森林防火宣传内容。启用“互联网+森林防火码”系统，通过扫描防火码，系统可掌握各时间段进山入林人员基础信息，监控人为火源，共在莲都林场、峰源自然保护区和东西岩风景区等地设置防火码36块。2020年莲都区共发生森林火情10起，其中较大森林火灾1起，受害森林面积15公顷，森林受害率0.0086‰，发生率每10万公顷0.9次，没有发生重大森林火灾和人员伤亡事故。

【松材线虫病防控】 与各乡镇街道签订责任书，落实属地乡镇（街道）的主体责任、职能部门的牵头责任和监管责任，严格落实责任追究机制。针对当前松材线虫病防治工作中存在的不足和短板，创建全省首个“云森防”精密智控综合管理平台（以下简称“云森防”）。“云森防”平台利用无人机航拍、AI图像识别、二维重建等先进技术，对全区松林进行航拍图像采集后自动识别松材线虫病死松树并定位坐标，形成精确到株的松材线虫病疫情分布图。在精准数据的支撑下，形成具备松材线虫病防治分析决策、任务分配、进度跟踪、疫木处理、费用核算、审计监督等全流程管理功能的松材线虫病防治“一张图”指挥系统，实现防控数字化转型、科技化转场，形成了松材线虫病防控的全流程、全方位闭环管理体系。2020年秋季疫情普查发现，全区疫情发生面积61706.67公顷，病死松树71.71万株。10月27日，雅溪镇率先启动枯死木清理工作，清理时间较往年提前2个月;实施跟踪验收,验收时间前置6个月。11月20日,全区松材线虫病防治工作推进会暨“云森防”精密智控管理平台培训会召开,“云森防”平台电脑端与手机端正式启用。11月26日,启动松材线虫病防治注干剂招投标工作。12月11日,市长吴晓东在《三位一体 十招智控 莲都区全省首创“云森防”平台精密防控松材线虫》政务信息(专报)第157期上批示肯定莲都松材线虫病防治工作。2020年秋季以来,共清理枯死松木11.63万株,清理面积5990.8公顷;全年注杆保护重点松树3.1万余株。同时,林业部门与市区联动开展检疫执法行动,打击辖区内非法涉松加工经营情况,共查处检疫案件3件,罚款6000元。

【林区治安】 组织开展“掌上执法”系统操作培训,40余名执法人员利用“互联网+监管”平台掌上执法系统分批分区域开展执法检查,共检查木材加工厂、民宿、餐饮企业等单位共253家。开展“双随机”抽查,共抽查事项70个,包括食林产品质量安全30个、林木种子生产经营许可事项10个、建设项目林地使用许可4个、陆生野生动物许可事项1个、林木采伐许可19个、在自然保护地开展相关活动许可6个。办结中央环保督察、国家(省)级森林督察、区检察院和区公安分局移送、本机关发现、群众举报的行政处罚案件43起,收缴罚没款135.4万元。完成森林资源年度监测暨全省森林资源“一张图”建设。

(丁波澜)

工业·经济·商贸

综　述

2020年，莲都区本级实现规上工业产值58.54亿元，同比增长8.9%；实现规上工业增加值13.71亿元，同比增长8.5%，高于全市增幅达4个百分点，排名全市第三；工业投资同比下降2.9%，但高于全市平均6.5个百分点，排名全市第四；实现实际利用外资400万美元，完成年度目标任务的100%；实现外贸出口12.96亿元，同比增长15.3%；市区实现社会消费品零售总额204.3亿元，同比下降6.8%，分别较一季度、上半年回升14.2、5.9个百分点；实现网络零售额104.31亿元，同比增长26.2%，总量排名全市第二。区经济商务局获评2019年度省中小微企业培育工作成绩突出集体、2020年度省经信系统工作目标责任制考评县（市、区）"最佳实践"、2020年度全市商务工作综合奖优秀单位、2020年度全市经信系统综合考核优胜单位、丽水市在疫情防控阻击战中事迹突出的基层党组织。

工业经济

【专班工作】 2020年，新冠肺炎疫情导致企业员工无法回归、物流停滞、外贸订单取消等困境，产品积压、利润锐减、资金链断裂等风险威胁企业生存，莲都区工业生产、外贸出口、消费市场均受到了冲击。区经济商务局成立莲都区工业和出口专班、莲都区消费专班，形成稳企业稳消费稳外贸的有力机制。

【建立"一车四员四到位"服务机制】 建立驻企服务员机制，106位驻企服务员对接110家工业商贸企业。开通战"疫"助企直通车，当好政策宣讲员，做到政策宣讲到位；当好驻企服务员，做到驻企服务到位；当好健康服务指导员，做到防疫指导到位；当好复产督导员，做好督导落实到位，服务企业疫情防控和复工复产。2辆"一车受理，集成服务"助企直通车累计走访企业400余家、1000余人次。

【精准服务企业"千人进万企"专项行动及"365"行动】 建立"三张清单"、开展"六大行动"、强化"五项机制"，打造"365"全天候、全覆盖、全方位精准服务企业品牌。在领导联系企业、助企服务员、千人进万企等多层级的服务企业机制支持下，整合全区5000余名机关、企事业单位干部力量，利用3个月时间深入企业大走访大调研，掌握莲都企业发展动态，厘清企业底册，回收企业问题诉求近百件，整合交办31件，已全部反馈到位。

【"企业码"推广应用】 成立以分管副区长为组长的莲都区企业码建设应用推广工作领导小组，推进"企业码"推广和应用。组织区属企业代表参加全市企业码建设应用推广工作培训会和"企业码"应用推广培训三级联动线上直播活动，组织相关涉企部门召开全区企业码建设应用推广工作培训会，掌握企业码领取和使用业务。按照"条块结合、属地负责、行业指导"原则，全区上下联动推进企业码建设应用推广工作。区农业农村局、区经商局、区建设局、区发改局等部门分别牵头指导农业、工业、建筑业、服务业等行业企业的应用推广工作，确保企业码“有人管”“有人推”。全区实现企业领码8540家，领码率达110.45%，实现企业领码全覆盖。

【深化“亩均论英雄”改革】 出台《莲都区持续深化“亩均论英雄”改革2020年工作要点》（莲亩均办〔2020〕1号）、《莲都区深化“亩均论英雄”改革的补充意见》（莲亩均办〔2020〕2号），细化7条企业评价标准，明确要素差别化配置机制执行依据，增强评价体系指导性和科学性。完成了2019年度企业亩均效益综合评价工作，将规上企业42宗49家、规下企业73宗103家纳入评价，最终评出A类企业23宗31家（其中规上15宗15家，规下8宗16家）；B类企业55宗79家（其中规上21宗26家，规下34宗53家）；C类企业32宗37家（其中规上6宗8家，规下26宗29家）；D类企业5宗5家，全部为规下企业。

【培育规模企业】 建立规上企业培育、亿元企业培育、自营出口企业培育等多个重点培育企业清单，动态指导企业上规上台阶，实现企业自身发展和地方经济贡献双赢成效。2020年，新增规上企业15家、新增亿元企业2家，丽水欧意阀门有限公司、浙江特利隆精密机械有限公司成功入选省隐形冠军培育企业。

新增规上企业名单：

丽水勇安轴承制造有限公司
丽水龙都杭萧钢构有限公司
丽水市通盛环保材料有限公司
浙江美宝文具有限公司
丽水瓯泰衬布有限公司
浙江中意电气有限公司
丽水市建材循环开发有限公司
浙江企点交通材料设备有限公司
丽水市泰立新型墙材有限公司
丽水市蒂盛五金有限公司
浙江科秀五金有限公司
浙江冠宏混凝土构件有限公司
丽水意德阀门有限公司
浙江贝加莫科技有限公司
浙江超联阀门有限公司

新增亿元企业名单：

浙江交投丽新矿业有限公司
恒大电气有限公司
（排名不分先后）

【企业人才培育】 2020年，组织全区工业企业参加各类培训、讲座、会议15场次，参训达476人次。除省、市、区各类业务培训外，区经济商务局还积极组织区级企业培训，连续4年召集莲都区生态工业专题研讨班，为区属规上企业、成长型企业提供学习平台。

【小微企业园建设】 完成莲都区小微企业园信息化项目招投标，建设莲都区企业（小微园）综合服务数字化管理平台，完成初验并投入试运营。万洋低碳智造小镇和丽水·莲都电子商务创业创新综合体通过市级验收，被评为二星小微园。

【减轻企业负担】 落实一系列稳企惠企政策措施，释放政策红利，为企业降本减负。全区完成企业降本减负12.83亿元，其中“四减”5.42亿元，除“五减”外降本减负6.2亿元，其他费用1.21亿元；区经济商务局全年为企业兑现各级政策扶持奖励资金3955.43万元，同比增长47.7%

【实施数字经济“一号工程”】 建立莲都区5G基站网络建设工作领导小组和5G基站网络建设联席会议工作制度，部署5G基站建设工作；推进“企业上云”三年行动实施，全年完成企业上云140家，兑现2017—2019年企业上云补贴资金61.83万元；推进“两化”融合项目建设，润康易悦的易悦学读书智能平台项目被列入2020年市信息经济示范试点培育项目库，佳瓯工程BIM技术在公路工程的应用被列入2019年市“两化”融合示范试点项目，掌信传媒的“Quanta”社交软件入选市本级软件新动能培育第二批重点项目培育库。

【推进“低散乱”整治行动】 印发《丽水市莲都区巩固提升“低散乱”整治成效服务高质量绿色发展三年行动方案（2020—2022）》，参照杭州萧山、绍兴等先进地区，制定整治标准，规范治理手段，开展全面整治。全年整治“低散乱”企业26家，淘汰落后产能涉及企业3家，指导开展清洁生产改造企业5家。

【推动企业转型升级】 开展“一县一品”建设，将阀门行业作为万洋招商重点，完成13家阀门企业的协议签订和入驻审核。拨付83.5万元资金专项用于阀门企业技术改造，全年引导阀门企业投入设备改造资金4909万元。推进传统产业智能化改造，邀请省智能专家委员会多次对万控、乾麟等企业开展智能化技术改造指导，全年引导企业购置工业机器人35台，完成5家企业共9个新产品鉴定。

商　贸

【培育市场主体】 新增有实绩进出口企业9家，其中出口企业5家、进口企业4家；培育转型“日产达30万只民用和KN95口罩”生产能力的防疫物资企业1家，新引进熔喷布和无纺布生产企业1家、一次性防护口罩生产企业1家，新增医疗物资出口流通公司4家。新纳统批零住餐企业25家（超额完成8家的目标任务），实现批发业年销售额10亿元以上企业6家、零售业年销售额亿元以上企业22家、住宿业年营业额1000万元以上企业6家、餐饮业年营业额500万元以上企业7家。

【省电子商务创新试点建设】 推进政府采购农产品上行、智慧商业、智慧旅游等领域7个省电子商务创新试点项目，合同金额396.51万元，已完成农产品上行产销平台建设、农村电商培训教材开发、电商人才培训等工作，推动全区电子商务高质量发展。

【跨境电商】 引导传统电商企业和外贸生产企业开展跨境电商业务，培育跨境电商品牌。外贸企业开展阿里巴巴国际站业务累计17家，在亚马逊、速卖通等平台开展跨境电商业务100余家，2020年11月初实现跨境电商9710模式首单。

【丽水·莲都电子商务创业创新综合体建设】 下发丽水·莲都电子商务创业创新综合体项目第二周年运营考核办法，首次对运营工作开展考核，园区共入驻企业53家，实现上限纳统企业1家，园区孵化作用日益增强。

【农村电商培育】 评选新十佳电商人才、新十佳农村自媒体人；城西村、大港头村被评为2020年电子商务示范村，利山村被评为浙江省电子商务专业村（全区共有电商专业村3个、淘宝村1个、电商镇1个），大港头镇二级服务站等3个站点被评为省农村电商示范服务站（点）。

【助企工作】 出台《莲都区疫情期间助推批零住餐企业发展的三条意见》，以政策红利撬动消费市场回暖。开展重点线上零售企业和线下样本企业精准帮扶，共发放消费券108.57万元；制订工会职工疗休养电子消费券方案，累计发放消费券900.85万元，核销884.76万元，核销率98.2%；市区联合发放汽车消费券3000万元，带动消费市场回暖。

【培育直播带货新经济】 举办云上汽车展、数字生活节、网红赴乡村、最强主播挑战赛、“云上莲都 乐享工业”等一系列直播带货活动20余场，销售额超2000万元，推动消费升温。指导开展处州府城夜市、金汇广场夜市等夜间经济业态，继光街夜市以全省率先复苏夜市登上央视，古堰画乡被列入浙江12条美丽乡村夜经济精品线，持续丰富消费供给。

【打造智慧商圈】 指导批零住餐企业加大改造提升工作，百货大楼成功入选2020年浙江省“绿色商场”，为全市首家；白云街道入选全省首批商贸特色镇，是全市唯一；新建集超市、餐饮、娱乐于一体的MT新生活街区；占地约8666.67平方米的领客汽车4S店即将投入运营。

【营造放心消费环境】 配合有关部门依法打击黑加油站（点），对加油站推行“互联网+监管”网上执法检查，全年全区农村加油站安全运营。依法开展单用途商业预付卡（凭证）监管工作，接到预付卡（凭证）投诉举报400余件，指导消费者依法维护自身权益。丽水市阿水理发店违规发放单用途商业预付凭证和侵害消费者权益案件提交法院强制执行。

【消费扶贫助力脱贫攻坚】 开展消费扶贫助力脱贫攻坚工作，推动剑阁县农副产品产销对接，鼓励引导社会力量购买剑阁农特产品和服务消费，全年完成剑阁县农副产品采购1576万元。组织相关企业申报对口消费扶贫奖励资金，累计享受资金138503元。

【推动线上“云展会”】 帮助企业搭平台拓市场保订单，组织瓯宝安防等10多家公司参加英国、德国、泰国、越南、缅甸等国际“云展会”，以及台州、青田、龙泉等国内专场线上展。成功举办“丽水莲都出口网上交易会(俄罗斯、东欧泵阀专场)”活动，邀请中外各40多家企业参加，开展近120场配对与交流，实现海外阀门销售“抢订单、促增量”。

【保障外贸企业发展】 设立约50万元涉外法律诉讼预备资金，协助3家企业拿到不可抗力事实性证明书，挽回136.47万美元合同损失；为年出口500万美元以下企业免费投保政策性出口信用保险19.19万元；协助企业获出口信保理赔款11.82万美元。

主要行业

【通用及专用设备制造业】 有以丽水欧意阀门有限公司、浙江多乐缝纫机有限公司等为代表的规上企业25家，2020年实现规上产值10.85亿元，占规上总产值的18.5%。

【电气机械和器材制品业】 有以丽水万控科技有限公司、浙江天润电气有限公司等为代表的规上企业11家，2020年实现规上产值9.45亿元，占规上总产值的16.1%。

【非金属矿物采选和制品业】 有以丽水市处州混凝土有限公司、丽水中航混凝土有限公司等为代表的规上企业7家，2020年实现规上产值11.10亿元，占规上总产值的19.0%。

【其他制造业行业】 有色、黑色金属冶炼和压延加工业，有以丽水鑫荣发不锈钢制品有限公司、浙江方泰铝业有限公司等为代表的规上企业4家；纺织、皮革及其制品和制鞋业，有以丽水万邦鞋业有限公司、丽水市兰迪鞋业制造有限公司等为代表的规上企业4家；金属制品制造业，有以瓯宝安防科技股份有限公司等为代表的规上企业4家；食品加工制造业，有以燕京啤酒(浙江丽水)有限公司等为代表的规上企业3家；文教、工美、体育和娱乐用品制造业，有以浙江中彩文教用品制造有限公司为代表的规上企业2家；化学纤维、化学原料和化学制品业，有以浙江依莱特纺织有限公司为代表的规上企业2家；医药制造业规上企业1家(浙江瑞新药业股份有限公司)、木材加工和竹木制品业规上企业1家(丽水欧科人造板有限责任公司)、橡胶和塑料制品业规上企业1家(丽水市宏远塑胶有限公司)、汽车制造业规上企业1家(丽水市海卓科技有限公司)。

【电力、热力、燃气和水生产和供应业】 莲都有以国网浙江丽水市莲都区供电有限公司、丽水市供排水有限责任公司等为代表的规上企业5家，2020年实现规上产值10.82亿元，占规上总产值的18.5%。

(张雯婧)

丽水工业园区建设

【概　况】 2020年，丽水工业园区推进平台“二次创业”，疫情防控和经济社会发展取得积极成效，引领生态工业高质量发展。2020年，在疫情冲击下，园区增强风险意识，科学应变、主动求变，完成新培育上规企业15家(新企业上规2家，老企业小升规13家)；实际完成规上工业企业总产值37.93亿元，同比增长12.68%；完成有效投资17.91亿元，同比2019年(17.66亿元)基本持平；实现税收总额2.46亿元，同比增长27.46%。

【招商引资与人才招引】 2020年高溪区块开展入园企业考察5批次，审核入园企业申请资料89家，其中实地考察企业57家(含21批次10家企业)，决策入园企业34家(不含21批次)；高溪区块自主招商地块完成3家企业准入(博而达鞋业、华创重工和碧晨新材料)；碧湖及南山区块入园准入2家(斯科阀门和嘉诚混凝土)，累计完成企业准入39家，在2020年准入的企业中，上年度产值达到规模以上的占比达到45%，整体质量提升明显。同时，在高溪区块注册落地了18家优质的销售公司，咨询服务公司，丰富了区块发展业态，提升了税收效益。成功引入“分离膜基材”项目并实现产业化落地，与宁波江北区签订战略合作协议，成立莲都—江北高新产业协同发展中心，建立宁波江北区与莲都区产业合作平台。

【项目开发与建设】 全年共实施政府类投资项目8个，其中续建项目3个（丽水万洋低碳智造小镇基础设施PPP项目、供水加压泵站工程、安置地项目等），新建项目4个［南园二路、南山路北段、园中路北段工程；大众街拓宽工程；碧湖区块雨污水管网修复项目（一期）；碧湖区块雨污水管网修复项目（二期）2个标段］，全年政府投资2.1亿元，分别为碧湖南山区块0.41亿元和高溪区块1.69亿元（PPP项目1.6亿元），超额完成任务。累计完成园区新建道路36000米，新建雨污水管网7500米，修复雨污水管网13700米，边坡整治77000平方米，场地平整90万立方米。

【安全底线与环保红线】 2020年，工业园区与园区内的217家企业签订《2020年度生产经营单位安全生产目标管理责任书》，开展园区企业安全管理人员安全生产培训，覆盖率和合格率均达100%；强化安全隐患排查整治工作，累计检查企业数176家次，发现问题593个，发放隐患限期整改通知书123份，实现整改闭环。贯彻落实省市区三级“三改一拆”文件精神，建立覆盖全园区企业违法建筑一企一档，对省检查组提出的园区5家违建企业共拆违建8000余平方米。

【企业服务与队伍建设】 2020年，丽水工业园区实行网格化管理，对所有企业派驻网格员，建立问题交办机制，共解决企业反馈的困难建议70个；落实返岗补助政策，2020年，园区共兑现各类补助1387661.9元；深化园区与丽水职技院机电工程学院，园区企业家协会与区旅投公司、大港头民宿协会的合作；引进园区综合服务平台和聘请园区科学顾问，认定2020年省级高新技术企业研究开发中心3家，2020年省级企业研究院1家。加强培养锻炼，开展生态工业专题研讨班，组织干部到宁波学习企业思维、企业管理、智能制造等方面内容，加强学习，拓宽眼界，提高干部的业务水平，职业素养。做好选人用人工作，2020年提任股级干部一个批次，共5名，形成干部梯队培养，通过人才引进、事业选聘、公务员商调、国企招聘等方式，共招录12名人员。

【党建引领与巡察整改】 2020年，园区机关党员积极做好防疫工作，当好贴心管家，帮助企业解决融资难、招工难等问题，1名党员获得市级疫情防控事迹突出的党员荣誉称号，1名党员获得区级疫情防控和复工复产工作表现突出的党员干部荣誉称号；干部队伍建设不断增强，纪律意识和底线意识不断增强，做好巡察整改工作，截至2020年，巡察反馈30个问题已完成整改25个，在巡察整改工作中，诫勉2人，教育提醒3人，提醒谈话60人次；新制定制度10项，修改完善制度18项；收回违规资金6330元，挽回其他经济损失84560.2元。

（柳馨惠）

电力工业

【概　况】 2020年8月27日，原国网浙江丽水市莲都区供电有限公司完成“子改分”工作，更名为“国网浙江省电力有限公司丽水市莲都区供电公司”。公司担负着丽水市区（不含南城区块）和莲都区的供电服务及35千伏及以下配电网的规划、建设、运行和维护任务。2020年，公司完成固定资产投资1.375亿元；供电可靠率99.9446%，城网综合电压合格率99.999%，农网综合电压合格率99.953%。最高用电负荷323.6兆瓦；全年完成售电量14.19亿千瓦时，同比增长7.26%；到2020年年底连续安全生产日5462天。

【电网发展】 完成莲都配网“十四五”规划，优化10千伏线路主干网架布局，10千伏及以下配电线路开工68.04公里，投产193.87公里；变电开工2.54万千伏安，投产5.48万千伏安。完成110千伏百果变建设，110千伏高溪变、寿元变工程前期工作，有效补强电网。完成“万洋低碳小镇”“灵康杏福小镇电力迁改”“农村饮用水”等政府配电工程35项。

【电网运维】 推进城区电网自动化应用，完成6个环网11条电缆线路FA全自动投运工作。试点推行山区线路“合闸速断+继电保护级差配合”自动化建设。

平均故障隔离时长同比下降46.5%。常态化开展无人机、机器人智能巡检工作,智能化巡视率达99.48%。

【电力服务】 首创线上办电互动平台“办电e助手”,成功植入“网上国网”,构建业扩办电新模式。依托浙里办App“花园码”,推进“码上办电、零证办理”。打造“保电e指挥”,实现保电全过程可视化监控和统一指挥,完成浙江省首届生态运动会开幕式、第五届中国农村电商大会等重大活动保电任务41起。拓展综合能源业务,制定全市首个智慧电务业务套餐,综合能源社会化营收达1094万元,位列全市第一。

(范博文)

供销社合作商业

【概　况】 2020年,莲都区粮食产业农民合作经济组织联合会完成“八个一”规范化建设,实现了水稻生产的高度机械化。莲都区农合联资产经营公司成为莲都区光伏小康工程——公建屋顶分布式项目建设的业主单位,负责光伏项目25年的运维管理和扶贫电费的收缴工作,实现了实体化、市场化运营。莲都区供销社与义乌市供销社签订“义乌—莲都‘山海协作’战略合作框架协议”。响应国家疫情期间租金减免政策,对出租的资产和门店统一减免租金近50万元。

【粮食产业农合联】 2020年,莲都区粮食产业农民合作经济组织联合会拥有旋耕机74台、运输型拖拉机13台、乘坐式插秧机21台、手扶式插秧机28台、高压喷雾器125台、无人植保飞机6台、久保田收割机15台、国产收割机16台、稻谷烘干机18台。会员种植水稻面积8208亩,机械化服务农户水稻面积24000亩,实现统一供种、统一耕作、统一育插秧、统一植保、统一机械收割,水稻生产全程机械化率达到100%。

【农合联资产经营公司】 莲都区农合联资产经营有限公司对接政府光伏扶贫工程项目建设,通过政府购买服务的方式,成为莲都区光伏小康工程——公建屋顶分布式项目建设的业主单位,参与莲都区光伏扶贫工程建设,接受政府的委托,负责光伏项目25年的运维管理和扶贫电费的收缴工作。

【农产品销售】 莲都区供销社与义乌市供销社签订“义乌—莲都‘山海协作’战略合作框架协议”,在义乌新建一个销售平台,完成区委区政府下达的东西部扶贫、山海协作等工作任务。以区农合联名义赴市外开展展示展销活动合计7场。参股企业丽水市绿盒电子商务有限公司营业收入为1252万元,线下门店超级邻居营业收入近970万元。

【四季产业服务】 举办“丽水山耕”新春农博会暨第七届供销年货节,设展位128个,商品近千种,汇集了丽水和温州、绍兴、衢州、湖州等地农合联会员的生态精品农产品及全国各地的名优农产品。区供销社(农合联)组织区农合联会员中12家企业、专业合作社和家庭农场参加年货节,四天实现销售额25.4万元。开展“万众一心抗疫情,助力春耕促增收”为主题的春耕备耕活动,向莲都区粮食产业农合联的19名会员赠送了22吨有机肥,为粮食产业农合联会员带来了粮食种植技术资料,并在现场开展了农技咨询服务。举办2020年丽水·莲都“中国农民丰收节”,枇杷产业农合联、粮食产业农合联、茶叶产业农合联的优质农产品在丰收节上作了展示和销售。

【“莲都超市”区域公共品牌】 2020年,莲都区超市产业农民合作经济组织联合会制定了《关于加快促进莲都超市产业发展十一条意见》扶持政策;注册了“莲都山超”商标;开展了重点乡镇经营超市人员情况新一轮地毯式排摸;聘请了莲都超市法律咨询服务团队为会员提供线上线下法律咨询服务;组织了莲都农商行和建行莲城支行两家金融单位,创设莲都超市产业发展专项金融产品;举办了2020年第一期“莲都山超”店长精品研修班;莲都山超首家示范店在上海市宝山区开业;组织了超市人员参加“莲都山超”店长技能竞赛活动项目;组织了上海市丽水超市协会捐款捐物共计100余万元。

【疫情防控】 2020年，莲都区供销社组织专人采取多种疫情防控应对措施，做好大港头菜市场管控和服务工作，保证了菜市场货源充足、价格稳定、环境安全。菜场监管员获得2020年度抗击新冠肺炎疫情工作区级嘉奖。积极响应国家疫情期间租金减免政策，减轻承租户负担，根据区政府相关政策文件并结合区社下属企业租赁情况，减免租金近50万元。

【社属企业】 规范企业资产管理，依托2019年区政府出台的供销社涉拆资产处置纪要，按照“尊重历史、依法依规、不留后遗症”的原则，公开公平规范处置涉拆资产，推动供销社涉拆资产处置基本完结。规范企业人事管理，针对企业人员青黄不接、人浮于事、效率不高等问题，探索社属企业人事工作改革，通过人员整合、公开招聘、工资套改、绩效考核等方式，破解社属企业人事管理机制僵化等长期以来制约企业发展的难题，整合资源，加强管理，提高待遇，激发企业再生动力，促进了企业改革发展。规范企业财务管理：对下属企业工会的2019年度工会等经费类目进行内部审计，促进经费的规范管理和合理使用；对下属企业财务收支审计，规范企业财务收支行为；下属企业财务集中核算管理，提升财务管理科学化水平。

（陈梦蕾）

招商引资

【概　况】 2020年新引进项目38个，其中大项目14个，完成实际利用内资40.94亿元，完成实际利用外资400万美元，获评“绿谷精英550引才计划”对象10名。制定出台《莲都区关于加快茶叶发展的实施方案、莲都区关于加快莲鸭共生农业特色产业发展实施方案（试行）》（莲政办发〔2020〕27号）、《丽水市莲都区新建标杆性现代化猪场项目扶持办法》（莲政办发〔2020〕34号）《莲都区扶持建筑业发展十条意见（试行）》（莲政办抄〔2020〕13号）、《关于加强人才队伍建设推动高质量绿色发展的九条意见》(莲委办发〔2020〕18号)等优惠扶持政策。全年梳理和更新“谋划、盯引、落地”三张项目清单。推出谋划类产业招商项目共51个，盯引类产业招商项目共13个，落地类产业招商项目共31个。打造培育“六大发展平台”，打造工业发展平台、数字科创平台、文创旅游平台、现代化农业发展平台、城镇发展平台、现代服务业发展平台，有针对性地开展精准招商、合力招商、产业链招商。

【集中签约】 2020年，参与、组织5次集中签约，共签约项目25个，总投资额约65.38亿元。其中，一产项目1个，二产项目4个，三产项目21个。国家水稻分子育种中心丽水示范基地建设项目、康纳自闭症早期诊疗系统项目、基于化学纤维表面亲水化改性技术的平板膜基材项目等高科技人才项目的签约，为莲都未来发展提供新动能。

【丽水莲都—上海人才科创孵化基地】 项目落户上海自贸壹号产业园，在该园设立上海自贸壹号“科创飞地”平台，旨在加速项目的孵化和产业化进程。为莲都区导入一批医疗器械领域的优秀企业，打造产业集群，增加新的经济增长极。

【驻外招商】 2020年，丽水长三角招商中心莲都招商部成建制派驻上海开展招商引资工作。全年莲都招商部累计走访企业143

9月7日，国家水稻分子育种中心·丽水示范基地建设项目签约（王春晓　提供）

家，有初步合作意向企业110家，组织客商回丽考察、推介签约等活动30次。

山海协作工程

【概　况】 莲都—义乌山海协作产业园有序推进，已完成开发面积4.18平方公里，累计完成基础设施和企业投资超74亿元，已入园投产企业83家，实现合同引资160亿元，其中超50亿大项目2个，超30亿元的大项目1个。2020年，产业园共完成出让土地80亩，实现规上工业产值3.95亿元，同比增长16%。累计完成有效投资18.16亿元，其中招商引资投资完成16.6亿元，政府性投资完成1.56亿元。为推进产业园复工复产，义乌向莲都捐赠了5000个口罩，20箱消毒液和金莲清热泡腾片，免洗手消毒液，酒精消毒片等；合作在河南、贵州开辟了“义乌—莲都山海协作专列快递”和回企直通车，接送省外员工返岗复工。山海协作电商共建产业园，引进了义乌电商龙头企业澜蓝汇负责运营，已吸引53家电商企业入驻，创成省级AAA级电商产业基地；古堰画乡生态旅游文化创意产业园建设有序推进，义乌—莲都山海协作创意作品交流中心投入运营，一号艺术区块完成整体招商，引进各类画廊和文创工作室120多家，生态旅游、文化创意产业和健康养生产业融合发展的综合园区逐步成形。

【义乌—莲都山海协作科创金融飞地—莲都大厦】 莲都大厦位于义乌金融商务区一期01—16号地块，由莲都区人民政府指定的国有企业莲都区城乡建设投资有限公司负责投资建设；项目总投资约15亿元，规划总用地面积10247.37平方米，建设2幢超150米双子飞楼。项目已成立了莲都大厦项目指挥部、注册成立了项目公司，土地已于10月22日完成摘牌并着手开工建设。项目重点聚焦科创、金融、数字经济等方向，聚力服务时尚、信息经济、先进装备制造、食品生物医药健康等战略新兴产业，引进和培育现代服务业，将为丽水籍企业提供异地优质商务办公平台。

【莲都—义乌山海协作科创研究院】 作为科创研发和服务的平台，由莲都区科技局、义乌市科技局和义乌市科技创新研究院三方共建的民办非企业单位，联合运营期为三年，相关建设运营费用由义乌市政府与莲都区政府共同承担，期满后将转为市场化运营，科技创新研究院于2019年11月正式运行，委托义乌市科技创新研究院负责管理。研究院依托义乌先后引进成立的中国科学院沈阳自动化研究所义乌中心、中科院兰州化物所义乌市功能材料中心、浙江工业大学义乌科学技术研究院等14家三类创新服务综合体，为莲都企业提供协同创新研究、科技成果筛选、认证与转化、科技人才培养、科技咨询培训与会展、知识产权交易与保护等科技服务工作，将为莲都发展提供科技支撑。2020年度，莲都区义乌科技创新研究院共走访莲都57家规上工业企业，收集并发布企业技术难题52项，促成解决鱼跃酿造酱油色差问题、高升科技电镀去污抛光问题等27项技术难题；完成网上技术交易额5350万元，协助企业发明专利产业化3项，培育企业科技专员人数30名，培训并取得技术经纪人资格证书2人；5月28—29日，邀请中科院兰化所、中科院沈自所、浙江工业大学等院校专家以及莲都区规上企业、高新技术企业负责人相聚莲城宾馆，举办“产学研合作”——工业篇科技对接活动；12月13日，举办第二场“产学研合作”——直播经济篇科技对接活动，共计180余家莲都企业代表参加。

区域合作交流

【项目共建】 与义乌开展山海协作飞地建设，在义乌大陈镇建设的山海协作消薄园规划面积253亩，总投资1.5亿元，其中完成消薄资金投资3000万元，其中500万元股本金占股20%，2500万元为优先股，分每年4月和12月进行分红。莲都36个村每村获利5万元，同时也带动208个村集体增收。在义乌金融商务区投资15亿元的科创金融飞地（莲都大厦）。作为飞地，项目采用“两供两保”，莲都负责供投资资金、供人员建设和运营管理，义乌方保障项目落地，保障十年财政地方税收留成部分全额奖励。2020年，义乌为莲都落实帮扶资金182万元，江北区210万元，争取到市级援建项目资金300万元，落实山海协作援建项目6个，其中乡村振兴示范点项目3个，助力村集体增收的产业扶持项目2个，新农村项目1个；3个示范点均已完成一期项目建设，义乌—莲都乡村振兴示范点建成环村绿道，吸引民间投资发展民宿10家；仙渡—葛畈乡村振兴示范点的北乡革命纪念馆以及和合古道建成投入使用，发展茶叶、番薯等基地，打造红+绿产业；宁波—丽水市级乡村振兴示范点已完成一期、二期工程建设，发展棠李、茶叶、民宿等产业，促进村美民富。2020年，在义乌小商品城三区新增古堰画乡展销窗口1个，在宁波新增丽水山耕馆1个，捷克外贸馆完成装修投入使用；组织开展3次农产品展销活动；依托义乌国际小商品城优势，组织莲都农特产品和油画产品进驻义乌市场，组织企业免费参加义博会、森博会、装博会、框业博览会等6次，通过各种途径为莲都实现消费帮扶1800余万元。

【社会交流】 与义乌23所中小学结成互助联盟，与江北区10所学校结对，开展送教和名师带训工作，校际交流实现常态化；选派3人开展校长（园长）挂职，义乌为莲都提供35万元用于莲都区水东小学和处州中学等4所学校的同步课堂建设；宁波江北区派出教育专干到莲都学校挂职，通过多场互联网培训实现资源共享。开展科技援助。与义乌、江北科技局合作，达成合作事项3项。开展莲都—义乌山海协作科技创新研究院建设，实施产学研合作，为莲都企业提供科技创新服务，开展直播经济培训，召开人才科技大会和院士工作站建设，通过义乌引进南京大学院士7名。实施卫生医疗互助。开展山海协作医疗基地建设，实施医疗互助，与义乌、江北共7所卫生院建立合作关系，开展赠送医疗器械设备、送专家、送培训等活动。开展干部交流培训。开展人才交流合作，义乌选派了4位干部到莲都挂职，与义乌围绕科级领导干部、中青年干部组织了3批近150人的培训；与义乌组织开展了教育、卫生等专题干部培训班，在宁波开展乡村振兴、垃圾分类、人才、文化干部等培训7场次，提升干部在服务经济发展等方面能力。开展农村劳动力互训。与义乌市人力社保局开展多形式、多渠道的工作交流与对接，建设山海协作培训基地11个，培训675人次；通过就业在丽水网站建立与义乌企业用工需求信息共享平台，及时发布义乌用工信息，实现就业创业、人力资源、电子商务等方面推动合作与共同发展。开展文化交流互动。将古堰画乡小镇搬进了义乌文博会，与义乌、江北分别组织开展了文化旅游专场推介会，展示莲都巴比松油画、摄影等文化精品，开展两地文化展演交流2次；实施旅游合作，引导两地旅行社的合作和旅游线路的开发，签订客源护送合作协议，组织义乌千人团游莲都等活动，推动莲都旅游市场的繁荣。

（王春晓）

交 通

公路建设

【概 况】 2020年莲都区交通运输局完成省级民生实事涉及的交通类相关建设任务，完成莲都区高水平建设“四好农村路”三年行动计划，完成万里美丽经济交通走廊创建目标任务，全年完成综合交通年度投资1.84亿元，占省厅下达总任务数的107%，完成年度投资任务。

2020年，莲都区区管公路里程达901.677千米，其中专用道3条、里程30.247千米；村道210条、里程659.265千米；乡道9条、里程48.406千米；县道13条、里程163.759千米。

【综合交通建设】 2020年莲都区交通运输局推进续建项目，其中北埠至堰后农村道路改造提升工程完成投资4000万元，完成主体工程建设，完成年度投资任务；洪渡互通至黄村农村道路改造提升工程（仙渡至黄村段）完成仙渡至滴水岩段；丽龙高速公路南山互通至丽新建设工程一期（南山至高溪段）完成交工验收工作正式通车，二期（郎奇至丽新段）计划先行实施郎奇至陈村段，截至2020年年底，市政府发布先行段的土地征收公告，项目正处于土地报批中。启动实施两个新建项目，其中丽武公路至东西岩公路工程由两个子项目组成，分别为丽武公路至老竹中学公路工程，老竹中学至东西岩公路工程。港周线绿道提升项目计划实施绿道提升工程15公里，项目采用EPC施工模式（设计施工一体化），截至2020年年底，项目已基本完工。

【复工复产】 2020年完成了县域公路防疫卡点设置，高铁站等重点场所防疫，绿色通行证办理，公路保畅通等各项疫情防控任务，为全区打赢疫情防控阻击战作出了贡献。多人因表现优异受到上级表彰。深化“三服务”活动，由局班子成员带队，走企业下基层，开展走亲连心“三服务”；用好用活驻企服务员制度，从业务科室挑选骨干，作为驻企服务员进驻企业加强一线指导。全区交通领域受疫情影响的12个交通项目全部办理复工手续，复工率和复产率均达到了100%。

【“四好农村路”建设】 2020年年底，莲都区完成投资12亿元，创建“四好农村路”示范乡镇3个；建设通乡镇、通景区公路38千米，提升改造准四级及以上的低等级公路160千米；实施路面维修161千米、安防工程305千米；建成港湾式停靠站建设50个，农村物流服务点190个等。其中，通乡镇、景区公路改扩建方面实际实施57.2千米，完成率150.5%；路面维修工程实际实施170.7千米，完成率106%；港湾式停靠站实际完成建设53个，完成率106%。此外，省十方面民生实事涉及的“四好农村路”相关任务全部完成。

【平安交通建设】 制定印发《全区交通运输系统安全生产专项整治三年行动工作方案》，开展安全生产专项整治三年行动工作。2020年，全区交通运输行业实现了安全事故“三个零增长”，全区渡口渡运及水上交通创造了连续33年“无事故、零死亡”的纪录。开展全区农村公路道路运输安全专项整治行动，累计对全区12个乡镇（街道）涉及的县乡村道共254座桥梁进行了定期检查，对全区874公里农村公路开展了地毯式排查，及时消除了农村公路存在的安全隐患，确保了全区农村公路的安全畅通。

【清廉交通建设】 2020年，莲都区交通运输局党组按照党要管党、从严治党总要求，不断压实“主体责任”。全年共召开党风廉政建设专题会议4次，召开党风廉政“一岗双责”汇报会4次，对照莲都区警示教育“5+X”责任清单，对局属各内设科室、下属事业单位党风廉政工作开展情况开展常态化督查，将党风廉政建设责任压力逐级传导、层层落实。开展优化政治生态建设专项检查。通过检查全面、客观掌握全区交通项目实施及资金使用情况，为下阶段制订全区交通基础设施建设领域政治生态建设工作方案提供重要指导。

行业管理

【概　况】 2020年，莲都区交通运输局围绕莲都区委、区政府中心工作，贯彻实施全市交通运输工作战略部署，以公路建设和管养为先导，以党风廉政建设为保障，以行业安全监管为基础落实重点职能工作。通过系统开展“两学一做”“不忘初心、牢记使命”等主题学习教育，打造一支作风优良、素质过硬、精干高效的党员干部队伍；通过强化行业管理，推进交通基础设施建设，为群众营造安全、便捷、舒适的路域通行环境；通过强化安全生产管理，把日常安全生产管理工作不折不扣地落到实处，为交通运输系统全年“零事故”奠定了基础。按照中央、省、市、区的统一部署和深化交通运输综合行政执法改革工作要求，将原下属两家事业单位莲都区公路管理局和莲都区交通工程质量监督站的职责进行优化明晰，将行政职能进行剥离，新成立了莲都区交通运输综合行政执法队、莲都区公路管理中心、区交通工程管理中心。改革后，莲都区交通运输综合行政执法队，为副科级单位，以丽水市交通运输局的名义统一行使行政处罚权以及与之相关的行政检查、行政强制权。莲都区公路管理中心，为莲都区交通运输局所属的公益一类事业单位，机构规格为正股级，承担全区县道公路的养护工作，公路应急抢险等突发事件处置，行业安全管理，指导全区乡、村道养护等工作。莲都区交通工程管理中心，为区交通运输局所属的公益一类事业单位，机构规格为正股级，承担全区交通建设工程质量和安全生产监管、造价管理、公路水运养护工程的质量监管和造价管理的辅助等工作。2020年，莲都区交通运输局获“全市交通运输重点工作考核优秀单位”“2020年度区人大代表建议承办工作先进单位”及莲都区抗击新冠肺炎疫情工作集体嘉奖等称号和荣誉，在“2020年度治理城市交通拥堵工作考核”中获全市第二名，在全省交通运输综合行政执法比武中，参赛队线上执法考试比武结果在全市各参赛队中位列第一。

【安全生产管理】 2020年，区交通运输局推进安全生产治理体系和治理能力现代化建设。吸取各类安全生产事故教训，分析工程开复工面临的各类风险隐患，强化对疫情期间复工项目的督查，层层压实责任，推进交通运输系统安全生产工作。在全区范围内组织开展交通行业安全生产大检查行动，做好在建项目安全隐患的排查，确保不遗漏死角。强化安全生产监督管理，提高安全生产保障能力，确保交通运输行业安全生产“三项指标”零增长。

【路域环境整治】 2020年，莲都区交通运输综合行政执法队以建筑工程运输领域、矿石、砂石料生产加工运输区域为重点，加大路面执法工作力度，加强对桥梁、隧道等重点结构物的保护力度，确保桥梁等重要基础设施的安全运营。全年拆除公路边各类违章建筑、乱搭建等200余平方米，清理公路沿线堆积物655立方米，清理乱竖牌（非公路标牌）38块，发放责令停止（纠正）违法行为通知书33余份，处理赔（补）偿案件9件，缴纳赔（补）偿费9375元。公路沿线的综合环境面貌得到提升。对超限超载车辆严重的路段积极开展专项整治行动，多次采取连续蹲守、非工作时间（夜间）执法等方式，整治超限超载车辆，对群众举报的超限超载车辆开展检查，及时回应群众举报，对发现的疑似违法超限超载车一律引导至330超限检测站接受检查处罚。2020年，区交通运输综合行政执法队与老竹、雅溪交警中队开展超限超载专项整治10余次，出动执法人员100余人次，查获超限车辆6辆。

（张露琪）

铁　路

【概　况】 2020年丽水高铁中心根据区委确定的“加快发展年”总要求，贯彻落实中共十九大和十九届二中、三中、四中、五中全会及中央经济工作会议、省委十四届八次全会、省市区经济工作会议精神，围绕高质量绿色发展历史使命，坚持新发展理念，增动能、补短板、保平安，做好“加快发展年”各项工作，以“莲都作为”落实“丽水之干”担纲“丽水之赞”，以巩固全国文明城市工作成果为抓手，以经常化创建全国文明城市和建设“浙江大花园”为契机，中心机关和各派驻单位干部职工协同作战，营造整洁、有序、安全、通畅、文明的站前区域环境。

【设施建设】 2020年高铁中心抽调三名保安加强对广场区域的巡逻和安保力度，确保广场环境整洁、形象良好，为全域旅游示范区创建、巩固国家卫生城市和经常化创建全国文明城市等提供良好的窗口形象。完成防控专用通道建设。根据市区对高铁站防控要求，对现有的场地进行科学规划，采用硬隔离设施分成体温测量区、健康码注册区、绿码检验区、中高风险登记区、集中隔离等候区、交送核酸检测等候区、旅客返程等候区等，为站前防控提供硬件设施保障，未发生漏检逃检现象。完成站前老旧设施改造。争取专项资金，完成丽水高铁站内外无障碍设施改造，督促高架桥建设单位完成多点位漏水问题和高架桥下新和路路面破损的修复、完成对站前警务室外立面的修复、广场各主要路口导向牌更换等项目。提升站前车辆停车环境。规划设置三角绿化地块公共停车场，移交给区国资公司通过公开招投标方式引入社会资本，完成建设高铁站前综合停车场，2020年对场地停车划位作重新布置，新增旅游客车和中大型商务车停车位50多个，保证丽水站站前各类出行车辆的停放。

【服务管理】 提升丽水高铁站绿色通道的整体形象。2020年积极向市财政争取专项资金70万元，用于绿色通道的保洁维护、设施更换、形象打造、文化宣传，树立丽水城市文明窗口形象。强化对站前安保服务企业和保洁企业的考评管理。完善和调整相关管理和考核制度，确保政府购买服务保质保量完成。2020年5月对高铁站疫情防控卡口采用社会化服务形式进行了公开招标。延伸站前区域保洁管理范围。争取25万元专项资金，用于补助高铁站广场周边社区保洁经费不足问题，改善了该区域保洁水平低和环境卫生整治不到位的局面，提升了整个站前区域和周边社区的市容市貌。

【秩序维护】 加强区域安保巡查力度。牵头组织车站派出所、保安队伍加强日常巡查执勤，做好重点时段、重点路段的安全值守和巡查工作，完成中央、省、市、区两会等重要时段的维稳安保任务。加强对非法营运车辆整治力度。联合公安、运管、执法、残联等相关单位加大对站前区域的非法营运车辆和出租车违规载客的执法力度，杜绝非法营运现象，打击出租车在站前区域拒载、宰客、拼客等违规现象。2020年，累计出动交通运政执法人员1370人次，共查扣处罚城际非法营运车2辆，出租车5辆、网约车18辆，检查出租车1474辆次，查扣出租车驾驶员从业资格证分数5辆，纠正不文明行为31辆次，提升站前安全有序的车辆运行环境。完成高铁站广场北侧水东路半封闭硬隔离设施建设，保障行人安全和杜绝车辆违停乱停现象。整治道路交通违法行为。2020年，站前干警坚持严格、公正、规范和理性的文明执法举措，纠正劝导残疾三轮车、出租车、私家车的违停、乱停人行横道760人次，残疾三轮车无秩序行车160余人次，闯红灯260余人次，现场拍照处罚违章停车2050余起、电子球机抓拍10500余起，处罚其他违法6500余起。

【环境改善】 按照《丽水市城市市容和环境卫生管理条例》，对违规户外广告、门店招牌、乱停乱放、占道经营、跨店经营、流动摊贩、散发小广告等行为进行综合治理。2020年，受理处置“12345”政务热线案件138件、受理处置数字城管派发案件351件、结案率100%，采集违停车1010辆，对流动摊贩、乱扔烟蒂、违停等简易处罚180件次，计7200元，劝导流动摊贩100件、超门窗外经营65件、劝导违法停车320辆、拆除横幅2条、拆除电子显示屏160块，拆除破旧广告牌3处。加强联防联控，疫情防控以来，共核查出站旅客185.8万人次，移交地方隔离1831名、劝返2178名；抓获网上逃犯42人；办理行政案件14起，其中拘留8人，罚款6人；协助地方政府劝返进省入京上访人员72人次，教育处罚违章接拉客人员62人。创新高铁区块道路清扫保洁力度。实行“扫、掏、捡、擦、报”5步工作法。高铁保洁区块实行定点、定人、定岗、定时“四定”制度，分片管理、网格到点、责任到人，消除管理盲区和工作盲点。规范站前区域主要道路的平面指示牌布置。完善站前各路口进出站的导向指示牌，根据经常化创建全国文明城市对公益广告的要求，在站前显著位置增加公益广告宣传牌15处。做好站前区域市政设施的维护及管理。争取专项资金对场地及道路进行维护修缮，对老站房站前区域部沟渠排水做改造，保证出站口处地下管网通畅，确保站前区域市政设施正常运行。

【形象改善】 利用高铁站人员窗口形象的优势，在售票厅、出站口、候车厅设置扫黑除恶宣传展板，进出站口处悬挂宣传横幅，出租车上客点交通护栏和出站口圆柱设置公益灯箱广告，在二层候车厅、警民亭和单位门口LED显示屏滚动播放平安、经常化创建、垃圾分类等宣传标语。6月17日开展“迎七一、保安全”演练活动，营造安全、文明、整洁、有序的城市窗口形象，发放宣传资料300多份，宣传品200多份，提高了高铁站周边居民和商户的文明素养。联合区教育局、铁路丽水站警务室、金华车务段丽水站、宁波工务段、杭州电务段、供电段等相关单位到芦埠小学开展以“平安铁路、共创共建”为主题的铁路安全及法律知识宣传活动，现场讲解铁路安全知识，开展铁路安全知识图片展，发放铁路安全宣传资料，为铁路安全小分队授旗，共发放宣传资料500多份、宣传品300多份。通过转发微文、短信推送等形式，做好干部职工应知应会宣传，组织开展全体干部职工学习《中华人民共和国民法典》和扫黑除恶专项斗争应知应会知识，进行应知应会知识测试。

【思想提高】 开展理论学习。全体党员干部主要通过自学和线上学习的方式，学习党章党规和习近平新时代中国特色社会主义思想，做到读原著、学原文、悟原理，全面系统学、及时跟进学、深入思考学、联系实际学，理解了习近平新时代中国特色社会主义思想的意义和内涵，提升了全体党员干部的理论水平。开展主题党日活动。疫情防控期间，通过组织党员“线上+线下”相结合的方式学习理论，在丽水高铁站检查卡口开展主题党日活动，在防控一线发挥党组织在社会基层组织中的战斗堡垒作用，展现党员的先锋模范作用，完成上级交代的各项防控任务。落实增动能、保平安。在2020年抗疫期间，全体党员干部发扬“不忘初心、牢记使命”主题教育成果，全中心10位干部职工24小时轮流值守在站前防控卡口。定期组织召开党组及支部会议。组织全体党员开展紧贴党员实际、富有实效的组织生活，加强党员队伍建设，推动党员立足本职岗位发挥先锋模范作用。加强党员队伍建设。通过谈心谈话、召开组织生活会和民主生活会，开展批评与自我批评，使党员组织和单位班子的凝聚力和战斗力不断增强。

（刘佳）

电子政务

电子政务建设

【公共服务能力提升工程】 推进依申请政务服务事项接入政务服务2.0平台工作，实现无差别受理、同标准办理、全过程监控、“好差评”闭环，推动政务服务由网上、掌上可办向好办、易办转变。2020年，政务服务网2.0上线事项为1063项，省最新办事指南核验方法全区准确率100%，材料事项准确率100%，网上受理率90.39%。每月组织各区直单位研究部署和推进“互联网+监管”年度工作任务，提升工作实效。开展迎接国家对浙江省“互联网+监管”能力第三方评估及指标赶超攻坚专项行动，实施定期工作晾晒，强化协同交流，推动监管事项覆盖率、监管行为及时率、双随机覆盖率、信用双随机覆盖率等重点指标得到有效提升。2020年，全区掌上执法开通率100%；掌上执法激活率100%；掌上执法率99.93%。

【政府数字化转型】 组织召开莲都区政府数字化转型工作推进会，围绕省、市2020年度政府数字化转型工作要点，结合莲都实际，编制出台《2020年莲都区深化“最多跑一次”改革推进政府数字化转型工作实施方案》，围绕推进多业务协同综合应用建设、推动“掌上办”集成优化、协同推进省市两级数字化治理重点应用、加强数字化技术支撑体系建设和加强组织保障等5个方面提出具体任务，明确责任分工和工作要求。

【公共数据平台项目建设】 完成数据平台一期项目建设，打造莲都区公共数据工作门户，实现数据共享、交换、目录、展示、需求、资源管理等一系列平台的统一集成管理。平台统一提供政务网工作环境，面向莲都区各级部门的数据专员开放政务数据管理和分析服务。完成莲都区信息系统普查，有自建系统20个、统建系统365个，实现系统全部入数据平台，为数据开放和共享搭建基础。

【场景化应用深化工程】 梳理和对接全区多业务协同应用项目，推进莲都特色数字化发展。推进区农业农村局牵头的“丽水山耕”数字化平台、区民政局牵头的村级事务阳光票决制管理系统应用等一批多业务协同应用项目。为加强全区政府投资信息化项目的规范化管理，防止重复建设和出现新的信息孤岛，提高资金的使用效率，出台《莲都区信息化项目建设管理的通知》，保障各类应用互联互通和资源共享。

【数管案卷处置】 落实“第一时间发现、第一时间处置、第一时间解决”要求，对市中心下派案卷，即时下派，日清不遗留，梳理不同案卷的处置时限，做好跟踪督办。协调督促部门主动作为，根据“事件先属地后属主、部件先属主后属地”的原则确定问题的归属。部门职责不清疑难案卷两天内组织查看现场明确责任，促进“两率”的不断提升，实现数字城管平台高效运转。对上年遗留疑难积案，进行梳理和实地核查，沟通协调处置，清理完成积案10余件。2020年，数字城管共处置案卷22961件，结案22882件，累计结案率为

99.66%，及时结案率为94.39%。

【政务公开】 完成县乡级政府信息主动公开基本目录编制并通过政府门户网站等向社会公布，完成26个试点领域基层政务公开标准目录编制并向社会公开。完善重大建设项目批准和实施领域信息公开操作流程，累计公开区级项目20个。推进政府规范性文件数据库建设。推动政府部门主要负责人作为政策解读第一责任人职责履行。建立健全政府重点工作定期发布机制，按季度向社会公开政府工作报告重点任务、民生实事项目、政府绩效目标的执行情况。按照统一标准体系、统一技术平台、统一安全防护、统一运维监管的要求，建设基于统一信息资源库的政府网站集约化平台。

（潘好）

城建·城管·征收·环保

规划与建设

【概　况】 2020年，莲都区建设局开展美丽宜居示范村建设。峰源乡赛坑村和大港头镇官岭村完成全部建设任务并通过省级考核验收；2020年开工的联城街道汝河村、九龙村已完成工程量的10%；梅田村完成工程量的80%。推进传统村落保护利用。坚持保护传承与乡村建设有机结合，2020年完成碧湖镇堰头村、大港头镇官岭村、峰源乡赛坑村、夏庄村、库坑村等8个村的保护利用建设项目并通过竣工验收。推进危旧房治理改造。结合省委巡视开展C级危房治理改造情况“回头看”，梳理出未完成改造的C级危房1933户，已修缮32户、腾空防控1238户。开展农村困难家庭的住房保障工作“回头看”，开展全面调查摸底，共排查出C、D级困难群众危房929户，对排查出的问题进行了全面整改，实现了农村困难家庭危房动态清零的目标。深化审批制度改革。推进简政放权，审批事项由原来的103项缩减为57项，行政审批事项缩减44.7%；全年共受理各类审批事项325件，审批件按期办结率达100%。

【美丽城镇建设】 2020年，坚持项目引领，开展整治项目80个，累计完成投资12.3亿元，组织专项整治行动290次，整治各类环境问题1126个，整改问题点位3154个。大港头镇成功创建美丽城镇省级样板，黄村乡创成美丽城镇基本达标城镇。

【城乡基础设施建设】 推进市区截污纳管建设，实施北城区块住宅小区截污纳管整治工程，2020年，一期、二期项目已完工，共完成老旧小区改造10个，完成雨污混排区块局部改造点位93个，完成污水零直排小区创建3个。累计完成投资4168万元，建设雨水管网21.8公里，清淤排水管网80公里，雨污分流改造43.86公里，改善了城市截污纳管能力不足的问题。做好莲都区农村生活污水标准化运维项目建设，完成建设点位56个，累计完成投资1230万元。2020年，全区已累计接收治理村庄208个，治理终端557个，管网125.3万米，惠及群众4.6万户。

【电梯加装】 2020年共摸排出既有住宅新加装电梯“1人以上”有意愿加梯的1846个单元，开展公示单元数218个，通过公示的101个。进行联审78个，通过联审77个，正在施工68个，完工2个，完成年度目标任务。

【“三服务”工作】 开展“点对点”帮扶企业活动，兑现疫情期间建筑业、房地产企业员工返程交通补助47.87万元；修订出台《莲都区扶持建筑业发展十条意见》，引导企业把握政策方向和发展机遇，鼓励企业开拓市场、增产增收，鼓励企业争先创优、转型升级，新开工装配式建筑面积142.69万平方米，完成既有公共建筑节能改造0.35万平方米，完成可再生能源建筑应用面积10万平方米。2020年，实现建筑业产值128.1亿元，同比上涨0.4%，比一季度回升60个百分点；实现商品房销售面积142万平方米，同比增长30.2%，比一季度回升60个百分点。

【物业管理】 签订21个项目"三金一房"提取合同，对6个项目物业用房进行了现场验收，办理物业专项维修资金使用项目117个，拨付资金265.08万元。以《丽水市物业管理条例》正式实施为契机，起草《丽水市物业保修金管理办法》和《丽水市物业专项维修资金管理办法》两个配套文件，出台丽水市首部住宅物业服务地方标准《住宅小区物业服务规范》。结合常态化文明城市创建，以项目建设为切入点，推进物管小区基础设施提升，完成灭火器更新4500余个、增补水枪水带500余个、更换玻璃300余片、增补广告4000余处，对13个重点小区共300多条楼道进行了修补粉刷。制定《莲都区经常化创建文明城市封闭式物管小区擂台赛活动方案》和《经常化创建文明城市物管小区整治攻坚行动方案》，每月对考核达标的物管小区给予资金补助，全年累计补助资金120万元，不断提升物业企业积极性。

【安全生产监管】 2020年，开展安全生产大检查、专项检查15次，日常检查131次，签发安全隐患整改通知书22份，排查出各类安全隐患1400余处并已全部整改到位，全年未发生各类人员死亡事故和较大以上安全事故。强化室内装饰装修监管，注重源头管理，强化动态巡查，2020年开展巡查86次，共接到并处理相关投诉举报案件396件，作出行政调解23件，强制拆除违章54件。

【疫情防控】 成立疫情防控领导小组和工作专班，在莲都区建设局机关、物业企业、建筑企业中贯彻落实上级关于疫情防控工作要求，确保防控措施落实到位；全力排查，做好疫情防控，共排查干部职工及亲属、建筑企业、房地产企业、物业企业、公共基础设施维护单位员工以及在莲都泥木工匠6000余人，做好"外防输入、内防感染、严防扩散"；积极配合，强化联防联控，30余名干部听从组织统一调配，下沉至防疫指挥部、高铁站、高速路口等抗疫一线，完成疫情防控阻击任务；以物管小区为主战场，网格员全面配合、督促物业企业落实人员排查、防疫宣传、消毒消杀、小区管控等疫情防控工作。

（王萌）

"三改一拆"工作

【概　况】 2020年拆除各类违法建筑51.45万平方米，完成省市下达任务的128.63%。根据《莲都区农民占用集体土地违法建住宅处理办法（试行）补充意见》，处罚400户，罚款、回购处置金额797.75万元。完成"三改"33.13万平方米，其中，旧厂区改造3.19万平方米，城中村拆迁改造28.99万平方米，城中村综合整治改造0.95万平方米，拆后利用率72.03%。

【无违建创建】 2020年莲都区创成省级"基本无违建区"，岩泉街道、白云街道、联城街道、万象街道和碧湖镇被丽水市人民政府命名为"无违建乡镇（街道）"，14个乡镇（街道）累计创成"无违建乡镇（街道）"13个。

【违建处置】 完成年度40万平方米的"一拆"任务，拆除处州混凝土有限公司违建3000多平方米，碧湖镇3家裁执分离木制品企业违建6150平方米，成立工作专班，开展上赵村、凤鸣村"整村推进"整治行动，整治乱搭建、乱堆放点位45处，推进高档小区屋顶违建专项整治行动，整治绿城秀丽春江小区、新湖天润阁、上峰阁小区屋顶违建楼70余户等。推进涉及市区职能的"重难点"违建案件处置工作，成立市区行政案件处置专班，完成灵山变电所北侧、长岗背菜市场等13个"重难点"违建行政案件处罚工作。

【新增管控】 结合"数字浙江"行动号召，运用科技手段推进违建防控数字化、全域化，通过防控平台、无人机等手段，对村（社）换届候选人违建情况进行排摸，共审查候选人1202人，确定"六不宜"18人，提交区换届办商讨研判3人。探索建立"执法进小区"源头违建管控新模式，在大港头镇3个小区率先试点，小区新发违建明显减少，群众对违建管控工作满意度大幅提升。

【助力发展】 根据省、市“两手硬、两战赢”工作部署，“三改一拆”工作推进服务于企业群众。落实综合行政执法系统涉企案件“首违不罚”清单，对城乡规划等共计30款处罚事项“首违不罚”，助力企业复工复产。制定“拆一部分，留一部分”的企业违法搭建整治方案，对严重影响消防安全的违法建筑进行拆除，红线内不严重影响消防安全的建筑暂缓拆除。共拆除企业违法建筑面积5120平方米。

综合行政执法

【概　况】 2020年，综合执法莲都分局融入综合行政执法体制改革，成功创建省级“基本无违建区”，在碧湖镇全面铺开人行道违停管控面，加强执法队伍建设，各项工作取得了明显成果。

【市容管理】 在古堰画乡、万洋小镇、碧湖、老竹等针对占道经营、跨门店经营、乱贴乱画、户外广告现象开展市容集中专项整治，整治跨店经营15400余户，整治流动摊贩8450余次、乱堆放3250余处。扩大人行道违停管控面，在大港头、碧湖镇发放温馨提醒单850余份，整治和劝导车辆违停1600余次，处罚机动车人行道违停105起。开展乡镇活禽市场和流动摊贩联合执法专项整治行动，整顿、关停活禽集中市场13个，责令停止活禽销售点位和监管劝离流动摊位85个。维护节假日景区秩序，保障小镇艺术节、莲都100越野赛、画乡摄影节、农民丰收节等活动80余次。

【依法行政】 推进基层普法常态化，组织人员在碧湖镇、大港头镇、纳爱斯广场等地开展普法宣传活动，发放宣传资料1200多份，接受咨询90余次。推进统一执法监管系统应用，通过浙政钉掌上执法完成即时检查155件，执法人员库参与检查人员覆盖率达到100%。围绕综合行政执法改革，落实执行执法“三项制度”，召开案审会12次，审理重大疑难案件15件，全年共做出行政处罚决定书19份。建立健全事项划转工作机制，牵头起草印发《莲都区综合行政执法争议协调办法(试行)》(莲委法执〔2020〕2号)、《莲都区综合行政执法部门与业务主管部门执法协作配合机制实施方案》(莲委法执〔2020〕3号)，规范部门间协作配合、减少执法争议。

【信访工作】 2020年，综合执法莲都分局设置24小时信访举报热线，对投诉举报案件快速予以调查核实，全年受理、转办各类信访件145件，反馈率达到100%，未发生因“两违”问题造成的越级上访和重大上访事件。

【队伍建设】 以党建引领增强队伍政治能力，开展廉政警示教育周专题活动，不定期开展正风肃纪专项督察，建立党风廉政三色管理档案，对2名违规经商干部进行纪律处分，推进全面从严治党向纵深发展。大力开展系统“三个执行年”和市区“三敢三比”活动，形成敢于负责、敢于碰硬、敢于创新的长效机制。以培训学习大力提升业务能力，10月21日至23日，在丽水市公安警务技能训练基地举办干部职工综合素质提升培训班，切实提升队伍的综合素质。以基层中队规范化建设筑牢基层力量，碧湖中队、大港头中队、老竹中队、雅溪中队4个中队全部通过基层中队规范化建设达标验收。

(赵峰娟)

征收工作

【城中村改造】 2020年，市区城中村改造10个项目13个区块共2146户36万平方米，累计签约2132户，总体签约率99.35%，其中实现100%签约的区块有9个，分别是长岗背村香蜜园南侧、莲都区消防大队北侧、灯塔一村(国有)、括苍路和灯塔街交叉口东南角区块、括苍路以西万象山脚区块城中村改造项目(白云区块)、莲城宾馆西侧、南侧区块城中村改造项目、大众村专建以及括苍路以西万象山脚区块城中村改造项目，已经腾空2077户，总体腾空率96.78%。2020年新增加拆除前建筑垃圾分类工作，累计完成拆除约7万平方米。

【市区重点政策处理项目】 市、区两级重点项目完成销号95个，2020年共征收土地152.4公顷、拆迁房屋1.1万平方米，保障了市、区两级重点项目的建设和无障碍施工。完成商住用地做地攻坚任务，2020年城区商住用地出让金成交金额累计达113.04亿元；规划区外乡镇商住用地出让金成交金额累计17.65亿元。根据新土地管理法对建设用地报批的新要求，2020年11月开始组织市区36个项目的组件报批攻坚工作，完成36个项目1686亩建设用地报批政策处理任务。

【乡镇项目】 2020年，完成乡镇重点政策处理项目37个，包括莲都区洪渡互通至黄村农村道路改造提升工程（仙渡至黄村段）—黄畈至杉树坑、110千伏百果变出线工程莲都区小安溪雅溪镇区段综合治理工程（凤鸣段）、老竹—丽新污水处理站（管网工程）、丽龙高速公路南山互通至丽新公路建设工程（郎奇至丽新段）、老竹—丽新污水处理厂项目—1号泵站、绿化及道路中小河流治理重点县综合整治及水系连通试点莲都区新治河项目、碧湖第一水厂至大港头镇自来水输送项目（碧湖段）、莲都区委党校迁建项目、碧湖第二污水处理厂管网工程、古堰画乡竹林区块安置地项目、莲都区丽龙高速公路南山互通至丽新公路建设工程（郎奇至丽新段）、堰头村文昌阁宅基地地块、通济堰北侧三角地块、碧湖镇采桑区块（未来社区）补增用地、碧湖镇古井新村西侧出让地块项目、莲都区青少年宫迁建项目、碧湖派出所新建项目、碧湖高溪卫生院迁建项目、人民路延伸段道路工程（采桑路—府西路）建设项目、采桑路延伸段道路工程（人民路—通济路）建设项目、环北路延伸段道路工程（府西路—50省道）建设项目、文二路延伸段道路工程（人民路—通济路）建设项目、大港头镇区给排水改造二期工程、碧湖第一水厂至大港头镇自来水输送项目（大港头段）、大港头镇安置公寓项目太平天师楼地块、灵康杏福康旅项目旅游设施用地、莲都区小安溪雅溪镇区段综合治理工程（凤鸣段）、灵康杏福康旅项目拆迁安置用地、文华湾防洪堤项目莲都区小安溪雅溪镇区段综合治理工程、莲都区小安溪流域综合治理工程（岩蒙至洪渡段）、雅溪镇土地拍卖地块项目、西溪卫生院老竹镇沙溪村民俗街区、莲都区丽武公路至东西岩公路工程（丽武公路至老竹民族中学、老竹民族中学至东西岩）、峰源乡居家养老服务中心、峰源卫生院莲都区老竹—丽新污水处理站、老竹—丽新污水处理厂项目—2号、3号泵站莲都区洪渡互通至黄村农村道路改造提升工程（仙渡至黄村段）—上冷水至黄村。

【安置工作】 2020年共组织抽签大会17场次，力求房屋安置分配及时、准确、无误；完成抽签分配安置房2309套22万平方米、安置地基72.5间，加快了安置分配工作。其中，完成弄和迁建地基安置40间，瓯江治理工程石牛迁建地基安置11.5间（莲都区项目），弄和迁建安置点330国道莲都段迁建地基安置21间；坑口绿景花苑公寓安置164套，安置面积15928.5平方米（莲都区项目）；元湖花苑配建房已安置100套，安置面积10481.18平方米；留香园配建房已安置7套，安置面积958.43平方米；迎曦园（水东公寓）已安置685套，安置面积68062.83平方米；城西三期（嘉慧园）已安置1278套，安置面积123158平方米；中梁三期翡翠雅园已安置57套，安置面积4827.2平方米。特殊群体现房安置零星已安置18套，安置面积1647.39平方米。

（叶欣）

生态环境保护

【概　况】 2020年，莲都区生态环境状况级别为优，市控以上地表水监测断面、县级以上集中式饮用水水源地水质达标率为100%，跨行政区域河流交接断面水质均达到功能区和国家考核目标要求，达标率为100%，考核结果为优秀。15个地表水监测断面中，14个断面水质为Ⅰ~Ⅲ类，仅县控断面“环城河口”水质为Ⅴ类，出境断面“风化”水质为Ⅱ类，国控“水十条”考核断面均达到功能要求和考核目标要求。市区环境空气质量综合指数为2.75，在全国168个重点城市排名第七，全省排名第二；空气环境优良天数为362天，优良率（AQI）为99.2%，较2019年上升0.8个百分点，全省排名第一；PM2.5平均浓度为21微克／立方米，较2019年下降4微克／立方米，全省排名第二；PM10平均浓度为40微克／立方米，同比下降7%；降尘量为2.9吨／平方千米·月。莲都区生态环境公众满意度总分达到89.65分，在全省90个县（市、区）中位居第十一。

【污染减排】 2020年，莲都区化学需氧量、氨氮、二氧化硫、氮氧化物污染减排目标分别为0.3%、0.55%、0.8%、0.7%，完成气减排项目1个，即瑞新药业企业的锅炉煤改气项目，完成水减排项目1个，即南明湖水质提升应急工程。

【碧水保卫行动】 2020年，莲都区出台《丽水市莲都区畜禽养殖禁养区划分方案》《莲都区农村黑臭水体治理实施方案》《莲都区农村小微水体水质维护方案（试行）》等文件并推动实施。推进饮用水水源保护，完成《莲都区“千吨万人”及其他乡镇级水源地保护区划分方案》编制，对赤坑水库、雅一水库、太平村冯源坑河流型水源地、畎岸村水库型水源地等4个饮用水水源保护区设立了标志牌。完成平安小区、阳光新村和海潮老村周边区块等3个生活小区和联城街道、老竹镇等2个乡镇（街道）“污水零直排区”建设，建设改造城镇污水管网43.86公里，标准化运维农村污水治理设施46个，解决农村饮用水达标提标人口7.03万人。创成省级美丽河道2条，完成河道综合治理8.42公里。

【蓝天保卫行动】 2020年，莲都区开展工业企业大气污染综合治理，完成淘汰落后产能和压减过剩产能企业3家，整治“低散乱”企业26家，完成无组织排放改造项目1个、工业炉窑清洁能源替代9台、VOCs原料替代企业1家、燃气锅炉低氮改造4台。开展机动车污染防治，淘汰国Ⅲ及以下营运柴油货车200辆，完成柴油车OBD（车载自诊断系统）在线监控安装142辆，监测柴油车420辆次，下发整改通知书48份，开展非道路移动机械排放检测603辆。开展扬尘烟尘管控，加大城区范围内建筑、拆迁和道路建设工地的巡查力度，督促施工方加强雾炮洒水、定期冲洗、遮盖运输等防尘抑尘措施；落实秸秆禁烧网格化监管制度，借力高位视频监控系统处置秸秆焚烧行为16459起，秸秆综合利用率达95.04%以上。

【清废净土行动】 2020年，莲都区出台《丽水市莲都区全域“无废城市”建设工作实施方案》并推动实施。开展土壤环境质量调查，完成2家重点行业企业土壤状况详查，新增签订1家重点监管单位土壤污染防治目标责任书，动态开展用途变更地块土壤污染调查，完成9个地块的现场核查和评审。推进化肥农药减量，完成农药废弃包装物集中回收处置37.3吨。推进城乡生活垃圾分类处理，创成省级高标准小区6个、示范村2个、示范片区1个以及“定时定点”投放示范小区和商业街区各1个，城乡生活垃圾分类覆盖率均达90%、资源化利用率均达90%、无害化处理率均达100%，城区生活垃圾回收利用率达47%，建成务岭根垃圾填埋场三期项目。

【生态环保督察整改】 2020年，莲都区配合完成第二轮中央生态环境保护督察工作，督察期间，累计收到调阅材料报送16批次，督察组下沉检查企业1家。第二轮督察交办莲都区信访件共40件，累计出动1083人次，检查企业50家，关停企业5家，责令整改12家，立案处罚8起，完成整改并办结39件，阶段性办结1件。对第一轮中央和省级环保督察反馈问题和信访件以及长江经济带生态环境问题、饮用水水源环境隐患等，实行定期调度和评估销号制度。

【环境监察】 2020年，市生态环境局莲都分局保持高压执法态势，开展蓝天保卫战、碧水保卫战、净土保卫战等各类环境执法专项行动，打击环境违法行为，全年共立案处罚环境违法行为10起，处罚金额79.86万元，受理环境信访投诉件101件，较2019年下降2%。建立辖区企业正面清单管理制度，实行企业分类和差异化管理，推进部门间执法联动，制定矿山行业专项整治执法联动工作机制，结合跨部门“双随机”抽查行动，累计开展多部门联合执法行动12次。实施生态环境损害赔偿制度，办结生态环境损害赔偿案件2例。

【环评审批】 2020年，市生态环境局莲都分局全年共否决不符合环保要求的建设项目7个。实施支持企业复工复产服务高质量绿色发展“十条措施”、环评审批正面清单、“承诺制”和“区域环评+环境标准”改革，实现豁免环评审批手续项目30类，实行承诺制审批项目2个，完成区域环评降级登记表备案项目42个，办理环评报告书、表审批46个。

【排污许可管理】 2020年，市生态环境局莲都分局开展固定污染源排放许可证清理整顿，按照《固定污染源排污许可分类管理名录》，对接市场监管部门掌握企业名单，开展辖区内企业分类，针对发证企业开展一对一服务，指导申领排污许可证。组织系统性的培训2次，介绍排污许可证申领相关知识。完成49家重点和简化管理企业的发证和1005家企业的登记工作证，实现莲都区固定污染源排污许可全覆盖。

【环境资源配置】 2020年，莲都区四项基本污染物排污权指标氨氮增加69.6121吨、化学需氧量增加692.203吨、二氧化硫增加1508.837吨、氮氧化物增加174.588吨。通过深挖潜力，对照环统及环评资料，挖掘整合已关停企业，整理腾出VOCs总量控制指标量32.9吨，解决了莲都区涉VOCs项目的审批难题。开展排污权有偿使用和交易工作，全年完成13家企业网上电子竞价交易，交易额达208.5831万元。

【环境宣教】 2020年，市生态环境局莲都分局开展环保宣传教育，承办2期丽水生态环境大学堂，完成15家企业生态文化宣传栏建设。开展“6·5”世界环境日、“7·29”丽水生态文明日、生态文明创建主题征文及环境宣教进社区、进企业、进农村等活动。开展绿色系列创建，创成省级绿色学校1家、省级绿色家庭1户、市级绿色家庭25户、区级绿色家庭52户。

【环境监管信息化建设】 2020年，市生态环境局莲都分局创新引入环保用电监管系统，区域内2家企业纳入系统监管并投入运行。完成莲都区生态环境监测网络体系（第一期）项目建设运行，包含10个水自动监测站点和11个空气自动监测站点。完成沪昆物流大通道空气质量自动监测站建设，以及丽新乡和大港头镇清新空气监测站点建设。

（郑心怡）

环境卫生

【概　况】 原丽水市莲都区环境卫生管理局于2020年4月事业单位机构改革中更名为莲都区环境卫生服务中心（简称区环卫中心），为区政府直属的公益一类事业单位，机构规格为正科级机构。2020年中心以疫情防控、垃圾革命、厕所革命、设施保障、推进改革为工作重点，促进市区环境卫生保洁模式由粗放型向精细化、数据化管理转变。

生活垃圾日产日清，及时做好灭蝇除臭、渗滤液及反渗透系统各级化验工作，为水质监控和加药提供依据。2020年，丽水市务岭根垃圾填埋场填埋处理生活垃圾18558.71吨，旺能焚烧厂焚烧处理生活垃圾156652.85吨，餐厨废弃物处置中心处理垃圾24195.582吨，填埋场渗滤液处理厂处理渗滤液94061立方米，丽水市生化处理厂处理粪便3376吨，生活垃圾同期减少2.35%，生活垃圾无害化处置率达到100%，城市生活垃圾无害化处理率指标考核得分在26个县中排在首位。

【疫情防控】 以强化病媒消杀、规范处置口罩、做好疫情排查三个方面为重点，一日三次对辖区范围内的公厕、垃圾中转站、清运车辆、生活垃圾填埋场等环卫设施设备开展病媒生物消杀；强化废弃口罩分类处置，在市区201个点位增设废弃口罩投放桶共231个，市民使用后的废弃口罩统一运送至焚烧厂进行焚烧无害化处理，防止细菌残留引发病毒感染。采购一次性医用口罩、一次性手套和消毒液，发放至一线环卫工人和作业人员手中，保障环卫工人身体健康。2020年，区环境卫生服务中心被省建设厅推荐为全国住房和城乡建设系统抗击新冠肺炎疫情先进集体，系全市唯一。

【环卫保洁一体化】 围绕"打造最洁净城市"的目标，推进市区环卫保洁一体化工作。新一轮环卫一体化保洁服务项目分为南、北2个片区，保洁面积783.2万平方米（南片区城市道路209万平方米、社区城中村116万平方米、公厕40座；北片区城市道路333万平方米、社区城中村125.2万平方米、公厕30座），分别由丽水市红花物业管理服务有限公司、浙江洁洁环保科技有限公司以三年总价14658.39万元、11688.89万元中标，并于2020年1月1日、2020年12月1日完成交接进场保洁，实现了市区环卫保洁市场化运作全覆盖；新一轮保洁市场化加大了保洁设备、车辆的配置，机械化作业率提升至88.69%。

【垃圾分类】 完成2020年度生活垃圾分类工作重点指标各项任务，做好可降解分类垃圾袋发放工作，及时增补垃圾分类袋，居民可凭用户卡每月领取印有二维码的垃圾袋，在智慧平台对小区所有居民建立档案，可溯源识别户主，实现"实名制"扔垃圾；完善分类基础设施，采购2500个240升分类垃圾桶对市区破损垃圾桶进行更换，制作9840张分类标识，对垃圾桶、果壳箱不清晰、污损的标识进行更换粘贴；更新分类运输车辆2辆，对分类清运车辆进行喷漆和修补，制作了清运车辆分类标识牌，按照要求落实分类清运；完成省级定时定点投放商业示范街1条。

【项目建设】 丽水市务岭根垃圾填埋场三期（装修垃圾处置项目）工程作为区领导领办重点项目，是浙江省最大的装修垃圾处置场，占地2.2万平方米，设计日处理装修垃圾480吨，日产标准砖2万块，于2020年年底完成项目建设。新建水南中转站项目并投入使用，缓解了市区9座垃圾中转站的垃圾中转负担。

【精细保洁】 完善结对路段、公厕巡查包干责任制，落实各基层环境卫生管理所日常考核、市区管理科抽查考核、中心领导督查考核相结合的三级考核管理模式。按照《浙江省城市公共厕所服务大提升考评验收标准》，做好城市公共厕所服务大提升工作，投入42万元对紫金新村公厕等15座公厕进行了绿化补植，增加标志标识牌、更换破损设施，集中排查照明装置、冲洗阀等物件，确保公厕设施完好、正常运行，3座公厕完成浙江省城市公共厕所服务大提升考评验收任务。

【中转清运】 围绕"中转环境平稳有序，垃圾清运高效畅通"的目标，垃圾中转站实行"全年365天无停歇、全天18个小时不间断"运行机制，进行中转清运作业。2020年，莲都区城乡共有垃圾中转站50座（含乡镇垃圾中转站39座），农村资源化利用站房26座。市区11座垃圾中转站由环卫负责管理（包括还未启用的东港路、水南垃圾中转站），每座中转站都配有专职管理员，负责垃圾中转站的日常操作、维护、管理。共有垃圾中转清运车辆54辆（含21辆钩臂车，3辆厢式翻斗车，8辆压缩式密封车，5辆摆臂车，7辆清洗车，4辆吸粪车，2辆餐厨车，4辆抢修车），由26位专职驾驶员负责日常垃圾中转运输和其他车辆保障任务，确保生活垃圾日产日清。

（陈婷）

经济管理

计划管理

【概　况】 2020年，实现地区生产总值406.96亿元，增长3.3%，全市排名第五，增速排名近11年来最佳。三大产业平稳向好。一产实现增加值21.23亿元，增长2.7%；二产实现增加值119.28亿元，下降0.1%；三产实现增加值266.45亿元，增长5.2%。三大需求协调拉动。区属固定资产投资增长10.7%，增幅排名全市第一；实现社会消费品零售总额204.34亿元，下降6.8%；区本级实现出口总额12.96亿元，增长15.3%。三大收入稳步回升。区本级完成一般公共预算收入17.96亿元，增长4.3%；城镇、农村居民人均可支配收入分别达到51669元和30365元，分别增长3.9%和7.6%。

【计划管理】 2020年，遵循《关于统一规划体系更好发挥省发展规划战略导向作用的实施意见》要求，加强规划立项、衔接审核、咨询论证、审批发布、实施监督等环节工作。完成莲都区"十四五"规划基本思路，完成《莲都区国民经济和社会发展第十四个五年规划纲要》，下达21个"十四五"专项规划编制计划，包括生态工业、农业产业、服务业、综合交通、水利、能源、文旅、医疗卫生等领域，形成以"十四五"规划纲要为统领，以国土空间规划为基础，以"十四五"专项规划为支撑的规划"一盘棋"，确保规划能落地实施。2020年，区属四个结构性指标中，民间项目投资增长-31.6%，交通投资增长-4.0%，生态环境和公共设施投资增长-13.9%，高新技术产业投资增长-18.5%。2020年，安排区重点项目32个，完成投资44.64亿元，占固定资产投资的59.30%，骨干支撑作用明显。莲都区被列入市重点建设项目21个，完成投资38.2亿元，完成年度任务的107.7%；被列入区重大项目前期28个，完成年度目标任务的82.14%；被列入市重大项目前期推进类11个，完成年度目标任务的100%。丽水郎奇白桥康养旅游项目等6个项目被列入省"六个千亿"产业投资工程，古堰画乡文化产业园等4个项目被列入省市县长工程。

【价格管理】 开展政府定价项目成本调查、监审和调价工作。完成莲都区公办幼儿园托班服务、幼儿园放学后园内托管服务、莲都丽阳小学、莲都外国语学校特色部的成本调查和调价工作；完成莲都区管家养老院、古堰画乡景区、东西岩风景区的成本监审工作；完成制定莲都区碧湖镇供水价格、莲都区农村饮用水单村供水执行价收费标准。完成全区行政事业性收费年度材料的征集、汇总和上报工作。贯彻落实国家和省取消、免征行政事业性收费政策。规范行政事业性收费，动态调整全区《行政事业性收费目录清单》《涉企行政事业性收费目录清单》。全面清理规范涉企收费，在门户网站向社会公布"莲都区政府定价的涉企经营服务性收费目录清单"。降低企业用能成本，贯彻落实新冠肺炎疫情防控期间降低企业用气用水用电成本相关政策措施，实施新冠肺炎疫情防控期间临时降低企业用水用电价格。根据《省发展和改革委关于新冠肺炎疫情防控期间临时降低企业用气用水用电价格的通知》文件精神。截至2020年12月,累计为全区企业节约用电成本2936万元,节约用水成本23万元。

【价格认证】 以涉纪涉案财物认定工作为中心,服务法治莲都建设、党风廉政建设和反腐败大局,坚持高质量、高效率,严谨务实、客观公正地做好涉纪、涉案财物价格认定工作,为纪检监察、司法机关、行政执法机关查办案件、依法履职提供价格依据。2020年,办理价格认定案件176件,认定涉案财物标的金额1731万余元。其中涉嫌盗窃案件156件,认定标的金额92万余元;损毁案件18件,认定标的金额816万元;诈骗案件2件,认定标的金额823万元。

(何凌毅)

土地管理

【概　况】 市自然资源和规划局莲都分局围绕高质量绿色发展要求,牢固树立"两山"发展理念,聚焦聚力"保资源、促发展、惠民生"核心职责,弘扬践行"浙西南革命精神",各项工作取得积极进展。

【国土空间规划】 开展国土空间规划编制,统筹划定三线和用途分区,在目标定位、发展战略、空间格局、用地规模、地块布局等基础上形成区级和乡镇级国土空间总体规划初步成果。同步开展莲都区全域土地综合整治专项规划、基于手机信令数据的人口和自然资源分布等专题方案编制,为空间规划的发展规模、格局、用地布局提供了理论依据。完成生态保护红线评估调整,共划定生态保护红线260平方公里,占莲都区面积的17.38%。编制通过14个规划调整方案,保障了太平、雅溪等8个乡镇,共计33个项目的规划空间。整合优化审批流程,推进规划用地"多审合一""多证合一",实现规划选址和用地预审事项、建设用地规划许可和用地批准事项、规划核实和用地复核事项合并办理。全年完成控制性详细规划修编3个、村庄规划编制4个、局部调整87个;核发项目用地预审与选址意见书32份,办理用地规划许可证36件、工程规划许可证49件、乡村建设规划许可证14件、建设竣工规划核实32件,出具地块规划设计条件17个,完成项目建筑设计方案确认61个。

【资源保护修复】 落实耕地保护制度,完成2019年共计1074万元耕地保护补偿资金的测算和拨付工作,提高保护耕地积极性;完成设施农用地项目备案29个,促进现代农业健康有序发展;在全省率先开展生猪养殖用地涉及永久基本农田论证,涉及生猪养殖项目8个,调整永久基本农田6.93公顷。推进土地整治,实施垦造水田项目6个、旱地项目3个,规划新增水田面积34.13公顷、旱地面积41.27公顷,其中已验收水田项目3个,实际新增水田面积19.67公顷;完成3个建设用地复垦项目验收,共计10.26公顷。开展涉林垦造项目整改,对莲都区涉林垦造耕地项目进行逐个判读,确定"一项目一方案"的原则落实整改。谋划推进全域土地综合整治项目,碧湖镇全域土地综合整治与生态修复工程被列入自然资源部和省自然资源厅全域土地综合整治试点名单;推进莲都区碧湖镇中溪村全域土地综合整治与生态修复工程、莲都区联城街道官桥村2个村全域土地综合整治与生态修复工程,各项工程进展顺利,实施效果良好。

【资源要素保障】 开展用地报批,全年争取各类规划用地指标26.16公顷,其中17.56公顷规划实施指标、6.61公顷规划预留指标、1.99公顷农民建房挂账指标;新增建设用地指标69.73公顷,其中投资类项目587亩、农民异地转移安置项目20.33公顷、农民建房10.27公顷。推进建设用地供应,完成土地出让26宗,总出让面积68.8公顷,达成出让金15.858亿元,其中商住类项目16个,出让面积43.58公顷,商服类5个,出让面积15.78公顷,工业类5个,出让面积9.44公顷;完成土地划拨28宗,总面积76.67公顷,收取划拨价款4.2813亿元;集体使用土地审批12宗,总面积1.36公顷;办理划拨转出让25宗,总面积0.56公顷;审批农民建房526户,总用地面积5.62公顷。盘活低效闲置用地,消化批而未供土地12.82公顷，盘活存量建设用地18.67公顷，完成低效用地再开发4.67公顷。开展闲置土地处置专项行动，推进对梦里水乡·欢乐谷（一）、（二）地块及南山园A3地块、碧湖产业区块C6地块、太平商务金融地块、联城街道2014（8）号出让地块等6个建设项目涉嫌土地闲置的历史遗留问题处置。

【土地监察信访】 开展卫片执法检查，现场检查核实图斑222个，确认上报违法用地图斑1个，按规定要求落实整改。开展违建别墅问题再摸排再清查工作，完成万象街道南寨山庄（观音岩背）和白云山快活林商业用房2个违建别墅问题整改工作，经市、省、国家督导组现场核查，查阅资料，验收合格，上报核销；丽水·养生文化园项目（古堰蓝庭酒店），纳入国家系统，加强后续监管，确保项目依法依规运行。推进农村乱占耕地建房问题摸排，通过卫片、二调数据、农转用基础数据比对筛选和现场核查图斑9696个，确认上报农村乱占耕地问题256宗。落实第二轮中央环保督察工作，办理中央督察组交办信访件16件，主要涉及矿产、地类认定等事项。做好信访维稳及突出信访问题排查化解工作，维护群众权益和社会稳定，接待来访32批50人次，收到信访件113件（重件21件），全部处理完毕，信访问题处置和办理流程更加规范。

【地质灾害防治】 落实地质灾害整体智治工作，完成180个地质灾害风险防范区排查、划定、上图入库，推广应用“地灾智防”App。加强地质灾害风险防控，开展高、中易发区1∶2000地质灾害风险调查评价项目2个，启动地质灾害防治“十四五”规划编制工作；完善地质灾害危险性区域评估制度，完成工程建设和农民建房地质灾害危险性评估备案168个，治理工程项目备案2个。开展地质灾害防御工作，落实“五查30问”制度、值班值守制度和“即查即治”制度，开展突发地质灾害应急处置13起，转移安置村民21人，完成即查即治应急排险项目7处。抓好监测预报预警，完成小流域风险防范区专业监测3处、完成气象雨量站建设5处、启动专业监测招标4处；及时发布地质灾害风险预警，累计发布地质灾害气象风险等级预警15次，发送短信7449条。开展地质灾害防治知识进农村文化礼堂宣传月活动，共组织培训会3次，进文化礼堂贴画165张，发放宣传资料累计2000余份。

【民生保障服务】 推进不动产统一登记，与市不动产登记中心同步，开展抵押登记网上办理、水电联动办理，启动房地产开发公司首次登记电子证书；深化“四心”服务，为企业和群众上门办理业务18次，提供延时和加急服务22次；全年共办理登记业务10132件，发放电子证明160份，电子证书1808份。推进林权、农村土地承包经营权统一确权登记工作，整理装订林权档案36244份，完成农经权档案移交。精简审批要件、简化审批流程、压缩审批时间，实现164个权利事项100%网上办理、100%跑零次、93.29%的即办率、95.5%的承诺期限压缩比、94.41%的掌上办、97.44%的电子化率。深入推进“三服务”，解决“三服务”问题5个，答复网络问政问题12件，办理“两会”建议提案26件（其中主办件9件、会办件17件），针对群众、企业反映突出的重点、难点、堵点、痛点问题，积极化解生产经营中的困难、难题，为民服务成效有效提升。

（范丽娜）

审计管理

【概　况】 2020年，莲都区审计局共组织完成审计项目23个，查出管理不规范金额182494万元，促进增收节支6628.57万元，移送案件线索7件，报送审计专报（要情）29份，获得区委区政府主要领导批示28份。完成审计结果公告22个，审计建议被采纳65条，推动区政府出台制度25项。获评2020年全市优秀审计项目2个，全省优秀审计项目1个，被评为全省审计系统考核优秀单位和全市审计系统综合考核优秀单位。

【财政审计】 2020年，区审计局在莲都区2019年度预算执行情况审计和决算（草案）审计中，重点关注财政资金绩效情况，对61家一级预算单位实现预算执行审计全覆盖，促进11家单位完成“三公”经费问题整改23.65万元。推动出台了《丽水市莲都区人民政府办公室关于印发莲都区本级财政预备费管理办法的通知》《关于印发〈莲都区区属国有企业内部审计管理办法（试行）〉的通知》等多个管理办法，推进新预算法贯彻实施，推动部门建立健全内部管理制度，推动财政部门及区级预算单位加强预算管理，提高部门预算管理水平。

【民生审计】 2020年，区审计局按照上级机关统一部署，组织开展新冠疫情防控、“两直”资金、生态产品价值实现机制试点、重大水利项目实施情况等方面的审计工作，撰写《强化新冠疫情防控物资管理　全力保障防疫物资安全有效用于防疫工作》《统筹新冠肺炎疫情防控财政资金提高资金使用绩效》等审计专报（要情）；市、区审计局合力探索自然资源资产审计入选市“高质量绿色发展二十大创新样本”；先后组织和配合实施丽水市扶贫专项审计、保障性安居工程资金投入和使用绩效审计等审计项目，促进资金分配更加科学合理、资金使用更加严格规范，推动重大政策在莲都的落地生根。

【经济责任审计】 2020年，区审计局组织完成6个领导干部履行经济责任情况审计项目，其中包括3个乡镇、1个街道和2个区直部门，涉及9名区管干部和1名市管干部（市局委托），审计查出违规及管理不规范金额5834万元，提出审计建议16条，促进领导干部依法履职尽责。同时，对乡镇（街道）开展了自然资源资产离任（任中）审计和2020年度财政决算审计，按时保质完成对45位区管领导干部离任经济事项交接审核，并把及时报送离任交接材料纳入离任干部谈话内容。

【内部审计】 2020年，区审计局组织完成内部审计项目51个，联合区政府国有资产监督管理办公室（简称区国资办）出台《国家审计与国有企业内部审计协同工作方案》，探索国家审计与内部审计协同机制建设；推动区委区政府出台《莲都区区属国有企业内部审计管理办法（试行）》，推进区属国有企业内部审计工作有序开展；建立全区内审干部后备人才库，健全内审网格化联系指导制度，“以审代训”4名内审干部参与国家审计项目协审岗位，实现人员补给和业务提升双赢；加强对内部审计单位的指导和监督。莲都农商行获2020年度全国内审先进单位称号。

【审计整改】 2020年，区审计局实行整改专班化运行，成立区级层面审计整改工作领导小组，制定《莲都区审计整改督查管理办法》等制度，推进审计整改工作制度化、长效化；整改专班定期召开审计整改工作专题会议，研究部署财政预算执行和其他财政收支审计发现问题的整改工作并明确审计整改要求；将审计整改纳入区委政治生态考核，发挥考核督查作用；在常态化开展主审接待日同时开展送审计知识、送整改服务、送财经法规“三送”工作，全年开展审计整改主审接待日96次，推动完成问题整改110项，推动了政策法规“废改立”和“老大难”问题的解决。

（王博奕）

统计工作

【概　况】 2020年莲都区实现地区生产总值406.97亿元，按可比价格计算，增长3.3%。其中，第一产业实现增加值21.23亿元，增长2.7%；第二产业实现增加值119.28亿元，下降0.1%；第三产业实现增加值266.45亿元，增长5.2%，三大产业对经济增长的贡献率分别为4.5%、-1.3%、96.8%，三次产业增加值结构为5.2∶29.3∶65.5。按照我国地区生产总值统一核算和数据发布制度规定，地区生产总值核算包括初步核算和最终核实两个步骤。经最终核实，2020年，全区生产总值现价总量为391.24亿元，按可比价格计算，增长7.2%，三次产业增加值结构为5.3∶31.3∶63.4。

【统计服务】 关注全区主要经济指标走势，开展各考核指标的动态监测分析，研究提供目标分解和指标挖潜建议。年度共撰写统计信息71条，统计分析15

期，统计专报23期，分析（专报）获区领导批示10篇次。围绕社会热点难点，组织调查研究，撰写调研课题《莲都区城市绿地在GEP和GDP之间的双转化浅析》获丽水市党政系统优秀调研文章二等奖。区统计局根据短板指标提出“建议出台提振汽车消费政策”“建议出台本地建筑企业扶持政策”“建议出台工会消费新政”等多项建议被区政府采纳应用，提升了统计服务水平。

【基层建设】 构建统计服务新模式，向基层聚焦聚力，提高精准服务水平，促进应统尽统。在服务企业方面，在抓好业务培训和统计规范化指导的同时，认真做好疫情防控和复工复产的宣传和服务工作。年度累计开展各类入企指导服务活动百余次。针对准规模企业、重大建设项目，主动上门指导，做好企业（项目）升规纳统服务。年度内共指导升规企业入库65家，5000万元以上建设项目纳统8个。在服务基层方面，加强了农业农村统计调查队伍建设，聘任首席农业农村统计员14名，提高了农业农村统计辅助调查员补贴，给调查员购买了人身意外保险并保障必需的工作设备。在服务群众方面，组织党员干部认领并完成微心愿4件，落实“一户一策一干部”结对帮扶30户贫困户，组织开展志愿服务活动20余次。在服务部门方面，改进统计工作方式，紧盯重点指标数据变化，以走访对接、图表反馈等形式提供及时、精准指导，发挥经济发展的“晴雨表”作用。

【法治建设】 贯彻落实中央“意见”“办法”“规定”精神，推进领导干部学法用法，在常务会和常委会扩大会上分别传达学习《中华人民共和国统计法实施细则》和书记车俊在《部分地区统计造假问责追责不到位》上的批示精神，营造良好统计政治生态。组织统计数据质量问题专项整治行动，完善《莲都区统计数据质量管控规则》，加大统计数据核查力度，全年累计核查单位数310家，对发现的问题进行了专项指导。查处统计违法行为，2020年查处统计违法案件1起，处罚金额2000元，在处罚后，定期对相关单位进行回访和指导服务，提高统计数据真实性。

【第七次人口普查】 莲都区第七次人口普查工作在国务院第七次全国人口普查领导小组的统一领导和省、市、区各级人民政府的精心组织下，在全体普查对象的支持配合下，人口普查主要阶段任务已完成。全区常住人口为562116人，与2010年第六次全国人口普查的451418人相比，十年共增加110698人，增长24.52%，年平均增长率为2.22%。

【农业】 2020年莲都区实现农林牧渔业总产值31.81亿元，增长3.7%。其中，种植业产值20.65亿元，林业产值2.77亿元，牧业产值7.05亿元，渔业产值0.86亿元，农林牧渔服务业产值0.48亿元。实现农林牧渔业增加值21.49亿元，按可比价格计算增长2.8%。根据粮食生产统计监测调查数据推算，2020年莲都区粮食播种面积12.65万亩，增长3.6%，粮食产量3.59万吨，增长4.4%。油菜籽播种面积443公顷，增长9.4%，产量810吨，增长5.9%。莲都区水果种植面积6271公顷，增长0.5%，产量9.57万吨，增长1.6%。水果产业产值3.81亿元，下降2.6%。蔬菜播种面积0.98万公顷，增长0.1%，产量30.80万吨，下降3.0%，实现产值8.85亿元，下降7.5%。年末莲都区生猪存栏9.82万头，增长69.3%；出栏9.08万头，下降15.9%。家禽存栏141.9万羽，增长29.9%；出栏385.8万羽，增长19.3%。羊存栏0.56万头，下降6.7%；出栏0.4万头，下降29.8%。全年化肥施用量（折纯）0.98万吨，比上年下降4.2%；农村用电量5702万千瓦时，比上年增长6.3%。

2020年主要农产品产量一览表

表3

产品名称	绝对数(吨)	比上年增长(%)
粮 食	35885	4.4
油 料	1812	-0.7
其中:油菜籽	810	5.9
食用菌	9671	9.9
其中:香菇	5398	10.0
蔬 菜	307984	-3.0
茶 叶	1817	0.5
水 果	95662	1.6
其中:柑橘	28016	0.6
肉 类	14461	-4.6
其中:猪肉	7789	-22.6
禽 蛋	1139	-60.0

【工业和建筑业】 2020年，莲都区实现工业增加值87.33亿元，按可比价格计算增长1.7%。规模以上工业增加值增长3.0%。规模以上工业企业销售产值增长3.7%，其中出口交货值下降4.1%。分行业看，32个行业大类中，22个行业增加值实现增长。规模以上工业企业实现利润总额32.10亿元，比上年增长42.5%。人均薪酬6.84万元，同比增长8.7%。全年完成规模以上工业企业投入研发费用11.13亿元，比上年增长25.8%；规模以上工业新产品产值下降6.6%。新产品产值率35.0%。规模以上工业中，高技术、高新技术产业、装备制造业和战略性新兴产业增加值分别下降5.7%、增长4.2%、11.3%和5.6%，占规上工业增加值的比重分别为6.3%、43.0%、29.6%和15.9%。全年建筑业增加值31.98亿元，占GDP的比重为7.9%。

【固定资产投资】 莲都区剔除开发区范围2020年固定资产投资增长10.7%，高于全市平均水平4.0个百分点，全年呈现平稳增长的态势。分投资领域看，基础设施投资占比10.1%，下降30.2%；房地产投资占比74.6%，增长35.5%；工业投资占比10.2%，下降2.9%。分产业看，第一产业投资占比1.3%，增长83.0%；第二产业投资占比10.5%，下降0.4%；第三产业投资占比88.2%，增长11.5%。莲都区不含开发区，全年房地产开发投资141.43亿元，比上年增长35.5%，其中住宅投资99.29亿元，增长46.2%。商品房销售面积89.67万平方米，增长7.5%；商品房销售额174.57亿元，增长26.5%。

【内外贸易】 2020年社会消费品零售总额204.34亿元，比上年下降6.8%。按经营地统计，城镇消费品零售额172.79亿元，下降7.7%；乡村消费品零售额31.55亿元，下降1.5%。网络零售额104.31亿元，增长26.2%。全年完成限额以上社会消费品零售总额69.65亿元，比上年下降4.2%。在限额以上企业销售的商品类别中，饮料和粮油食品分别下降10.1%和1.2%；烟酒、文化办公用品和日用品类均分别下降22.0%、29.6%和31.1%；汽车类增长5.7%，其中新能源汽车增长277.6%。全年货物进出口总额56.28亿元，比上年增长14.3%。其中，出口49.69亿元，增长7.8%；进口6.59亿元，增长110.3%。区本级全年货物进出口总额16.43亿元，增长44.4%；出口12.96亿元，增长15.3%，其中流通公司出口5.26亿元，增长118.9%；生产企业出口7.7亿元，下降12.9%，占全区出口总额的59.4%。

【交通运输、邮电和旅游】 2020年，莲都区实现交通运输、仓储和邮政业增加值9.06亿元，比上年下降10.6%。全年铁路客运量591.08万人，下降33.9%，铁路货运量84.49万吨，下降21.7%。年末公路总里程1320.5千米，其中高速公路68.6千米。公路和水运完成货物周转量166748万吨公里，比上年增长6.3%；公路和水运旅客周转量23793万人公里，增长12.3%。莲都区全年邮电业务总量8.38亿元，增长16.4%。年末固定电话用户(含小灵通)9.04万户。年末移动电话用户70.79万户，互联网用户(固定互联网宽带)28.56万户。莲都区实现旅游收入190.43亿元，下降13.4%。区本级实现旅游收入99.74亿元，同比下降13.1%。

2020年公路、水路运输完成运输量一览表

表4

指标	计量单位	绝对数	比上年增长(%)
货物周转量	万吨公里	166748	6.3
其中：公路	万吨公里	166748	6.3
水路	万吨公里	0	—
旅客周转量	万人公里	23793	12.3
其中：公路	万人公里	23524	13.7
水路	万人公里	269	-47.0

【金融和保险】 莲都区2020年年末金融系统本外币存款余额1208.34亿元，比上年末增长24.2%。其中，人民币存款余额1192.93亿元，增长24.2%。金融系统本外币贷款余额1189.14亿元，比上年末增长32.4%，其中人民币贷款余额1188.53亿元，增长32.4%。莲都区全年保险业实现保费收入24.76亿元，增长

12.6%。其中，财产险保费收入9.51亿元，增长7.6%；人身险保费收入15.25亿元，增长15.7%。支付各类赔款及给付8.93亿元，其中，财产险赔付支出5.36亿元，人身险赔付支出3.57亿元。

【教育和科学技术】 2020年，莲都区拥有高等学校3所，在校学生39369人；中等职业学校4所，在校学生6079人；普通高中5所，在校学生8465人；普通初中18所，在校学生18472人；小学19所，在校学生38389人。小学和初中入学率、巩固率均为100%。初中毕业升高中段的比例为99.36%。莲都区拥有幼儿园80所，在园幼儿19442人。区本级新认定高新技术企业14家，累计38家；新培育科技型中小企业24家，累计120家。区本级财政一般公共预算支出中科技支出10997万元，增长6.1%。

【文化、卫生和体育】 2020年，莲都区年末共有文化馆2个、公共图书馆2个、文化站15个、美术馆1个、博物馆5个。有线广播电视传输干线网络总长3517.36公里，覆盖用户达231787户，有线广播电视用户出账数为77138户，广播、电视人口覆盖率均达到100%。2020年年末，莲都区共有卫生机构39个（不含诊所、村卫生室），其中医院15个、卫生院19个、社区卫生服务中心5个，卫生机构拥有床位5434张，卫生技术人员7377人。执业医师和执业助理医师3047人（含诊所、村卫生室）。2020年，莲都区运动员获得省级赛事冠军68个，其中田径项目4个、赛艇项目1个、轮滑项目38个、国际跳棋项目14个、航海模型项目7个、体操项目4个。组织形式多样的群众体育活动，营造全民健身氛围。成功举办2020东西岩“凤凰秘境”新年体育嘉年华、2020元旦象棋赛、中国（浙江）自行车骑游赛、第三届2020“莲都100”越野赛、畲乡农民运动会暨2020老竹丽新文化礼堂村拔河比赛等赛事；区本级完成1个拆穿式游泳池、3个多功能运动场和6个百姓健身房的项目建设。

【环境和社会安全】 2020年，莲都区生态文明建设和环境质量状况在全省设区（市）的市区排名前列，生态环境状况级别为优，生态环境公众满意度达89.65分，在全省90个县（市、区）中排名前列。2020年，莲都区剔除开发区范围“水十条”国家考核断面水质均达标，市控以上地表水监测断面、县级以上集中式饮用水水源地水质和跨行政区域河流交接断面水质均达100%，出境断面（共1个）水质达到Ⅱ类，考核结果为优秀。

2020年，市区环境空气质量综合指数为2.75，在全国168个重点城市排名第七，全省排名第2，AQI优良率为98.9%，同比上升0.8个百分点，全省排名第一，PM2.5平均浓度为21微克/立方米，同比下降16%，全省排名第二，PM10平均浓度为40微克/立方米，同比下降7%，降尘量为2.9吨/平方公里·月。2020年，莲都区剔除开发区范围内共发生各类生产安全事故2起、死亡2人。事故死亡人数占全年控制指标的100%。其中工矿商贸企业事故2起，死亡2人；经营性火灾事故0起，死亡0人。全年未发生水上交通、渔业船舶和职业卫生事故。

（叶家怡）

市场监督管理

【概　况】 2020年，莲都区市场监管局在省、市局及区政府综合绩效考核中取得优秀等次。获得全省市场监管系统安全保障先进集体、“放心消费在浙江”成绩突出集体、放心农贸市场创建优秀单位、打击传销突出集体、浙江省青年文明号、区疫情防控先进单位等荣誉。

【高质量发展】 2020年，莲都市场监管窗口共办理各类“最多跑一次”事项2.2万余件，数量位居全市第一。全区新设市场主体11616户，同比增长26.85%，主体增量居全市第一。主体质量普遍提升，新设企业中公司制企业1997户，占新设企业数的90%。新增“个转企”企业102户，增量居全市第一。向新开办企业免费发放公章2285套，税控设备626个，为企业节约开办资金155万余元。参与制定发布国家标准3项、省级地方标准2项。

制定浙江制造标准4项，验收通过1个市级标准化项目，成为全市两个优秀项目之一。新增1个省级、2个市级标准化项目试点。优化知识产权生态，重点开展“莲都仙桃”地理标志证明商标、“莲都商超”“莲都山超”集体商标的注册指导，商标品牌发展指数位居全市前列。

【疫情防控】 遏制市场乱象，关闭全区所有农贸市场活禽交易区，通知停止社会餐饮聚餐活动，督促各市场业主落实“守小门”举措，督促药品经营单位落实零售药店登记报告制度。开展防疫物资产品质量专项整治，发放价格提醒告诫书400余次，立案查处防疫物资违法行为6起，涉案金额19000余元，罚没款91912元。组建进口冷链食品“物防”专班，食品核酸累计检测2125份，结果均为阴性，“浙冷链”累计赋码8847条，累计扫码48131条，查扣无合法来源冻品945公斤，立案查处9起。完成“两直”资金补助工作，共补助对象3396户，补助金额3483.8万元。

【安全监管】 2020年，双随机抽查事项覆盖率、抽查任务完成率均达100%。强化食安委组织架构，指导6个乡镇（街道）创成三星级食安办。申报创建5S管理食品生产企业（小作坊）4户，顺利通过市局验收。餐饮“红黑榜”制度和推广记分管理办法落地见效。推广“外卖封签”助力网络订餐食品安全，各平台每日外卖封签使用量达8000余份。开展药械安全专项检查，2020年全区基本药物评价性抽检合格率达100%。首创“送药上山便民服务小程序”，实现送药“零距离”。深化产品质量安全监管，全年开展产品质量监督抽检370批次。抓好特种设备安全监管，重点开展特种设备“清库扫盲”行动，全区特种设备严重隐患整改率达100%。

【民生实事】 完成全国文明城市和国家卫生城市复评迎检相关工作，迎检期间，开展“5+2”“白+黑”巡查整治工作。完成民生实事项目，送药上山、农村家宴放心厨房建设、“阳光厨房”建设、培育放心消费单位等民生事实完成率均超110%。协助创建继光街“双拥、放心消费”一条街，获得省市场监管局肯定。完成4家省放心农贸市场续创，完成1家省放心农贸市场新创和五化市场改造，助力东港菜市场顺利开业。畅通投诉热线，全年共受理消费者咨询、投诉、举报7086件，为消费者挽回经济损失118万元，消费形势持续转好。

【亮剑执法】 开展“亮剑2020”食品药品重点领域综合执法，立案查处38起，移送司法机关2起，案值累计10.49万元，罚没款累计34.28万元。开展“燕窝集群”战役行动，共查处无合法来源进口燕窝案件8起，没收无合法来源燕窝3000多克。开展米面制品“非法添加”专项行动，联合区公安分局首次查获米制品“非法添加”行业潜规则案件，共立案11起，其中移送公安机关4起，实现了食品药品领域全链条打击，获得区委区政府高度肯定。开展城乡接合部食品安全大抽检专项行动，针对油条制品铝含量超标问题进行监督抽检，共立案5起，全部移送公安机关处理。加大成品油专项整治力度，联合开展成品油整治行动5次，查封不合格成品油200多吨，移送公安刑事立案调查4起。

（程誉宇）

应急管理和安全生产监督管理

【概　况】 2020年，莲都区共发生生产安全事故1起、死亡1人，事故起数和死亡人数同比下降50%。事故死亡人数占全年控制指标的50%，未发生较大及以上生产安全事故，安全生产形势平稳有序。梅汛期间，莲都区遭受多次强降雨和一次“黑格比”台风的正面影响，两次启动防汛Ⅳ级应急响应，及时预警转移群众，将台风带来的损失降到最低，未造成人员伤亡和重大财产损失。全年全区共发生较大森林火灾2起，过火面积18.8公顷，未发生重大森林火灾和人员伤亡事故。

【防疫复工】 2020年，落实24小时值班值守制度，强化突发事件的应对准备和处置保障工作。动员社会应急力量参与疫情防控，对全区办公场所、公共场所和156所中小学及幼儿园进行义务防疫消杀。累计出动1200余人次、消杀区域面积约1500万平方米。选派精干力量入企驻点，服务各类生产企业125家，检查发现隐患262个，全部整改到位，促进企业复工复产安全生产工作。

【安全生产】 2020年，对照安全生产执法计划，常态化检查企业67家，开展“双随机”执法检查，超额完成“企业码”申领任务。部署开展工矿商贸、消防、交通运输、建筑施工、特种设备等领域的安全专项整治。检查“三场所两企业”88家，工贸小微企业77家，发生2起及以上工伤事故的工业企业4家。开展企业安全风险普查，深入推进企业安全生产双重预防机制建设。全年推动企业完成双重预防机制建设92家。

【森林防灭火】 2020年，实施森林防火网格化管理，通过层层签订责任状、户户签订承诺书，划定责任区，确定责任人，确保责有人担、山有人看、林有人护、火有人管，共同织密扎牢森林防灭火工作责任网。通过播放森林防灭火公益广告、发放森林防灭火宣传单以及发送温馨提示短信等形式，多渠道宣传森林防灭火知识，营造森林防灭火的浓厚社会氛围。2020年，莲都区召开森林防灭火工作专项会议25次，开展宣传教育活动1057次，出动宣传车70多辆，悬挂横幅、标语5391幅，张贴各类通告、禁火令1500张，在城乡所有公交车上滚动播放森林防灭火公益广告一个月，发送手机短信40万条。通过加强重点管控、监测预警，开展以农事用火、祭祀用火、林业生产用火重点的野外违法违规用火行为整治。共出动巡查组524个，出动巡查人数8301人次，设立临时检查站1762个，教育违规用火人数573人，查出火灾隐患386处，没收火种573个，发放禁火令500多张。

【防汛防台】 2020年，完成全区236个村级形势图编制，236名基层防汛防台体系责任人在《丽水日报》登报公示，接受社会公众监督。部署开展防汛防台隐患大排查工作，排查各类高风险区和隐患点、风险点1600处。开展防汛防台预案修编，区、乡、村三级预案修编100%完成，开展区级防汛防台综合演练、小流域山洪、地质灾害、危房等防御应急演练，指导各乡镇（街道）开展乡级防汛防台综合演练。制定印发《莲都区防指工作规则》《莲都区防汛防台应急工作指南》。组织开展为期100天的“百镇千村万户”应急入村专项行动，实现全区14个乡镇（街道）和236个村（社区）“应急入心•安全万家”电教片播放100%全覆盖。

【高层建筑消防安全专项整治】 针对丽水大厦、罗马大厦两栋情况复杂的高层建筑，制订“一楼一策”的专项整治方案。在完成丽水大厦、罗马大厦消防安全整治试点的基础上，以点带面，推进高层建筑消防安全整治，全年共组织排查高层建筑830幢，建立了“一楼一档”。发放《关于整改消防安全隐患的函》71份，完成隐患整改581幢。

【小流域灾害预警系统试点建设】 成立小流域灾害预警系统试点建设工作专班，多次踩点选址，完成了太平乡大河村、里坑口村和老竹镇曳岭脚村3个试点建设，及时总结经验，编制了老竹镇曳岭脚村小流域自然灾害预警和应急指挥工作手册，形成了一套可复制可推广的典型案例，作为范本向全市推广。配合市级完成了老竹镇东头自然村、赤坑村试点建设。

（金凌翔）

消　防

【概　况】 2020年丽水市莲都区消防救援大队在区政府和上级的正确领导下，以“贯穿一支主干、守牢两条底线、创建三项规范、狠抓四项重点”为总体思路，践行“搏在山区，拼向前列”丽水消防精神。以队伍建设为根本，以防灭火工作为中心，以作风建设为保证，重点工作扎实推进，队伍风气日益优化，人民评价持续走高，社会形象显著提升。

【高层建筑治理】 莲都区消防救援大队提请区政府召开高层建筑

消防安全专项整治工作推进会，交办隐患整改任务。莲都区有高层建筑827幢，主要分为三类，第一类是机关、事业单位高层建筑，由莲都区高层建筑整治工作领导小组发函督办整改；第二类是有物业服务企业管理的高层建筑，由物管中心牵头督促，消防救援大队下发《责令限期改正通知书》，按规定申请提取物业维修专项资金，落实隐患整改；第三类是无物业单位、未成立业主委员会、未设立物业维修专项资金的高层建筑，由街道负主责，落实隐患整治和消防安全管理，消防救援大队全程开展业务指导。排查共发现隐患1130余处，领导小组发函71份，下发《责令限期改正通知书》74份，会同职能部门按照整治方案要求，按时整改高层建筑消防安全隐患。

【专项整顿】 开展“以案促改，整风肃纪”专项整顿活动，召开专题教育推进会12次，调动班子成员抓工作、带队伍的积极性和主动性，强化党委班子在专项整治教育中的示范引领和核心领导作用，形成“政治上同德、事业上同心、工作上同力”的良好局面。以党委会，党员大会，指战员大会形式进行常态化问题排查达30余次，开展专题讨论36次，大队各级党组织对照46个“是否”共排查“九化”问题104条，完成整改98条，长期攻坚整改6条；为加大问题整改力度，出台《党组织建设三项规范》《关心关爱指战员六项暖心措施》《四种形态底线思维运用规定》《消防员调休奖惩实施细则》等11项建章立制规定，重振了队伍士气，改进了队伍工作作风，有效遏制了指战员思想滑坡倾向。

【资源交流互享】 坚持把学习当作政治责任，以思想自觉引领行动自觉。以“践行训词精神，担当神圣使命，坚持五个不动摇”和“四个珍惜”等教育活动为抓手，结合改革转隶队伍实际情况，拓宽学习内容，改进学习理念和方法。通过活动成果转化，与市中心医院第一、第二行政党支部和丽汽集团第三党支部等单位签订资源交流互享共建协议，成立典型交流机制，加强了指战员与外部单位接轨。开展了“读经典，强思想”主题市图书馆文化沙龙活动，“我心向党、重走红路”参观老竹红色革命根据地，“抗疫同在，典型共鸣”市中心医院走进红门等主题党日活动，在支队组织的各项活动比赛中大队指战员获得了全市朗诵比赛第一名、演讲比赛第四名、首届“火焰蓝”杯篮球赛团体第二名；大队党委被支队评为先进基层党组织，岩泉党支部被总队评为示范基层党组织，5人被评为优秀共产党员，1人被评为优秀党务工作者，提升了全体指战员的职业认同感、职业荣誉感和职业争先感。

12月28日，莲都区2020年度森林防灭火应急演练暨技能培训举行（周全 提供）

【提升救援能力】 2020年处置“3·20”绿谷信息数码城、缙云电动工具厂火灾、江西抗洪抢险等急难险重任务。坚持从实战出发，开展初战控火、合成训练等实战训练，结合辖区特点，走访熟悉重点单位和不放心场所325次，开展实战演练188次，道路水源考察30次，大型综合演练5次，提高了灭火救援实战能力。2020年，大队共接警574 起，出动警力4866人，抢救被困人员91 人，疏散被困人员90人，同比2019年，火灾起数、伤亡人数，直接财产损失均有大幅下降。在2020年抗洪期间，实名制组建了2支、16人抗洪抢险专业队，配备了消防车3辆、充气式救援艇3艘、玻璃钢冲锋舟2艘，急流救生衣35件等器材装备100余件，在支队的统一调度下，开展抗洪抢险相关处置任务。严格按照总队、支队岗位大练兵工作任务要求部署，紧盯训练重点，建立"系统练兵、科学练兵、全员练兵"体系，明确专业化发展目标，对标国家队主力军，研讨大队练兵工作方案，强化练兵实效。在支队组织的体能对抗赛中，获五把金斧头中的两把；在支队组织的全市夏训对抗赛中，分别获得总成绩第一、第二。完成2020古堰画乡小镇艺术节、浙江"大花园"城市建设拆迁和市"两会"等重要安保工作。

【提升专业水平】 与社会专业救援力量（绳桥）建立联勤联训机制，定期展开训练，全年累计开展了22次绳索和水域培训，培训人员660人次，与市特警支队合作，学习交流防盗门锁芯破拆技术，创新操法，破拆防盗门时间从原先的2分钟提升到40秒左右，确保安全高效，为全市提供了战术改进的经验。3名指战员取得潜水员证，占全市的75%。积极强化辖区多种形式队伍的建设，以每年5万~10万元的标准设立村镇专职志愿队日常维持性基金；政府专项划拨经费65万元，购置消防车两辆（大港头、老竹）；补充80余万元政府经费，采购村志愿队装备器材。辖区建成54个千人村志愿队，点位覆盖达100%。进行村镇专职志愿队拉练、培训达60余次，帮助排除了年久机动泵吸水失效、水带接口破裂、常规吸水困难等一系列问题，形成了以拉练、培训促训的良好氛围，为提升社会救援力量专业化奠定了坚实工作基础。

【隐患排查整改】 2020年，辖区火灾形势总体平稳，连续三年实现了辖区火灾零亡人。全面排查高层建筑830幢（其中公共建筑85幢、住宅745幢）并全部开展整治提升。争取300万元专项整改资金，对罗马大厦和丽水大厦存在的老大难问题进行整改，消除了两座大厦既有消防隐患。积极对接区建设局及各街道，督促全区物业单位在自筹100万元整改资金的基础上，申请物业维修资金400余万元，开展全区高层建筑消防安全专项整治工作，全区高层建筑总整改完成率为71.5%。2020年排查全区未划设消防车道黄线的64个小区（含公共建筑），区政府投入资金80余万元，划设消防车道黄线25590米，设立"消防车道禁止占用"提示牌158块。排查全区41个老旧小区，纳入政府民生实事项目，区政府投入专项资金448万元，用于增配应急灯、配备消防器材、维修消防设施，对全区29个社区微型站的设备进行提档升级，增设电动自行车充电桩86处接口872个。在消防监督执法岗位比武竞赛中，大队在支队上半年、下半年两次消防监督执法岗位练兵竞赛中均取得第一名。以疫情期间复工复产检查为契机，排查全区小微企业732家，督促整改火灾5566处。开展沿街店铺上门培训、隐患督改，共计检查7657家，发放宣传资料2万余份，培训业主12546人，整改隐患8893处。完成金桥文苑、万锦花苑2家政府挂牌的重大火灾隐患的整改工作。投入警力100余人次，整治消防隐患1万余处，助力莲都区全省平安金鼎和文明城市创建工作，大队被市委市政府评为"先进集体"，大队长张旭获评"先进个人"。

【宣传活动】 联合教育部门举办"我心中的消防"绘画作文竞赛，被丽水市评为"优秀组织单位"。结合"5•12"防灾减灾宣传周、安全生产月、"119"消防宣传月等重点时期，多部门开展主题教育10余次，受教育人数8000余人；对重点单位消防管理人、网格员等群体开展培训50余次，受训人数4000余人，对11000余名企业员工线上线下开展消防培训。指导学校、社区、企事业单位等开展灭火演练近30次，受教育人数2万余人，对5600余名军训新生普及消防安全常识。完成1个消防教育馆、3个体验室、8个宣传点的提档升级，建成消防主题公园，全年共开放消防队站、体验场所75次，受教育人数6000余人。建立邮政快递员，美团、饿了么外卖员，消防志愿者、社区消防宣传大使、网格员等6支宣传队伍，发放宣传资料7万余份，800余名饿了么外卖小哥兼职网格员，走街串巷查隐患。与主流媒体、新媒体平台建立常态联系机制，在中央、省、市电视、网络、报刊、广播等媒体播信息160余条。2020年，发送微博提示2013条、微信发送731条、移动短信提示15余万条、微信朋友圈提示20余万条，110余台楼宇电视、200余家单位LED屏滚动播放消防标语及公益广告。

【硬件建设】 2020年根据辖区实际，增配消防车两辆。增配大港头、老竹专职消防队消防车各1辆。在丽水市白云山森林公园建成了莲都区消防主题公园，营造了良好的社会化火灾防控宣传的氛围。完成了碧湖消防站扩建改造工程。

（陈浩浩）

国有资产监督管理

【概　况】 2020年，莲都区共国有企业（包括总公司及下属子公司）37家（比照正科级管理3家、比照副科级管理2家），其中区国资公司10家、区建投公司12家、区旅投公司7家。另有8家分别由区发改局（2家粮食公司）、丽水工业园区管委会（4家工业园区公司）和区机关事务保障中心（莲城宾馆有限公司及其子公司物业公司）与区国资办共同履行监管职能。全区各国有企业员工（员工总额内）339人，另有第三方劳务派遣170人、企业劳务用工293人；共有党委3个，下属党支部12个，临时党支部3个，在职党员131人。2020年6月10日，丽水工业园区建设发展有限公司组建；6月16日，丽水市莲城宾馆有限责任公司组建；12月10日，丽水市莲都区恒汇建材设备有限公司组建。

2020年，莲都区国有企业资产总额137.75亿元，负债总额75.05亿元，净资产62.70亿元，资产负债率54.49%。其中：区国资公司资产总额43.61亿元，负债总额9.61亿元，净资产34.00亿元，资产负债率22.02%；区建投公司资产总额43.01亿元，负债总额34.11亿元，净资产8.90亿元，资产负债率79.30%；区旅投公司资产总额13.84亿元，负债总额5.03亿元，净资产8.81亿元，资产负债率36%。（以上资产数均为账面净残值）

【监管体系建设】 加快历史遗留问题的处置。2020年通过法院强制腾房回收原油泵厂内地质科普馆的国有资产，完成18户经营户的腾空搬迁。组建原油泵厂、碧湖啤酒厂等被改制老职工长期占用房屋分类处置工作专班，推进历史遗留问题资产的处置。2020年，回收被违规（非法）占用房屋154处，均已进行规范管理和使用。健全公司治理体系，推进国有企业董事会、监事会人员的清理与配备，厘清企业党委会与董事会、经营班子会权责边界，规范议事程序。为加强对企业财务、资产、生产经营等方面的监督，在区纪委监委的支持下，区国资、建投和旅投三家比照正科级管理国有企业均增设了纪检监察室，配备了专职纪委书记，推动纪检监察责任落到实处。2020年10月12日，区国资办与区审计局共同出台《莲都区国家审计与国有企业内部审计协同工作方案》，推动了国资监管与审计监督的相互贯通。规范监管事项。厘清区国资办与区发改局、丽水工业园区管委会、区机关事务保障中心等主管单位具体监管职责的划分；2020年10月30日出台《莲都区国有企业重大事项管理制度》，加强对企业变更、章程管理、人事管理、财务管理等事项的监管，严把审批关。推进“最多跑一次”改革，2020年共审批各国企上报重大事项115件，纠正人才引进、人事任免、固定资产采购“三重一大”违规事项11件。

【资产经营管理】 2020年莲都区国有企业实现营业收入2.24亿元，利润总额-2038.60万元。其中区国资公司营业收入4003.53万元，利润总额1795.11万元；区建投公司营业收入7153.72万元，利润总额122.13万元；区旅投公司营业收入1043.48万元，利润总额-4208.98万元。区国资公司规范资产拍租、处置程序，提升国有资产效益，2020年，结合实际情况和需求，探索资产公开处置的新方式，入驻阿里拍卖平台，共组织拍租、拍卖7批次（其中线上3批次），111个标的。依法处置历史遗留的问题资产，对中山街527号、原碧湖酒厂被侵占资产进行摸底排查，根据分类处置方案，逐户上门对接，签订腾空协议、租赁协议。推进资产接收工作，陆续接收了电影公司资产、纳爱斯健身大楼、纳爱斯健身广场、大港头坛头嘴仓库、峰源木板仓、曳岭宿舍、中东路7号等资产。开展疫情期间房租减免工作，共计为216户承租户减免房租356.6万元。开展安全生产大检查工作，全年共计检查680家次，排查隐患176处，整改170处，整改率97%。区旅投公司加大公司国有资产经营力度，拓展业务，盘活资产，一号艺术区引进开元曼居酒店、8898PLUS酒吧等各类企业共114家；二号艺术区引进“曼斯伊特尼”网红服装企业，其他房产引进了翎芳魔镜、畲凤、世界美食城等一批优质业态。为抗击疫情，调整经营模式，接轨市场，对杏记甜品、堰头茶室、28文创孵化中心、梦幻巴比松星空体验馆等业态进行微改造，丰富游客体验的同时也增加了景区的二销收入。莲都区大港头镇江滨休闲街区项目地块国有土地使用权已于2020年12月21日成功挂牌出让，由区旅投公司以1.8亿元竞得。2020年，区旅投公司多次牵头召开“消薄”工作专题研究会，立足本地资源禀赋，发挥好“古堰画乡”辐射带动优势，谋划古堰画乡景区游船联建项目和紫金街道瀑泉村等全区18个村的房产收购。其中游船联建项目已于2019年11月实施，经营管理期限10年，到期收回投资成本，同时每年分配固定收益43.8万元，用于各村“消薄”。区建投公司2020年营业收入总计7153.72万元，较上年增长6460.44万元，营业收入增长率931.85%；人均营业收入总计73.74万元，较上年增长64.74万元，营业收入增长率719.10%；利润总额总计122.13万元，较上年增长65.43万元，较上年利润增长率115.40%。

【政府投融资】 2020年5月12日，莲都区国资公司旅游产业专项债券“20莲专债”正式获得国家发改委核准批复，区国资公司与券商、审计、评级、评估、律所等债券发行相关机构对接后，于11月25日以低利率发行，在中央国债登记结算有限公司上海总部簿记，发行利率4.95%。债券发行主体为丽水市莲都区国有资产投资经营有限公司；债券简称20莲专债；债券品种为旅游产业专项债券；发行规模为人民币5亿元；期限为7(4+3)年期；评级情况为主体AA/债项AA+；担保方式包括自有房地产抵押担保；交易场所设在银行间债券市场、上海证券交易所。创丽水市企业债历史以来最低利率。2020年，国资公司(含下属子公司)对外投资项目12个(含历史遗留股权投资3个，另有三笔历史遗留股权投资在2020年省经责审计和省委巡视整改中已处置完毕)，尚在运营中的9个，多以政策性投资为主，年度投资收益449.6万元，2020年新增自主投资项目2个，分别为莲都区莲碧疫木处理有限公司、莲都民间融资服务中心股份有限公司项目。2020年5月，区建投公司组织召开项目融资大会，向17家国有、商业银行进行项目推介。全年融资提款5亿元，保障了莲都大厦、丽水花街片区莲都安置小区、金湖佳苑等自营性项目资金缺口。2020年，区旅投公司获得银行贷款授信额度4.7亿元，包括项目贷款3.5亿元，流动资金贷款0.7亿元，银行国内信用证业务专项授信0.5亿元，剩余可用授信额度1.3亿元。

【项目建设】 城西小学新建工程。2018年9月投入使用，项目结算审计工作已完成，下步准备开展竣工财务决算工作。双增项目。丽青路25号房屋修缮项目、高岭弄22号房屋修缮项目、解放街32号房屋修缮项目已投入使用并完成结算审计工作，解放街11～13号10栋及附属用房项目已投入使用，处于结算审计阶段。2020年，区建投公司成立了工程建设防疫防控领导小组，制定出台《工程项目新冠肺炎疫情防控应急处置预案(试行)》，23个在建项目全部办理复工手续，完成复工率100%。2020年全年建设项目44个，总投资66.66亿元，年度投资目标19.98亿元。完成形象投资14.71亿元，完成年度投资进度73.62%。完成务岭根垃圾填埋场三期(暨装修垃圾处理项目)建设，打造了全市首个专业装修垃圾处理项目；完成莲都—义乌山海协作项目莲都大厦土地摘牌，打造了全省投资规模最大、建筑面积最大的山海协作科创飞地项目；金湖佳苑正式开工，是碧湖唯一一个国企经营的房地产项目。新治河绿道获评“丽水最美绿道”；大洋河南区、平安小区周边区块雨污分流改造工程、市邮政中心周边区块雨污分流改造(一期)、海潮老村周边区块雨污分流工程通过莲都区“零直排小区”创建；大溪治理工程(莲都段)三标段被评为丽水市安全文明施工标准化工地。区旅投公司2020年度谋划建设项目共计37个，年度投资4.97亿元，已完成投资3.83亿元。已完工项目8个，包括古堰画乡摄影展示中心及AAA级公厕项目、大港头镇区给排水管网提升改造二期项目、大港头镇区给排水管网提升改造三期项目等4个结转续建项目，S328省道水阁沙溪村至大港头通景道路景观提升项目、莲都区堰头村火烧迹地造林项目莲都越野100配套设施工程项目等。在建项目12个，包括堰头村污水管网改造项目、古堰画乡夜游项目、古堰画乡堰头停车场项目等。前期项目17个，包括古堰画乡艺术中心新建工程、古堰画乡通济堰博物馆项目、画乡大酒店建设项目、大港头高地区块安置小区项目等项目正在进行前期审批。老竹新农村公司代建老竹—丽新污水处理厂、老竹镇区截污纳管等2个项目工程，其中老竹镇区截污纳管工程帮助老竹镇通过“污水零直排区”创建省、市级验收。

【国企改革】 莲都区国资办牵头开展国企市场化改革，深化监管体制和企业的劳动、人事、薪酬分配四大领域19项内容的改革，出台改革制度、方案10余个，助推企业自主谋划和参与经营性项目10余项，总投资约2.38亿元，推动完成融资“造血”16.145亿元。2020年8月13日，提请区政府出台《莲都区国有企业市场化改革的实施方案》，明确改革重点。同时为规范企业劳动用工、人事管理与薪酬分配，陆续出台《莲都区国有企业人事管理办法》《改革区属企业工资决定机制实施办法》等9项改革制度。助力全区国企新组建恒玖置业、乾道商贸、义乌莲义、莲碧疫木处理、丽甬5家国有经营性公司，自主谋划和参与浙石油综合能源站、房地产等10余项多元化的经营性项目和竞争性产业，市场活跃度持续高涨，投资形势喜人。2019年以来，区属三家比照正科级管理国有企业共完成融资16.145亿元。2020年11月27日，成功发行全市2016年以来首支旅游产业专项企业债—5亿元。完成全区国企212名在岗编外人员的分流工作，其中62名成为企业员额内用工人员。完成中央所属、省属、市属等64家各级国有企业2539名退休人员的社会化管理集中接收工作，在总量占比全市各县最大的情况下，接收速度和质量全市第一。通过市场化改革，全区国资监管体制机制进一步理顺，监管事项实现清单化管理；建立健全企业员工能进能出、管理人员能上能下、薪酬能增能减的激励机制，推动了企业劳动用工、人事管理、薪酬分配与市场全面接轨。

【其他活动】 莲都区国资公司接收各子公司进行财务集中核算管理，激发企业营运实力。为严格执行财务制度和财经纪律，提高财务管理水平，防范财务风险，加强往来款项管理，根据莲都区国资营运公司市场化改革方案要求，公司转型升级为集团化运作公司,财务核算由总公司统一管理。2020年，共有11家单位财务核算集中在国资公司。包括国资公司、雅一电站、雅二电站、雷博公司、莲城体育、莲城影视、粮食国资、水利水电总公司(郎奇电站于9月合并入水利水电公司)及下属河村坑电站、枫树圩电站、太安电站。区旅投公司推进国企“三定”工作，深化国企纪检监察体制改革，区旅投公司纪律检查委员会书记于12月10日派驻到位，并成立纪检室，坚守监督第一职责，把政治监督摆在首位，协助公司党委推进全面从严治党、加强党风廉政建设和反腐败工作，一体推进“不敢腐、不能腐、不想腐”。12月，根据《关于全面推进莲都区国有企业市场化改革的实施方案》和《关于印发莲都区国有企业人事管理办法(试行)》(莲国改办〔2020〕1号)文件精神，结合公司人员架构组成情况，在纪委书记的监督和指导下，组织开展公司员工内部分流工作，制定《丽水市莲都区旅游投资发展有限公司编外人员分流工作实施办法》，完成了196人的分流工作，并根据“以岗定薪、注重绩效、公平公正”的薪酬管理原则，遵照国家有关政策法规及区旅投公司的相关规章制度，研究建立更符合市场化及劳务派遣要求的用工制度和薪酬体系。2020年2月13日，古堰画乡针对全国医护人员及其直系亲属推出全年免费游政策，后根据“争先创优”行动作战指挥部的工作要求，落实莲都区促进文旅产业消费的八条措施，4月15日至6月15日期间，区旅投公司出台了全国人民免费游景区政策(不含游船票及其他二销项目)，同时拿下近4000名促销团队收客任务，对接省内自有销售渠道，直接拉动地方消费约60万元，同时牵头开通了丽水两个首趟跨省高铁专列(分别为上海及江苏)。6月15日利用自身政策启动“缤纷夏日，千人游莲都”团队活动月，完成1万人次在一个月内游览古堰画乡和东西岩景区，直接拉动地方文旅消费近200万元。在11月陆续启动东西岩及古堰画乡千人游活动，直接拉动地方文旅消费100余万元。古堰画乡建立了官方抖音号、Local女团号、微信视频号、小红书、微博等多维度的宣传矩阵，维护提升景区微信公众号，从探店、游玩攻略、人物传记等方面深度挖掘、提炼古堰画乡景区的核心内涵，2020年，共发文200余篇。古堰画乡Local女团作为全国首个旅游景区女团，其抖音号粉丝数已近11万人，是当下丽水旅游景区粉丝量最多的抖音号，累计发布作品100余个，与百万网红“小一姐姐”合拍视频播放量破千万。通过“千万红包游浙江”之“春光计划”、“浙夏放价了”玩转丽水台州温州暑期狂欢推广活动、“最美逆行者遇上最美画乡”旅拍活动、“期会·丽水巴比松”第二届丽水巴比松国际研讨会暨2020年古堰画乡小镇艺术节、美好商铺座谈会、“智游”东西岩主题研学活动、莲心你我·我与东西岩有约活动等50余次特色活动扩大宣传效果，引流增收。其中小镇艺术节活动3天共接待省内外游客29300人次，景区游客数量与营业收入同比都有较大幅度增长，景区品牌曝光率高达2000多万人次，在“古堰清音，踏歌赏月”十一(中秋)活动中极大拉升了景区人流以及入住率，也吸引了《人民日报》、新华社等10家媒体进行了近百次报道，流量累计突破千万人次。在跨年活动中，精心策划的“堰遇千年，画里跨年”2021古堰画乡“这才是跨年”七大系列活动，获得了较高的活动影响和经营效益，激发了古堰画乡“跨年旅游产品”打造的新思路，打响了来莲都跨年、来古堰画乡跨年的新年旅游品牌，吸引了三大央媒及各大媒体报道，其中《杭州都市快报》2版重推、《丽水日报》4版连载，据统计，3天共接待游客16802人次，周边民宿农家乐平均入住率50%人次，全网曝光量破千万，提升了古堰画乡景区品牌影响力。区建投公司深入开展“三敢三比”大比拼活动，大抓项目大干快上，推进家和公寓、截污纳管、务岭根垃圾填埋场等项目落地成景；举办“奔跑吧，建投！”主题文艺晚会，开展党风廉政、垃圾分类、安全生产等各类知识竞赛活动，增强全体员工的向心力和凝聚力；选树“先进党务工作者”“闪光党员”，掀起学先进当先进新热潮。获“丽水之干”模范集体称号和“2019年度莲都区大花园建设工作”先进集体称号。

（李宏娜）

文化·旅游·体育

综　述

2020年，在区委、区政府的领导下，莲都区文化和广电旅游体育局应对新冠疫情大考和复工复产大赛，开展全区文化旅游广电体育各项工作。莲都区文化馆作为唯一的县级项目在2020年全省文化馆长视频会议上作数字文化服务经验典型发言；莲都区图书馆“爱心书屋”被全国智标委列为未来智慧社区首批白名单产品，并获得全国智标委颁发的“标准贡献奖”。“爱心书屋建设和服务规范”通过丽水市地方标准立项评估；完成11个小康提升村、1个拆装式游泳池、3个多功能运动场和6个百姓健身房的项目建设。举办2020古堰画乡小镇艺术节开幕式、2020“欢乐莲城”莲都区社区(乡村)文化艺术节开幕式、2020东西岩“凤凰秘境”新年体育嘉年华、2020“莲都100”越野赛等大型文旅活动；创作出《感谢有你》《一封请战书》《巡城》等47首莲都原创抗疫歌曲；完成送书下乡1万册、送文化下乡271场，举办各类大中小型非遗传承活动36场，出动传承人100余人次。郎奇白桥康养小镇、石牛温泉、御泉湾、梦里水乡·欢乐谷等项目有序推进；开展各种营销推介活动30余场次，将莲都美食、美景、美宿等推向全国；与上海市黄浦区文化和旅游局签订山海合作框架协议书，探索建立两地文旅企业、民间组织的交流合作机制，支持双方互为旅游目的地和客源地。与义乌文化和广电旅游体育局签订FM93合作渠道，在义乌火车站投放义乌·莲都山海协作宣传广告。2020年共办理审批事项149件，其中行政许可131件，其他权力事项18件，完成文化市场企业年报的数据采集和审核以及审批办结的行政权力事项的电子归档。出动巡察5468人次，检查5034家次，违规4家次；行政处罚立案调查4件，办结案件4件，警告2家次，罚没款23650元，没收违法物品957件。疫情防控期间，全区818只农村应急广播通响率保持在99.5%以上，在疫情动员、防控、宣传上发挥作用。做好“广电低保”惠民工程，农村低保户有线电视或直播卫星电视免费收视覆盖率达到95%以上，免费服务低保用户3354户。开展广电业务培训和应急演练。

2020年，莲都区文广旅体局有下属单位12个，其中局直属部门6个；乡镇(街道)文广旅体中心站6个。共有在职人员130人，其中局机关11人，下属事业单位119人；具有高级职称9人，中级职称51人，初级职称42人。

(马学俊　郑悦)

公共文化服务

【概　况】　2020年，开展文旅系统“12568”活动，文化干部撰写大小活动方案134个，创作作品92件，上台演出158次，辅导指导399批次，撰写信息400篇。完成2019年度基层公共文化服务评估工作，举办2020莲都区乡村春晚启动仪式暨太平乡巨溪村特色春晚等32场乡村春晚。举办文艺作品创作、声乐、抖音、阅读等各类线下文化培训班107次，送书下乡12428册、送文化下乡443场，展览40次。

【基础设施建设】　2020年，太平乡综合文化站、丽新畲族乡综合文化站正式投入使用。其中太平乡综合文化站总投资额500多万元，建筑占地面积370平方米，总建筑面积1200 平方米。丽新畲族乡综合文化站建筑面积达1120平方米，内设图书阅览室、信息资源共享室、排练室、书画室、未成年人活动室、科普教育室、多功能室等9个功能室。区图书馆与丽水首个未来社区项目建设有限公司签订战略意向合作协议书；新建成2个分馆——莲都区图书馆丽水市人民警察培训学校分馆和碧湖图书分馆；新建成10个流通点包括3个老兵书吧、2个少儿悦读驿站；丽水市首个信阅线下服务点落户莲都区图书馆碧湖分馆。莲都区图书馆“爱心书屋”拥有自主知识产权，获得三项发明专利，现有爱心书屋36个，推出第三代爱心书屋在全市范围内推广建设，首批在市区范围内计划建设131个点位，形成“十五分钟”阅读服务圈，加大“图书服务圈”惠民辐射幅度。启动莲都区“文化基因解码工程”，对莲都区内中华优秀传统文化、革命文化、社会主义先进文化进行摸底调查，完成通济堰文化元素解码报告初稿。

【文艺队伍建设】 在已组建“三团三社”的基础上，筹建民间创作队，集结乡村艺术能人、创作能人等，充实业余文艺队伍。文化馆、城区、联城、大港头和黄村等中心站陆续举办文化管理员、“三团三社”等基层文艺骨干精英公益培训。全年举办文艺作品创作、声乐、抖音、阅读等各类线下文化培训班107次，参加培训约4261人次。加强基层文化阵地建设，提高基层文艺骨干的艺术素养、业务水平。9月，与义乌文广旅体局合作在浙音学院举办了2020年度文化干部业务提升培训班；11月，在绍兴举办2020年莲都区文旅骨干素质提升班。

【数字莲都】 注册申报了莲都区文化馆（数字馆）在国家公共文化云的账号，组织开展“公共数字文化馆建设与服务规范”建设，已完成多媒体数字文化资源库基础建设（含60万文字、3000幅图片、200分钟音频、8000分钟视频）和数字文化馆平台升级。在疫情防控期间，通过数字文化馆线上平台开展“隔空无接触式培训”，线上开展了莲都区文化馆“勤耕四季”暑期少儿系列公益培训班，完成135集2020年莲都区文化馆“勤耕四季”暑期少儿系列微课堂录制，《少儿声乐》等六期在数字文化馆微信公众号同步推出，开展名人讲堂5次，在防疫时期充分发挥数字文化馆的作用。组织完成莲都区市级非遗代表性传承人王浣清莲都剪贴画传承教学课程的录制，完成非遗教学视频和课件的申报、上传等工作。2020年数字文化馆线上平台浏览量近100万次，春晚直播访问量近50万次，微信总访问量超11万次。莲都图书馆馆内数字化设施，实现自助办证、自助借还、自助查询、自助杀菌、自助阅读、自助朗读等。2020年，爱心书屋服务标准化试点项目顺利通过丽水市市场监督管理局组织的专家组验收并在全市11个通过验收项目中以验收总成绩最高分获得优秀项目。加入国家数字图书馆推广工程——“网络书香基层图书馆帮扶计划”，搭建了莲都区图书

2020年1月，“莲都有艺思·非遗踩街”大拜年活动（区文广旅体局提供）

馆数字图书馆服务平台，用户可以通过电脑端和手机端两种途径检索和阅读本平台的各类资源。手机移动图书馆为图书馆用户提供搜索和阅读数字信息资源，用户可自助查询和完成借阅。每年递增数字化资源，增强数字化服务，莲都区图书馆是丽水地区首个上架浙里办的图书馆。做到了即到即办，即“最多跑一次”，全市通借还，即“就近跑一次”，还书十二时辰，即“读者不跑空”，线上图书馆，即“一次都不跑”，智慧图书馆，即“智慧轻松跑”，推进城市书房建设，打造24小时便捷阅读空间。4月23日世界读书日，莲都区图书馆举办了网上直播以“爱心公益”为主题的“爱心传递 共享好书”倡议活动。举办2020年“快乐童心 悦读分享”庆“六一”活动暨莲都区图书馆爱心书屋公益捐书启动仪式。开展年度爱心书屋志愿者培训会。全年数字资源访问量达461990次，下载量达129968次。开展讲座、展览、培训、阅读推广等各类读者活动达327场，受益达6万余人次。

【文化活动】 乡村春晚走向全国。1月8日，2020全国乡村春晚集中展示活动启动仪式在莲都区古堰画乡举行。全国东南西北中9个省份最具区域特色的14支代表队到场，以“斗艺”和“吆喝”的形式集中展示全国乡村艺术普及成果。除了丽水主会场外，全国安徽省、四川省、广东省、河南省、内蒙古自治区、陕西省、黑龙江省、湖南省八省（区）同时启动，“云上乡村春晚”线上全国联动三大响应阵势。本次活动登上了央视《新闻联播》，把莲都的青山绿水、艺术文化展现给全国观众，让乡村春晚成为“文化惠民”的金钥匙，从“乐民”到“富民”，构建主客共享的乡村文旅融合新业态，有效提升全域旅游的竞争力。11月，莲都区的三位“村晚”领雁人在全国乡村“村晚”培训班讲“村晚”故事，分享组织举办“乡村春晚”成果案例。各类活动精彩纷呈。在各传统节日时，积极开展各类民俗活动，丰富群众文化生活，活跃了节日气氛。如春节联欢晚会活动、“温暖端午·关爱同行”关爱留守老人、残疾人活动暨“我们的节日”——端午节活动、重阳节敬老礼仪、三月三畲族歌会、处州白莲节、七夕节、丰收节、红色文化旅游节等系列品牌活动。受新冠肺炎疫情影响，在做好疫情防控工作的前提下，以品牌加旅游的形式开展了处州乱弹“状元蔡仲龙”会演、优秀团队展演、第八届处州白莲节演出、“情浓月亮湖 畲乡来相会”七夕活动、第二届红色文化旅游节、“金牛闹春 意起奋进”戏曲音乐会等大型活动。完成莲都撤市设区二十周年公共文化服务建设图片展、画册资料征集工作，成功举办2020年古堰画乡小镇艺术节开幕式、2020年“欢乐莲城”莲都区社区（乡村）文化艺术节开幕式等大型文化活动。举办2020莲都区群众舞蹈大赛、莲都区首届职工十佳歌手大赛、2020莲都区第二届少儿声乐大赛、2020莲都区第五届“丽水鼓词”专场演唱会等。助力2020年“莲都100”越野赛，组织开展民俗踩街和补给点位艺术雅集等系列文艺活动。

【文化下乡】 探索“乡村春晚”五个结对，文艺团队结对、企业结对、文化专业干部结对、乡贤结对、新闻媒体结对，举办2020莲都区乡村春晚启动仪式暨太平乡巨溪村特色春晚等32场乡村春晚。完善莲都区“送戏下乡”演出活动政府购买服务管理办法，打破以往送戏下乡模式，探索点单式送戏下乡模式，按需配置文化活动，将文化民生工程落到实处。举办“瓯江山水诗路”丽水莲都·温州鹿城油画联展、扫黄打非、防疫抗疫和“两会”精神等主题展览40次，征集莲都丽水等地方文献340余册。2020年，完成送书下乡12428册、送文化下乡443场。

（盛勇、周雅慧、张雪旭）

文艺精品创作

【以艺抗疫】 2020年疫情期间，发挥优势以艺抗疫，文化系统干部发挥才能，创作出《感谢有你》《一封请战书》《巡城》等47件文艺作品；区级项目“莲都泥塑”等非遗传承人创作以疫情防控为主题非遗优秀作品11

件，参加浙江省“安吉杯”疫情防控主题非遗优秀作品评选活动，3件作品被选入参加全省网络投票评选活动。开展高水平全面建成小康社会、庆祝建党100周年、“两山”理论提出15周年，撤市设区20周年等重大主题文艺精品创作。

【谋划精品】 围绕“三个地”和“文化品牌闪亮工程”谋划文艺精品创作，并向上级申报，包括城区站的非物质文化遗产代表作——彩色剪贴画《剪·影》，大港头站的舞台剧《渡娘》，老竹站的新编处州乱弹剧《状元蔡仲龙》，丽新乡的歌舞《山歌是根红丝线》，文化馆的处州乱弹小戏《阿旺村长》《丽阳梦》、小品《分鸡》、原创歌曲《畲家十大碗》《海角往事》《家有好风景》《母亲 你依然美丽》《时光之约》、省级非遗项目处州乱弹《飞来的猪》。启动以“农村党支部书记”为题材的现代婺剧“状元桥”创作工作。

【文艺比赛】 莲都区代表团在丽水市第十三届乡村艺术节中夺得视觉艺术类比赛三金三银三铜、村歌比赛一金一银，并获得团体总分第一名。莲都区共选送的7个原创音乐作品《畲家十大碗》《廊桥情歌》《一带一路》《母亲 你依然美丽》《海角往事》《家有好风景》《时光之约》全部入围丽水市第十五届原创歌曲大赛决赛，并获得创作奖两银五铜、表演奖一金一银五铜的成绩。莲都区文化馆连续第五次获得大赛组织奖。2020年，文艺作品共获省级奖项8个，市级奖项21个。

（周雅慧、张雪旭）

非物质文化遗产保护

【概　况】 莲都区现有国家级非遗项目1项，即《丽水鼓词》；省级非遗项目7项，分别为《陈十四信俗》《太平庙会》《丽水鼓词》《通济堰营造技艺》《丽水吹打》《处州乱弹》《翻龙泉》；市级非遗项目26项；区级非遗项目115项。省级非遗代表性传承人6人（3人已故），市级非遗代表性传承人31人，区级非遗代表性传承人81人。

【非遗保护传承】 莲都区非遗馆建设方案通过专家论证。完善莲都区非遗数据库建设，整理、填报莲都区“文化基因解码工程”26个非遗项目。2020年，完成省级非遗项目《通济堰营造技艺》项目评估材料的整理和撰写，并通过省文旅厅浙江省非遗保护发展指数评估。

【非遗宣传】 国遗鼓词常态化演出，在大港头鼓词场、丽阳门鼓词场、处州府城鼓词场举办鼓词演唱74场；举办“鼓风莲韵 非遗薪传”2020莲都区第五届“丽水鼓词”专场演唱会。开展优秀非遗项目“三进”活动，在碧湖魏村和碧湖保定村开展“莲都区优秀非遗项目——戏曲进乡村暨新时代文明实践活动”；“我们的节日”——中秋节、重阳节戏曲进礼堂、进敬老院活动；开展“戏曲进校园”活动，戏曲动漫进校园、木偶戏进校园展演。举办“传统戏曲永传承 春苗新韵展风姿”省级非遗项目处州乱弹传承基地演出。元旦期间，举办“处风莲韵”处州乱弹新年音乐会，“堰遇千年 画里跨年”2020年古堰画乡迎新年民俗文化活动，举办非遗展览3场。开展非遗传承、保护宣传工作，促进非遗融入旅游、融入生活，提高群众对莲都传统文化的知晓率。组织市、区级优秀非遗项目畲族彩带编织技艺、蓑衣编织技艺、莲都根雕、食品雕刻等分别走进东西岩景区、古堰画乡景区；组织莲都区非遗项目鱼跃食品酿造技艺、眉毛酥制作技艺、蓑衣制作技艺参加丽水市在庆元举办的2020丽水市“多彩非遗乡村行”夏季庆元、秋季云和（非遗夜市）活动；组织非遗项目鼓词、莲都剪贴画、仙渡芦埠村木偶戏和畲族彩带编织技艺参加2020年丽水·莲都“中国农民丰收节”活动；组织莲都剪贴画、木偶戏、竹编、鼓词、畲族服装制作技艺参加莲都区第三届“乡村能人”系列技艺展示。注重非遗传承人队伍建设，挖掘优秀民间传承人，抓培养重传承，推动非遗传播和发展。组织申报第三批区级传承人，成功申报26名第三批莲都区非物质文化遗产项目代表性传承人。莲都区非遗中心组织丽水鼓词敲打鼓点技艺培训，复排丽水鼓词《打赌叹》，培养丽水鼓词后继传承人。将优秀传统文化传播到校园，普及戏曲知识，增进学生对戏曲艺术的了解和体验，莲都区非遗中心开展2020年莲都区小学生中华优秀传统文化宣讲“戏曲动漫进校园”活动，走进刘英小学、水东小学、城西小学等6所学校。以动漫的形式，围绕戏曲的“唱念做打”，展开寓教于乐的互动体验，让学生们零距离感受传统戏曲的独特魅力，在潜移默化中接受传统戏曲的熏陶。

【非遗精品创作】 组织国遗项目“丽水鼓词”市级项目“畲族彩带编织技艺”“莲都剪贴画”“莲都根雕”，区级项目“莲都泥塑”等非遗传承人创作以疫情防控为主题非遗优秀作品，参加浙江省非物质文化遗产保护中心举办的“安吉杯”疫情防控主题非遗优秀作品评选活动，为“两战”贡献力量；组织莲都区荣华处州乱弹剧团复排处州乱弹正本《相府招亲》；提升丽水鼓词《打赌叹》，该节目还参加《春风又绿江南》连续剧拍摄；组织完成莲都区市级非遗代表性传承人王浣清莲都剪贴画传承教学课程的录制，并完成非遗教学视频和课件的申报、上传等工作。

（陈婧）

文物保护

【概　况】 2020年，莲都区加大文物保护工作力度，完善安全防范措施。开展文物保护单位保护维修项目5个，协助实施新屋村等历史文化保护利用村落项目6个，配合浙江省文物局举办全省文物保护实训班。开展浙西南革命文物调研。

【执法督察与安全保卫】 加强文物安全巡查，落实“三自主两公开一承诺”，定期维护智慧消防系统。开展省级文保单位消防提升工程，完成省保碧湖建筑群、西溪村乡土建筑共计21幢建筑的电气线路、消防改造现状勘察，编制消防提升工程设计方案并通过省文物局审批。完善文物安全机制，制定《莲都区文物安全突发事件应急预案》，推进文物安全分色分级管理，制作“一库一图一清单”，开展民居类文物建筑消防安全三年专项整治行动。开展文物普法宣传，在2020年度“全科网格员”业务培训会上开展《中华人民共和国文物保护法》宣传、消防安全巡查培训等。开展文化遗产日文物法律法规、消防安全宣传进乡镇活动，营造人人参与文物保护的氛围。

【不可移动文物的保护和管理】 2020年，开展文保单位修缮项目1个、项目前期4个，参与涉及文物保护单位保护范围和建设控制地带建设项目现场勘察、规划审查等50余次；编制通济堰保护维修设计方案。实施国保通济堰堰头村玉叶流芳民居及附属建筑修缮工程，启动堰头村景星庆瑞古民居、堰头村10号古民居保护修缮方案设计。配合古堰画乡管委会开展通济堰博物馆设计方案修改、文物影响评估编制等前期工作；完成省保西溪村乡土建筑一期验收，西溪村37号民居和139号民居修缮项目被列入国家资金补助项目库。省保碧湖建筑群沈宅、120号等8处民居维修项目已立项，完成碧湖建筑群18～19号、12号民居维修设计方案。对出现险情的省保梁村河桥采取紧急抢险加固措施，并制定维修设计方案。

【其他工作】 开展红色资源调研，谋划保护利用项目51个，其中浙江铁工厂等20个革命遗址列入浙西南革命文物保护利用工程计划书。配合开展古村落保护利用相关工作，省级重点村老竹镇新屋村7幢古民居修缮工程、雅溪镇岱后村红色岱后研学基地项目启动实施；省级一般村峰源乡赛坑村、老竹镇曳岭脚村历史文化村落保护利用项目完成验收。推荐申报堰头村、下南山村两处传统村落保护与活化利用优秀案例初选入围。配合开展古井普查工作，全面摸排23处古井保存现状及水质情况，并对三普名录中的古井资料进行复核。

（郑菁）

文化市场

【行政审批】 推进行政审批改

革，落实“最多跑一次”改革部署。推进浙江政务2.0系统的建设和应用、“证照分离”、“最多跑一次”变为跑零次等改革工作。全年共受理审批项目149件，其中行政许可131件，备案类18件。推行“互联网+”服务模式。所有审批事项全面接入浙江政务服务2.0系统，完成126个事项的办理流程、表单、材料、情形、法律依据等信息的梳理与确认，申请人可以通过浙江政务服务网和浙里办App全程在线办理，无须提交纸质材料，并且部分证照可以通过数据共享，不需要申请人提交，提升了服务的质量和速度。2020年，审批事项125项，跑零次率、网上办、掌上办均实现100%，即办率提升到了94.67%，承诺压缩比提升了98.24%。推进“证照分离”改革工作，实现“告知承诺”事项零的突破，优化审批服务，促进改革落地、改革提质、改革增效。按照应认领尽认领的原则，完成事项认领与信息维护；强化“好差评”闭环工作，做好群众和企业用户在提交办件申请时实时提交评价。在全区行政执法案卷评查中丽水保利大剧院管理有限公司申请举办其他营业性演出行政审批案卷被莲都区司法局评为优秀行政许可案卷。

【文化市场监管】 开展“双随机”监管模式抽查32次，其中联合公安、市场监管等部门开展随机抽查工作8次，随机抽取执法检查人员324人次，检查文化市场162家次；开展扫黑除恶、反恐、禁毒工作线索排查、市场巡查、宣传发动；强化互联网上网服务营业场所、歌舞娱乐场所、演出市场、电影市场的巡查；开展出版物印刷市场、网络文化市场、非法卫星电视接收设施、社会艺术考级监管、净化校园周边文化市场环境等专项整治行动；开展酒吧兼营演出场所、歌舞娱乐项目整治行动；开展扫黄打非“护苗”“净网”等五项行动，加强网络出版物信息核查，开展夜市无证游商销售非法出版物专项行动；做好疫情防控常态化工作；做好经常化创建卫生、文明城市巩固工作；打好安全保障组合拳，融合开展“文化和旅游市场安全日”活动。2020年，共出动巡查5468人次，检查5034家次，查处违规4家次；行政处罚立案调查4件，办结案件4件，警告2家次，罚没款23650元，没收违法物品957件。

（朱席佐）

旅游行业管理

【概　况】 2020年，莲都区共接待游客890.9万人次，实现旅游总收入99.74亿元。丽水中心智选假日酒店成功创建浙江省银树叶级绿色旅游饭店。

【安全生产】 落实安全责任，与各A级景区签订《安全生产工作目标责任书》，明确安全生产任务、工作要求，确保安全生产责任落实到人。做好安全生产宣传培训工作，结合全国安全生产月系列活动，组织全体干部职工、下属单位负责人以及A级景区、网吧、KTV等娱乐场所业主集中学习习近平总书记关于安全生产工作重要论述；通过开展安全警示教育、典型事故案例剖析，以及举办防火知识培训等形式，提高全体干部职工的安全防范意识，树立安全文化理念，做到工作与安全同步进行。加大检查力度。委托社会第三方对莲都区的A级景区安全风险评估，解决当前基层安全生产监管能力不足问题。组织开展旅游市场专项整治行动，按照双随机抽查的方式进行抽查，联合消防、应急管理局、公安、文化执法等部门开展综合检查和闭环式检查相结合，共出动47人次，检查A级旅游景区14家次，发现问题24项，要求立即整改234项，限期整改112项。

【市场管理】 推进综合监管和联合执法工作，引导和规范企业行为。重大节庆活动和节假日期间联合区公安分局、区市场监督管理局、区卫健局等部门开展文化和旅游市场专项整治工作。在各景区、星级饭店广泛宣传“文明餐桌”“公勺公筷”“光盘”行动，推广自助点餐计量收费，倡导不主动提供一次性消费用品，开展推进行业垃圾分类、文明旅游、制止餐饮浪费等工作。

（朱席佐）

旅游资源开发与产品建设

【概　况】 以"绿水青山就是金山银山"生态发展理念为引领,以旅游全域化发展为目标,推进郎奇白桥康养小镇项目等文旅重点项目,全年完成投资7.54亿元。推进大景区建设、发展民宿经济、积极发展乡村旅游,推进文旅、新闻广电等融合发展,支持"瓯江山水诗路"谋划创建工作。

【创建工作】 响应浙江省"百城千镇万村景区化" 建设行动计划,创成A级景区乡镇4个,其中AAAA级景区乡镇1个;创建提升AAA级景区村庄20个(提升3个),其中AAA级景区村庄1个。创建提升旅游厕所13座。成功创建金宿1家、银宿3家。完成创建浙江省工业旅游示范基地1家、丽水市中小学生研学实践教育基地7家。

【招商引资】 按照"一心、一廊、五区"("一心"指打造旅游集散中心,"一廊"指打造瓯江长廊,"五区"指打造东西南北中五个旅游区块)以及"瓯江山水诗路"的产业发展布局思路,谋划东西岩山地运动小镇、宣平溪东西岩健身步道等"十四五"重大文旅项目16个,计划投资超120亿元。推出一批旅游招商项目,重点推出九龙湿地周边、石牛温泉附近区块、古堰画乡区域的招商项目,重点跟踪瓯江影庐门户综合体、"九龙阁"摄影主题度假院落酒店以及下南山精品度假酒店项目。与伟光汇通旅游产业发展有限公司签订意向投资约50亿元的"绣联城文旅小镇(丽水·瓯江城)"项目。

【景区(度假区)改造提升】 推进古堰画乡小镇品质化提升。实施《古堰画乡业态扶持政策(试行)》,累计引进绘画工作室、文创商家、行画企业和艺术教育机构99家。古堰画乡景区完成《古堰画乡创建国家AAAAA级景区实施方案》等规划编制,委托中国美院团队编制《古堰画乡建筑景观改造设计》《古堰画乡城市色彩详细规划设计》。已完成《古堰画乡总体旅游规划》审批稿编制,提请规委会审核,高标准谋划景区未来发展,夯实项目基础。2020年,古堰画乡谋划实施包括古堰画乡夜游项目、古堰画乡通济堰展示馆项目、古堰画乡红枫林项目、古堰画乡艺术中心项目等在内的39个项目,其中在建项目8个,前期审批项目31个。

【项目建设】 郎奇—白桥康养旅游小镇项目已经完成投资13.5亿元,基本完成一号地块项目、二号地块文元学校主楼的主体工程,三号地块的配套幼儿园已经开工建设。石牛温泉项目,目前完成投资3.6亿元,一期石牛温泉酒店项目,已开始酒店室内、外装修工程;二期御泉湾项目主体工程基本完工。灵康杏福小镇一期三个地块423亩以2.51亿元成功挂牌并开工建设。

(李一豪　徐彬)

旅游宣传营销

【概　况】 2020年,围绕市场宣传营销全年计划,以"品牌宣传+游客引流"为工作思路,开展系列营销推广活动,提升"秀山丽水画乡莲都"旅游品牌形象。有序有效地完成了各项工作任务。

【营销宣传】 加大线上宣传力度。选择了浙江在线、丽水日报、丽水在线、FM93交通之声等省与地方电视广播台进行全年投放。通过直播、短视频大赛等云上宣传,各类直播、短视频观看量达2000万+人次,打响莲都旅游市场知名度,推广"秀山丽水 画乡莲都""莲都有艺思"品牌形象。线下实现旅游营销精准对接。先参加北京、上海、杭州旅游推介会等系列推介活动20余场,拓展长三角客源市场,深化莲都旅游品牌影响力。

【促进消费】 4月15日,莲都区发布了《莲都促进文旅产业消费八条措施》,开展为期两个月的"助农旅,促消费"活动。开展百家旅行社踩线、莲都旅游春季推介会、"致敬最美逆行者"系列活动、莲都高铁旅游专列等大小型活动50余场,为游客和文旅企业送上了"政策大礼包"和总价值上千万元的福利,带动旅游市场消费。

【百县千碗】 2020年5月28日,举办"诗画浙江百县千碗 · 寻找莲都的味道——莲都区'十大碗’专家评选活动”，选出年味猪头、稀卤螟脯、碧湖卤鸭、古堰小鲜、笋衣铺蛋、老姜走地鸡、山珍豆腐丸、莲都泡精肉、山泉黄牛腱、处州白莲盅十道菜。2020年12月15日，麻雀尚膳馆、庆春里餐厅、莲城宾馆3家餐厅入选浙江省第二批“诗画浙江·百县千碗”美食体验店。

【文旅消费试点城市】 7月8日，莲都区成功被浙江省文化和旅游厅列入省级文化和旅游消费试点城市。

（董永国 雷燕）

全域旅游

【建立机制】 完善区委书记和区长共同担任组长的“双组长”机制，统筹协调各单位资源力量，下设15个专项组，协力推进创建。认真对照研读上级主管部门相关办法要求和标准，牵头编制了《莲都国家全域旅游示范区创建工作方案》，准确把握工作时序，推进各专项组工作开展。完善了全区全域旅游创建工作网络，以周为单位编制全域旅游信息专刊，随时掌握全域旅游工作动态及项目进展情况。

【氛围营造】 以丽水市全国文明城市复评为契机，制定《2020莲都区全域旅游创建氛围营造点位安排方案》，创新宣传载体，增强全域旅游宣传的感染力和号召力。2020年7月，在高铁站全域旅游服务中心增设“带你玩丽水平台”，进行线上线下对客服务，提升游客体验。2020年11月3日，牵头召开莲都区旅游业发展大会暨国家AAAAA级旅游景区、国家级旅游度假区和国家全域旅游示范区创建会议。

（王僚）

体育产业

【概　况】 按照“快乐体育、民生体育、和谐体育”的理念，开展各项体育工作，重视体育产业发展，坚持以品牌建设推动产业高质量发展，体育产业主体不断扩大，体育产业发展逐步优化，体育赛事活动蓬勃发展，基础设施建设日渐完善。

【体育产业】 2020年莲都区拥有各类体育产业相关法人单位217家。其中，入库非企业类体育组织机构（协会、俱乐部等）66家；入库企业类体育组织机构151家；入库个体经营类体育组织机构278家。以市区优赞体育、浩享体育、盛体健身为主的健身休闲业、以老竹新屋红色营地、利山户外拓展基地等为主的运动休闲服务业，以健一文体、浩博文体为主的竞技表演业的体育产业体系具有良好的发展势头。

【体育赛事】 推动文化体育产业融合发展，连续多年举办省级以上赛事，加强与其他地区的交流，宣传推介了画乡莲都，办赛经验和经济收入获得了双重提升，成为莲都对外宣传金名片。举办中国（浙江）自行车骑游赛、“莲都100”越野赛等高等级赛事，其中连续举办三年的“莲都100”越野赛，已逐渐成为丽水本土的品牌赛事。

【基础设施】 按照省级民生实事建设需求，对全区的乡镇街道进行踩点，10月底完成11个小康提升村、1个拆装式游泳池、3个多功能运动场和6个百姓健身房的项目建设并验收，人均体育场地面积2.31平方米，增幅达到2%以上。根据体育常态普查系统显示，2020年体育场地共计1957个，较上年新增46个，并将辖区公共体育场地设施100%纳入省全民健身公共服务信息平台。

（邱海波）

群众体育

【概　况】 2020年，常态化组织形式多样的线上线下群众体育活动，丰富群众的健身体验，营造良好的全民健身氛围。完成国民体质监测，引导群众科学健身，提升科学健身指导水平，重新设计和改造体育指导员协会的组织架构，为群众体育工作夯实工作基础。

【全民健身】 因疫情原因，探索线上健身授课模式，联系各个体育协会，鼓励做好线上健身指导工作，开设瑜伽、健身健美、跆拳道等线上健身指导培训课程，通过微信群、公众号等媒介，宣传居家健身的重要性，推广居家科学健身方法，普及科学健身知识，倡导疫情防控时期的健康生活方式，让健身理念深入人心，让体育锻炼成为习惯。组织形式多样群众体育活动，举办2020东西岩“凤凰秘境”新年体育嘉年华、2020元旦象棋赛、莲都区宣传系统气排球邀请赛、中国(浙江)自行车骑游赛、畲乡农民运动会暨2020老竹丽新文化礼堂村拔河比赛等赛事45场，营造良好的全民健身氛围，推动全民健身。

【体育指导】 完成2450人的国民体质监测工作任务，完善充实全区国民体质监测系统和数据库，了解掌握全区国民体质现状和变化规律，为全民健身计划的实施提供科学依据，为经济建设和社会发展服务。普及全民科学健身知识，为每个受测对象讲解、分析检测报告，并提供科学合理的锻炼建议，引导受测人员进行科学健身，提升科学健身指导水平。重新设计和改造体育指导员协会的组织架构，以协会党建和创3A为抓手，加强体育行业协会的管理和引导；规范指导员队伍的培训和管理，完成社会体育指导员培训106人，为群众体育工作夯实工作基础。

（邱海波）

广播电视

【广电基础设施网络建设】 完成广电中心机房和14个乡镇机房网络、播出设备的升级优化工作；完成10个新建小区(村)的接入网建设，覆盖用户4590户；完成13个小区(村)网络改造，网改用户4489户，新建城域网光缆干线79公里。

【广电安全播出】 调整莲都区广电安全播出协调领导小组和相关专项工作领导小组，完善广电安全生产和安全播出工作措施，修订《丽水市莲都区文化和广电旅游体育局广电安全播出和网络安全应急预案》。召开广电安全播出工作部署会，与下属涉及安全播出的各单位签订《安全生产责任状》。明确广电安全播出隐患排查重点，对区、乡、村三级广电设施进行全面检查，针对安全隐患迅速组织整改，保障广电安全播出。疫情防控期间，全区818只农村应急广播通响率保持在99.5%以上，在疫情动员、防控、宣传上发挥重大作用。开展非法“卫星锅”专项整治工作。联合各相关单位部门开展非法卫星地面接收设施生产、销售、安装及使用环节的集中整治工作。发出整改通知书198份，通过广播、电视、墙报、公告等宣传相关政策法规390次。联合相关部门执法21次，出动执法人员85人次，对辖区内街道社区、企事业单位、宾馆饭店、家电市场、电器销售门店等共组织检查32次，查处非法生产销售网点8家，立案4起，拆除非法卫星接收设施230座，打击了非法销售、安装和使用卫星电视地面接收设施的行为，规范了莲都区境外卫星电视节目传播秩序。完成各重大节假日和重要保障期的广电安全播出保障等工作，确保广电网络正常、平稳地运行。

【广电业务培训和应急演练】 召开联城街道和莲都区村网格员应急广播设备操作、设施保护和安全防范知识培训会和广电安全播出及安全生产培训会，让全区基层广电员和网格员了解莲都区农村应急广播体系建设情况、广电设施保护条例及村级广播室的安全防范知识，学习村级应急广播播控器设备操作等知识。开展模拟广电机房市电停电应急演练、广电市干网光缆中断抢修联合演练、应急广播防非法插播应急演练，检验了广电工作机制及流程的完备性，预案的可操作性；提高了各部门、各安播工作组及相关人员对安播应急工作业务知识掌握程度和技能熟练程度；提升了安全播出应急小组的协同作战能力。

【广电惠民工程】 继续做好“广电低保”惠民工程，农村低保户有线电视或直播卫星电视免费收视覆盖率达95%以上，免费服务低保用户3354户；建立广电低保工程动态管理数据库，每月及时更新，确保信息数据的准确性。

（叶武　杨骏）

文联工作

【概　况】 2020年，莲都文联有11个直属文艺家协会，共616名会员。莲都区文联以文联改革为契机，探索以“文联担当”实现“莲都作为”，打开文联工作新局面，推进文联各项工作稳步发展。全区文学爱好者在各级刊物上刊登近千篇作品。叶丽隽、郁颜作品获省作协创作成果奖；纪录类作品《小铅笔　大梦想》获第27届全国摄影艺术展览评委会推荐奖；《坐看云起时》《童趣》入选2018绿水青山千年遂昌首届全国摄影大赛；《义乌直播村》入选27届国展、2019浙江纪实大展、2019瓯江行丽水摄影大展、中国摄影家协会举办的“中国人家”摄影展，获2019年丽水摄影节专家推荐摄影师奖；情景剧《听爷爷讲那过去的故事》获市弘扬践行“浙西南革命精神”征文大赛金奖。舞蹈“畲·竹·情”参加浙江省首届少数民族舞蹈比赛获优秀作品奖；二度创作《幸福田园》，参加全省农村文化礼堂优秀节目展演；歌曲《风情东西岩》参加全省旅游歌曲创作演唱大赛获得铜奖；胡灵鸯、蔡倩霞参加“百城联动歌唱祖国”浙江省庆祝中华人民共和国成立70周年群众声乐大赛丽水赛区选拔赛获青年民族组金奖。

【庆祝中华人民共和国成立七十周年、弘扬践行浙西南革命精神主题系列活动】 2020年3月，区文联联合区文广旅体局开展弘扬践行浙西南革命精神文艺采风活动。组织百余位艺术家，利用3天时间深入6个革命根据地体验、挖掘、整理浙西南革命精神。采风活动后各文艺家协会精品创作，在市文联举办的各类大赛中多人次获奖。区作协1人获金奖，1人获银奖，7人获优秀奖；区美协2人获奖，15件作品入展丽水市浙西南革命精神视觉艺术展；区摄协3人获奖，15幅（组）作品入展丽水市浙西南革命精神视觉艺术展；区音协2首作品获表演金奖、创作银奖；区戏协3件作品获创作银奖、表演银奖和表演铜奖。各协会围绕弘扬践行浙西南革命精神，开展音乐、书法、朗诵快闪、作品分享会、作品加工会等主题活动共计百余场（次），多角度、多方位，运用不同的艺术门类诠释了“浙西南革命精神”。5—6月，区文联举办了弘扬践行浙西南革命精神作品加工会及文艺骨干培训会，邀请市委宣传部为协会骨干进行了专题辅导。6—8月，举办了莲都区浙西南革命精神文学创作大赛，评出若干名获奖作品。10—11月，举办了庆祝新中国成立七十周年暨弘扬践行浙西南革命精神主题艺术展。精选百余幅优秀视觉艺术作品，在莲都区文化馆、莲都区会议中心、古堰画乡进行展出。集中所有获奖作品及展出作品编印《莲都区弘扬践行浙西南革命精神专刊》，展示了全区弘扬践行浙西南革命精神文艺创作成果，受到了区领导及文艺界艺术家的肯定。

【文联改革】 莲都区文联根据中央部署，推进落实文联改革工作。到11个文艺家协会传达上级文联改革精神，听取各界文艺代表关于文联改革的意见。走访兄弟县市区文联，学习经验和做法。结合莲都区实际，制定《莲都区文联深化改革实施方案（初稿）》，向区委、区政府领导、市文联做了汇报，并对方案进行修改。征求了区委办、区府办、区委组织部、区委宣传部、区财政局、区编办等部门的意见，形成《莲都区文联深化改革实施方案（审议稿）》。依据省委宣传部、省文联印发的《关于加强全省基层文联组织建设的意见》，完善修改了《莲都区文联深化改革实施方案》。2020年1月22日，制定出台《丽水市莲都区文联深化改革实施方案》（莲委办发〔2020〕2号）。

【文艺精品创作】 抓好《莲都文艺》改版工作。《莲都文艺》是经省里批准公开发行的刊物，是莲都区宣传莲都的有效平台。针对以往纯文学作品过多的问题，从办刊宗旨、栏目设置、艺术表现形式等方面进行了较大幅度的改版，设置了特别策划、红色莲都、美丽乡村、莲城往事等栏目，综合刊发了文学、书法、美术、摄影、戏曲等类别作品。改版后的《莲都文艺》达到了“领导满意、艺术家满意、群众满意”的效果，已编印刊发两期。精心编印《古堰画乡故事会》和《古堰画乡连环画》。组织区作协、区美协、区民协知名艺术家深入古堰画乡，挖掘古堰画乡的历史文化积淀，创作出42个古堰画乡的故事，分为“古堰流芳”“画乡溯源”“红色传奇”“古镇遗风”“风物传说”5个部分，系统整理了古堰画乡的历史人文故事。以通俗易懂、喜闻乐见的连环画形式，诠释了通济堰1500年筑堰修堰历史，创作成果得到了区领导的肯定。推进文艺精品创作。联合农业农村局举办了“美丽乡村”文学创作大赛；联合区供电局举办纪念“莲都有电100周年”征文比赛；在十四届浙江省美术作品展览上，莲都画家获铜奖1件，优秀奖1件，入选参评全国油画展区2件；举办了《燕子往北飞》作品分享会，发挥文艺作品感召力，展示莲都信访工作的手段和成效，受到了区领导的好评。

【“莲都文艺家之家”建设】 借文联改革的契机，在区委、区政府及各相关部门的支持下，区文联争取到总面积475平方米的办公场所建设莲都区“文艺家之家”，根据场地与功能性要求，设有文化会客厅、文学艺术馆、文艺家沙龙、书法创作室、培训室、音舞室和协会活动室。

（赵洁宇）

东西岩风景区

【概　况】 2020年度，东西岩管理中心抓好抗击疫情、复工复产，并结合景区自身特点和发展实际，谋划新项目、推出新活动，提升景区吸引力、影响力。

【市场营销】 2020年，组织编写东西岩文史图书《风情东西岩》，将畲族风情、丹霞地貌、红色文化等资源融合，使东西岩具有更鲜明的旅游文化品牌形象。在研学旅行热潮下，将沙溪村、老竹村、周坦村、黄村夫人山等村级旅游资源与景区串联，研发了以丹霞文化、畲族风情、红色文化、植物认知等为主题的特色研学课程，组织开展6个主题共13期的“智游”东西岩研学实践活动，招募1500多名学生参与研学游，涵盖丽水市35所学校，为丽水首个具有系统性主题课程的研学旅游活动，得到了教育界、旅游界以及社会大众的关注与认可，打响了东西岩研学品牌。2020年共收到国家商标总局下发的27个大类目“东西岩”文字商标证和26个大类目的“东西岩”图文商标证，保障了东西岩旅游商标持续健康发展，杜绝了因商标知识产权问题给旅游景区造成经济损失和名誉损害。

【文化活动】 举办百家旅行社莲都踩线、莲都春季旅游推荐会、“春华秋实”文化创意展、“凤凰秘境”新年登山、“五一”黄金周、“智游”东西岩研学实践、“十一”黄金周等营销活动14场。“春华秋实”文化创意展活动将旅游文化资源与艺术产业进行融合，聚集了丽水学院的优秀资源，挖掘了原创力量，提升了东西岩本土文创产品的知名度。“凤凰秘境”新年登山活动，吸引1000名健步登高爱好者参与，体育与文化、旅游的融合发展，为实现文体旅行业资源聚合、互惠互利起到了推动作用。“十一”黄金周举行“亲子游东西·丹霞寻胜境·畲汉一家亲·共享畲乡情”主题活动，游客总量同比增长61.57%，朋友圈广告的曝光量创新高，阅读人数达50万，浙江新闻网、今日头条、丽水日报等省内外主流媒体也关注和报道了东西岩景区双节活动，提升了景区的吸引力。

【规划建设】 启动《东西岩景区（含丽新、老竹片区）旅游发展策划》编制，整合东西岩、老竹镇、丽新乡旅游资源，为培育旅游新业态推动农旅融合发展打下基础。

【资源保护】 启动东西岩风景区危岩治理系统工程，完成《丽水市南明山——东西岩风景名胜区（东西岩景区）地质灾害调查报告》，为景区日常地质巡察指明方向，降低了危险发生的概率。东西岩景区成为全省唯一一个完成自然保护地地质隐患调查的景区。

（叶丹妮）

瓯江风情旅游度假区（古堰画乡）

【概　况】 2020年度，古堰画乡获“长三角最佳文旅融合小镇”称号、年度美丽乡村品牌奖和年度最佳乡村目的地振兴示范区，成功入选首批未来景区创建试点、首批省级职工疗休养基地。浙江丽水瓯江风情旅游度假区管理中心荣获省五一劳动奖状。全年共接待游客78.58万人次（在全市A级景区排名第一）；营业收入834.78万元。2020年，古堰画乡从建立机制、山海协作、项目建设、丰富业态、市场营销等方面全线发力，聚焦发力，主动作为，推动国家级旅游度假区创建工作。

【规划建设】 2020年，度假区累计完工项目7个，在建项目15个，前期审批项目27个，全年完成投资2.3亿元。10月28日中标单位进驻度假区开始进行规划修编工作。推进项目前期建设进度，古堰画乡夜游、S328省道水阁沙溪至大港头通景道路景观提升工程等13个项目开工；古堰画乡艺术中心（总投资1.36亿元）已完成设计采购施工（EPC）总承包招投标、土地评估和地质勘察，江滨休闲街区地块国有土地使用权成功挂牌出让，S328省道水阁沙溪村至大港头通景道路景观提升项目通过验收投入使用。

【招商引资】 出台“画家个体在古堰画乡景区写生补贴”政策，累计引进艺术企业122家，国家级美协会员骆献跃、蔡志蔚，省级美协会员陶华峰、马小雁等艺术家工作室完成装修对外开放。2020年，共新招引开元曼居古堰画乡度假酒店、翎芳魔境、猫的天空之城书店等33家，网易公司的网易严选、云音乐、游戏，以及星野集团的嘉助酒店等合作项目均在深度洽谈中。古堰文化旅游产业园项目（江滨休闲街区）地块开工建设，古堰画乡教育研学旅行营地项目签订意向协议，与奥特莱斯集团达成项目合作意向。

【市场营销】 开通度假区微信公众号。启动省内外各大市场常态化走访工作，重新建立省内外渠道销售网络，重新打通上海、福建、苏州、无锡、常州、杭州、温州、台州、金华、衢州、宁波等地的销售渠道，与缙云仙都、云和梯田、遂昌金矿等丽水核心景区联动，在相应市场开展政策合作，抱团取暖。组建5人网格化市场营销队伍，覆盖江浙沪及江西、安徽、福建等市场。引进丽水市内首个省外高铁专列和江苏首个高铁专列。

【文化活动】 8月28日至8月30日，举办第二届丽水巴比松国际研讨会和第五届小镇艺术节，活动期间景区周边民宿住宿率接近100%，微博话题阅读量累计超过6000万人次。国庆、中秋“双节”期间组织策划了国风主题星空朗读及国风（古风）主题音乐会等主题活动，接待游客7.7万人次，排在全市所有景区第一位。元旦期间，推出古风跨年诗会、假面派对、千年古宴、汉服新品发布会等“国风”大型跨年活动，接待游客16802人次，同比增加15760人，幅1512.48%；营业收入70845元，同比增加33115元，幅87.77%。

【行业管理】 2020年，做好景区安全巡查工作，组织人员加强商铺规范经营巡查，开展常态化创建整治和行业监管，做好日常巡查整治工作及疫情防控宣传工作，确保景区旅游市场秩序的安全、稳定、有序，全年未发生重大旅游安全事故。

【景区微改造】 围绕打造成为全省景区微改造试点的工作目标，编制完成《莲都区旅游“微改造·精提升”五年行动方案》《古堰画乡“微改造”实施方案》和《“微改造”问题手册》，以“绣花功夫”“工匠精神”“文化铸魂”“人本主义”为核心理念，重点改造门户形象区块、古堰精华等八大区块，形成涉及74个项目，总投资1.35亿元的“微改造”工程，梳理出路面破损修复、环境综合整治、管线美化、立面改造、标示标牌改造、店招店牌改造等16个方面1000余项问题并着手整改。

（李鹏飞）

财政·税务·金融

财　政

【概　况】 2020年，莲都区实现财政总收入30.35亿元，增长8.0%。其中：一般公共预算收入17.96亿元，增长4.3%；一般公共预算收入中，税收收入14.62亿元，增长11.0%。实现一般公共预算支出54.70亿元，增长6.0%。全年财政收支基本平衡。

【组织财政收入】 配合税务部门加强税收征管，开展税源分析和监控，依法应收尽收。一般公共预算收入占财政总收入的59.2%，税收收入占一般公共预算收入的81.4%。加强非税收入征管，全年组织非税收入15.67亿元，增长55.0%，其中纳入一般公共预算管理的非税收入3.34亿元，增长-17.6%。全年盘活存量资金2.71亿元，争取新增债券资金10.1亿元。

【经济发展】 落实各项清费减负政策，全年减免各类税费约1.46亿元（区本级）。推进“亩均论英雄”改革，以“亩均效益”相关指标为评定标准，兑现各类企业奖补1.388亿元，促进实体经济发展。争取到地方政府债券资金10.1亿元、“两直”资金3.7亿元、省2020—2022年区域协调财政专项激励资金4.5亿元等。碧湖全域土地综合整治和生态修复工程被列入自然资源部试点名单。开展全区行政事业单位闲置及经营性资产清查处置“百日行动”工作，按照“核销一批、留用一批、移交一批、出让一批”的处置思路，完成462处资产处置工作，处置率达98.5%。

【民生重点支出】 全年民生类支出44.16亿元，增长4.3%，占一般公共预算支出的80.7%。安排教育支出7.72亿元，增长6.0%，用于支持教育质量考核、购买教育教学装备、普惠性民办幼儿园扶持资金、扶困助学等，其中投入教育质量考核奖790万元、教育教学装备经费1119万元、民办学校和幼儿园扶持资金1600万元。安排医疗卫生与计划生育支出7.22亿元，增长10.1%，城乡居民基本医保财政补助标准提高至年人均1130元，城乡居民基本公共卫生服务财政补助标准提高至年人均65元。安排社会保障和就业支出8.93亿元，增长10.5%，全区城乡居民基本养老保险基础养老金标准提高至月人均165元。足额保障医疗防控物资供应、医疗设备采购、公立医院基础设施建设等防疫支出，安排疫情防控预算7000万元。

【财政改革】 深化“最多跑一次”改革，开展“上门服务至少一次”活动。2020年，累计服务部门次数90次，服务二级单位次数20次，服务企业次数20次，服务626人次。总共收集问题建议55件，落实解决55件。开展会计代理记账，全区共88家单位与代理记账公司签订协议。在丽水市率先试行“公物仓”制度，探索资产共享共用机制。运用“资产云”管理平台，对公物仓出入库情况进行实时监控。全年调入公物仓资产152件，调出公物仓资产48件。持续推进减税降费政策，优化惠企利民政策落实工作机制，实现减税降费3.87亿元。集中财力办大事，保障农村饮用水达标提标工程、碧湖全域综合整治等重点支出需求。

【债务风险】 加强对政府债务的偿债能力分析,定期测算变动情况,关注中长期债务风险,跟踪风险化解进度,规范使用新增政府债务,稳妥化解存量债务,坚决遏制新增隐性债务。切实防控政府债务风险。完成全年隐性债务化解任务2.5亿元。

【法治建设】 部署和落实财政监督管理和行政执法平台"双随机"执法检查,"双随机"抽查对象涉及单位40个,抽查项目3项,检查涉及的单位项目为79项,其中莲都区国资登记事项检查涉及16项,财政票据随机检查涉及61项,代理记账机构检查涉及2项。

【财政监管】 压减一般性支出,严控"三公"经费支出,全年"三公"经费支出1382万元,下降6.3%。构建债务预警机制,运用综合债务率、一般债务率、偿债率等指标动态监测债务风险,健全债务风险应急处置机制。强化财政投资评审管理手段,全年累计办理政府投资项目预结算相关业务532件,累计造价1.93亿元。其中直接评审203件,累计送审造价1.71亿元,审定造价1.55亿元,净审减1.62亿元,净审减率9.44%;备案业务329件,累计备案金额2.14亿元。

【队伍建设】 开展廉政党课和党员廉政知识测试,印发《警钟》,举办"走前列,当标兵,为建设重要窗口添'财'助力"业务知识竞赛,以赛促学,以学促用。组织全体干部赴三岩寺重走红军路,弘扬浙西南革命精神。赴丽水市法纪教育基地——市委党校、丽水市爱国主义教育基地——丽水市鱼跃酿造食品有限公司开展学习教育活动,增强全体干部的廉洁意识、规矩意识。组织签订家庭助廉承诺书等文化创建活动。组织全区行政事业单位会计专业技术人员共250余人参加会计业务培训,学习财务风险、政府采购、预算法及实施条例等专业理论。

（吕串）

国家税务和地方税务

【概　况】 2020年,莲都区税务局落实习近平总书记对税收工作的重要指示批示精神,贯彻各项决策部署,落实"四力"要求,推进迭代升级"六大工程",服务"六稳""六保"大局、"重要窗口"建设,实现服务改革发展和税收主业"双赢"。在丽水市税务系统组织的绩效考评和莲都区工作责任制考评中,分别连续两年获评"第1段"和"综合优胜"单位。2020年,财政总收入93.85亿元,增长7.7%。一般公共预算收入56.43亿元,增长3.3%。莲都区一般公共预算税收收入14.62亿元,增长11%,一般公共预算支出137.17亿元,增长7.0%。

【党政领导和部门支持税务工作】 莲都区委、区政府高度重视税收工作,2020年共批示表扬税收工作8次。对莲都区税务局推出的"云办税·智慧大厅"项目给予充分肯定,该项目成效被写入区委工作报告和"两会"政府工作报告。

【支持疫情防控和经济社会发展】 2020年,莲都区税务局成立疫情防控领导小组,配合莲都区政府制定助力疫情防控和复工复产的实施意见。组织党员干部投身志愿工作,多名干部受疫情防控指挥部和所在社区表扬。增设便民办税服务点,提供发票领购等简事快办服务,减少大厅流量。通过发票配送和数据处理中心向丽水市配送1.78万户发票182万份,缓解各县(市)大厅疫情防控压力。贯彻落实国务院新增财政资金"直达市县基层、直接惠企利民"要求,完成小微企业纾困专班下发的1.02万户小微企业,3.71万户个体工商户名单筛选、匹配工作。

【税收收入情况】 2020年,莲都区税务局组织税收收入27.88亿元。其中,办理出口退税9349万元,减少4178万元,比上年下降30.89%。

图1　莲都区税收收入情况图

（2016—2020年）

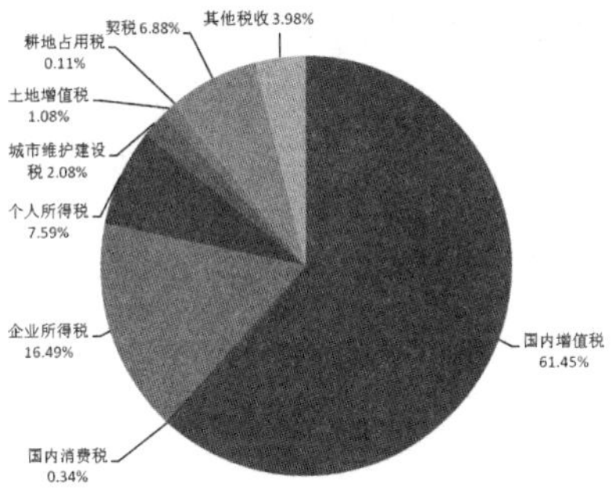

图2　莲都区税务局税收收入分税种结构图(2020年)

【社会保险费和非税收入】 2020年,莲都区税务局社会保险费入库10.65亿元(含职业年金),其中养老保险费入库4.93亿元,医疗保险费入库3.75亿元。非税收入入库8595万元,其中教育费附加入库4229万元,地方教育附加入库2819万元,残疾人就业保障金入库1476万元。

【税务法治】 2020年,莲都区税务局成立全面推行“三项制度”(行政执法公示制度、执法全过程记录制度、重大执法决定法制审核制度)工作专班,分解责任清单,制定并公开莲都区税务局及下设的三个税务所的权责事项清单,保证纳税人合法权益。配备执法记录仪10台,建成约谈室。完善重大执法决定法制审核制度,组建法律顾问队伍。坚持“首违不罚”,推行说理式执法、互动式执法。参与扫黑除恶专项斗争,发挥税务部门“打财断血”的作用。

【税费政策落实】 2020年,莲都区税务局落实“五减”(减税、减费、减租、减息、减支)和降本减负税收优惠政策;阶段性减免企业社保费4922户,共计2.60亿元;办理社会保险费缓缴615.08万元;办理增值税增量留抵退税5714.06万元。2020年,共计退税543批次,出口退税金额1.51亿元。落实疫情相关优惠政策6000余万元。

【税种管理】 2020年,莲都区税务局完成个人所得税综合所得首次年度汇算工作,咨询按时回复率100%,实际办理完成率123.10%,申报退税1.1万人,退税金额432万元。通过后续审核工作补缴企业所得税153万元;完成以往年度汇算多缴退税545万元。规范企业所得税核定征收,499户企业重新认定为查账征收方式。清理入库2019年度未入库耕地占用税1069万元,实现往年遗留耕地占用税100%清理入库。做好资源税法实施工作。强化土地增值税清算审核,完成1个项目的清算审核。

【办税缴费服务】 2020年,莲都区税务局创新推出“提升网办率16条措施”,开通线上预约办税服务,实现14个大类199个小类“最多跑一次”涉税事项“非接触式”办理。网上综合办税率达99.2%。依托浙江税务征纳沟通平台打造“云办税”模块,打造“云办税·智慧大厅”,在税务业务办理场景使用“e签宝”电子签章平台,开通线上“云坐席”视频交互连线辅导,办税时间压缩80%。创新使用税务电子签章,由税务机关主动发起的行政处罚等涉税事项首次实现无纸化推送。梳理出7个大类25个小类非即办事项,删减流转环节,优化岗责设置,由原来需要20个、10个、7个工作日完成的事项压缩至即办或3个工作日内办结。开展“便民办税春风行动”,加强纳税服务“好差评”管理,推广“智能一网通”平台,实现企业全生命周期“一件事”涉税事项半小时办结。开展纳税信用评级,2020年共评价各类纳税人6.3万户,比2019年增加1.03万户,B级以上纳税人占比32.4%,企业整体纳税信用状况持续向好。

【征收管理】 2020年,莲都区税务局全面开展数据清理,清理数据质量平台、复工复产、总局决策一包数据4.7万条,并开展跨部门数据比对。完成“三代”手续费系统上线工作,街道房产税代征点作为首批使用社会共治平台。完善零散税源委托代征管理,规范个人出租房屋代征代缴工作。完成四项非税收入征管职责划转准备工作。编制缴费人版“非接触式”社会保险费业务操作指引,通过丽水市税务局微信公众号、浙江税务征纳沟通平台推送给缴费人,并为浙江省税务局提供素材。会同莲都农商银行实现自然人社保卡缴费协议自动签约功能,农商行单日办卡签约率达100%,实现“非接触式”办理,清除漏签隐患,简化社保费批扣缴费的前置流程。

【电子税务】 莲都区税务局制定电子发票推行方案，外包发票自助服务，依托自助办税服务点，进行首次开票“一对一”辅导工作，在提高开票率的同时，推广电子发票应用。2020年，通用电子发票开具32.42万份，电子发票开票量占通用发票开票量72.03%。电子普通发票开具78.05万份，占普通发票的76.21%。全面夯实增值税电子专用发票推行工作的基础。

【税收经济分析】 2020年，莲都区税务局成立税收分析专班，及时从税收角度分析区域经济发展的影响因素，利用第三方交互信息，提高税收预测的前瞻性和准确性，对接地方政府协调收入预期，定期向地方党委政府报送税收分析专报。

【大数据和风险管理】 2020年，莲都区税务局加强内控建设，划分16个网格，涉及210个岗位、1353个风险点，形成“先系统外核查，后平台内走流程”的基本机制。开展风险应对，受理45批次287条风险任务。按照浙江省税务局、丽水市税务局要求开展两轮自查自纠，做好风险防范工作。

【党建工作】 2020年，莲都区税务局坚持把习近平新时代中国特色社会主义思想作为政治理论学习的“第一主题”，把“四个意识”“四个自信”“两个维护”落实到上级各项重大决策部署上。专题研究部署全面从严治党工作要点和“两个清单”。强化意识形态建设，专题学习意识形态安全，定期分析研判意识形态领域情况，及时掌握干部思想动态。完成主题教育“回头看”38条整改任务，整治整改率达100%。成立青年理论学习小组“青蓝学社”，帮助青年干部将个人理想融入时代主题。推进“支部建在股室”，重新建立9个在职党支部，制定支部考核办法。打造模范机关品牌“蓝天莲心”，挖掘莲都税务特色元素，构建“党建领航 红色铸魂”“莲税青锋 砥砺奋进”“青蓝学社 知行合一”“莲心服务 聚焦发展”“小荷志愿 文明共建”五个平台，锤炼“善学、实干、清廉、高效”的党员干部队伍。

【纪检监察】 2020年，莲都区税务局推进全面从严治党工作任务落细落地，始终将作风建设摆在突出位置，持续深化违规收送礼品礼金、私车公养问题专项整治工作，做到自查承诺全员覆盖，推出“廉洁监督名片”，拓展监督渠道。紧盯节庆假日等重要时间节点，发送节假日提醒660人次，开展正风肃纪专项行动、“烟票”背后“四风”问题专项整治，确保中央八项规定精神落到实处。综合运用监督执纪“四种形态”，开展廉政谈话130人次，出具党风廉政意见回复99人次，学习警示教育案例11期共34起，廉政档案建档100人，向莲都区纪委监委汇报工作2次。

【助力脱贫攻坚】 2020年，莲都区税务局开展“党建+”对口帮扶工作，成立扶贫专班，38名干部主动结对帮扶。对4个村38户低收入农户进行帮扶，购买和帮助推销扶贫产品20万元。

【政务管理】 2020年，莲都区税务局落实24小时值班制，实时关注信访隐患动态和风险点，及时办结信访案件。定期开展保密培训，提升干部保密意识。利用自主开发的精细化任务管理平台，精准掌控莲都区税务局29项重点工作、20项亮点工作和41项绩效指标相关工作开展进度及完成情况，提高督查督办效率。

【绩效管理】 2020年，莲都区税务局推进绩效管理和数字人事深度融合，探索建立符合实际的组织绩效与个人绩效合理挂钩机制，增强绩效管理指挥棒作用。推进地方党政考核与组织绩效的有效结合，建立激励机制，实现两项考核同频共振，相互促进。

【人事管理】 2020年，莲都区税务局推进职务与职级并行工作，领导班子成员与重点对象谈心谈话共计34人次，全员谈心谈话160人次，完成首轮职级晋升29人。加强干部队伍管理，做好人员调入、录用、退休工作，民主择优选拔副股级干部5人，正股级干部2人，19名干部进行内部交流，充实中层力量，建立中层干部退出机制。

【财务管理】 2020年，莲都区税务局建立健全财务监督管理办法，完善监督管理体制，增强经费预算和执行的精准度，提高日常经费报销的效率，完善固定资产管理工作及对党团工青妇经费管理等事项进行明确，有序推进预算执行工作。

【教育培训】 2020年，莲都区税务局共开展18次培训，全体干部合计培训1330人次。建立“双导师”制度，为新入职人员同时配备行政导师与业务导师。组织干部参加“岗位大练兵、业务大比武”，1名干部获得浙江省税务局进出口税收比武岗位基础级第七名。

（李鹏来）

金　融

【概　况】 2021年，市区范围内有银行金融机构19家，其中大型商业银行6家（分别为工行、农行、中行、建行、交通、邮储），地方法人银行2家(农商行和村镇行)，股份制商业银行4家（中信、浦发、浙商、华夏），城市商业银行7家(分别为泰隆、稠州、温州、杭州、民泰、台州、宁波银行）。小额贷款公司2家，分别为浙兴小额贷款公司和万兴小额贷款公司；担保公司3家，其中政策性融资担保公司1家；保险机构2家，分别为中国人保财险丽水市莲都支公司和中国人寿丽水分公司。村级担保互助组织9家。

【融资畅通工程】 2020年，全区金融业增加值45.77亿元，同比增长16.5%，拉动GDP增长1.6个百分点。2020年末，全区金融机构本外币存贷款余额2397.48亿元，同比增长28.1%，总量和增速实现全市双第一。莲都区保费收入24.76亿元，同比增长12.46%，增幅高出全市5.05个百分点，排名全市第一。2020年末，制造业贷款余额97.92亿元，较年初增加20.22亿元，同比增长26.02%，增速高出全市平均值4.9个百分点。普惠型小微企业贷款余额255.02亿元，企事业中长期贷款余额401.87亿元，同比增长22.56%。出台金融支持地方经济发展考核奖励办法，建立金融助力实体经济“一班一员一单”工作机制。发挥“金融顾问”先锋作用，在全市率先启动“金融顾问”出征仪式，多次组织“金融顾问”开展顾问进园区、服务制造业高质量发展、赴义乌开展金融产业农合联服务商超等活动。

【凤凰行动计划】 打造“山区出凤凰”的莲都样板。立足山区实际，把培育市场主体、推动企业上市作为重要抓手，实施“凤凰行动”计划，一年内实现2家企业上市。安派科生物医药有限公司、梦翔教育先后于2020年1月31日、10月1日在美国纳斯达克上市并挂牌交易，实现三年连续3家企业在海外交易市场上市，走出了一条“山区出凤凰”的新路子。注重培育优质企业，动态调整企业上市后备库。随着“新三板”新政落地，莲都区企业家增强了上市意愿，瓯宝安防冲刺“新三板”迈出重要一步，有望明年实现新三板破零，医药龙头企业瑞新药业、文旅企业青初控股等优质企业成为上市梯队。2020年5月，莲都区国资公司5亿元旅游专项债券正式获批，系浙江省首个获批的旅游专项企业债券。安派科股份有限公司完成募集资金1600万美元，累计到资600万美元。梦翔教育纳斯达克全球市场挂牌交易，发行募资总金额约3083万美元。

【金融服务“六稳”“六保”】 落实央行再贷款政策。争取3000亿元疫情防控专项再贷款、5000亿元复工复产再贷款专用额度、1万亿元再贷款新增额度，共争取到资金11.02亿元，占全市额度的30.26%。建立金融支持“三张清单”，地方性防疫重点保障企业名单内企业20家，享受地方财政贴息185万元。落实降本减费政策。全区金融机构累计减息3.89亿元，完成进度324.48%，占全市减息额的32%，减息额度全市第一。区政策性融资担保公司疫情期间减半收取担保费，为企业减免担保费用368.66万元。推进“三减”联动政策。丽水百货大楼减免租赁340万元，惠及租户198户，享受政府补助资金84.65万元。落实“双保”政策。莲都区30余家企业列入区“双保”应急融资支持企业名单，已办理13笔，金额4100万元。

【金融改革创新】 立足绿色发展，引导金融机构推进绿色消费、生态农业、生态旅游、生态工业等领域的绿色信贷产品创新。2020年末，全区绿色贷款余额80.71亿元，同比增长6.29%。全区本外币涉农贷款余额253.82亿元，同比增长29.5%，增速高出全市7.24个百分点，占全部贷款的21.34%；农户贷款余额152.47亿元，同比增长28.88%，增速高出全市平均水平8.48个百分点。推进农村金融改革。全区共完成生态贷发放3.13亿元，完成率10449%，完成“两山贷”发放0.37亿元，完成率187.37%，建成“两山”转化金融服务站15个。“三权”抵押贷款余额19.13亿元，较年初新增0.14亿元。其中林权抵押贷款余额9.39亿元，较年初减少0.04亿元；农房抵押贷款余额8.54亿元，较年初新增0.10亿元；土地流转经营权抵押贷款余额1.21亿元，较年初新增0.09亿元。

【深化金融风险防范】 截至2020年末，全区金融机构不良贷款余额5.38亿元，较年初减少0.49亿元；不良率0.45%，较年初下降0.21个百分点，不良率比全市低0.17个百分点。成立并及时调整区防范和处置非法集资工作领导小组成员和分工，夯实管理基础，保障工作顺利实施。开展金融风险排查化解，组织专班开展涉区块链企业风险排查。对股权投资等企业注册联合会审机制进行优化完善，严格把控投资类企业入口关。推动互联网金融风险市场出清，实现与全省同步完成P2P网络借贷风险出清工作。通过摆摊设点开展防范非法集资集中宣传活动，结合“金融联合体”“金融集市”活动开展宣传。将防范非法集资宣传纳入“平安莲都”建设工作专项宣传活动，发布《风险提示告知书》，提示群众防范和远离“虚拟货币”非法活动。

（厉曼）

中国农业银行股份有限公司丽水莲都支行

【概　况】 2020年，农行丽水莲都支行各项存款余额34.68亿元，比上年增加6.83亿元，各项贷款余额21.37亿元，不良贷款实现“双降”，价值创造力稳步提升。

【党建与业务融合】 2020年，农行莲都支行学习贯彻习近平总书记系列重要指示批示精神和党中央重大决策部署，学习中共十九大及十九届二中、三中、四中、五中全会精神，用习近平新时代中国特色社会主义思想统一思想和行动，引导基层党员干部增强“四个意识”、坚定“四个自信”、做到“两个维护”，推进“不忘初心、牢记使命”主题教育常态化制度化，巩固深化主题教育成果，弘扬“浙西南革命精神”，全面推进加强党的政治建设、思想建设、组织建设、作风建设、纪律建设和制度建设，推动党建与业务深度融合、互促共进。

【普惠金融】 以房抵E贷、抵押E贷、小微网贷等优势产品为切入点，出台考核办法，落实全员营销，营销优质信贷客户。全年完成银保监口径普惠贷款增量任务194%；完成普惠型小微企业法人贷款新增任务124%；完成普惠个人贷款新增任务894%；完成单户授信1000万～3000万元普惠型小微新增任务184%；低收入农户小额扶贫贷款完成率100%，全面完成农经改各项指标任务。个人贷款增量和完成率均居分行首位。

【稳产保供】 新冠肺炎疫情发生以来，农行莲都支行在助力打赢疫情防控阻击战的同时，结合自身业务推出上门服务、费率调整等多项措施，做好金融支持企业复产及项目复工工作，做好“六稳”“六保”工作，发挥基层党组织战斗堡垒作用和党员先锋模范作用，通过电话关怀、主动走访等方式，对莲都区辖内300多家企业进行了疫情关怀慰问，为企业提供一站式金融服务，优化业务办理流程，对防疫重点保障企业贷款开通绿色通道，实现贷款当日受理、当日审批、当日发放，解决了企业资金需求，为企业生产提供有力保障。全年累计发放稳产保供企业贷款10950万元，其中省级防疫重点保障企业3家贷款6650万元；生猪企业5家贷款7000万元。

【智慧场景建设】 抓好“智慧食堂”等五大场景打造，完成了安邦食堂、机关事务局、中石化、东港菜市场等头部场景建设，合作单位反响良好，提升了社会形象。全年共创建各类智慧场景共22个，完成全年任务的129%，其中重要学校场景1个，食堂场景4个，开放银行有效建设1个，完成了上级行下达的场景任务。

【基础管理】 深化“三线一网格”与日常管理深度融合。2020年，重新修订了莲都支行本级及二级支行“三线一网格”与日常管理融合方案，使“三线一网格”任务更清、责任更明，实施更自觉、管理更常态、重点更突出、效果更明显。强化员工行为管理。开展“重点人、重点事”排查,通过个人行为自查、系统问卷调查、业务专项排查、异常交易排查以及外部走访排查等方式，有两位员工入选“重点人、重点事”名单。推行运营基础管理精细化，注重过程管理，完善内部操作，防范操作风险，把内控管理各项制度落到实处，运营管理水平持续保持全市先进行列，辖内2个网点为“三铁”单位；落实检查发现问题整改，严格责任追究。强化案件防控工作，确保平安经营。落实安全保卫各项制度，加强安全教育与安全检查，做好安全设施的建设与管理，重视消防工作，顺利通过金融机构安全评估。全年无发生刑事案件，无责任事故。辖内5个网点“三化三达标”全部达到优秀。

（廖海英）

中国银行股份有限公司丽水莲都支行

【概　况】 2020年，中行丽水莲都支行在区委、区政府的领导下，在区金融办的指导帮助下，坚持以浙西南革命精神为引领，在自身不断发展壮大的同时，结合全市发展重点和当地资源禀赋，谋划布局，在支持地方经济发展、金融服务民生等领域贡献“中行力量”。

【主要营业业绩】 2020年末，本外币时点存款余额83.14亿元，较年初新增2.19亿元。其中公司存款余额33.67亿元，比年初新增1.04亿元；个人存款余额49.47亿元，比年初新增1.15亿元。本外币日均存款余额85.69亿元，较年初新增3.32亿元。本外币贷款余额133.96亿元（含银行卡），较年初新增24.55亿元，其中公司贷款较年初新增8.78亿元，个人贷款新增1.79亿元，银行卡新增0.31亿元。不良余额2875万元，较年初下降3984万，不良率0.21%，较年初下降0.31%。截至2020年年底，支行实现营业收入3.10亿元，实现拨备前利润2.65亿元，净利润1.08亿元。

【项目建设】 对接地方基础设施、特色小镇、产业转型等重大投资项目的融资需求，做好重大战略部署的金融服务工作。2020年，累计获批灵山未来社区、大搬快聚富民安居工程、银泰江滨商务中心等各级政府重点项目26个，批复金额110亿元。贯彻“融资畅通”，落实市委市政府“融资畅通”工程，通过加大民营企业授信和普惠金融考核权重、健全尽职免责和容错纠错机制、提高审批效率、加快金融创新、降低融资费用等针对性措施，助力企业转型升级。推出“雏鹰助飞”专项金融服务，聚焦培育专精特新、隐形冠军、小微企业园等重点客群，促进全行普惠金融工作“增量扩面、提质降本”。普惠金融贷款累放利率4.06%，同业四大行最低，比上年下降63个基点。民营企业和普惠金融绩效考核在全省中行系统均排第一。

【金融保障】 新冠肺炎疫情暴发以来，中行丽水莲都支行配合政府、市金融办和监管部门做好金融保障工作，助力打赢“六稳、六保”战，出台《支持企业共渡疫情难关“十五条”》，开展“百地千名行长助企业复工复产”专项行动，推出一系列务实举措。创新推出“战疫贷”“复工贷”“菇乡贷”等金融产品，优化信贷流程，支持个体工商户、小微企业主复工复产。面对疫情冲击下的企业资金困境，通过减费让利、无还本续贷、调增中长期贷款、延期还款等缓解企业还款压力。2020年，累计为68户企业和个人办理贷款延期；为24户企业办理无还本续贷。建立疫情对企业影响的评估诊断机制，落实联合会商帮扶工作，对暂时经营困难企业出台帮扶解困方案。4月在全市范围内开展"金融支持企业抗击疫情复工复产"专项调研对接活动，累计走访近40家企业，根据企业受影响程度，一户一策制订帮扶方案。围绕稳外贸稳投资工作要求，结合国家外汇管理局丽水市中心支局出台的16条政策措施，制定《加强外汇服务保障全力支持涉外企业复工复产方案》，在全市范围内开展"稳外贸、共战疫"外贸企业专属金融服务活动，为重点外贸企业、小微外贸企业及疫情防控重点企业提供专项信贷资金支持，升级贸易便利化服务。截至2020年年末，累计为144家外贸企业提供授信服务。创新供应链上下游企业融资模式。与中信保联动合作，为企业额外授信，为企业有效降低财务成本，规避汇率风险。

【改善客户体验】 加快智慧运营和网点转型，加大智能机具投入，简化柜面业务流程，完善特色网点建设，提高网点金融服务开放度与业务综合度。在网点智能柜台100%覆盖的基础上，部署投放移动版智能柜台，助推网点走出厅堂、融入场景、主动获客。投放现金版智能柜台，为客户提供大金额、多票面、丰富介质的智能现金服务。推出5.0版智能网点，利用数字媒体和人机交互技术为客户带来全新的体验。推广"中银票e贴"、在线结售汇、在线单证、线上供应链融资、"茶商E贷"、"中银企E贷"、"银税贷"、"随心智贷"等线上产品，免去客户往返奔波，提升金融服务效率。借助大数据、云平台、人工智能等数字手段积极布局场景，提升场景化服务能力，全力打造新金融。响应市政府"最多跑一次"改革，支持市卫健委投产人民医院"刷脸就医"项目，实现线上线下互联互通，覆盖患者就医各个支付环节，助力优化患者服务流程、满足患者多样化需求。拓展智慧校园、智慧园区项目，已服务包括丽水学院、丽水职业技术学院等在内的28家企业院校。2020年5月，为丽职院量身定制的"校园在线点餐"系统，为疫情期间"防聚集、防接触"做出了示范，受到省内外教育系统高度好评。

【合规风险管控】 落实中央关于打好防范化解风险战役的工作要求，坚持底线思维，严守合规底线、风险底线、案防底线，着力提升全面风险管理能力。保持内控案防高压态势。开展强执行、强检查、强结果、保全行经营发展成果的"三强一保"内控合规专项行动。全年各类检查共发现问题202个，已整改199个，整改率98.51%，累计问责177人次。全面落地反洗钱工作集中处理方案，从全辖区选取6名业务精通的员工到分行，实现八大类业务的集中处理，提升反洗钱工作集约化和专业化水平。加强外汇业务合规性管理，外汇收支申报差错率由2019年度的0.28%降至2020年度的0.19%，连续两年被国家外汇管理局丽水市中心支局评为外汇业务合规与审慎经营A级单位。

（郑瑜）

中国建设银行丽水莲城支行

【概　况】 2020年，建行丽水莲城支行在职员工72人。内设综合管理部、公司业务部、个人金融部等3个职能部门，直属营业部1个，下辖中山支行、白云支行、万丰支行、莲都支行、纳爱斯支行5个营业网点，其中莲都支行主要服务莲都区财政核算中心、纳爱斯支行主要服务纳爱斯集团。年末各项存款余额49.86亿元，比年初新增6.03亿元，各项贷款余额50.33亿元，比年初新增29.39亿元，不良贷款余额0.11亿元，不良率为0.23%，实现中间业务收入0.26亿元。

【党建工作与业务发展相融合】 2020年，建行莲城支行坚持以习近平新时代中国特色社会主义思想为指导，学习贯彻中共十九大和十九届二中、三中、四中、五中全会精神，按照市分行党委高质量发展要求，加强"三个能力"建设、推进"三大战略"，巩固"不忘初心、牢记使命"主题教育成果，推进党建工作与业务发展深度融合，以"党建+银政""党建+银企""党建+裕农通""党建+公益""党建+银校等模式融合发展。在新冠肺炎疫情防控期间，党员响应党总支“党旗飘起来、党徽戴起来、党员行动起来”号召，确保网点对外营业服务，主动参加政府、社区疫情防控工作。2020年，建行丽水莲城支行获省分行系统“基层党建高地”称号。

【普惠金融和绿色信贷业务】 通过村党群服务中心开办“裕农通服务点”，以“党建+”“裕农通+”等平台叠加创新模式，推进“普惠金融”业务快速深入乡村。2020年，建立利山村等信用惠农贷合作村25个，拓展裕农通服务点113个，发放助农贷款1373万元。贯彻落实“六稳”“六保”工作，开通金融绿色通道，保障疫情防控资金支付。2020年，投放防疫专项贷款5.54亿元，减费让利889万元。 走进商圈、商场、商户，走进小微企业宣传营销普惠金融产品，发展普惠金融和绿色信贷业务，持续优化信贷结构。2020年，普惠金融比上年新增1.93亿元，绿色信贷新增17.99亿元。做好信贷风险把控和不良资产压降，资产质量持续向好。2020年，信贷资产不良率比年初下降0.05%。开展社会公益活动，“小荷”志愿建行丽水莲城支行服务团队每逢9日开展志愿服务活动。开展“金融服务万里行”活动，以走进社区、走进市场、走进企业、走进学校、走进农村等形式，向广大人民群众宣传反诈骗，反洗钱、非法集资、存款保险等金融知识、传播正能量。2020年，开展各类社会公益活动共50多场次。

【党建工作】 2020年，建行莲城支行党总支按照总行党委全面从严治党、从严治行的要求，切实履行主体责任，落实“三会一课”等制度，巩固“不忘初心、牢记使命”主题教育，加强“党员之家”示范点建设，开展党建共建活动，打造“党建+”品牌，推进党建工作与业务发展深度融合，各项工作有序推进。按照“围绕中心抓党建，抓好党建促发展”的总体思路，深化党建引领业务发展，推动各项业务又好又快发展；加强财政、社保等重点机构客户的走访，做好政府类存款资金竞标工作，做大客户资产池，加强代发工资户的走访和电销，积极对接域外经济体，抓好存款业务。抓好政府项目及楼盘的储备和投放，实现对公贷款业务大幅攀升。抓好转型发展，开启第二发展曲线，推进 “三大战略”业务快速发展。将线下业务向线上转移，加强结算类客户的营销，打造新金融生态圈，推进新零售业务。

【队伍建设】 关心关爱员工，抓好队伍建设，着力打造奋发向上的企业文化。抓好风险合规、安全生产、案件防控及疫情防控等工作，推进党风廉政建设，严格落实中央八项规定和“四风”问题专项整治，加强廉洁纪律警示教育，扎牢不能腐的笼子，构筑不想腐的堤坝，守住一片蓝天。

（邱均棋）

浙江泰隆商业银行股份有限公司丽水莲都支行

【概　况】 2020年，泰隆银行莲都支行围绕关键管理要素考核，以社区化管理、客户与产品、风控管理、金融科技、立体式培养为抓手，盘好一人一表，管理一户一策，建立一人一档。围绕综合经营理念开展资产、负债和卡营销，以及资产质量管控。截至2020年年末，泰隆莲都支行存款日均83932万元，较年初增5900万元，其中基础性存款日均69300万元，较年初增加2500万元。资产日均72782万元，其中卡垫款额日均12380万元，较年初增1116万元。风险贷款余额2300万元，较年初下降150万元，风险贷款率3.29%，较年初下降0.64%；不良资产1136万元，不良率1.71%；年新发生风险资产360万元，新发生风险资产率0.47%。客户数18890户，有效户6759户。

【减费让利】 加大费用减免，为企业降本增效。利用支小贷、泰惠贷、转贷款等政策性信贷资金加大支持力度，对于符合条件的疫情防控保障企业、受疫情影响的行业的贷款利率实施利率优惠、减免利息等政策。

【优化流程】 为了方便客户，100万元以下信贷业务可通过线上申请业务，客户经理第一时间回复，续办业务现场调查、部分资料收集后补，新增客户采取电子调查、收集电子资料的形式办理，客户一次都不用跑银行。

【延期还款】 对于因疫情影响，资金暂时短缺但整体风险可控的正常类客户，为缓解疫情期间资金压力，贷款可根据实际情况进行适当延期，还款期限最长可延1年。

【无还本续贷】 为更好地支持实体经济，降低客户财务成本和筹资压力，提升客户体验，提高市场服务能力，支行大力推进无还本续贷业务。

【网点中心社区建设】 以网点为中心，开展社区化活动40余场，社区客户数增加500多户，社区有效户5479户（存款有效户增75户、信贷户减少48户），社区有效户覆盖率5.93%；卡推荐56张，微信银行新增400个，手机银行新增600个。

【平台搭建】 量价销售、综合经营，了解客户经营模式，介绍泰隆产品特点，加强1+N+N综合服务。平台搭建5个（花园小镇、建材市场、华侨医院、绿谷机电、永固五金）账户合作（新开企业账户21户，基本户5户），渠道合作（新增泰惠收商户160户、缴费通4个）；资产业务合作（政策性贷款、承兑、发卡业务），负债业务合作（多元负债，积数抵息116户、积分兑换780户、结算存款、资金回流、存单理财），代理业务合作（营销 公司结售汇）。

【堵新清旧】 采取每日催收、每周晚上或周末催收、每月有联动催收、诉讼催收（户）等方式收回逾期信贷32笔131万元（贷款19笔72万元、卡13张59万元），收回核销贷款359万元。

【立体式培养】 每月组织关键管理要素培训制度宣讲，行为对标主题活动，“小班制”立体式培训，开设“新员工提升班”“负债营销提升班”“资产推进提升班”“信贷调查能力提升班”“云社区营销提升班”“考证班”等主题班级；根据计划开展“信贷能力提升”工作，授课28场，测试2场；以区域为单位开展“百家讲坛”“市场面对面”等主题活动。现场帮带、学习培训痕迹管理。专业课程App线上学、文件制度线下学，经验分享学，帮带现场学，案例还原模拟学，以及后评估测试。

【精细化管理】 细抓管理者及员工的系统操作、小微地图使用、金融科技产品运用能力；队伍盘点，能力对标，工作态度、经营能力和关键管理要素方面，帮带上级和客户经理签订《关键提升点培养行动措施》；旬报管理，支行周例会均按5模块关键管理要素汇报（纳入执行力考核）；制定《行风行纪治理执行力考核规定》，支行每周对纪律文化、平安创建、风险投诉、检查自查、痕迹管理、学习考试、执行力管理、规定动作执行等《执行力落实情况台账》登记12个问题，考核扣罚；常态化开展计划财务、安全保卫、信息科技、档案文书等的自查自纠，对发现问题进行整改。在营业厅、社区、企业开展存款保险、征信赋能、文明城市、普及金融知识等各项主题的宣传推广。

（李静）

浙江丽水莲都农村商业银行股份有限公司

【概　况】 2020年，莲都农村商业银行股份有限公司有在职员工443人，退休人员260人。总部设9个职能部室，下辖1家营业部、16家一级支行共37个营业网点；有44家自助银行、84台ATM机、158个助农取款服务点。成为市辖区网点人员最多、服务覆盖面最广、资金实力最强、财税贡献最大的地方性金融机构。2020年年末，各项存款余额206.23亿元，比年初新增53.94亿元，全年存款增速一直保持全省农信领先，位列全省农信系统第一名。存款市场份额17.07%，排名市辖区银行业第二名。当年存款增量占市辖区20家银行的22.93%，排名第一。各项贷款余额131.25亿元，比年初新增32.57亿元，贷款增速位列全省农信第五名、全市农信第一名。贷款市场份额11.04%，排名市辖区银行业第四。当年增量占市辖区20家银行的11.2%，排名第三。面对疫情冲击，莲都农商行坚持双逾期60天贷款全部入账，四、五级不良率分别位居全市农信第一和第二低位。营业收入

9.46亿元，同比增加1.03亿元；全年共计上缴税收1.17亿元。

2020年，莲都农商行获“全国内部审计先进集体”“全国巾帼建功先进集体”称号；被《银行家》杂志评为“2020中国商业银行竞争力最佳农村商业银行资产规模200亿元以下第四名”。被省农信联社评为“2020年全省农信系统劳动竞赛一等奖”“浙江农信发展类(D类)考核一级(优胜)单位”“业务成长十佳银行”；被省公安厅评为“第六轮浙江省银行业金融机构安全评估工作成绩突出集体”。被丽水市政府评为“2020年度全市普惠金融服务乡村振兴改革工作先进基层集体”；连续两年被市金融办评为“丽水市级银行业金融机构支持地方经济发展业绩考评第一名”；被市人行评为“市分行(总行)级两山银行”“2020年度丽水市银行业金融机构金融消费者权益保护A类金融机构”“丽水市金融扶贫十大优秀案例”；连续两年被丽水银保监分局评为“丽水银行业服务最优银行”，被评为“丽水银行业信用风险防控工作先进单位”“丽水银行业保险业金融服务民营企业十大优秀案例”“2020年丽水银行业减费让利先进单位”“2020年丽水银行业小微金融服务先进单位”；被市公安局评为“2020年度市级‘平安单位’”；被省联社丽水办事处评为“2020年度全市普惠金融服务乡村振兴改革工作先进基层集体”“2020年度奋进有为先进单位”。被莲都区委、区政府授予“2019年度莲都区金融机构支持地方经济发展特别贡献奖”及“2020年度工作责任制考评综合优胜单位”“乡村振兴主办银行”称号。

【抗疫助企】 2020年疫情期间，莲都农商银行率先在全省金融机构推出“三张清单”模式落实融资畅通工程，得到省人行领导的批示肯定。创建“有困难找党员”党建服务新模式，成立“有困难找党员”先锋队，发动13个支部、100多名党员参与社区群防群控，开展社区、村庄布控活动66次，开展暖心慰问31次，捐赠慰问物品3万元；在各网点上墙“有困难找党员”帮扶牌。启动“百名金融卫士入民企”活动，安排18亿元抗疫专项贷款，支持疫情防控重点企业、小微企业及开发区广大民营企业。针对企业复工复产方面的困难，成立小微企业复工复产帮扶领导小组，对列入重点支持对象的企业，实行准入门槛、授信审批、融资规模、利率优惠“四个倾斜”，创新推出复工首笔贷、工资贷、增产贷、个体贷、转贷通五大“复工”系列产品，利率低至一年期LPR基础利率，满足了企业需求。对受疫情影响较大、暂时出现经营困难的企业，不抽贷、不断贷、不压贷，为企业提供延期还款、贷款展期等解决方案，实施“减费让利”政策，全年让利210万元帮扶企业。截至2020年年末，已为2722家小微企业、个体工商户，共计减费让利2641万元；为1329户客户提供最长12个月的还款宽限期；为203家企业贷款提供“转贷通”无还本续贷服务。

【服务“三农”】 莲都农商银行在主要乡镇都设立了物理网点，全辖区37个营业网点中，农村网点占20个。2020年，对接区政府、农业农村局等部门，推进农户小额普惠贷款工作在莲都推广落地。于9月末实现“3个100%”，即低收入农户信用评定覆盖面100%、合理信贷需求获得率100%、基础金融服务覆盖面100%。按照“信息采集、无感授信、有感反馈、贷前签约、按需用信”五个标准流程，对符合条件的农户实行无差别基础额度授信，授信率达100%，用信余额95.82亿元，比年初新增24.77亿元；独家代理全区低收入农户扶贫小额贷款业务，参与市级、区级东西部金融扶贫协作工作，自2018年起已向四川广元市捐赠26万元，2020年向丽水市慈善总会捐款206万元。创新推出“强村贷”，向30个经济薄弱村发放贷款1380万元。与区教育局合作，推出生源地助学贷款业务；与区金融办对接，认领大港头低收入农户滞销橘400公斤。组建域外营销专班对接域外商会，先后到四川、上海、贵州、安徽、黑龙江等地实地考察，设立3个域外金融服务咨询点，共授信域外商会26.6亿元，支持“丽水超市人”5455户，贷款金额15.45亿元。

【风险管控】 倡导“制度管人、流程成事、文化齐心”的管理理念，坚持内控先行，提出“支农支小、控大扶小、增户提质、普惠深化”的经营理念，严控500万元以上大额贷款，推广小额普惠贷款，严把信贷投向，组建“风险管理员”队伍，常态化开展基层检查督查工作，信贷检查重点查处借名贷款、利息由他人支付贷款、短期内即出现欠息贷款、首次发放即逾期贷款等违规贷款情况。加强与政府、公检法等部门的沟通协作，强化诉前催收，审慎运用盘活方式处置不良贷款，在执行过程中运用现有的强制手段，加大打击“逃废债”行为和强化案件执行力度；根据合规检查中发现的问题和案例，结合各类规章制度，开展员工风险合规教育培训，定期开展不良贷款的责任认定，召开不良贷款听证会，并将日常风险工作的落实情况纳入对支行、网点的定性考核中。

【深化创新】 深化大零售转型，启动了丽水第二人民医院“智慧停车”工程。食品安全溯源项目实现市区主要农贸、农批市场全覆盖，累计交易量569.74万笔，交易金额4.71亿元。作为市区唯一一家合作银行与大家未来社区签订战略意向合作协议，谋划未来社区布局；承办丽水农信“金融助商惠民、赋能放心消费”战略合作签约仪式，推进一码通客户营销；推出“休闲旅游贷”，与保险公司合作推出“浙里贷·太易贷”。各网点以基础代缴、电子银行和理财业务为抓手，提升获客能力，2020年末，丰收互联客户新增2.18万户，总数14.06万户；个人核心客户数10.78万户，比年初新增1.4万户。探索启动网点转型，在10家网点安装智能柜员机，推动网点向科技化、智能化转型。首次探索实行网点“一人一柜”模式，将柜员分流到客户经理岗，优化人力资源配置。

【内控治理】 推出“党建周督月评季考机制”，形成每周、每月、每季都有计划，并按季举行季度考评会，将每季度的考评分纳入部门年度绩效；开展“金融卫士守初心、守制度、守风险、找差距、抓落实”主题活动，创新实施“驻学驻勤”“金融卫士五联五抓”“红色互动五问五送”及主办会计“三三制”等工作机制，推动全员执行力全面提升。出台《金融卫士十大禁令》，由党委书记带头领誓，高度重视风险管控；在人事任免上严格执行风险防控一票否决制；每季度组织审计突击飞行检查，采取不定期、不打招呼的方式，突击抽查基层网点。综合运用尽职免责认定、员工行为管理、违规积分管理等手段，提升员工合规意识，提升风险管控能力。

【品牌文化】 按照“金融入网格、服务面对面”总要求，深耕“金融卫士”品牌，开展“大讲堂、大走访、大签约”活动，全年开展“大讲堂”活动80余场次。对各类金融产品进行统一命名，设立“金融卫士十大标兵墙”，2020年共评选3期金融卫士标兵，上榜22人；率先开展线上直播活动，开展金融卫士线上直播2期；率先在全省开展“金融卫士话术营销大赛”，取得全市农信系统话术大赛团体一等奖，并提炼《金融卫士营销话术手册》。2020年，参与“中国·莲都农民丰收节”活动，融入“全省首届生态运动会”宣传工作；参与协办“丽水味道”全市美食创业大赛。开展金融卫士杯营销之星大赛、“六一”小小银行家、“八一”慰问军人等活动，取得了良好口碑。2020年，莲都农商行开展社区防疫宣传、社区垃圾分类、社会公益等志愿服务活动，赴贵州慰问遭受火灾的丽水籍商户并现场送贷100万元；承办一期全市“道德讲堂”走进莲都农商银行活动。

（雷晰然）

浙江稠州商业银行丽水分行

【概　况】 2020年年末，浙江稠州商业银行丽水分行资产总额96.29亿元，较年初增加 20.2亿元，增长26.55%；负债总额92.9亿元，较年初增加20.26亿元，增幅为27.9%，所有者权益合计3.39亿元。各项存款余额91.46亿元，较年初增长20.11亿元，增幅28.18%；各项贷款余额62.36亿元，较年初增长12.3亿元，增幅24.58%；小微零售贷款余额达48.04亿元，较KPI指标基数新增13.23亿元;小微零售贷款户数10553户,较基数新增2574户。不良贷款余额3308.91万元,比年初减少372.5万元,不良贷款率0.53%,比年初下降0.21个百分点。实现账面利润13964万元,较上年同期下降604万元。

【品牌影响力】 连续三年获评人民银行综合评价A类行,并获得丽水银行业普惠金融(小微金融)服务先进单位、丽水银行业信用风险防控工作先进单位、丽水银行业保险业金融支持乡村振兴工作先进单位等荣誉称号。

【储蓄存款】 浙江稠州商业银行丽水分行强化存款立行,“农村+城区”“厅堂+线上”多轮驱动,实现负债业务量质双升。在农村,开展金融知识下乡、送清凉等活动,借助传统节日契机开展包粽子、包饺子、吃卷饼等邻里活动,建立和谐邻里关系,通过丰富的营销方式和长期互动提升客户黏性;在城区,发挥益加鑫、大额存单、益定佳等产品优势,紧盯丽水“大拆迁”“大搬快聚”等政策,精准营销拆迁安置客户;精准营销“微点单”客群,初步尝试平台+营销新模式;在厅堂,通过开展“行长服务日”等创新服务活动提升营业网点营销能力。开展线上营销,有效引入优质客户群体。截至2020年12月末,储蓄存款日均达55.85亿元,较KPI指标基数新增14.88亿元,任务完成率156.59%;个人价值客户数41168户,较基数新增8694户,任务完成率205.53%。全面铺开服务站建设,浙江稠州商业银行丽水分行作为全市第三家也是唯一一家城市商业银行开展乡村振兴金融服务站工作,章巷村金融服务站被评为丽水优秀站点。截至2020年年末,金融服务站签约240户,开户7448户,存款余额 25897.41万元。

【助力乡村振兴】 响应《中国银保监会丽水监管分局关于印发丽水银行业保险业服务乡村振兴行动方案的通知》和《中国银保监会丽水监管分局丽水市农业农村局关于印发深入推进金融扶贫助力决战决胜脱贫攻坚行动方案的通知》要求,加大金融服务乡村振兴的力度,提升农村金融服务质量。截至2020年12月末,全行涉农贷款39.79亿元,较年初增加6.55亿元。创新推出“生态贷”信贷产品。累计通过丽水市信用信息服务平台查询7348笔,完成率183.7%。借丽水市个人信用积分“绿谷分”机制创新推出“两山贷”。已发放“两山贷”113笔,1695.5万元,余额为108笔,贷款余额1610.35万元。创新农村产权信贷产品。开展应收账款质押融资业务,给予授信客户5户;开展农村产权信贷产品创新,制定《浙江稠州商业银行应收账款质押担保管理办法》《浙江稠州商业银行丽水分行林权抵押贷款实施细则4.0版》《浙江稠州商业银行丽水分行农村流转土地经营权抵押贷款管理办法3.0版》《浙江稠州商业银行丽水分行农村住房抵押贷款管理办法3.0版》《浙江稠州商业银行丽水分行小水电抵押贷款管理办法》等管理办法。与政策性担保公司开展合作,与7家担保公司合作,共计在保余额5275.6万元。

【助力企业复工复产】 疫情发生以来,浙江稠州商业银行丽水分行运用央行再贷款资金、国开行转贷资金加快小微企业信贷投放,推出无还本续贷、中长期流动资金贷款等专项信贷产品,并制定小微企业和个体工商户首贷户培育工作方案,全方位强化金融支持,满足企业融资需求,助力企业复工复产。强化信贷资金保障。针对疫情防控建立信贷审批绿色通道,在资金、利率、审批效率等方面进行倾斜,简化办贷流程,保证贷款额度,全方位满足融资需求。2020年累计投放支小再贷款资金10.58亿元。与国开行合作发放五批优惠利率贷款,共计发放金额3.56亿元。解决小微企业续贷难题。排摸企业融资需求,开展无还本续贷服务,减轻企业还款和转贷资金压力。纾困企业资金周转压力。创新推出中长期流动资金贷款。推广“市民贷”“长抵贷”“经营性物业抵押贷”等多款中长期贷款金融产品,科学匹配企业生产经营周期。2020年,共投放企业中长期流动资金3.92亿元。

【金融知识宣传】 2020年，浙江稠州商业银行丽水分行结合“金融知识进村入乡大宣讲”专项活动，开展“金融入网格、宣传到农户”，发挥“金融助力乡村振兴讲师团”作用，加大对农村地区、基层社区社会公众特别是低净值人群的宣教。以机构网点为单位选择宣讲能力强、综合素质好、业务水平高的优秀青年组建“金融知识宣讲团”，开展消费者权益保护教育宣传周活动、金融知识万里行、防范非法集宣传月、进村入乡大宣讲等线下活动290余场，参与员工1000余人，受众2.6万余人，发放宣传资料3.5万份。“线上+线下”形式联动开展，发挥线上平台宣传优势，创新宣传形式与宣传材料，原创“小C带你学金融”“防范非法集资”等原创线上宣传资料5份，动员全行转发监管部门及总行相关宣传资料20余篇，以线上答题活动、原创视频图文、“线上沙龙”等方式开展线上宣传，获良好效果。结合线下“金融消费维权绿色专区”开展微问卷、微讲堂等互动体验活动，扩展活动覆盖面与连续性，实现公众宣传教育的常态化和长效化。2020年下半年开展“未来财商之星”体验活动30余场，邀请430余名小朋友体验金融文化，通过金融小讲堂学习如何辨别真假币、纸币来源等，树立正确金钱观。

（杨露）

上海浦东发展银行股份有限公司丽水支行

【概　况】 2020年，浦发银行丽水分行各项存款余额41.34亿元，其中对公存款余额22.42亿元，较年初新增7.93亿元，增幅54.73%；个人存款余额18.91亿元，较年初新增1.88亿元，增幅11.04%；各项贷款余额（不含信用卡）29.08亿元，其中对公贷款余额10.84亿元，较年初新增2.77亿元，增幅34.32%，个人贷款余额（不含信用卡）18.24亿元，较年初新增3.74亿元，增幅25.79%。存款市场占比1.22%，较年初增加0.16个百分点；不良贷款率0.214%，较年初下降0.211个百分点，不良贷款余额631.62万元，较年初下降335.53万元，连续两年保持双降；营业净收入1.82亿元，完成率99.53%。

【资产投放】 2020年12月末，合意资产投放5.5亿元，贷款余额较年初净增2.79亿元，同比增加2.09亿元，其中绿色贷款余额2.4亿元，较年初净增0.6亿元，计划完成率303%；普惠小微年末余额2.38亿元，较年初净增0.47亿元，计划完成率103%。以按揭为重点、经营贷为突破点多元发展。截至12月末，零售贷款余额18.54亿元，较年初新增3.86亿元，完成率达104%；加快转型，探索区域特色经营，“三非”贷款快速跃升，非贷款余额7.3亿元，较年初新增1.97亿元，完成率达110%。其中住房按揭贷款余额10.74亿元，较年初新增2.03亿元。

【优化结构】 2020年12月末，负债三项指标均完成分行全年任务。其中，对公人民币一般存款日均余额21.25亿元，较年初增加8.28亿元，计划完成率276%；对公人民币基础存款日均余额16.62亿元，较年初增加5.08亿元，计划完成率267%；对公结算存款日均余额13.67亿元，较年初增加5.28亿元，计划完成率423%。四季度存款收官专项活动完成数25.19亿元，超任务数1.19亿元。低成本负债占全部对公存款73.6%，低成本负债拓展效果显著。机构存款较上年有所提升，日均存款3.4亿元，较年初增加1.1亿元。房地产监管账户资金留存发挥较好作用，日均存款达5.92亿元，较年初增加4.8亿元。拓展形成新的低成本负债增长点，开立首个IPO募集资金监管账户；首个中央预算资金云监管业务落地；引入首笔地方债资金存款。通过重点产品增加稳定存款，累计销售公司大额存单2.77亿元，结构性存款销售16亿元，带动新增公司一般存款日均约3.61亿元，开立农民工监管账户10户，开卡近2500张，代发金额达到1.3亿元。坚持存款立行，制定存款+N全员营销考核方案，将零售存款日均完成情况作为每个岗位的刚性指标，挂钩年终考评；发挥代发、T+N理财销售、收单业务批量拓展的效应，带动个人结算性存款增加。截至12月末，零售人民币一般性存款日均18.41亿元，较年初新增3.45亿元，完成率96%；金融资产余额40.53元，较年初新增4.71亿元；金融资产日均38.82亿元，较年初新增3.94亿元；非存金融资产日均19.90亿元，较年初新增5854万元。

【拓展客户经营】 2020年12月末，有价值客户数达到805户，较年初增加165户，计划完成率137%，列分行A1组第一。新增授信客户32户，其中首笔授信27户，扩盘授信5户，客户视图优质客户覆盖率达到52.24%，存款日均增量达到6.6亿。凤凰计划客户新增或扩盘6户；实体基本客户结合融资畅通工作等要求，坚持综合融资与综合服务相结合，争取客户基本结算、代发工资、核心资产抵押等核心合作条件，推动落地12户新增授信客户将支行作为唯一融资银行；政府类客户实现了表内零融资的突破，获批3.5亿元，投放1亿元；无贷户客户数达到1496户，较年初增加240户，日均存款余额达到15.56亿元，较年初增加3.24亿元。同业存款保持较高规模。抓住分行与省联社总对总的合作契机，实现辖内9家农商行内部专户的全覆盖，截至12月末，同业存款日均达到9.60亿元。同业理财销售实现较好增长。2020年同业理财销售规模达到18亿元。落地本机构首单外汇E联盟和同业大额活期存款，票据贴现客户新增14户，代客衍生客户新增4户，新增利率债API客户一户。三金联动产品天弘养老和天弘睿新基金均完成任务，合计销售量达到4320万元。截至12月末，中高端客户余户6791户，较年初增1049户，完成率105%，私行客户较年初净增12户，完成率92%，信用卡活跃账户新增7861户，完成率105%；12月末，基础客户11608户，较年初新增6939户，基客以上三方代理客户净增550户，四绑客户完成9222户，净增App有效用户12057户，净增三方存管客户数773户。

【经营效益】 截至2020年12月末，完成营业净收入17151万元，计划完成率93.62%；同比增长2744 万元，增幅19.29%。中收全年完成7033万元，计划完成率89.48%，同比增长1834万元，增幅35.28%。EVA全年实现3596万元，同比减少1931万元，减幅34.94%。RAROC 32.12%，同比降低了9.92 个百分点。公司业务营业净收入6765万元，全年任务缺口235万元，完成率96.64%；中间业务净收入823万元，完成率74.81%。金融市场营业净收入269万元，完成率53.8%；中间业务净收入124万元，完成率61.5%。截至12月末，营业净收入11200万元，完成率104.0%，分行排名第三；非卡净收入4659万元，完成率95.5%，分行排名第七；中间业务净收入6076万元，完成率92.6%；三方代理中收820万元，完成率82.0%。

【强化风控】 做好不良资产管控，加快存量不良贷款的清收，做好新增风险控制，对新增逾期业务做好跟踪，深入了解、逐户排查，制定风险化解方案，不良率0.214%，较年初下降0.211个百分点，不良资产现金清收932.06万元，完成年度任务257.48%。优化资产结构，支持类行业占25.91%，完成任务目标。做好风险客户现金清收压退，预警客户共实现现金压退5241万元。

【优化管理】 深化“二线服务一线、一线服务客户”意识，加强执行力考核，提升合规、夜学、纪律等管理水平，落实服务时效承诺和首问负责制，深化领导干部担当和引导。提升员工幸福感与归属感，推动分行全面装修工程，设立健身房，着手“员工之家”建设；开办员工食堂；推崇努力工作快乐生活的企业文化，组织健步和爬山等日常活动。加快人才引进，强化人员产能优化和淘汰。推进后备干部培养，完善团队长、见习行长（总经理）等干部培养渠道，加大青年员工提拔培养。2020年引进外部人才4人（营销3人），派遣制转正1人，职务晋升8人，淘汰4人。组织推进辖内3家机构全部完成金融消费维权绿色专区建设，开通疫情期间绿色快速通道；在雅溪镇金竹村建设“村级消保驿站”，入选杭州分行优秀案例；“金融知识普及月”“金融标准 为民利企”活动开展均获得人行书面表扬。通过案防重点领域“上查下”、治乱象“回头看”等，强化“二十二禁”，加强案件警示教育和员工行为管理，确保经营平稳健康。2020年，丽水银保监分局对支行进行了为期1个月的现场检查，给予了较高评价。

【夯实党建】 注重服务实体经济长效机制建设。响应党中央以及分行、监管部门服务实体经济号召，贯彻落实市委、市政府“六稳”“六保”决策部署，疫情防控与经营两手抓，响应疫情防控和复工复产工作，为丽水市经济稳健发展提供有力的金融支持，各级行长共走访企业153次，累计为小微企业办理延期还本服务12646万元，制造业贷款占公司贷款54.62%，为企业节约融资成本1317万元。助力融资畅通工程，普惠小微贷款余额94147.63万元，较年初增加23983.69万元，完成率282.16%；中期流贷余额21686万元，较年初增加14928万元；民营企业贷款余额81406万元，较年初增加23990万元；制造业贷款余额67540万元，较年初增加12654万元；绿色贷款余额余额23709万元，较年初增加5685万元。零售制造业贷款余额1.16亿元，比上年增加0.21亿元，零售小微两增余额70296万元，比年初增加19316万元。围绕“三农”战略，推进普惠金融，12月末个人手机银行客户达5.72万户，网银用户超6万户，农房抵押贷款余额2819万元。落实党委巡察整改。突出党员干部模范表率意识，号召优秀员工向党组织靠拢，增强党组织的战斗堡垒作用。根据党建规章制度开展日常工作，开展2020年7月杭州分行党委巡察整改工作，10项问题均整改完毕。本级联合支部获得杭州分行“先进党组织”称号；在杭州分行2020年度微党课评比中，选送的“讲奉献勇于担当，守初心始终如一”微党课获第一名。疫情期间成立以党员、干部为主的新冠疫情防控领导小组，做到全年全行零感染。践行社会责任，组织爱心捐赠，向丽水市慈善总会捐赠了32996元抗疫爱心款。响应丽水市政府扶贫工作，向丽水市慈善总会捐赠5万元用于布拖县定向扶贫；开展了莲都区雅溪镇小学“六一”儿童节爱心送温暖活动。

（吴肖笑）

教　育

综　述

【概　况】 2020年，根据市区事权划分，莲都区主要承担学前教育、义务教育和成人教育任务。全区现有幼儿园64所；初中13所（公办9所，民办4所），小学16所（均为公办）；成人教育培训中心1个，区域成技校6所。全区现有国家级、省级现代教育技术实验学校5所，国家级、省级实验基地学校6所，国家级、省级、市级文明校园14所，省级美丽学校1所，省、市级示范学校17所，省、市级校本教研示范学校8所，省义务教育标准化学校27所，省级绿色学校19所、市级绿色学校10所。2020年，莲都区中考成绩连续17年全市领先，中小学生田径运动会连续18年蝉联丽水市团体冠军。莲都区（含市本级）成功创建“浙江省示范学习型城市”。擦亮“首批国家义务教育质量监测结果应用实验区”牌子，推进教育评价改革，“建队伍、抓两头、促落地”的莲都实践被评为省教研工作亮点，7篇专业文章在中国教育报等权威刊物上刊出，《以评价员队伍建设推进结果应用落地》在国家教育督导局公众微信号刊出，丽水市委常委、莲都区委书记徐光文署名文章《以系统思维构建教育评价改革新生态》在省“教育之江”首批刊出。经教育部基础教育质量监测中心推荐，内蒙古包头市教育督导评估中心学习考察团来莲都区学习交流工作经验。莲都区教育局被评为全市唯一的“浙江省生活垃圾分类工作成绩突出集体”。处州中学获评全国“公共机构能效领跑者”。

（陈丽飞）

【招生工作】 莲都区2020年初中毕业生学业考试考生人数大幅提升，达到5738人，比上一年增加25.6%，分布在11个考点，196个考场。疫情防控形势严峻，招考中心在原有考务方案的基础上，制订《2020年莲都区初中毕业生学业考试新冠疫情防控工作方案》，严把疫情防控关，落实防控措施，完成初中毕业生学业考试工作。重点高中录取人数709人，录取率为12.40%，普高以上录取人数2806人，录取率为49.08%。

（雷学忠、朱金松）

学前教育

【概　况】 2020年莲都区有幼儿园64所，6个教学点，其中公办园16所，民办园48所。省一级幼儿园5所，省二级幼儿园30所，省三级幼儿园29所。全区在园幼儿13190人，专任教师（含园长）1023人，专任教师持证率100%，事业编制的幼儿教师213人，编外教师810名，其中公办园待聘教师192名。全区建立培红幼儿园教育集团等7个幼教集团，实施课程改革，聘任14名兼职教研员，建立9个片区15个小组管理网络。全区普惠园覆盖率94.1%，公办园覆盖率34.7%。

【主要发展情况】 出台《中共丽水市莲都区委　丽水市莲都区人民政府关于学前教育改革发展的实施办法》（莲委发〔2020〕29号）。2020年秋季瓯碧园、留香园、接官亭3所幼儿园投入使用，新增学位900个，关停薄弱园4所，分流幼儿300多人。深化集团化办园，先后组建了培红幼儿园等7个学前教育集团，扩大优质幼儿园覆盖面。拟出台《莲都区城镇住宅小区配套幼儿园建设管理办法》，加大小区配套园整治力度，全区城镇住宅小区配套幼儿园治理的项目共10个，已按时完成建设并投入使用5个，已完成主体建设但未移交有2个，在建的有3个。完善教师补充机制，建立幼儿园待聘教师储备库，现有储备库教师192名。2017—2019年，投入财政性学前教育经费分别为6197.6万元、6640.3万元、6032.7万元，分别占同级财政性教育经费的8%、8.33%、6.73%。

（叶巧燕）

义务教育

【概　况】 2020年，莲都区有中小学29所（初中13所，小学16所），在校学生数42288人。其中，公办25所（初中9所，小学16所），民办4所（初中4所：花园中学、城中中学教育共同体、莲都外国语学校、东港学校）。其中城区中小学21所（公办17所，民办4所），在校生数34394人，占全区学生总数的81.35%。

【德育工作】 2020年以《中小学德育工作指南》为指引，坚持“弘扬践行浙西南革命精神，争做新时代好少年”中心，以“莲都区第九届未成年人道德文化节”为载体，用好平时考核和年终考核两抓手，营造全员育人、全程育人、全方位育人三大德育格局。在抗击新冠肺炎疫情的特殊时期，发布《关于切实做好疫情期间全区中小学德育工作的通知》，指导学校开展线上德育工作。开展区级阅读伴我成长学生读书征文比赛、全区中小学生“全面小康，我来了”演讲比赛；组队参加丽水市少先队争章技能展示比赛，获得优秀组织奖。邀请原丽水职业技术学院副书记吕文飞为17所中小学开展“浙西南革命精神故事”讲座，获得丽水市委常委、莲都区委书记徐光文点赞；联合区文广旅体局，在6所学校开展优秀传统文化——非遗教育项目“戏曲动漫”宣传活动。落实每周一节劳动教育课，通过树立劳动教育项目品牌，推进学校劳动教育。创建劳动实践教育项目试点学校，2020年申报成功省级中小学劳动实践教育项目试点学校5所，市级中小学劳动实践教育项目试点学校4所。加强疫情防控期间青少年法制教育，开展中小学法制教育第一课《法律为梦想插上翅膀》，联合区检察院制作《七彩之家疫期法治小课堂》，教育学生在疫情防控期间做到不信谣不传谣，争当守法好少年。开展全区中小学“学宪法讲宪法”活动，完成8所丽水市依法治校示范校建设。

【教育教学】 加强平台建设，通过钉钉、华数电视、电信电视、移动电视等多平台推送网课，保障线上教学开展。首月推送区域名师课堂373节，观看达428万人次。“线上教学”期间，出台《莲都区教育局教研室关于延期开学期间中小学线上教育教学工作指南》等18份文件及教学建议，推出线上教学攻坚克难典型案例44个和《莲都区教育局教研室关于音体美劳居家自助大礼包》。使用抗击疫情中涌现出的榜样资源，渗透爱国主义、珍爱生命等教育。每周开展一次心理健康教育课。研究疫情防控背景下学校教育教学新常态，多措并举促进线上线下教学无缝衔接。返校复学前通过问卷调查、作业检查、访谈、数据分析等方式对学生进行地毯式摸底，并作数据化诊断。各校科学运用调查数据进行分析，对学生线上学习情况进行摸底后诊断，形成数据分析报告，做到“一班一案、一科一案、一人一案”。返校复学后，开展反刍式教学，做好教学的衔接。延续空中第二课堂，及时挖掘线上教育中云课堂应用的典型经验和优秀案例，将线上教育从应急之策变成课改、教改的常态之举。6月11日，莲都区教育局教研室组织了“义务教育质量监测结果应用研究成果”线上展示活动，莲都区（含市直）各中小学分管教学副校长、学校评价员参加。8月19日，莲都区教育局教研室教研员周鸿作为评价专家组成员参加浙江省2019年初中教育质量监测结果综合反馈会。11月20日，在莲都区教育局召开2019年国家义务教育阶段监测结果报告的反馈会。12月9

日至12日，中小学评价员一行60余人参加了在杭州举办的“2020年丽水市莲都区学校评价员培训研修班活动”。落实《莲都区教师教学新常规》，加强教学六项常规工作的研究，向常规管理要质量，学校督学、网格化管理、科室联系等工作到校。11月中上旬，莲都区教育局党组和督导室、教研室组成5个工作组，对莲都区26所中小学进行了督导检查。推进推实“互联网+义务教育”。新增结对学校8所，共有18所学校实现了同步课堂。2020年，城乡结对的所有学校完成同步研修60次，其中同步课堂不少于20节，网络研修不少于12次。学科教研员密切关注、研究、使用城乡同步课堂，并在区域教研中使用互联网教研。各校积极探索基于互联网背景下的集体备课、网络研修、同步上课、同步批改与辅导，促进了城乡教育均衡、师生共同发展。教育科研工作质量稳步提升，3月组织了第八届莲都区义务教育精品课程评选活动，评出32门区级精品课程。在此基础上向市、省推荐，其中18门课程获评市级精品课程，1门课程获评省级精品课程。加强课题研究全过程管理，提高课题研究的质量，共有4项课题在省级立项并开展研究，39个课题在市级立项，2019年度区级小课题结题304项，获奖243项。在省市课题评比中，共有41个课题在省市获奖，7个课题获得市一等奖，12个课题获得市二等奖，18个课题获得市三等奖。强化名优骨干教师培养，组织开展2020年莲都区教坛（德育）新苗、教坛（德育）新秀、教学（德育）能手评比活动，评出77名莲都区教坛（德育）新苗，111名莲都区教坛（德育）新秀，84名莲都区教学（德育）能手。

【体、卫、艺、科技工作】 举办莲都区中小学生田径运动会、中学生篮球赛。处州中学男子、女子足球队获得丽水市校园足球联赛第一名。结合浙西南革命精神，围绕“民族魂·中国梦——阳光下成长”主题，举办第十届“莲都之春·文艺”“莲都之秋·美术”等系列艺术比赛。举办莲都区第四届“莲都之光”科技大赛。在丽水市第七届中小学“绿谷之光”科技大赛中，莲都区中小学获团体一等奖。

【特殊教育】 重视特殊教育，依法保障“三残”儿童少年受教育权利。首次成立莲都区特殊教育专家委员会，统筹指导和科学管理特殊教育工作。2020年，新建7所资源教室，全区资源教室共计15所，资源教室已经覆盖全区所有乡镇街道。莲都区义务教育阶段，共有持证特殊儿童282名，其中在校生278名，入学率达98.6%。

【研学实践】 制定《莲都区中小学生研学实践管理办法》和《莲都区中小学生研学实践教育承接企业遴选办法》及学校研学实践报备管理办法，规范中小学生研学实践，明确职责，形成合力，提升研学实践质量和水平。9月19日在丽水鱼跃1919文化产业园，区委宣传部、区教育局、区文广旅体局共同主办莲都区研学基地建设与协同发展研讨会；9月30日在中国青瓷传统文化研学基地，举行莲都区中小学生“莲都知行”研学实践启动仪式；10月10日在古堰画乡一号艺术区美术馆，举办莲都区中小学生“寻找画乡之美——艺术研学实践”启动仪式。通过“一会两仪式”宣传推动，研学政策与做法得到很好宣传发动。2020年，莲都区有省级研学实践基地1家，市级研学基地3家、营地1家，市直属研学基地7家，承接研学企业6家。2020年，新认定区级研学基地5家，中小学社会实践基地15家。

【学生扶困助学】 2020年，莲都区发放中小学各类贫困生补助款267.702万元，其中学生营养改善提升工程补助款183.327万元，家庭经济困难学生生活费补助款（一补）84.375万元，受惠贫困学生达4725人次；发放民族教育券补助款32.8万元，惠及少数民族学生2473人。

（雷学忠、陈旭玲、桑丽虹）

民办教育

【民办培训机构审批和管理】 2020年，按照《关于做好校外培训机构复课（复工）工作的通知》

文件精神，对250多家各类培训机构进行核验，达到复课要求的准予复课。新审批民办培训机构11家，调查走访非学科类培训机构164家，将学科类校外培训机构信息录入全国和省级中小学校外培训机构管理服务平台；将考核结果和黑白名单公布，供广大家长查询；处理投诉案件9起。

【民办中小学招生】 2020年是公民同招政策实施第一年，为构建公开、公平、公正的义务教育学校招生制度，莲都区提前做好公民同招决策社会风险评估，不断完善义务教育阶段学校招生工作实施方案，及时面向社会征求意见，报区委教育工作领导小组审议通过，民办学校引入公证机构摇号工作方案，公办学校降低进城务工人员子女摇号入学条件，公民同招政策推进平稳有序。完善"最多跑一次"工作措施，方便学生家长入学报名，重新开发2020年义务教育阶段学校招生网上报名系统，高质量推进入学入园报名等公民上学一件事"掌上联办"。2020年，家长通过浙里办App（手机端）为孩子入学报名比例达95%以上。2020年秋季学期，1000多名进城务工人员随迁子女摇号入学城区10所公办中小学，录取率为100%，切实保障了进城务工人员随迁子女平等接受义务教育的权利。进城务工人员随迁子女就读公办学校的比例达72.1%，向高标准实现教育现代化区的入学民生目标又近了一步。

（雷学忠）

成人教育

【概　况】 2020年，全区有成人教育培训中心1所，区域中心成技校6所，开办各类培训班，参加培训近12万人次。莲都区（含市本级）以全市第一被推荐并创成"浙江省示范学习型城市"；碧湖城技校的"乡村厨师技能与素养提升培训"品牌获浙江省成教品牌；城东成技校创成浙江省现代化成人学校；大港头、老竹、城西、太平成技校创成市老年教育特色基地。

【老年教育】 2020年，积极推进老年教育，参加社区教育各类培训学习的老年居民达4万人次，占莲都区60岁以上人口比重的50%以上。

（孙燕艺）

办学条件

【概　况】 2020年，全年教育经费总投入142459万元，其中国家财政性教育经费107472万元、事业收入28659万元、其他收入6328万元。安排中小学（幼儿园）设备费1119万元，支付免费教科书1832万元，支付学生安全放心车400万元。拨付教育教学质量奖790万元，名师名校长科研经费81万元，民办中小学、幼儿园政策扶持资金2281万元，民办中小学、幼儿园保安经费172万元，民办中小学公用经费878万元。2020年，安排师训经费267万元。2020年，农村生均公用经费标准为小学892元、初中1226元，高于省定标准。对农村小规模学校，学生数低于300人的，按300人计算公用经费，保障小规模学校的正常运转。寄宿制学校按每生每年200元增加公用经费。公办幼儿园生均公用经费标准为500元，小规模幼儿园，幼儿人数低于300人的，按300人计算公用经费。

【教育项目建设】 2020年，实施教育建设项目投资24个，其中新扩建4个，装修工程2个，维修改造项目17个，零星修理项目1项。全年完成政府项目建设投资约1.8亿元。开工建设天宁中学体艺馆，续建长岗背小学、碧湖三小，完成中山小学教育集团巨溪校区扩建工程、接官亭幼儿园、瓯碧园幼儿园装修工程，接官亭幼儿园作为灯塔幼儿园教育集团分园、瓯碧园幼儿园作为碧湖镇中心幼儿园教育集团分园、留香园小区配套幼儿园作为丽青蓓蕾幼儿园搬迁均于2020年秋季投入使用，新增幼儿园学位900个。完成城北小学运动场、中山小学南明校区运动场、联城中学雨污分流管网等学校维修改造工程。完成新青林小学新建工程初步设计批复等前期工作；启动城西学校（初中部）、处州中学扩建、大洋路小学扩建等工程的前期工作。谋划《莲都区"十四五"教育重大建设项目》，2020年东港小学被认定为浙江省义务教育标准化学校。

【教育装备】 2020年，莲都区投资10.2万元，改造智慧厨房17个；投资172万元，为23个教室配备了同步课堂设备；争取到中央资金345.6万为莲都区16所学校24个教室建设新型教学空间；投入资金1100余万元用于改善学校的教育信息化设备，其中网络光纤租赁费73万元、校园安全视频监控租赁经费110万元、中小学更新计算机多媒体509万元、中小学幼儿园常规教学设备更新400万元。2020年，教育信息化课题省市级立项10个；教师自制多媒体教育软件评比中，获得市级一等奖8个，二等奖10个，三等奖10个，教育技术中心被评为优秀组织奖。选送教师“基于技术的教与学方式变革”案例，获2个市一等奖，4个二等奖，12个三等奖。2020年，支付学生安全放心车400万元，民办中小学、幼儿园保安经费173万元。莲都区教育局下属中小学校以及等级以上幼儿园学校食堂102家，全部建成阳光厨房，A、B等学校食堂总数100家，建成智慧厨房17家。27所学校建成智能抓拍系统。实现城镇学校交通安全设施全覆盖。

（陈旭玲、张晖、莫建、谢殿波）

师资队伍

【概　况】 2020年，莲都区有中小学专任教师2833人（含民办学校）；幼儿园专任教师1023人。有正高级教师1名，省特级教师4名，省教坛新秀11名，市级名师17名，市级学科带头人109名，区级学科带头人156名，市区级教坛新秀、德育新秀260人。

【师德师风建设】 2020年，根据《中共莲都区教育局党组莲都区教育局关于加强和改进师德师风建设的若干意见》，实施师德承诺制、师德评估制和师德帮教制，引导广大教师坚定理想信念，以“四有”好老师为标准，增强立德树人的责任感和使命感。落实教师师德负面清单考核制度，出台《莲都区教育局关于建立违反师德行为联合惩戒制度的通知》《莲都区教育局关于建立教师个人信用记录制度的实施意见》，推动师德建设常态化长效化。

【人事制度改革】 加强校长队伍建设，培育一批有思想、懂管理、善创新的校长，建立校长“流动能进能出，职务能上能下，待遇能高能低”的管理机制。评选出特级校长1名，高级校长3名，中级校长30名，初级校长37名，待聘校长21名。2020年，通过公开招聘，对待聘教师储备库进行了更新补充。从储备库中择优聘用了待聘教师349人，其中初中32人，小学126人，幼儿园191人。同时，2020年是首批公开招聘的中小学待聘教师任教满两年，首次符合考核入编之年，经资格审查、社会公众测评、师德师风考核、教师年度考核、教学质量考核、个人综合素质测试、体检、考察等程序，择优录用待聘教师为编制教师3名，每个环节公开、公正，整体工作平稳、有序。2020年通过与杭州师范大学、温州大学合作，定向培养小学全科教师6名。

【校长教师交流】 整合教师校长交流和“区管校聘”工作，2020年全区教师校长交流147人，其中，校园长、校区负责人等组织调动18人，竞聘型交流（进城考试）36人，新教师留城锻炼期满三年下乡8人。

【教师聘任】 2020年，招聘录用中小学教师20人，其中研究生学历3人，本科学历17人；招聘录用幼儿教师3人（其中男性幼儿教师1名）；公开选调小学教师3人，幼儿园教师1人；人才引进中小学教师2人。2020年，新聘高级教师39人，一级教师98人。2020年，全区在聘高级教师503人，中级教师1331人，初级教师832人。

（张建武、邓德雨）

科学技术

科技管理与科技成果

【概　况】 2020年，莲都区科技局内设办公室、综合科和计划科；下属1个全额拨款事业单位，即区科技信息中心。

2020年度莲都区在全市科技进步目标责任制工作考核中获优秀等次，得分排名全市第二。完成高新技术产业增加值36.96亿元，同比增长4.2%，占规上工业增加值比重42.97%；完成高新技术产业投资9.26亿元，同比下降18.2%；完成规上工业企业研发费用11.12亿元，同比增长25.8%。新增国家高新技术企业14家、省科技型中小企业24家、省级高新技术企业研究开发中心3家；新认定省级企业研究院1家，实现零的突破；新增省级星创天地1家，莲都万洋箱包时尚产业创新服务综合体成功申报市级产业创新服务综合体。完成发明专利产业化项目4项，实现新增产值637万元。完成技术合同交易5341万元。

【科技投入】 兑现2019年莲都区科技创新活动事后扶持项目69项，扶持金额806.4万元。兑现2019年度企业研发投入事后扶持项目37项，扶持金额595.42万元。受理2020年度莲都区农业科技项目6项，补助金额58万元。发放科技创新券219.72万元，分四批向46家企业的66个项目兑现科技创新券共计151.7万元。

【优化政策】 结合莲都区产业发展现状和人才队伍建设实际，对丽水市政策进行延伸与补充，制定人才新政"莲9条"。发布《莲都区科学技术局关于贯彻〈丽水市人民政府关于应对疫情支持企业健康发展的十八条意见〉有关事项的通知》（莲科〔2020〕5号），向27家企业，34个项目发放科技创新券补助共计兑现98.87万元，助力企业复工复产。修订出台《莲都区科技创新券管理办法（修订）》（莲科〔2021〕1号），加强对科技创新券的管理。

【科技特派员】 2020年，新增3名市派农业科技特派员，莲都区共有农业科技特派员14名。2020年，实施科技项目15项，财政科技投入122万元。其中"有机肥+沼液灌溉+水肥一体化"技术大幅减少农业基地的化肥施用量、农用水以及生产用工，示范面积380余亩。2020年，新增10名工业科技特派员，截至2020年年底，莲都区共有工业科技特派员24名。提出12份建设、行业提升报告，为企业解决了29项技术问题，提供18场技术培训，申报专利45项、市企业技术中心1家及国家高新技术企业2家。

【创新人才建设】 2020年，新引进"绿谷精英"人才项目11个。推进莲都区政府与上海霄鉴生物科技有限公司共建莲都—上海人才科创"飞地"。推进"画乡莲都·院士之家"创建工作，借助"建家"柔性引进院士专家等高等人才，已签约进家的院士共17位。

【防震减灾】 开展防震减灾知识宣传，通过"5·12"防震减灾日、科技活动周、知识产权周等活动多方位多角度开展防震减灾科普宣传。2020年，在全区各中小学、幼儿园开展校园地震应急疏散演练、应急知识讲座等活动，举办了以“防震减灾”为主题的绘画比赛。在莲都区唯一一个“省级防震减灾教育科普基地”人民路小学开展了防震减灾科普活动。

【浙西南科创中心建设】 委托浙江清华长三角研究院苏骏团队编制《浙西南科创中心规划——莲都区子规划》，依据规划精神，明确浙西南科创中心核心区围绕“一圈”（丽水北城科创圈）、“一城”（丽水南城科技城）、“一轴”（碧湖新城科创轴）建设的总体布局。组织汇编《浙西南科创中心·莲都篇》，通过“总体布局”“创新空间”“创新平台”“创新企业”“创新人才”“创新环境”六大章节，展示莲都区撤市设区以来的人才科技工作成就，展望“浙西南科创中心”蓝图；推进国家水稻分子育种中心丽水示范基地落地建设：2020年9月7日，莲都区人民政府与华智生物技术有限公司在湖南长沙正式签署战略合作协议，“杂交水稻之父”袁隆平院士团队牵手莲都发展，共建“国家水稻分子育种中心丽水示范基地”。9月10日教师节期间，袁隆平院士亲笔为“水稻分子育种中心·丽水示范基地”题名。10月24日，第九届“智汇丽水”人才科技峰会召开，华智生物总裁、国务院政府特殊津贴专家田冰川与莲都区委副书记、区长陈豪就共建“国家水稻分子育种中心丽水示范基地”进行项目签约。10月25日，召开第二届“才聚莲都”高层次人才与科技项目对接交流会暨“画乡莲都·院士之家”落成仪式，华智生物、莲都区科技局、丽水智汇农科三方进行了项目落地签约；莲都—义乌科技创新研究院投入运营。2020年5月28日至29日，举办了“产学研合作”—工业篇科技对接活动。12月13日，举办了山海协作——“莲都—义乌直播经济”培育活动，针对直播经济开展结对帮扶。累计培训人数500余人，惠及企业120余家。

（蓝李俏）

科技团体

【“院士之家”建设】 10月25日，第二届“才聚莲都”高层次人才与科技项目对接交流会暨“画乡莲都·院士之家”落成仪式举行，“画乡莲都·院士之家”正式启用，中国科学院院士陈颙、中国工程院院士董石麟、中国工程院院士赉德、中国科学院院士邢定钰等嘉宾出席活动。签约进家院士17位。成功邀请戎嘉余等院士9人次到莲都疗休养，为莲都区加快实现高质量绿色发展提供决策咨询。

【科协组织建设】 按照接长手臂、延伸链条的要求，推进“乡村社校企”基层组织覆盖面。全区14个乡镇（街道）建立科协组织，建成学校科协2家、企业科协4家。

【资源平台搭建】 莲都区科协与宁波市江北区科协签署“山海协作合作备忘录”，与义乌市科协签署“院士专家义乌、莲都行”山海协作协议，将在院士专家共享、学会资源交流、海外智力引进、科普基地共建等方面开展合作，助推莲都与江北、义乌的战略合作走深走实。

【关爱科技工作者】 表彰2019年度莲都区农村科技示范户11名，通过培育、扶持一批有影响力的科技示范基地和科技示范户，引导其带领周边群众共同发展，打造产业品牌，实现共同致富。推荐3名优秀农村科技示范户参加省科协农民高级技师职称评审，提高农村实用人才的专业级别。为合作的院士及团队负责人寄出节日鲜花，共同庆贺科技工作者日。

【建言献策】 2020年，共提交提案20篇，其中集体提案4篇、重点提案3篇。重视老科协工作，引导老科技工作者围绕全区重点工作、中心工作撰写建言献策文章，其中4篇建议获区领导批示，叶松青被评为全国老科技工作者先进个人。

【助力“两手硬、两战赢”】 按照“疫情不止、科普不断”的要求，区科协在疫情期间利用科普短信给大家科普防疫知识，通过科普短信提高群众防疫意识。组织乡镇街道科协分发防疫宣传册，在科普长廊张贴防疫宣传画，开展科学防疫宣传，扩大科普防疫影响力，多管齐下满足群众及企业对疫情的科普需求。鱼跃酿造、百兴菇业等企业科协在组织复工复产的同时，积极捐赠生活物资为阻击疫情加油助力。

【青少年科技创新大赛】 2020年8月，举办莲都区青少年科技创新大赛辅导员培训班，组织全区各中小学的科技辅导员50人赴杭州进行实地教学与参观，提高莲都区青少年科技创新辅导员的科技创新辅导能力。11月，区科协组织专业评审老师开展了2020年莲都区青少年科技创新大赛评选工作，评选出科技创新成果17项，科技实践活动5项，少儿科幻绘画83幅，辅导员科技创新成果4项，优秀科技辅导员3名，优秀组织单位（学校）2所。

【专题科普活动】 8月24日在丽水体育中心举办了2020年“科技战疫·创新强国”科技活动周大型科普宣传活动。9月20日晚在纳爱斯广场举办了2020年丽水市莲都区“全国科普日”启动仪式暨广场科普宣传活动。区卫健局、区市场监管局等20余家纲要办成员单位，花卉协会等多家学（协）会，以及市区科技企业和14个乡镇（街道）的科技基地或家庭农场参加了宣传及产品展示活动。以科普游园打卡活动等群众喜爱的方式，让公众与科学零距离接触，提升群众科学素养，推动生产生活健康等科普教育普及，营造浓厚的科普氛围。12月12日，《加油！科学+》大型科普情景剧在莲都区纳爱斯广场上演。

【百名专家连百村】 实施“百名专家连百村科技服务乡村振兴”活动，与莲都结对的15位市区科技专家围绕当地主导产业开展技术指导，下乡开展农技帮扶活动108人次，开展农技等培训7场，培训农民350人次。在“全国科普日”期间，丽水市“双百活动”莲都组专家组团前往峰源乡，开展走基地送科技服务活动，为莲都乡村振兴和农业农村全面发展贡献力量。

（边竞）

社会科学

【社科管理】 2020年，发布《莲都区社科联深化改革实施方案》，做好《莲都区社科联机关机构编制方案》。完成莲都区哲学社会科学领域人员精准统计上报工作。发布《关于印发〈莲都区2020年浙西南革命精神弘扬践行工作要点〉〈莲都区2020年浙西南革命精神弘扬践行主要工作计划〉的通知》，为莲都区谋划2020年浙西南革命精神弘扬践行工作。完成莲都区五年社科成就上报工作。发布《中共丽水市莲都区委关于新时代加快推进哲学社会科学发展的实施意见》《中共丽水市莲都区委办公室丽水市莲都区人民政府办公室关于加强莲都新型智库建设的实施办法》等系列文件。

【社科研究】 发动社科专家围绕“疫情对丽水经济社会的影响”开展课题研究，论文《新冠肺炎疫情对丽水发展生态工业的启示和对策研究》被市社科联录用。举办“两山”理念提出15周年暨撤市设区20周年理论征文活动，共收到征文82篇，将获奖征文编辑形成《撤市设区20周年——“两山”理念在莲都的实践》一书。推荐14篇优秀论文参加丽水市“高质量绿色发展”论坛理论征文、省委“两山”理念15周年理论研讨会，被列为丽水市社科规划理论宣传专项课题。在全市理论征文中，莲都获1个一等奖，3个二等奖，4个三等奖。由区委宣传部、区文联和区社科联共同举办“莲都区撤市设区20周年文学创作大赛”活动，收到参赛作品197篇，其中散文（含纪实）100篇，诗歌类（含组诗、外首）87篇，小说10篇。评选出一等奖 1篇、二等奖3篇、三等奖6篇、优秀奖15篇。为弘扬践行“忠诚使命，求是挺进，植根人民”浙西南革命精神，与文联合作推出红色连环画《莲都烽火》。

【社科普及】 莲都区社科联选送的朗读作品《大港头春望》成功入选浙江公共新闻频道4月22日播出的《2020全民阅读日：感受诗画浙江在“四条诗路”上为地球朗读》节目，为丽水市唯一。9月17日，该作品入选了中华全国总工会、中央网信办主办的“时代新声”全国正能量诵读作品，获得1.4349万人次的点赞量。大型文化专题栏目《文化浙江大讲堂》摄制组在莲都完成《瓯江山水诗路——人文莲都诗家雅集》和《瓯江山水诗路——秀山丽水 诗画莲都》两集电视专题片摄制任务。与区委宣传部联合举办《习近平谈治国理政》第三卷知识竞赛活动，全区共有35239名党员干部群众参与，活动取得良好成效。

【信息宣传】 上报7篇“同心抗疫——社科普及基地‘战疫’进行时”信息，其中《齐心战“疫”社科普及基地在行动——社科普及基地莲都区图书馆“战疫”进行时》，被丽水社科录用。举办“学传统文化，做文明市民”讲座，开展“莲城讲堂·莲都社科讲座”活动。纪实文章《时间就是作品——记王浣清老师》在《丽水研究》2020年第2期“瓯江文化”栏目发表，小小说《战争岁月里的那一声“妈妈”》在“丽水社科发布” 微信公众号“云上社科”栏目播出。

【社科学会】 2020年莲都区国学经典教育研究所举办微信课23次，9200多人听课；开展线下专题讲座12场，听众800多人次；开讲未成年人国学经典课40节；举办亲子活动2次，90多个家庭参加。区婺剧促进会向全区农村听众播放婺剧经典唱段，组织会员下农村、入社区、进广场宣传演出25场，观众达5万余人次。莲都区茶文化研究会加强茶文化宣传，在莲都区主要茶楼茶馆分别开展了“全民饮茶日”活动；在处州府城举办首个“国际茶日”庆祝活动，活动包括文艺表演、茶诗词朗诵及茶文化宣传和品茶等内容。区老年书画研究会承办“纪念撤地设市二十周年暨两山理念十五周年书画展”“纪念抗美援朝战争胜利70周年书画”等系列活动，被中国老年书画研究会评为首届网络书画展“抗击疫情书画创作贡献单位”。

【社科普及基地管理】 根据《丽水市莲都区社会科学普及基地建设管理办法》，要求各个社科普及基地充分开发和利用社会科普资源，调动社会力量开展社科普及工作，推进社科普及工作的社会化、群众化、经常化。丽水古堰画乡文化产业园区举办第二届丽水巴比松国际研讨会暨2020年古堰画乡小镇艺术节，举行“丽水国际巴比松——文化艺术与城乡发展的双向赋能论坛”“看·那片风景——国际风景油画大师联展”“艺术不是一座孤岛”丽水巴比松写生行活动、网络文学助力生态发展论坛、“画的N次方”——第二届古堰画乡青少年绘画大赛、“自我·回归”——张旭东艺术展、青瓷画艺术展、玖层·微艺术博览会、遇见·画乡南京当代绘画作品展、古堰画乡小镇音乐节等系列活动，取得较好的社会效益与经济效益，《人民日报》、新华社、浙江卫视、浙江新闻客户端、《丽水日报》、丽水在线、丽水网等各级各类新媒体进行了近百次报道。2020年，莲都区文化馆以“互联网+公共文化服务”为抓手，创建形成了地域特色的文化活动品牌30余个，开展各类主题送戏下乡巡回演出30场，举办莲都区抗疫作品、撤市设区20周年等主题展览18个。2020年，莲都区图书馆实施爱心书屋服务标准化试点项目，为全市疫情后第一个恢复开放的图书馆，率先在全市实行免押金办理读者证；新建成2个分馆和7个流通点（包括3个老兵书吧）。开展阅读推广活动200余场，在4月23日世界读书日举办的捐书共建“爱心书吧”活动，收到捐书2000余册，建成树懒咖啡爱心书吧1家。鱼跃1919科普馆增设了鱼跃书院、莲都区图书馆鱼跃1919主题分馆等多个科普教室，开展科普活动800多场，累计接待5万余人。中共丽水县委旧址纪念馆2020年接待参观考察党政干部29批次892人次，其中中青年干部培训班50人驻地培训4天，年轻干部培训班50人驻地培训5天。

（汤伟红）

卫生·红十字会

卫　生

【综　述】 2020年，莲都区有医疗卫生机构157家，其中县级综合医院1家（莲都区人民医院，二级乙等），乡镇卫生院17家，社区卫生服务中心5家，社区卫生服务站2家，村卫生室104家，民营医院2家，个体诊所24家，检验所1家，医务室2家。全区执业（助理）医师459人，注册护士341人，注册乡村医生107人。全区常住人口41.9万人，每千人床位数0.72张、卫生技术人员数5.59万人、执业（助理）医师数1.11万人、注册护士数0.87万人，核定住院床位562张，其中莲都区人民医院200张、丽水南山法朝骨伤医院99张、莲都南山法敏骨伤医院99张、乡镇卫生院134张、社区卫生服务中心30张。通过2019年浙江省健康促进县（区）技术评估，在全国64个县区中名列第四，并在全国作典型经验推广；白云街道社区卫生服务中心被授予浙江省家庭医生签约服务培训基地。

【医政管理】 医疗服务领域“最多跑一次”。100%的基层医疗卫生机构能提供规定病种慢性病长处方、便民惠民服务和夜间门急诊服务，61.5%的医疗机构开展住院服务，100%基层医疗机构通过HIS系统实现双向转诊和预约功能，100%城市社区卫生服务中心门诊号源接入丽水掌上健康平台。14家偏远基层医疗机构开展“数字化即时检验工作站”项目，50项检验项目均可在30分钟内快速完成。2020年莲都区门诊人次12.9万人次，同比下降0.7万人次，同比下降-5.04%；医疗总收入4426.07万元，同比下降-20.4%；门诊均次费用为175.09元，同比下降-6.69%；住院均次费用5772.78元，同比增长0.11%。莲都区人民医院完善智慧结算、互联网医院、预约诊疗、检验检查共享、数字影像等项目，全部接入丽水掌上健康平台。启用“云影像”“云胶片”，实现检查检验项目电子化推送，患者可通过“丽水掌上健康”公众号即可查询超声、内镜、放射的原始图像和诊断结果；实现分时段检查预约，提供门诊和病房智慧结算；完成双向转诊系统改造。下属22家基层医疗机构与市、区级医院实现市、县、乡医联体建设全覆盖，上级专家下沉1732人次，开展义诊14场，医联体内开展业务培训及指导49期，接收基层进修人员11人，开展新技术及新项目6项。首批流动医院巡回诊疗车于2019年4月底启动运行，第二批巡回诊疗车于2020年6月底启动运行，7月底已覆盖全区12个乡镇（街道）、141个偏远无卫生室的村，每月至少开展1次巡回诊疗服务。在前期慢病带药随访工作基础上，把医务人员、诊疗设备、常见药品、医保实时结算等通过巡回诊疗车送进村，建立“医疗车辆+医疗设备+全科医师团队+远程医疗+医保实时结算”的流动医院。截至2020年12月，巡回诊疗服务下派医务人员2471人次，诊疗服务27849人次，开展健康宣教38400人次。将无偿献血活动纳入各单位主题党日活动，开展医师节无偿献血活动、“我为七一献热血”等团体献血活动20余次。莲都区2020年度完成献血1338.35升，完成率106.22%。

【中医药工作】 全区基层医疗机构建成中医馆19家，“示范中医馆”4家。率先实现中医中药一网通，基层医疗机构100%接入丽水市中医辨证论治综合创新平台，全面推进“中医云药房”服务。开展重点人群中医药健康管理服务，65岁及以上老年人中医药健康管理服务33097人，管理率68.56%，0～36个月儿童中医药健康管理人数7234人，管理率67.23%。

【卫生人才】 2020年莲都区有正高级卫生人才15人，副高级人才85人。3项科研项目获得市科技局立项；组织职业技能提升行动培训公共营养师30人，开展初岗培训、中医全科转岗培训、社区护士岗位培训、护理骨干培训及基层医院超声培训等100余人次；继续医学教育覆盖率100%，2020年获批3项市级继续医学教育项目，项目执行率达100%，培训300人次；制定区级素质提升工程，2020年安排39期共培训3600余人次。

【基层卫生】 2020年，莲都区基本公共卫生服务项目得分率达95.21%，累计建立居民电子健康档案29.99万份，建档率71.57%，动态使用率77.74%。老年人健康管理33469人，健康管理率70.07%，现场评价健康体检表完整率84.34%。巩固省级慢性病综合防控示范区成果，莲都区高血压管理共30267人，其中规范管理21521人，规范管理率71.1%，血压控制率为67.81%；糖尿病管理人数共9186人，其中规范管理6441人，规范管理率70.12%，血糖控制率为55.01%。麻疹脊灰疫苗接种率均达到95%以上。辖区幼托机构和小学入托入学新生查验率达到100%。有家庭医生签约团队108个，在签居民共计14.55万人，签约率34.73%，重点人群签约覆盖率80.06%。

【疾病控制】 突发公共卫生事件1起，为新型冠状病毒肺炎疫情；突发公共卫生事件相关事件2起，分别为水痘疫情1起、诺如病毒疫情1起，均得到及时处置。培训健康生活指导师850余名，覆盖全区14个乡镇街道的31个社区和208个行政村。

【卫生应急】 建立卫生应急指挥平台，接入丽水市卫生应急指挥系统，在区疾控中心和14个建制乡镇卫生院安装视联网视频会议系统，构建卫生应急预案体系，组织全区46名卫生应急队员开展学校传染病防控等应急培训及登革热应急处置演练。

【卫生监督】 2020年抽取国家和省级双随机任务200家，完成数196家，完结数4家，总完成率98%，移动执法终端录入率100%，网上公示率100%，行政处罚95家（一般程序19家、简易程序76家），行政处罚率47.5%，罚款总金额189850元，网上公示率100%。全年卫生监督件行政处罚案件立案166起，结案166起，罚没款金额346550元，其中一般程序案件65起，结案65起，罚没款金额345600元，简易案件101起，结案101起，罚没款金额950元，其中移送公安1起，听证案件3起，无复议，无诉讼。卫生计生监督协管机构覆盖率、协管信息报告率100%。

【妇幼保健】 2020年新增3岁以下婴幼儿照护服务机构4家，新增托位180个；国家免费孕前优生健康检查人群覆盖率达92.17%；宫颈癌筛查7264人、乳腺癌筛查7003人，筛查率分别为72.64%、70.03%；孕产妇死亡0人，5岁以下儿童死亡率4.49‰，婴儿死亡率2.42‰；孕产妇系统管理率95.06%，0～2岁儿童系统管理率95.50%，0～6岁儿童保健覆盖率97.84%；出生性别比106.79（其中男孩2013人，女孩1885人）。

【爱国卫生】 实现省级卫生乡镇全覆盖，创成国家卫生乡镇5个，省级卫生乡镇复评2个。做好16个省监测点在枯水期、丰水期的水质监测工作，合格率96.96%，同比提升了17.93%。农村改厕305户，新增无害化卫生厕所838户，无害化卫生厕所普及率99.79 %，卫生厕所普及率达到99.85%。推进病媒生物预防控制的信息化建设，创新病媒生物预防控制监管平台，实现病媒生物预防控制新突破。推进健康细胞建设，截至2020年年底，创成26家健康促进学校、24家健康促进医疗单位、84个健康社区（村）、71家健康促进单位、2331个健康家庭，创建无烟党政机关73家。112个农村文化礼堂开展健康素养进文化礼堂活动，覆盖率达81.75%，全区健康素养水平得到有效提升，达40.13%。

【计生工作】 2020年莲都区出生上报3243人（其中计划内3078人），计划生育率94.91%。与上一年同比减少818人，同比减幅20.14%。一孩1508人、二孩1583人、多孩152人，2020年出生率8.45‰。全员人口信息覆盖率和主要信息准确率均达到95%以上。办理再生育审批98件；发放计划生育公益金29.775万元惠及710人，发放奖扶金236.832万元惠及2467人，发放特扶金293.28万元惠及346人(含并发症对象)，特殊家庭“三项制度”落实率100%。区计生协发放爱心助学款8.4万元惠及84人，为全区399名计划生育特殊家庭成员投保关爱计生特殊家庭人员险，保费达7.98万元；生育登记、出具出生医学证明等事项实现“全域一证通办”，生育登记实现“零次跑”。公共场所母婴设施配置率达100%。

【计生协会】 开展“生育关怀—爱心助学”活动，对25名初升高的计划生育家庭贫困学生进行资助，为每个学生每学年发放1000元，直至高中毕业，总额7.5万元。为全区399名计划生育特殊家庭成员出资购买莲都区计生协关爱计生特殊家庭人员保险，合计79800元。2015—2020年，累计出资32.74万元，累计赔付31.77万元。两性安康保险共承保42963人，收取保费426.62万元。组织关爱计生特殊家庭志愿者小分队为全区262户计生特殊家庭送上大米、食用油等慰问品。

【老龄工作】 2020年全区60周岁以上老年人口84482人，占总人口20.25%。其中，90岁以上长寿老人1983人，百岁老人22人。莲都区有医养结合机构6家，2020年选定曳岭中心卫生院作为基层医疗机构医养结合工作首批试点，项目在积极推进中。

【新冠肺炎疫情】 莲都区卫生健康系统800余名医护人员、干部职工深入各交通卡口、发热门诊、集中和居家医学观察等抗疫一线；选派了90名驻企健康指导员、113名驻校健康指导员，为复工复产复学保驾护航；黄丽央、王倩2名“最美天使”驰援武汉。截至2020年年底，全区共报告本地确诊病例1例(已治愈出院)，无境外输入性病例，无无症状感染者，累计300多天无新增病例。莲都区人民医院被授予浙江省抗击新冠肺炎疫情先进集体称号。

【基建项目及招商引资】 总投资50亿元的“灵康杏福康旅小镇”项目开工建设，基本完成一期3号地块度假酒店，完成投资3.5亿元。总投资3.76亿元莲都区应急医疗救治设施提升工程开工建设，完成曳岭中心卫生院、丽新卫生院和碧湖平原卫生院等拆改建子项目，完成投资4505万元。总投资2.83亿元的PPP项目莲都区人民医院改扩建项目和丽云中心卫生院迁建项目，区人民医院项目医疗综合楼内部装修，二期宿舍楼和感染楼开始施工；丽云中心卫生院项目

8月19日，“致敬医护 共抗疫情 我们的战疫故事”莲都区庆祝“绿水青山就是金山银山”理念提出15周年撤市设区20周年暨“中国医师节”活动举行(金晶 提供)

6月16日，灵康杏福康旅小镇项目开工仪式举行(金晶 提供)

完成初步验收；合计完成投资6000万元。社会资本投资建设的总投资5000万元的丽水华夏眼科医院项目完工并正式运营，完成全部投资额。

【民生实事】 完成60岁以上老人免费接种23价肺炎疫苗任务数1万人次的目标要求；完成新增3岁以下婴幼儿照护服务机构3家，新增托位120个；完成重点人群结直肠癌筛查项目共完成风险评估问卷13666人，完成筛查12911人，完成结肠镜检查849人；完成70周岁以上老年人免费接种流感疫苗项目，自愿免费接种5000人次。

(金晶)

医疗保障

【概　况】 2020年度城乡居民基本医疗保险人均筹资标准为1700元,其中个人缴纳480元，政府补助1220元，截至2020年年底，莲都区户籍人口基本医疗参保率达99.57%，莲都区城乡居民"浙丽保"参保率达86%。2020年，医保基金筹资总额45992万元，医保基金支出39277万元，收支基本持平，基金运行稳健，未发生影响恶劣的欺诈骗保事件。

【疫情防控】 落实定点医院预付专项资金拨付工作，累计拨付50万元，为医疗机构在疫情防控期间的正常运行提供资金保障。做好药品、医用耗材价格监测，对全区定点医药机构进行走访，发放稳价格保供应《倡议书》，要求医药机构加强采购，稳定价格，做好服务。调整医保便民政策，拓展医保服务方式，引导参保群众通过线上渠道办理医保业务。疫情防控期间，区医保服务大厅共接到咨询电话1500余个，"不见面"办结医保服务事项165件。免费为全区15000余名一线的疫情防控人员办理人身保险，为疫情防控人员提供健康保障。

【医保扶贫】 落实医疗救助"两个百分百"。2021年度，全区享受资助的参保人25026人，资助财政资助金额约1201万元，实现100%困难群众参保；2020年，医疗救助支出1194.10万元，惠及各类困难人员53886人次，实现困难群众医疗救助百分百。推进医疗救助"一站式"结算。全年医疗救助一站式结算累计达52074人次，累计结算费用1007.15万元，减少困难群众垫资跑腿的麻烦。优化困难人员补充医保政策，创新推出"全民健康补充医疗保险"(浙丽保)，首次实现医保目录外的合理医疗费用进入医保保障范围，对困难人员予以全额资助参保，共惠及困难人员和少数民族46709人，极大程度地降低了因病致贫、因病返贫风险。

【医保服务】 完善"区乡村三级联动"医保服务工作制度，出台《"雷锋式"医保服务进定点医药机构工作方案》，2020年5月，在丽水市中心医院开设"雷锋式"医保服务窗口，派驻医保员为参保群众服务。强化基层医保员队伍建设，组建一支871人的医保协理员队伍，6月启动医保窗口业务轮训；组建医保业务微信群，开展线上业务培训，并进行实时工作指导。打造医保服务精品路线，通过多次走访调研，确定以"平原卫生院—碧湖便民服务中心—碧湖农商行"作为莲都医保服务精品路线的试点，医保云平台、高拍仪、医保电脑、打印复印机等设备已经安装到位。

【基金监管】 完善医保经办内控制度，实施基金运行每月分析机制，确保基金安全并按时支付。开展以定点医疗机构自查自纠为重点的专项治理，实现辖区内定点医药机构自查自纠和监督检查全覆盖。完成医保基金专项治理医疗机构自查数据汇总及整改退款工作，涉及医疗机构31家，共退回医保基金1122万元。强化欺诈骗保打击力度。实施基金监管三年行动计划，2020年4月，以“线上+线下”模式开展打击欺诈骗保专题宣传月活动，在微信朋友圈进行“打击欺诈骗保维护基金安全”倡议书接力，接力人数超过3万人，在各乡镇（街道）、定点医药机构张贴海报300余张，投放小区道闸、电梯间广告118块，制作宣传片1个，营造了全社会关注医保基金安全、打击欺诈骗保行为的良好氛围。

【医保改革】 开展定点医疗机构住院业务DRGs支付方式改革和门诊业务按人头付费试点工作，全区17家开展住院业务的医疗机构全部纳入DRGs点数付费管理，全部定点医疗机构成为门诊按人头付费方式改革试点。执行国家药品集中带量采购任务，推动民营定点医药机构进入浙江省药械采购平台采购药品，全区25家公立医疗机构全部在省药械平台阳光采购，公开交易。深化医疗服务价格改革，调整医疗服务项目价格142项，其中涉及降低大型医用设备检查治疗和检验价格项目106项，上调技术劳务型医疗服务项目36项。

（莲都区医保局　何朝琳）

红十字会

【概　况】 莲都区红十字会坚持狠抓理论学习和业务培训，查找业务短板，强化责任担当，以严的要求、实的作风，加强对干部职工的培训和教育，形成了干事创业的良好氛围。

【群团改革】 根据市委、区委关于加强和改进党的群团工作的实施意见和红十字会改革的内在要求，莲都区红十字会坚持以“增三性，去四化”为目标，通过深入调研酝酿、多方征求意见，形成了改革实施方案，得到了区委区政府的认可并发文实施。

【疫情防控】 区红十字会在中国慈善网发布捐赠项目，依法依规做好捐赠款物的接收和使用工作，累计接收和拨发捐赠款物385万元；组织红十字志愿者在全城居民居家隔离期间，为困难家庭送药送菜，为卡口检查点人员，高速各路口的交警、医务人员、社区工作人员送“爱心餐”2万余份；响应复工复产号召，组建红十字志愿服务团队赴水阁口罩生产线，助力14家企业复工复产。共出动红十字志愿者3420人次，服务2.5万多小时。

【筹资救助】 开展城乡社区红十字服务工作，结合助老、助残、助学等活动，关注常态下贫困人群的生活状况和健康状况，做好“红十字博爱送温暖”活动，共帮扶困难群众283次，发放救助款物10万余元。

【应急救护培训】 推进红十字应急救护培训进社区、进农村、进学校、进机关、进企业活动。共培训红十字救护员998人，应急救护培训10001人次。配合“健康莲都”工作，率先在东港菜场安装莲都区首台“救命神器”心脏除颤仪，根据卫健、文广旅等五部门关于开展“丽水山居”民宿旅游景区“五分钟社会应急救护圈”工作要求，陆续在AAAA级景区及4钻民宿安装AED，确保广大群众生命安全。

【“三献”工作】 推动无偿献血和造血干细胞捐献、遗体器官捐献。2020年，实现莲都区造血干细胞留样32份，反悔率和流失率均为零。

【基层组织建设】 强化红会会员管理，发展吸收新会员，壮大成人会员队伍，2020年吸收新会员175人，新建“博爱家园”2家。

【宣传工作】 利用“5·8”世界红十字日、世界急救日、“世界献血日”等重要时间节点开展红十字主题宣传活动，通过现场咨询、发放资料、展板宣传等形式，推动“人道、博爱、奉献”的红十字精神在处州大地传播。及时公布红十字捐赠信息，做到了捐款全透明、全公开，主动邀请和配合政府审计部门、媒体和社会公众对红十字会的各项工作进行事前、事中和事后监督，得到了社会的认可。

【志愿服务】 莲都区有红十字志愿服务队伍4支，红十字志愿者400余名，把红十字志愿服务工作纳入日常工作整体规划，加强红十字志愿服务队伍的专业化、规范化、制度化建设。

（陈金军）

社会生活

民政工作

【概　况】 2020年，莲都区民政局贯彻习近平总书记对民政工作的重要指示和第十四次全国、第十八次全省民政会议精神，以贯彻落实省委“民政30 条”、市委“民政22条”和区委区政府中心工作为主线，聚焦脱贫攻坚、聚焦特殊群体、聚焦群众关切，着力提升基本民生保障、基层社会治理、基本社会服务水平，民政各项工作取得一定成效。出台《关于推进新时代民政事业高质量发展的实施办法》，明确未来几年内养老服务体系、社会救助体系、基层社会治理体系和治理能力、民政基本社会服务能力及队伍建设等方面要求。加强干部队伍建设，按规定选拔任用干部，2020年度提任、调整股级干部15人。加强内控管理，对下属单位的工会进行合并，对各下属单位的财务职能统一回收局本级负责管理。推进“最多跑一次”改革，截至12月底，政务服务2.0平台网上受理率达到96.4%，办事指南基本信息准确率达100%、事项材料准确率达100%。政务服务2.0平台“好差评”主动评价率达省内领跑者水平。

【重大节日走访慰问困难群众】 2020年春节期间，莲都区民政局以特困、低保、优抚、重残、重病等困难对象为重点，与慈善慰问和部门、乡镇（街道）开展的救助行动相结合，开展困难群众、优抚对象慰问和救助工作，保障困难群众祥和过年，安全过冬。慰问部队、敬老院等单位6家，困难群众297户，优抚对象1450人，累计发放慰问金125.01万元，发放米、油、被等慰问品价值4.56万元。对因灾、因病等原因致困人员开展临时救助，春节期间共救助258户，发放救助金135.67万元。2020年“福彩暖万家”系列公益活动分“点亮梦想”和“助圆大学梦”两个主题，共资助困难对象121人，资助金额36.8万元。

【低保救助】 对全区低保对象开展自查自纠专项治理。全年共新审批低保对象595户912人，低保边缘对象68户136人，取消低保对象862户1143人，低保边缘对象651户914人。截至2020年年底，全区共有在册最低生活保障对象7062户10052人，最低生活保障边缘对象2346户3305人，累计发放低保金6223万元，低保补差从2019年12月的478.5元/人提高到565元/人。

【特困供养】 2020年新审批特困供养对象86人，因死亡等原因注销特困供养对象32人。截至2020年年底，全区共有在册特困供养对象541人（其中集中供养对象142人，分散供养对象399人），全年共计发放特困供养金和护理补贴781.5万元。

【“救急难”临时救助】 2020年，根据《丽水市民政局丽水市财政局印发〈丽水市临时救助实施办法〉的通知》（丽民〔2019〕77号）文件要求，实行救助关口前移，救助额度在1万元以下的委托乡镇（街道）审批，全区共救助各类困难群众496户，发放救助金288.4075万元，发挥了托底线、保基本、救急难的重要作用。

【落实支宁人员政策】 根据《丽水市民政局关于提高全市支宁

返丽人员固定生活补助的通知》（丽民〔2020〕49号）文件支宁返丽人员固定生活补助从2020年8月1日起，由每人每月292元提高到323元。截至2020年12月，对60名支宁返丽人员及时按月发放困难生活定期补助，全年共发放补助金22.90万元。

【精减、二老人员定期补助】 根据《关于调整精减退职职工和麻风病人生活困难补助费标准的通知》（浙民助〔2020〕92号）文件，从2020年11月1日起，享受定期生活补助的精简退职老职工生活困难补助每人每月从1530元提高到1605元，40%精简退职老职工生活困难补助每人每月从1710元提高到1800元；遗属生活困难生活补助费标准由每人每月1275元调整为1335元；全年对58名精减退职人员和遗属共发放补助金114.15万元；根据《浙江省退役军人事务厅浙江省民政厅浙江省财政厅转发退役军人事务部财政部关于调整部分优抚对象等人员抚恤和生活补助标准的通知》（浙退役军人厅〔2020〕27号）文件，从2020年8月1日起，对农村老游击队员和老交通队员生活困难补助月标准调整为660元，全年对20名农村老游击队员和老交通队员生活困难补助金24.10万元。

【基层治理】 推行村级事务阳光票决制，全区208个村实施阳光票决制，推广率100%，全面使用阳光票决管理系统，2020年完成票决事项733项。编制《莲都区村民委员会换届指导手册》，完成村民委员会换届选举工作。指导白云街道、岩泉街道、碧湖镇三地对现有社区进行优化调整，新成立陈道门社区、东港社区、通济社区。

【婚姻及收养管理】 2020年办理婚姻登记5325对，其中办理结婚登记2862对，离婚登记1994对，补发结婚证370件，补发离婚证99件，依法办理合格率100%。AAAA级婚姻登记搬迁改造项目如期完成，省内跨区域办理婚姻登记工作根据省民政厅的要求顺利推进，建立了婚姻家庭辅导政府购买服务新模式，解决窗口工作人员统一的服务配备和窗口补贴以及服务场所不达标等历史遗留问题。共办理收养登记5件，其中社会福利机构抚养的弃婴（儿童）4件，三代以内血亲1件。

【儿童福利】 莲都区本级福利院1家，养育孤弃儿童34名，由市万地儿童福利院代养25名，莲都区在册留守儿童1160名，孤困儿童232名，2020年发放生活费350.91万元。推进儿童之家建设。利用各类设施资源，因地制宜建好、管好、用好儿童之家，为留守儿童提供一个安全、舒适地可供学习、交流、活动的平台。到2020年年底，全区建成儿童之家22个。

【社会组织管理】 2020年，社会团体新增66家，注销13家，民办非企业单位新增22家，注销9家。注册登记的全区性社会团体184家，其中行业性社团26家，专业性社团80家，学术性社团17家，联合性社团61家；区本级民办非企业单位204家，其中教育类94家，卫生类7家，科研类9家，劳动类22家，民政类71家，体育事业类1家。81家社会团体和116家民办非企业单位参加年度检查。开展2020年度社会组织等级评估工作，评定不同等级的社会组织9家，其中AAAAA级1家，AAAA级4家，AAA级3家，A级1家。组织2020年莲都区社会组织公益项目大赛。支持慈善公益类社会组织参与社会服务活动，11家社会组织公益项目获得30万元的省级福彩公益金扶持。

【社区工作】 2020年社区工作指导中心加强对城市社区工作指导，做好各社区防控的"上情下达，下情上报"，出台《莲都区关于进一步激励关爱城市专职社区工作者的十条举措（试行）》，完成东银苑、娄丰堰社区、梅山社区、大水门社区装修。完成招聘社工47人。3月开展社工服务主题宣传活动，参与活动3500多人次。根据上级要求，做好社区选举政策指导。做好社区班子换届的选情排摸和调研，宣传选举政策。制定选举工作的方案、指导手册，制定选举办法、新的居民自治章程、社区公约、公告，层层落实选举工作职责，完成31个社区换届选举工作任务，社区居委会平均参选率99.63%（全市平均98.81%），“一肩挑”人选均当选，居委会主任平均得票率99.78%（全市平均99.55%）。

（范伊卉）

退役军人事务工作

【概　况】 2020年，莲都区退役军人事务局（以下简称退役军人事务局）贯彻党和国家决策部署，提高政治站位，增强“四个意识”，落实主体责任，做好退役军人工作，维护退役军人合法权益，为全市经济社会平稳发展奠定了基础。将业务工作与“不忘初心、牢记使命”主题教育相结合，发现问题，解决问题，打通服务保障的难点痛点、堵点，提升退役军人服务管理工作水平，将习近平总书记对退役军人工作的重要论述融入实际工作中，保证各项工作稳步开展。

【退役军人服务保障体系建设】 2020年，退役军人事务局开展“新时代枫桥式退役军人服务（中心）站”建设。制定示范型退役军人服务站创建指南，指导各乡镇（街道）、村（社区）服务站建立本辖区退役军人数据档案，提高了服务质量。完成全区14个乡镇（街道）级“枫桥式退役军人服务站”建设，完成率100%。莲都区退役军人服务中心、岩泉街道退役军人服务站、丽阳社区退役军人服务站、丽华村退役军人服务站获评全省“新时代枫桥式退役军人服务中心（站）”。完成退役军人信息采集，建立“一人一档”，上门悬挂光荣牌11520块，为优抚对象建立完善电子档案。对1953年后的退役军人档案进行信息化整理，实现电子档案永久保存。开展“退役军人大走访”活动，召开座谈会20场次。

【安置优抚】 2020年，在全省首创由政府出资、为全区在册退役军人投保小额意外保险。截至2020年年底，共发生赔付案件数33件，其中重疾案件22件、身故案件11件。按时发放各类优抚对象抚恤补助金、医疗门诊补助金、“一站式”住院医疗补助金及病故丧葬费。完成优抚对象的抚恤补助提标工作，并发放到位。组织重点优抚对象赴嘉兴市省荣军医院进行短期疗养，为义务兵父母及烈属进行免费健康体检。组织开展莲都区2020年退役士兵专场招聘会和退役军人职业技能提升培训，共有20多家企业参加，为退役士兵提供就业岗位。授牌退役军人就业示范基地3家，就业创业孵化基地1家，技能培训基地3家。对符合社保接续补缴条件的退役士兵，经过审查、认定、申报等工作后进行补缴。召开全区抗美援朝老兵座谈会，开展抗美援朝出国作战70周年纪念章走访授章活动，共发放27枚纪念章。

【双拥工作】 2020年市、区合力，成功创建“全国双拥模范城”，实现“三连冠”。叶美英荣获“全国爱国拥军模范”“浙江骄傲”称号，双拥典型事迹被《丽水日报》、浙江新闻、《光明日报》、中新网、新华网、学习强国等中央、省、市官方媒体报道。退役军人陈海港见义勇为的事迹被《人民日报》报道宣传，莲都区人民政府授予其个人三等功。结合“国防教育日、烈士公祭日、宪法日”等重要时间节点开展宣传，开展送政策进军营、送政策进军创企业等活动。完成双拥宣传片制作，建设纳爱斯双拥广场、军人荣誉墙。通过背街小巷、社区宣传栏等公共媒介，结合全国文明城市创建，宣传拥军优属、拥政爱民工作，普及国防知识，营造浓厚的双拥氛围。开展立功送喜报活动，走访慰问立功受奖现役军人家庭。争取省厅专项建设资金，完成万象山烈士陵园及配套设施改造。针对疫情影响，创新性开通线上祭扫和线下代祭扫双重服务，清明节开展网络“云祭扫”，有13万人参加线上祭扫活动。精心参与组织“9•30”烈士公祭日活动。疫情期间，军休干部和无军籍职工主动捐款支持抗击疫情。开展守护健康双向互动，切实当好守护者、服务者和倾听者的角色，为军休干部开展了全方位的家庭、生活服务。

（吴菁）

移民工作

【概　况】 2020年，莲都区实有紧水滩水库、石塘水库、滩坑水库等30座大中型水库移民11143人，其中直补到人10086人，扶持到村1057人，涉及14个乡镇、街道183个行政村（居委）。全区还有小型水库43座，移民688人，涉及10个乡镇、街道183个行政村（居委）。全区移民人均可支配收入30340元，同比增长7%，基本与全区农村居民人均可支配收入持平。

【信访维稳】 2020年区移民工作中心共接待来信来访移民群众9批14人次，解决率达到100%。每季度汇总涉稳风险点、重点对象及采取工作措施动态情况，掌握涉稳移民诉求和困难移民需求，共排查出不稳定因素1项。重要时间节点严格落实维稳措施，确保全国"两会"及其他重大政治活动期间移民群体稳定，没有发生赴省进京上访事件。

【遗留积案处理】 2020年解决历年移民遗留积案2起：一是会同市移民服务中心和云和县移民工作中心，成功化解移民王夏英遗留问题。二是与相关单位召开协调会研究解决滩坑移民沈希有建房用地确权相关问题，帮助其办理建房用地确权登记。

【移民项目】 在实地调研，综合研判各移民村（居）申报的后期扶持项目的基础上，编制2020年度大中型水库移民后期扶持结余资金、2020年度小型水库移民扶持资金项目及后扶资金的项目计划。2020年度移民项目资金总额1054.8万元，累计编制项目年度计划共45个总投资1411.8万元，超出的34%为备选项目，按替补有限顺序排列，分批下达。2020年下达的项目中用于生产扶持的项目26个671万元，占年度后扶项目资金总量的63.6%。

【直补人口年度复核工作】 莲都区2020年度后扶直补人口核减77人，其中死亡59人，被录用为公务员、事业单位工作人员7人，犯罪服刑人员3人，其他人员8人。2019年度后扶直补新增人口0人。年度复核后，莲都区2021年度共有大中型水库后期扶持移民11143人，其中直补到人10086人，扶持到村1057人。

【移民创业贷款贴息】 莲都区移民工作中心把大中型水库移民创业贷款贴息工作作为移民增收的有力抓手，推动移民发展生产、创业致富。自2015年第四季度开始支付创业贷款贴息至今，莲都区已发放移民创业贷款贴息补助332.96万元，帮助989户次移民解决创业资金问题。2020年累计发放创业贷款贴息112.7万元，受益276户次，帮助移民创业贷款融资4210.2万元。

（吴奕欣）

残疾人事业

【概　况】 2020年，莲都区有各类持证残疾人12242人，莲都区残联履行"代表、服务、管理"残疾人的职能，围绕"到2020年率先全面实现残疾人小康"的总目标，推进全国无障碍环境区创建及"残疾人之家""最多跑一次"等重点任务，完成了各项工作任务指标。

【社会保障】 实施四项补贴制度，为符合条件的残疾人发放生活补贴4643人，发放护理补贴5277人，每月补贴额超过225万元，应补尽补；实现"四项保险"补贴"全覆盖"，即残疾人养老保险补贴、城乡居民医疗保险补贴、小额意外伤害保险补贴、大病保险补贴，解决莲都区保险补贴覆盖率（残疾人全面小康实现程度的重要指标）的短板问题。给目标人群参保机构意外险和自谋职业职工养老保险进行补贴，每年保费支出超过700万元。2020年，莲都区残疾人各商业险理赔总人数416人，理赔金额100万元。

【残疾人康复工程】 2020年残疾人康复服务7022人次。实施残疾儿童康复服务与补贴制度。对发育滞后、发育障碍的儿童和身体条件需要缓学超龄（6～8周岁）的儿童，及时落实康复服务和补贴，完成儿童康复服务117人。为全区2000余名有康复适应指征的贫困残疾人进行免费康复，开展辅具远程适配评估试点工作，已适配助听器150只、轮椅128辆、下肢假肢10例，小额辅具补贴23例，为有需求的残疾人适配辅具共311件；为91户贫困残疾人家庭实施无障碍改造。落实精神残疾人免费服用基本药物政策，全区已有1000余名持证精神残疾人享受门诊免费服药政策，年度补贴金额达80万元。推进基层责任医生与残疾人签约服务工作。开展浙江省残疾人社区精准康复服务试点工作，重点将0～6周岁、精神残疾人和“三瘫一截”等成年重度残疾人纳入基层责任医生签约服务对象，落实保障措施，重点人群签约率达到90%。

【扶持救助】 鼓励残疾人从事种养业或加工业，给予创业初期有困难的残疾人资金扶持。2020年度扶持种养户44户，扶持资金8.8万元，基地扶持5个，扶持资金2.3万元。对从事个体经营的24名残疾人进行一次性的资金补助共4.8万元，对41名残疾人贷款开展生产或种养业进行贴息共34.6万元。开展临时生活困难救助，全年慰问残疾人500余人次，慰问金额共25万元。

【教育就业】 贯彻执行新的《残疾人就业保障金征收使用管理办法》，严格审核用人单位残疾人就业情况，配合地税部门做好残疾人就业保障金减免工作，2020年税务共征收残保金1520.05万元。拓展残疾人就业平台。全区新增按比例就业30人，新增集中就业23人，其他类型新增就业31人，均超额完成年度任务。开展残疾人职业技能培训。全年职业技能培训224人，开展电子商务、农业种、养殖培训、来料加工等培训5期，召开残疾人专场招聘会1场。办好培智学校，普及适龄残疾儿童少年义务教育。加大助学力度，每学年发放补助，帮助贫困残疾学生和贫困残疾人家庭子女完成各类学历教育，2020残疾学生和残疾人家庭子女助学共299人，助学金额74.5万元。

【组织建设和权益维护】 出台实施区残联改革方案，重新制定区残联三定方案，推动落实《关于加强乡镇（街道）、村（社区）残疾人工作者队伍建设意见》。组织全区残联系统干部进行综合素质提升培训，提高工作水平。发挥残疾人专门协会的桥梁纽带作用，组织开展各类有益残疾人身心健康的活动。深化涉残事项“最多跑一次”改革。共上线8个助残事项，即办事项5件，即办率62.5%，承诺期限压缩比85.71%，跑零次实现率、网上办事率、掌上办事率、材料电子化率均达100%。

【其他重点工作】 成功创建全国无障碍环境示范区。对道路、车站、广场、学校、银行、医院、商场、公园、居住小区等既有公共设施和建筑，开展无障碍设施建设和改造提升。在道路口、出入口及人行横道等处共设置缘石坡道749处，设置率100%；坡化改造601处，改造率99.8%；在人行道、坡道的上下坡边缘处、道路周边场所、建筑等出入口设置提示盲道302处。新建、扩建和改建居住区40个，居住建筑801个，无障碍设施设置比例均达100%。丽水市人民医院东城院区、丽水市工人文化宫、丽水市江滨商务中心地块项目、莲都区老年活动中心等新建项目无障碍设施建设达100%，其中无障碍停车位106个。建立19人的技术指导专家库，委托市规划建筑设计院作为无障碍环境区创建技术指导单位，对在建工程及时加强技术指导，累计开展技术指导361次，确保项目无障碍率达到100%。2021年2月，住建部发文表彰全国无障碍环境示范区（建城〔2021〕15号），丽水市莲都区名列其中。

【民生实事】 省政府民生实事星级“残疾人之家”提升改造顺利推进。2020年，13家“残疾人之家”已按照提升改造方案进行项目改造，其中12家通过市级验收升星。省级民生实事残疾人无障碍进家庭项目全面完成。共为91户残疾人家庭实施改造，9月底完成所有改造项目，10月通过验收。

（谭洁平）

民族工作

【概　况】 2020年莲都区少数民族人口 28148人。其中，畲族26110人，人口绝对数列全省第二位。辖区内有老竹、丽新两个畲族乡镇，少数民族人口在1000人以上的乡镇（街道）10个。

【少数民族经济、文化发展】 2020年，全区少数民族农村居民人均可支配收入达到28743元，同比增长7.64%。共争取并下达各级民族发展资金495万元，其中中央资金160万元，省级资金135万元，市级资金100万元，区级资金100万元。2020年，莲都区投入少数民族城乡居民合作医疗补助金额594万元（其中"浙丽保"经费108万元）；少数民族学生"民族教育券"补助金额32.8万元。弘扬少数民族特色文化。以东西岩国家AAAA级旅游景区为载体，举办"竹柳新桥"三月三畲族歌会、"三月三"云上歌会、二月二"千叟宴"、"沙溪之夜"、"畲乡村晚"等特色文化活动，在丽新畲族乡咸宜村举办2020年"丽水·莲都中国农民丰收节"活动，设计了畲乡传统市集、畲族民间体育赛事、民族特色文创等多项民族风情元素内容，畲乡名片越擦越亮。组建了沙溪村畲族文化传承服务队，引导丽新小学和老竹民族中学开设彩带编制、畲族语言、畲族体育等畲族文化校本课程，弘扬畲族优秀传统文化，传承畲族非物质文化遗产，提升民族文化品位和畲族文化影响力。

【少数民族乡村振兴工作】 整合各级农业农村等项目资金资源，投入1100余万元建成利山村中国少数民族特色村寨、沙溪村中国少数民族特色村寨、咸宜村中国少数民族特色村寨，积极创建头嘴村特色村寨。重点围绕生态购买和生态贷、两山贷的任务目标，系统设置"两山"转化项目库，提高民族乡村自我"造血"能力，制定印发《莲都区民族乡村振兴实施方案》《莲都区民族乡村振兴三年行动计划（2020—2022年）》《莲都区2020年生态产品价值实现机制试点工作要点》《莲都区丽新老竹乡村振兴示范带创建方案》。将民族乡村振兴工作领导小组纳入全区乡村振兴工作联席会议机制，通过全区民族乡村振兴部署会、"百企结百村，消灭薄弱村"专项行动、区统一战线各界结对帮扶少数民族村等系列工作，实现全区27个民族村结对帮扶全覆盖。制订《莲都区少数民族农民就业培训实施方案》，每年举办1期少数民族干部培训班，开展少数民族劳动技能培训，培养少数民族农村实用人才、乡村旅游经营人员和农业技术人员，为民族乡村经济产业发展提供人才保障。2020年，全区27个民族村集体经济收入均超过10万元，经营性收入均超过5万元，消薄率达到100%。全区民族村共建成省级AAA级景区村3个，A级景区村8个。2020年，丽新畲族乡获评省级民族团结进步模范集体，老竹畲族镇被评为省级旅游风情小镇。

【民族团结进步创建活动】 建立了区、街道、社区三级民族工作网络，专项拨款支持创建佳和社区、三岩寺社区等重点民族团结进步示范社区，以社区为主导，开展民族团结进步系列活动。2020年，指导佳和社区成立莲都区首个"民族工作室"，通过建立微信群、服务热线、入户走访等方式，整理建立民族工作数据库，全民掌握本辖区民族工作动态，在推进城市民族工作"四微"（微组织、微窗口、微热线、微平台）平台服务体系建设的同时，激发社区活力，构筑各民族共有精神家园。借助区畲研会构建民族团结一家亲理念。组织举办"天下畲族一家亲 云上歌会三月三"莲都区分会场活动，铸牢中华民族共同体意识。推选民族团结进步模范，形成示范效应。2020年，区委统战部（区民宗局）、碧湖镇、老竹畲族镇获丽水市民族团结进步模范集体称号，区畲研会副会长、老竹民族学校党支部书记等5人获模范个人称号。深入开展宣传月活动。以"团结一心 齐心抗疫"为主题，通过民族政策宣讲、群众性文体活动等形式，传递民族团结意识，弘扬民族优秀文化，打造"六进"样板，推进民族团结进步创建事业奋力起航、再上新台阶。

（吴媚）

关心下一代工作

【概 况】 2020年，莲都区关工委有22个成员单位，主任1人，专、兼职副主任15人；下设1个办公室，为参公副科级单位，有主任1人，工作人员2人；有科技、教育、法制、社区4个组，由在职和离退休及退二线同志组成。全区共有基层关工委271个，其中乡镇14个，机关 2个，村208个，社区19个，学校26个，民营企业关工委2个。参加关工委组织的“五老”人员共有1300余人，其中区本级80人。

【社会主义核心价值观教育】 为适应疫情防控需要，区关工委联合政法各部门，将法治进校园宣讲工作由线下转移到线上。开辟“爱·相随——七彩之家疫情期间网络法治小课堂”“普法云课堂视频”，观看学生达6万余人次。深入各学校、社区，累计开展各类普法与预防青少年犯罪等讲座48场次，受教育学生达8万余人次。区关工委以万象国学书院为阵地，开展公民道德教育。通过招收未成年人国学班、家长班和成人国学班，进行公益教学。全年累计组织微信课23次，举办传统文化、家庭教育、健康教育等公益讲堂12场，受教育人次达1.1万余人。

【“双百”活动】 区关工委科技组对碧湖蒲塘千亩休闲农业观光园无花果基地、莲丰享农庄、大港头毛田村万亩茶叶基地、岱后村高山西红柿基地等联系点开展了技术指导，帮助广大青年农民投身全面小康建设。

【帮困助学】 2020年，区关工委共资助贫困大学新生114名，发放助学金52.9万元。资助贫困中小学生26名，发放助学金5.2万元。

【帮扶特殊群体】 围绕“关爱少年重源头，发现苗头抓挽救，盯住孩子讲维权”的要求，区关工委法制组以“法润少年”工作品牌为载体，开展依法维权与法制教育工作。全年以合适成年人身份未成年人涉嫌刑事犯罪讯问提审85人次，帮扶慰问服刑人员困难子女10人，送去慰问金1万元。

【集中培训】 10月29日，区关工委召开“五老”志愿者学习通报会，分别就家风建设和养生保健知识等进行了学习。促使“五老”志愿者不断充实自我，提升服务青少年的能力。

【调查研究】 区关工委科技组分别对双百活动基地开展了调研，撰写《只争朝夕 不负韶华 谱写乡村振兴战略新篇章》得到了区领导的批示肯定。区关工委教育组走访了部分学校，深入公、检、法、司和社区，多次召开座谈会，采取问卷的方式对3700多名学生和家长开展调查，撰写了《构建家庭教育工作良好氛围 全面促进未成年的健康成长》调研文章。

（周华敏）

乡镇·街道

岩泉街道

【概　况】 2020年,岩泉街道辖区面积92.19平方千米(非建成区面积75.94平方千米,建成区面积16.25平方千米),户籍人口48398人,常住人口134858人。辖18个村(9个山区片村、9个城中村),7个社区。岩泉街道推进城中村改造(重点工程政策处理)、五水共治、垃圾分类、乡村振兴建设等重点工作,打造"民富、村美、人和、业兴"的美丽东城。获丽水市先进基层党组织称号。连续五年获评目标责任制考核优胜单位。成功创建市级红色乡村示范乡镇暨红色示范乡镇、丽水市扶贫示范村、市级红色乡村示范村,叶平头皇菊被评为省级骨干农业龙头企业。2020年,实现工业总产值16亿元,工业销售产值14.77亿元,共有工业企业203家,其中规上7家,规模以上工业主营业务收入4.3亿元,相比2019年同期增长8.9%,规模以上工业增加值增长11.3%。主要产品有轴承、水泥、家具、电商、制笔等。有耕地面积约587.3公顷,山林面积约8373.5公顷,农业以种植为主,特色农产品有叶平头皇菊、余岭高山蔬菜、枫树湾杨梅、雨伞岗葡萄、黄畈桃子等。

【疫情防控】 落实市区防控指挥部重要指示精神和工作部署,成立街道疫情防控指挥部,18位班子成员挂帅出征,68名驻村社干部划片联户,以"网格化"实施联防联控,建立街道、村社、小区、物业、楼道五级105个网格,下沉各单位在职党员1372人转入社区激活联防"红色细胞"。完成居家硬隔离2382人次,完成集中隔离147人次,排查海外侨胞3007人次。创新防疫工作举措,天宁社区党委探索在全市率先将临时党支部建在小区网格上,构筑起防控"红色堡垒",实现疫情防控"零扩散"。创新"流动红黄旗"考评制度科学精准管控"小门",激励各封闭式小区物业、服务企业参与属地街道和社区的疫情联防联控工作。开展大规模人群核酸筛查应对工作,确定86个采样点位,覆盖25个村社。做好"六稳""六保"工作,抢抓时间复工复产,对已复工企业会同区经商局逐一审查,落实各项防控要求282条。

【党建引领】 落实区委"五大工作制度",创新建立"一图两表三清单",完成25个村社组织换届工作。新当选的125名村(社)党组织干部中,大专及以上学历74人,占59.2%,比上届提升了16.2个百分点;村社党组织委员平均年龄45.48岁,比上届降低2.1岁,实现了结构素质能力的优化提升。坚持把理论学习作为党建工作的重要任务,推动理论学习抓常、抓细、抓实。建立"不忘初心、牢记使命"主题教育常态化、制度化、长效化推进制度,不断在"知行合一"上下功夫、求实效。全年讲党课69次,累计培训党员1907人次。

【城中村改造】 2020年,岩泉征收组城中村改造项目有3个,市指挥部下达的总征收户数238户,年度征收面积为37167平方米。通过创新"挂图作战""号响人到""三会三讲""一米阳光微征收"等征收工作机制,开展"行六一、达六情"活动。区消防大队北侧项目工作征收组市区首创干群交流例会。全体征收干部全面协作、通力配合、攻坚克难，按照年度交办任务，率先100%完成年度交办任务。

【重点工程政策处理】 树立“抓项目就是抓发展、抓项目就是破难题、抓项目就是惠民生”的理念，通过“五个一批”工作方法领先完成市区两级重点项目28个，实现清场交地的项目数量12个，合计清场交地650亩，拆除面积2万多平方米，顺利按计划出让地块8块。

【创成“无违建街道”】 岩泉街道贯彻上级关于“三改一拆”“无违建”创建决策部署，统筹抓好“拆、改、用、控”各项工作，拆改结合、拆控并举，全年完成拆违89068平方米，完成上级下达任务数的111.34%，成功通过市无违建创建办检查验收。

【产业融合】 构筑“环括苍古道乡村休闲产业经济带”，打造“东部农旅融合后花园”。依托区位优势，多处布点、整村推进、全面提升。雨伞岗村建成全国首家“雾耕”农业，打造集观光、研学、采摘、体验于一体的‘雾耕科普小镇’。湖羊生态养殖园区等生态项目落地里佳源村，实现“农产品废弃物—肉羊—果蔬”的农业良性循环，有效提高农业资源利用效率，建成畜禽生产及休闲养生一体化经营的高标准花园式美丽牧场。

【脱贫攻坚】 2020年，337户低收入农户人均收入实现100%高于9240元。106户符合“菜单式”产业扶持条件的低收入农户共获补助资金18.80万元。6名符合雨露计划政策条件的对象共获补助资金1.8万元。大搬快聚富民安居工程共涉及2个行政村9个自然村，审查通过共283户525人。完成雨伞岗村下爬山、上百坵水果产业发展配套项目建设、雨伞岗村羊肚菌种植示范基地建设、黄畈村水果产业基地配套建设等。

【民生实事】 2020年，完成省、市、区十方面民生实事和65件乡村两级民生实事。完成农村饮用水三年达标提标工程，完成里佳源、黄畈村、下后弄村、枫树湾村、冷水村等5个村农民饮用水提升工程，山区片11个村100%完成了水费收缴任务。

【民政工作】 2020年，岩泉街道完成佳和社区省民族团结友好社区创建，宗教场所“五进”规范化建设，2个普法示范基地建设成效明显。创成残疾人服务中心3家，管家残疾人服务中心被评为四星级，黄畈残疾人服务中心评为三星级。

【民生保障】 推动“最多跑一次”改革，提升行政效能，全年累计办结率99.2%。完成医保扩面指标和“浙丽保”任务。成功创建高质量就业村2个。完成151户困难群众危房治理，成为莲都区首个完成困难群众危房治理的乡镇街道。

【巩固全国文明城市创建成果】 开展建造村级文化活动中心及社区文化家园，助力垃圾分类进社区，推动美丽社区、美丽小区建设等工作。完成12个村级文化礼堂、16个新时代文明实践站所的建设。

【垃圾分类】 2020年，岩泉街道垃圾分类小区增至44个，其中13个撤桶并点定时定点成功。以高标准小区要求开展垃圾分类工作，创成省级高标小区3个。聘请第三方公司益趣公司对44个分类小区进行督导，确保人居环境整洁有序。

【平安综治】 建成乡、村两级矛调中心，实现矛盾纠纷化解“只进一扇门”“最多跑一地”，排查化解全街道各类矛盾纠纷657件，均已调解成功，调解成功率达到100%。综合信息指挥室运用“基层治理四平台”新平台，全年报送事件3107条，有效处理100%。开展安全生产、消防工作。安监站出动检查165人次，整改隐患115个，全年未发生较大以上安全生产事故。开展百万企业员工安全大培训，实现辖区企业安全培训全覆盖。严格落实责任、强化分工，实现辖区246幢高层建筑消防安全隐患全部整治清零，完成威利特消防安全问题专项整治工作。完成岩泉街道避灾安置中心和枫树湾避灾安置点规范化建设验收工作。加强应急管理水平,“浙江安全码”排查赋码率100%。在“黑格比”台风中秋塘村首次使用“浙江安全码”精准管理,顺利转移521名人员至避灾场所,无人员伤亡。守牢食品安全防线,全年检查食品安全2058家次,无食品安全事件发生。

【依法行政】 2020年,岩泉街道将建设法治政府摆在重要位置,成立12人合法性审查工作领导小组,配备3名专职调解员,配齐配强街道法治建设工作力量。编制并公布重大行政决策年度目录清单或事项标准,建立重大行政决策程序制度。委托浙江汇时律师事务所为重大行政决策提供法律咨询服务,实现重大合同合法性审查100%覆盖。

【廉政建设】 岩泉街道纪工委创新建立“五式联动”工作载体,落实主体责任。推进“三化”建设,对却金馆廉政教育基地的改造提升形成岩泉特色廉政教育品牌。全年开展各类专项监督检查61次。开展清廉村居建设,建立完善村居监察工作联络站,健全村居小微权力运行监督管理机制,完成村居巡察整改工作,已完成8个村6个社区84个问题、街道本级45个问题的整改。建立完善村社干部履职“三张清单”制度,加强对村社干部的管理监督。

【生态建设】 2020年,岩泉街道对贺家坑庆春路青田村雨污混排、九里湾新村污水管道堵塞等问题进行污水改造。推进第二轮中央环保督察反馈转办10件和第一轮中央环保督察信访件1件问题整改,实现环保督察办结率100%,公布率100%,信访件“销号清零”。开展疫木排查除治工作,完成区里下达的松柴线虫病防治任务目标。

【人武双拥】 根据2020年民兵调整改革工作的要求,按照标准落实基干民兵队伍和普通民兵队伍。集中开展基干民兵整组点验,到点率95%,点到率100%。岩泉街道100%完成春季征兵任务。建成并交付使用岩泉街道退役军人服务站。天宁寺村、枫树湾村、秋塘村、丽阳社区、佳和社区、正阳社区、朝阳社区、后甫村完善建设退役军人服务站。

【群团建设】 2020年,岩泉街道团工委完成25个村社新一届团组织换届选举工作。新成立1个团支部,即小童星丽水分校团支部。“文明礼仪进校园展现青春新面貌——百场文明礼仪公益课堂校园行动”项目获评2020年度莲都共青团“优秀工作项目”。岩泉街道妇联选举产生25个村社妇联第二届执行委员会成员,完成各项议程。

2020年岩泉街道村情一览表

表5

村名	户数(户)	人口(人)	农村经济总收入(万元)	农村经济总费用(万元)	农村经济净收入(万元)
天宁寺	1219	2779	76.95	107.77	-30.82
后甫	637	1527	184.24	72.86	111.38
九里	989	1850	228.97	35.86	193.11
岩泉	835	1542	246.71	58.61	188.10
青林	1055	1843	156.42	42.82	113.60
长岗背	626	1174	225.65	64.61	161.04
关下	464	835	62.73	14.76	47.97
社后	327	508	60.21	13.33	46.88
凉塘	274	564	22.14	22.05	0.09

续表5

村名	户数（户）	人口（人）	农村经济总收入（万元）	农村经济总费用（万元）	农村经济净收入（万元）
秋塘	480	1049	35.76	15.45	20.31
冷水	518	1037	33.61	25.50	8.09
枫树湾	865	1787	40.20	27.20	13.00
余岭	441	988	45.20	25.30	19.90
黄畈	536	1260	32.84	13.57	19.27
里佳源	681	1480	27.80	27.54	0.26
雨伞岗	664	1486	76.05	49.59	26.46
瑨头	711	1518	35.50	35.48	0.02
下后弄	541	1174	22.32	10.72	11.60

（吴方汇）

紫金街道

【概　况】 紫金街道，占地面积60.04平方千米，辖19个行政村和8个社区，是一个城区和山区相结合的综合型街道。2020年全街道实有人口12.5662万人，其中流动人口7.8099万人，户籍人口4.7563万人（其中农村户籍7445户，人数1.5093万人）。

社区总面积3.72平方千米，社区工作者50人；居民代表408人，居民小组长92人，文明单位18个（其中国家级1个，省级4个，市级10个，区级3个）；企业交托管理人员9762人；社区共建单位40个（其中市级17个，区级23个）；义工队伍6支96人，志愿者队伍33支1107人。

19个行政村中有10个为城区村，分别为海潮、厦河、大众、新建、城东、古城、水东、金东、芦埠、塔下；5个郊区村，分别为开潭、湾岙、风化、黄垷井、河村；4个山区村，分别为瀑泉、杨坑、祝庄、水岭根。耕地面积92公顷，山林面积5046公顷。主要种植多年生经济作物。农业经济的“三宝”是杨梅、柑橘、枇杷。

街道下设党委8个，党总支5个，党支部85个。街道共有行政编制20名，实际在编在岗25名（区委巡察组1人，编制在街道），其中领导班子成员16名，退二线人员6名，一般干部2人。有事业编制12名，实际在岗人数11名（其中正股7名，副股2名），具体为计生专干3人、社保员5人、安监员2人、财务人员1人。共有编外人员24名。

2020年紫金街道各行政村基本情况表

表6

村名	面积（平方千米）	户数（户）	人口（人）
合 计	53.124	7445	15093
水东村	2.8	663	1464
河村村	1.5	200	371
水岭根村	7.01	462	1120
芦埠村	0.02	775	1412
塔下村	0.2	152	288

表6

开潭村	4.69	337	654
瀑泉村	5.53	334	761
湾岙村	2.82	220	431
风化村	4.55	484	974
金东村	0.03	270	575
海潮村	3.72	509	1253
新建村	0.013	188	446
厦河村	0.03	783	1716
城东村	3.3	202	425
古城村	0.015	245	504
大众村	0.012	268	558
祝庄村	8.624	640	775
杨坑村	6.91	561	1067
黄坭丼村	1.35	152	299

【应急管理】 坚持"外防输入、内防反弹"慎终如始抓好疫情防控,强化底线思维与风险意识。全年共排摸9万多人,其中一对一管控22658人次;共设卡口99个,街道安排值守人员近5万人次;境外人员回国在丽水管控300多人;在外省落地隔离管控结束回莲健康监测91人。平稳有序处置"3·20"火灾事故,成立火灾事故处置工作领导小组,做好商户及楼上住户的信息排摸、情绪安抚以及其他善后工作,开展一对一结对帮扶。街道联合相关部门对辖区复工复产的商户、企业等进行消防安全大检查,对老旧小区消防通道进行集中整治,开展消防安全宣传工作,提高群众安全生产意识。

【城中村改造整改】 完成2020年度单体体量最大的芦埠村城中村改造任务,芦埠村和330国道共涉及被征收户189户,征收面积约12.15万平方米,征地面积34万平方米。已签约184户。其中330国道丽水塔下至腊口段公改建工程已于12月完成项目销号。水东加油站项目如期清场交地。2020年,紫金街道公示单元86台,通过公示单元的有45台,委托施工图设计的有35台,33个加装电梯点位开始施工。2020年,共拆除房屋面积80129.14平方米,完成2020年拆违任务。文明创建再巩固,制定详细清单进行对标整改,完成交办点位整改超过13000处。针对存在的基础设施短板问题排摸上报点位3600余处。

【村社组织管理】 围绕加强党的领导、强化人选把控、严格规范程序、严肃换届纪律、树立干事导向等关键环节,落实村社书记、主任"一肩挑"要求,完成27个村社组织换届。开展村社换届组织整固提升行动,落实"七个一"整改举措。实施"张榜招贤、揭榜挂帅",提高意向人选认可度。制定村级组织换届选举工作考核办法,压紧压实换届责任。推行"开门一件事""履新第一课"等做法,掀起干事创业的热潮,相关做法和成效被省市有关媒体报道。

【党建工作】 围绕"党建有特色、服务入人心、群众有口碑"目标,构建以党建带群建、群建促和谐、和谐助发展的新时代基层党建新格局,打造示范社区。根据《莲都区城市基层党建补短攻坚季计划》要求,对8个社区党建工作进行提档升级,组建党小组69个,在全区率先推行党员责任区建设。万丰社区书记杜有雷成为全省唯一一名获评省级“兴村治社”名师的社区书记。星湖社区刘荣平获得市级“兴村治社”名师。星湖社区以社区党委为核心，以提升组织力为重点，推出以社区家味、小区村味、街区党味为内容的“星湖三味”党建品牌，全力破解治理难题；东银苑社区以党建引领为“圆心”，贴心服务为“半径”，打造“党员同管、党群同心、资源同步、志愿同频、成果同享”的“五同互融”党建品牌。党政领导班子落实党风廉政建设主体责任，落实“一岗双责”，定期召开专题会议研究工作中存在的廉政风险苗头，通过观看警示教育片、通报典型案例等方式，强化反面警示作用，时刻为广大干部职工提神清脑，使党员干部在思想上时刻清醒，行动上认真践行。2020年，共办结各类信访件23件，案件3件，处理党员4人，挽回经济损失170118元，约谈党员干部157人次。

（章陈媛）

白云街道

【概　况】2020年，白云街道总面积37.7平方千米，下辖7个社区、4个村。全街道总人口101623人，其中村人口15815人，社区人口79897人；户籍人口29475人，其中农业户籍6953人，社区户籍22522人。耕地面积2.3公顷。全年实现工业总产值8000万元，增加值1450万元，来料加工1780万元。强化街道、村两级书记抓“消薄”，四个村的村集体收入达150.99万元，比上年增长10.6%，经营性收入均达到10万以上。全年招商引资完成2.23亿元，实现税收2688万元。

2020年白云街道各行政村基本情况表

表7

村名	面积（平方千米）	户籍户数（户）	户籍人口（人）	农村经济总收入（万元）	农村集体经营性收入（万元）	党组织书记 村委会主任
合　计	33.22	2940	6953	114.91	29.84	—
灯塔村	8.55	1178	3005	34.01	5.40	杨丽平
丽光村	4.67	623	1057	10.03	5.10	刘纪法
城西村	14.35	526	1476	56.34	10.00	周伟军
城北村	5.65	613	1415	14.53	50.34	刘荣俊

2020年白云街道各社区基本情况表

表8

社区名	面积（平方千米）	户籍户数（户）	户籍人口（人）	现有人口（人）	党组织书记 居委会主任
合　计	4.48	19508	22522	79897	—
白云社区	0.16	1802	4388	6873	李勇锋
北郭桥社区	1.08	2638	4713	7643	黄士祥
后庆社区	0.27	1596	2370	8390	赵丽霞
灯塔社区	0.15	1782	3157	5147	陈　俊
三岩寺社区	1.56	2029	3242	23080	陈朝霞
接官亭社区	1.26	1452	4652	28764	徐晓宁
陈道门社区	*2020年11月从接官亭社区划分增设，数据统一统计				汤志毅

【疫情防控】 成立疫情防控领导小组，建立街道、村（社）二级指挥体系。设置卡口46个，发动街道党员干部200多人、志愿者800多人下沉一线，承担起疫情防控指导员、网格员、管理员、宣传员、劝导员的职责。全街道无一例确诊病例和疑似病例。

【城中村改造】 2020年街道承担城中村改造任务3个区块609户9.25万平方米，其中括苍路和灯塔街交叉口东南角白云区块、括苍路以西万象山脚白云区块已完成100%签约、腾空。灯塔一区区块是2020年城中村改造项目中单体拆迁面积最大的项目，截至2020年年底签约率达到98.03%、腾空率达94.11%。依法对绿谷信息产业园北区块尚某户实施强制搬迁，4个重点项目实现销号，丽东一村城中村改造项目实现“清零”销号。

【民生保障】 深化区委五大工作制度，完成街道民生实事10件、村社民生实事31件，《白云街道按下干事“三键”深化区委“五大工作制度”》被市委常委、区委书记徐光文批示点赞。完成既有住宅加装电梯开工建设14台，完成率达117%。探索创新城市民族工作，成功在三岩寺社区创建民族团结进步示范社区，建成社区民族馆。创新“驿站式”服务理念，在陈道门社区建设嘉悦党群驿站。基本养老保险、基本医疗保险参保率分别达到99.26%、99.70%，推进“浙丽保”参保工作。完成第七次人口普查。建成街道居家养老服务中心，新建“儿童之家”1所。对51户69人低收入农户实行“一人一策一干部”机制，成功消除农村家庭人均收入9200元以下现象。发放民政资金155万元。骨灰跟踪管理94例。补助困难残疾人和重度残疾人355人次，北郭桥残疾人之家从1星级提升为3星级。

【环境整治】 落实整改第二轮中央环保督查发现的问题，坚持高品质服务中心城市，抓细抓实建设类、整治类、活动类等各项任务。秸秆焚烧治理成效明显，辖区空气质量优良。完成灯塔四村及周边区块雨污分流项目。以强化落实“河长制”为切入口，全年巡河538余次，巡河里程共543千米，开展专项整治20余次，清理河道垃圾3.5吨，实现河道治理工作常态化、长效化。完成松材线虫病疫木清理面积1680平方米。全年累计完成拆违面积7万平方米，完成率100%，成功创建市级“无违建”街道。推进垃圾分类工作，完成3个省级高标准小区、2个新增垃圾分类小区建设。

【平安建设】 加快街道、村（社）两级矛调中心建设，以“减存控增优秩序”五大专项行动为中心，全年共收到来信来访来电886件，网上投诉116条，办结率均达到100%，成功化解信访积案10件。推进“村级事务阳光票决制”，规范村级“三资”管理，落实安全生产主体责任，完成高层建筑消防安全整治，安全生产形势稳定。创成三星级基层食品安全街道。完成街道“枫桥式退役军人服务站”建设和3个村社示范型退役军人服务站建设。兵役登记工作100%完成，获区级2020年征兵工作成绩突出单位称号。白云派出所被评为“全国公安机关执法示范单位”。

【政治建设】 抓好党的政治建设，坚持以习近平新时代中国特色社会主义思想武装头脑，学习贯彻中共十九届五中全会精神，推动街道党员干部增强“四个意识”、坚定“四个自信”、做到“两个维护”。助力丽水夺取全国双拥模范城“三连冠”。重视统一战线工作，做好政协、民族、宗教、侨务、台务、工商联、工会、共青团、妇联等工作。重视人大工作，发挥代表作用，召开街道第一届民主议政会，建成标准化人大代表联络站。

【组织党建】 开展为期三季的“实干先锋 争先创优”大比拼活动，每一季针对各村社都制定相应的任务书，将工作要求分解落实在具体的工作实际中，并进行量化评比，有效激发了党员干部的干事热情。深化基层党建工作，落实包（联）村社领办基层党建“5+X”任务清单，开展组团下访三服务6次，收集问题28个，解决问题22个，班子成员领办跟踪问题6个。打造白云社区、接官亭社区党建示范点。壮大党员队伍，全年发展党员9名。落实换届领导责任制，贯彻落实“五好两确保”换届总目标，完成11个村(社)党组、村委会和相关组织换届选举工作，党组织换届平均参选率100%，党组织书记平均得票率95.69%，党组织委员平均得票率97.35%；村、居委会换届平均参选率分别为99.98%、99.86%，村、居其他委员平均得票率分别为98.80%、99.67%。新一届村社班子成员平均年龄为39.66岁，35周岁及以下占比51.47%，大专及以上学历占比88.23%。

【从严治党】 履行管党治党主体责任，落实中央八项规定精神和省委实施细则，切实纠正“四风”。领导班子以上率下，身体力行，遵守领导干部保密纪律和兼职规定，在依法用权中保持廉洁。常态化推进正风肃纪，针对疫情防控、工作纪律、重点工作等进行督查100余次，对1名擅自离岗的编外干部进行劝退处理。坚持从严查处案件，共立案10件。严格落实意识形态工作主体责任，提高舆情应对水平，围绕疫情防控、复工复产、脱贫攻坚、城中村改造、经常化文明城市创建、村级组织换届选举等工作开展正面宣传，挖掘先进典型(白云“侠姐”上了央视和学习强国)，为街道发展稳定大局提供强有力的舆论支持。

（吴红燕）

万象街道

【概　况】 万象街道辖区总面积7.26平方千米，下辖7个社区(丽阳门、左渠门、凤凰、大水门、厦河门、府前、梅山)和4个城中村(丽华村、丽南村、水南村、城南村)，200个居民组、28个村民小组。全街道总户数22598户，其中，农业户2900户；户籍人口52981万，其中，农业人口5852。辖区内有耕地面积约17公顷，山林面积约169公顷。2020年，财政总收入4194.1万元；4个村的集体经济总收入854.93万元。

2020年万象街道各行政村基本情况表

表9

村名	面积（平方千米）	户数（户）	人口（人）	农村集体经济收入（万元）	农村集体经济总费用（万元）	农村集体经济净收入（万元）
合计	4.307	2900	5852	854.93	568.60	286.33
丽华村	0.20	1332	2770	619.84	364.85	254.99
水南村	0.80	434	869	57.21	48.02	9.19
丽南村	1.20	431	826	64.45	57.72	6.73
城南村	2.107	703	1387	113.43	98.01	15.42

2020年，万象街道秉持“两山”发展理念，紧扣跨山统筹、区域协调发展的工作主线，借助“互联网+”、“旅游+”、大数据赋能农旅、电商、文旅等产业深度融合，鼓励扶持发展家庭农场、摄影文创、文化+旅游等新业态并初具规模。支持处州府城打造文旅融合的范本，成功打造了以“文化+餐饮”为主题的“网红”街，成为年轻人和外来游客的打卡点，已有20余家品牌连锁餐饮店和本土特色小吃店入驻。

把招商引资作为“一号工程”抓紧抓实，以开展“三服务”活动为载体，实现招商引资量质齐升，谋实谋好金汇邻里中心建设，顺利推进丽水·银泰城、爱尔眼科等一批项目开工建设，推动辖域经济“弯道超车”。2020年度，银泰城实际到资1.185亿元，中南·布拉格实际到资1.7亿元，爱尔眼科实际投资0.5亿元。

【疫情防控】 2020年新冠肺炎疫情发生以来，万象街道党工委、办事处贯彻落实上级决策部署，采取“区块+联动”的疫情防控模式，提高综合防疫“战斗力”，做到守土有责、守土尽责。在疫情防控关键期，发放告知书、党员倡议书28700余张，张贴海报332张，悬挂横幅256条，营造浓厚疫情防控氛围。利用各种有效举措封闭了207个通道路口，设置65个卡口。排好人员全天值守，从严从紧管控卡口出入，采取“人管+技管”相结合的模式，对365名外地返莲人员进行智能管控“硬隔离”。开展“拉网式”侨情排摸，共排摸侨情3602条。面对国内疫情零星散发，街道积极谋划和部署冬春季疫情防控工作，落实“人物同防”措施，坚决守好小区、商区、厂区等各类“小门”。

【市区城中村改造】 2020年，街道共有4个项目5个区块1222户14万方的征收任务，其中3个城中村改造项目已100%签约，莲城宾馆西侧、南侧区块腾空126户，腾空率98.4%；括苍路和灯塔街交叉口东南角区块城中村改造项目（南区块）腾空261户，腾空率84.2%；括苍路和灯塔街交叉口东南角区块城中村改造项目（北区块）腾空353户，腾空率89.82%；万象山脚区块腾空117户，腾空率53.9%；大众专建区块房屋拆除100%；3个尾留项目“清零”销号。

【经常化文明城市创建】 组织开展“地毯式”六乱整治和巡河治水，共清运各类垃圾240余吨，劝阻秸秆焚烧40余起，完成涉及生态环境领域重点隐患问题整改9件；开展背街小巷基础设施、外墙脱落等修缮项目；新装600余只楼道感应灯；更换过期、失效的灭火器2000只。获得省级文化强街道称号。

【环境整治】 加快推进危房治理，加快巡查频次，2020年共发放危房腾空告知书289份，劝阻回搬人员40人，实现安全度汛。制订了《万象街道基本无违建街道创建工作实施方案》和《万象街道村（居）“无违建”考核办法》，推进交办问题整改，5月20日联合执法中队对顶楼60多处的阳光房进行集中拆除，完成省“无违建”领导小组交办的问题整改及时验收。截至12月30日，拆除违建面积82962.29平方米，完成年度拆违量的103.7%。

【垃圾分类】 以创建省级垃圾分类示范片区为目标，开展“垃圾分类你我同行”挑战赛暨示范创建活动，提升居民参与度；发放垃圾分类宣传资料和倡议书5000余份，入户宣传2400多户，组织宣讲26场次，共有2180人次参加，受到居民一致好评。

【社会治理】 完善社会治理网络，开展积案化解工作，突出重点时段，开展不稳定因素大排查，2020年，受理来电来信来访768件，调解矛盾纠纷案件157件，受理换届选举信访1件，成功化解上访16年的信访积案1件。深化扫黑除恶行动，坚持长效常治持续巩固扩大斗争工作成果，不断加强宣传教育，发放宣传资料1200余份，悬挂横幅100余条，开展专项宣传活动7次。

【社会保障】 加强社保政策宣传，多渠道确保养老医疗全覆盖。2020年，基本养老保险参保率98.98%，基本医疗保险参保率99.48%。按照国有企业退休人员社会化管理要求，倒排时间表，按就近原则妥善安排退休人员，共享全面建成小康社会新成果。

【人口普查】 招录170名普查员，划分254个普查小区，全面发动、严督实导、精准摸排，完成普查登记73535人，各环节数据质量均高质量通过市、区检查组复核。

【民政残联】 以省委巡视整改问题和扶贫领域资金检查为契机，开展走访排查活动，2020年新增低保对象26人。发挥6个社区居家养老日间照料中心作用，建立困难家庭信息库，新增政府购买居家养老服务34人，2020年累计发放医疗救助金37.65万元，发放临时救助金23.85万元。

【人武工作】 把坚持党管武装原则、加强党对国防后备力量建设的领导作为一项政治任务来抓。全年采集录入退伍军人信息，完成退役士兵社保接续工作；落实退伍安置和优抚政策；精心开展双拥创建，建成街道标准型退役军人服务站，帮助下岗退伍军人解决就业问题；为部队输送优秀青年。

【依法行政】 强化组织领导，坚持“三凡是三必须”，加强规范性文件管理和备案，实现合法性审查全覆盖。及时发布街道文件和工作动态，完成答复依申请信息公开2件，在政务平台累计发布实时信息2192条，推动法治政府建设再上新台阶。

【基层组织建设】 突出政治思想引领，推进意识形态工作，利用“送学上门”、逢九补课、书记擂台等形式，加强党员思想政治教育。优化头雁队伍，成立以街道书记为组长的村(社)组织换届领导小组，走访群众2062户，宣传“一肩挑”和换届政策，所有村、社区均一次性选举成功，各项指标均高质量完成。落实区委“五大工作制度”，通过“组团下访”解决突出问题 20个，约谈村社干部100人(次)，查摆并整改问题 10 多条。发挥街道“大工委”、社区“大党委”平台作用，创新做实“区域化”党建，合力创成浙江省高标准生活垃圾分类示范片区、浙江省文化强镇。推进梅山、大水门党建示范社区建设。在全区率先完成标准型监察办规范化建设，设计的监察工作联络站作为样板在全市推开。“一月一主题”开展交叉互查，打造监督品牌。壮大科技人才队伍。借助爱尔眼科等优质企业平台“招才引智”，为辖区提供科技和人才支撑。坚持正确选人用人导向，2020年3名村社干部在疫情防控中因表现优异火线提拔，1名优秀青年突击入党。加大优秀年轻干部选拔任用力度，向区委组织部推荐优秀年轻干部，1名股级干部被组织认可提拔为副科级领导干部，2名副股提任为正股。

（张丈佳）

联城街道

【概　况】 2020年，联城街道总面积110.23平方千米，下辖21个行政村、1个社区。全街道总户数10605户，总人口20349人，耕地面积1466.21公顷，山林面积6685.54公顷。

全年财政总收入11448.73万元，同比下降11.42%。其中，农村经济总收入1483.16万元，同比下降3.86%，农民人均纯收入23142.85元，增长10%。

2020年联城街道各行政村基本情况表

表10

村名	面积（平方千米）	户数（户）	人口（人）	农村经济总收入（万元）	农村经济总费用（万元）	农村经济净收入（万元）
合计	110.23	10605	20349	1483.16	895.21	587.95
白前村	1.15	362	667	20.16	10.34	9.82
青岗村	7.60	643	1223	34.49	14.10	20.39
凤鸣村	4.04	691	1446	60.11	58.99	1.12
林宅口村	3.22	390	772	28.79	10.60	18.19
花街村	1.96	324	650	51.89	59.05	-7.16
金周村	1.95	532	1189	46.63	31.45	15.18
官桥村	3.03	333	648	69.10	27.57	41.53
常宅村	0.74	158	300	20.28	5.25	15.03

续表10

村名	面积（平方千米）	户数（户）	人口（人）	农村经济总收入（万元）	农村经济总费用（万元）	农村经济净收入（万元）
武村村	2.47	868	1412	33.00	53.28	-20.28
坑口村	3.93	307	667	33.07	15.48	17.59
敏河村	1.37	280	516	25.33	18.99	6.34
路湾村	3.24	498	935	37.68	23.23	14.45
苏埠村	4.27	719	1321	98.01	58.45	39.56
张村街村	7.16	477	951	65.45	24.38	41.07
下林村	8.74	536	1070	133.11	48.58	84.53
竹道村	8.70	470	915	89.53	38.44	51.09
瑶畈村	11.64	736	1400	212.97	99.88	113.09
港口村	3.63	300	683	128.96	92.74	36.22
莲景村	9.60	483	938	52.37	93.29	-40.92
苏港村	13.32	810	1452	69.70	28.88	40.82
坛峡村	8.47	476	9108	172.53	82.24	90.29

【重点工程建设及政策处理】 2020年，联城街道共承接丽水市（区）重大项目24个，涉及征地面积81.35公顷，房屋征收面积33488平方米。完成城中村改造（敏河）项目，涉及房屋征收面积3.1万平方米，征地面积8.415亩。保障6个在建小区工地的安全生产和无障碍施工。

【“六边三化三美”】 常态化推进城乡环境整治和“洁净村居”创建的全域洁净行动，制度化落实全民保洁日、垃圾分类督查。动态开展六边环境整治，完成82个633点位、56个垃圾分类曝光点位整治，创成全省美丽乡村示范街道，瑶畈村全民保洁行动被《丽水日报》报道，港口村被评为省级高标准农村生活垃圾分类示范村，莲都区全域洁净、垃圾分类、公厕管养红榜村。

【“五水共治”】 落实“河长制”，坚持治水与治岸同步，明确“水岸共治、重在治岸”的思路，建立河道问题巡查交办机制，问题不销号不放过；治标与治本兼顾，建立“一码一分一指数”的基层智治体系，将环境保护、村庄洁净、垃圾分类、河道巡查等工作纳入农户“和谐码”、党员“红心积分”、村务“六和指数”的三位一体智慧管理平台，从机制上规范引导农村居民建立绿色生活方式；保护与开发并重，对宜平溪沿线的生态效应、景观节点、空间属性、产业布局、文化主题进行系统梳理和规划，形成“一村一韵”的主题开发思路。街道党工委书记刘海勇被推荐上报“全国优秀河湖长”。2020年，22个村（社）建立污水处理系统，“污水零直排区”项目完成验收。

【“三改一拆”】 2020年，联城街道加大“三改一拆”工作力度，拆除面积达7.08万平方米，完成两违处置85件共计403.4万元，省“三改一拆”办交办的凤鸣村等点位整改任务全面销号，顺利创成“基本无违建乡镇（街道）”。

【社会保障事业】 城乡居民社会养老保险和基本医疗保险参保率分别达到98.91%、99.08%，“浙丽保”参保率达80.5%，完成区级指标数。创成高质量就业村2个。落实电子社保卡申领和掌上社保医保申办政策。推进“无差别受理”整合工作。深化政务服务2.0,完成便民服务中心规范化建设,全年受理办结事项823件。完成全国第7次人口普查工作。

【平安综治】 推行信访代办及矛盾纠纷“最多跑一地”改革,建立协商治理联合会和社会矛盾调处化解中心,构建“街道+片区+村社”三级联动的调处队伍,设置信访接待处,主动发现、及时化解各类信访、矛盾纠纷340余件,创新举措被人民网海外版报道。压实基层网格责任,加强生产、消防、食品、交通等安全风险管控,压实防汛、防火、防台、防疫、防诈等安全责任,将警情管理责任纳入“六和”考评,敏河、花街村被评为浙江省善治村,凤鸣村获评市级民主法治示范村。组建“专职+兼职”的护林员队伍和水库巡查员队伍,建立组队+分散、一专多能的应急救援队伍,编制突发灾害应急预案,完善应急救援指挥体系,应急救援能力不断加强。

【科教文卫】 2020年新建、修缮文化礼堂6个,开展送戏下乡等文化惠民活动17场,成功举办农民运动会,举办“我们的节日”活动20场。新建凤鸣村、娄丰堰两个社区儿童之家,举办活动10余场。完成娄丰堰党群服务中心、居家养老服务中心和残疾人之家、来料加工服务中心及侠姐调解工作室等3个综合服务中心装修,并投入使用。

【党建统领】 迭代创新“五联六和”党建统领基层智治模式,区域治理先行。在2019年推出党建统领基层治理“五联六和”模式的基础上,迭代创新再出发,完成了以“一码一分一指数”为主体架构的“六和智治”数字平台开发,构建“党建统领、系统集成、条抓块管、业务协同”的精智管理体系,实现跨条线业务协同,跨时空数据交互,动态化精确评价。以党建统领、数字赋能加快社会治理从“事”向“制”“治”“智”转变,在全市开创了基层治理数字化转型的先河,得到了丽水市常务副市长的批示肯定。2020年,持续开展“联心快闪集”等为民务实举措,组成涵盖22个部门、52项服务事项的“服务联心”战队,上门为群众提供现场办理、受理代办、志愿关怀、业务宣传、纠纷调解等一条龙服务,以最后一纳米的优质服务让老百姓“不用跑、办成事”。1.5万余人现场参与“联心快闪集”活动,现场办理、代办办结审批事项181件,化解信访、矛盾纠纷29起,征集意见建议53条,发放宣传资料2万余份。

【扶贫消薄】 开展脱贫攻坚战,落实“一户一策一干部”结对帮扶政策,392户561人纳入低保,开展多轮次全覆盖扶贫大走访,累计帮扶困难群众超3000人次。13名学生享受“雨露计划”,15人享受医疗救助(临时救助),3名困境儿童得到救助,竣工验收2019年扶贫项目5个,谋划2020年扶贫项目2个,142户低收入农户享受产业扶持扶贫资金合计234181.3元,形成覆盖全面、分层分类、综合高效的救助格局,实现“两不愁三保障”突出问题、集体经济薄弱村和农村家庭年人均收入8000元以下现象“三个清零”。发挥区三级联动办实事和村级组织“领头雁”作用,完成了一批群众可感可知的民生实事、集体经济项目,撬动农村“二次开发”,增强村级集体经济的“造血”功能。建立了胜利电站等一批消薄项目,与宁波市江北区甬江街道开展山海协作结对帮扶工作,完成村集体经济薄弱村消除任务,21个村全部达到经营收入5万元以上且总收入10万元以上,其中14个村经营性收入10万元以上且总收入20万元以上。

【村社换届】 按照省委五好两确保总体目标,树立全程全面高质量的鲜明导向,强化组织领导、细化动态研判、实化选举程序,完成22个村社换届选举工作。22个村社全面实现“一肩挑”,并在“干中换、换中干”中办好“开门一件事”,走好“履职第一步”,其中港口村花海、竹道村写生基地2个“开门一件事”得到浙江卫视、丽水新闻等媒体宣传报道。

【大搬快聚】 2020年,完成下林

沈岭头16户25人的资格审查，符合搬迁安置条件，完成“大搬快聚富民安居工程”联城中学对面安置点、凤鸣安置点项目的土地征收组件报批工作。创新运用区委五大工作制度，围绕“搬得下、稳得住、富得起”的目标，以“娄丰堰党群服务街区”“联心快闪集”为服务载体，完善“新城市”配套功能，构筑“新邻居”综合平台，打造“心服务”特色品牌，创新做好大搬快聚“后半篇”文章，大搬快聚小区居民的获得感、幸福感、归属感稳步提升。

【疫情防控】 成立疫情防控领导小组，建立战时指挥体系，形成干部冲锋在前、全民积极参与的防控氛围，实施小门闭环管理；坚持外防输入、内防反弹，常态化落实各项防疫措施，精密智控、群防群控，以极端负责的态度筑牢卫生安全防线；全力保障复工复产复商复市复学，做好“六稳”工作，落实“六保”任务，实现“两手硬、两战赢”。

【生态保护】 创新“空中无人机巡查+地面联防队巡查+空间网格员巡查”巡查模式，疏堵结合推进禁焚秸秆、保卫蓝天行动，全年处罚秸秆焚烧案件35起，其中简易程序32起，一般案件3起。推进美丽林相工程，清理松材线虫病疫木9万余株，落实疫木处理厂选址。按照长江经济带“共抓大保护、不搞大开发”工作基调，统筹推进环境综合治理、系统治理、源头治理，落实整改第二轮中央环保督查交办问题、涉林垦造问题，重拳整治耕地非农化、非粮化问题，140余亩土地恢复了耕种功能。

【“两山”转化】 大力发展生态农业，华统智能化畜禽产业链项目一期完工、二期开工，10月底正式投产，坑口食用菌工厂化项目投入生产，新引入凤鸣奶牛场等一批现代种养殖业项目，新增茶叶种植面积23.33公顷。编制联城街道“一村一韵”产业发展策划方案，做强农文旅融文章全面推动乡村振兴，打造了港口花海、竹道草坪等一批网红景点，举办首届下林葡萄酒节，成功签约竹道东吴画室写生基地及热气球飞行营地项目，瑶畈夫人山铁皮石斛基地获“全国野生铁皮石斛示范基地”称号。

（项有明）

南明山街道

【概　况】 南明山街道辖区总面积108.86平方千米，其中城市规划面积58平方千米，下辖27个行政村、4个社区，农村户籍人口3.39万人。共有27个农村党支部，1484名农村党员。街道办公驻地位于开发区绿谷大道50号，距市区6千米。2020年开发区实现地区生产总值86.1亿元，同比增长6.5%；二产增加值、三产增加值同比分别增长5.1%和11.3%；建筑业总产值同比增长54.5%；规上企业研发经费投入同比增长32.8%，13项主要经济指标增速全市第一，财政总收入首次突破20亿元。全年实现村级总收入2685万元，其中经营性收入1522万元，较2019年同比增长46%。始终坚持“两手硬、两战赢”，持续推进经济社会高质量发展，不断增进民生福祉。

2020年南明山街道各行政村基本情况表

表11

村别	人数(人)	户数(户)	2020年村集体收入(元)	
			总收入	经营性收入
水阁	1646	767	3629072.14	2386568.94
张村	1675	783	1412869.50	1363805.00
叶岙	719	340	492095.64	428906.00
吴垵	1250	613	852275.01	560,350.00

续表11

村别	人数(人)	户数(户)	2020年村集体收入(元)	
			总收入	经营性收入
垟店	1435	681	504709.42	212529.17
旭光	2665	1341	823447.24	192,717.02
桐岭	889	460	726367.54	448,294.69
余庄前	1184	563	898,379.21	655,697.73
七百秧	1031	471	323,390.45	241,002.27
白岩	1209	583	678,298.24	355,014.12
龙石	1319	610	1,399,732.17	605,267.96
丽沙	1084	486	844,627.99	698,020.49
大源	1071	522	1,205,714.04	394,297.92
山根	1192	647	1,166,762.19	254,416.65
陈店	761	349	933,722.86	298,600.00
里坑	1068	478	1,142,722.37	492,826.78
章巷	872	409	3,413,060.96	1,830,292.94
小木溪	910	458	835,189.37	280,367.20
中堂	909	467	619,824.63	311,853.00
叶村	1339	630	333,099.15	143,967.38
大坑口	1672	786	512,178.04	139,830.00
富岭	2091	981	1,255,957.06	817,586.76
张垵	1607	918	796,828.67	515,031.28
下仓	1185	554	603,028.55	415,563.71
陶庄	1184	537	521,579.07	431,313.06
前垟	1431	645	714,218.81	568,651.00
下张	531	274	208,024.92	175,793.06

【党建引领】 2020年，南明山街道以党建为引领，落实全面从严治党主体责任，开展意识形态工作，高效运转党建指导员、党员责任区、定期听取工作汇报等管党治党制度，全覆盖建成新时代文明实践中心(站)，高质量完成31个村(社)换届选举工作，优化基层党组织结构，提升整体素质。筹建4个新社区，城市社区基础更加完善。

【疫情防控】 街村社两级干部全员到岗，动员所有群众第一时间筑起89个“小门”，滚动摸排18万余人次，实施居家硬隔离3000余人次，守住开发区疫情防控的第一道防线，涌现出一大批省市区抗疫先进个人和集体。在复杂多变的疫情形势中实现“零确诊、零疑似”。

【民生工程】 完成直肠癌筛查、家庭照护者培训等11项省市民生实事；新建秀山小学儿童之家，文尚学校儿童之家被评为省级“示范型儿童之家”；完成11个单元楼既有住宅加装电梯；顺利举办南城歌手大赛、“闽锋杯”篮球赛，开展送文化下乡、送戏下乡等活动120余场；完成山根、前垟大力岗村农饮水及19个偏远地区单村供水站提质改造工程，规模化供水覆盖率达91%；完成15座山塘水库整治工作，山塘测量测绘、小流域风险隐患排查实现全覆盖；推进国防动员、双拥共建等工作，被评为浙江省首批全国“示范型退役军人服务中心（站）”和莲都区先进基层武装部。

【农村经济】 完成“两不愁三保障”任务，年人均收入8000元以下家庭、低收入农户零就业家庭存量“清零”；完成“消薄”任务，街道明兴强村公司以123.3万元的年营收利润在全市173个乡镇（街道）中排名第一。着眼数字赋能、村企合作，探索优商美地村级事务合伙人和“浙贝母种植基地示范点”项目，27个行政村100%完成“20+10”目标，其中年入百万元村达8个。

【乡村建设】 推进“两城创建”，完成文明城市和卫生城市“双国测”工作，完成问题点位整改3741个，清除垃圾1200余吨，文明城市“国测”复评未扣一分，为全市夺取两连冠做出了积极贡献。对标提升改造农村公厕25座，富岭休息区公厕获评省级农村星级公厕。聚焦“大花园最美核心区”建设，启动实施沿瓯江区块的节点改造提升、“紫荆花小镇”、未来农业展示园、七星休闲农场等一批示范性、引领性项目建设，扎实推进陶庄村、大坑口村、前垟上徐老村等环境微改造工程和白岩村“花园乡村”（一期）工程，提升整个南城的品位、特色和文化。

【农村管理】 2020年，省委巡视的33项历史遗留问题解决了32项，68项主题教育走乡入村深化“三服务”征集问题解决了61项，丽沙村拆迁征地尾留17年之久的补差和中心区块尾留7年的土地征收、搁置5年的大源村危旧房改造三期工程等一批“老大难”问题得到解决。圆满完成中央巡视组转办件1件，成功化解下仓村三组土地款分配、富岭朱弄村房屋拆改建等信访积案。

【政策处理】 2020年，完成机场项目、市建筑垃圾消纳场、富岭西区块、东一小等重点项目共计1.5万亩的土地征收任务。推进城中村改造工作，实现上沙溪、章田圩等多个村100%签约，与征安办协同推进，实现房屋征收441小户，征收面积10.6万平方米，发放补偿款近8.4亿元。

【平安建设】 2020年，受理各类信访件1206件，办结率100%；“四个平台”上报事件4880件，办结率100%；实现人员上访“零”赴省、“零”群访。与村内出租房业主、小微企业签订安全承诺书1816份，签订完成率94%以上，全面落实安全生产主体责任。全年常态化开展安全检查工作，累计组织检查117次，发现安全隐患131处，及时现场劝导及整治隐患123处，整改率92%以上，辖区安全生产环境明显好转。完成934户危旧房解危工作，100%腾空D级危房。顺利开展防台防火、地质灾害隐患点除险等工作，实现全域安全稳定。

（夏静雯）

碧湖镇

【概　况】 2020年，碧湖镇总面积220.2平方千米，辖43个行政村、1个社区、610村民小组。全镇总户数31265户，其中，农业户29189户；总人口89692人，其中，农业人口60754人，外来人口27105人。山林面积6066.7公顷；耕地面积3362.9公顷，其中水田3578公顷。

2020年，全镇实现农业总产值10.61亿元，增长3%，占莲都区农业总产值的1/3；规上工业总产值35.22亿元，增长5%，占全区规上工业总产值的60%；旅游业增加值2亿元；财政拨款收入5.73亿元，增长138%；农村集体经济总收入1811万元，增长10.7%，其中经营性收入754.4万元；农民人均可支配收入3.04万元，增长8.5%。

2020年，完成粮食播种面积和粮食总产目标，获评省级农业绿色发展示范区。“3+2+1”农业产业体系持续壮大，市级农业龙头企业达14家，占全区41%。农业观光园、果蔬采摘园、生态精品示范基地形成规模，“丽水山耕”梦工厂投产运营。水稻、茶叶、蔬菜、精品水果等主导产业优势不断巩固。岩头、行口莲鸭共生基地、上阁雾耕基地一期建成投产。全国首个水稻分子育种智能示范基地落地碧湖，袁隆平院士为基地题名。农村客运“村村通”运行顺畅。

2020年实现工业增加值6.9亿元，同比增长18.7%，完成有效投资17.9亿元，培育上规企业15家，高溪工业小镇完成投资14.7亿元，投产企业66家。全年规上工业企业共计54家，其中国家高新技术企业21家，占全区75%，欧宝安防、万控电气等亿元企业增至12家。2020年，安排政府投资实施类项目16个，完成项目投资6亿元。高溪工业小镇、郎奇白桥康养旅游项目、采桑未来社区等重大项目落地。莲都区人民医院改扩建工程完工。华统股份畜禽产业链一体化建设项目南坑区块、大溪治理工程、缸窑村与竹溪村排涝渠改造工程竣工验收。全域土地综合整治及生态修复工程、西生活区块道路网、碧湖第二污水处理厂等重点项目快速推进。

古堰画乡成功创建国家AAAA级旅游景区，获评省级特色小镇和省级乡村旅游集聚区。新增民宿5家，全镇68家民宿累计接待游客69万人次，直接收入达3600万元。上县头民宿创意特色村落基本形成。“丽水山耕”梦工厂投产运营。“寻梦田园”乡村旅游季、杨梅节、丰收节等农旅品牌成功打响，古堰画乡双龙庙会等文旅品牌享誉国内，百兴菇业等一批企业完成工旅融合转型。累计创成AAA级景区村2个、AA级景区村4个、A景区村7个，民宿特色村4个，历史文化村落5个。

持续创建省级语言文字规范化乡镇。累计建成农村文化礼堂30个、退役军人服务站所14个。43个村实现新时代文明实践站全覆盖。开展大型志愿服务活动8场，惠及群众近万人。全年组织开展群文活动18场。碧湖图书馆成为丽水市唯一的图书信阅服务点。避灾安置中心实现43个村全覆盖。碧湖中学扩建、碧湖中心幼儿园迁建工程、区人民医院改扩建工程相继完工，优质教育卫生资源服务能力大幅提升。

2020年累计发放低保金1567万元、发放临时救助资金96.3万元、落实低收入农户产业帮扶资金146.3万元，完成扶贫项目7个。城乡居民基本养老保险和医疗保险参保率均排名全区第一，浙丽保参保率排名全区第二。省级十大民生实事——农村饮用水达标提标工程（碧湖区域）顺利完工。2项省级体育民生实事通过验收、10件镇级民生实事全部完成、完成村级民生实事128件。

碧湖镇被评为2020年度工作责任制考评乡镇街道综合优胜单位，成功入选全国重点镇、第五批省级历史文化名镇，创成省级小城镇环境综合整治样板。获省级农业绿色发展示范区、卫生乡镇、无违建乡镇、美丽乡村示范乡镇、语言文字规范化乡镇、森林城镇、AAAA级景区镇等一批荣誉称号。

2020年碧湖镇各行政村（社区）基本情况表

表12

村名/社区名	面积（平方千米）	户数（户）	人口（人）	农村集体经济总收入（万元）	农村集体经济总费用（万元）	农村集体经济净收入（万元）	农民人均纯收入（元）
合计	220.23	31305	62587	1810.95	489.51	754.35	30438.13
高溪	5.43	889	1895	49.95	10.69	10.69	34826.75
竹溪	5.92	790	1637	61.47	6.37	24.38	34336.88
南坑	20.59	679	1412	34.48	2.68	7.49	28007.43
龙岩	20.77	501	1030	37.24	15.73	11.08	32807.52
大旲山	21.75	537	1109	57.80	18.19	30.53	29593.53

续表12

村名/社区名	面积（平方千米）	户数（户）	人口（人）	农村集体经济总收入（万元）	农村集体经济总费用（万元）	农村集体经济净收入（万元）	农民人均纯收入（元）
缸窑	6.17	1058	2272	50.62	6.04	31.24	33476.62
红南	3.54	565	1182	110.73	21.66	97.61	33918.69
联济	6.06	414	860	23.79	16.95	6.34	22594.99
中岙	8.49	498	1010	28.15	21.50	6.26	20847.60
南山	6.48	675	1465	36.78	7.62	15.75	37132.71
中溪	13.45	847	1732	36.32	14.47	7.48	22379.93
松坑口	11.84	792	1616	65.21	10.07	29.29	24838.21
魏村	3.30	789	1685	36.41	8.02	11.96	31311.04
概头	1.55	600	1400	28.92	9.68	10.02	32162.34
保定	4.81	760	1721	44.89	5.57	18.72	29450.14
岩头	2.87	306	717	28.57	7.80	12.18	30122.23
三峰	1.57	628	1400	33.14	1.86	14.66	30337.28
周巷	5.68	952	2031	53.75	6.46	12.42	29838.45
堰头	15.29	720	1850	53.43	25.61	15.53	31436.50
大陈	1.10	414	902	24.40	4.64	6.62	33168.96
红圩	1.35	680	1400	28.12	7.93	10.29	32240.02
里河	1.43	506	1008	23.21	6.35	7.59	35286.74
上阁	1.56	508	1115	33.84	5.72	15.13	28252.37
九龙	4.31	1280	2670	63.05	14.35	26.74	30946.63
章塘	2.03	846	1810	41.13	4.07	10.59	28506.26
下叶	2.24	557	1261	35.29	11.79	8.75	30591.18
同心	2.15	679	1393	49.37	8.95	12.79	31328.96
郎奇	8.84	1205	2645	57.93	45.94	22.01	42575.02
蒲塘	2.33	836	1930	52.73	2.97	7.44	28640.67
白桥	4.46	619	1438	37.01	1.84	14.36	28338.98
下赵	0.85	355	800	22.22	3.47	8.38	26663.29
泉庄	0.78	330	775	33.03	5.28	11.93	28873.65
石牛	2.23	980	2165	57.62	25.71	22.06	30725.61
白口	3.82	910	1918	91.67	15.24	22.25	29608.46
河口	1.96	461	941	37.24	5.21	12.77	30746.50
上街	0.86	610	1063	22.64	12.67	10.72	30761.44
古井	0.64	548	1029	20.96	11.67	13.14	30146.12
行口	1.24	566	1087	18.60	3.61	10.79	33390.00

续表12

村名/社区名	面积（平方千米）	户数（户）	人口（人）	农村集体经济总收入（万元）	农村集体经济总费用（万元）	农村集体经济净收入（万元）	农民人均纯收入（元）
下街	0.55	415	751	34.53	10.85	28.39	30737.54
碧一	0.83	785	1448	55.59	21.43	47.67	30537.42
上赵	1.40	575	1107	32.82	14.99	13.34	29420.27
河东	0.77	438	739	44.19	15.78	29.96	30695.72
沙岸	1.50	512	1203	22.59	12.09	7.01	27239.00
通济社区	5.47	1709	2532	—	—	—	—

【全域土地整治】 全域土地综合整治与生态修复工程实施方案于2020年10月编写完成并申报部级试点和省级试点。工程分农用地整治、建设用地整治、生态保护修复、产业融合、文化复兴五大类，共85个子项目，总投资18.68亿元。截至2020年年底，已开工建设项目20个，完成投资9965万元，完成验收项目3个，分别为彩色健康林、省级历史文化保护利用一般村项目(资福村)及农饮水达标工程，共1026万元。18个子项目在实施当中。

【省级小城市培育】 编制完成《莲都区碧湖镇小城市培育试点(2020—2022年)三年行动计划》，并于2020年10月30日经浙江省发展改革委发文批准，正式入选第四批省级小城市培育试点名单。人民医院改扩建工程、碧湖三小、西生活区块道路网工程、区委党校等建设工程正在加快推进，实质性推动碧湖由“城镇”向“城市”转变。

【生态环境】 顺利完成文明城市创建国测、省测工作。常态化开展“六乱”整治，持续推进“三改一拆”，全年累计拆除各类违法建筑8万多立方米，成功创建省级无违建乡镇。完成中央环保督察件4件、环保信访问题处置30余件，组建44个村社秸秆禁烧巡查队，处理反馈秸秆焚烧7987次，火点数同比下降21%。收储加工秸秆1.03万吨，同比增长14%。全年落实天然林保护292.93公顷，春季造林面积186.673公顷，彩色健康造林106.273公顷，清理枯死松木面积5587.673公顷，147850株。

【征迁工作】 2020年累计出让土地39.39公顷，总金额超12亿元。累计完成市、区重点项目征收任务28个，其中市、区重点项目19个，往年遗留项目9个。征迁工作连续五年居乡镇第一，市区首个模拟征收项目——采桑区块征收16天内全部完成，综合体一期和二期、祥生、西郊廊香东侧等60余宗地块顺利出让。

【阳光村务】 村事“村民管”，成绩“大家评”。在全市率先召开村级“阳光评廉会”4场，2020年全镇43个村全部实施票决制，共票决事项392件，其中通过事项387件，未通过事项5件，通过率98%。“阳光村务”工作品牌获得浙江新闻网、《丽水日报》重点关注(村级事务决策先经阳光票决，经费流程走“智慧三资”模式，事后经村级阳光评廉的全过程全流程管理)。获2020年度全市乡镇(街道)政治生态排行榜第一名。

【“最多跑一次”改革】 推进基层治理“四个平台”建设，依托全科网格员，完善镇级“一窗受理、事项直办、挂星服务”和村级代办工作机制，35项权力事项实现集中审批。加强业务培训，提升便民服务中心人员素质，2020年度共开展业务培训6次，培训560人次。镇级便民服务中心全年办理事项2.3万件，村级便民服务中心办理事项2890件。竹溪村建成全市第一个五星级村级综合服务中心。

【强村扶贫】 43个村全部完成消薄任务，全年实现村集体经济总收入1811万元。镇强村公司收入位列全市前20强。实施低收入农户动态管理,低收入农户人均可支配收入9240元,增幅12.2%。落实低收入农户产业帮扶资金146.3万元,完成扶贫项目7个。全区最大安置民生工程——瓯碧园小区顺利验收交房,中溪村迁建安置点建设有序推进。大搬快聚工作全面"解危清零"。

【平安建设】 "石牛义警"品牌在全区打响,竹溪村建成全区首家联勤警务站。2020年立刑事案件290起、侦破98起,立治安案件485起、查处191起。回复中央扫黑除恶举报件13件。镇司法所获评省级"枫桥式"司法所。全年办结信访件1327件,成功化解信访积案8件。镇级矛调中心累计化解矛盾纠纷341起,同比下降71.2%。全年检查生产经营单位109家,排查问题隐患135个,消防教育和检查135次,整改沿街店铺39家、小微企业56家。整改山塘水库安全隐患点位9个。森林消防、防汛抗台体系逐步完善。

(周秋艳)

大港头镇

【概　况】 2020年,大港头镇总面积90.3041平方千米,辖10个行政村、1个居委、140个村民小组。全镇总户数6068 户,总人口12430人,有外来人口743人。人口自然增长率-0.793‰。山林面积6271.14公顷;耕地面积1212.25公顷,其中,水田1141.48公顷。

全年实现工业总产值0.3929亿元;财政总收入2135.25万元,地方财政收入1050.33万元;上缴国税、地税1055.33元。村级集体经济总收入503.8万元;农民人均收入29473元,增长7.2%。年末银行存款余额0.3亿元,同上年持平。

2020年大港头镇各行政村基本情况表

表13

村名	面积(平方千米)	户数(户)	人口(人)	农村经济总收入(万元)	经营性收入(万元)	其他(非经营性)收入(万元)
合 计	90.30	6068	12430	503.81	111.9	391.91
大港头村	8.33	876	1846	133.60	17.87	115.73
河边村	6.00	653	1389	33.19	20.51	12.68
石侯村	4.31	311	639	45.33	11.75	33.58
利山村	7.65	414	873	127.57	11.24	116.33
西黄村	6.78	360	782	10.54	10.54	0
小井村	7.66	338	719	20.33	7.22	13.11
西坑口村	8.70	533	1051	21.06	6.08	14.98
小山村	11.43	568	924	26.27	6.13	20.14
北埠村	20.19	665	1413	13.00	10.37	2.63
均溪村	9.26	1230	2696	72.92	10.19	62.73

【疫情防控】 自新冠肺炎疫情发生以来,大港头镇建立古堰画乡小镇新型冠状病毒疫情防控指挥体系,大港头镇、瓯管中心、区旅投公司三家单位采取景镇合力的作战模式,统筹全镇疫情防控工作,全镇共设置卡点36个,镇、村干部参与一线防疫300余人。实行镇、村分级管理,建立起横向到边、纵向到底的防控网格共58个。集结党员志愿者、青年小分队、民宿联盟、妇联、乡

贤等社会各界人士共100余人参与疫情联防联控。落实“一码一测一口罩”、居家隔离、卫生消杀、宗教场所关停等举措，开展地毯式摸排调查，做到镇不漏村、村不漏户、户不漏人，全镇居家隔离人员127户、346人，侨情摸排283人，境外集中隔离8人。全镇无确诊病例，所有企业基本复产，所有项目全面复工，返校复学安全有序。

【茶产业发展】 成立茶产业复工服务专班组，争取政策支持，发放国家级、区级奖补资金200万元，用于1611台农机设备购置。上门为企业、茶农办理复工审批手续，推动茶青收购，全年抢收茶叶782吨，实现产值1.4亿元。推进茶叶提质扩容，组织技术人员到茶园指导防寒技术，重点打造北埠万亩茶园、千亩专业村和百亩大户，完成1530亩种植面积扩容。培育茶产业电商，北埠茶场出品的黄金芽在淘宝网同一品种的销量名列前茅，同类产品包装后在网上销售溢价76%以上。

【文旅产业】 2020年古堰画乡景区接待游客78.58万人次，油画年产值1.2亿元。投入1400万元资金用于激活旅游市场，举办小镇艺术节、千名台州市民放心游莲都、星空朗读等八大主题活动。重建省内外销售网络，重新打通上海、福建、杭州、温州、台州、金华、衢州、宁波等地的销售渠道，与缙云仙都、云和梯田、遂昌金矿等丽水核心景区联动，在相应市场开展政策合作。重大活动期间，景区周边民宿住宿率接近100%。

【招商引资】 项目招引全面开展，举办古堰画乡业态招商引资集中签约仪式，成功引进开元曼居古堰画乡度假酒店、古堰画乡欧洲商品综合馆、云粮仓、处州百味、不止文化、浙江青果影视公司等17个项目，涵盖住宿、餐饮、购物、文化、影视等领域。上海证券有限责任公司和浙江青初控股集团有限公司在古堰画乡景区举行股改签约仪式，古堰画乡首家文旅企业上市正式启动。招才引智拓渠道，深圳九九、老鹰画室、江南油画院等118家艺术企业和机构入驻园区，“艺术盈”艺术品交易平台已在手机应用商店上线，平台入驻画家超1000人。

【项目建设】 20个建设项目开工率100%，总投资4.03亿元，已完成投资额2.13亿元。其中，S328省道水阁沙溪村至大港头通景路景观提升项目、镇区（金三角区块）外立面改造项目、镇区闲置地块景观提升项目已完工，画乡壹号酒店综合体、古堰画乡艺术中心、画乡堰居等三产项目推进顺利，大港头道路景观提升项目启动建设。

【乡村建设】 获评新时代美丽城镇省级样板镇，创成新时代美丽乡村4个、新时代美丽乡村精品村1个。出台美丽村居工作考核办法，定期开展督查整治，完成区级交办的“六边快曝”点位32处，下发村级交办单1260余份，全年累计6次在区级督查评比中排名第一。美丽乡村建设加速推进，石玄头嘴畲族村特色村寨一期、二期项目如期完工，大港头村成功创建红色乡村示范村，“大港头—堰头—河边线”获评省美丽乡村夜经济精品线。推进“四好农村路”、水利等基础设施建设，新建和改造提升农村公路14.6公里。“三改一拆”持续深化，拆除附属用房等违建点位27处，养殖场2处，处置违法占地沙场2处，共拆除违法建筑2058.3平方米，创成市级无违建乡镇。

【生态建设】 成功入选全市首批生态产品价值实现试点乡镇，制定出台创建实施方案，完成2017年、2018年、2019年的生态产品总值（GEP）核算，注册成立由村集体控股的丽水市丽云生态发展有限公司，开展生态产品政府购买试水工作。生态信用评价工作统筹推进，大港头村、河边村、利山村成功创建市级生态信用村，试点开展“两山贷”“生态贷”“信易游”“信易购”“信易行”等信用服务。“大港头大力推进文旅深度融合，促进生态产品价值实现”被市发改委作为典型案例上报省发改委。

【脱贫攻坚】 健全社会救助体系，全年共结对帮扶低保、低边家庭445户，救助困难群众643人，发放低保金、特困金349.67万元，产业帮扶资金22.86万元，实施医疗救助22起，救助金额17.69万。完成77户困难群众危旧房治理改造和3户困难家庭基础设施改造。妥善处理瓯碧园安置户后续工作，全面完成金港公寓125户安置工作。联建项目扎实推进，谋划实施游船联建项目、大港头镇饭店改造出租项目、义乌—莲都山海协作消薄产业园项目等，10个村集体经济收入达556.71万元，完成年度任务的140%。

【公共事业】 开展爱国卫生运动，采取“党建+洁净村居+垃圾分类”的管理模式，获评国家级卫生乡镇称号。医共体建设加速推进，城乡医保、“浙丽保”应保尽保，总投资4049万元的丽云中心卫生院迁建项目主体完工。文化礼堂建设高效推进，被评为省级文化礼堂示范镇，小山村文化礼堂建设和北埠村、河边村、西坑口村文体设施改造提升项目全面完成。举办古堰画乡小镇艺术节、“莲都100”越野赛、2020年全国乡村春晚启动仪式等活动，打造的“画乡莲都·院士之家”已吸引17位院士入驻，涉及物理、林业和新材料等多个领域。

【社会治理】 开展矛盾纠纷排查调解工作，深化“基层治理四平台”建设，全年共排查矛盾纠纷66件，成功调处矛盾纠纷64件，核实处理咨询投诉平台信访件319件，化解国家级信访积案1件、市级信访积案2件。应急管理全面加强，开展工业企业、景区商铺等安全生产隐患大排查大整治，整改消除各类安全隐患100余个，更换新型消防车辆一辆。“基层自治”不断深化，充分发挥“老同志帮帮团”“画乡义警”“画乡小荷”等社会组织力量，实现基层社会治理德治、法治、自治有机统一。

【行政效能】 深化“最多跑一次”改革，推进线上线下公共服务融合，简化政务服务流程，优化窗口行政审批，实现无差别受理、全过程监控、“好差评”闭环。拓展代办服务覆盖范围，实现村级便民服务事项代办全覆盖，让群众“少跑腿”“不跑腿”“零跑腿”，提升群众获得感、幸福感。

【依法行政】 加强法治政府建设，执行重大行政决策事项合法性审查，全年未增新发行政诉讼案件。行政执法行为文明规范，推行行政执法“三项制度”，制定并印发《大港头镇重大行政执法决定法制审核事项清单》和《大港头镇重大行政执法决定法制审核流程图》，在莲都区政府门户网站指定路径对外公示大港头镇行政执法人员，及其证件编号和具体执法领域。自觉接受人大监督，全年共办理人大建议和政协提案40件。

【廉政建设】 落实中央八项规定精神，推进党风廉政建设和反腐败斗争，2020年镇纪委共收到信访件28件，其中区级转办件6件，已办结6件，受理镇本级信访举报22件，已办结17件，已立案审查4件共7人。镇纪委对全镇执行中央八项规定、各项中心工作开展全方位、高频次监督检查150多次。

（王璐璐）

峰源乡

【概　况】 2020年，峰源乡总面积189平方千米，辖8个行政村，107个村民小组。全乡总户数4414户，其中，农业户4310户；总人口8671人，其中，农业人口8568人，有外来人口103人。人口自然增长率 −21.9‰。山林面积12666.7公顷；耕地面积1333.3公顷。全乡平均海拔735米，植被覆盖率93%，气温比市区低5℃左右，年降雨量比市区多200毫米左右，负氧离子达8000～10000个/立方厘米，具有独特的高山气候、资源、环境，是国家级生态示范乡，省级卫生乡。2017年建立的省级自然保护区，总面积5053公顷，分布有中华斑羚、蛙类新种（丽水树蛙、丽水异角蟾）、九龙山榧树等珍稀濒危野生动植物。

全年财政总收入7615.28万元，增长4.69%。农村经济总收入456.23万元，增长25.50%；农村经济净收入64.7924万元，增长40.14%。

2020年莲都区峰源乡各行政村基本情况表

表14

村名	面积（平方千米）	户数（户）	人口（人）	农村经济总收入（万元）	农村经济总费用（万元）	农村经济净收入（万元）
合 计	188.70	4414	8671	456.23	391.46	64.79
庞山村	1616.90	828	1611	80.95	104.31	−23.35
夏庄村	1993.30	702	1326	70.07	51.80	18.28
赛源村	4366.80	563	1155	34.48	52.83	−18.35
库坑垟村	2554.20	711	1407	70.90	60.77	10.13
郑地村	660.60	345	672	53.15	63.09	−9.95
正岙门村	934.70	440	871	46.76	18.52	28.25
新砀村	2107.20	507	999	61.22	19.31	41.91
毛山村	859.80	318	630	38.70	20.83	17.87

【党建引领】 峰源乡通过机关支部引领，加强对党员的教育管理，开展“主题党日”，乡党委书记累计通过“组团下访”形式带头为村干部上党课12次。从严把好党员“入口关”，按照党员发展的程序，筛选各行业中的先进人士作为党员培养对象，发展预备党员5人。8个村设87党小组，建立党员责任区432个，除各村部分年老体弱党员不便于联系群众之外，实现党员包联农户全覆盖。党委书记带头为全乡干部上廉政党课2次，组织专题学习4次。组织新提任股级干部开展廉政知识考试7人次。全年开展低保低边户排查自纠2次，共注销不符合条件的最低生活保障20户涉及45人，注销低保边缘户10户涉及17人。严格审查和处置党员干部违反党纪行为，全年共查处党员干部违纪案件4件，留党察看2人，开除党籍1人，移交司法机关1人。2020年在《丽水日报》等媒体发表党建相关文章共计20余篇，其中市级纸媒发表5篇。2020年，提拔5名中层干部。

【村社换届】 完成村级换届，8个行政村实现“一肩挑”，共选出54名新任村两委干部。村干部结构优化，班子平均年龄44.4岁，较上届年轻3.9岁；党员占比77.8%，较上届提升20.7%；大专以上学历人数占比33.3%，较上届提升10.9%。抓好“开门一件事”工作，促进新班子融合，以实干实绩赢得群众口碑，推动村庄和谐发展，8个行政村“开门一件事”在11月底前全部完成。

【疫情防控】 新冠肺炎疫情发生以来，峰源乡动员全乡200多名党员干部、网格员、志愿者，织密乡村两级防控网，以最快的速度落实各项防控举措。采取“区块+联动”的疫情防控模式提高综合防疫“战斗力”，做到守土有责、守土尽责。开展“拉网式”侨情排摸，精准排摸侨情，打赢了“外防输入、内防反弹”的攻坚战。疫情防控期间，峰源乡共排查了常住人员1800余人，因春节返乡的人员1200余人，港澳台同胞、海外侨胞及其眷属89人，排查率达100%。疫情防控进入常态化阶段后，落实“源头查控+硬核隔离+精密智控”工作机制，对全乡防控漏洞再排查、对防控重点再加固、对防控要求再落实，层层压实责任，做好冬春季疫情防控工作。

【绿色产业】 2020年，在正岙门、夏庄、库坑垟、郑地等地新发展茶叶33.33公顷，改造正岙门村两个老茶园20公顷。全乡高山蔬菜种植面积133.33公顷，年产番茄200吨、茭白150吨。促成丽水骆氏酒坊与峰源40余户农户签订订单收购合同，以“公司+种植户”的形式，实现供需双方的精准对接、互利共赢。省林科院派出科技特派员指导科技富民项目，推广黄精培育三年计划，其中第一批前三年计划已完成审计验收；全乡种植黄芩23.33公顷，产值预计可达400万元。发展“牛茶共生”“莲鸭共生”“莲螺共生”等特色养殖模式，完成2个养殖场和1个养牛场项目的落地审批，新建“莲鸭共生”基地6.67公顷，新增高山莲螺养殖基地两个，建设产业基地5.33公顷。发展特色蜜蜂养殖，引进优质蜂种300脾，扩大深山蜂蜜养殖基地规模，推广深山蜂蜜养殖技术。与上海新丽莲集团、上海一心玛特超市有限公司等企业签订合作协议，为“峰源1000”的特色品牌培育打牢“基础桩”，为村民扩大种养殖、增收致富吃下“定心丸”。

【脱贫攻坚】 8个行政村集体经济平均收入达到57.03万元，经营性收入平均达到8.97万元，完成消薄任务，化解村级债务230.42万元。落实“一户一策一干部”制度，全乡565户农户与区、乡两级干部结对，区乡干部按照要求每月与结对的低收入农户联系走访一次，掌握低收入农户的生活、生产需求，切实解决“两不愁三保障”等问题。帮扶低收入农户254户，拨付帮扶资金52万元，雨露计划8户，补助涉及6个村的8名低收入农户困难家庭学生，共拨付补助资金2.4万元。2020年，峰源乡大搬快聚富民安居工作计划包含赛坑、周坑等6个自然村，共涉及336户677人，完成区级材料审核工作。

【人居环境】 河道整治，推进入河排水口雨污混排整治和规范化管理，为大顺坑沿岸排水口增设标识牌56块。开展秸秆焚烧巡查和森林野外用火巡查，发动党员干部、网格员等对村乡周边进行检查，发现一起，扑灭一起，教育一起。2020年，开展巡查工作315人次，发放宣传册300余份，保障峰源乡的大气污染安全。开展全域洁净和垃圾分类工作，全乡8个村完成垃圾分类村考核。2020年12月，峰源乡入选浙江省AAA级景区乡名单。2020年全乡累计拆除各类违章建筑以及乱搭建菇棚等面积3178平方米，完成率106%，排名全区第一。全年共完成23户低收入农户危房修缮，针对全乡625户低收入农户开展进一步摸排工作，完成低收入农户危旧房房屋建档立卡。

【民生事业】 以“五大工作制度”为抓手，以解决群众普遍关心的突出问题为目标，以贯彻落实区乡村“三级联动办实事”为落脚点，谋划实施了一批群众普遍关心的乡村实事项目，在乡党委的领导和乡人大代表的监督推动下，2020年峰源乡票决出的乡级民生实事10件，村级实事24件全部完成，完成率100%。截至12月，全乡城乡居民基本医疗保险参保人数8635人，参保率99.68%。社会养老保险参保人数6770人，参保率98.53%，位列全区第二。2020年，夏庄村和毛山村成功创建莲都区高质量就业村，全乡累计开发7个公益性岗位，安置7名就业困难人员。惠民政策“浙丽保”参保率达到了92.7%以上，位居全区前列，其中郑地村、正岙门村参保率达到100%。

【“双拥”工作】 峰源乡正岙门村村民叶美英50年如一日，用扁担为军队送物资，获“全国拥军模范”和“浙江骄傲”等荣誉，区委书记徐光文号召全区人民向叶美英学习。按照“三便于原则”的标准配齐配强队伍，组建了基干民兵队伍。严把征兵标准抓质量。2020年入伍大学生比例100%，确保了输送兵员的质量。加强基层武装规范化建设，投入必要的指挥、抢险救灾等专业硬件器材，增设民兵风采墙、荣誉墙、民兵之家健身活动室等设施设备。

【基层治理】 2020年共化解市级积案2件、乡级积案2件。落实“区乡村三级联动办实事”“住村联心、组团下访”等五大工作制度，坚持民生实事民主决议制度，推进“阳光村务”，村级事务“阳光票决”已成为各村常态。推进扫黑除恶行动。深化主体责任，召开会议传达上级扫黑除恶相关精神，健全横向到边、纵向到底的责任落实体系。细化线索排摸，利用各村网格员及志愿者等力量，在辖区内开展全方位、多领域排查。强化部门联动，加强与区纪委、区委组织部、区公安分局等部门联系，深挖“保护伞”，配合上级部门做好“打网破伞”工作。

【法治政府】 贯彻落实《法治政府建设实施纲要（2015—2020年）》，规范行政执法行为，强化行政执法监督，推进依法治乡工作。推进峰源乡规范性文件合法性审查全覆盖，严格遵守重大行政决策程序，健全政府法律顾问制度，加强了重大合同及工程项目的管理监督。落实中央八项规定及实施细则精神，强化对重点领域、重点单位、重点岗位的全程管控和审计监督。构建“阳光政务”体系，加快转变政府职能，规范权力运行，从源头预防腐败，塑造为民、务实、清廉、高效的政府形象。结合“最多跑一次”改革，依托基层治理“四个平台”和政务服务网，推进“一窗受理、集成服务”，提升办事效率和质量。聚焦强谋划、强执行，建立健全大抓落实的工作推进机制，增强干部的工作执行力。

（钟徐艺）

太平乡

【概　况】 2020年，太平乡总面积105.34平方千米，辖19个行政村207个村民小组。全乡总户数10977户，总人口23212人。人口自然增长率0.89‰。山林面积8837公顷；耕地面积938.26公顷，其中，水田80公顷。

全年财政总收入2146.25万元，增长61.86%，其中，地方财政收入1387.67万元；上缴国税、地税758.58万元，增长29.89%。村级集体经济总收入1048.07万元，增长8.03%。

2020年太平乡各行政村基本情况表

表15

村名	面积（平方千米）	户数（户）	人口（人）	农村经济总收入（万元）	农村经济总费用（万元）
合　计	105.34	10977	23212	1048.07	821.85
吾　古	5.09	537	1166	50.75	115.74
太　平	14.25	944	1854	77.86	194.86
竹　舟	3.34	392	824	51.56	25.86
下　圩	6.47	1199	2472	63.58	41.43
长　濑	3.02	318	688	50.41	8.88
小　安	9.69	931	1994	68.38	49.30
城　头	3.13	547	1182	54.16	78.11
大　畈	3.16	478	983	80.90	28.16
朱　弄	2.95	485	994	100.53	23.29
大　河	5.25	446	885	58.13	16.55
吴　弄	3.20	391	776	42.32	32.96
长　乐	5.77	443	888	32.37	11.52
横　岗	4.21	585	1260	58.34	11.69
戴　彰	2.46	607	1249	48.92	28.51
巨　溪	3.12	767	1486	32.24	44.15
玉　田	3.98	494	1072	40.40	22.28
留　龙	4.59	537	1071	38.37	38.16

续表15

村名	面积（平方千米）	户数（户）	人口（人）	农村经济总收入（万元）	农村经济总费用（万元）
富　源	11.50	717	1354	62.64	38.05
富山头	6.03	511	1014	36.20	12.35

【重点项目】 坚持因村制宜、系统谋划，通过整合资源、落实项目、联建发展等措施，最大限度整合力量、挖掘资源、发挥优势，如太平电站“1+1+8”集中联建、太平村集市、城头村特色小水果园等，多形式、多渠道促进村集体经济发展壮大，实现村集体经营性收入超5万元，其中6个村超10万元。“灵康杏福”康养小镇是区政府重大招商引资项目，总投资50亿元。2020年2月1日正式启动项目征迁，仅用7天时间全部签订腾空协议，承办了莲都区2020年“争先创优”重大项目集中开工暨灵康杏福康旅小镇项目开工仪式。一期（476亩土地）土地款已全部缴清，完成建筑设计方案，正在开工建设，灵康集团项目部办公场所在太平顺利运行。立足优势水果，强化“互联网+助农”模式，深度融合数字链与产业链。因时因势建立农产品云端销售机制，开展云上枇杷节，将售卖形式从“面对面”转换为“屏对屏”，助力太平枇杷品牌及产品售卖转型升级。通过乡主要领导短视频平台直播带货，为太平果业打开销路，120万公斤枇杷全部售罄，销售收入达2000余万元，帮助困难群众户均增收3000元。探索发展枇杷花茶、枇杷膏等农副产品，拓链延链，实现农村三产业全面融合、跨越发展。

【队伍建设】 坚持自学与集中学习相结合，创新搭建“干部讲堂”“支部擂台”等载体，促使乡村干部结合岗位实际、工作成效以及个人所思所想，开展系列晾晒比拼活动，增强干部履职践责的能力。坚持“一鼓作气、难易结合”的工作原则，逐村研判、晾晒比拼，以干助选，以选促干，村级组织换届实现又好又稳、选优选强的预期目标，本次村级组织换届全面实现“一肩挑”，共选举产生新一届两委班子125人，平均年龄45.97岁，新进村两委班子75名，大专及以上学历24名，女性33名，与上届相比，村干部整体结构更加优化。发挥党组织班子战斗堡垒作用，围绕群众最关心的“道路、饮用水、环境美化、项目建设”4个关键词，举行集中“挂帅出征”“新老干部交接”等仪式，推动新班子边换边干，迅速开干，不断提升新一届班子在群众中引领力、凝聚力。全年共完成“开门一件事”23件。

【民生改善】 强化农民增收保障，脱贫攻坚取得实效。结合“组团下访”“三服务”活动，了解各村农民增收情况，对排摸上来的情况进行分类梳理，分别建立档案。根据建档情况，制订具有针对性和可操作性的增收方案，开展“一户一策一干部”结对帮扶活动，全乡50名乡干部共结对低收入农户673户，逐月逐户上门走访，全年入户走访及电话访问共6831余人次。以“乡村两级联动办实事”制度为抓手，保障和改善民生，共完成乡村两级民生实事66件。强化住房安全保障，让困难户不住危房。要求乡村干部抓好办实，及时检查已改造的成果，实时排查动态发现新增危房，并实施改造，确保实现“动态清零、一户不落，长效治理”，全年完成156户困难家庭C级、D级住房治理改造。强化饮水安全保障，让群众喝上放心水。将农村饮用水达标提标工作作为一项重大民生工程，紧盯重点、协同推进，让全乡群众实现从“有水喝”到“喝好水”的转变。推进农村饮用水费征收和管理工作，千人以上供水工程2个，千人以下供水工程43个，均已完成水费收缴。总投资近500万元的10个饮用水达标提标项目已全部完工。

【基层治理】 始终把疫情防控工作作为首要政治任务，坚持

“党旗飘在主战场，堡垒建在最前沿，党员冲在第一线”，主动靠前谋划，发动19个行政村党员群众力量做好联防联控，合计发动各村工作人员6000余人次，党员2350人次，设置卡口60个，实行24小时多层检查，稳步有序推进疫情防控常态化，构筑起疫情防控的“铜墙铁壁”。始终坚持党建统领基层治理，率先在全市推行以市场化运作推进“自治联合会”建设，抓好信访处置和积案化解工作，防止矛盾纠纷向上传导、向外溢出，全年共受理调解群众纠纷290件，研究解决杂疑难信访问题15件。截至12月，未发生重大安全生产事故，社会总体和谐稳定。针对安全生产、防汛防台、食药品安全、森林防火、地质灾害治理等领域，时刻保持应急状态，做到第一时间响应、快速高效处置。建立完善安全监测预警和会商研判等机制，把有效防范化解的风险隐患分解到每个层面、每个环节，明确任务分工，压实工作责任。发挥好“两微一端”、“大小”广播、宣传栏等媒介，实现安全宣传全覆盖。2020年，太平乡被评为2019年莲都区城中村改造重点项目征收工作先进集体、莲都区大花园建设工作先进集体。

【水果产业发展】 依托白枇杷优势和智能大棚，发展精品果业、数字果业，挖掘水果深加工，大力开发枇杷花茶、枇杷膏等农产品加工业，延长产业链，通过深加工提高附加值，促进水果产业与一、二、三产业的融合。对竹舟牛头山蜜橘基地进行改造，建设精品果园，开展柑橘、枇杷种植培训工作，重塑“太平蜜橘”品牌。

【红色旅游】 太平乡是浙西南革命根据地之一。2020年，在全市弘扬践行浙西南革命精神活动中，区旅投公司牵头开展三岩寺旅游整体规划，促进红旅融合发展。太平乡持续依托红色资源，强化红色革命体验区、赤壁丹崖游赏区等功能板块建设，串点成线、整体布局，全面塑造成“浙江井冈山”旅游形象，实现红旅融合发展。

（李婧菁）

雅溪镇

【概　况】 2020年，雅溪镇总面积156.65平方千米，辖19个行政村、198个村民小组。全镇总户数10318户，总人口21389人，其中，农业人口13371人，有外来人口2371人。山林面积12731公顷；耕地面积545公顷，其中，水田541.87公顷。村级集体经济总收入577.30万元。

2020年雅溪镇各行政村基本情况表

表16

村　名	面　积（平方千米）	户数（户）	人口（人）	农村经济总收入（万元）	经营性收入（万元）	其他（非经营性）收入（万元）
合　计	156.65	10318	21389	577.30	146.57	430.73
双　溪	11.15	1132	2216	42.89	10.04	32.85
洪　渡	7.62	597	1327	28.69	6.24	22.45
上　黄	3.72	358	756	28.23	6.04	22.19
莲　房	14.04	1038	2111	39.87	6.88	32.99
周　村	3.42	379	814	33.42	10.52	22.90
季岭根	2.91	303	641	20.71	6.23	14.48
雅　里	10.49	773	1566	41.08	13.19	27.89
上　陈	3.74	290	663	22.04	6.02	16.02
金　竹	4.41	394	905	40.92	12.59	28.33

续表16

村　名	面　积（平方千米）	户数（户）	人口（人）	农村经济总收入（万元）	经营性收入（万元）	其他（非经营性）收入（万元）
里　东	11.93	839	1629	37.06	10.04	27.02
西　溪	9.05	791	1649	30.74	6.04	24.70
潘　百	6.06	407	907	20.16	10.05	10.11
岩　蒙	5.74	447	866	18.69	6.06	12.63
雅　义	18.53	699	1321	39.80	6.01	33.79
库　川	13.56	747	1585	39.57	6.08	33.49
双　源	6.69	270	553	22.06	6.36	15.70
岱　后	7.01	359	830	29.51	6.07	23.44
上金竹	7.89	168	383	19.37	6.02	13.35
泄　下	8.69	327	667	22.49	6.09	16.40

【项目建设】 依托“一山一水两民居，一红一绿三平台”的资源禀赋，推进功能区块建设。完成总投资585万元，涉及库川、雅义、西溪等3个村的传统村落保护利用项目，为弘扬古村文化奠定基础。完成总投资为4569余万元的小安溪流域综合治理工程。推进区重点工程——雅溪镇自来水厂项目建设，该项目总投资4788万元，建成后日供水3000吨。招商项目持续推进，飞宇矿业萤石矿浮选项目前期工作顺利开展。

【乡村振兴】 雅溪镇共有19个行政村，其中省级重点扶贫村12个，2020年，引进浙江荆山牧业共建项目，推进泄川电站联建项目，以及莲房村养猪草种植基地、岩蒙村天然浴场项目、金竹、库川等村的茶叶开发项目、上黄等村的溪鱼养殖垂钓项目等单建项目，完成19个村的消薄任务，实现村集体经济全面增收。

拓展“两山”转换通道，实现生态富民。加快发展雅溪特色茶叶产业项目，发展绿色生态茶叶，新增农户茶叶种植面积2.82公顷。牵头岱后、库川、双源等6个村与丽水队长食品有限公司、丽水楠城万家惠超市有限公司签署农业发展（南瓜收购）项目合作协议，拓展产业销售渠道。

疫情期间，帮助菇农销售香菇8万公斤，总价值80万元；落实水稻种植面积33.33公顷，帮助农户集中采购农用物资化肥120吨。全年镇域农家乐民宿共接待游客1100余人次，营业收入6万余元。雅溪漂流景区共接待游客3200余人次，营业收入20余万元。

【人居环境】 推进经常化创建文明城市工作，落实环境卫生督查及奖惩机制，定期开展督查整治。深化“三改一拆”，坚持对违章建筑“零容忍”的态度，共发放停工通知书9份，限期整改通知书9份，拆除新发违建点位15处，2020年共拆除违法建筑面积5075平方米，完成率101.5%。持续环境综合整治提升行动，抓重点、攻难点，做到常态巡查，文明劝导，疏堵结合，镇区环境秩序明显改善。在省测、国测期间劝导占道经营48起、流动商贩90起，车辆乱停乱放56起，捕杀流浪犬16只。

【民生保障】 落实“一户一策一干部”结对帮扶工作，将全镇898户1337人建档立卡低收入农户逐一落实结对帮扶人员，落实帮扶政策。完成集中排摸的36户和动态排摸的3户困难群众危旧房修缮解危，实现低收入农户“两不愁三保障”。实施异地扶贫搬迁，完成47户瓯碧园搬迁户安置。推进“大搬快聚富民安居”工程，完成大搬快聚意向搬迁摸底14个行政村1940户4129人，完成6个自然村701人资格审查，加快高山远山地区脱贫步伐。落实低保户、低保边缘户动态管理机制，清退低保户58户65人，新增低保65户98人。严格标准落实产业扶持，将符合条件的238户238人集体申报产业扶持，提高扶贫精准度。

发放低保补助金666.38万元，孤儿生活费、困境儿童生活补助共34.70万元，发放临时急难救助资金40.94万元。建设日间养老照料服务中心18个，61人享受居家养老服务。开设老年食堂4个，62人享受助餐服务。更新全镇老年人信息，61人享受老年人上门护理服务，实现老有所养。“浙丽保”参保率85.74%，排名全区第五。

【镇域治理】 坚持树正气、治顽疾、出实招，坚定一个工作导向，坚决治理两种选举顽疾，有效采取“三三三”举措，借换届工作之机，转变干部作风，推动换届工作平稳优质开展。新选任的121名村双委干部，呈现低龄化、高学历趋势，平均年龄较往届年轻7岁，高中及以上学历村双委干部占比近60%，进一步夯实基层组织基础。

打造镇域治理平台——雅溪镇协商治理联合会，坚持“大事小事皆可协商、急事难事都能会谈”的工作理念，发挥协商议事、协商监督、协商调解三大职能，探索政协协商和基层协商相融合的基层治理新模式。7月7日，省政协主席葛慧君在丽调研时对该做法给予了肯定，该模式先后被《浙江党建》《今日丽水》《丽水改革先锋》等主流媒体刊登报道。2020年，“协治会”参与党委政府决策讨论8次、投入重点工作监督15人次、调处矛盾纠纷59起，做到“矛盾不上交”，获莲都区年度创新工作二等奖。

推进法治政府建设，定期开展法治宣传教育活动及领导干部学法用法培训，聘任法律顾问，开展合同合法性审查25份，进行法律专题讲座1次，参与重大行政决策过程1次。开展民主法治村建设三年行动计划（2018—2020），上报市级民主法治村2个。

【平安建设】 开展平安宣传工作，宣传普及扫黑除恶、有序信访、安全生产、防火避灾、电信诈骗、反邪、反恐、禁毒、普法等各类平安稳定知识。深化反邪教斗争，在2020年全市反邪教短视频宣传比赛中，雅溪镇《“血”的教训》短视频获三等奖。每月至少开展一次矛盾纠纷排查化解活动，确保不留死角盲点。全年受理各类咨询、信访件245件，按时回复群众反映的问题。

（麻亚飞）

仙渡乡

【概　况】 仙渡乡辖区总面积65.8平方千米，其中耕地面积504公顷，林地面积4298.13公顷，森林覆盖率达81.6%。农业以种植、养殖为主，其中水果面积802.53公顷，年产量达1万多吨。下辖11个村，36个自然村，130个村民小组，总人口5374户、11663人。

【产业发展】 谋划实施甘薯种植和淀粉加工项目，采取“农户+合作社+公司”模式，分别设立甘薯种植专业合作社以及甘薯淀粉加工公司，首创“农村混合所有制经济体”，投资金额共计220万元。在促进“低收入农户、村集体经营性收入双增收”的基础上，带动当地农户经济收入的可持续增长。2020年，发动全乡285户农户签约种植甘薯21.05公顷，农户亩均增收3500元，投资入股的村集体获得11%的分红收益，制造13个低门槛就业岗位，解决本地闲置劳动力问题。2020年，仙渡乡村集体总收入464.27万元，较2019年度同期增长53.98%，村集体经营性收入89.61万元，较2019年度同期增长40.45%。

【项目建设】 争取400万元专项扶贫资金用于乡级联建光伏电站。可为皂树村等5个省级重点扶贫村每年增加7万元经营性收入。鼓励引导农户发展茶叶产业项目，通过招商引资吸引安吉茶商到仙渡乡发展茶叶产业，滴水岩村茶园已投产，签订了《仙渡乡茶叶发展框架协议》，明确将芦村水库等10公顷土地建设为生态茶园，扩大茶叶种植规模。该项目建成运营后，董弄村和芦村村预计每年总计增加村集体收入10万余元，增加村集体“造血”能力，引导周围农户在茶叶基地就业或种茶致富，有效带动低收入农户增收。

【疫情防控】 落实重大突发公共卫生事件一级响应要求，坚持科学防控、精准防控，落实“精密智控”机制，以作战状态落实最严管控，以联防联控的有效措施构建严密防线。摸排密切接触的重点人员13人，设立卡口10处，70余名村两委干部，实行24小时值守。回应群众关切问题，健康科普知识宣传和有关政策措施解读，党员干部入户走访宣传达上万次。抓好防疫物资和生活必需品保障，建立“渡渡连心”驿站，防控期间社会面保持和谐稳定，辖区新冠肺炎病例、疑似病例零发生。

【法治建设】 主动接受人大依法监督，自觉接受群众和舆论监督，认真办理代表建议，上门走访率、办理答复率、代表满意率均达到100%。坚持依法行政，发挥政府法律顾问作用，强化行政规范性文件审查和行政合同管理，实行行政执法人员持证上岗和资格管理制度。健全领导干部学法机制，提高领导干部运用法律知识的能力，深化改革、化解矛盾，维护社会稳定。强化法制宣传，营造普法教育，形成全社会共同参与法治建设的良好氛围。

【基础设施建设】 聘请专业绿化养护公司进行专业管护，巩固葛畈村小城镇环境综合整治建设成果；完成葛畈至梅田5.8千米路面大中修项目、根竹园—太山公路建设等，完善了路网建设；完成6个村饮用水提升工程污水治理工程；紧抓美丽乡村建设窗口期，推进“五星3A”创建工作，于12月成功创成浙江省AAA级景区乡镇。

【山海党建】 搭建“山海党建”协作平台，以“互动共享、共进双赢”为目标，紧抓“产业扶贫”金钥匙，拓宽产业发展新路子，增强农村基层党组织的组织力、战斗力，为乡村振兴注入了强劲的新生动力。2020年，组织中电海康与仙渡乡工作人员开展走亲调研8次，开展慰问困难党员群众、联合主题党日等活动3次。针对仙渡乡小学住宿条件不佳的情况，中电海康向仙渡小学捐资14.5万元用于宿舍改造提升工程；捐赠额温枪、消毒液喷壶等防疫物资合计7480元，捐赠书籍300余册。宁波开发投资集团出资15万元援建南源村居家养老服务中心，已经投入使用。

【红、农、旅融合】 以“红色北乡，桃源仙渡”为定位，打造生态优美、产业精致、红色传承、文旅兴旺的“红色桃花小镇”旅游品牌。2020年，北乡革命纪念馆建成开馆，接待游客2000余人；何金富村红色文化礼堂完成修缮提升，为村民提供文娱活动场所；和合古道（红军路）完成修缮，将葛畈、何金富的资源“串点成线”；启动了红色体验中心建设，建成后可同时容纳游客100余人。

【基层治理】 推进重点场所日常巡查、平安综治宣传等日常工作。依托“四个平台”，实现综合治理指挥办公室对“四个平台”的统筹管理和协调指挥，全年共录入事件1899条。开展“法治宣传月”“平安莲都建设”“反邪教法治宣传教育”“全民禁毒宣传月”等活动。推出仙渡乡合法性审查工作手册，通过浙政钉和微信等“互联网+”平台，推进合法性审查标准化建设。按照“合理诉求解决到位、不合理诉求解释到位、实际困难帮扶到位、无理缠访依法处置到位”的原则，出实招解决村民多年诉求得不到回应的“堵点、难点、痛点”问题。2020年，共排查出化解类信访积案4件，同比减少60%，案件化解率达100%。

【民生保障】 2020年筹集资金1000余万元，用于完成乡、村民生实事项目44个。开展危房排查工作，共排查低收入农户危房980户，对144户低收入农户进行上报并开展危房修缮。落实低收入农户“一户一策一干部”结对帮扶制度，合计发放产业扶持资金43万余元，发放教育助学金共计2.7万元，确保低收入农户“两不愁三保障”，脱贫攻坚成效显著。

【文化产业】 围绕现有文化资源，开展“我们的节日”活动，何金富村重阳节由乡贤筹资办晚会开办百家宴、仙里村结合省级非遗文化跳马灯开展特色乡村春晚。开展“星期日活动”，常态化举办“送戏下乡”、全民健身日、趣味运动会等文化主题活动。组织送戏下乡进农村文化礼堂6场，参与群众3500人次；文化走亲3场、科普知识、文化舞蹈“三团三社”培训讲座25次，参与群众1367人次；举办品牌节庆活动9场，参与群众2460人次。

【基层组织建设】 加强源头指导，完成11个村的组织换届选举工作，实现“一肩挑”。做好“换届的后半篇”文章，对新当选的村班子，围绕疫情防控、基层治理、民生实事等中心工作开展监督，对执行力不够，落实不到位人员进行约谈提醒，解决工作中存在的执行不力、落实不到位等问题。

【党风廉政建设】 贯彻落实中央八项规定及省、市、区委要求，开展纠正“四风”和作风纪律专项整治，打击任何形式的“低级红”“高级黑”，特别是针对表态多、调门高、行动少、落实差等突出问题，找准根源症结，扎实推动整改。从严从快打击村干部违法违纪行为，树立反面典型，强化震慑效果。健全完善纪检监察体制机制，做实做细监督职责，加强纪检监察队伍建设，打造纪检监察铁军。

2020年仙渡乡基本情况表

表17

村名（村）	人口（人）	耕地（公顷）	自然村（个）	支部书记	村民主任
仙　里	1329	66	3	翁国勇	翁国勇
何金富	1141	32	4	刘育国	刘育国
葛　畈	1049	30	3	周内文	周内文
张山后	1079	58	5	黄慧敏	黄慧敏
根竹园	690	37	2	周益龙	周益龙
梅　田	773	36	3	周炳林	周炳林
皂　树	1203	64	4	张君武	张君武
南　源	828	43	1	周丽君	周丽君
滴水岩	1121	45	4	尚连青	尚连青
芦　村	1405	59	5	许理君	许理君
董　弄	914	32	2	朱立军	朱立军
合　计	11663	504	36	—	—

（许勃琛）

老竹畲族镇

【概　况】 2020年，老竹畲族镇总面积81.63平方千米，辖12个行政村、74个自然村、139个村民小组。全镇总户数7924户，其中，农业户7482户；总人口16320人，其中，农业人口15237人，有外来人口1038人。人口自然增长率3.23‰。山林面积5575公顷；耕地面积1104.18公顷，其中，水田733.7公顷。

全年实现财政总收入10347.73万元；农村集体经济总收入739.58元，增长13.15%；年末银行存款余额1332.5万元。

2020年老竹畲族镇各行政村基本情况表

表18

村名	面积（平方千米）	户数（户）	人口（人）	农村集体经济总收入（万元）	农村经济总费用（万元）	农村集体经济净收入（万元）
合 计	81.63	7924	16320	739.58	527.65	84.18
曳岭脚	6.70	755	1702	63.35	20.15	2.40
榴 溪	6.27	629	1334	59.06	60.14	6.19
新 陶	14.00	731	1436	81.84	118.44	18.88
沙 溪	4.93	336	682	63.08	31.86	4.53
老 竹	4.67	1237	2425	157.88	134.6	20.82
后 坑	9.32	539	1150	29.14	25.20	6.14
周 坦	6.60	773	1613	43.07	33.65	4.68
郑 丰	8.00	255	521	24.55	20.38	3.34
梁 村	6.20	618	1315	33.06	28.33	2.16
徐 庄	12.02	1087	2259	40.31	22.02	7.57
丁 公	2.92	347	749	67.89	17.95	3.30
赤 坑	13.31	617	1134	76.35	14.93	4.17

【疫情防控】 新冠肺炎疫情发生以来，共排查由武汉返镇人员5人，外省市返镇人员531人，居家隔离和医学观察共计1419人，未出现感染患者，保障了人民群众生命健康安全。解决了因受疫情影响的三晟养殖合作社1000公斤鸭蛋、农户肖某某1万多公斤荸荠滞销问题，解决群众燃眉之急。进入秋冬季，严格落实“外防输入、内防反弹”要求，提高思想认识，强化督导检查，实行三级网格分片包干管理制度，做好政府机关、学校、卫生院、银行、宗教场所等重点场所的管理，落实亮码测温登记制度，共排查省外地区返乡人员135人，其中包括已满足核酸检测和隔离要求的河北石家庄返乡人员1人，意大利入境返乡1人，全镇无确诊病例。

【农业经济】 深化农业供给侧结构性改革，入选全国农业产业强镇建设名单，获得奖励资金1000万元。处州白莲、莲鸭蛋、有机茶叶、土蜂蜜、红美人柑橘等优质农产品备受市场青睐。成功创建莲鸭共生模式。将白莲种植与养鸭产业有机结合，通过鸭肉鸭蛋、莲子加工、荷花摄影、研学旅游等拉长产业链，使每亩莲田收益达到1.2万元，较单一的白莲种植模式增收7000多元，逐步构建“一亩田、百斤莲、千斤蛋、万元钱”的莲鸭共生农业特色产业体系，累计带动1300余户农户增收400余万元；规模化发展茶产业。新陶村主动作为，到松阳、景宁等地考察学习、招商引资；润生苔藓基地项目在郑地顺利落地，种植面积0.73公顷，完成后可为村集体增加年纯收入12万元。非洲猪瘟、松材线虫病等动植物疫情得到有效防治，共处置枯死松树木材1040吨。全年完成粮食、蔬菜播种面积333.33公顷，总产量达5080吨。

【休闲旅游】 挖掘利用优势资源，做好“农业+旅游”和“文化+旅游”两篇文章，全年共接待游客10万余人。十里荷花观赏、红色研学体验、畲乡风情品味等旅游项目更加丰富，成为家庭游、团队游的重要景点。发挥国家AAAA级旅游景区东西岩示范带动作用，举办“春华秋实”民族文化创意展、“智游东西岩实践”“凤凰秘境”登山等活动20余场。“十一”黄金周期间，东西岩景区游客总量同比增长61.57%，被浙江新闻网、今日头条等省内外主流媒体报道，朋友圈广告的曝光量创新高，阅读量达50万人次，为乡村休闲旅游积聚人气；招引北京客商打造新陶村石门源隐墅项目，发展青藤小院、凤凰山歌、畲歌嘹亮、汝南旧家等一批独具少数民族特色的民宿体验点，全年接待游客约8万人次，民宿旅游收入达642.2万元；新陶村结合市党史教育基地的优势，创新以南乡革命根据地文化为主题的研学之路，开拓红色营地拓展项目，全年共接待游客约1.5万人次。老竹镇、新陶村分别获评市级红色示范乡镇、红色示范村。2020年，全镇完成地方财政总收入4461.24万元。

【土地征收】 丽武公路至东西岩公路工程作为全市重大项目之一，涉及老竹镇3个村377户66亩土地征收。自2020年11月22日开始，镇村两级干部统筹村级组织换届选举和项目政策处理两大工作，在攻坚中重提精气神，在破难中再鼓足干劲，截至12月已签约364户，签约率达到96.55%，达到法定土地征收报批签约率92%的要求。衢丽铁路政策处理前期工作也在有序推进中，已完成了先行工程征收协议签订和全线规划红线分户测量。

【项目建设】 2020年基本建设项目投资实际完成投资额1.221亿元，各类项目建设全面铺开。老竹水厂管网提升二期工程总投资270万元，已完成工程量的90%。老竹溪2020年面上小流域治理工程总投资447.17万元，已完成工程量的95%。总投资2.7亿元畲族风情街项目，主体已完工，预计2021年年底投入使用。成功招引了梁村“龟山书院”童趣研学基地项目，计划分三期共投资6000万元，把梁村小学旧校址改造为童趣研学基地，项目建设方案已初步完成。

【民生实事】 2020年，通过组团下访、入户收集意见、村民代表会议、网上征询等方式征集民生实事候选项目。通过召开镇十四届第七次人代会，由代表投票，确定当年政府实施的镇级民生实事10件。通过一年的努力，全面完成各级民生实事项目，包括省级民生实事项目赤坑至高畔提升改造、大中修工程于11月底完成；后坑、赤坑、徐庄等六个村农村饮用水达标提标工程于12月底前完成。截至2020年年底，老竹镇10件镇级民生实事项目、37件村级民生实事项目已全部竣工，真真正正做到了为群众办好事、办实事。

【脱贫攻坚】 老竹镇获评市级扶贫示范乡镇，“两不愁三保障”已完成全覆盖，低收入农户人均可支配收入达到12280元，结对帮扶完成全覆盖，年累计帮扶次数4027人次。对低收入农户产业扶持271户，补助资金48.6万元。医疗保险参保率达99.33%，养老保险参保率达98.14%，浙丽保参保率达87.06%。

【消薄增收】 老竹镇采取统一导向、分别谋划、鼓励创新的消薄方针，既注重自身的强弱项补短板，又争取扶持资金、吸引工商资本。2020年，全镇村集体总收入739.58万元，经营性收入122.56万元，总收入20万元以上且经营性收入10万元以上的村有5个，其他7个村均达到总收入10万元以上且经营收入5万元以上的目标。

【综合整治】 将全镇划分为四大片区，采取片区协作与点位交办的方式，15次开展集中整治村庄环境“脏乱差”，完成点位整治1500多处。7月，开展“常创文明城”志愿服务活动，共组织13支党员志愿服务队700余人参加，12月开展“大干100天、洁净过大年”行动，共整治乱堆放点位58处，清理生活垃圾和建筑垃圾10余吨。开展涉砂行业乱象整治工作，累计关停整治砂场1家。落实好环境保护职责，完成2020年老竹镇最大的城建基础设施项目——镇区污水零直排工程，彻底改变镇区内数十年雨污混排、污水横流的状况。争创省级旅游风情小镇，完成2个AAA级景区村（沙溪、新陶）和1个AA

级景区村(老竹)提升。推进“无违建”创建工作,2020年全镇共完成拆违面积5526平方米。

【换届选举】 完成了全镇12个村换届选举工作,均一次性通过。其中村委选举平均参选率98.52%,“一肩挑”人选平均得票率97.12%,委员平均得票率93.82%。

(雷李娜)

丽新畲族乡

【概　况】 2020年,丽新畲族乡总面积81.43平方千米(包含章太公林区2.44平方千米),境内东西宽11.2公里,南北长14.6公里。辖9个行政村、68个自然村,106个村民小组。全乡总户数4826户,总人口10636人,有外出人口4863人,畲族人口占全乡总人数的21%左右。2020年全乡耕地面积1122.97公顷,山林面积6668.93公顷,是个粮林并举的重点乡。

2020年度丽新畲族乡各行政村基本情况表

表19

名称（村）	村域面积（公顷）	户数（户）	人口（人）	农村经济总收入（万元）	农村经济总费用（万元）
上塘畈	342.22	447	1021	52.24	33.32
黄　弄	546.58	670	1470	74.45	21.67
咸　宜	460.95	688	1510	50.67	34.62
畎　岸	633.90	823	2030	67.73	32.33
黄岭上	1307.69	607	1257	66.15	25.42
山　村	695.83	290	642	42.49	17.42
马　村	335.66	330	730	36.94	13.57
白岸口	1527.10	546	1116	56.64	7.86
吾赤口	2049.65	425	860	105.85	20.69
合　计	7899.58	4826	10636	554.16	206.9

2020年,有上塘畈、山村、咸宜3个民族村,畲族人口主要分布在上塘畈、山村、咸宜、黄弄、白岸口等5个行政村的18个自然村,其中上塘畈村畲族人口占全村总人口的95%,被称为“浙江畲族第一村”。

【垃圾分类】 新建两个垃圾减量化资源化站房并投入使用,日资源化处理能力达1000公斤。全乡9个行政村实现垃圾分类全覆盖、分类制度健全、分类设施到位,统一按照“户分类、村收集、乡清运”的模式运行处理,2020年丽新畲族乡被评为市级垃圾分类示范乡,畎岸村被评为省级高标准垃圾分类示范村、吾赤口村被评为市级垃圾分类示范村。

【两违拆除】 2020年,完成拆除危旧房、违章建筑共计4045.9平方米,处罚18户,共处罚面积1409.95平方米,处罚金额205396.2元。在防违控违系统建立一户一档2103户,强化日常防违控违巡查,全年共巡查128人次,接信访举报出动23人次,发放停工、整改通知28次,现场阻止违法建设行为15次。落实农村建房“四到场”制度,与国土、建设共同进行新建农房现场勘探放样、危旧房修复现场勘探,共计105次。全力配合上级部门开展“基本无违建区”创建工作。

【环境优化】 对全乡秸秆焚烧进行宣传巡查,大气环境有效提升。启动丽新—老竹污水处理厂项目建设,全乡农村生活污水治理实行委托第三方专业运维，水环境质量持续改善。全年共开展宣传生态环保活动日3场次，发放传单600余份，开展禁止秸秆焚烧巡查5000余人次，阻止秸秆焚烧85次，教育15人次。开展“激浊扬清 碧水莲都”全民护水活动，2020年共组织开展15次，出动人员950多人次，清理垃圾8吨，整改小微水体5个，其他问题4个，全乡全域水环境质量持续改善。启动节后枯死木清理工作，督促采伐队加快清理进度，确保清理质量。2020年，共计清理枯死松木22766株，处置疫木2527.844吨；完成了所辖的白岸口、黄弄、上塘畈三个行政村内的十三株危险性较大，采伐难度较高的大径级枯死松木进行清理。

【农业产业】 流转土地126.67多公顷，种植绿色果蔬20余公顷，近50个品种，增加农民收入520万元。新发展茶园80多公顷，茶产量50多吨，产值1000多万元，水稻种植面积66.67公顷，水果、中药材等产业种植面积133.33公顷，实现产值500多万元。培育新型农业经营主体。新发展农业主体5家。国家级农民专业合作社1家，省级农民专业合作社2家，省级家庭农场2家。开展农民科技培训7次，244人次。

【工业产业】 借助民族政策，引进“凤凰”企业，通过对外投资生产，创造经济收益，其中华通路桥上缴财政税收1513万元，中野建设上交348万元。浙江交投丽新矿业有限公司实现生产产量182万吨，工业产值1.44亿元。丽水蚂蚁搬家文旅公司，计划投资11亿元，实施“丽水生态客厅”综合体项目。各村向东港小学等项目投资村级发展资金780万元，年均收益率达8%。2020年度，乡政府财政税收达到3055万元，在疫情影响下逆势翻倍增长，实现“十三五”时期“五年翻近五番”的目标。全乡各村提前完成全省“欠发达地区2022年村集体经营性收入达到8万元”的“消薄”任务，所有村完成2020年村集体经营性收入10万元的整体布局。

【第三产业】 新建海拔600米以上绿色有机农林产品基地86.67余公顷；新培育旅游地商品3家；新培育“丽水山耕”合作主体2家。农家乐总投资规模达到1700万元，全年累计接待游客8.92万人次，直接营业收入825万元。全乡九个村皆创成A级景区村，畎岸村、马村村、咸宜村、吾赤口村创成AA级景区村。

【民生实事】 2020年丽新畲族乡完成乡级实事10件，完成村级实事26件。宁波—丽水市“山海协作”乡村振兴示范点（马村村）项目一期、二期建设完成，衢丽铁路正式开工建设，生态产品价值实现机制试点工作完成待验收。机耕路硬化，农田灌溉体系完善，饮用水达标提标。全年实施困难群众危房改造共56户，其中村集体招标统建6户，农户自行修缮50户，全部通过专业危房鉴定公司的安全鉴定。

【基础建设】 完成徐岸农田机耕路硬化工程，咸宜至畎岸公路修缮工程，马村办公楼修缮工程，黄弄、白岸口文化礼堂建设项目，民族团结园项目，黄岭上、山村、马村、吾赤口4个村饮用水达标提标工程，黄弄、咸宜两个放心家宴厨房项目。完成197公顷高标准基本农田建设项目，1.5千米绿道项目，土地规划局部调整6.86公顷，丽新小学和上塘畈、黄弄、咸宜村乡村两级避灾中心提升改造。

【矛盾纠纷】 贯彻落实推广“黄泥墩经验”工作，在全乡范围推广阳光票决制。建成乡矛盾纠纷调解中心。启动村规民约“三化”工程，建立健全网格管理制度和人员机构设置，开展法制教育，落实“一村一法律顾问”制度，为村务与群众提供法律服务。排查风险隐患，全乡排查出各类矛盾纠纷9起，及时介入调解化解；办理群众来信来访5件；答复区长信箱、书记信箱、市长信箱、“12345”民生热线22件；网上信访系统接收上级交办信访件5件，答复办结32件。全面化解信访积案，成为全区唯一信访积案“清零”的乡镇。

【民族招牌】 完成咸宜占湾畲

族特色村寨二期项目，咸宜占湾村被评为中国第三批少数民族特色村寨。山村村成功创建丽水市四星级文化礼堂，丽新乡被评为浙江省农村文化礼堂建设示范乡镇(街道)。畲族歌舞、民族体育竞技、彩带编织等传统文化纳入丽新小学校本课程。编排畲族舞蹈12支，参加各类文化演出，魅力畲乡的民族招牌得到进一步弘扬。全年新增乡贤17名，累计入库村级乡贤280余位，9个村均覆盖村级乡贤组织，2名乡贤受到市委市政府表彰，被评为丽水市新时代乡贤工作成绩突出乡镇。

【红色价值】 结合弘扬践行"浙西南革命精神"系列活动，挖掘郑和斋、陈俊等革命烈士事迹和革命战争年代曳岭片区"青帮会"等群众组织配合中国工农红军挺进师开展斗争的红色故事，结合现代乡贤身上根植的家国情怀，与丽新民族小学联合编纂"红之延 畲乡贤"精品课程，将丽新乡贤文化与浙西南革命精神紧密结合，获区级精品课程称号。

【爱国教育】 与丽新小学共同举办了"我向国旗敬个礼 同心共筑中国梦"系列主题活动，组织青少年开展为祖国母亲唱首歌、与国旗同框活动，观看阅兵式，积极引导少年儿童把爱国热情、报国之志融于学习实践之中。

(蔡道靓)

黄村乡

【概　况】 2020年，黄村乡总面积86.042平方千米，辖11个行政村、51个自然村、142个村民小组。全乡总户数5744户，总人口11686人。耕地面积348公顷；山林面积7391公顷；园地面积680公顷。全乡实现工业销售产值2735万元，比上年下降0.02%。财政总收入7392.75万元，财政总支出5240.14万元。上缴国税、地税1850.23万元。乡所属工业企业39家，其中大部分为小水电和毛竹加工厂。全乡企业职工158人。承包耕地面积5417亩，其中流转面积1980亩。农民专业合作社13个，成员数83个，家庭农场4(天堂、金鸟、黄村、郑村)家。年出栏生猪、牛、羊144头、家禽11250羽。

推进茶产业发展，"上郑白茶"辐射效应加剧，全年新增茶叶种植面积34.07公顷，全乡茶叶总面积超120公顷，年增长率37%；依托合作社、家庭农场，加快发展竹荪、高山蔬菜、猕猴桃、高山田螺、中华土蜂、和垟坑溪鱼等乡村特色产业；推进新业态发展，打造"方记土面"品牌，山药土面、蔬菜土面、南瓜土面等产品市场影响力和份额持续扩大，销售额达百万余元。紧盯"消薄"目标，做好项目谋划，推进"方记土面""碧水湾沙滩"等联建项目建设，利用河道经营权、集体山林、闲置房产租赁等，有效盘活资源，拓宽"双增"渠道。

打造"碧水湾沙滩"项目，建成集娱乐、民宿、餐饮等于一体的旅游综合体，全年累计接待游客5万余人，实现总营收150余万元，乡村特色旅游"金名片"持续擦亮。发挥天堂山高海拔优势，围绕"冬日赏雪"愿景，谋划"康养600"项目建设。推进皂坑古民居、下陆尚书文化、戈劄传统村落等乡村旅游资源保护与利用，做好"乡愁"文化的保护与传承。

实行农村低保对象分类差额救助制度，加大对极度贫困对象的救助力度，全面实行困难家庭基本生活补助。全年共实施困难群众临时救助73起，发放临时救助金20.3万元，共有低保户604户(865人)，困境儿童1人，五保对象23人，低保人口占比达到7.4%，全年共发放低保金512万余。2020年有低保边缘户436户(569人)，"寒冬送温暖"、年底困难群众慰问等专项救助行动持续开展。

做好信访工作，开展矛盾纠纷化解，全年9件信访举报案件均在规定时间内予以回复，开展水库移民等历史遗留问题的化解，成功化解碧苑移民信访等3起历史积案，实现"小事不出村""大事不出乡"。

2020年度获莲都区2020年度工作责任制考评综合优胜单位称号。

2020年黄村乡各行政村基本情况表

表20

村名	面积（平方千米）	户数（户）	人口（人）
合 计	86.04	5744	11686
黄村村	18.71	1330	2601
黄泥墩村	7.30	531	1105
戈剳村	6.76	574	1043
和垟村	4.77	322	643
天堂村	5.74	316	636
池岭村	4.01	329	723
郑村村	608.10	303	673
严鸟村	13.69	789	1668
汇村村	7.27	593	1194
皂坑村	7.85	321	660
金鸟村	3.14	336	740

【美丽城镇创建】 对标新时代美丽城镇建设测评指标体系，重实干，强举措，抓落实，成功创建省级美丽城镇达标镇。按照国家级卫生乡镇的创建标准，抓重点、破难点、创亮点，成功创建国家卫生乡镇。立足特色定位，围绕旅游管理、基础设施、旅游产品、环境营造的建设要求，成功创建黄村村AAA级旅游景区村。

【垃圾分类】 以村为单位划分责任区域，落实网格化管理，设置户外公共垃圾桶649只，发放家用分类桶1761个，实现“分类投放，统一清运，资源化处理”。开展农村垃圾分类宣传工作，2020年召开专题培训会8次，参训3000余人次，开展宣传教育活动20次，发放宣传单4000多份，群众垃圾分类意识不断强化。

【“消薄”工作】 紧盯“消薄”目标，做好项目谋划。2020年，各村经营性收入共计128.11万元，其中黄村村、黄泥墩村、严鸟村、戈剳村经营性收入超10万元，其余各村也均达到5万元的标准，完成年度“消薄”任务。

【乡贤工作】 凝聚乡贤力量助推全乡经济建设。10月召开黄村乡贤联谊会，60多名乡贤同聚一堂话发展，共收集到发展建议32条。2020年，乡贤积极出资参与开发碧水湾乡村旅游综合体项目、生态文化节、文化礼堂建设等，在乡贤的支持下，成功将资源优势转化为资本优势，进一步推进乡村振兴发展。

【民生工程】 以“为群众办好事、让群众好办事、把群众事办好”为工作目标，推进黄村村“四好公路”、农村饮用水提标达标、黄泥墩岩头公厕、天堂村猕猴桃水果产业基地建设项目等项目建设。全年全乡共完成省、市、区、乡四级民生实事46件，完成率达到100%。全面推进参保工作，其中城乡居民基本养老保险参保率99.2%，城乡居民基本医疗保险参保率99.7%，“浙丽保”城乡居民参保率在全区率先实现100%。

【扶贫帮困】 以“两不愁三保障”为工作目标，全面开展低收入农户走访、危旧房改造等工作。全乡干部共结对1159户低收入农户，每月入户走访，研究脱贫措施，做到真帮实扶。2020年，全乡累计发放扶持资金232万元，实施困难救助60人次，全面消除年收入8000元以下的农户，完成扶贫各项工作任务。

【乡村文化建设】 挖掘信孝文化、下陆尚书文化、皂坑古民居文化等，加快历史名人、事迹的编纂，丰富信孝文化内涵。全面推进“法治黄村”和“平安黄村”建设，落实安全生产“一岗双责”，加强食品、药品安全监管，完善管理体系。建立健全惠及全民的社会保障体系，加快农村居家养老服务照料中心建设，构筑保障体系。

【疫情防控】 落实“一线管控、精密智控、群防群控”和“外防输入、内防反弹”的防控策略，守牢各村“小门”、群众“家门”，建立三级网格化管理和“五包一”管理制度，开展疫情防控宣传工作，悬挂疫情防控的横幅120余条，张贴海报130余张，发放“冬春季疫情防控八牢记”“致在外人员一封信”5000余份，守护群众生命健康安全。

【服务群众】 按照自治、法治、德治“三治”融合的要求，推进“黄泥墩”经验在全乡的普及推广和不断优化，以起源地和先行乡镇的担当做好率先示范和经验总结。完善阳光民主票决制，根据各地实情实施不同的方式，让阳光民主票决制深入人心。全乡11个行政村皆已召开村民代表大会并实施阳光民主票决制，累计票决事项73项，工作分数位列全区第一，已顺利申报第三批省级城乡社区治理和服务创新实验区。推进节地生态安葬和绿色惠民殡葬，开展"三沿"坟墓整治和生态墓地建设，健全村级殡葬管理联络员队伍制度。黄村乡按民政局要求对本乡公益性公墓进行规范化管理，落实骨灰跟踪机制，宣传生态节地丧葬形式，如放置骨灰堂、树葬、海葬等，为"两美莲都"提供保障。

【基层队伍建设】 黄村乡组织换届领导小组，坚持"早谋划"定方向、"早调研"摸底数、"早整顿"解决矛盾、"严入口"杜绝问题人选、"严纪律"实现风清气正、"严承诺"促进履职尽责的换届选举方法，将工作做在前头，将问题挡在外头，将村庄稳定放在心头。全乡11个行政村皆一次性完成选举，全乡村民参选率99.97%，新任村干部皆以高票数通过选举，完成村组织换届选举工作。

（吴俊男）

文件选编

中共丽水市莲都区委办公室 丽水市莲都区人民政府办公室关于印发《莲都区全方位深度接轨上海高质量融入长三角区域一体化发展行动方案》的通知

莲委办发〔2020〕3 号

各乡镇党委、政府，各街道党工委、办事处，区直各单位：

为深入贯彻习近平总书记在深入推动长江经济带发展座谈会上的讲话精神，全面落实长三角区域一体化发展国家战略、省委“全省域全方位接轨上海”战略部署和市委“全市域全方位深度接轨上海、高质量融入长三角区域一体化发展”要求，特制定本行动方案。

一、总体要求

（一）指导思想

以习近平新时代中国特色社会主义思想为指导，以“莲都作为”落实“丽水之干”担纲“丽水之赞”，深入弘扬践行浙西南革命精神，立足生态优势和人文优势，接轨上海、问海借力、发展莲都，进一步畅通双向合作交流渠道，着力建设长三角大花园最美核心区、生态产品价值转化高地。

（二）基本原则

1. 主动响应，借势登高。坚持立足丽水、依托浙江、对接上海，找准发展定位，在借势中探寻莲都最优发展路径。

2. 彰显特色，差异发展。充分发挥比较优势，差异化发展生态经济、文旅经济、康养经济等特色产业，加快红色资源价值转换，营造综合发展新优势。

3. 突出生态，互补双赢。厚植生态优势、拉长生态长板，对接上海日益增长的生态需求，吸纳大都市创新要素、产业外溢，实现生态优势、经济优势互补共赢。

4. 交通先行，注重实效。坚持目标化引领、项目化推进，加快补齐“对接大上海、融入长三角”的交通短板，促进要素流动互促，提升接轨融入实效。

（三）目标定位

到2025年，实现以下目标：

——打造全国生态产品价值实现机制建设先行区。生态产品价值和GEP核算体系更完善，在市场交易、政府采购等领域得到有效应用。GEP的GDP转化率进一步提高，充分释放绿水青山的经济价值。

——打造长三角大花园核心区。对标世界一流，坚持最严格环境保护标准，牢牢守住生态底线，持续提升生态环境质量，不断扩大生态比较优势。

——打造长三角知名休养目的地。成功创建国家全域旅游示范区,建成瓯江山水诗之路黄金旅游带。健康、养老、医美、文体等幸福产业长足发展,“画乡莲都”品牌享誉海内外。

——打造生态工业创新发展高地。聚焦先进装备制造、时尚轻工、健康制造、信息技术等重大战略性新兴产业,注重新型技术研发与转化平台建设,建成集研发、生产、孵化为一体的生态工业产业基地。

——打造长三角生态安全农产品供应地。高质量建设莲都农业绿色发展先行示范区,探索和集成绿色有机、绿色畜牧、分享农业、创意农业、智慧农业等绿色农业技术,发展优质生态产品,打造长三角最天然、最安全、最健康的生态精品农产品供应地。

二、重点任务

(一)生态共建共享行动

1.共享生态环境价值。着力提升生态环境质量、扩大生态比较优势,建设自然资源资本强区。与长三角城市共同开发生态环境优质资源,吸引对生态环境要求高的企业落户莲都,实现生态资源共享、价值提升。

2.共求“两山”转化理论成果。加强与长三角地区高校合作,推进生态产品价值实现机制理论研究。依托高级人才联合会,共建长三角“两山”高端智库,输出更多“两山”转化的经验、案例、人才。

(二)基础设施互联互通行动

3.全力构建现代综合交通网。加快打造省域1小时、长三角区域2小时的快速交通圈。对外强化莲都与衢丽铁路、丽水机场等大交通项目的连接,畅通“主动脉”;对内进一步疏通农村公路的“毛细血管”,提升内部公路等级,将莲都建设成为浙西南区域交通枢纽。

4.共建高速泛在的信息网络。完善通信网络核心节点建设,融入长三角5G网络协同布局。参与长三角区域一体化大数据中心建设,加快数据格式、口径等技术标准统一,实现数据共享。

(三)生态产业集聚攀高行动

5.引导制造业协同配套。吸引长三角发达地区高端装备制造、生物医药、健康产业、文创创意等产业落户我区。对接长三角区域成熟市场主体、行业领头企业及上海“百家名企”、上海市浙江商会等机构,主动承接产业转移。

6.培育水经济新引擎。与长三角地区共同开发优质水资源。利用瓯江水系等资源,积极谋划水旅融合项目、水库综合利用项目,让水利工程更好惠及和促进全域旅游;积极对接水产品企业,促进水产品的进一步研发和附加值提升。保护利用通济堰水资源和水文化,系统谋划通济堰生态修复利用工程,根据通济堰水利体系原理,恢复并拓展其应用范围和应用层级。

7.共推生态产品市场化。对接长三角农产品产销联盟,以上海莲都商会为平台,在上海社区、超市设立莲都“丽水山耕”农产品专店和专柜。加快培育“处州白莲”“处州蜂业”等区域品牌、产业品牌和个性品牌。加强与长三角研究院院地合作,提升科技强农能力。

8.共建旅游协作区。全力支持“旅游惠民卡”工作,组织旅游宣传推广活动,努力做深做细长三角旅游客源市场。巩固温州、金华、衢州、杭州、宁波等省内重点旅游客源市场,加大上海、江苏、福建等省外重点旅游客源市场开拓力度,联合周边县(市)研究和谋划长三角自驾游、高铁游等旅游精品线路。

9.共推康养产业发展。招引上海等地知名机构来莲发展康养产业,加快谋划一批健康养生、健康养老、健康旅游等项目。加快推进灵康杏福康旅小镇等一批康养项目。对接上海大型企业工会,组织职工来莲疗休养。依托长寿之乡绿色发展区域合作联盟,助推康养产业发展。

10.深化文体产业合作。加大与上海海派文化、名人文化互动合作,探索共建大型综艺项目、文化创意产业基地。充分利用莲都的生态优势和人文资源,吸引长三角地区资本来莲投资兴办文体设施。围绕瓯江水系及南明湖、古堰画乡、东西岩、九龙湿地等区域，共同开发拓展、徒步、骑游、越野等项目。对接上海等地赛会赛事组织，建设自行车、马拉松、山地越野等赛事训练基地。

（四）科技创新承接行动

11.共建科创合作平台。加强与之江实验室、清华长三角研究院合作交流，引进高端人才和项目。谋划与同济大学等上海知名高校科研项目合作。积极对接G60科创走廊，开展上海浙商G60科创中心认购和企业招商工作。依托上海人才科技优势，借力打造浙西南科创中心。

12.承接科技成果转化。积极对接上海科技成果转化促进会等机构，承接上海等地高校、科研院所科技成果在莲都转化，促进科创型项目链式转移。鼓励企业与长三角地区的科技创新合作。

（五）开放对接市场一体行动

13.高水平构建对外开放新格局。融入长三角通关一体化，推动外贸和制造业企业实现“优进优出”。积极参加长三角地区各类对外贸易展会和洽谈会，推进企业走出去，招引优质项目走进来。

14.打造山海协作升级版。与上海等长三角核心城市和经济协调专业委员会建立合作关系，推动双方建立人才、科研、产业招引合作平台；推进丽水工业园区、古堰画乡文化创意产业园区与上海园区对接，引导上海及长三角地区企业在莲都拓展生产基地、生态康养基地，探索建立跨区域发展合作和利益共享机制。

15.促进金融、信用一体化合作。对接上海绿色金融合作中心，推动我区绿色金融发展。争取上海及外资驻沪银行、保险、基金等金融机构在莲设立分支机构。加强与长三角县（市、区）在失信行为评判标准、数据归集共享、联合惩戒落实等方面合作，促进跨区域信用信息共享共用。

（六）公共服务异地同城行动

16.加强异地医疗合作。积极引进上海等地医疗康复机构。探索开展异地备案互认合作及急诊和部分门诊异地就医结算。推动丽水莲都区人民医院与浙江省新华医院建立远程诊疗合作模式。

17.扩大教育、人才领域合作。加强与上海等优质教育资源地区的合作交流，积极吸引长三角师范类高校优秀毕业生来莲都从教，吸引长三角区域名优校长、教师来莲都任教。强化人才引育合作，引进更多高层次、高技能人才。探索推动专家联动服务，扶持人力资源服务产业发展。加入长三角公共创业服务联盟，共建创业型城区（城市）。

三、近期重大载体

重点围绕建设全市“四个中心”和“一带三区”市域发展核心带，立足碧湖新区等重大平台，推进11个重大载体建设。

（一）建设浙西南科创中心

积极对接G60科创走廊，开展上海浙商G60科创中心认购和企业招商工作。与浙江清华长三角研究院合作编制《浙西南科创中心规划—莲都区子规划》。抓好科创服务平台搭建、大数据库建设、技术创新与成果转化、创新载体建设、科创政策保障等方面工作。谋划推进万洋科创平台、莲都数字产业园等项目（责任单位：区科技局、区经商局，第一个责任单位为牵头单位，下同）。

（二）推进开放合作平台建设

实质性推进与上海市黄浦区的友好协作，与长三角创意经济专业委员会的深度合作。组建丽水（上海）招商中心莲都工作组，开展招商推介、信息获取、对接洽谈、跟踪服务等人才、项目招引工作。充分发挥商会桥梁纽带作用，凝聚在沪莲商力量，广泛开展各类活动，促进上海—莲都两地增进合作交流。依托莲都超市产业农合联等组织，通过搭建合作、服务平台，促进在沪企业集聚发展。全面深化与义乌市、宁波江北区山海协作。加快推进义乌“飞地”建设，争取消薄项目2020年实现投产，开工建设义乌“飞楼”（莲都大厦），谋划建设江北—莲都科创园项目（责任单位：区经合办）。

（三）搭建生态产品推介展

销平台

拓展“丽水山耕”“山耕600”等品牌建设和利用。依托在上海举办丽水生态精品农博会等平台,积极推介莲都粮油、食用菌、茶叶、水果、蔬菜、中药材、畜禽、笋竹、渔业等九大优质农产品,推进莲都的“丽水山耕”农产品进入上海超市(责任单位:区农业农村局)。

(四)搭建文旅互动平台

依托周末“上海—丽水”旅游专列,做好宣传营销。开展莲都文旅进超市、进高校、进社区等推介活动,走访上海旅行社和涉旅企业。组织开展莲都—义乌文化旅游推荐会等活动,联合周边县(市)研究和谋划长三角自驾游、高铁游等旅游精品线路。吸引长三角地区资本来莲发展文旅产业,谋划推进瓯江旅游综合体、天堂山旅游开发、大山峰森林康养、巨溪三岩寺红色旅游等项目(责任单位:区文广旅体局)。

(五)建设古堰画乡新经济产业园

依托古堰画乡良好的生态和创业环境,在现有旅游观光、行画摄影等产业基础上,面向长三角等区域,重点培育和引进文化创意、旅游康养、科技服务、教育医疗、金融保险等多种新经济业态。谋划推进古堰画乡文创中心、江滨休闲街区、研学旅行营地、院士村等项目,为旅游人群提供品质配套服务的同时,为各类人才提供创作休养平台,打造集旅游与艺术交融、观光与度假结合、创新与创业并进的新经济产业集聚区(责任单位:瓯江风情旅游度假区管委会、碧湖镇、大港头镇)。

(六)打造通济堰保护利用开发平台

系统谋划通济堰生态修复利用工程,对通济堰渠道及周边的文物遗迹进行保护修缮利用,对通济堰沿线景观景点进行布局改造。利用通济堰沿线灌溉工程水利资源、农耕文化资源、民俗风情资源,打造系列保护利用开发旅游项目。谋划建设通济堰古堰文化旅游带、通济堰国家农业公园、世界灌溉工程博物馆、特色文化旅游村等项目,打造通济堰世界灌溉工程遗产文化自然生态旅游体验高地(责任单位:碧湖镇、瓯江风情旅游度假区管委会、区水利局、区文广旅体局、区农业农村局)。

(七)建设万洋低碳智造小镇发展平台

围绕建设“现代智造业企业集聚区”目标,主动对接长三角区域,突出高端装备制造业和健康产业招引,打造集智造研发、电子商务、仓储物流、金融服务、智慧园区管理及生产生活配套为一体的生态产业新城。2020年累计投产企业70家以上(责任单位:丽水工业园区管委会、区经商局)。

(八)建设郎奇石牛高端康养集聚区

依托周边现代农业、生态工业、康养旅游等产业资源,主动对接上海等成熟市场,谋划建设北部水湾国际商务会展区、中央精英人才社区、南部高教科创新区、休闲田园康养综合体以及新城滨水景观轴、市政道路基础等城市配套设施。串联古堰画乡、九龙湿地、石牛温泉,融入瓯江山水诗之路建设,推动区域生产、生态生活融合发展(责任单位:碧湖镇、区文广旅体局、区卫生健康局、区教育局)。

(九)推进公共服务一体化

开展公共服务区域协作联动,分批推出公共交通、医保、医疗、文旅等领域面向上海等长三角地区的优惠政策,逐步实现市民卡涵盖的社会公共服务功能间互通互享(责任单位:区发改局、区人力社保局、区医保局、区文广旅体局、区交通局、区卫生健康局)。

(十)推进交通网络一体化

强化莲都与衢丽铁路、丽水机场等大项目的连接,加快仙居至庆元莲都段、临安至苍南(武义至丽水北互通)、碧湖至丽水机场等项目前期,加快临安至苍南(大大线)、南山互通至丽新等项目推进(责任单位:区交通局、区发改局)。

(十一)推进教育人才资源一体化

加大长三角区域名校退休校长、教师招引力度,加快提升教育机构竞争力。到2025年,引进退休名校长2名,退休教师5名。加大对骨干教师培养力度,与上海市、嘉兴市、义乌市、宁波市的特级教师开展师徒结对活动，促进莲都骨干教师的成长。推进“浙江院士之家”建设，争取2020年列入省级试点，通过“建家引智”的方式，集聚10位以上院士、50位以上院士团队成员[责任单位：区（组织部）人才办、区教育局、区科协]。

四、工作保障

（一）加强组织领导

成立莲都区推进长三角一体化发展工作领导小组，每月召开一次工作例会，统筹协调推进一体化发展工作。各责任单位根据专题分工，深入谋划、抓好实施。

（二）建立日常工作制度

领导小组办公室要强化统筹，动态掌握合作事项推进情况；各牵头单位要主动沟通对接，根据需要及时召开工作碰头会，全力协调、推进各项工作任务及工作例会作出的各项决定。

（三）强化工作推进

各牵头单位根据各自目标，分别制定工作方案，明确任务分工、时间要求和年度工作计划。各责任单位要高度重视，确保人员到位、责任到位、措施到位，着力谋划、推动、落地一批重大项目。

（四）强化政策保障

加强与长三角区域合作办公室及国家、省、市有关部门的对接，争取在规划编制、项目安排、重点领域改革试点等方面获得支持。各责任单位加强协同配合，深化政策集成创新，财政部门做好一体化发展工作的经费保障，组织人事部门建立完善干部互访互挂、双向交流机制。

（五）建立结对机制

与上海市一个区建立结对合作机制。区发改局、区经商局、区科技局、区农业农村局、区文广旅体局、区教育局、区卫生健康局、区金融办等部门与上海相应部门建立一对一结对关系。

（六）强化考核评估

强化考核激励，行动方案任务落实情况以扣分项形式纳入综合考核体系（从2020年开始执行）。加大监督检查力度，通过检查、调研、评价等方式，推动长三角一体化发展各项工作落地落实。领导小组办公室负责对重点任务、重点载体推进情况进行监测分析和动态评估。

中共丽水市莲都区委办公室
丽水市莲都区人民政府办

2020年1月21日

中共丽水市莲都区委办公室　丽水市莲都区人民政府办公室关于印发《莲都区高质量绿色发展指标体系任务分解方案》的通知

莲委办发〔2020〕16号

为深入贯彻落实中央、省委、市委关于推动高质量发展的决策部署，根据《浙江省高质量发展指标体系实施办法》（浙委办发〔2019〕6号）、《丽水市高质量绿色发展指标体系实施方案》（丽委办发〔2020〕5号）要求，制定本方案。

一、指导思想

围绕高质量绿色发展的基本内涵和新发展理念要求，利用高质量绿色发展指标体系开展监测评价，科学衡量全区高质量绿色发展水平和进程，客观反映推进高质量绿色发展的工作成效。

二、指标体系主要内容

（一）质效提升。坚持新发展理念，坚持质量第一、效益优先，从经济实力、财政收入等方面选取指标，共设置人均GDP等10项指标。

（二）结构优化。按照加快建设现代化生态经济体系的要求，从产业升级、需求结构等方面选取指标，共设置数字经济核心产业增加值占GDP比重等13项指标。

（三）动能转换。按照推动经济发展质量变革、效率变革等方面选取指标，共设置每百元固定资产投资产出的GDP等18项指标。

（四）绿色发展。按照加快生态文明建设的部署，从打好水、气、土、废污染防治攻坚战等方面选取指标，共设置单位GDP能耗降低率等11项指标。

（五）协调共享。始终坚持以人民为中心的发展思想，从区域统筹、扶贫、就业等方面选取指标，共设置常住人口城镇化率等9项指标。

（六）风险防范。按照防范和化解重大风险、筑牢高质量绿色发展底线的要求，从金融风险等方面选取指标，共设置银行业金融机构不良贷款率等7项指标。

三、工作要求

（一）加强组织领导，增强大局意识。成立莲都区推进高质量绿色发展领导小组，负责统筹推进指标落实相关工作。各乡镇（街道）和区直部门要围绕高质量绿色发展的基本内涵和新发展理念要求，紧扣区委、区政府中心工作，把高质量绿色发展指标具体化、任务化，精准打好高质量绿色发展组合拳。

（二）明确职责分工，落实目标任务。高质量发展指标体系共有68个指标，总分值为100分，以2022年为目标期，实行年度评价（到 2022年，省、市再修订指标体系并调整目标值）。各指标责任单位要明确具体责任人、实施路线图和时间表，确保责任到位、措施到位、落实到位，同时要加强与省、市相关责任单位的沟通联系。

（三）注重分析研究，强化督查考核。建立莲都区高质量绿色发展评价考核工作分析例会制度，会议召集人为常务副区长。每年召开1次分析会议，各指标责任单位对指标执行情况进行分析。区统计局要加强对高质量绿色发展指标体系的研究分析，积极做好向上对接和业务指导。排名靠后的指标责任单位要加快补齐短板，细化整改措施，有效推动我区高质量绿色发展走在全市前列。

附件：

1.莲都区高质量绿色发展指标体系任务分解表

2.莲都区推进高质量绿色发展领导小组成员名单

附件1

莲都区高质量绿色发展指标体系任务分解表

	指标	计量单位	权重	目标值	责任单位	数据来源单位
一	质效提升（10项，17分）					
1	人均GDP	元	2	120000	区发改局	市统计局
2	全员劳动生产率	万元/人	1.5	20	区发改局	市统计局
3	一般公共预算收入与GDP之比	%	0.5	10~15（全省平均±2个百分点）	区财政局	市财政局、市统计局
4	税收收入占一般公共预算收入比重	%	1	80	*区税务局、区财政局	市财政局、市税务局
5	居民人均可支配收入与人均GDP之比	%	1.5	累计提高2个百分点	*区人力社保局、*区农业农村局	国家统计局丽水调查队、市统计局
6	规模以上工业企业主营业务收入利润率	%	2	7	*区经济商务局、丽水工业园区管委会	市统计局
7	亩均税收	万元	2	30	*区经济商务局、丽水工业园区管委会、区税务局、市自然资源和规划局莲都分局	市税务局、市自然资源局
8	全部工业增加值率	%	2	24	*区经济商务局、丽水工业园区管委会	市统计局
9	全要素生产率（科技进步监测）	%（得分）	2.5	68（500）	区科技局	市科技局、市统计局
10	品牌企业和实施“浙江制造”标准企业销售占比	%	2	40	区市场监管局	市市场监管局、市统计局
二	结构优化（13项，18.5分）					
11	数字经济核心产业增加值占GDP比重	%	3	4.12	*区经济商务局、丽水工业园区管委会	市统计局
12	“三新”经济增加值占GDP比重	%	1.5	30	*区发改局、区经济商务局	市统计局
▲13	旅游产业增加值占GDP比重	%	1	10	区文广旅体局	市统计局
▲14	文化产业增加值增长率	%	1	10	区委宣传部	市统计局
15	高新技术制造业增加值占规模以上工业比重	%	1.5	50	*区科技局、区经济商务局	市统计局
16	17个重点传统制造业增加值年增长率	%	1.5	4	*区经济商务局、丽水工业园区管委会	市统计局
17	现代服务业增加值占服务业增加值比重	%	1.5	40	*区发改局 区经济商务局、区金融发展中心、区科技局	市统计局

18	农业土地产出率	元/亩	1.5	4100	区农业农村局	市农业农村局
19	机电和高新技术产品出口占货物贸易比重	%	1.5	45	*区经济商务局、丽水工业园区管委会	市商务局
20	服务贸易进出口占货物和服务贸易总额比重	%	1	13	区经济商务局	市商务局
21	高技术产业实际利用外资占比	%	1	28	区经济商务局	市商务局
22	对“一带一路”沿线国家投资占对外投资的比重	%	1	35	区经济商务局	市商务局
23	亿元GDP上市企业资本市场融资当年新增额	万元	1.5	500	区金融发展中心	市金融办
三	动能转换(18项,18.5分)					
24	每百元固定资产投资产出的GDP	元	1.5	300	区发改局	市统计局
25	民间项目投资增长率	%	0.5	12以上	区发改局	市统计局
26	高新技术产业投资增长率	%	0.5	12以上	*区科技局、区发改局	市统计局
27	交通投资增长率	%	0.5	12以上	*区交通运输局、区发改局	市统计局
28	生态环境和公共设施投资增长率	%	0.5	12以上	*区建设局、*区水利局、*市生态环境局莲都分局、区发改局	市统计局
29	软投入占综合投资的比重	%	1	18	*区科技局、区发改局	市统计局
30	居民消费率	%	1	35	*区发改局、区经济商务局	市统计局、国家统计局丽水调查队
31	居民服务消费占比(恩格尔系数)	%	0.5	50(28)	*区发改局、区经济商务局	国家统计局丽水调查队
32	R&D经费支出占GDP比重	%	2	3	区科技局	市统计局
33	累计高新技术企业和科技型中小微企业数	家	1	410/1340	区科技局	市科技局
34	现有公司制企业数量在企业中的占比	%	0.5	90	区市场监管局	市市场监管局
35	小微企业园	个	1	根据省、市下达任务分解	*区经济商务局、区市场监管局、市自然资源和规划局莲都分局	市经信局、市市场监管局
36	每万人发明专利拥有量	件	1	25	区市场监管局	市市场监管局
37	工业设备联网率	%	1	40	区经济商务局	市经信局

38	营商环境便利度	分	1.5	90	*区发改局、区经济商务局、区行政服务中心、区市场监管局等	市发改委、国家统计局丽水调查队
39	放心消费指数	—	1.5	0.9	区市场监管局	市市场监管局
40	“最多跑一次”改革满意率	%	1	98	*区委改革办、区行政服务中心	市委改革办、市统计局
41	每万名从业人员拥有人才资源数	人	2	3750	*区委组织部、区人力社保局、区经济商务局、区农业农村局、区民政局	市委组织部、市统计局
四	绿色发展（11项，20分）					
42	能源消费总量增速与单位GDP能耗降低率	%	2	根据市下达任务分解	区发改局	市统计局
43	非化石能源占能源消费比重	%	1.5	22	区发改局	市发改委、市统计局
44	单位GDP用水量	立方米/万元	2	<31	区水利局	市水利局、市统计局
45	地表水达到或优于Ⅲ类水体比例（省控断面）	%	2	100	市生态环境局莲都分局	市生态环境局
46	$PM_{2.5}$年均浓度	$\mu g/m^3$	2.5	≤31	市生态环境局莲都分局	市生态环境局
47	单位耕地面积化肥（折纯）农药使用量	千克/公顷	1.5	<410/22	区农业农村局	市农业农村局
48	工业固体废物利用处置率	%	2	99	*市生态环境局莲都分局、区经济商务局	市生态环境局
49	城乡生活垃圾分类处理率：城市生活垃圾无害化处理率	%	1.5	100	区环境卫生服务中心	市建设局
	城乡生活垃圾分类处理率：农村生活垃圾集中收集处理行政村覆盖率			100	区环境卫生服务中心	市农业农村局
50	乔木林单位面积蓄积量	立方米/公顷	2	70.5	区生态林业发展中心	市自然资源局
▲51	“大搬快聚富民安居”工程搬迁人数	万人	2	11.5	区农业农村局	市农业农村局
▲52	水土流失面积占土地总面积比例	%	1	6.5	区水利局	市水利局
五	协调共享（9项，14分）					
53	常住人口城镇化率	%	1	71	区建设局	市统计局
54	城乡居民收入比	—	2	<1.99	*区农业农村局、*区人力社保局	国家统计局丽水调查队

55	低收入农户人均可支配收入与农村居民人均可支配收入之比	—	1.5	0.4	区农业农村局	市农业农村局、市统计局、国家统计局丽水调查队
56	城镇调查失业率(登记失业率)	%	1.5	<4.5	区人力社保局	国家统计局丽水调查队、市人力社保局
57	劳动年龄人口平均受教育年限	年	2	14	*区教育局、区人力社保局	市统计局、市教育局
58	基层就诊率	%	1.5	65	区卫生健康局	市卫生健康委
59	人均社会保险福利额	元	1.5	8500	*区人力社保局、区民政局、区医保局、区退役军人事务局	市人力社保局、市民政局、市医保局、市退役军人事务局
60	每千名老年人拥有社会养老床位数	张	1	55	区民政局	市民政局、市公安局
61	群众安全感	%	2	98	区委政法委	市统计局、市委政法委
六	风险防范(7项,12分)					
62	银行业金融机构不良贷款率	%	2	<1.5	区金融发展中心	丽水银保监分局
63	政府债务率	%	2	<95	区财政局	市财政局
64	新立涉嫌非法集资案件涉案金额与当年新增贷款之比	%	1.5	<3	*区金融发展中心 区公安分局	市金融办
65	公共信用评价良好以上企业占比	%	2	95	区发改局	市发改委
66	亿元GDP生产安全事故死亡率	人	1.5	<0.04	区应急管理局	市应急管理局、市统计局
67	每十万人口火灾死亡率	人	1.5	<0.15	区消防救援大队	市消防救援支队
68	主要食品安全和基本药物抽检合格率	%	1.5	>99.5	区市场监管局	市市场监管局

注:标注▲的为丽水新增指标,标注*的为该项指标牵头责任单位

附件2

莲都区推进高质量绿色发展领导小组成员名单

组　长:陈　豪(区委副书记、区长)
成　员:王东华(区委办主任、区委改革办常务副主任)
王伟平(区委组织部副部长)
陈海波(区委宣传部常务副部长)
曾　锋(区行政服务中心主任)
留红伟(区文广旅体局局长)
吴丽云 (区卫健局局长)
李小富(区教育局局长)
管青林(区医保局局长)
徐伟乐(区委政法委副书记)
叶伟春(区公安分局常务副局长)
徐屈霞(区财政局局长)
叶英东(区税务局局长)
章金宝(区发改局局长)
叶庆武(区科技局局长)
徐建波(区统计局局长)
章旭宇(区交通运输局局长)(区建设局局长)
蓝海霞(区环境卫生服务中心主任)
高稔荣(市生态环境局莲都分局局长)
陈华君(区经济商务局局长)
梁永光(区人力社保局局长)
金伟君(丽水工业园区管委会主任)
钟海峰(区应急管理局局长)
钟金亮(区市场监管局局长)
徐根发(区农业农村局局长)
蓝小华(区水利局局长)
廖翊慧(区民政局局长)
程　炜(市自然资源和规划局莲都分局局长)
李冠武(区退役军人事务局局长)
华官丽(区生态林业发展中心主任)
陈雅云(区金融发展中心主任)
张　旭(区消防救援大队队长)

领导小组下设办公室,办公室设在区发改局,章金宝同志兼任办公室主任,蓝丽芬(区发改局)、季寒梅(区统计局)同志任办公室副主任。

中共丽水市莲都区委关于充分发挥各级党组织领导核心和战斗堡垒作用为打赢疫情防控阻击战提供坚强政治保证的通知

莲委发〔2020〕1号

为深入贯彻落实习近平总书记对疫情防控工作的重要指示批示和中央、省委、市委关于充分发挥各级党组织领导核心和战斗堡垒作用为打赢疫情防控阻击战提供坚强政治保证的通知精神，切实加强党的领导，充分发挥各级党组织领导核心和战斗堡垒作用，团结全区广大党员干部群众大力弘扬践行浙西南革命精神，以“莲都作为”落实“丽水之干”担纲“丽水之赞”，坚决打赢疫情防控阻击战。现就有关事项通知如下。

一、提高政治站位，坚决贯彻落实习近平总书记对疫情防控工作的重要讲话和指示批示精神。

新型冠状病毒感染肺炎疫情发生以来，习近平总书记就疫情防控工作发表的重要讲话、作出的重要指示批示，充分体现了以习近平同志为核心的党中央对当前疫情形势的科学把握和对防控工作的精准施策，体现了对人民群众生命安全和身体健康极端负责的责任担当，为我们坚决打赢这场疫情防控阻击战提供了根本遵循，凝聚了战斗意志，坚定了必胜信心。各党委（党组）要切实增强“四个意识”、坚定“四个自信”、做到“两个维护”，及时把习近平总书记重要讲话和指示批示精神传达到每一个基层党组织、每一名党员干部，教育引导广大党员干部坚持人民利益高于一切，不忘初心、牢记使命，把投身防控疫情第一线作为践行初心使命、体现责任担当的“试金石”和“磨刀石”，把党的政治优势、组织优势、密切联系群众优势转化为疫情防控的强大工作优势，确保中央和省委、市委各项决策部署落到实处，让党旗在防控疫情斗争第一线高高飘扬。

二、强化党的领导，发挥党委（党组）统揽全局、协调各方的领导核心作用。

区疫情防控指挥部要加强统筹协调，周密安排部署，推动各项防控措施落实落地，要全面贯彻坚定信心、同舟共济、科学防治、精准施策的要求，严格执行“一级响应”，围绕“一确保两争取”防控目标，坚决落实省委提出的“五个更加”“十个最”和市委提出的“五个必须”等要求，聚焦聚力“清存量、控增量”，确保疫情防控工作有力有序有效进行。各党委（党组）要加强对本地本单位疫情防控工作的统一领导，确保组织体系高效协同、上下贯通、整体联动、快速响应。要按照“内防扩散、外防输出”的要求，进一步升级完善管控措施，控制传染源、切断传播链，坚决遏制疫情蔓延，确保全区所有交通进出口管控滴水不漏，确保疑似病例、密切接触者、相关人员排查不留死角，确保公共聚集场所和活动应停尽停。要全力以赴救治感染患者，发挥县域医共体优势，落实首接首诊负责制，按照“集中患者、集中专家、集中资源、集中救治”原则，及时收治疑似病人、全力救治确诊病人；要科学调配医护人员力量，重视缓解医护人员身心压力，强化医护人员安全防护。要全力保障防控救治物资和群众生活必需品，加强生产调度，畅通绿色物流通道，依法严厉查处和打击囤积居奇、垄断供应、蓄意抬高市场价格的行为，维护良好社会秩序。要加强舆情导控和社会面稳控，公开透明发布疫情消息，及时回应群众关切，妥善处理矛盾纠纷，切实维护社会稳定；着力抓好返岗返工返学人员防控保障工作，及早谋划制定健康诊断、交通组织等预案，层层压实工作责任，加强返前摸排工作，严格落实防控措施。要加强疫情防控工作落实情况的督查，通过明察暗访等形式，推动疫情防控工作落地见效。

三、敢于担当作为，发挥领导干部以上率下的主心骨作用。

当前，疫情防控形势依然十分严峻，决不可掉以轻心。领导干部特别是主要领导干部务必在思想上高度重视、行动上坚决果断，坚守岗位、靠前指挥，在防控疫情斗争中率先垂范、英勇奋斗、敢于担当、扎实工作，经受住考验；要深入疫情防控第一线，及时发声指导，及时掌握疫情，及时采取行动；要紧盯薄弱环节，哪里疫情严重就深入哪里现场指导，牢牢把握防控主动权；要结合深化“三服务”活动，深入基层了解企业生产和群众生活需求，通盘考虑、统筹兼顾，既要着眼于有效防控疫情，又要维护社会大局和谐稳定；要严守政治纪律、工作纪律，坚决保证政令畅通、令行禁止。要注重在疫情防控第一线考察、识别、评价、使用干部，把领导班子和领导干部在疫情防控斗争中的实际表现作为考察其政治素质、宗旨意识、全局观念、驾驭能力、担当精神的重要内容，对表现突出的，要表扬表彰、大胆使用；对不敢担当、作风漂浮、落实不力的，甚至弄虚作假、失职渎职的，要严肃问责。区纪委（区监委）和区委组织部要在区委领导下，积极主动履职，有效发挥作用。

四、构筑严密防线，发挥基层党组织联防联控、群防群治的战斗堡垒作用。

各基层党组织要广泛动员群众、组织群众、凝聚群众，全面落实联防联控措施，构筑群防群治的严密防线，打好疫情防控的人民战争。充分运用大数据等信息技术，加强网格化管理，发挥量大面广的网格员作用，严格落实人员排查和管制措施，组织实施地毯式排摸，切实做到“零死角、零盲区、零疏漏”。强化党建引领，把区域治理、部门治理、行业治理、基层治理、单位治理有机结合起来，切实提高疫情防控的科学性、有效性。医院党组织要团结广大医务工作者和专业技术人员恪尽职守，全力做好医疗救护、基础预防等工作。农村、社区党组织要坚持村（社）自为战，严密排查重点人员情况、禁止举办各类聚集聚会、严格实施疑似人员及其密切接触者隔离观察，坚决消除防控工作薄弱点、空白点。机关企事业单位党组织要加强与属地党组织协同配合，除保障维持单位正常运行最低配比的工作人员，以及需隔离观察、暂未返回莲都等特殊原因不能抽调参加疫情防控工作的人员外，其他党员干部都要积极参与村（社）防疫工作，同时在维护稳定、保障运行、调配资源、筹措资金等方面发挥好作用。要关心关爱奋战在防控疫情斗争一线的基层党员干部，采取务实贴心到位的措施，加强安全防护，注重劳逸结合，帮助解决实际困难，解除后顾之忧；要总结宣传基层党组织和广大党员、干部在防控疫情斗争中涌现出的先进典型，大力宣传疫情防控中最美“逆行者”的英勇感人事迹，及时进行表扬表彰，凝聚起抗击疫情共克时艰的强大正能量。

五、弘扬革命精神，发挥广大党员不畏艰险、无私奉献的先锋模范作用。

全区广大党员要深入践行“浙西南”革命精神，牢记“疫情就是命令，防控就是责任”，坚决做到党组织有号召、党员有行动。围绕疫情防控、社会稳定等中心工作，主动靠前、勇于担当，做到哪里任务重、哪里有困难、哪里就有党员当先锋作表率，努力做到“六个带头”，即带头示范引领，服从组织安排，冲在前做示范；带头自我防护，养成良好生活习惯，积极做好安全防护措施；带头配合排查，对自身及周围亲朋好友有关情况要如实提供上报；带头宣传引导，做好群众思想工作，引导不传谣不信谣；带头服务保障，尽己所能做好志愿服务，为居家观察人员做好保障；带头维护市场，抵制并积极举报假冒伪劣商品以及扰乱市场秩序行为。区直机关企事业单位在职党员干部在做好自身防护的同时，就地就近配合村（社）党组织开展疫情防控工作，坚决服从社区党组织的安排和调度，共同打好疫情防控的阻击战。

各乡镇党委，各街道党工委，区直各单位党委（党组）要及时向区委报告动员党组织和广大党员、干部在防控疫情斗争中发挥作用的情况。

中共丽水市莲都区委

2020 年2月6日

中共丽水市莲都区委　丽水市莲都区人民政府关于补齐“三农”发展短板确保与全市同步高水平全面建成小康社会的二十条意见

莲委发〔2020〕3号

2020年是我区与全市同步高水平全面建成小康社会目标实现之年，更是区委“加快发展年”，必须以习近平新时代中国特色社会主义思想为指导，以农业农村供给侧结构性改革为主线，大力实施乡村振兴十大行动，高水平推进农业农村现代化，努力打造乡村振兴莲都样板，确保全区农村同步高水平全面建成小康社会。

一、打赢精准脱贫攻坚战

1.完善扶贫开发长效机制。深入实施低收入农户高水平全面小康计划和“八个万元”富民增收行动，推进省级扶贫综合改革试点，做好低收入农户认定标准线和低保边缘户认定标准线“两线合一”工作，确保低收入农户人均可支配收入增速高于全区农民平均水平，力争农民收入在全省26县中排名前列。稳步提高最低生活保障水平，落实特困人员救助供养制度。动态监测“农村困难对象大排查系统”数据库，抓实“一户一策一干部”制度落实，制定年家庭人均收入8000元以下农户一对一帮扶举措，全面消除农村年家庭人均收入8000元以下现象。

2.推进“大搬快聚富民安居”工程。按照市委市政府统一部署，出台新政策和搬迁规划，加快公寓安置项目建设，盘活安置房存量。加快花街安置小区、魏村区块安置房建设，确保文一楼安置房项目如期完工。加强搬迁后政策帮扶，落实搬迁安置、宅基地复垦、就业创业培训等政策保障，推进农民异地搬迁安置小区（点）“幸福社区”创建，积极争创市级“大搬快聚富民安居”工程示范县。

3.发展壮大村级集体经济。按照省市“消薄”攻坚提升行动计划要求，深化山海协作，推进义乌“消薄园”飞地项目建设，创新村集体经济转型发展道路。继续抓好区、乡、村三级“消薄”项目建设，加快建成一批“造血”功能强的村集体经济发展项目。实现村集体年收入15万元以上且年经营性收入8万元以上行政村占比40%，村集体年收入超过100万元的行政村12个。强化农村集体“三资”管理，强化强村公司规范经营管理，组织开展清产核资，促进村级财务规范运行。加快化解村集体债务，促进村级经济良性发展。

4.抓好就业创业帮扶。深化扶志扶智，提高低收入农户的职业技能和综合素质。加强莲都—义乌山海协作产业园等就业帮扶主平台建设，拓宽就业渠道，促进低收入农户就业和企业招工“供需对接”。抓好农民培训，深入开展产业扶贫带头人培训行动，充分借力农民学校、农民素质培训基地等培训平台，统筹好省农科院、丽水学院等省内涉农高等院（职）校培训资源，有针对性地对低收入农户进行技术技能免费培训。鼓励返乡创业，借助农业创业平台，鼓励和引导大中专毕业生、返乡农民工、退伍军人等在离土不离乡中实现增收致富。

5.抓实乡村休闲产业发展。充分发挥乡村资源优势，促进农旅融合，推动产业兴旺更上台阶。落实各项惠民扶持政策，大力推动农业经营主体复产复工。以丽新老竹乡村振兴示范带创建为依托，打造一批红色乡村、红色文旅等产业融合发展典型。提升乡村旅游资源保护与开发水平，打造莲都乡村旅游美丽风景线。推进“机器换人”步伐和农机装备升级，加快数字农业、科技农业建设。高标准推进省级现代农业园区建设，争创省级农业高新技术产业示范区。

二、增强优质农产品供给

6.稳定粮食生产。进一步落实粮食安全县长责任制，充分挖掘粮食扩面增产潜力，确保粮食播种面积和产量不低于上年水平。深入实施“藏粮于地、藏粮于技”战略，持续推进高标准农田建设和粮食生产功能区提标改造，不断提升耕地质量和粮食产量。发展“订单粮食”并执行奖励政策，严格落实好稻谷最低收购价政策，统筹实施好稻谷补贴政策，稳定农民收益预期，保护和调动农民种粮积极性。强化粮食产销政策的宣传和落实，引导农民根据市场需求，发展优质高产、适销对路的粮食品种。

7.抓好“菜篮子”保供稳价。压实“菜篮子”行政首长负责制，打造覆盖全域、主体明确、基地稳定、物流完善、产销通畅的“菜篮子”保供体系。开展保障性蔬菜基地建设。构建畜禽现代全产业链体系，提升全省畜牧业绿色发展示范县优势产能和核心竞争力，形成以生猪为主，其他特色养殖为辅的产业格局，实现生猪存栏逆势回升。

8.加快生态农业产业发展。以工业化理念推动农业发展标准化、规模化、产业化，重点推进农业农村“3+2+1”产业发展。即重点发展“茶叶、蔬菜、精品水果”三大主导产业、“莲鸭共生、畜牧业”两大特色产业、“莲都商超”增收富民产业。全面启动“丽水山耕”数字化平台项目建设，打造碧湖平原为核心的数字农业产业集群。打响“丽水山耕”“丽水山居”“丽水山景”等“山系”产业品牌，提高农业品牌影响力。挖掘“丽水枇杷”“处州白莲”国家农产品地理标志产品价值，提高农产品竞争力。推进农产品加工业高质量发展，助推农村一、二、三产业融合发展。打造“莲都商超”区域公用品牌，创建一批“莲都商超”示范门店。

9.确保农产品质量安全。高度警惕非洲猪瘟、高致病性禽流感、松材线虫病等动植物疫病与新冠肺炎疫情叠加风险，确保不发生区域性重大动植物疫情；深入实施农药化肥“两制两减”行动，对标欧盟标准，按照“五个最严”的要求，落实肥药实名制购买、定额制施用。强化农产品的安全监管，建立正向激励和反向约束机制。严守生态红线，加强饮用水水源地等生态敏感地区生态保护，严格执行禁渔期制度，严厉打击非法捕猎、收购、运输、交易野生动物等违法行为。

三、加快新时代美丽乡村建设

10.提升乡村生态底色。坚决打好污染防治攻坚战，高标准完成第二轮中央环保督察整改任务。高标准建设大花园绿道网，争创省级最美绿道。继续实施“一村万树”三年行动，全力扩大乡村集体生态公益林面积。深入开展秸秆综合利用和禁烧专项行动。深入实施碧水行动，“水十条”国家考核断面全面达标。全面推进净土行动，实现耕地和重点工业园区（产业集聚区）土壤环境监测网络基本覆盖。启动以村为基本单元的全域生态产品评价，建立健全GDP和GEP双核算、双评估、双考核工作机制。

11.开展美丽城乡建设。深化省新时代美丽乡村示范区创建成果，推进花园乡村建设。高起点谋划推进碧湖新区建设，加快推进采桑区块未来社区项目。启动美丽城镇建设，确保大港头镇创成美丽城镇样板镇，太平乡、黄村乡创成美丽城镇。加强传统村落和历史文化村落保护利用。深入推进“三改一拆”和“无违建”创建，加强乡村建房管控，力争创成全省“基本无违建区”。深入实施“千村示范、万村整治”工程，打造新时代花园乡村莲都样板。

12.开展“三大革命”提升行动。强力推进“垃圾革命”，加快建立“四分四定”垃圾处理体系，实现农村生活垃圾分类处理建制村覆盖率85%以上，确保农村生活垃圾分类处理工作走在全市前列。巩固提升“污水革命”成效，加快推进碧湖第二污水处理厂、老竹—丽新污水处理厂项目，完成农村生活污水治理新建和改造工程，力争完成联城街道、老竹镇“污水零直排区”建设，实现日处理能力30吨以上农村生活污水处理设施标准化运维全覆盖。深入推进“厕所革命”，改造和建设农村公厕提升，进一步强化运维管理，健全厕所建管长效机制。

四、夯实乡村治理现代化基础

13.强化农村基层党组织建设。深入贯彻《中国共产党农村基层组织工作条例》，全面实行村级党组织书记区委备案管理制度，持续整顿后进村党组织。抓好村级组织换届，全面推行村党组织书记、村委会主任、村经济合作社负责人“一肩挑”，全面落实“五议两公开”，完善考核和监督管理机制，健全激励村干部干事创业机制。实施农村“头雁工程”和整固提升行动计划，培养选拔政治强、能带富、善治理的村党组织带头人。深化农村党员“十条红线”管理，稳妥做好不合格党员处置工作。

14.全面加强农村安全管理。全面排查整治各类安全隐患，抓好农业农村安全生产。加强农业农村重大突发事件管理，完善风险预警、处置、发布等机制，构建农业农村风险防控体系。增强应急物资储备，加强农村防灾减灾能力建设。健全基层防汛防台、森林防火、农村消防、气象灾害防御等公共安全服务体系。扎实推进农村危房修缮工作，鼓励群众因地制宜对危旧房进行治理。

15.健全乡村治理体系。推进“基层治理四平台”规范化建设。深入推广“村级事务阳光票决制”“自联会”“阳光评廉会”“五联六合”等基层治理模式，打造乡村治理现代化先行区。创建“红色网格”，提升党建引领基层社会治理水平。深入开展扫黑除恶专项斗争，依法严厉打击农村黑恶势力，深挖彻查“保护伞”和涉黑涉恶腐败问题。加强民间信仰事务管理，依法加大对农村非法宗教活动和境外渗透活动打击力度。深入推进清廉村居建设，持续净化基层政治生态。加快区、乡、村社会组织服务中心建设，推进“最多跑一次”改革向乡村延伸。发挥乡贤影响力，化解社会矛盾纠纷，推进乡贤助力乡村治理。

16.推进基础设施提升。推进城乡交通网、水网、能源网、信息网等基础设施统筹规划、互联互通，加快推进农村基础设施建设项目，补齐发展短板。打好“四好农村路”三年行动收官战，推进农村道路改造提升工程建设，加快莲都区洪渡互通至黄村农村道路改造提升工程(仙渡至黄村段)、北埠至堰后农村道路改造提升工程建设。统筹布局农村饮水基础设施建设，加快农村饮用水达标提标工程建设。推进新一轮农村电网改造升级行动，加快城乡电力均等化进程。加快实施信息进村入户工程，初步实现5G网络城镇区域全覆盖。

17.推进城乡公共服务均等化。深入实施教育提升行动，深入推进农村义务教育学校标准化建设，持续提高农村教育质量。完善农村基层医疗公共卫生服务，加强农村疾病预防控制体系和医疗急救体系建设。配强乡镇卫生院医疗资源，推广乡村“流动医院”服务新模式。推进城乡居民基本养老保险参保扩面，落实城乡居民基本养老保险待遇确定和基础养老金正常调整机制。完善城乡居民基本医疗保险制度，增强大病保险保障功能。提升城乡一体公共文化体育服务，完善全民健身服务体系。健全农村留守儿童和妇女、老年人关爱服务体系，加强农村残疾人康复、托养、庇护等公共服务供给。

五、强化“三农”工作要素保障

18.推进农村改革集成聚合。推进科技进乡村、资金进乡村、青年回农村、乡贤回农村“两进两回”行动，撬动乡村“二次开发”。深化农村集体产权制度改革，探索农村集体收益分配权流转机制、集体资产股权退出机制，完善农村产权交易体系。深化农业经营体制改革，实施家庭农场培育计划，开展农民合作社高质量提升整县推进试点。深化“三位一体”农合联改革，健全服务保障体系和高效运转机制，有效推进涉农资源整合。探索宅基地所有权、资格权、使用权“三权分置”，加快激活农村闲置宅基地和闲置农房。

19.加强乡村要素供给。优先满足“三农”发展要素配置，推动资源要素向农村流动。优化财政供给结构，整合各部门线上支农资金，探索建立涉农资金统筹整合长效机制，完善以绿色生态为导向的财政支农政策体系。探索有效盘活农村闲置资源资产的路径和方式。加强用地支持，确保省市下达的农民建房专项、异地搬迁（地质灾害）等指标全部用于乡村振兴建设，满足“三农”发展土地需求。制定鼓励引导工商资本参与乡村振兴的指导意见，落实扶持政策，引导更多工商资本、金融资本、社会资本等投向农业农村。

20.全面压实工作责任。全面贯彻《中国共产党农村工作条例》，健全农村工作领导体制、工作机制和责任体系，把党领导“三农”工作的要求落实到具体的工作机制和机构人员上，真正建立起强有力的党管农村工作组织体系。切实按照党委工作部门的要求，加强党委农办建设，切实配齐配强人员队伍，确保能够履行好决策参谋、统筹协调、政策指导、推动落实、督导检查等职能。要继续强化“三级书记”抓乡村振兴责任，落实区委书记主要精力抓“三农”工作要求。继续深化“三服务”活动，加强联村、联企、联基地，实施点对点送政策、送技术、送帮扶，落实好防疫措施、生产措施、发展措施等综合措施。加强政策宣传落实，教育广大农民群众听党话、感党恩、跟党走。

附件：2020年“三农”工作主要指标

附件

2020年“三农”工作主要指标

序号	工作指标	计量单位	2020年全区目标值	责任单位
1	农林牧渔业增加值增长率	%	2.5	区农业农村局
2	农村居民人均可支配收入增长率	%	10	区农业农村局
3	低收入农户人均可支配收入增幅	%	>10	区农业农村局
4	村集体年收入15万元以上且年经营性收入8万元以上行政村占比/村集体年收入超过100万元的行政村	%/个	40/12	区农业农村局 区委组织部
5	大搬快聚搬迁人口	万人	0.38	区农业农村局
6	培训农村实用人才	人次	700	区农业农村局
7	培训高素质农民	人次	200	区农业农村局
8	粮食播种面积	万亩	12.2	区农业农村局
9	粮食总产量	亿斤	0.704	区农业农村局
10	粮食综合生产能力	亿斤	1.27	区农业农村局
11	粮食储备	亿斤	0.16	区发改局
12	建设高标准农田	万亩	1.31	区农业农村局
13	提标改造粮食生产功能区	万亩	0.6	区农业农村局
14	主要农产品质量安全省级监测合格率	%	99	区农业农村局
15	单位耕地面积化肥使用量	千克/公顷	<405	区农业农村局
16	单位耕地面积农药使用量	千克/公顷	<24	区农业农村局
17	建设数字农业工厂	个	1	区农业农村局
18	益农信息社行政村覆盖率	%	100	区农业农村局
19	政策性农业保险覆盖面	%	100	区农业农村局
20	生猪产能	万头	13.2	区农业农村局
21	建设高品质绿色科技示范基地	个	6	区农业农村局
22	新增省级生活垃圾分类项目村	个	0	区农业农村局
23	生活垃圾分类处理建制村覆盖率	%	85	区农业农村局
24	建设新时代美丽乡村/示范乡镇	个	43/1	区农业农村局
25	开展历史文化(传统)村落保护利用重点村和一般村保护利用项目	个	3/7	区农业农村局
26	创建农业绿色发展先行县/示范区/示范主体	个	1/9/50	区农业农村局
27	全区化肥/农药使用减少量	吨	1500/25	区农业农村局
28	新增全国名特优新农产品登录	个	1	区农业农村局

续表

序号	工作指标	计量单位	2020年全区目标值	责任单位
29	新增全国农产品全程质量控制技术体系(CAQS—GAP)试点生产经营主体/国家良好农业规范(GAP)认证生产经营主体	个	2/1	区农业农村局
30	全区“菜篮子”保供蔬菜基地	万亩	0.22	区农业农村局
31	全区肉类/水产品总产量增长率	%	5/1	区农业农村局
32	认定善治示范村	个	10	区农业农村局
33	打造“丽水山耕”品牌服务中心/核心示范基地/核心产品	个	0/30/12	区农业农村局
34	建成绿道	公里	93.5	区发改局
35	1万人以上乡镇(街道)规范化“残疾人之家”覆盖率	%	100	区残联
36	发放来料加工费	亿元	2.49	区妇联
37	建设有服务平台的产业农合联	家	1	区供销社
38	开展日处理能力30吨以上污水处理设施标准化运维	个	46	区建设局
39	打造新时代美丽城镇省级样板	个	1	区建设局
40	创建省级及以上美丽宜居示范村数	个	2	区建设局
41	新建和改造提升农村公路	公里	86	区交通运输局
42	新建农村港湾式停靠站	个	12	区交通运输局
43	农村公路优良中等路率	%	≥92	区交通运输局
44	乡镇公办中心园覆盖率	%	100	区教育局
45	村公办幼儿园覆盖面	%	50	区教育局
46	最低生活保障标准	元	10200	区民政局
47	居家养老服务中心覆盖面	%	85	区民政局
48	建设送药上山进岛便民服务点	个	6	区市场监管局
49	完成农村饮用水达标提标人口	万人	7	区水利局
50	城乡规模化供水工程覆盖人口比例	%	66	区水利局
51	饮用水困难发生率	%	<3	区水利局
52	建设美丽河湖	条	1	区水利局
53	完成中小流域治理	公里	6.4	区水利局
54	创建省级/市级民主法治村(社区)	个	4/17	区司法局
55	建设小康体育村升级工程	个	11	区文广旅体局
56	乡镇(街道)乡贤联谊组织规范化建设覆盖率	%	70	区委统战部

续表

序号	工作指标	计量单位	2020年全区目标值	责任单位
57	建设农村文化礼堂	家	24	区委宣传部
58	县级以上文明村镇建成率	%	75	区委宣传部
59	村级卫生室规范化率	%	60	区卫生健康局
60	每万户籍人口注册全科医生数	名	4.3	区卫生健康局
61	乡村旅游营业收入	亿元	1.8	区文广旅体局
62	建成A级景区村	个	17	区文广旅体局
63	乡镇(街道)综合文化站效能建设达标率	%	100	区文广旅体局
64	建设乡村梦剧场(乡村春晚示范基地)	个	1	区文广旅体局
65	基本医疗保险参保率	%	99	区医疗保障局
66	建设乡村全域土地综合整治与生态修复项目	个	2	市自然资源和规划局莲都分局
67	完成零星散乱农村建设用地复垦面积	亩	85	市自然资源和规划局莲都分局
68	新造林面积	万亩	0.6	区生态林业发展中心
69	落实农民建房用地计划指标	万亩	0.012	市自然资源和规划局莲都分局
70	新增优质公益林	万亩	2.3	区生态林业发展中心
71	开展特色产业创业培训	人	300	区人力社保局
72	新培育高质量就业村	个	14	区人力社保局
73	开发村公益性岗位	个	20	区人力社保局
74	培育市级示范性“青创农场”	个	1	团区委
75	建设规范化避灾安置场所	个	13	区应急管理局
76	乡镇(街道)、村卫星电话、应急发电机、排水泵等重要物资配备覆盖率	%	100	区应急管理局
77	涉农贷款增长率	%	10	区金融发展中心
78	农村产权融资	亿元	19.2	区金融发展中心

莲都区高质量推进国土绿化五年行动实施方案（2020—2024年）

森林是陆地生态系统的主体，森林覆盖率是反映区域生态状况的重要指标。为高质量推进国土绿化美化，加快实现森林覆盖率争先进位目标，促进森林资源高质量增长，提升莲都区高质量绿色发展，完成我区2020—2024年21700亩国土绿化任务，依据《浙江省新增百万亩国土绿化行动方案（2020—2024 年）》（浙政办发〔2020〕4号）、《浙江省林业局关于全力推进新增百万亩国土绿化行动的通知》（浙林绿〔2020〕17号）和《丽水市人民政府办公室关于印发丽水市高质量推进国土绿化美化行动实施方案（2020—2024年）的通知》（丽政办发〔2020〕11号）精神和要求，结合我区实际，特制定本实施方案。

一、总体要求

以习近平新时代中国特色社会主义思想为指导，积极践行“绿水青山就是金山银山”发展理念，按照山水林田湖草系统治理的思路，全方位、全地域、全过程推进国土绿化美化，大力实施山地、坡地、城市、乡村、通道“五大森林”建设，加快构建严格保护森林资源的治理体系，着力增强森林生态系统质量和稳定性，不断满足人民群众对森林日益增长的多元需求，为高质量绿化发展和最美大花园核心区建设提供强有力的生态支撑。

二、目标任务

全面实施高质量国土绿化美化五年行动，大力推进山地、坡地、城市、乡村、通道“五大森林”建设，着力构建布局合理、覆盖城乡、功能强大的森林体系，力争到 2024 年底，全区新增森林面积21700亩，其中2020年新增绿化造林6000亩、2021年新增绿化造林4800亩、2022年新增绿化造林4800亩、2023年新增绿化造林3600亩、2024年新增绿化造林2500亩。

三、建设内容

（一）推进山地森林建设

挖掘现有林地造林潜力，宜造则造、宜封则封、宜抚则抚，确保山地空间应绿尽绿。加快规划造林地、困难造林地、造林失败地、迹地等地块的造林更新步伐，提高林地绿化覆盖程度。加大疏林地、一般灌木林地的更新改造力度，积极促进生态修复。加强未成林造林地的抚育管理，促进早日郁闭成林。完成山地绿化造林3000亩。［区生态林业发展中心牵头负责，各乡镇（街道）协助配合实施］

（二）推进坡地森林建设

加大对坡度 25 度以上、重要水源地15～25 度的坡耕地的生态修复力度。积极推进未利用地等宜林区域的造林绿化。加强低丘缓坡开发地综合利用，在保护永久基本农田基础上，积极引导和鼓励农户及各类经营主体因地制宜开展坡耕地种植结构调整，拓展绿化空间，增加森林植被，增强生态功能。对立地相对较差、分布零散的地块，选择耐旱耐瘠薄、适应性强的乡土树种开展绿化造林；立地相对较好、连片集中的地块，引导发展木本油料、茶叶、干（水）果等经济林，提高土地综合效益。完成坡地绿化造林13100亩。（区农业农村局牵头负责，各乡镇、街道协助配合实施）

（三）推进城市森林建设

以园林城市、森林城市（城镇）创建为载体，扩大建成区核心片林规模，城市大型硬质铺装地与广场要尽可能增加绿地面积，多栽植大冠幅乔木，为公众提供舒适休憩空间，降低城市热岛效应。对各级道路，要因地制宜地补植冠大荫浓的行道树，形成网络化的林荫路。加强城市新区和新建工业园区绿化，加强城市“三改一拆”绿化，利用好拆违和改造土地，加强城市周边、附属绿地建设。打造以森林为主体的郊野公园，注重自然生态性和观赏性，在保护原有植被的基础上，适当补充树形优美、叶色丰富、花果艳丽的乡土树种，丰富林相，进一步发挥生态及观赏效果。加宽河道、道路沿线绿化至两行以上，提高公共设施、公园广场、生态停车场等绿地中乔木林比重。鼓励条件适宜的建筑屋顶进行绿化。完成城市绿化造林1950亩。（区建设局、市自然资源和规划局莲都分局牵头负责，各乡镇、街道协助配合实施）

（四）推进乡村森林建设

持续推进“一村万树”行动、“珍贵树种进万村”行动和森林乡村建设，突出“身边增绿”，利用好村庄闲散土地、荒地荒滩等宜林地块，大力建设道路风景林、河道生态林、四旁果木林、农田防护林、公园休闲林，不断提升农村人居环境。结合高标准农田建设、全域土地综合整治工程建设，推进农田林带林网、片林建设，增加森林面积。对村庄周边的荒芜山地，要尽可能种上乔木树种、珍贵树种，提高景观水平，实现绿化成林。利用“大搬快聚”“下山脱贫”等遗留宅基地及荒芜耕地，退建还林。完成乡村绿化造林2800亩。（各乡镇、街道牵头并落实实施）。

（五）推进通道森林建设

结合“六边三化三美”，推进公路、铁路、绿道沿线森林建设，构建互联互通的森林生态廊道，切实抓好城市出入口、交通枢纽、服务区等重要节点区域的森林建设，打造精品亮点。大力开展美丽河湖建设，采取新造补植、封育改造等综合措施，培育以阔叶林为主的水源涵养和水土保持林。加快通道沿线可视范围内的废弃矿场、公路边坡复绿和景观修复，营建森林生态廊道，打造美丽乡村精品线。完成通道沿线绿化造林850亩。（区交通运输局、区水利局牵头负责，各乡镇、街道协助配合实施）

四、职责分工

新增百万亩国土绿化五年行动是省委、省政府确定的一项政治性、社会公益性工作，各部门、单位要提高认识、明确职责，切实把百万亩国土绿化工作落到实处，按时保证完成建设任务。

1. 区府办：负责成立区高质量推进国土绿化工作领导小组，督查各责任单位工作落实情况。

2. 区委组织部：负责组织乡村党员先锋林建设。

3. 区发改局：负责国土绿化森林生态建设项目立项、审批等工作。

4. 区财政局：负责国土绿化资金保障和资金使用绩效监管等工作。

5. 市自然资源和规划局莲都分局：负责生态退耕等绿化用地政策研究完善，高标准实施垦造耕地生态修复项目；负责城区新建房地产绿化规划、新增绿化面积及图表的统计上报等工作。

6. 区农业农村局：负责制定坡耕地、园地绿化造林（茶叶、水果等经济果木林）计划和扶持政策，指导乡镇（街道）开展生态农业基地建设和乡村绿化美化；负责新增坡耕地、园地造林面积、图表的统计上报等工作。

7. 区生态林业发展中心：负责国土绿化项目规划、任务分解、苗木筹划、技术指导、进度督查、质量核查、统计上图；负责制定山地造林计划和扶持政策，指导乡镇（街道）开展造林更新、村庄绿化、森林城镇创建、森林资源管护等工作。

8. 区建设局：负责莲都区域内的城市建成区（除南城开发区）、规划区、城镇的小区绿化、公园、公共绿地及道路绿化，新增绿化面积、图表的统计、上报等工作。市建设局管辖部分由区建设局负责对接上报。

9. 区交通运输局：负责莲都区域公路沿线绿化和补植提质（行带2行以上），新增公路绿化面积、图表的统计上报等工作。市交通运输局管辖部分由区交通运输局负责对接上报。

10. 区水利局：负责莲都区域内江河道两侧、堤岸等的绿化，新增河岸绿化面积、图表的统计上报等工作。市水利局（含市水发公司）管辖部分由区水利局负责对接上报。

11. 丽水工业园区管委会

（丽水万洋低碳智造小镇项目指挥部）：负责莲都区工业园区内及万洋低碳智造小镇内国土绿化的规划、实施、验收，新增绿化面积、图表的统计上报等工作。

12. 各乡镇（街道）人民政府：负责辖区内国土绿化（包括村庄绿化、乡村公园、农田林网、农田新造经济林、镇区小区绿化、乡村道路等）的规划、实施、验收，新增绿化面积、图表的统计上报等工作。辅助区农业农村局、区生态林业发展中心、区建设局、区交通运输局、区水利局等部门在本辖区内的国土绿化工作实施。

13. 丽水市森林资源收储中心（丽水市林业局开发区分局）：负责辖区内山地、坡地、城区、乡村、通道的绿化，新增绿化面积、图表的统计上报等工作。

五、保障措施

（一）加强组织领导

区政府对国土绿化工作负总责，把高质量国土绿化行动作为年度重点工作任务，纳入对各有关部门和乡镇（街道）的年度考核内容。成立以区政府分管领导为组长，区府办、组织部、发改、财政、自然资源、农业农村、建设、交通、水利、林业等部门及相关市直单位分管领导为组员的“高质量推进国土绿化五年行动工作领导小组”，下设办公室，负责确定年度目标任务、制定年度工作计划、分解工作任务、完善考核机制，加快推进工作落实。

（二）强化部门协作

各有关部门、乡镇（街道）要提高政治站位、统一思想认识，把高质量推进国土绿化美化作为一项政治任务，全力以赴、不折不扣地完成；发改、财政、自然资源、农业农村、建设、交通、水利、审计、林业等部门要密切配合、强化协作，共同推进全区国土绿化美化进程。

（三）强化任务落实

各有关部门、乡镇（街道）要认真研究谋划制定行动方案，分解目标任务，将任务落实到具体年度、山头地块和责任人员。建立信息报送制度，及时报送组织部署、宣传发动、政策扶持、示范建设、工作进展等方面好的做法和经验，反映存在的困难和问题。对照省里确定的工作目标计划，实行挂图作战，倒排工作进度，按时提报有关工作进展情况。

（四）加大资金投入

力度从省绿色发展财政奖补资金、省级项目资金、森林火灾林木保险赔偿金、森林植被恢复费等多渠道筹集资金，进一步完善财政投入机制，保障国土绿化美化资金投入；持续推进林业投资机制改革，拓宽投融资渠道，鼓励引导工商资本“上山入林”，构建政府主导，多方参与的多元化投入机制。

（五）完善技术支撑

加强技术指导与服务，强化科技支撑，加大珍贵树种、绿化树种和经济树种选育推广，加强农业、林业科技成果应用转化。要加强种苗供应保障，实行订单育苗、定向培育，推进良种造林，鼓励使用 2年生以上容器苗造林。要强化技术服务指导，建立技术人员挂钩联系制度，实行造林抚育全过程管理，确保国土绿化成果质量。

附件：

1. 莲都区高质量推进国土绿化行动领导小组成员名单

2. 莲都区高质量推进国土绿化五年行动造林任务分解表

附件1

莲都区高质量推进国土绿化行动领导小组成员名单

为贯彻落实省政府办公厅《关于印发浙江省新增百万亩国土绿化行动方案（2020—2024年）的通知》（浙政办发〔2020〕4号）、《浙江省林业局关于全力推进新增百万亩国土绿化行动的通知》（浙林绿〔2020〕17号）文件的部署，强化统筹协调，形成工作合力，经区政府研究，决定成立莲都区高质量推进国土绿化行动领导小组，领导小组人员名单如下：

组　长：蔡毓良（区政府副区长）

副组长：吴耿王（区府办副主任）

华官丽（区林业生态发展中心主任）

成　员：魏　俊（区委组织部副部长）

蓝丽芬（区发改局副局长）

吕焕祺（区财政局总会计师）

程碧霞（区农业农村局总农艺师）

王路永（区生态林业发展中心副主任）

王肖健（市自然资源和规划局莲都分局副局长）

毛南维（区建设局副局长）

李海燕（区交通运输局副局长）

陈礼聪（区水利局副局长）

陈鹤驰（丽水工业园区管委会总工程师）

李晓东（丽水市森林资源收储中心、丽水市林业局开发区分局副局长）

领导小组下设办公室，负责全区高质量推进国土绿化行动的综合指导、组织协调、信息收集、通报简报、宣传发动等日常工作。办公室设在区生态林业发展中心，华官丽同志兼任办公室主任，王路永同志兼任办公室副主任。

附件2

莲都区高质量推进国土绿化五年行动造林任务分解表

单位：亩

年度	任务	建设类型				
		山地森林	坡地森林	城市森林	乡村森林	通道森林
合计	21700	3000	13100	1950	2800	850
2020年	6000	300	2400	1350	1300	650
2021年	4800	900	3000	200	600	100
2022年	4800	900	3000	200	600	100
2023年	3600	600	2600	100	300	—
2024年	2500	300	2100	100	—	—

2020年莲都区高质量推进国土绿化行动实施方案

根据《浙江省新增百万亩国土绿化行动方案（2020—2024年）》（浙政办发〔2020〕4号）、《浙江省林业局关于全力推进新增百万亩国土绿化行动的通知》（浙林绿〔2020〕17号）和《丽水市人民政府办公室关于印发丽水市高质量推进国土绿化美化行动实施方案（2020—2024年）的通知》（丽政办发〔2020〕11号）文件精神和要求，为促进莲都区森林资源高质量增长，推动绿色发展，提高森林覆盖率，结合我区实际，特制定《2020年莲都区高质量推进国土绿化行动实施方案》。

一、工作目标

莲都区2020年高质量推进国土绿化行动，以增加国土绿化面积6000亩、改善城乡居民环境、提高综合效益为目标。大力实施山地、坡地、城市、乡村、通道“五大森林”建设，切实提高森林覆盖率。着重挖掘坡耕地造林潜力，拓展绿化空间，大力推进农业种植结构调整，重点发展茶叶、水果、木本油料等经济林；挖掘现有山地造林潜力，充分利用宜林地、规划造林地、疏林地、一般灌木林地，确保山地空间应绿尽绿；加强城乡绿化美化，利用好拆违地、闲散土地、荒地荒滩等宜林地块，有效增加森林面积和改善人居环境。结合“六边三化三美”，推进公路、绿道、河道沿线森林建设，构建互联互通的森林生态廊道。

二、工作任务

（一）2020年总任务

根据莲都区高质量推进国土绿化行动五年规划，2020年莲都区国土绿化总任务6000亩，其中，山地森林建设300亩，坡地森林建设2400亩，城市森林建设1350亩，乡村森林建设1300亩，通道森林建设650亩。

（二）2020年建设内容

1. 山地森林建设。主要规划对现有的规划造林地、其他宜林地等地类进行人工造林，主要造林树种为枫香、木荷、乌桕、光皮桦、南方红豆杉、浙江楠、赤皮青冈、无患子、油茶、香榧等，这些地块主要分布在万象街道、峰源、碧湖、雅溪等乡镇，原地类为林业用地中的规划造林地或宜林地，面积相对集中连片，系早些年土地开垦利用后的造林地，大多地块造林时间为2020年春或之前营造，经补植改造，纳入2020年造林计划，符合新增百万亩国土绿化面积计算条件要求。2020年计划建成山地森林300亩。

2. 坡地森林建设。挖掘坡耕地造林潜力，拓展绿化空间，在坡度25度以上的坡耕地，实施退耕还林，营造油茶、香榧杨梅、浙江楠、红豆杉等生态、经济效益兼用的综合性森林；在25度以下的坡耕地大力推进农业种植结构调整，重点发展茶叶、水果、木本油料等经济林。这些造林绿化地块分布较为分散，全区13个乡镇（街道）均有分布，较大面积连片较少，多为小面积小块分布，大多为农民承包责任田地，统一规划造林有政策处理、资金筹措等方面的难度。2020年计划建成坡地森林2400亩。

3. 城市森林建设。以莲都城区、南城开发区等的森林城市建设为内容，扩大城市建成区绿化规模，拓宽河道、道路沿线绿化面积，提高公园广场、生态停车场等绿地中的乔木林比重，增加对城市新区、新建工业园区、城市拆违地、空闲地以及景观节点的绿化美化，加强城市周边、附属绿地建设，包括新建休闲公园、街道道路两排以上带状森林、景观片林等。主要树种为香樟、桂花、银杏、枫香、无患子、樱花、紫薇、红枫等。2020年计划建成城市森林1350亩。

4. 乡村森林建设。以推进“一村万树”“珍贵树种进万村”行动和森林乡村建设为内容，对农村拆违地、闲散地、林旁、路旁地、周边的荒芜山地、农田等进行绿化美化，种植乔木树种、珍贵树种、经济林树种，利用“大搬快聚”“下山脱贫”等遗留宅基地及荒芜耕地，退建还林、退耕还林，营造道路风景林、河道生态林、四旁果林、公园休闲林、农田经济林，不断提升农村人居环境，增加森林面积，提高森林的经济效益。主要树种为桂花、香樟、楠木、南方红豆杉、银杏、香榧、樱桃、柑橘、杨梅、茶叶、枇杷、梨、桃、香泡等树种。2020年建成乡村森林1300亩，主要分布于全区9个乡镇(街道)。

5.通道森林建设。结合“六边三化三美”，推进道路沿线、河道沿线森林建设，包括：辖区内省道、县乡道公路沿线的加宽与提升绿化，高速、高铁沿线及出入口的森林生态廊道，瓯江沿线大溪、松荫溪、好溪、宣平溪、太平港等主要河道沿线的荒滩荒地绿化造林，通道森林建设主要为景观森林营造，种植树种主要为桂花、香樟、紫薇、红叶石楠球、女贞、银杏、红枫、紫叶李、红梅等。2020年计划建成通道森林650亩，主要分布于碧湖镇、联城街道、南明山街道。

(三)任务分工

2020年造林任务共计6000亩，按属地管理，由莲都区14个乡镇(街道)及开发区南明山街道分解各类型国土绿化造林任务。同时，按造林地权属管理分工，由相关部门对应负责各类型国土绿化造林任务，山地森林由区生态林业发展中心负责，坡地森林由区农业农村局负责，城市森林由区建设局负责，乡村森林由各乡镇(街道)负责，通道森林由区交通运输局、区水利局等负责。各乡镇(街道)同时辅助区农业农村局、区生态林业发展中心、区建设局、区交通运输局、区水利局等部门在本辖区内的国土绿化工作实施。

各乡镇街道、部门建设任务分解表如下。

莲都区2020年国土绿化分乡镇(街道)建设任务表

(单位：亩)

单位	合计	建设类型				
		山地森林	坡地森林	城市森林	乡村森林	通道森林
合计	6000	300	2400	1350	1300	650
碧湖镇	1070	10	600	—	350	110
大港头镇	980	—	780	—	200	—
峰源乡	390	240	50	—	100	—
雅溪镇	190	40	50	—	100	—
仙渡乡	150	—	50	—	100	—
老竹镇	200	—	100	—	100	—
丽新乡	250	—	150	—	100	—
黄村乡	100	—	100	—	—	—
太平乡	170	—	70	—	100	—
联城街道	690	—	300	—	150	240
岩泉街道	880	—	80	800	—	—
紫金街道	300	—	40	260	—	—
万象街道	80	10	30	40	—	—
白云街道	150	—	—	150	—	—

单位	合计	建设类型				
		山地森林	坡地森林	城市森林	乡村森林	通道森林
南明山街道	400	—	—	100	—	300

莲都区2020年国土绿化分部门建设任务表

（单位：亩）

单位	合计	建设类型(单位:亩)				
		山地森林	坡地森林	城市森林	乡村森林	通道森林
全区合计	6000	300	2400	1350	1300	650
区农业农村局	2300	—	2300	—	—	—
区生态林业发展中心	300	300	—	—	—	—
区建设局	1000	—	—	1000	—	—
区交通运输局	200	—	—	—	—	200
区水利局	200	—	—	—	—	200
碧湖镇	350	—	—	—	350	—
大港头镇	200	—	—	—	200	—
峰源乡	100	—	—	—	100	—
雅溪镇	100	—	—	—	100	—
仙渡乡	100	—	—	—	100	—
老竹镇	100	—	—	—	100	—
丽新乡	100	—	—	—	100	—
黄村乡	100	—	100	—	—	—
太平乡	100	—	—	—	100	—
联城街道	150	—	—	—	150	—
岩泉街道	150	—	—	150	—	—
紫金街道	100	—	—	100	—	—
南明山街道	350	—	—	100	—	250

三、苗木保障

我区山地造林、坡地造林主要采用枫香、木荷、光皮桦、南方红豆杉、榧树、浙江楠、金钱松、油茶、茶叶、桃、李、枇杷、梨、柑橘等彩色树种、珍贵树种、经济树种。2020年苗木需求总量大约为615万株，其中，彩色珍贵树及绿化大苗5万株，油茶良种苗2万株，茶叶苗600万株，柑橘及其他水果类苗木8万株。莲都区域内有丽水市处州林业珍贵种苗有限公司保障性苗圃、省级油茶良种苗定点生产基地联济油茶产销专业合作社油茶苗基地、茶叶良种苗木生产基地和水果苗木生产基地，彩色珍贵树种苗、油茶苗、茶叶苗、部分水果苗木本地都能供应解决，小部分水果苗需从外地调入。

栽植密度：珍贵彩色林100～167株/亩，油茶林100株/亩，香榧25～30株/亩，桃、李、枇杷、梨林40株/亩，柑橘100株/亩，茶叶3000株/亩，

苗木规格：珍贵彩色树种苗为2年生以上容器苗，油茶苗为长林系列良种2年生容器苗，绿化美化用苗为地径5㎝以上，带土球，全冠。桃、李等水果苗为2

年生以上嫁接苗，茶叶苗为1年生以上扦插苗。

四、资金筹措

（一）投资总额

山地森林、坡地森林、乡村森林的建设，直接费用以平均每亩3000元计算，城市森林与通道森林建设，直接费用以平均每亩133400元(200元/平方)计算，其他费用平均以每亩500元计算，2020年国土绿化总投资约27913万元。

丽水市莲都区2020年国土绿化建设投资估算表

序号	项目	合计	建设类型				
			山地森林	坡地森林	城市森林	乡村森林	通道森林
1	建设规模(亩)	6000	300	2400	1350	1300	650
2	建设费用(万元)	27880	90	720	18009	390	8671
3	其他费用(万元)	33	—	—	—	—	33
4	总投资(万元)	27913	90	720	18009	390	8704

（二）资金筹措

2020年国土绿化资金投入主要由经营单位和经营户自行投资为主，林业部门主要从省绿色发展财政奖补资金、省级项目资金、森林火灾林木保险赔偿金、森林植被恢复费等多渠道筹集资金，农业部门主要通过争取省级项目筹集资金、交通、建设、水利主要以项目资金争取省、区财政资金为主。大力争取省级财政支持，以推动国土绿化任务的完成。

五、进度安排

（一）准备阶段(2020年1月1日至3月10日)。按照《浙江省新增百万亩国土绿化行动方案(2020—2024年)》(浙政办发〔2020〕4号)、《浙江省林业局关于全力推进新增百万亩国土绿化行动的通知》(浙林绿〔2020〕17号)要求，制定2020年莲都区国土绿化实施方案，做好任务指标分解和绿化潜力调查，确定造林绿化用地，并做好造林规划设计工作。

（二）实施阶段(2020年3月11日至10月31日)。全面完成各项造林绿化的栽植工作。

（三）验收阶段(2020年7月1日至11月30日)。对照已完成实施的各造林绿化地块，进行全面的自查验收，并做好落地上图工作。

（四）整改阶段(2020年11月1日至12月31日)。针对自查验收发现的问题，落实整改，全面完成年度国土绿化工作。

丽水市莲都区2020年国土绿化建设进度表

建设环节		地块落实	施工建设								自查验收	整改落实
时间节点	新增森林任务量(亩)	4月	3月	4月	5月	6月	7月	8月	9月	10月	11月	12月
总体进度目标	6000	100%	60%	90%	100%	—	—	—	—	—	100%	100%
山地森林	300	100%	60%	90%	100%	—	—	—	—	—	100%	100%
坡地森林	2400	100%	60%	90%	100%	—	—	—	—	—	100%	100%
城市森林	1350	100%	60%	90%	100%	—	—	—	—	—	100%	100%
乡村森林	1300	100%	60%	90%	100%	—	—	—	—	—	100%	100%
通道森林	650	100%	60%	90%	100%	—	—	—	—	—	100%	100%

六、技术保障

（一）树种选择

坚持适地适树原则，选择树种营造速生、丰产、高质量、多树种、多层次的复合型生态森林。

珍贵彩色森林主栽树种：南

方红豆杉、银杏、浙江楠、榉树、檫树、枫香、木荷、苦槠、赤皮青冈、光皮桦等；

一般用材林树种：杉木、木荷、枫香、浙江樟、南方红豆杉、光皮桦等；

经济林主栽树种：油茶、香榧、板栗、茶叶、桃、李、枇杷、梨、茶叶等；

城市绿化主栽树种：香樟、桂花、香泡、银杏、冬青、乐昌含笑、玉兰、紫薇、茶花、黄山栾树、无患子、樱花、罗汉松等；

乡村绿化主栽树种：桂花、香泡、浙江楠、杏树、石榴、茶花、红豆杉、浙江楠、香樟、红叶石楠等；

通道绿化主栽树种：山杜英、香樟、桂花、银杏、水杉、法国梧桐、黄山栾树、无患子、乌桕、喜树、紫薇、夹竹桃等。

（二）组织实施

2020年莲都区国土绿化工作，以区政府下达分解造林任务，落实到各部门和乡镇（街道），由区生态林业发展中心牵头组织总体实施，由各乡镇与相关部门共同组织具体施工。山地森林由区生态林业发展中心负责规划设计、组织施工、验收管理及资金筹措，坡地森林由区农业农村局负责规划设计、统计和资金扶持，城市森林由区建设局负责规划设计、统计及资金扶持，通道森林由水利局、交通局负责规划设计、统计及资金扶持，乡村森林由各乡镇（街道）负责规划设计、统计及资金扶持。各乡镇（街道）辅助区农业农村局、区生态林业发展中心、区建设局、区交通运输局、区水利局等部门在本辖区内的国土绿化工作实施。

造林验收工作，由区生态林业发展中心组织验收组，相关乡镇、部门参与现场验收；资料收集汇总、归档、落地上图等工作，由区生态林业发展中心负责。

附件：

1. 莲都区国土绿化建设2020年度实施表

2. 莲都区国土绿化建设2020年任务明细表

3. 莲都区2020年国土绿化建设布局及分乡镇实施图

附件1

莲都区国土绿化建设2020年度实施表

单位	合计		山地森林建设				坡地森林建设			城市森林建设						乡村森林建设			通道森林建设						
										小计		公园绿地		其他绿地						公路绿化		河流湖泊绿化		铁路绿化	
	绿化面积（亩）	森林面积（亩）	小计	珍贵彩色（亩）	一般用材（亩）	经济林（亩）	小计	经济林（亩）	其他森林（亩）	绿化面积（亩）	森林面积（亩）	绿化面积（亩）	森林面积（亩）	绿化面积（亩）	森林面积（亩）	小计	村庄绿化（亩）	农田林网（亩）	小计	长度(千米)	面积（亩）	长度(千米)	面积（亩）	长度(千米)	面积（亩）
合计	6250	6000	300	300	0	0	2400	2400	0	1600	1350	428	363	1172	987	1300	186	1114	650	32	425	23	225	0	0
碧湖镇	1070	1070	10	10	—	—	600	600	—	—	—	—	—	—	—	350	40	310	110	8	5	9	105	—	—
大港头镇	980	980	—	—	—	—	780	780	—	—	—	—	—	—	—	200	97	103	—	—	—	—	—	—	—
峰源乡	390	390	240	240	—	—	50	50	—	—	—	—	—	—	—	100	—	100	—	—	—	—	—	—	—
雅溪镇	190	190	40	40	—	—	50	50	—	—	—	—	—	—	—	100	3	97	—	—	—	—	—	—	—
仙渡乡	150	150	—	—	—	—	50	50	—	—	—	—	—	—	—	100	33	67	—	—	—	—	—	—	—
老竹镇	200	200	—	—	—	—	100	100	—	—	—	—	—	—	—	100	—	100	—	—	—	—	—	—	—
丽新乡	250	250	—	—	—	—	150	150	—	—	—	—	—	—	—	100	—	100	—	—	—	—	—	—	—
黄村乡	100	100	—	—	—	—	100	100	—	—	—	—	—	—	—	—	—	—	—	—	—	—	—	—	—
太平乡	170	170	—	—	—	—	70	70	—	—	—	—	—	—	—	100	—	100	—	—	—	—	—	—	—
联城街道	690	690	—	—	—	—	300	300	—	—	—	—	—	—	—	150	13	137	240	3	195	2	45	—	—
岩泉街道	1046	880	—	—	—	—	80	80	—	966	800	328	263	638	537	—	—	—	—	—	—	—	—	—	—
紫金街道	345	300	—	—	—	—	40	40	—	305	260	—	—	305	260	—	—	—	—	—	—	—	—	—	—
万象街道	93	80	10	10	—	—	30	30	—	53	40	—	—	53	40	—	—	—	—	—	—	—	—	—	—
白云街道	176	150	—	—	—	—	—	—	—	176	150	—	—	176	150	—	—	—	—	—	—	—	—	—	—
南明山街道	400	400	—	—	—	—	—	—	—	100	100	100	100	—	—	—	—	—	300	21	225	12	75	—	—

附件2

莲都区国土绿化建设2020年任务明细表

序号	乡镇(街道)	地块号	地 名	建设森林类型	建设小类	绿化面积(亩)	森林面积(亩)
—	合计	—	—	—	—	6250	6000
1	碧湖镇	1	保定村章坑等9个地块	坡地森林	经济林	27	27
2	碧湖镇	2	概头村前林坟等9地块	坡地森林	经济林	15	15
3	碧湖镇	3	龙岩村张坑老村等20地块	坡地森林	经济林	77	77
4	碧湖镇	4	龙岩村大高斜	坡地森林	经济林	75	75
5	碧湖镇	5	中溪村山上等64地块	坡地森林	经济林	99	99
6	碧湖镇	6	中溪村雀弄等7地块	坡地森林	经济林	48	48
7	碧湖镇	7	松坑口五步岭等6地块	坡地森林	经济林	13	13
8	碧湖镇	8	堰头堰后村张家	坡地森林	经济林	3	3
9	碧湖镇	9	堰头堰后村畲客辽	坡地森林	经济林	2	2
10	碧湖镇	10	堰头村大林村绿豆地等27地块	坡地森林	经济林	90	90
11	碧湖镇	11	南坑村北空桥外2块	坡地森林	经济林	5	5
12	碧湖镇	12	南坑村屋对门3块	坡地森林	经济林	11	11
13	碧湖镇	13	南坑村南坑田本3块	坡地森林	经济林	7	7
14	碧湖镇	14	南坑村惠明寺2地块	坡地森林	经济林	15	15
15	碧湖镇	15	南坑村红唇笨8地块	坡地森林	经济林	15	15
16	碧湖镇	16	南坑村大田本处后2地块	坡地森林	经济林	6	6
17	碧湖镇	17	南坑村对门山	坡地森林	经济林	10	10
18	碧湖镇	18	南坑村水库脚	坡地森林	经济林	2	2
19	碧湖镇	19	南坑村八石笨	坡地森林	经济林	4	4
20	碧湖镇	20	南坑村八石笨	坡地森林	经济林	3	3
21	碧湖镇	21	南坑村吴山处后	坡地森林	经济林	6	6
22	碧湖镇	22	南坑村吴山对门田	坡地森林	经济林	4	4
23	碧湖镇	23	中岙村凉亭岗、水对外	坡地森林	经济林	2	2
24	碧湖镇	24	中岙村大岗岭	坡地森林	经济林	2	2
25	碧湖镇	25	中岙村大岙屋下	坡地森林	经济林	4	4
26	碧湖镇	26	中岙村水对塘、双坑岙	坡地森林	经济林	3	3
27	碧湖镇	27	中岙村双坑岙门	坡地森林	经济林	4	4
28	碧湖镇	28	中岙村六石	坡地森林	经济林	5	5
29	碧湖镇	29	中岙村纱帽潭	坡地森林	经济林	15	15
30	碧湖镇	30	中岙村双坑岙门	坡地森林	经济林	8	8
31	碧湖镇	31	中岙村双坑岙门	坡地森林	经济林	2	2
32	碧湖镇	32	古井村沙岸岗	坡地森林	经济林	20	20
33	碧湖镇	33	桃碧线景观提升工程	通道森林	公路绿化	5	5
34	碧湖镇	34	大溪(南山、九龙、石牛)	通道森林	河流湖泊	105	105
35	碧湖镇	35	上阁村污水处理厂	乡村森林	村庄绿化	6	6
36	碧湖镇	36	南山村自来水厂	乡村森林	村庄绿化	14	14
37	碧湖镇	37	红南村公路下公园	乡村森林	村庄绿化	8	8
38	碧湖镇	38	堰头村3—68英弄	乡村森林	农田新造经济林	28	28

续表

序号	乡镇(街道)	地块号	地 名	建设森林类型	建设小类	绿化面积（亩）	森林面积（亩）
39	碧湖镇	39	山根村缸窑果园	乡村森林	农田新造经济林	277	277
40	碧湖镇	40	郎奇村养生养老园区	乡村森林	村庄绿化	5	5
41	碧湖镇	41	河口村上街	乡村森林	村庄绿化	5	5
42	碧湖镇	42	南山村碧水庭园公园	乡村森林	村庄绿化	7	7
43	碧湖镇	43	南山林区县头	山地森林	珍贵彩色森林	5	5
44	碧湖镇	44	南山林区洋山玗	山地森林	珍贵彩色森林	5	5
45	大港头	1	北埠周塘	坡地森林	经济林	16	16
46	大港头	2	西黄村冷水坑	坡地森林	经济林	2	2
47	大港头	3	茶子棚村德章垅	坡地森林	经济林	3	3
48	大港头	4	茶子棚村细聪岗	坡地森林	经济林	3	3
49	大港头	5	官岭村上田岗	坡地森林	经济林	3	3
50	大港头	6	柿树垟村黄泥岭	坡地森林	经济林	3	3
51	大港头	7	石侯村梁玉华等5户	坡地森林	经济林	11	11
52	大港头	8	河边村石玄头嘴村蓝大品等36户	坡地森林	经济林	70	70
53	大港头	9	河边村吕圣旺等16户	坡地森林	经济林	61	61
54	大港头	10	连河村江仁和等19户	坡地森林	经济林	37	37
55	大港头	11	小井龙庙村上树田	坡地森林	经济林	19	19
56	大港头	12	小井龙庙村芝麻光	坡地森林	经济林	15	15
57	大港头	13	小井龙庙村和尚岗	坡地森林	经济林	8	8
58	大港头	14	小井龙庙村身边田	坡地森林	经济林	12	12
59	大港头	15	小山上庄村岚岗	坡地森林	经济林	20	20
60	大港头	16	小山上庄村山沿	坡地森林	经济林	10	10
61	大港头	17	小山上庄村岙门下	坡地森林	经济林	5	5
62	大港头	18	小山上庄村词塘前	坡地森林	经济林	30	30
63	大港头	19	小山上庄村凉水	坡地森林	经济林	10	10
64	大港头	20	小山上庄村树屏	坡地森林	经济林	20	20
65	大港头	21	小山上庄村塘弄	坡地森林	经济林	20	20
66	大港头	22	小山上庄村饭弄	坡地森林	经济林	20	20
67	大港头	23	小山上庄村章圩	坡地森林	经济林	10	10
68	大港头	24	小山上庄村田前垅	坡地森林	经济林	40	40
69	大港头	25	小山横坑村江洪	坡地森林	经济林	10	10
70	大港头	26	小山横坑村浙坛岗	坡地森林	经济林	15	15
71	大港头	27	小山横坑村山石	坡地森林	经济林	2	2
72	大港头	28	利山栋村陈荣法等25户	坡地森林	经济林	50	50
73	大港头	29	利山村汤庚儿等32户	坡地森林	经济林	52	52
74	大港头	30	利山村叶飞	坡地森林	经济林	25	25
75	大港头	31	利山黄店村蓝风生等16户	坡地森林	经济林	29	29
76	大港头	32	利山上坪村蓝建勇等7户	坡地森林	经济林	24	24
77	大港头	33	利山东坑村蓝金明等20户	坡地森林	经济林	125	125

续表

序号	乡镇(街道)	地块号	地名	建设森林类型	建设小类	绿化面积（亩）	森林面积（亩）
78	大港头	34	蔡村公路沿线	乡村森林	农田林网	20	20
79	大港头	35	石候村公路沿线	乡村森林	农田林网	10	10
80	大港头	36	河边村连河公路沿线	乡村森林	农田林网	10	10
81	大港头	37	堤防管理房	乡村森林	村庄绿化	2	2
82	大港头	38	在水一方	乡村森林	村庄绿化	40	40
83	大港头	39	游客接待中心	乡村森林	村庄绿化	10	10
84	大港头	40	金港公寓	乡村森林	村庄绿化	5	5
85	大港头	41	河村	乡村森林	农田新造经济林	50	50
86	大港头	42	腾大头	乡村森林	农田新造经济林	10	10
87	大港头	43	横坑	乡村森林	农田新造经济林	10	10
88	大港头	44	玉溪村云雾坑	乡村森林	农田新造经济林	10	10
89	大港头	45	小山村	乡村森林	农田新造经济林	11	11
90	大港头	46	黄田西斜	乡村森林	农田新造经济林	12	12
91	峰源乡	1	库坑垟村丘岙	坡地森林	经济林	50	50
92	峰源乡	2	夏庄901水牛坪	乡村森林	农田新造经济林	50	50
93	峰源乡	3	夏庄7水牛坪	乡村森林	农田新造经济林	15	15
94	峰源乡	4	夏庄8水牛坪	乡村森林	农田新造经济林	35	35
95	峰源乡	5	水牛坪林区水牛塘	山地森林	珍贵彩色森林	240	240
96	雅溪镇	1	雅里村半山凹	坡地森林	经济林	3	3
97	雅溪镇	2	雅里村水田头	坡地森林	经济林	4	4
98	雅溪镇	3	库川上金竹	坡地森林	经济林	17	17
99	雅溪镇	4	上陈村西坑	坡地森林	经济林	26	26
100	雅溪镇	5	莲房村锣鼓凸	乡村森林	农田新造经济林	66	66
101	雅溪镇	6	江弄村村口	乡村森林	农田新造经济林	2	2
102	雅溪镇	7	江弄村村口	乡村森林	农田新造经济林	4	4
103	雅溪镇	8	雅里村下坑口	乡村森林	农田新造经济林	25	25
104	雅溪镇	9	洪渡村村内	乡村森林	村庄绿化	3	3
105	雅溪镇	10	莲房村锣鼓凸	山地森林	珍贵彩色森林	3	3
106	雅溪镇	11	周村村垵大垵	山地森林	珍贵彩色森林	2	2
107	雅溪镇	12	雅里村道西门	山地森林	珍贵彩色森林	15	15
108	雅溪镇	13	雅里村	山地森林	经济林	20	20
109	仙渡乡	1	芦村村花门、花门岗、山岗弄	坡地森林	经济林	5	5
110	仙渡乡	2	南源村水堆坑	坡地森林	经济林	2	2
111	仙渡乡	3	南源村殿前	坡地森林	经济林	1	1
112	仙渡乡	4	南源村后山头、门前岭、地头、车路边等地块	坡地森林	经济林	5	5
113	仙渡乡	5	何金富村八宝殿、下步畈	乡村森林	农田新造经济林	18	18
114	仙渡乡	6	葛畈村井头、下斜	乡村森林	农田新造经济林	19	19
115	仙渡乡	7	滴水岩(杨石弄)	乡村森林	农田新造经济林	45	45

续表

序号	乡镇(街道)	地块号	地 名	建设森林类型	建设小类	绿化面积(亩)	森林面积(亩)
116	仙渡乡	8	滴水岩(三望岭)	乡村森林	农田新造经济林	55	55
117	老竹镇	1	下桥村黄岗山	坡地森林	经济林	100	100
118	老竹镇	2	新陶村潘底	乡村森林	农田新造经济林	50	50
119	老竹镇	3	榴溪村上井	乡村森林	农田新造经济林	50	50
120	丽新乡	1	山村村坑背双塘片	坡地森林	经济林	60	60
121	丽新乡	2	上塘畈村千墓山	坡地森林	经济林	25	25
122	丽新乡	3	马村村西山畈	坡地森林	经济林	50	50
123	丽新乡	4	吾赤口村上山头	乡村森林	农田新造经济林	15	15
124	丽新乡	5	山村村	乡村森林	农田新造经济林	87	87
125	丽新乡	6	马村村西山畈	乡村森林	农田新造经济林	13	13
126	黄村乡	1	郑村	坡地森林	经济林	30	30
127	黄村乡	2	朱坑	坡地森林	经济林	20	20
128	黄村乡	3	小处	坡地森林	经济林	30	30
129	黄村乡	4	金鸟	坡地森林	经济林	10	10
130	黄村乡	5	严鸟	坡地森林	经济林	10	10
131	太平乡	1	下岙村牛头山	坡地森林	经济林	50	50
132	太平乡	2	小安村谢山头村白露山	坡地森林	经济林	20	20
133	太平乡	3	柴弄口村前	乡村森林	农田林网、经济林	25	25
134	太平乡	4	太平叶仓坑	乡村森林	农田林网、经济林	75	75
135	联城街道	1	下林村东山	坡地森林	经济林	242	242
136	联城街道	2	瑶畈村大吴山	坡地森林	经济林	58	58
137	联城街道	3	金丽温高速丽水北互通绿化景观提升工程	通道森林	公路	195	195
138	联城街道	4	大溪(苏埠、路湾)	通道森林	河流湖泊	45	45
139	联城街道	5	联城派出所前面	乡村森林	农田林网、经济林	137	137
140	联城街道	6	路湾樟树园	乡村森林	村庄绿化	13	13
141	岩泉街道	1	秋塘村下河坑	坡地森林	经济林	50	50
142	岩泉街道	2	枫树湾村银场	坡地森林	经济林	30	30
143	岩泉街道	3	元湖一号	城市森林	其他绿地	58	46
144	岩泉街道	4	中驰蜜园绿化工程	城市森林	其他绿地	69	56
145	岩泉街道	5	绿谷庄园	城市森林	其他绿地	135	108
146	岩泉街道	6	滨江首府(滨湖苑)	城市森林	其他绿地	50	40
147	岩泉街道	7	城中公寓(二期)	城市森林	其他绿地	30	24
148	岩泉街道	8	寿元湖	城市森林	公园绿地	328	269
149	岩泉街道	9	天宁公租房	城市森林	其他绿地	15	12
150	岩泉街道	10	后甫城中公寓二期2期1楼至11楼,物管用房,幼儿园(北区)	城市森林	其他绿地	19	15
151	岩泉街道	11	白云花苑2号地块商住项目(绿谷庄园)2期	城市森林	其他绿地	23	18

续表

序号	乡镇(街道)	地块号	地 名	建设森林类型	建设小类	绿化面积（亩）	森林面积（亩）
152	岩泉街道	12	蔚蓝水岸北侧地块商住用房	城市森林	其他绿地	77	62
153	岩泉街道	13	丽水市图书馆新馆(开发路和寿元街交叉)	城市森林	附属绿地	30	30
154	岩泉街道	14	好溪路周边怡园路至水东大桥路段(樱花园)	城市森林	附属绿地	96	90
155	岩泉街道	15	东港路沿线(翡翠滨江边上、天悦湾北)三块	城市森林	附属绿地	35	30
156	紫金街道	1	水岭根村水平头	坡地森林	经济林	40	40
157	紫金街道	2	水东公寓(迎曦园)	城市森林	其他绿地	30	24
158	紫金街道	3	瓯碧园	城市森林	其他绿地	37	30
159	紫金街道	4	丽水厦河湖区块2#地块二期	城市森林	其他绿地	53	42
160	紫金街道	5	新湖国际(天润阁)	城市森林	其他绿地	75	64
161	紫金街道	6	水东大桥桥下	城市森林	其他绿化	25	25
162	紫金街道	7	东环线	城市森林	其他绿化	15	15
163	紫金街道	8	芦埠洞合线	城市森林	其他绿化	70	60
164	万象街道	1	城南村排山	坡地森林	经济林	30	30
165	万象街道	2	秀丽春江3#地块B区绿化工程	城市森林	其他绿地	38	30
166	万象街道	3	观音岩背	山地森林	珍贵彩色森林	10	10
167	万象街道	4	老丝绸厂(防洪堤)	城市森林	其他绿化	15	10
168	白云街道	1	原中波台地块商住用房(丽嘉花园2期)	城市森林	其他绿地	36	29
169	白云街道	2	接管亭三期	城市森林	其他绿地	23	18
170	白云街道	3	丽嘉花苑一期绿化工程	城市森林	其他绿地	36	29
171	白云街道	4	丽嘉花苑(二期)	城市森林	其他绿地	30	23
172	白云街道	5	城西小学	城市森林	其他绿化	19	19
173	白云街道	6	产业园区(瓯微大厦)	城市森林	其他绿化	17	17
174	白云街道	7	留香园小区外围、教工路	城市森林	其他绿化	15	15
175	南明山街道	1	大溪(大白岩、小白岩)	通道森林	河流湖泊	50	50
176	南明山街道	2	七百秧森林公园	城市森林	公园绿地	79	79
177	南明山街道	3	水阁东公园	城市森林	公园绿地	21	21
178	南明山街道	4	七百秧水库边道路	通道森林	公路绿化	47	47
179	南明山街道	5	七百秧森林公园环湖游步道	通道森林	公路绿化	15	15
180	南明山街道	6	新区东扩一期道路	通道森林	公路绿化	25	25
181	南明山街道	7	环城北路、石牛路、成大街	通道森林	公路绿化	18	18
182	南明山街道	8	仙霞路道路绿化	通道森林	公路绿化	13	13
183	南明山街道	9	惠明街道路绿化	通道森林	公路绿化	19	19
184	南明山街道	10	江南路道路绿化	通道森林	公路绿化	32	32
185	南明山街道	11	东扩二期	通道森林	公路绿化	56	56
186	南明山街道	12	胡七渠	通道森林	河流湖泊	25	25

丽水市莲都区人民政府办公室关于印发2020年莲都区深化“最多跑一次”改革推进政府数字化转型工作实施方案的通知

莲政办发〔2020〕30号

为落实省、市统一部署，加快推进我区政府数字化转型，根据《2020年丽水市深化“最多跑一次”改革推进政府数字化转型工作实施方案》（丽政办发〔2020〕17号），结合我区实际，制定如下工作实施方案。

一、工作目标

以“最多跑一次”改革为牵引，更高标准、更高质量、更高效能推进政府数字化转型，以数字政府撬动数字经济、数字社会建设，积极打造数字化治理“莲都样本”。基本完成数字化区域治理基本框架的构建，推进实现场景化多业务协同应用区政府直属各单位、各乡镇（街道）全覆盖，力争打造1个全市有影响力的数字化治理场景化应用。基本建成“掌上办事之区”“掌上办公之区”，机关内部“最多跑一次”系统应用领跑全市，政务服务办件线上受理率达到80%，掌上执法率达到90%以上，“浙里办”日活跃用户数达到省、市考核目标。基本形成以数据应用创新推动数据开放、带动数字产业化的工作格局，编制目录至少50个（含开放目录30个）、推出2个数据开放应用优质创新成果。

二、推进一批场景化多业务协同应用建设

（一）建设莲都区“丽水山耕”数字化平台。根据现有智慧农业、数字农业实际情况，依托“丽水山耕”品牌及技术优势，打造主要内容为“一中心，两体系，N数字化应用体系”，即“丽水山耕”数字化中心，智能质量安全体系、智能产品供应链体系及涵盖蔬菜、茶叶等产业数据化应用的莲都区“丽水山耕”数字化平台，推动云计算、物联网、大数据、人工智能在莲都农业生产、经营管理、产品营销中的运用，以技术创新驱动产业转型发展，推进生产环境、生产过程、质量安全、生态保护等环节数字化技术应用。［责任单位：区农业农村局、区直有关单位，各乡镇（街道）］

（二）深化“基层治理四平台”建设应用。综合集成基层治理综合信息平台、“12345”统一政务咨询投诉举报平台、“互联网+监管”平台、“雪亮工程”平台等相关社会治理信息系统资源，横向整合事项入格的部门业务系统和信息资源，纵向贯通区综治中心、乡镇（街道）综合信息指挥室、村（社区）网格，推动数据和预警信息自上而下、网格信息自下而上推送流转，实现资源集成、信息共享、整体联动。［责任单位：区委政法委、区大数据发展中心、区发改局、市自然资源和规划局莲都分局、区民政局、区公安分局、区人力社保局、区建设局、区应急管理局，各乡镇（街道）］

（三）深化莲都区村级事务阳光票决制管理系统应用。通过管理系统对全区行政村的所有阳光票决事项的各流程数据进行采集，通过系统实现大数据分析，将阳光票决制工作与互联网有效结合，并将“三务公开”实现网络化。［责任单位：区民政局，各乡镇（街道）］

（四）建设智慧服务综合平台。按照“整体谋划，分步实施，统一底层、灵活拓展”的原则，建设智慧园区综合服务平台，通过实景综合展示平台、经济运行综合分析平台、政企交互中介服务平台、综合监测信息管理平台四个子平台的搭建，实现园区精准化精细化管理，适应未来信息化数字化发展要求，提升内部办公及企业沟通效率。（责任单位：丽水工业园区管委会，区直有关单位）

（五）推进莲都区应急指挥平台建设。构建横向联通各部门专业平台，纵向贯通各级应急管理综合平台，实现数据分析，提高防灾减灾应急处置能力。确保第一时间全面、直观掌握紧急突发事件信息，第一时间提供科学、准确的决策分析，第一时间提供高效、合理的应急救援调度，是最终形成“统一指挥、专常兼备、反应灵敏、上下联动、平战结合”的综合性应急指挥平台体系重要一环。（责任单位：区应急管理局，区直有关单位）

（六）建设“办电e助手”。围绕“以市场为导向、以客户为中心、以服务为根本”的理念，创设新时代下全新客户业扩服务互动平台“办电e助手”，构建“透明、互动、留痕、倒逼、开放、增值”的业扩服务新模式，助力优化涉电营商环境，推动“最多跑一次”改革，全面提升办电效率和客户服务满意度。（责任单位：国网丽水市莲都区供电公司）

（七）推动“带你玩”智慧旅游服务平台建设。通过平台建设，实现个性化定制、旅游咨询、游玩推荐、产品预订、行程设计、投诉服务、宣传活动等功能。［责任单位：区文广旅体局、区直有关单位，各乡镇（街道）］

（八）建设“自动办”应用。针对老年优待证、市民卡等领域，通过优化流程、数据共享、精简材料，最大化减少群众的审批事项，实现“无感智办”。［责任单位：区跑改办、区大数据发展中心、区直有关单位，各乡镇（街道）］

（九）建设数据共享服务平台。完善全区公共数据资源目录，汇聚信用、违法、办事便利化等数据，实现数据目录化、目录全局化、全局动态化，并通过数据共享、开放，优化个人信用惩戒、审批便利化等应用。（责任单位：区大数据发展中心、区直有关单位）

三、推动“掌上办”集成优化

（一）助推机关内部“最多跑一次”改革。

1.深化机关内部“最多跑一次”系统应用。按照同类事项一条线运行、一个领导分管、一个处室负责的原则，加强业务和流程整合，实现“一口对外、限时办结、一次办好”。完成区级机关内部“最多跑一次”系统与省、市平台对接，建立全流程跟踪、监控和绩效监管体系，推动机关内部90%以上部门间非涉密事项接入系统，上线事项原则上实现100%网上办，全面提升机关办事效能。［责任单位：区跑改办、区大数据发展中心、区直有关单位，各乡镇（街道）］聚焦机关事业单位人事、资产、后勤管理等重点领域，推动实现机关内部“一件事”网上、掌上联办。［责任单位：区跑改办、区委组织部、区委编办、区财政局、区人力社保局、区大数据发展中心、区机关事务保障中心、区直有关单位，各乡镇（街道）］

2.加快一体化智慧督查平台建设和推广应用。配合做好“浙里督”公众门户区级站点、“掌上督查”、多级联动的督查协同平台等推广应用。配合做好“浙里督”工作门户建设应用，推进视联网技术在重大项目建设等重点督查领域的应用。［责任单位：区政府督查室、区发改局、区大数据发展中心、区直有关单位，各乡镇（街道）］

3.配合开发集成浙政钉“微应用”。完成全区浙政钉2.0升级迁移。全面整合各类政务办公业务移动端，推进跨部门政务协同业务通过浙政钉2.0电脑端（PC）、移动端办理。［责任单位：区大数据发展中心、区直有关单位，各乡镇（街道）］

4.推进党的执政能力和民主法治建设数字化转型。深化党的组织建设、舆论宣传、纪检监察、机构编制、网络安全与信息化统筹、军民融合、群团工作等领域的数字化应用，［责任单位：区直有关单位，各乡镇（街道）］加强人大立法和监督、政协参政议政的数字化保障。（责任单位：区人大办、区政协办）

（二）助推“互联网+政务服务”改革。

1.打造政务服务2.0平台。全面推进依申请政务服务事项接入政务服务2.0平台，实现无差别受理、同标准办理、全过程监控、“好差评”闭环，推动政务服务由网上、掌上可办向好办、易办转变。推出一批与群众、企业密切相关的高频政务服务事项，实现申请零材料、填报零字段、审批零人工、领证零上门、存档零纸件的智能“秒办”。利用政务服务2.0中台提供统一、高效、跨部门跨区域的政务服务，打造集智能导服、收件、审批、出件于一体的新型综合服务大厅。[责任单位：区行政服务中心、区大数据发展中心、区直有关单位，各乡镇（街道）]加快推进“证照分离”改革。（责任单位：区市场监管局）

2.持续迭代升级“浙里办”。聚焦交通、教育、助残等重点领域，推广应用10个省级优质服务专区，积极谋划区级服务专区。[责任单位：区直有关单位，各乡镇（街道）]深化政务服务集约化建设，整合全区自建政务服务移动端（App）、公众号，实现掌上办事“一端通办”。[责任单位：区大数据发展中心]深化“一件事”改革系统集成，高质量实现41件“一件事”网上、掌上联办，深入实施优化营商环境“10+N”行动，加快“一件事”数字化应用建设，推动一批新的群众、企业“一件事”网上、掌上联办。[责任单位：区跑改办、区发改局、区行政服务中心、区大数据发展中心，各乡镇（街道）]

3.配合建设完善统分结合的运营体系。根据省市区三级统分结合的“互联网+政务服务”运营体系，配合实现市级自主化运营，配合构建“浙里办”自运营服务平台，持续丰富平台内容，提升平台服务能力。[责任单位：区大数据发展中心、区行政服务中心、区直有关单位，各乡镇（街道）]2020年底前，“浙里办”日活跃用户数达到省定考核目标。[责任单位：区大数据发展中心、区行政服务中心、区直有关单位，各乡镇（街道）]

4.配合建设政务服务事项办理便利度指数应用。从群众和企业办事方便的角度出发，量化各项政务服务事项办理便利度的评价指标。建立智能评价系统，客观评价“最多跑一次”改革成果，通过数据可视化，展示事项办理便利度指数，推动部门持续优化事项办理便利度。[责任单位：区行政服务中心、区大数据发展中心、区直有关单位，各乡镇（街道）]

5.配合建设丽水“亲情办”创新应用。基于“浙里办”，实现用户以创建者身份关联其家庭成员，采用代办形式，解决家庭中“一老一小”不会使用智能手机办事问题。各地、各部门梳理亲人代办事项，完成“亲情办”事项标识。[责任单位：区大数据发展中心、区行政服务中心、区直有关单位，各乡镇（街道）]

（三）助推“互联网+监管”改革。

1.推进全省统一行政执法监管系统应用。推广应用全省统一行政处罚办案系统及简易处罚的掌上办理端。[责任单位：区司法局、区市场监管局、区大数据发展中心、区直有关单位]2020年底前，“双随机”事项覆盖率达100%，跨部门联合“双随机”监管占比达5%，现场执法的掌上执法率达90%，监管效能大幅提升。[责任单位：区市场监管局、区大数据发展中心、区直有关单位]

2.推广应用食品安全综合治理数字化平台。推广应用食品安全综合治理数字化平台，实现食品安全风险预警监测、处置评价、多元治理。[责任单位：区市场监管局、区直有关单位，各乡镇（街道）]

3.推广应用网络交易监测平台。推广应用网络交易监测平台，实现网络交易的违法监测、风险预警、协同监管、电子存证，有效惩戒网络交易违法行为。[责任单位：区市场监管局，各乡镇（街道）]

4.推广应用特种设备安全风险防范预警系统。在电梯、大型游乐设施、大型起重机械、叉车、锅炉等特种设备中推广“物联网+互联网”应用，实现特种设备风险在线精准监管。[责任单位：区市场监管局，各乡镇（街道）]

5.探索推广智能监管应用。依托物联网、区块链等技术，在教育、医疗、交通、邮政、生态环保、药品监管等重点领域推行非接触式监管智能化应用，推广应用覆盖全省的示范性项目，积极谋划区级示范性项目。[责任单

位：区市场监管局、区教育局、区卫健局、区交通运输局、区经济商务局、市生态环境局莲都分局、区直有关单位，各乡镇（街道）]

四、协同推进省市两级数字化治理重点应用

（一）协同推进省级经济治理领域数字化重点应用。

1.配合建设、应用企业综合服务平台。建设和推广应用产业及惠民政策兑现系统。（责任单位：区跑改办、区经济商务局、区发改局、区财政局、区直有关单位）推广应用全省企业开办、注销网上服务平台功能。（责任单位：区市场监管局）推广应用电子税务局功能，加大电子发票推行力度，2020年底前增值税电子发票占比超过60%，网上、掌上办税占比超过85%。（责任单位：区税务局）推广应用国际贸易"单一窗口"，实现跨境贸易全链条、全流程网上办。（责任单位：区经济商务局）

2.配合建设、应用省域空间治理数字化平台。配合省、市完善国土空间基础信息平台，建立国土空间规划"一张图"实施监督信息系统，以"多规合一"为基础强化业务协同，统筹相关部门空间治理业务，推进重大政策、重大谋划、重大项目等全链条协同。（责任单位：区发改局、市自然资源和规划局莲都分局、区直有关单位）

3.配合强化经济运行监测分析平台功能。深化完善就业、房地产、金融运行、企业登记注册、农业农村经济等相关分析功能，完善数据归集机制，提升平台使用率，推广平台掌上应用。（责任单位：区发改局、区人力社保局、区建设局、区金融发展服务中心、区市场监管局、区农业农村局）

4.配合深化投资项目在线审批监管平台（工程建设项目审批管理系统）建设应用。推广应用投资项目在线审批监管平台（工程建设项目审批管理系统），助推一般企业投资项目全过程审批"最多80天"。（责任单位：区发改局、区建设局）推广应用发改、财政、交通运输、水利等跨部门协商功能，全面应用"标准地"数字地图和重大项目库，配合省、市推进"亩均论英雄"平台与"标准地"数字地图数据共享。（责任单位：区发改局、区财政局、区交通运输局、区水利局、区大数据发展中心、区建设局、区经济商务局、市自然资源和规划局莲都分局、丽水工业园区管委会）

5.推广应用开放型经济数字化治理平台。推广应用"订单+清单"监测预警系统、新型贸易公共服务平台及全省招商产业、境外投资风险地图。（责任单位：区经济商务局）

6.配合建设、应用防范化解企业重大风险平台建设。配合省、市打通市县涉企数据、绘制重点产业链图谱、监测产业链主要企业运行态势、提升产业链运行风险的识别防控能力。（责任单位：区经济商务局、丽水工业园区管委会、区税务局、国网丽水市莲都区供电公司）

（二）协同推进省级社会治理领域数字化重点应用。

1.推广应用社会矛盾纠纷化解平台。配合省、市整合、建设、推广应用全省社会矛盾纠纷调处化解平台，实现群众反映诉求、化解矛盾"最多跑一地"。加强社会矛盾纠纷研判分析，提升社会风险预测预警预防能力。（责任单位：区委政法委、区大数据发展中心、区信访局、区司法局、区法院、区公安分局、区人力社保局）

2.配合建设、应用自然灾害风险防控和应急救援平台。配合省、市建设、推广应用自然灾害风险防控和应急救援平台，实现数据分析和一张图综合展示，提高防灾减灾救灾能力。（责任单位：区应急管理局、区直有关单位）配合省、市建设、推广应用浙江省江河湖库水雨情监测在线分析服务平台、钱塘江流域防洪减灾数字化平台。（责任单位：区水利局）

3.配合建设、应用企业安全生产风险防控和应急救援平台。配合省、市建设、推广应用安全生产感知网络及统一信息化平台，提高应急管理能力，防范化解重特大安全风险。（责任单位：区应急管理局、区直有关单位）

4.配合建设、应用法院智能化项目。配合省级建设、推广应用浙江移动微法院，打造浙江法院办案办公统一平台、"凤凰"金融智审、智能送达3.0等智能应

用。(责任单位:区法院)

5. 配合开展未来社区示范建设。配合开展未来社区人本化、生态化、数字化协同发展试点,构建未来邻里、教育、健康、创业等数字化创新应用场景。[责任单位:区发改局、区大数据发展中心、市自然资源和规划局莲都分局、区建设局、区民政局、区教育局、区卫健局、区委人才工作发展中心、岩泉街道、碧湖镇]

6. 配合建设、应用乡村治理数字化平台。配合省、市建设、推广应用乡村自然资源、生态环境、集体"三资"、农村宅基地等管理系统,实现数字化管理。(责任单位:区农业农村局、区直有关单位)推进乡村治理数据资源共建共享,推动数字技术广泛应用于乡村治理各领域。(责任单位:区大数据发展中心、区直有关单位)

7. 配合推进智慧安防应用。配合市级部门建成符合莲都区实际的智慧安防信息应用系统或功能模块,完成市里下达的"智安小区""智安单位"数量建设任务。(责任单位:区公安分局、区委政法委)

8. 配合推进"雪亮工程"智能应用。配合省、市深化公共安全视频数据开发平台建设、"浙政钉"视频能力开发建设以及市级"雪亮工程"视频大数据中心建设。(责任单位:区委政法委、区公安分局、区大数据发展中心)

(三)协同推进省级民生治理领域数字化重点应用。

1. 配合建设、应用大救助信息平台。配合整合"8+X"社会救助管理部门信息系统,实现家庭经济状况核对、救助对象精准认定、需求统一发布、救助资金统筹、救助项目联合办理、效能精准分析。(责任单位:区民政局、区直有关单位)

2. 配合建设、应用智慧医疗保障工程。配合省、市建设全省医保系统核心业务骨干网络、医保专属行业云,争取成为医保核心业务平台试点地区。(责任单位:区医保局、区大数据发展中心)

3. 配合建设、应用数字医联体。配合省、市加载各类卫生健康服务,实现"互联网+医疗健康"从医院"单机版"向医联体"网络版"转型。拓展在线家庭医生签约服务,将医疗健康服务延伸到全区居民,实现医疗卫生和公共卫生一体化管理。(责任单位:区卫健局)

4. 配合建设、应用教育决策支持平台。围绕学校布局规划、基建项目管理、招生入学预警、学区地图展现等核心业务,构建多领域、全周期、场景化的协同应用。(责任单位:区教育局)

5. 配合建设、应用就业监测平台。配合整合各方数据资源,强化就业与经济数据联动,全面监测分析评估就业形势,统一发布就业数据。(责任单位:区人力社保局)

6. 配合建设、应用"浙家政"综合服务平台。集成相关部门管理业务,联通市场主体和平台,实现信息归集、行业监管、信用评价、企业与公众服务等功能。(责任单位:区经济商务局、区发改局、区人力社保局、区卫健局、区金融发展服务中心)

7. 配合建设、应用公共文化领域数字化服务体系。基于"浙里办""浙政钉",配合整合重点景区、文博场馆、"百县千碗"等资源,建立集资讯、消费、服务等于一体的闭环服务场景。配合完成省定目标的景区、景点及文博场馆的在线预约预订功能。(责任单位:区文广旅体局)

8. 配合建设、应用全民健身地图2.0版。配合构建集全省体育健身场地设施查找、导航、预订、支付、报修于一体的全民健身地图。整合公共体育设施及具备条件的商业健身资源,实现80%以上符合条件的公共体育场地设施接入预约支付功能,争取成为全省公共体育设施报修功能建设试点。(责任单位:区文广旅体局)进一步推进对外开放的学校体育场地设施接入全民健身地图。(责任单位:区教育局)

(四)协同推进省级生态治理领域数字化重点应用。

1. 配合建设、应用固体废物治理数字化平台。围绕"无废城市"工作要求,配合构建固体废物治理数字化平台,对工业固体废物、危险废物、生活垃圾、建筑垃圾、农业废弃物等五大类固体废物的产生、收集、运输、处置等环节进行数字化监管。(责任单

位：市生态环境局莲都分局、区直有关单位）

2.配合建设、应用生态环境综合管理平台。配合省、市迭代升级生态环境全要素态势感知、污染源数字化档案、污染防治攻坚战指挥协同、生态环境治理应用服务四大模块，深化省市区乡四级生态环境数据汇聚共享，开展水环境等监管模型和污染源溯源模块建设，集成“三线一单”应用。（责任单位：市生态环境局莲都分局、区直有关单位）

3.配合建设、应用大气环境预报预警系统。配合构建、推广应用全省大气环境监测预报预警系统，实现大气环境监测全要素数据采集、空气质量预测评估、污染防治支撑等功能。（责任单位：市生态环境局莲都分局）

4.配合建设、应用城乡清洁供水数字化管理系统。配合搭建、推广应用城乡供水统一运行管理平台，通过视频监控、水质水量数据在线监测，实现规模化集中供水工程实时监控、监测、预警。（责任单位：区建设局、区水利局、区直有关单位）

（五）协同推进以“花园云”和“城市大脑”为龙头的市级数字化重点应用。

1.配合推进“花园云”平台建设应用。围绕提升生态治理能力和治理体系数字化水平，配合建设环境保护监管系统、物联网统一管控平台、“花园云”大数据主题库，全面加强生态监管能力；配合建成“生态视窗”全域生态展示体系；配合构建场景化、跨部门多业务协同体系，支撑全域农药化肥使用监管、污染源企业在线监管、餐饮油烟污染在线监管、工地（渣土车）智能监管等应用场景的实现。（责任单位：区大数据发展中心、区农业农村局、市生态环境局莲都分局、市综合执法局莲都分局、区建设局、区金融发展服务中心、市自然资源和规划局莲都分局、区市场监管局、区直有关单位）

（1）配合建设“i丽水”应用。基于“浙里办”，配合开发大家拍、大家问、大家说系列模块，配合建设环境监管、农药化肥使用监管、油烟监管、渣土车监管等领域投诉举报窗口，体现全社会监管和全社会治理，推动全民积极参与城市管理和乡村治理。（责任单位：区大数据发展中心、区直有关单位）

（2）配合建设全域农药化肥使用监管协同应用。按照欧盟标准对全市农药化肥的销售、使用、回收环节实行全域在线监管和可视化管理，完善农产品安全生产监管体系建设，构建部门高效协同监管工作机制。［责任单位：区农业农村局、区市场监管局、区大数据发展中心、区直有关单位，各乡镇（街道）］

（3）配合建设污染源企业在线监管协同应用。构建企业排污自行检测、在线监测、执法检查的全流程协同监管和处置工作机制。解决企业污染物排放去向不明、难以实时监管，及基层执法人员执法难度大、监管效能低、监管成本高等问题。［责任单位：市生态环境局莲都分局、区建设局、区水利局、区大数据发展中心、区直有关单位，各乡镇（街道）］

（4）配合建设餐饮油烟污染在线监管协同应用。构建餐饮业油烟预警、研判、执法、反馈、分析全流程协同监管和处置工作机制，实现餐饮业领域油烟监管跨部门精准执法、高效审批。［责任单位：市综合行政执法局莲都分局、市生态环境局莲都分局、区市场监管局、区大数据发展中心、区直有关单位，各乡镇（街道）］

（5）配合建设工地（渣土车）智能监管协同应用。构建工地扬尘监测、报警、协同监管和处置分析工作机制，建设渣土车智能化识别系统，构建装载、运输、倾倒、冲洗等各作业环节全流程协同监管和处置分析工作机制，切实减少工地扬尘污染、规范渣土车运营，有效提升城市环境质量。［责任单位：区建设局、市综合行政执法局莲都分局、市生态环境局莲都分局、区交通运输局、区大数据发展中心、区直有关单位，各乡镇（街道）］

（6）配合推进秸秆（垃圾）焚烧在线监管协同应用。以网格为基础，构建秸秆（垃圾）焚烧感知、事件派发和协同监管处置等工作机制，解决秸秆（垃圾）焚烧屡禁不止、群众参与度不高、执法时效难保证等问题。［责任单位：市生态环境局莲都分局、区大数据发展中心、区直有关单位，各乡镇（街道）］

（7）配合建设丽水“一码通

城”平台。基于“浙里办”、支付宝城市服务，以“一码多用”的建设理念，将“码上丽水”逐步覆盖群众出行、旅游、借书、就诊、购药、停车等生活场景。完成“电子社保卡”与“一码通城”平台对接，推广电子社保卡的功能拓展和效果应用。基于“一码通城”平台，结合丽水“绿谷分”(个人信用积分)评价指标，谋划莲都信用体系建设应用，实现对特定场景和高信用市民提供优质服务，提升惠民服务质量和市民获得感。[责任单位：区大数据发展中心、区发改局、区行政服务中心、区人力社保局、区直有关单位，各乡镇(街道)]

2. 配合完善“城市大脑”平台建设。围绕应急实战指挥、气象决策服务、地质灾害预警、小流域山洪预警、智慧停车等场景，实现城市管理、社会治理、安全应急等领域业务协同、全域数据共享，探索区乡联动的平台建设模式，重点推动实现应急管理能力水平新提升。(责任单位：区应急管理局、市自然资源和规划局莲都分局、区水利局、区公安分局、区大数据发展中心、区直有关单位)

3. 配合建设丽水“生态金融”服务应用。配合构建市县乡三级生态金融服务网络，编制生态产品价值转换项目清单，结合企业生态信用评价等级和“绿谷分”(个人信用积分)，推广应用省金融综合服务平台和市公共信用平台，为企业和群众提供政务和金融信息共享、风险控制、金融服务挂接、产业扶持、政策指导等服务。[责任单位：区金融发展服务中心、区发改局、区大数据发展中心、区直有关单位，各乡镇(街道)]

4. 配合完善森林资源(公益林)“一张图”管理平台建设应用。制定多源数据支持与融合的公益林权属落界和多业务支撑的公益林一体化更新管理办法，构建功能完善的县域公益林信息管理平台以及公益林划界和确认、补偿金发放及审计等协同工作机制，实行公益林阳光管理，规范资源变更管理，实现公益林补偿资金及时精准发放，建立公益林管理反腐倡廉的基础机制。[责任单位：区生态林业发展中心、区财政局、区大数据发展中心、区直有关单位，各乡镇(街道)]

(六)深化疫情防控和复工复产服务应用建设。

针对返岗、返工、返学、出差及旅游等人群，分批次制定“健康码”应用场景。[责任单位：区卫健局、区直有关单位，各乡镇(街道)]推广应用海外侨胞回国健康信息预申报平台，完善重点管控人员数据服务系统，落实精密智控机制，严防境外疫情输入。推进华人华侨数据共享，助推海外疫情精准防控。[责任单位：区委统战部、区大数据发展中心、区直有关单位，各乡镇(街道)] 深化“三服务”，强化企业码推广应用，深化“惠企一码通”应用。[责任单位：区经济商务局、区直有关单位，各乡镇(街道)]

五、加强数字化技术支撑体系建设

(一)建设公共数据平台。

建设区级公共数据平台体系架构，加快公共数据开放和应用创新，实现区级公共数据平台自主维护，与省、市平台协同共享。根据省市统一部署，建设各类专题数据库，推进各类数据归集共享，全面提升数据汇集质量。配合建设“数据高铁”，优化数据归集模式，减少数据交换环节，实现数据实时采集、跨网传输、流式加工。完善区级数据开放目录，厘清数据开放需求清单。优先开放普惠金融、交通出行、医疗健康、市场监管、社会保障等五大领域数据。积极参与全市数据开放创新大赛。[责任单位：区大数据发展中心、区直有关单位，各乡镇(街道)]

(二)探索推进部门数字化转型应用集成优化。

积极对接各条线省、市主管部门开展各类区级试点。根据省、市总体框架，统筹乡镇(街道)，实现省市区乡四级贯通应用。积极谋划本地特色应用建设，将部门核心业务逐步纳入总框架，实现内部业务高效协同和数据充分共享。[责任单位：区大数据发展中心、区建设局、区交通运输局、区人力社保局、区水利局、区应急管理局、市生态环境局莲都分局、市自然资源和规划局莲都分局、区直有关单位，各乡镇(街道)]

(三)加快建成一体化应用支撑平台。

1. 加快对接省级统一的公

共支撑组件。对接省、市组织体系、用户体系、认证体系、消息体系等一体化应用支撑体系。[责任单位：区大数据发展中心、区直有关单位，各乡镇（街道）]

2. 加强信用支撑体系建设。完善公共信用平台功能，加强在审批服务、行政监管、公共服务、公共资源交易和政务事务中的应用，拓展在社会治理和风险防控等领域的应用。配合省、市主管部门，推动行业部门建立行业信用指标体系，融合公共信用基础数据，形成行业信用评价模型和行业信用监管责任体系。[责任单位：区发改局、区直有关单位，各乡镇（街道）]

3. 探索新技术应用。依托省市统建区块链、人工智能等基础平台，促进系统共建、业务协同、数据共享。[责任单位：区大数据发展中心、区直有关单位，各乡镇（街道）]

（四）推进信息基础设施整合建设。

1. 配合构建全市"政务一朵云"体系。根据"两地三中心"省级政务云平台架构，参与建设全市"政务一朵云"体系，完善政务云平台架构。探索异构云平台之间的互通和融合管理，推动实现全区80%的部门业务系统上云，进一步提升云资源使用效率。与省、市政务云对接融合，接入全省政务云统一灾备体系。[责任单位：区大数据发展中心、区直有关单位，各乡镇（街道）]

2. 推进电子政务网络建设。提升全区电子政务网络支撑能力，加快政务外网第六版互联网协议（IPv6）实施，加快视联网在智慧督查、社会治理、应急指挥、"雪亮工程"等领域的规模化应用，保障基础网络安全稳定运行。[责任单位：区大数据发展中心、区直有关单位，各乡镇（街道）]

3. 加快建设新型基础设施。以整合存量、共建共享为原则，打造集约高效、经济适用、智能绿色、安全可靠的现代化基础设施体系，推动大数据中心、人工智能、5G基站网络等新型基础设施在政府数字化转型领域应用。[责任单位：区大数据发展中心、区经济商务局、区发改局、区直有关单位，各乡镇（街道）]

（五）构建数字化治理安全体系。

1. 执行省定安全制度。严格贯彻执行省、市政务云网络安全规范、考评指南，以及安全监管和考核评价体系，厘清安全责任主体和边界，落实各项安全制度。[责任单位：区大数据发展中心、区直有关单位，各乡镇（街道）]

2. 完善安全监管体系。提升态势感知、监控预警、分析研判、信息通报和应急处置能力。推进政务外网信任服务体系建设。[责任单位：区大数据发展中心、区委网信办、区直有关单位，各乡镇（街道）]

3. 推动数据安全体系建设。根据网络安全等级保护要求完善边界安全，初步形成网络安全态势感知能力。建立政务数据分类分级标准，提升数据加密脱敏、用户行为分析等安全能力，采用符合密码法要求的密码技术，防范数据泄露、滥用、篡改风险。[责任单位：区大数据发展中心、区直有关单位，各乡镇（街道）]

六、加强组织保障

（一）加强组织领导。2020年7月15日前，各有关单位要制定年度工作实施方案，围绕各重点任务建立工作专班，明确牵头部门、协同部门分管负责人和具体责任人，按月细化实施计划和责任分解。各单位将已开展的重点任务每月工作完成情况于每月25日前报区政府数字化转型工作领导小组办公室。建立完善"数据专员"制度。推动政府数字化转型相关项目同步列入政府部门重点工作清单，年内举办一次政府数字化转型专题培训班，组织开展至少一次政府数字化转型专项督查。[责任单位：区府办、区直有关单位，各乡镇（街道）]

（二）加强规划引领。结合国家信息经济示范区建设方案、国家政务信息化工程规划、省市公共数据和电子政务发展"十四五"规划，按照全市部署，积极启动编制全区公共数据和电子政务发展"十四五"规划。（责任单位：区大数据发展中心、区发改局、区直有关单位）

（三）加强项目管理。遵循省、市级政府数字化转型项目管理要求，研究出台我区数字化转型项目管理办法，厘清项目立项审批、招标采购、建设实施、验收评估、运维与安全等工作职责和管理要求。(责任单位:区大数据发展中心、区发改局、区财政局)构建项目绩效评价体系,建立健全基层“最佳实践”复制推广机制。[责任单位:区大数据发展中心、区财政局,各乡镇(街道)]严格按时完成区级政府投资信息化项目年度目标任务。(责任单位:区大数据发展中心、区直有关单位)

(四)加强人才保障。完善政府数字化转型专家库,推动专家咨询工作制度化。积极推动高校、研究机构、高新技术企业参与合作共建,推动数据开放、新技术创新应用。(责任单位:区大数据发展中心、区委人才工作发展中心)

附件:

1.区直单位拟推进数字化治理场景化应用汇总表

附件1

区直单位拟推进数字化治理场景化应用汇总表

序号	单位名称	项目名称	所属领域	建设状态	建设内容
1	区农业农村局	莲都区“丽水山耕”数字化平台	生态保护/社会管理/政府运行/市场监管/公共服务	计划建设	根据现有智慧农业、数字农业实际情况,依托“丽水山耕”品牌及技术优势,打造主要内容为“一中心,两体系,N数字化应用体系”,即“丽水山耕”数字化中心,智能质量安全体系、智能产品供应链体系及涵盖蔬菜、茶叶等产业数据化应用的莲都区“丽水山耕”数字化平台,推动云计算、物联网、大数据、人工智能在莲都农业生产、经营管理、产品营销中的运用,以技术创新驱动产业转型发展,推进生产环境、生产过程、质量安全、生态保护等环节数字化技术应用
2	区委政法委	“基层治理四平台”建设应用	社会管理	正在建设	综合集成基层治理综合信息平台、“12345”统一政务咨询投诉举报平台、“互联网+监管”平台、“雪亮工程”平台等相关社会治理信息系统资源,横向整合事项入格的部门业务系统和信息资源,纵向贯区综治中心、乡镇(街道)综合信息指挥室、村(社区)网格,推动数据和预警信息自上而下、网格信息自下而上推送流转,实现资源集成、信息共享、整体联动
3	区民政局	莲都区村级事务阳光票决制管理系统	社会管理	正在建设	通过管理系统对全区行政村的所有阳光票决事项的各流程数据进行采集,通过系统实现大数据分析,将阳光票决制工作与互联网有效结合,并将“三务公开”实现网络化
4	丽水工业园区管理委员会	智慧服务综合平台	社会管理/公共服务	正在建设	按照“整体谋划,分步实施,统一底层、灵活拓展”的原则,建设智慧园区综合服务平台,通过实景综合展示平台、经济运行综合分析平台、政企交互中介服务平台、综合监测信息管理平台四个子平台的搭建,实现园区精准化精细化管理,适应未来信息化数字化发展要求,提升内部办公及企业沟通效率
5	区应急管理局	莲都区应急指挥平台	社会管理	正在建设	构建横向联通各部门专业平台,纵向贯通各级应急管理综合平台,实现数据分析,提高防灾减灾应急处置能力。确保第一时间全面、直观掌握紧急突发事件信息,第一时间提供科学、准确的决策分析,第一时间提供高效、合理的应急救援调度,是最终形成“统一指挥、专常兼备、反应灵敏、上下联动、平战结合”的综合性应急指挥平台体系重要一环

续表

序号	单位名称	项目名称	所属领域	建设状态	建设内容
6	国网丽水市莲都区供电公司	办电e助手	公共服务	正在建设	围绕“以市场为导向、以客户为中心、以服务为根本”的理念，创设新时代下全新客户业扩服务互动平台——“办电e助手”，构建“透明、互动、留痕、倒逼、开放、增值”的业扩服务新模式，助力优化涉电营商环境，推动“最多跑一次”改革，全面提升办电效率和客户服务满意度
7	区文广旅体局	“带你玩”智慧旅游服务平台	公共服务	计划建设	通过平台建设，实现个性化定制、旅游咨询、游玩推荐、产品预订、行程设计、投诉服务、宣传活动等功能
8	区跑改办	“自动办”应用	公共服务	正在建设	针对老年优待证、市民卡等领域，通过优化流程、数据共享、精简材料，最大化减少群众的审批事项，实现“无感智办”
9	区大数据发展中心	数据共享服务平台	政府运行	计划建设	完善全区公共数据资源目录，汇聚信用、违法、办事便利化等数据，实现数据目录化、目录全局化、全局动态化，并通过数据共享、开放，优化个人信用惩戒、审批便利化等应用

丽水市莲都区人民政府关于印发莲都区“大搬快聚富民安居”工程实施意见的通知

莲政发〔2020〕11号

为进一步提升农村人居环境、促进农民增收致富，根据《浙江省人民政府关于规范异地搬迁工作的通知》（浙政发〔2019〕28号）、《浙江省扶贫异地搬迁项目管理办法的通知》(浙农专发〔2019〕13号)、《关于全面实施“大搬快聚富民安居”工程的指导意见》（丽委发〔2018〕29号）等文件精神，结合莲都实际，制定本实施意见。

一、总体要求

（一）指导思想。高举习近平新时代中国特色社会主义思想，以“莲都作为”落实“丽水之干”担纲“丽水之赞”，突出“解危、脱贫、集聚、生态”，优化人口、资源要素、生产力布局，加快农村人口内聚外迁，实现“搬得出、稳得住、富得起”。

（二）基本原则

1. 坚持城乡统筹，规划引领。牢固树立全域发展理念，着眼于统筹城乡，把城乡一体化建设、美丽乡村建设和农村脱贫工作有机结合起来。规划编制要远虑深谋，与国土空间规划等有机衔接，做到多规融合。

2. 坚持政府引导，群众自愿。“大搬快聚富民安居”工程是一次人口集聚、产业布局、资源要素的大调整、大整合、大提升，系统性、政策性、程序性强。既要发挥政府的引导作用和村级组织的协调作用，积极组织引导群众搬迁，又要充分尊重群众意愿，保障群众的选择权，充分体现群众自愿原则。

3. 坚持整村搬迁，集聚集约。立足本区域经济发展实际，制定有利于各种要素集聚集约的政策。坚持整村搬迁为主，零星搬迁为辅，以全域土地综合整治与生态修复为契机，加大农村可复垦用地的盘活力度，提高土地利用率。

4. 坚持依法搬聚，灵活安置。严格执行“一户一宅”规定。进一步优化安置模式，设置多点多方式的安置模式，供搬迁对象自行选择。积极探索市场化安置小区建设新路径。根据不同的搬迁类型、搬迁群体以及不同的安置方式实行差异化补助。

5. 坚持产城融合，促农增收。通过人口搬迁集聚，加快要素的空间优化配置，推动城镇化发展和产业布局优化。通过就近就业、加强培训促进转产转业、在安置小区建设富民产业项目用房等方式，促进搬迁对象就业增收。

（三）目标任务。引导搬迁范围内的群众有计划地向城区、工业园区、建制镇、中心村等地区梯度转移。

二、搬迁范围

（一）省级扶贫重点帮扶村。

（二）气象灾害易发和地质灾害潜在隐患的区域。

（三）生态保护和水源敏感脆弱的区域。

（四）高山远山和人口数量偏少、农房布局分散、公共资源共享率偏低、产业发展困难的区域。

（五）区政府批准同意的其他区域。

三、搬迁对象

户籍和房屋均在搬迁范围内的原农业户籍人口。申报时以公安机关提供的在册名单为准。房屋权属的认定，原则上以不动产登记为准。

（一）户籍不在搬迁范围内但满足下列条件之一的人员，可列入搬迁对象

1. 因服役户籍已迁出的现役义务兵、二级（含二级）以下士官。

2. 因服刑户籍已迁出的人员。

3. 因就学户籍已迁出的全日制在校学生(含当年毕业生)、学前儿童。

(二)具有下列情形之一的，不得列入搬迁对象

1. 三级(含三级)以上士官及现役军官。

2. 依法应当注销户口而未注销的人员。

3. 户籍虽在搬迁范围内，但属国家机关、事业单位、国有企业在编或者离退休人员。

四、搬迁方式

(一)整村搬迁。行政村或自然村实现80%(含)以上人口的搬迁。地质灾害避让搬迁视同整村搬迁。

(二)零星搬迁。指在搬迁范围内，以户为单位实施的搬迁。重点为建档立卡的低收入农户和D级危房户。

五、安置方式

搬迁安置以户为单位，按照自主自愿的原则，在以下四种安置方式中选择一种方式进行安置。

(一)公寓安置。指搬迁对象在区政府批准确认出让给房企建设开发的集中安置小区，购买公寓房进行安置的方式。公寓安置以碧湖镇、联城街道等集聚性较强的中心镇(街道)区域为主，具体地点、房价等另行规定。

(二)货币安置。指搬迁对象自行解决居住生活，自行放弃其他安置方式，给予一次性领取相应货币的补助。货币安置需提供赡养承诺书、购房合同或不动产权证等相关材料。

(三)迁建安置。指搬迁对象在城镇规划区外统一规划的土地上审批建房安置。相关规定参照《丽水市区农村农民建房审批暂行管理办法》(丽政发〔2013〕9号)执行。集中建房安置由当地乡镇(街道)负责迁建小区的规划、设计和管理等工作，集体建设用地允许跨村使用。

(四)兜底安置。经认定的困难搬迁对象，可申请本乡镇(街道)区域内免租房安置。免租房由各乡镇(街道)落实和管理，乡镇(街道)可充分利用闲置的国有资产建设一批免租房。符合集中供养的对象，原则上安排到敬老院集中供养。

六、扶持政策

搬迁对象须拆除原有住房及附属建筑物，将原宅基地退还给村集体后，方可享受扶持政策。

(一)搬迁专项补助。按照不同的搬迁方式实行差异化搬迁专项补助。标准为：整村搬迁20000元/人；零星搬迁10000元/人。其中地质灾害搬迁享受整村搬迁扶持政策。建档立卡的低收入农户在同等搬迁方式补助基础上，低保户每人增加补助20000元，低边户每人增加补助3000元。

(二)安置补助。按照不同的安置方式实行差异化搬迁安置补助。

1. 公寓安置：选择公寓安置的搬迁对象，享受优惠价格的购房面积：30平方米/人。已婚尚未有子女的、已领取独生子女光荣证的、已达到法定结婚年龄但未婚的，可以增加一个申购人口。购买面积少于可优惠购房面积标准的，按实际购买面积予以优惠，不另行补差。具体购房选房办法另行规定。

2. 货币安置：选择到莲都区范围内(丽水市城市建设用地范围外)购买商品房的搬迁对象，每人享受80000元的安置资金补助；选择到丽水市城市建设用地范围内购买商品房的搬迁对象，每人享受50000元的安置资金补助；选择莲都区范围外购买商品房及其他安置(农村闲置房调剂、投亲靠友等)的搬迁对象，每人享受30000元的安置资金补助。

3. 迁建安置：选择迁建安置的，给予每人补助10000元。集中10户以上迁建方式安置的，按吸纳搬迁人数给予当地乡镇(街道)10000元/人的补助。补助资金用于安置小区内的基础设施建设。

4. 兜底安置：选择兜底安置的，按每人10000元的补助标准，将经费拨至乡镇(街道)，由乡镇(街道)负责落实。由所在乡镇(街道)提供免租房和安排集中供养的对象不享受安置补助。

(三)宅基地复垦补助。原

住宅拆除后完成宅基地复垦，享受宅基地复垦相关补助政策。经区政府认定“可复兴再用”保留的房屋，房屋产权过户给村集体后，也可享受此政策。

（四）低收入农户购（建）房贷款贴息补助。低收入农户搬迁对象购（建）房贷款的，按照3%的年利率进行小额信贷贴息，贷款额度不高于10万元，贴息时间不超过5年。

（五）非搬迁对象房屋及附属建筑物拆除补助。非搬迁对象在搬迁范围内有房屋及附属建筑物（违章建筑除外），同意拆除的，按建筑面积根据不同结构、成新给予补助，不享受其他扶持政策。具体标准按市政府公布的当年度重置价的折率进行评估补偿。

七、搬迁安置程序

（一）建设安置小区。莲都区“大搬快聚富民安居”工程指挥部办公室统筹编制全区安置小区（点）规划，各有关乡镇（街道）结合实际制定本区域安置点实施方案。安置房建设项目采用市场化模式运作。

（二）组织搬迁申报。各乡镇（街道）认真排摸、全面掌握村情民意，根据群众意愿组织搬迁申报工作。整村搬迁需经所在乡镇（街道）主持召开的全体拟搬迁农户户主大会讨论并一致通过，并经区政府批准同意，报市政府备案。整村搬迁、低收入农户搬迁、地质灾害避让搬迁、D级危房户搬迁等可优先列入年度搬迁计划。

（三）签订搬迁协议。申报搬迁对象经所在乡镇（街道）牵头组织国土、建设、执法等相关单位资格审查并公示无异议后，由符合条件的搬迁对象与乡镇（街道）自愿签订搬迁安置协议。

（四）房屋腾空及拆除。搬迁对象须按搬迁安置协议约定自行腾空原居住房屋及附属建筑物，由乡镇（街道）统一组织房屋拆除。房屋及附属用房拆除后土地使用权归村集体所有，并同步列入农村土地综合整治（建设用地复垦）。

（五）发放补助资金。补助资金由乡镇（街道）审核公示无异议后予以上报，经区农业农村局、区“大搬快聚富民安居”工程指挥部办公室、区财政局复核后，统一拨付至属地乡镇（街道），由乡镇（街道）分类发放到户。

八、其他规定

（一）根据前后政策衔接要求，本《实施意见》出台前，已实施搬迁的对象，按照原政策执行。

（二）实行先搬迁先安置的有序安置原则。已享受安置补助政策的搬迁对象，今后不再享受农村集体宅基地建房审批资格。

（三）在搬迁范围外农村集体土地审批建房或有违章建筑未拆除的搬迁对象不享受安置补助政策。

（四）已享受过异地搬迁、水库移民、“大搬快治”等扶持政策的人员，若涉及二次搬迁的，可享受安置补助政策，不再享受搬迁专项补助政策。

（五）在搬迁范围内，房屋属联体房且为多户共有，无法整幢拆除的人员，不享受扶持政策。

（六）已实施整村搬迁的剩余对象，若今后申请搬迁的，按照零星搬迁方式享受政策。已实施零星搬迁的村，若今后再搬迁，当年度实施搬迁达到整村搬迁条件的对象享受整村搬迁扶持政策；其他年度的搬迁对象享受零星搬迁扶持政策。

（七）搬迁对象资格确定以乡镇（街道）资格审查结果公示结束之日为准。公示结束日之前死亡的人员和公示结束日之后新增的人员不享受扶持政策。

（八）整村搬迁的村，如需留作生产管理用房，原则上只能保留一处，且需经乡镇（街道）主持由全体搬迁户主讨论决定。同时，在腾空房屋后该房屋产权过户给村集体。办理过户费用由村集体承担。

（九）被政府认定为“可复兴再用”的村庄，搬迁对象腾空房屋后，所有房屋产权无偿上交村集体所有并办理过户手续，视同拆除，享受扶持政策。办理过户费用由村集体承担，过户后产生的收益统一归村集体所有。

（十）积极探索搬迁对象迁出地和迁入地双重管理、双向服务制度。落实迁入地的社区管理制度。其在原所在村股份经济合作社中的集体资产收益分配权、林权、土地承包权等权益保持不变。

（十一）对伪造材料骗取安置或瞒报的，依法收回其搬迁相关补助资金和安置房屋，并追究相关人员责任。涉嫌犯罪的，移交司法机关处理。

九、工作保障

（一）加强组织领导。区政府成立"大搬快聚富民安居"工程指挥部，下设办公室，负责日常工作。区直各有关单位要结合各自职责做好相关工作。各乡镇（街道）是辖区内实施"大搬快聚富民安居"工程的责任主体，要建立健全相应的组织机构，明确分管领导，落实具体经办工作人员并做到相对稳定，要严格把好申报审核关，并对申报审核资料的真实性、准确性、完整性负责；要加大工作力度，创新工作方法，确保工作有序推进。

（二）强化用地保障。省里下达的异地搬迁指标要用于"大搬快聚富民安居"工程安置项目建设。要整合存量建设用地，优先用于"大搬快聚富民安居"工程安置小区建设。要以国有出让为主，灵活运用国有划拨、集体建设用地入市等多种供地方式。同时积极向市里争取建设用地指标，保证"大搬快聚富民安居"工程安置建设用地需要。要按照"最多跑一次"改革的要求，加快安置项目联审联批。

（三）强化资金保障。积极筹措资金，整合省、市、区补助资金，地质灾害避让搬迁、危险住宅房屋治理改造以及全域土地综合整治与生态修复等项目资金，统筹用于搬迁安置补助。鼓励金融机构开展创业小额贷款、林权抵押贷款、信用担保贷款、农民住房建设和公寓按揭贷款等多种信贷业务，为搬迁对象提供信贷支持。金融机构为搬迁对象提供购房或建房安置贷款的，贷款利息不得高于基准利率。

（四）强化后续帮扶。对新建安置小区，要规划集体物业、来料加工、电子商务等就业增收项目。加强搬迁对象培训，提高就业创业能力，鼓励"就近就业、外出创业"。在同等条件下，当地园区企业要优先安排搬迁对象就业。把搬迁低收入农户作为就业帮扶重点，实行菜单式免费培训，积极开展就业帮扶和就业援助。将搬迁对象纳入迁入地的教育、医疗、卫生健康服务体系，提供基本医疗卫生、妇幼健康等服务，搬迁对象的子女就学享受居住地农户同等待遇。积极探索"新居民、新社区"管理模式，强化群众搬迁后的社会保障和管理服务。

（五）强化职责落实。"大搬快聚富民安居"工程是一项社会系统工程，涉及面广，政策性强，事关搬迁对象的切身利益和长远发展。各乡镇（街道）、各部门要把"大搬快聚富民安居"工程作为乡村振兴、农民增收的标杆性项目来抓，形成"合力、动力、推力、能力、活力"，抓紧抓实抓出成效。

（六）加强考核督查。区政府将"大搬快聚富民安居"工程的实施工作纳入有关部门和乡镇（街道）年度目标责任考核。区政府督查室要加大督促力度，定期督促工作实施进度，确保各项工作按时完成。

十、附则

（一）如遇国家和省、市、区政策调整，本实施意见也作相应调整。

（二）本实施意见自发文之日起执行。